万载年鉴

(2023)

《万载年鉴》编纂委员会　编

方志出版社
Publishing House of Local Records

图书在版编目（CIP）数据

万载年鉴. 2023 /《万载年鉴》编纂委员会编.
北京：方志出版社, 2023.12
ISBN 978-7-5144-6100-8

Ⅰ. ①万… Ⅱ. ①万… Ⅲ. ①万载县－2023－年鉴
Ⅳ. ①Z525.64

中国国家版本馆CIP数据核字(2023)第253048号

责任编辑：王海荣
责任校对：张玉霞
责任印制：梅中英
出 版 者：方志出版社
地　　址：北京市朝阳区潘家园东里 9 号（国家方志馆4层）
邮　　编：100021
网　　址：http://www.zgfzcb.cn
发　　行：方志出版社图书营销中心（010-67110500）
印　　刷：宜春市同茂印务有限公司
开　　本：889毫米×1194毫米 1/16
印　　张：24.25
字　　数：620千字
版　　次：2023年12月第1版
印　　次：2023年12月第1次印刷
定　　价：198.00元

万载县政区图

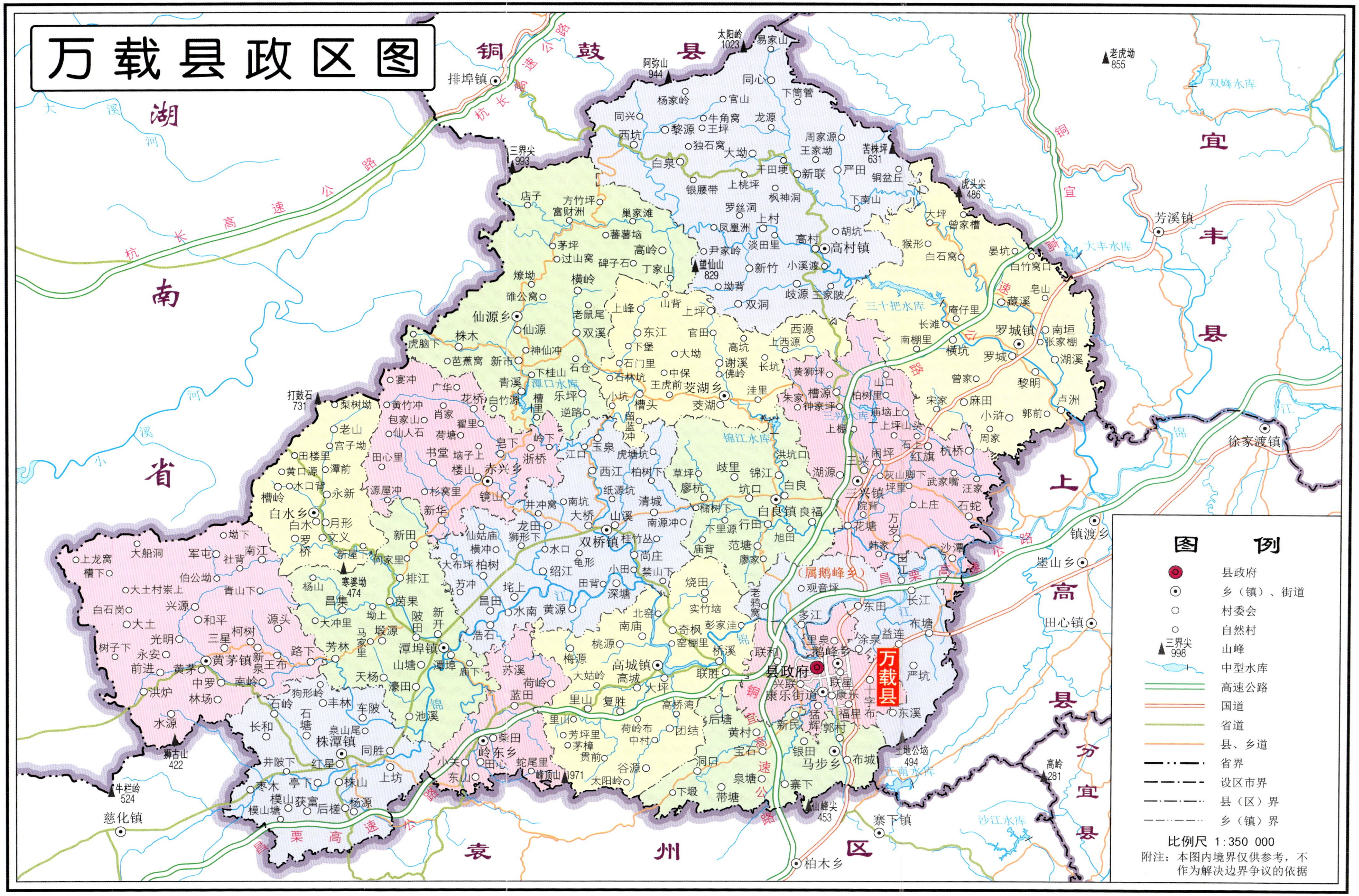

审图号：赣S（2019）037号

江西省测绘成果资料档案馆编制

万载县交通图

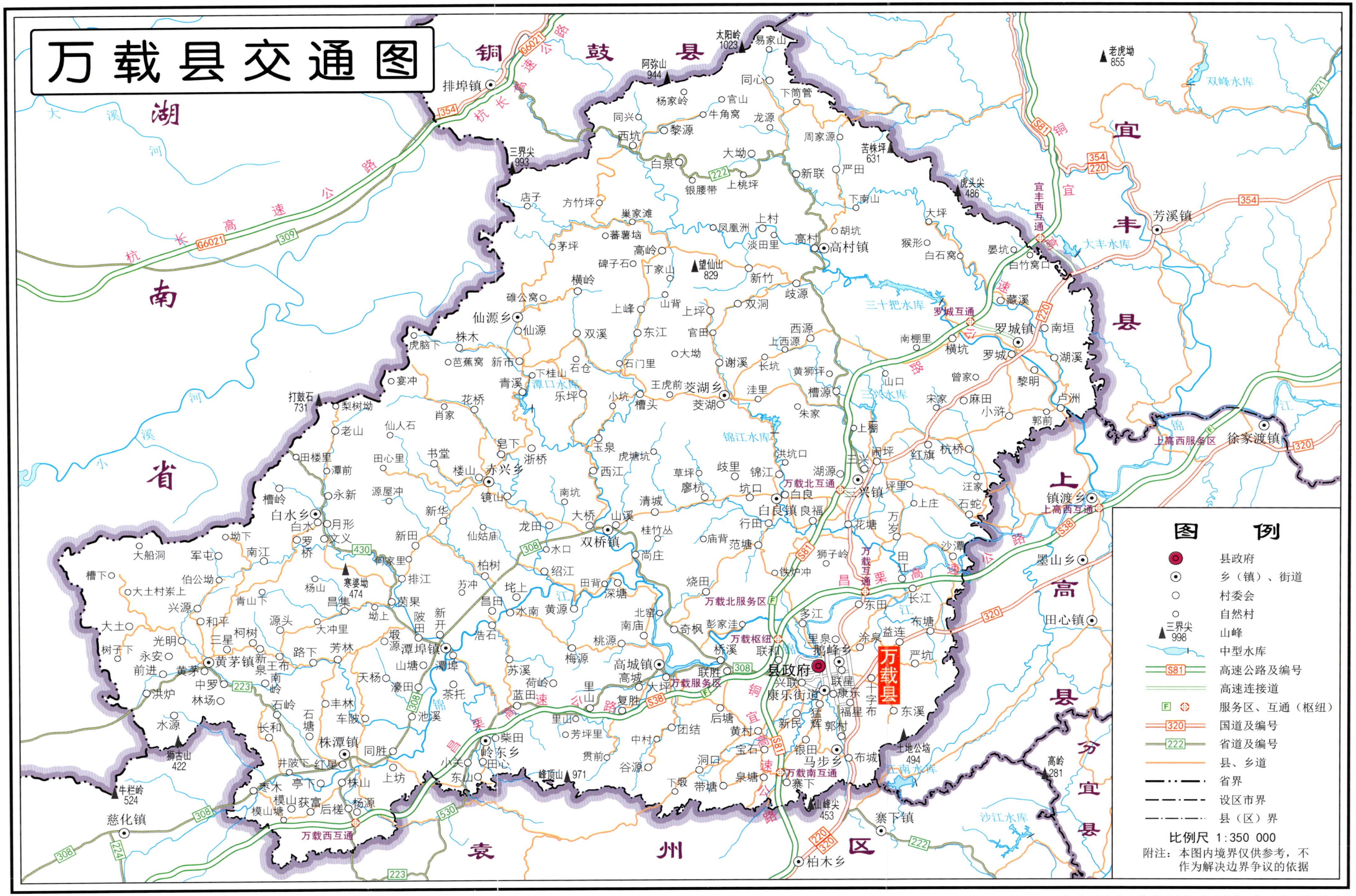

审图号：赣S（2019）037号

江西省测绘成果资料档案馆编制

审图号：赣S（2019）037号

江西省测绘成果资料档案馆编制

万载年鉴

(2023)

《万载年鉴》编纂委员会　编

方志出版社
Publishing House of Local Records

图书在版编目（CIP）数据

万载年鉴. 2023 /《万载年鉴》编纂委员会编.
北京：方志出版社, 2023.12
ISBN 978-7-5144-6100-8

Ⅰ. ①万… Ⅱ. ①万… Ⅲ. ①万载县－2023－年鉴
Ⅳ. ①Z525.64

中国国家版本馆CIP数据核字(2023)第253048号

责任编辑：王海荣
责任校对：张玉霞
责任印制：梅中英
出 版 者：方志出版社
地　　址：北京市朝阳区潘家园东里 9 号（国家方志馆4层）
邮　　编：100021
网　　址：http://www.zgfzcb.cn
发　　行：方志出版社图书营销中心（010-67110500）
印　　刷：宜春市同茂印务有限公司
开　　本：889毫米 × 1194毫米 1/16
印　　张：24.25
字　　数：620千字
版　　次：2023年12月第1版
印　　次：2023年12月第1次印刷
定　　价：198.00元

数字万载2022年

综合

地区生产总值262.56亿元
第一产业增加值22.91亿元
第二产业增加值127.20亿元
第三产业增加值112.45亿元
地区生产总值排宜春市第4位

人口

年末总户数161569户
总人口581184人
城镇人口252258人
乡村人口328926人
男性304590人
女性276594人
出生人口4594人
死亡人口2475人

人力资源和社会保障

发放创业担保贷款3.7亿元
稳定就业岗位12053人
失业保险金发放132.58万元
失业补助金发放81.3万元
园区企业引进高层次人才151人
企业职工养老保险参保人数90511人
企业职工养老保险在职参保人数66896人
征缴企业职工基本养老保险费5.27亿元
城乡居民养老保险参保人数23.42万人
城乡居民养老保险缴费人数9.88万人
城乡居民养老保险缴纳保费3074.16万元

工业固投和入规企业

工业固定资产投资96.6亿元
月度入规企业9户
年度入规申报15户
全年新增入规24户

人民生活

城镇居民人均可支配收入37043元
农村居民人均可支配收入16387元
新增城镇就业3892人
农村劳动力转移7356人

农业

有机认证土地总面积41.2万亩
加工各类蔬果20万吨
粮食生产面积66.45万亩
粮食总产量25.8万吨
大米32692吨
鲜肉、冷藏肉4340吨
冷冻蔬菜2136吨
夏收油菜播种面积4.01万亩
精制食用植物油2670吨
油材料产量5381吨
新增中药材产值2750万元
果树种植面积2万亩
茶叶生产种植面积0.8万亩

规模以上工业主要产品产量

高岭土76178吨
发酵酒精38381千升
活性炭7953吨
化学药品原药310吨
塑料制品56558吨
水泥312163吨
商品混凝土337467立方米
砖4669万块
液晶显示模组70万套
电子元件4151万个

商业贸易

社会消费品零售总额808540万元
外贸进出口总额554248.24万元
外贸出口总额551808.21万元
外贸进口总额2440.03万元
利用外资累计完成2001万美元
利用省外项目资金68.07亿元
花炮产业总产值150亿元
规模以上工业增加值107.95亿元
规模以上营业收入452.7亿元
利润总额50.1亿元

财政金融

一般公共预算收入179095.5万元
一般公共预算支出530952万元
银行业各项存款余额347.02亿元
银行业金融机构各项贷款余额288.08亿元
小微企业、个体工商户留抵退税1.07亿元

交通邮电

县境内公路总里程3143.47千米
营业性客运车辆完成公路客运量294.6万人
公路营运汽车总数7471辆
城市客运系统运送旅客365.2万人
全县移动用户数34万户
移动通信年收入2.3亿元

能源

工业园区总用水461.32万吨
工业园区总用电量5.61亿千瓦时

城市名片

2022年

- 中国绿色名县
- 国家现代农业示范区
- 国家有机产品认证示范县
- 国家农业绿色发展先行区
- 中国最美乡村旅游目的地
- 全省生态文明建设示范县
- 江西省书法之乡
- 江西省第一批无非法集资示范县
- 江西省卫健系统优秀健康县
- 首批江西省革命文物保护利用示范创建县
- 万载古城获『省级特色文化街区』称号
- 宜春市工业高质量发展先进县
- 宜春市文化和旅游产业发展先进县
- 宜春市全面推进乡村振兴实绩考核巩固拓展脱贫攻坚成果工作优秀县
- 宜春市自然资源绩效评价优秀县

●万载城区一角（邓龙华 摄）

●万载县康乐街道西门社区一角（万载县融媒体 供图）

●万载县中医院综合楼（万载县卫健委 供图）

●西屏山足球场（万载县融媒体 供图）

●新城区“一纵两横”建成并顺利通车（王广清 摄）

●粉塘立交绕城公路（万载公路分中心 供图）

●灵运大道南通车（黄敬富 摄）

●2022年5月18日，万载县烟花爆竹生产企业星级评定工作动员大会召开（万载花炮中心 供图）

●2022年7月6—8日，江西省2022年烟花爆竹产品交易大会在万载召开（万载县花炮中心 供图）

●2022年7月6日，江西省2022年烟花爆竹安全经营管理暨产品交易大会开幕式在万载举行（万载县融媒体 供图）

●产品销售（万载县花炮中心 供图）

●万载县钰铭花炮制作有限公司（黄茅镇 供图）

●2022年7月30日，每月一次的焰火文艺晚会在龙湖公园举行，图为燃放烟花（万载县政府办 供图）

●2022年9月6日，万载县人民政府与中石油昆仑燃气有限公司江西分公司在万载县工业园区管委会签约总投资额为3亿元的天然气综合利用项目

（王广清 供图）

●2022年6月22日，湘赣边区域宜春片区（万载县）产融对接会议召开（万载县融媒体 供图）

●万载剑发铝型材有限公司生产车间（万载县融媒体 供图）

●2022年7月29日，万载县举行领导干部碧根果种植知识讲座，邀请江苏省中国科学院植物研究所研究员郭忠仁和江西省林业科学院博士、研究员左继林，先后作题为《贯彻“两山”精神，推动碧根果产业发展》《科学发展碧根果产业，促进乡村产业振兴》的知识讲座

（王广清 供图）

●万载国家级有机农业示范园区

（万载县融媒体 供图）

●潭埠镇濠田村标准化农田实景（潭埠镇 供图）

●马步乡宝石村永宏农业专业合作社大米加工厂（谢洪波 供图）

●万载百合（万载县乡村振兴局 供图）

●2022年，茭湖乡利用秋冬闲置土地，大力发展油菜、菊花种植，打造沿主干道600亩“金花带”（万载县融媒体 供图）

●2022年7月8日，万载县潭埠镇天扬村村民采摘李子，百姓富生态美，实现生态效益和经济效益双丰收（万载县融媒体 供图）

●2022年3月15日，万载县潭埠镇天扬村农民正在为脆李树进行剪枝和疏花（万载县融媒体 供图）

●2022年3月17日，采茶工人在万载县茭湖乡上峰村有机富硒生态茶园采摘明前茶（万载县融媒体 供图）

●2022年4月22日，万载县乡村振兴“微工厂”项目建设动员部署会召开
（万载县乡村振兴局 供图）

●2022年10月，万载县乡村“微”工厂富民工程建设在全省巩固拓展脱贫攻坚成果专题培训班上作经验交流（万载县乡村振兴局　供图）

●脱贫攻坚开展以来，高村镇打造“村集体经济产业园”及“高村镇村集体经济示范园”，引进企业11家，带动200余人就业，增加村集体经济收入40万元，图为建成的工厂(高村镇 供图)

●双桥镇西江村新发展的小龙虾深加工“微工厂”建设项目花根本艳农业公司
（王巍 供图）

●万载县易地搬迁梦想花苑有求必应服务中心
（万载县乡村振兴局 供图）

●罗城镇藏溪村乾坤饮料有限公司
（县融媒体 供图）

●2022年7月13日，罗城镇村民晒手工扎粉（万载县融媒体 供图）

●罗城镇扎粉美食文化产业园（罗城镇 供图）

●2022年10月21日，茭湖乡谢溪村试种的20亩罗汉果喜获丰收（邓辉 供图）

商贸

●2022年11月21日，江西供销（万载）冷链物流园基础设施建设项目开工奠基仪式举行（邓辉 摄）

●2022年6月，罗城镇选派25名村民到吉安市万安县高岭宿集参加“数字木兰管家”第十一期培训（王仪亚 供图）

●万载古城田下街区（万载县文广新旅局 供图）

●罗城镇淳江新村（罗城镇 供图）

●赤兴乡镜山村小微湿地（赤兴乡 供图）

●罗城镇泰溪河堤（罗城镇 供图）

●高城秀美乡村（高城镇 供图）

体育运动

●2022年8月9日，万载县“全民健身日”活动启动仪式在龙湖公园举行（万载县融媒体 供图）

●2022年6月15—20日，万载县残疾人运动员邹益代表国家队参加残疾人举重亚洲大洋洲锦标赛，获公开组冠军、亚洲组冠军、公开组总成绩亚军、亚洲组总成绩亚军的好成绩（万载县残联 供图）

●2022年8月5—7日，“万载古城杯”第一届江西省小棋王大奖赛在万载古城举行（万载县融媒体 供图）

●2022年6月10日，中国·万载第三届百合旅游文化节山地自行车骑游活动在白水乡举行（万载县自行车运动协会 供图）

●2022年7月9—17日，万载县第三届“金柯杯”气排球比赛在万载县第二中学体育馆举行（巫龙 摄）

●2022年9月30日，万载县羽毛球协会成立，“港湾”杯羽毛球赛开赛（黄金文 供图）

旅游盛景

●万载古城夜景（万载县融媒体 供图）

●九龙原始森林景区（万载县政府办 供图）

●万佛寺（黄安 摄）

●竹山洞（万载县文广新旅局 供图）

●万载竹山洞（王竹根 摄）

●江西恒晖艺术农业景区（万载县政府办 供图）

●湘鄂赣革命纪念馆（万载县政府办 供图）

●湘鄂赣革命根据地仙源纪念地（徐小明 供图）

●仙源乡红色研学拓展基地（仙源乡 供图）

●江西万载仙源陈坑蓝家屋（湘鄂赣特委“九二”扩大会旧址）（万载县融媒体 供图）

●中华苏维埃共和国湘鄂赣省苏维埃执委会银质印章（国家一级文物）（万载县文广新旅局 供图）

●2022年9月30日，毛泽东同志旧居免费开放揭牌（邓超 摄）

①2022年9月30日，万载县在县革命烈士陵园举行公祭仪式（邓辉 摄）

②2022年10月22日，走访慰问百岁老兵徐桃生（万载县退役军人事务局 供图）

③2022年4月30日至5月4日，县文联与县教体局、县团委、县关工委在古城郭南轩公祠联合举办全县青少年红色书画作品展，现场共展出作品150余幅（万载县文联 供图）

④2022年6月30日，万载红色名村讲解员选拔赛进入决赛（万载县融媒体 供图）

文化略影

●2022年10月2日，在万载古城举行“百姓大舞台大家一起来”活动（万载县文广新旅局 供图）

●2022年2月25日，万载古城灯彩闹元宵活动（万载县文广新旅局 供图）

●2022年6月11日，万载第三届百合旅游文化节在白水乡槽岭村开园迎宾（万载县融媒体供图）

●2022年8月7日，由县委宣传部主办，县志愿者协会、县青年志愿者协会承办，团县委、县文联等单位协办的“我爱万载，爱我万载”——群星聚益关爱留守学生暨万载县新时代文明实践优秀志愿者表彰公益晚会在龙湖公园举行（邓辉 摄）

●2022年9月17日，由县社联主办、县龙河之声艺术团承办的“喜迎党的二十大 感恩奋进新征程”宣传周活动启动仪式在龙河星城广场举行（县社联 供图）

●花灯戏《三伢子钓鱼》（万载县文广新旅局 供图）

●万载花灯戏《数麻雀》（潘磊 摄）

●花灯戏（万载县融媒体 供图）

●万载花灯戏《李更探监》（潘磊 摄）

《万载年鉴（2023）》编纂委员会

主 任 委 员：刘学军

副主任委员：彭宇波　龙水莲　黄国洪

委　　　员：聂建华　阳智德　陈环峰　柳林根

况　勇　吴美福　刘钦映　龙建兵

李　遒　柳　通　张　凯　晏双移

周文毅　黄育荣　朱伟俊　晏君武

潘　洁　钟汉良　姚智智　周金平

张海艳

《万载年鉴（2023）》编辑部

总 编 辑：黄国洪

副总编辑：兰小红　龙奇伟　朱　静　蔡友平　叶春林

主　　编：辛　伟　陈燕君

编　　辑：杨可能

特邀编辑：徐小明　邬贵珍

工作人员：周筱玲　汪志斌　凌敬丹　柳　辉　钟向群

编辑说明

一、《万载年鉴(2023)》以马克思列宁主义、毛泽东思想、邓小平理论、“三个代表”重要思想、科学发展观、习近平新时代中国特色社会主义思想为指导,坚持辩证唯物主义和历史唯物主义的立场、观点和方法,坚持为改革开放和社会主义现代化建设服务。

二、《万载年鉴(2023)》记录了2022年万载县经济建设和社会发展的基本情况。作为背景资料,年鉴内容有部分涉及2022年之外的情况,有些方面的基本情况虽然在前几卷《万载年鉴》中有记载,但为了方便阅读和保持内容的完整性,仍予以记载。

三、《万载年鉴(2023)》采用类目、分目、条目三级结构层次,设特载、专记、大事记、县情概览、中国共产党万载县委员会、万载县人民代表大会、万载县人民政府、中国人民政治协商会议万载县委员会、中共万载县纪律检查委员会 万载县监察委员会、民主党派、群众团体、法治、军事、财政·税务、经济管理、农业农村、工业、商贸服务、交通管理、邮政·通信、金融、城乡建设与管理、生态环境保护、科技、教育、体育、文化传媒、卫生健康、社会生活、应急管理、乡镇、人物荣誉、组织机构及负责人名录、统计资料、文献选编、索引类目。

四、《万载年鉴(2023)》的条目除概述或概况外,相关部分的单位资料均为动态标题,便于突出条目信息价值和年度特色。

五、《万载年鉴(2023)》对各单位资料之间重复记述的部分,在分清主次和互相协调的基础上,采用平衡删留、详略互见、区别视角等不同的记述方法。

六、《万载年鉴(2023)》乡镇(街道)、部门、单位、企业及人物均按相关标准排序。合并前的相关单位内容，列入合并后的单位内容中。由于年鉴内容采写时间与统计数据发布时间难以同步，如果文中涉及的相关数据与统计数据不符，以统计数据为准。

七、《万载年鉴(2023)》数字用法、标点符号用法分别采用国家标准《出版物上数字用法》(GB/T 15835—2011)、《标点符号用法》(GB/T 15834—2011)，计量单位采用国家技术监督局1993年12月发布的《量和单位》系列国家标准。数据计量单位遵从各单位的实际工作需求，并不严格使用标准计量单位。其中，1亩=1/15公顷=10000/15平方米≈666.67平方米。

目 录

特 载

专 记

大 事 记

县情概览

中国共产党万载县委员会

万载县人民代表大会

万载县人民政府

中国人民政治协商会议万载县委员会

中共万载县纪律检查委员会 万载县监察委员会

民主党派

群众团体

法 治

军　事

财政·税务

经济管理

农业农村

工　业

商贸服务

交通管理

邮政·通信

金　融

城乡建设与管理

生态环境保护

科　技

教　育

体　育

文化传媒

卫生健康

社会生活

应急管理

乡 镇

人物荣誉

组织机构及负责人名录

统计资料

文献选编

索　引

特　载

县委工作报告

——在县委十五届四次全体(扩大)会议上

(2023年1月31日)

万载县委书记　严旭辉

这次县委全会的主要任务是:以习近平新时代中国特色社会主义思想为指导,深入学习贯彻党的二十大精神,深化落实习近平总书记视察江西重要讲话精神,全面落实中央、省、市经济工作会议和省委、市委全会精神,听取和讨论县委常委会工作报告、县委常委会2023年工作要点,审议通过《中共万载县委关于深入学习宣传贯彻党的二十大精神　加快全面建设社会主义现代化万载的实施意见》,动员全县上下担当实干、勇毅前行,凝心聚力加快建设富强美丽和谐宜居新万载。

现在,我受县委常委会委托,向全会作工作报告。

2022年,在中央、省、市的坚强领导下,县委常委会高举习近平新时代中国特色社会主义思想伟大旗帜,坚持以学习宣传贯彻党的二十大为主线,锚定建设"富强美丽和谐宜居新万载"目标,按照"融入宜春、聚力园区、双城联动、特色彰显、宜业宜居"工作思路,团结带领全县各级党组织和广大干部群众,用汗水浇灌收获,用实干笃定前行,统筹做好战疫情、抗旱情、促发展、保民生、护稳定等各项工作,推动全县经济社会发展和党的建设取得新成效、实现新作为。

一年来,我们始终把牢正确的政治方向,对标看齐、忠诚老实更加坚定自觉。县委坚持把讲政治作为第一要求,坚定不移把"两个确立""两个维护"贯穿到工作各方面和全过程,全县各级始终把对党绝对忠诚镌刻在岗位上、融入到行动中。一是理论武装凝心铸魂、见行见效。县委坚持"第一议题"制度,召开19次常委会、12次县委理论学习中心组学习会,及时跟进学习习近平总书记重要讲话重要指示批示精神;举办党的十九届六中全会精神专题研讨班,实现科级干部培训全覆盖;聚焦喜迎党的二十大,举全县之力开展"千名干部下基层"活动,投入3000余万元,为群众办实事427件,化解矛盾纠纷440起,二十大期间进京访零登记,市委信访工作联席会议发文通报表扬;党的二十大召开后,第一时间组建县委宣讲团,县四套班子领导带头深入到基层宣讲,在全县上下迅速掀起了学习宣传贯彻党的二十大精神的热潮。二是政治建设常抓不懈、贯穿始终。坚决贯彻民主集中制,严格落实"三会一课”、民主生活会、组织生活会等制度；聚焦“三新一高”、疫情防控、粮食安全、巩固拓展脱贫攻坚成果等“国之大者”，推动政治监督更加具体化精准化常态化；坚持抓住关键少数，加强对“一把手”和领导班子成员的监督，收到监督直报问题104个，“治未病”作用得到有效发挥；持续深化以案促改、以案促治，召开全面从严治党形势分析会，坚决杜绝“七个有之”，讲政治从外部要求转化为内在行动。三是对标落实彰显担当、勇争一流。牢固树立“一盘棋”思想，不折不扣推动党中央决策部署和省、市工作要求在万载落地见效。坚决做好抓落实活动年“三拼三促”工作，县域发展对标九江市永修县、园区发展对标上高工业园区，多项主要经济指标增幅成功实现赶超跨越，展现了奋力拼搏、勇争一流的昂扬斗志，营造了人人争当新时代“脊梁式人物”的浓厚氛围。这是我们广大党员干部凭着龙腾虎跃的干劲、敢入虎穴的闯劲、坚韧不拔的韧劲取得的成绩，更是我们各个市场主体、各位企业老板、员工和全体群众奋力拼搏、勇争一流、大胆实干取得的成绩。

一年来，我们坚持担当实干推动工业发展，经济实力、产业动能迅速提升。县委坚持主攻、强攻工业不动摇，大力发展实体经济，克服疫情带来的不利影响，持续优化营商环境，不断激发市场主体动能，推动县域经济逆势上扬、突破赶超。一是营商环境提质增效，市场主体更加舒心。扎实开展“人企走访连心”活动，由县四套班子领导担任营商专员，主动认领任务，坚持每月上门为企业协调解决问题196个，并定期将走访服务情况形成通报传阅学习，不断优化对企服务。加强商会建设，向商会派驻干部担任秘书长，推动商会运行更加规范、工作更加高效；探索实施由商会承担部分行政职能承接工作，营造了良性互动的政银企关系。深入开展“人人都是营商环境，让企业在万载暖心爽心”专题民主生活会，干部对营商环境的重要性认识更高了，优化营商环境的举措和路径更加清晰，对企业的爱护和尊重形成自觉。同时，连续2年坚持每月至少通报一起损害营商环境的行为，共查处典型案例82起102人、通报49起54人，在红脸出汗、批评斗争中干部更加主动做到了优环境、促发展。通过持续努力，县工商联、县人民法院共建沟通联系机制做法成功入选全国典型事例；“人生十件事，一事一次办”改革入围省政务服务办、省大数据中心典型案例，我县荣获江西省第一批“无非法集资示范县”。二是园区发展势头强劲，企业前景更加光明。加大园区基础设施建设投入，整合资金7亿元改造提升园区路网、管网，园区要素保障不断增强、环境更加优美。推动园区营业收入同比增长16.6%、利润总额同比增长22.5%，园区排位实现大幅提升，获评“江西工业崛起园区发展专项奖”，我县荣获全市工业高质量发展先进县。签约20亿元以上项目5个，申报认定“5020”项目2个，2家企业入选瞪羚企业；天卓新材料入选国家级专精特新“小巨人”企业，为全县首家百亿企业；睿达新能源、睿锋环保成功申报“国家级绿色工厂”，其中睿达新能源成功申报国家级废旧动力电池梯次利用项目，并获批省级技术创新中心，全市仅3家。在全县各级的努力下，大企业纷至沓来，好项目相继落地，昂扬向上、生机蓬勃、未来可期的园区正在加速呈现。三是花炮产业蝶变跃升，行业实力更加凸显。在抓好安全生产的基础上，我们秉持“花炮兴则万载兴”的情怀，始终把花炮产业作为支柱产业、富民产业和第一位产业，以创建“全国烟花爆竹转型升级集中区”为契机，全面推进花炮生产企业标准化建设并完成星级评定，加快“5G+花炮产业”发展，92家花炮企业完成自动化技改；成功举办江西省2022年烟花爆竹安全经营管理暨产销洽谈大会，花炮品牌影响力扶摇直上，一批龙头企业正在引领“万载花炮”响彻全球，花炮产业每年保持20%的增速，成功实现产值150亿元、税收4亿元的“双突破”，在四大主产区的地位稳步攀升。叶建春省长在我县调研时，寄予“安全生产万无一失、企业发展万马奔腾、烟花绽放万人空巷”的殷切期望。

一年来，我们一体推进城乡融合发展，城市品位、乡村面貌实现大幅转变。县委坚持“人民城市人民建，人民城市为人民”理念，始终不折腾、不彷徨、不懈怠，加速突破历史制约瓶颈，在城市发展各个方面谋求突围，用干部的温情使城市焕发出新活力；扎实做好巩固拓展脱贫攻坚成果同乡村振兴有效衔接工作，全力搭建平台，破除影响农业农村发展的障碍，谱写了城乡协同发展的时代赞歌。一是美丽宜居城市建设成效凸显。坚持“新旧同步、双城联动”发展战略，新城建设突出生态引领、配套先行，做到科学规划，并严格按照规划建成各大路网等基础设施，加速推进宜春学院附属医院、体育公园、布城水系公园建设，全力构建城市的“五脏六腑”，改变了万载过去几十年没有新城的历史。老城区坚持不搞大拆大建，采取渐进式的城市更新策略，投入2亿元改造老旧小区、修复路面、新铺管网、打通断头路，市民获得感幸福感大大增强。连续14个月深入开展美丽宜居城市建设行动，构建“各常委、人大政协主要领导挂帅、各部门单位负责、全体干部齐上阵”的网格化推进工作格局，扎实做好环境整治、文明劝导、结对帮扶商户等工作，收集800多条群众意见，逐步推进200多个城区改造项目，示范带动群众共建共治共享城市。同时，立足万载老旧现状，叠加特有的城市文化，聚力打造“市井生活味、人间烟火气”的城市特质，加速构筑家的温馨和邻里和谐，城市特质在一处处细节中逐步得到精彩呈现。二是农业农村现代化蹄疾步稳。巩固拓展脱贫攻坚成果，全面推进乡村振兴战略，大力实施“一村一微工厂”富民工程，实现年人均增收2.1万余元，并助力一批行政村集体经济年收入突破50万元。携手省供销集团，启动全省县级最大的冷链物流产业园建设，加快构筑农产品物流仓储体系，持续强化农村产业发展配套服务。加强耕地保护，推动农业产业发展，建成农业绿色发展模式万亩示范区4个，有机富硒产业总产值突破50亿元，获评“全域创建富硒绿色有机农产品示范市工作先进县”。同时，探索出“江夏宅改”成功经验，并在全县推广，各村组新农村建设坚持规划先行、村民自治，发挥好村规民约作用，严格按照简易实用、自治有效的村庄规划推进，结合人居环境整治，在人地矛盾紧张的情况下，真正做到了不新增一块建设用地来解决农民的有序建房问题，农民新风、农村新貌真正实现质的突破。三是湘赣边发展先行区建设走深走实。主动服务和融入国家发展战略，成立湘赣边区域合作示范区建设工作专班，召开湘赣边区域宜春片区(万载县)产融对接会；宜万同城快速路、G220绕城公路建成通车，对外通道和县域公路交通更加畅通。积极与浏阳、上栗等地共建优势互补、联系紧密的产业分工合作体系，大力推动以株潭镇为中心的湘赣边发展先行区建设，开放包容、兼收并蓄的发展理念得到有力落实。目前，“中部伞都”建设初具雏形，建成总投资1.88亿元的产业园，已落户企业12家。

一年来，我们纵深推进生态文明建设，生态优先、绿色发展成效愈发明显。县委坚持生态优先、绿色发展，扎实做好治山理水、显山露水文章，深入推进锦江流域综合治理，全县生态环境持续改善，绿色屏障扎得更紧更牢。一是碳达峰、碳中和有力有序推进。有序推进“两高”项目全面排查清理整改，大力发展天然气、风能、光伏等清洁能源，综合利用固体废物120万吨，产值突破80亿元，绿色低碳循环发展经济模式日趋完善。二是污染防治攻坚战铁心硬手出实效。整改销号第二轮中央、省生态环境保护督察交办信访问题34件，开展“零点行动”35次，查处环境违法案件11起，整治“散乱污”企业9家，切实守护好了万载的蓝天碧水净土，我县成功创建省级生态县。三是生态保护与修复工作成效凸显。推动39个持证矿山复绿，创建绿色矿山5家。打造“林长+国家储备林建设”示范点，人工造林1.64万亩，修复退化林2.8万亩，成功创建官元山省级乡村森林公园。加强农业面源污染治理，牛蛙养殖等实现全面退养。

一年来，我们坚持和加强党的领导，团结奋进、共谋发展的合力广泛凝聚。县委坚持党的领导、人民当家作主、依法治国有机统一，以协商聚共识、以共识谋团结，奏响了“万众一心促发展”的时代主旋律。一是人民民主和政治协商迸发旺盛活力。支持县人大及其常委会全过程履行人民民主，创新开展人大代表“五带头五表率”主题实践活动；成立5个监督小组，对20件重大民生实事项目开展专项督查，推动各项民生实事基本完成。充分发挥人民政协作为专门协商机构作用，探索打造“赣事好商量，万事微协商”工作品牌，开展基层微协商活动47次；坚持重点督办提案“双领办”制度，17个高质量提案得到落地落实。二是宣传思想文化彰显万载绚丽风采。在强化内宣上凝聚合力，大力挖掘、弘扬真善美和身边的好人好事，4人入选“江西好人榜”，6人入选“宜春好人榜”，“我爱万载、爱我万载”的氛围更浓、成色更足；严格落实意识形态责任制，对15个单位开展专项检查，对11个重点单位、网站、重要系统和平台的网络安全进行加固，舆论阵地管控坚强有力。在扩大外宣上积极传播万载好声音，万载古城获评全国非遗旅游景区、省级特色文化街区，数十次登上央视，“中国傩文化研究基地”“江西省书法之乡”相继授牌；围绕全县中心工作和重点任务，深度讲好万载故事，在中央“四报两台”上稿57篇，省“一报两台”上稿113篇，万载正昂首阔步迈入大众视野。三是社会各界力量凝聚广泛共识。加强和改进统一战线工作，“党外知识分子之家”揭牌成立，推进“五好”宗教活动场所建设，加强对非公有制经济人士、党外知识分子和新的社会阶层人士的团结引导，爱国统一战线进一步巩固发展；全力提升工会、共青团、妇联、文联、残联、侨联等群团工作质效；加强新时代“双拥”工作，军政军民团结的大好局面得到持续巩固。

一年来，我们统筹好发展和安全两件大事，风险管控、社会治理更加高效有序。县委牢固树立总体国家安全观，统筹发展与安全，着力防范化解重大风险、加强社会治理创新，保持了社会大局和谐稳定。一是防范化解重大风险成效良好。坚持把维护政治安全放在首位，严厉打击渗透破坏活动，共侦破邪教案件12起，打击成效位居全市第二，构筑起维护国家安全的铜墙铁壁。坚决扛起防范化解重大风险政治责任，定期召开会议分析研判形势，及时解决重大问题，全县债务总体可控，圆满完成上级下达的债务化解任务，牢牢守住了不发生系统性金融风险的底线。二是社会基层治理水平稳步提升。深入推进更高水平的法治万载、平安万载建设，持续深化司法体制改革，大力支持法院、检察院依法履行职责，推动依法治县取得新成效。扎实做好市域社会治理现代化试点工作，建成矛盾纠纷多元化解中心。完善社会心理服务体系建设，统筹推进群众身心健康，累计服务人次成功破万。用真心用真情全力做好信访工作，成功化解31起信访积案。常态化开展扫黑除恶斗争，扎实开展整治养老诈骗、电信网络诈骗等专项行动，成功打掉1个涉恶势力组织犯罪集团，侦破各类案件647起，打击成效位居全市前列。在全市政法系统“作示范、勇争先”活动中，我县位列全市第一。鹅峰乡司法所荣获“全国模范司法所”。三是安全生产态势趋向平稳。严格落实安全生产责任制，不定期开展打非治违专项行动，按照“村不漏组、组不漏户、户不漏栋、栋不漏层、层不漏间”的要求进行摸排，打击非法生产行为6起、刑事拘留11人，烟花爆竹、非煤矿山、道路交通等重点领域态势平稳可控，防汛抗旱、森林防灭火、地质灾害等工作成效明显。

一年来，我们全力保障和改善民生，发展为民、共建共享的理念深入人心。县委坚持人民至上、生命至上，坚决站稳人民立场，聚力解决群众反映强烈的急难愁盼问题，在为民谋福中持续彰显情怀和担当，推动全县人民发自内心地听党话、感党恩、跟党走，群众幸福指数节节攀升。一是疫情防控和医疗救治更有温度。疫情防控期间，在全县深入开展疫情防控大宣传、大排查“敲门行动”，各级党员干部、志愿者大力发扬“5+2”“白＋黑”精神，顶风冒雨、走家串户与群众交心、谈心，真正敲开了群众的“心门”。实行乡、村、组三级党员干部结对服务、协助医疗救治工作，并逐一发放健康包、营养包10万余份，用温暖和温情守护群众生命安全和身体健康，传递了尊老爱老的社会正能量，得到社会各界的一致好评。在疫情防控和救治期间，广大医务工作者、各级党员干部都付出了巨大努力，用无怨无悔、无所畏惧书写了人间无私大爱，真正展现出了“白衣天使”的博大情怀和光辉职业操守。二是教育和体育事业协同发展更有力度。坚持教育优先发展，把人才培养摆在更加重要的位置，持续加快校县合作步伐，探索与南昌大学、江西师大、宜春学院等高等院校开展全方位战略合作，全力打造赣西最专业、最正规的艺术类教师教育培训中心；新、改扩建9所学校，新增学位4600余个，县教体局成功申报教育部“新时代学校美育劳动教育数字资源建设与应用众筹众创”共同体，全国仅61个。聚焦快乐体育建设，推进全民健身运动并养成文明健康生活方式，罗城镇荣获“全省群众体育先进单位”；创新县领导担任协会名誉会长制度，一大批体育协会从无到有、从有到优，各类体育运动和赛事活动蓬勃发展。三是民生保障和社会服务更有精度。加快推进多层次社会保障体系建设，群众就业创业环境更优、渠道更广，成功举办市第二届乡村振兴职业技能大赛。坚持房住不炒定位，推动房地产市场平稳健康发展。兜牢民生保障底线，在全市率先设立困难群众救助服务热线平台，持续关注“一老一小”，建立留守儿童之家75个，改造提升养老服务机构6个。

一年来，我们全面提升党的建设质量和水平，党要管党、从严治党坚强有力。县委坚持严的主基调不动摇，坚决扛起全面从严治党主体责任，干部的精气神和作风效能得到明显提升，全县政治生态风清气正、健康向上。一是基层党建工作实现新突破。聚焦基层党建创新发展，以仙源湘鄂赣革命根据地等为依托，深化红色名村建设、开展红色研学、助力乡村振兴，全年红色研学达6.5万余人，调研课题成果成功入选第六届全国基层党建典型案例。紧盯乡村治理，推广马步乡宝石村“四三二”工作机制、潭埠镇新田村“四新之路”、双桥镇“好人之治”等典型做法，进一步筑牢基层战斗堡垒，干部的凝聚力、战斗力不断增强。积极承接省委组织部在宜春开展的流动党员管理试点，配合市委组织部做好成立宜春市驻大湾区流动党员党委的筹备工作，全力打造流动党员管理“宜春样板”。参加全省党务技能大赛，我县4类4个参赛案例全部获奖，获奖数量列全市第一。二是干部能力作风实现新提升。高规格举办17期“周六论坛”，推动各级领导干部在学习中开阔视野、解放思想、提升能力。同时，在实施乡镇干部绩效考核的基础上，对县直单位分类考核、竞相比拼，对县直单位干部进行绩效考核，并严格与绩效奖金挂钩，真正做到干多干少、干好干坏不一样，14名“躺平”干部回归正常工作，10名干部接受组织处理，调整使用一线干部5批次270人次，切实让干事者有奔头、让躺平者不可能，全县干部争先创优意识明显增强，绩效考核的经验做法在中共中央组织部《组工信息》单篇推介。三是正风肃纪反腐取得新成效。围绕修复净化政治生态总目标，一体推进不敢腐、不能腐、不想腐，实现“一把手”和领导班子政治监督全覆盖，推动巡察工作规范化、标准化，努力做到巡察监督与纪律监督、监察监督、派驻监督、审计监督贯通融合；坚持风腐一体纠治，对乡科级领导干部立案48人次，处置违反中央八项规定精神问题线索42件，给予党纪政务处分42人，通报典型案例81起116人，持续释放出把反腐败斗争进行到底的强烈信号；创新廉政教育方式，大力开展廉政戏剧编排、勤廉微视频拍摄、领导干部配偶培训班等活动，6800名党员干部参加“网络廉考”，书写了新时代全面从严治党永远在路上、党的自我革命永远在路上的坚定执着。

奋斗饱含艰辛,成绩来之不易。回顾一年来的工作,我们更加深刻地感受到,这些成绩的取得,最根本的在于习近平总书记领航掌舵,在于以习近平同志为核心的党中央坚强领导,在于习近平新时代中国特色社会主义思想的科学指引,是省、市正确领导、关心支持、倾力帮助的结果,是全县上下团结奋进、拼搏进取、无私奉献的结果。一年来,大家锚定“奋起赶超跨越,勇争全省一流”战略目标,经受住了来自各方面的严峻挑战和重重考验,营造了平稳健康的经济环境、安定和谐的社会环境、风清气正的政治环境,保障了全县经济社会发展和党的建设等各项事业高质量发展。这一张张可圈可点的成绩单、一个个可感可触的新变化背后,凝聚着广大干部群众的辛勤努力和默默付出,每个人都是无名英雄,每个人都值得尊敬。借此机会,我谨代表县委、县政府和62万万载人民,向奋战在全县各行各业、各条战线的广大党员干部,向离退休老干部,向所有关心支持万载发展的社会各界人士,表示衷心的感谢和崇高的敬意!

面对新形势、新任务、新要求,县委常委会分析了当前面临的困难和存在的不足。主要为:一是推进高质量发展的任务还很艰巨,发展不足仍然是万载的基本县情,经济总量不大、工业底子较薄、产业聚集不够、环境保护压力较大等问题仍然突出,强攻工业、聚力园区还需下更大功夫;二是城市面貌改善与群众的急切期盼还不相符合,推进城市高质量发展的步伐还是较慢,提升城市功能和品位,建设美丽宜居新城依然任重道远;三是强保障、惠民生、补短板还有较大差距,社会治理能力和治理水平还不够高,基层组织运转不畅、负担事务过重,影响了基层干部的积极性和创造性,推进基层减负还需持续发力,保稳定、促和谐的能力还需进一步提升;四是少数干部担当实干的劲头和激情还存在不足,形式主义、官僚主义树倒根存,全面修复净化政治生态、纵深推进反腐败斗争的形势依然严峻复杂,党的建设还需持续加强,等等。县委常委会将团结带领全县广大干部群众,深入贯彻党的二十大精神,始终坚持问题导向,全面固强补弱,努力把各项工作做得更好,加快建设富强美丽和谐宜居新万载。

政府工作报告

——在万载县第十七届人民代表大会第三次会议上
（2023年2月26日）

万载县人民政府县长　刘学军

各位代表：

我代表县人民政府向大会报告工作，请予审议，并请政协委员和列席会议的同志提出意见。

一、2022年工作回顾

2022年，在市委、市政府和县委的坚强领导下，在县人大、县政协的监督支持下，全县上下团结奋斗、勇毅前行，较好完成了年初确定的各项目标任务，全县经济社会发展迈出新步伐、取得新成效、呈现新气象。

这一年，是综合实力大幅提升的一年。全县主要经济指标全面挺进第一方阵，全年GDP实现262.6亿元，增长5.3%，全市第四；财政总收入达38.6亿元，增长18.3%，其中一般公共预算收入17.9亿元，增长8.6%，全市第四；规模以上工业增加值增长9.2%，全市第三；固定资产投资增长10%，全市第三；利用省外项目资金68.1亿元，增长9.7%，全市第二；外贸出口8.2亿美元，增长89.4%，全市第三；社会消费品零售总额80.9亿元，增长5.2%；城镇、农村居民人均可支配收入分别达37043元、16387元，增长5.7%、5.9%。获评全市工业高质量发展先进县、全市农业生产工作先进县、全市文化和旅游产业发展先进县。

这一年，是产业升级蓬勃兴盛的一年。工业经济突飞猛进。全县规模以上工业企业新增24家，达225家，产值突破430亿元，增长14.6%。引进尚明新材料、时代志存、天卓新材料二期、赛酷新材料、和光新材料等20亿元以上项目5个，锂电新能源产业产值达210.5亿元，增长148.8%，天卓新材料成为全市首个县级“百亿企业”。数字经济核心产业营收达167.6亿元，增长344.6%，总量全市第三、增速全市第一。花炮产业产值突破150亿元，税收达4亿元。农业发展稳中有进。新建高标准农田3.5万亩，完成乡镇防洪工程3个，维修农饮工程52处。“两稳一扩”超额完成省定任务，“两品一标”认证数达149个，农林牧渔业总产值达22.82亿元。建成农业绿色发展模式万亩示范区4个，有机农业基地认证面积41.2万亩，富硒农产品基地面积21万亩。黑山羊、黑兔、黑番鸭养殖量分别达33.3万头、230万只、23.5万羽，“康乐黄鸡”养殖量达15.5万羽并列入全国首批畜禽性能测定名单。藠头加工出口量达4200吨，成为全国藠头加工出口大县。完成龙牙百合脱毒种苗标准化生产及栽培示范基地建设，被列为省级龙牙百合良种繁育基地。成功申报国家农村产业融合发展示范园项目，获评全域创建富硒绿色有机农产品示范市工作先进县。服务业活力焕发。坚持每周六和重要节假日上演古城烟花秀，打造“星期六来万载”消费品牌，成功举办第三届百合旅游文化节、“百城百夜”文旅消费季等重大活动，旅游综合收入达118.9亿元，增长13.6%。发放消费券1350万元，拉动消费1.6亿元。新增电商企业7147家，增长364%，网络零售额达11.6亿元，增长

188.9%,全市第二。万载古城获评全国非遗旅游景区、省级特色文化街区、宜春十大网红景区。

*这一年,是发展后劲越发坚实的一年。*园区发展势头强劲。投入22亿元完成园区提升项目61个,化工集中区通过评审,成功护牌。园区产值达360亿元、增长14.3%,税收达12.3亿元、增长98.4%、接近翻番。全省综合排名前进27位,从D类提升至C类,荣获江西工业崛起园区发展专项奖。项目建设接续发力。全年新签约亿元以上项目49个,总投资217.7亿元,其中10亿元以上项目9个,申报认定“5020”项目2个。项目注册率、开工率分别达100%、77.6%,入统完成率全市第一。开(竣)工重大项目129个,累计完成投资152.1亿元。2022年新发行专项债券项目9个,债券资金12.91亿元。获得中央预算内资金1.48亿元、基金项目资金0.79亿元、设备贷项目资金2.3亿元,均列全市二类县第一。通过国家审核的四批中长期贷款项目65个,贷款需求67.79亿元,项目个数和金额均列全市第一。争取各类无偿资金4.9亿元。科技支撑更加有力。全社会研发经费占GDP比重达1.78%,首次超过全省平均水平。认定高新技术企业13家,入库科技型中小企业120家,新增国家级专精特新“小巨人”企业1家、省级瞪羚企业2家、省级技术创新中心1家。营商环境持续优化。建成“万事好办”营商服务平台,建立企业诉求“1510”快速处置机制,常态化推进政企圆桌会议帮助解决问题54个,开展“入企连心”走访和惠企政策精准直达企业行动。减税降费9.3亿元,其中缓缴税费5.1亿元、减免税费3.1亿元、留抵退税1.1亿元。兑现奖补5.9亿元,助企贷款71.5亿元,“新官不理旧账”专项治理获市政府“红榜”表扬。超计划完成政府隐性债务年度化解任务,获评江西省第一批无非法集资示范县。

*这一年,是城乡面貌加速蝶变的一年。*城市生活更加舒畅。投资1.9亿元打通城区断头路7条、拓宽瓶颈路8条,宜万快速通道和G220绕城公路建成通车。开展美丽宜居城市建设行动,拆除违章搭建1320处,修复增补绿化3.5万平方米,新增停车场24个、公厕11座、路灯10273盏。完成“双城联动”项目12个、宜居项目45个,改造老旧小区9个、背街小巷4条、市政工程36处,新建体育小游园10个,交付棚改安置房5707套,完成汽车服务广场、名优特大市场、城北农贸市场升级改造。天然气管网万载支线顺利建成。乡村设施更加完善。新建新农村点300个,推广黄茅镇“江夏宅改”模式,建成“十个一”“八个有”示范点25个。改造农村危房151户、危桥7座,新(改)建农村公路99.6公里。生态环境更加优美。全县空气质量达到国家二级标准、优良天数比例达90.1%,主要河流断面及县城集中式饮用水水源地水质达标率均为100%,土壤环境风险有效管控。创建绿色矿山4家、修复废弃矿山31家。人工造林1.64万亩,修复退化林2.8万亩,建设国储林2.5万亩,创建江西省AAA级乡村旅游点1个、森林乡村3个、乡村森林公园1个。成功创建省级生态县。

*这一年,是民生实事进步明显的一年。*民生保障持续加强。20件重大民生实事全面完成,民生支出达43.4亿元,占一般公共预算支出81.8%。新增城镇就业3892人、农村劳动力转移7356人,发放创业担保贷款3.7亿元,稳岗就业1.4万人。发放各类救助资金1.2亿元,在全市率先设立8881995困难群众救助服务热线。建立留守儿童之家75个,改造提升养老服务机构6个,新殡仪馆投入使用。持续巩固脱贫成果,完成衔接资金项目155个,建立易地搬迁安置点“有求必应”服务中心35个,新(改)建“微工厂”94家,“一村一微工厂”富民工程获全省推介、全市推广。181个行政村游泳池全覆盖,“一村一泳池”做法入选全市“三拼三促”抓落实优秀案例。投入抗旱资金1288万元,开展人影作业23次,有效应对60年一遇旱情。公共服务稳步提升。广大医务人员和基层工作者不畏艰辛、日夜坚守,铸就了人民生命健康的坚实防线,疫情防

控取得重大胜利。全县新增医疗床位350个、扩建重症床位49个，宜春学院第一附属医院正式挂牌成立，县中医院综合楼投入使用。成功通过省级卫生城复审，“优质服务基层行”获国家卫健委通报表扬。教育投入2.6亿元，新改扩建校舍70653平方米，新增学位6210个，新招录教师498人，教育大班额由4.2%下降至2.5%，历史性全面消除超65人以上超大班额。圆满承办第三届中国傩文化学术发展研讨会，被授予中国傩文化研究基地称号。获评江西省革命文物保护利用示范创建县、江西省书法之乡。社会大局和谐稳定。化解信访积案31件，刑事警情、治安警情、交通事故死亡人数分别同比下降31.5%、24.4%、31.6%，侵财性案件挽损442万元，其中挽回25名群众电诈损失310万元，打掉恶势力集团1个。未成年人“零溺亡”，较大以上事故“零发生”，查处花炮非法生产窝点6个，刑事拘留11人。获评全省应急管理考核优秀、全省森林防火“平安春季行动”平安县。

这一年，是自身建设加强有力的一年。依法行政不断增强。深化法治政府建设，全面实施“八五”普法，加强政务公开“双化”建设。受理行政复议案件51件，依法公开政府信息9875条，办理人大代表建议122件、政协提案67件。邀请政府法律顾问团参与重大事项合法性审查254件。行政效能不断提升。纵深推进“五型”政府建设，扎实开展“三拼三促”抓落实活动，政府系统大抓落实、快抓落实、狠抓落实的浓厚氛围加快形成，获评全市抓落实活动年“三拼三促”工作先进集体。在全市率先实施行政审批超时默许制度，率先完成乡镇便民服务中心一窗受理全覆盖，率先开展“人生十件事，一事一次办”改革并荣获全省“最佳创新案例”奖。全面推行“四办”服务，与浏阳等地实现“跨省通办”事项103项。获评全市政府热线工作先进集体。审计经验案例全省推广。廉政建设不断加强。坚持把全面从严治党贯穿政府工作全过程，常态化开展政府系统党风廉政教育，持之以恒纠治“四风”，纪委监委受理问题线索同比下降37.5%。严格落实过“紧日子”要求和《关于厉行勤俭节约反对铺张浪费的决定》，“三公”经费同比下降13.5%。

同时，民兵工作、兵员征集、国动援战、基层武装部星级达标建设，退役军人事务、红十字、工青妇、关工委、老年教育、民族宗教、文联、科协、残联、石油、烟草、外事、侨务、档案、史志、体育等工作取得良好成效。

看到成绩的同时，我们也清醒认识到，全县经济社会发展还存在不少困难和问题，主要是：经济总量小、工业底子薄等状况未根本扭转；民生保障不足、城乡基础设施不完善等短板仍然存在；安全生产、信访稳定等压力依然较大；能耗强度不降反升、城乡环境提升缓慢等难题亟待破解；“四风”问题顽疾尚未完全根除。针对以上问题，我们将采取有力措施，全力推进解决。

二、2023年工作安排

指导思想：以习近平新时代中国特色社会主义思想为指导，全面贯彻落实党的二十大，中央、省、市经济工作会议精神和省委、市委、县委全会精神，对标省委建设“六个江西”和市委建设“江西综合实力强市”要求，锚定“奋起赶超跨越，勇争全省一流”战略目标，坚持稳中求进、实干为先，把握发展机遇，完整、准确、全面贯彻新发展理念，适应新发展阶段，构建新发展格局，推进高质量发展，更好统筹发展和安全，突出做好稳增长、稳就业、稳物价工作，着力提振市场信心，全力争先创优，推动万载发展态势和成效全面进位，在新时代新征程中展现万载担当、拼出万载作为。

总体要求：坚持“融入宜春、聚力园区、双城联动、特色彰显、宜业宜居”工作思路，紧扣“工业强、城市美、生态优、民生好”奋斗目标，坚决强化政治引领，推动政府系统全面从严治党向纵深发展；以“三比三争”为主要抓手，紧扣项目建设实干快干，坚定不移做大做强工业园区，迅速掀起主抓实体经济、攻坚项目建设、推进高质量发展的浓厚氛围；聚焦“市井生活味、人间烟火气”城市特质，坚持“一张蓝图绘到底”,强力推进南部新城建设,全力提升城市功能与品质;全面推进乡村振兴战略,不断增进民生福祉,坚守安全稳定底线,推动万载在区域竞争中赶超发展、勇争一流。

2023年全县经济社会发展的主要预期目标是:地区生产总值增长7.7%左右,一般公共预算收入增长7.5%左右,规模以上工业增加值增长9%以上,固定资产投资增长10%以上,社会消费品零售总额增长9.2%左右,外贸进出口总额保稳提质,实际利用外资稳中有进,城镇和农村居民人均可支配收入分别增长6.5%、7.5%,完成节能减排任务。

实现以上目标,我们务必坚定信心、保持定力、团结实干,重点从八个方面持续发力:

(一)聚力工业突破,持续稳住高质量发展势头

加强双“一号工程”。常态化推进优化营商环境制度,深入开展商会改革和发展,发挥商会作用,构建好企业履行经济社会发展责任承接平台,聚力保护、尊重、鼓励企业发展,争创“全省营商环境和政务服务满意度一等县”。加强数字经济供需对接,建设5G基站600个,新增数字经济核心产业规模以上企业4家,认证“两化融合”贯标企业12家。建成智慧城市大脑平台。

加快项目落地。围绕“1+3+N”产业规划,加大项目招引力度,强化招商成效考核,引进亿元项目30个以上,其中20亿元以上项目3个,50亿元以上项目1个,加快投资百亿的压缩空气储能项目落地,推进重庆万里、华麟光电等重点项目建成投产。

加速园区增效。加快工业园区调区扩区,加速用地“腾笼换鸟”,推进化工集中区安全风险等级升级。加快完成工业园220千伏变电站、危化停车场、供气供热和污水管网建设。确保园区总产值突破500亿元,力争税收达20亿元,一年上一台阶,工业园争先创优排名进入全省第二方阵,争创“全省重点工业园区”。

(二)彰显产业特色,持续强化高质量发展支撑

做优花炮产业。坚定发展传统支柱产业,深化全国烟花爆竹转型升级集中区建设,力争花炮总产值突破200亿元,税收突破5亿元,创建花炮企业集团4个以上;探索城市烟花燃放管理新模式,推动烟花进景区,培育燃放人才,拓宽燃放市场,举办国际性、全国性花炮竞赛和论坛。

做强锂电产业。发挥化工集中区优势,引进延链补链龙头企业,推动天卓新材料等企业倍增升级,探索尾渣、长石粉等回收综合利用。力争锂电百亿企业达到3家,全县锂电新能源产值超400亿元、税收超12亿元,打造省级锂电重点产业集群,唱响中国·万载锂电新材料产业基地品牌。

做好百花齐放。加大电子信息、橡胶化工、有机富硒食品等传统产业扶持力度,积极招大育强医药制造、新型建材、铜金属回收加工等产业,打造赶超发展新增长极。推动户外运动项目发展,做优万载宵夜餐饮市场,推动文旅深度融合,推进红色旅游串联式发展。培育和引进跨境电商企业,力争培育网络销售额过亿企业1家,实现网络零售额14亿元以上。

(三)深化改革开放,持续增添高质量发展动能

实施重点改革。推进万投集团整合优化和市场化转型,加速公立医院改革,探索村医“乡聘村用”。建成农村产权交易中心、宅基地基础信息调查及监管平台,推动“江夏宅改”试点扩面。推进县融媒体中心二次改革,完成“统一社会保险费征收”改革。

推进科技创新。广泛开展产学研合作,完成规模以上工业企业新一轮技改。力争全社会研发经费投入增长16%以上,有研发活动的企业占规模以上企业总数45%以上,认定高新技术企业15家,入库科技型中小企业120家。

融入区域合作。推动S308调整为G640,启动万上线一级公路改建前期工作,完成S222高村至三兴道路改扩建。主动融入宜春,深化与宜春学院县校合作。加快赣湘边发展先行区建设,推进株潭双创孵化产业园建设和项目招引落地,支

持打造“中部伞都”；加快赣西商贸中心建设，提升株潭片区域辐射能力。

（四）坚持双城联动，持续提升高质量发展成色

建设南部“新城区”。启动南部新城区建设项目20个，推动宜春学院第一附属医院、城南高中、党校等项目建设；加快光明大道、康南路等道路建设，完全打通“两纵三横”路网；打造布城水系带状公园，建设滨水漫步道；启动体育中心、新城社区综合服务中心建设，打造高品质宜居新区。

改善老城“新品质”。改造老旧小区5个、背街小巷3条，新增停车场7个，新建体育小游园6个，完善已打通“断头路”的绿化、人行道和路灯等附属工程。新建、改造供水管网25.8千米，推进龙河清淤及乌溪河、九仙塘水系治理。深入开展美丽宜居城市建设行动，创新社区物业管理模式，开展形式多样的群众特色文体活动，启动国家卫生县城创建。

打造城市“烟火气”。建设一批“嵌入式体育场所”，建立体育协会组织承办体育赛事活动机制，以赛事聚人气，建设“快乐体育休闲城市”。培育壮大国家夜间文化和旅游消费集聚区万载古城景区，打造城隍庙街区夜市、东门剁肉一条街、东升宵夜等大众消费特色街区。坚持每周六及重要节假日上演烟花秀，推动促消费活动常态化，助力“夜经济”繁荣发展。开展“书香万载”建设，打造一批社区群众文化品牌，举办首届群众文化艺术节。

（五）加速乡村振兴，持续夯实高质量发展基础

提升巩衔成效。抓实“两不愁三保障”及饮水安全，坚决守住不发生规模性返贫底线。完成“微工厂＋光伏”产业富民工程40个，力争易地搬迁后扶工作获得国务院督查激励。实施“百校联百县兴千村”行动，建设县乡村振兴学院暨革命传统教育基地，强化人才支撑。

发展现代农业。坚决落实粮食安全责任，建设高标准农田2万亩，完成小型水库除险加固工程10座，推进山塘整治200座。构建“硒+N”产业体系，做强“三黑一黄一白”产业，推进毛竹等产业发展，完善气象设施等农业服务平台，申报省级全程农业机械化综合农事服务中心1个，力争完成基层供销社建设6个、冷链物流产业园进度达到80%，创建三兴种质资源保护特色小镇。

建设和美乡村。统筹推进49个“十四五”重点帮扶村和36个“十个一”“八个有”乡村振兴先行示范村建设，创建美丽宜居乡镇、村庄、庭院和示范带。新（改）建农村公路60千米，启动农村公路错车道项目。完成X508万载县城至多江村县道升级改造工程，实施S223万载株潭至后槎二级公路改建工程。深入推进移风易俗，探索农村治理新模式。

（六）厚植生态优势，持续擦亮高质量发展底色

坚持绿色发展。全面落实碳达峰碳中和要求，加速落后产能淘汰和过剩产能压减，坚决遏制“两高”项目盲目发展。加强风力、光伏发电项目申报纳规，支持废旧电池回收等再生资源循环利用，倡导绿色低碳生活方式。

强化污染防治。启动“万载蓝”计划，确保空气质量优良率不低于91%。完成三十把水库备用水源工程建设，确保14个乡镇污水处理厂、工业园区第二污水处理厂投入使用。推进土壤污染防治和安全利用，健全建设用地准入管理机制。完善环境执法监管体系，坚决完成中央、省环保督察反馈问题整改销号。

严格生态保护。严格落实“河（湖）长制”“林长制”，启动国家级生态文明建设示范区创建工作。提高重点水域特征污染物在线监测设备覆盖率，提升监测断面自动预警能力。加强松材线虫病防控，完成人工造林1.4万亩、封山育林0.62万亩、退化林修复2.5万亩。加快推进废弃矿山治理修复，创建绿色矿山3家。

（七）筑牢民生底线，持续共享高质量发展成果

健全保障体系。稳步实施“两险”扩面征缴，扎实做好城乡低保的新增和清退。常态化开展8881995救助热线工作，不断扩大住房公积金政策覆盖面。打好“十四五”城市棚改攻坚战，新建棚改安置点3个，启动建设廉租

房400套,完成星级评定养老机构7家,打造社会工作服务站17个,新增城镇就业3900人。实施留守儿童关爱工程三年行动,做好全国未成年人保护示范县创建申报。

完善公共服务。抓好疫情防控重点人群“防、治、救”和医疗物资保障工作,加强基层卫生院、村卫生室及卫生队伍建设,开展名医院、名科室、名医生创建,推动全国基层中医药工作示范县通过复审。实施教育优质均衡发展攻坚行动,新增小学学位3620个、公办幼儿园学位720个,净增教师不少于260人。拓展提质强校,打造赣西艺培基地品牌,承办全国名师工作室联盟第五届论坛,强化高考培优工作并力争取得突破性成效。加快万载新四军及红色文化研究会建设,加强花灯戏人才培养和推广普及。

维护安全稳定。全面落实总体国家安全观,全力防范化解重大风险。持续开展烟花爆竹、危化品、食品、交通安全等重点领域排查整治,尤其紧盯花炮企业“四超两改”和“打非治违”,以安全护产业。全力推动各类信访问题化解,系统推进校园防欺凌行动,保持未成年人“零溺亡”。推进智能安防小区建设,做好市域社会治理现代化试点验收。深入推进扫黑除恶常态化,依法严惩养老、电信诈骗和非法集资等违法犯罪,全面提升公众安全感,保持社会大局稳定。

(八)强化自身建设,持续增添高质量发展活力

坚持忠诚为政。纵深推进“五型”政府建设,始终把政治建设摆在首位,坚决捍卫“两个确立”,增强“四个意识”,坚定“四个自信”,做到“两个维护”,全面贯彻落实中央、省、市和县委的各项决策部署,把党的领导贯穿政府工作全过程各领域。

坚持依法行政。深入践行习近平法治思想,接续实施“八五”普法规划,坚持政府法律顾问制度,全力提升行政执法能力水平,严格执行“三重一大”行政决策程序,推动创建全省法治政府建设示范县。自觉接受各方监督,认真办好人大代表建议和政协提案,全面推进政务公开,确保“阳光用权”。

坚持诚信施政。全力打造诚信政府,强化政府履约践诺意识,坚决“新官要理旧账”,依法依规兑现政府承诺,认真落实民生实事和便民服务承诺,以诚信政府带动诚信社会建设。

坚持为民勤政。坚持以人民为中心的发展思想,树牢民生情怀,提升服务民生能力,务实高效解决群众急难愁盼问题。大力开展“三比三争”活动,继续实施“星期一集中开会”制度,扎实推进基层减负,推动政府系统大兴“真抓实干、勇争一流”之风。

坚持廉洁从政。压实政府系统全面从严治党主体责任,认真履行“一岗双责”,持续加强党风廉政建设,扎实做好万投集团以案促改。锲而不舍落实中央八项规定及其实施细则精神,坚持政府过“紧日子”不动摇。

附件1

2023年度重大民生实事项目

1. 完成道路井盖更换1491套,安装路灯3000余盏,完成停车位建设205个,新建、改建城乡星级公厕24座。

2. 建设城市公园1个,新建体育小游园6个。

3. 打通城区“断头路”和改造升级道路5条。

4. 完成危桥改造5座。

5. 完成城区4所中学周边自行车、电动车停车位建设4730个。

6. 建设高标准农田2万亩。

7. 完成新农村点建设400个。

8. 完成小型水库除险加固工程10座。

9. 完成“微工厂+光伏”产业富民工程40个。

10. 完成城镇老旧小区改造5个。

11. 完成智能安防小区监控点位补盲建设1900个。

12. 完成南门、布城小学主体工程建设。

附件2

名词注释

1. “两稳一扩”:粮食生产稳面积、稳产量,扩种油菜面积。

2. “两品一标”:绿色食品、有机食品、农产品地理标志。

3. “5020”项目:国家级开发区每年至少引进一个投资超50亿元的产业项目，省级开发区每年至少引进一个投资超20亿元的产业项目。

4. 专精特新“小巨人”企业:由工信部认定的专注于细分市场、创新能力强、市场占有率高、掌握关键核心技术、质量效益优的排头兵企业。

5. 瞪羚企业:创业后跨过死亡谷,以科技创新或商业模式创新为支撑进入高成长期的中小企业。

6. 企业诉求“1510”快速处置机制:企业诉求1个工作日电话联系、一般问题5个工作日办结、疑难问题10个工作日回复。

7. 黄茅镇“江夏宅改”模式:按照“集体性质、户有所居;取退有偿、坚持标准;只做减法、不做加法;公平公正、取信于民”的基本原则,探索建立“规划引领、严格审批、有序建设、合理补偿”的宅基地管理新模式。

8. “十个一”:一图(规划图、农房设计通用图集)、一网(路网、管网、电网、线网)、一审(农村建房审批)、一管(规范农民建房管理)、一护(保护古树名木、名村名建)、一文(建设文化广场、农家书屋、村史馆)、一厕(公厕、户厕)、一水(户户通自来水)、一治(村民理事会自治、农村环境整治)、一查(查处违章、违规、违法建筑)。

9. “八个有”:富有所产、老有所养、病有所医、幼有所托、娱有所乐、食有所供、出有所行、诉有所求。

10. “微工厂”:在优质运营商承租的前提下,通过财政衔接资金建设的微型工厂,厂房资产固化为村集体所有,以租赁或合营方式获取收益。

11. 政务公开“双化”建设:政务公开标准化规范化建设。

12. “五型”政府:忠诚型、创新型、担当型、服务型、过硬型政府。

13. “三拼三促”:拼理念、促比学赶超,拼作风、促担当实干,拼效能、促争先创优。

14. “人生十件事”:以个人全生命周期涉及的重点领域和高频政务服务事项为重点,包含“出生、入学、医保、社保、重大疾病免费救治、二手房过户、不动产抵押贷款、军人退役、公积金贷款、身后”等个人“十件事”。

15. “四办”服务:“跨省通办”“帮代办”“免费办”“跨层办”。

16. “三比三争”:比创新,争先行;比攻坚,争先锋;比效能,争先进。

17. “两化”融合:信息化和工业化的高层次深度结合,以信息化带动工业化,以工业化促进信息化,核心是信息化支撑。

18. “1+3+N”产业规划:“1”是烟花爆竹,“3”是锂电新能源、电子信息、生态经济,“N”是新型建材、有机绿色(富硒)食品、雨具制造等新型工业体系。

19. “两纵三横”路网:两纵为康南路、环湖东路,三横为龙湖路、环湖南路、光明大道。

20. “两不愁三保障”:实现不愁吃、不愁穿,义务教育、基本医疗、住房安全有保障。

21. “五化”防返贫监测帮扶机制:建立基层监测网格化、加强行业部门信息预警联动化、确保“三级研判”精准化、落实分类帮扶科学化、提升信息数据质量维度化。

22. “硒+N”产业体系:依托万载县天然富硒土壤资源,结合已有的优势特色产业,打造富硒水稻、富硒蔬菜(芦笋、百合、毛豆、荞头)、富硒竹笋、富硒水产、富硒黑山羊黑兔、富硒水果(柚、脐橙)等富硒有机绿色特色产业。

23. “三黑一黄一白”:黑兔、黑山羊、黑番鸭、康乐黄鸡、龙牙百合。

24. 错车道项目:对单车道设置会车点。

25. “两高”项目:高耗能、高排放项目。

26. “两险”:城乡居民基本养老保险和城乡居民基本医疗保险。

专　记

万载县“三拼三促”工作纪实

为贯彻落实江西省第十五次党代会、宜春市第五次党代会精神和宜春市“抓落实活动年”活动要求，推动万载县第十五次党代会确定的目标任务和工作要求落地见效，进一步激励广大党员干部担当作为、奋勇争先，经万载县委、县政府研究决定，将2022年定为万载县“作风建设年”暨抓落实活动年，在全县开展“拼理念、促比学赶超，拼作风、促担当实干，拼效能、促争先创优”的“三拼三促”活动。活动时间从2022年2月到2023年1月。

活动以坚持解放思想、坚持顶格标准、坚持问题导向、坚持马上就办、坚持以上率下为原则，提出“拼理念，促比学赶超”“拼作风，促担当实干”“拼效能，促争先创优”3个方面内容部署安排15项重点任务，即大力开展对标先进活动、深入开展以学促行活动、广泛开展调研评比活动、大力实施干部素质提升工程、大力整治作风顽疾、全面理清责任清单、推行闭环工作机制、开展评价排队活动、激励干部担当作为、全力推动项目建设攻坚行动、开展产业转型升级攻坚行动、开展十大改革攻坚行动、开展城乡功能品质提升攻坚行动、开展防范化解金融风险和社会维稳攻坚行动、开展生态环境修复攻坚行动。万载县成立由县委、县政府主要领导任组长的工作领导小组，领导小组下设办公室，由县委常委、组织部部长兼任办公室主任。从各地各单位抽调政治素质高、业务能力强的15名干部组成工作专班，集中在南门社区办公。专班建立健全定期联席会议、从严督导、长效宣传、闭环管理4项工作机制，每项重点任务制定具体的实施方案并落实到责任单位，将全县17个乡镇（街道）和70个县直单位全部纳入“一屏统揽”抓落实平台进行管理，87个单位梳理出县委县政府中心工作事项1576条。

拼理念促比学赶超显成效。万载县地区生产总值、规模以上工业增加值、固定资产投资等6个指标增速成功实现赶超九江市永修县，工业园区全省排名提升27位，实现D类到C类目标的突破；高规格举办领导干部“周六论坛”11期，基层理论流动“微课堂”经验做法在《江西日报》上刊载；形成高质量调研报告99篇，其中9篇在市委办调研文章评比中获奖。《江西省万载县：用好红色资源　赓续红色血脉》成功入选第六届全国基层党建典型案例，《“作示范、勇争先”深耕数字产业赛道》成功登上《江西日报》“李渡论坛”。

拼作风促担当实干强队伍。坚持从政治上抓“四风”，深入开展“五治”行动、营商环境领域腐败和作风问题专项整治、公（商）务接待中套取资金和违规吃喝问题整治，下狠手、出重拳整治作风顽疾，全年共查处有关问题191起329人，党纪政务处分73人，健全完善相关制度5项。全面铺开县直单位绩效考核工作，核实了解干部现实表现，做到知事识人、精准画像，让“优秀者”脱颖而出，“躺平者”没有出路。引导各级党员干部学习“全国119消防先进集体”——县专业森林消防大队先进管理理念，营造争当“脊梁式”人物的浓厚氛围，做法在中组部《组工信息》单篇推介。坚持正确用人导向选拔使用干部，调整干部5批次270人次，选派38名年轻干部深入改革创新、项目攻坚、乡村振兴、招商引资、重大斗争、基层治理“六个一线”实践锻炼。

拼效能促争先创优重实绩。全速推进重点项目建设，全年新引进亿元以上项目41个，锂电新能源产业实现营收109.5亿元，2家企业入选国家专精特新“小巨人”企业，15家上榜省级专精特新企业；产业转型升级赋能高质量发展，六大重点产业规模以上工业增加值负增长产业占比升高，锂电新能源增速领先，稳步推进烟花爆竹转型升级集中区建设，成功创建“江西绿色生态”品牌试点县，万载古城成功入选“国家级夜间文化和旅游消费集聚区”；城乡品质整体提升，打通断头路26条，新增停车位1468个，拆除违章搭建1230处，增加公共厕所11个，新建体育休闲广场7处，完成9个老旧小区改造，25个行政村134个自然村试点宅基地管理新模式；完善政府债务管理体系，规范国资国企管理，获评江西省第一批“无非法集资示范县（市、区）”；生态环境质量持续改善向好，2个省考断面均达到Ⅲ类标准，规模养殖场设施配套率达到100%，人工造林1.6万亩，退化林修复2.8万亩。

2022年，万载县荣获省级生态县、省革命文物保护利用示范县等40余项省、市荣誉，“三拼三促”工作被宜春市委、市政府授予“宜春市抓落实活动年‘三拼三促’工作”先进集体。在全市“三拼三促”抓落实活动年调研评比中8篇文章获奖、2篇文章获一等奖，获奖总数及一等奖数量均位居全市第一。

（刘幸之 2023年4月18日）

万载县美丽宜居城市建设工作纪实

2022年，万载县委、县政府针对城市管理和建设中存在的“脏乱差弱”等问题，决定开展美丽宜居城市建设三年行动，以“干净、整洁、有序、美丽、文明”五大行动为抓手，坚持精心规划、精致建设、精细管理，以项目建设为支撑，加快城市公共服务设施建设，提升规范化管理水平、努力构建长效化机制，实现美丽宜居城市建设“一年明显变化、两年全面提升、三年精彩呈现”。

一是领导挂帅助推美丽宜居高质量开展。全年先后召开三次美丽宜居城市创建部署会和推进会，县委、县政府主要领导亲自挂帅、专题研究，并亲临一线与成员单位现场办公解决问题。以社区为基础将县城划分为9个大网格99个小网格，分别由县委常委、县人大常委会主任和政协主席挂网格，由县人大常委会副主任和县政协副主席任常务副网格长，由县四套班子领导、武装部部长、政委，县法院院长，县检察院检察长等副县级以上领导任副网格长。四套班子全体县领导率先示范、亲自部署、亲自督办，全程参与，和99个成员单位共同推动美丽宜居城市建设。2022年，以县委、县政府的名义下发《万载县美丽宜居城市建设行动方案（试行）》，以县美丽宜居办的名义下发《关于明确第二、三阶段重点任务书》《关于加强美丽宜居志愿服务的通知》《美丽宜居城市创建“六大活动”实施方案》等一系列文件措施，做到远期有蓝图、中期有规划、短期有重点。县美丽宜居办和九大网格牵头单位共同组成考核组，实行每月一排名、一考核、一通报的奖惩机制，县财政每年落实200万元专项经费，以此推动美丽宜居城市建设行动高质量迅速推进。

二是阶段推动注重细节显干部担当作为。以整违规菜地、拆违规建筑、清垃圾死角和杂物、规范市容秩序等为工作重心，九大网格99个成员单位及各社区（村）干部主动担当，围绕群众所需所盼所求，倾力为民解难事、办实事。

第一阶段实施“干净整洁”行动。各网格常态化在责任片区内清理陈年垃圾、废弃杂物、违规种菜、“牛皮癣”和卫生死角。全年共出动73500余人次，清理大小违规菜地397处、陈年垃圾1562吨、建筑垃圾970吨、乱堆杂物和卫生死角7074起、“牛皮癣”61170余处，城市的“洁化、美化、靓化”水平不断提高。

第二阶段开展“有序规范”行动。各网格依法依规拆除危旧公房、铁皮棚、牲畜房、杂物间、旱厕等违章搭建2126处，拆除各类破烂雨棚、广告牌（架）850多个；规整各类弱电管线32000余米；清理“僵尸车”98辆；市政修补公共区域破损面3000余平方米；干部联系商户制度推进“网格化管理，组团式服务”，督促商户搞好“门前四包”；“五勤联动”机制查处乱摆摊设点、流动摊贩占道经营4600余起，现场制止乱搭乱建57起，查处车辆乱停乱放行为680余起、无牌无证三轮电动车88辆，查处渣土车违规运输28起等，美丽有序街巷如画卷般徐徐展开。

第三阶段启动“文明创建”行动。为实现美丽宜居城市“环境美、人心更要美”的目标，组织开展“文明家庭”“文明商户”“文明小区”“文明楼幢”等“文明之星”评选活动，形成“我爱万载爱我万载”的浓厚氛围；年末开展“移风易俗”“文明餐桌”“交通安全”“文体进万家”“和谐好邻居”等文明创建活动；新春临近之际，九大社区网格开展形式多样的新春送福居民大联欢活动，寓教于乐，在潜移默化中让大家自觉参与到创建工作中，感受到宜居万载的浓浓人间烟火气。

三是急民所需完善基础设施暖群众心怀。自美丽宜居城市建设行动以来，万载县委、县政府坚持以人为本，尊重民意，以服务群众需求、解决群众困难、让群众受益为最终落脚点。一年来，全县项目建设总投入约1.07亿元，其中已完工项目投入6034万元，建设中项目投入2158万元。新建阳乐村、万中老校门处等背街小巷停车场，新增泊位近2000个；建设联合安置点等休闲健身小广场7处；建设南门社区体育小游园7个；完成环湖南路、宝塔东路、沿河西路等5个人行道提升工程；完成阳乐北大道、环城北路等道路黑化工程；完成汽车服务广场等3个专业市场升级改造；打通菜市路、大北关路、中医院南侧等15条断头路、丁字路和瓶颈路；背街小巷路灯安装10275盏；停车位画线12000多米；安装健身器材51处，各类裸土绿化98起，路面改造及泥地硬化55000多平方米。

四是干群参与开展系列活动焕发城市新魅力。各网格以“弘扬志愿精神服务美丽宜居建设”为主题，同时通过开展夜访、敲门、户主会、居民座谈会等系列“大家谈”活动，收集群众意见和建议。组织共建单位、党员、社区三支志愿队伍开展卫生清理保洁、清除“牛皮癣”、制止车辆乱停乱放、劝导处理流动摊点占道经营、解决楼道畅通、宣传劝导文明交通、为孤寡空巢老人送温暖献爱心、开展干部联系商户、督促商户做好“门前三包”等系列行动，以此宣扬传统美德和社会公德。2022年，119支志愿者队伍进社区、进小区，“红马褂”出入县城的各个角落、背街小巷，成为县城一道亮丽的风景线。在南门社区，有一支由退休老党员自发组成的“银发”志愿服务队，主动配合社区劝导居民文明出行、整治环境卫生，以自身言行带动周边群众参与创建。而在万载，这样的志愿者团队还有很多，共有250多个商会、协会志愿服务组织、6000余名志愿者活跃在城市的大街小巷，为城市的美丽清洁发光发热。

一年来，在万载县委、县政府的带领下，美丽宜居城市建设坚持“治脏”“治乱”“治违”与“扮靓”“提质”同步推进，街道变得更加干净了，道路变得更加通畅了，环境变得更加美丽了，市民变得更加文明了，城市变得更加有灵魂和底蕴了，党群干群关系更加融洽了，市民幸福感、自豪感明显提升。

（黄辉　2023年4月26日）

万载县旅游发展纪实

万载历史悠久，地处赣西北边陲，总面积1719平方千米，全县总人口58万余人，是中国山水诗鼻祖中国旅游先驱谢灵运的袭封地。三国孙吴黄武年间单独设县，迄今已有1800年的历史，有“碧嶂千层附城出，清江一条穿市飞”“一水浮光转，千峰远翠连”等千古名句流传至今。全县森林覆盖率65.86%，负氧离子含量每立方厘米6万个，被誉为“天然氧吧”，是山水休闲旅游胜地，并逐步形成“绿色、红色、古色、彩色”四大特色旅游。

万载全县旅游资源共8个主类、23个亚类、60个基本类型近1000处景观，概括为：“一山一水一古洞，一佛一庙一诗人，宝塔、旧址和大屋，花灯、龙灯和傩舞，有机农业加花炮，田园风光客家情”。至2022年底，全县共有2个国家AAAA级旅游景区（万载古城、恒晖艺术农业景区）、5个国家AAA级旅游景区（竹山洞景区、仙源湘鄂赣红色旅游景区、康乐龙韵景区、天子坳景区、九龙原始森林漂流景区）、1个中国乡村旅游模范村（双桥镇深塘村）、1个国家级夜间文化和旅游消费集聚区（万载古城）、1个江西省AAAA级乡村旅游点（恒晖大农业科技有限公司）、7家江西省AAA级乡村旅游点（清水湾农庄、涂泉塘农庄、葡萄园农庄、马步乡宝石新村、罗城淳江新村、仙姑岽景区、槽岭红色名村）、四星级酒店3家（新源大酒店、宜嘉大酒店、金乾大酒店）、三星级酒店1家（汇丰大酒店）、三星级旅行社1家（万载县开心国际旅行社）。

2022年，万载县委、县政府把加快发展文旅产业作为一项重要工作任务，作出了一系列重大决策部署，出台了一系列政策措施，不断推动文旅产业高质量发展，培育新型文旅消费模式，以高质量文旅供给增强人们的获得感、幸福感，文旅产业呈现良好发展态势。2022年，全县接待游客1480万人次，实现旅游综合收入121亿元，分别同比增长35%和33%。万载古城景区全年接待游客人次在全市国家AAAA、AAAAA级旅游景区中排名第一。

一、旅游产业发展欣欣向荣

1.做好“烟花＋文旅”文章。以花炮产业为带动引擎，紧抓“万载古城”在成功入选江西省首批省级夜间文旅消费集聚区名单后，又成功入选第一批国家级夜间文化和旅游消费集聚区名单的有利契机，以推进全国烟花爆竹转型升级集中区建设为抓手，力推万载花炮与文旅产业深度融合，实施产业突围，促进烟花进景区，动员花炮企业支持、赞助古城焰火燃放，成功推出万载古城“焰火之恋”品牌，每周六及传统节假日进行常态化焰火燃放，打造“每周六来万载看烟花”文旅品牌IP。2022年，共组织80场焰火燃放，游客量达346万人次，带动旅游综合收入4.8亿元，极大地激发了万载夜间经济发展活力，扩大了万载花炮对外宣传。

2.做好景区迭代升级。作为万载城市会客厅的万载古城景区，为早日实现国家AAAAA级旅游景区的创建目标，进行全方位迭代升级。硬件方面，围绕“山水灵韵”“谢公屐”“月池广场”等实施改造。在尊重文化与历史的前提下，结合文化与旅游行业的实际需要及万载古城景区的实际情况，挖掘和利用历史名人——中国山水诗鼻祖谢灵运的相关文化资源，以谢灵运及其纵览山水的生活情趣为核心，在易氏大祠西南墙打造一幅立体山水画卷，成为古城最具震撼视觉焦点。同时，结合谢灵运所造“谢公屐”，于陈达公祠与郭挥公祠相交的空地上打造特色景观花坛，通过灵动的花草植被，在独有的木屐中长出，打造古城特色艺术景观。2022年，完成甜夏夜市、水系灯光、非遗进景区常态化、烟花里等项目提升改造。

3. 开展研学旅游及红色旅游。利用万载古城、恒晖艺术农业景区、仙源湘鄂赣红色旅游景区和6个红色名村等旅游景区（点）开展研学旅游及红色旅游，推出并发布研学游红色游线路，全年共接待研学游6.5万人次，红色游200万人次。

4. 开发露营度假休闲旅游产品。丰富旅游新业态，开发露营度假旅游项目。2022年，建成三兴沙潭露营基地、鹅峰不老虎露营基地，全年共接待露营游60万人次。

5.推出节庆精品活动。2022年，举办第三届百合旅游文化节，开展鹊桥相会、百里骑行、百和讲坛、百合产品展销等九大文旅活动；承办“第三届中国傩文化传承”学术研讨会，万载县被中国傩戏学研究会授予“中国傩

6月11日,万载县"游百合故里　享幸福万载"第三届百合旅游文化节在白水乡槽岭村开幕(万载县融媒体　供图)

文化研究基地"称号。

6.研发烟花文创产品。先后开发燃朝烟花礼盒、夏布烟花饰品、烟花球形手提包、燃朝万载百合手包系列、燃朝烟花饰品系列、燃朝烟花星球头饰系列文创产品,其中燃朝烟花礼盒荣获宜春有礼创意设计大赛一等奖。

7.做好烟花古城营销推介。先后到成都、长沙进行旅游宣传推介,邀请央视、江西卫视、腾讯等媒体进行宣传报道。

8. 出台相关政策促进产业发展。先后出台《万载县文化和旅游产业发展总体规划》《万载县文化和旅游发展"十四五"规划》《万载县旅游民宿发展意见》和《万载县促进文旅消费奖励办法》等相关政策全力促进万载旅游产业发展。

二、文旅消费政策重拳出击

1. 集中发放文旅惠民消费券。2022年,共发放商贸文旅消费券1350万元,对旅游景区、星级饭店、夜间文旅消费集聚区、精品民宿、旅游线路等文旅产品消费进行补贴,撬动参与消费人数18万人次,带动直接消费2000万元,带动间接消费4000万元。组织2022江西"百城百夜"文化和旅游消费季万载站活动,共计发布新媒体抖音宣传视频30个,宣传曝光率1001.6万次,文旅消费季新闻报道共计163篇(其中全国性主流媒体39家,全国性媒体58家,省市媒体66家),实现销售总额3.7亿元,拉动文旅消费1.4亿元,综合消费205.3万人次,引导企业让利金额1736万元。

2.实施景区门票减免行动。2022年,万载古城、三兴恒晖艺术农业、竹山洞三个景区在重要节假日都推出针对本地人免门票政策,鼓励非国有A级旅游景区门票实行不低于5折的降价优惠,拉动景区及周边综合消费。

3.开展文旅主题系列活动。举办万载县第三届百合旅游文化节、宜春市十六届月亮文化旅游节万载分会场、2022江西"百城百夜"文旅消费季宜春分会场启动仪式、首届"江西风景独好"云端旅游推介、民俗活动展演展示、非遗进景区等主题活动,央视《新闻联播》《朝闻天下》《新闻直播间》《东方时空》等栏目频频聚焦万载,登上央视荧屏20余次。

9月17日,2022江西"百城百夜"文化和旅游消费季宜春分会场启动仪式在万载举行

4.引导扩大文旅消费。2022年,县财政统筹安排200万元人民币,通过剧目扶持、演出奖励、购买服务等方式,鼓励县国有文艺院团县花灯戏剧团精品演艺剧目市场化演出,推动重点剧目展演巡演走进景区,全年共参加商业和公演350场次。

5.提升景区品质。提升景区公共服务设施(含新改建停车场、导览标识系统、游步道、旅游厕所、休憩设施等),美化优化旅游环境。推进景区智慧化建设,以万载古城游客为中心提升景区管理、营销和服务的智慧化、便利化,支持景区打造"无感"入园、应急预警、智慧导游导览等系统,开发数字化游客体验场景。

6.提升旅游服务质量。推动旅游企业建立"首席质量官""标杆服务员""金牌导游员"制度,开展精细化和个性化旅游服务,培育文旅企业服务品牌。2022年,共有1家旅行社获评三星级旅行社,1名讲解员获评四星级导游。开展文旅行业信用监管,健全文化旅游投诉举报受理、处理工作制度,优化文旅消费市场环境,不断提升游客在万载旅游的安全感和满意度。

(赖华丽　2023年4月20日)

万载县快乐体育休闲城市建设纪实

"砰……"随着一声扣球声响,万载县第二中学体育馆内的加油声一浪高过一浪。2022年7月9日,万载县第三届气排球比赛在县二中体育馆拉开序幕,来自全县各乡镇和机关企事业单位共54支队伍开始了持续9天的激烈角逐。而这,也仅仅是万载县全民健身的一个缩影。

2022年初,按照县委、县政府部署和要求,"快乐体育休闲城市"建设正式拉开序幕。全县紧紧围绕建设目标,大力实施全民健身惠民工程,将全民健身作为一张靓丽的城市名片和一项重要民生工程倾力打造,各个社会体育组织不断壮大,各项健身场地走向群众"家门口",各类体育赛事活动精彩纷呈,公共体育服务体系进一步完善,全民健身逐渐成为万载社会新风尚。

一、激发组织活力,推动体育社会组织做强做优

2022年9月30日,县羽毛球协会成立揭牌暨"港湾"杯羽毛球赛开幕仪式在该县康标体育馆举行,万载县委书记严旭辉出席开幕式。他说:任何一项运动都离不开组织,发展运动最关键的是组织能力,希望大家一定要支持、拥护好协会,协会也要带领大家享受运动、参与运动、普及运动。

激发体育社会组织活力,规范和引领体育社会组织健康发展,推动体育社会组织在全民健身事业中发挥重要作用成为县全民健身促进中心2022年的首要任务。2022年6月,县委发出号召,所有体育协会均安排县级领导担任名誉会长。2022年8月,《万载县体育运动协会管理办法(试行)》出台,体育社会组织考核评定机制建立。2022年10月,万载县加强乡镇(街道)体育社会组织建设工作部署会暨罗城镇体育分会成立大会在罗城召开。2022年11月,中共万载县体育总会党委成立并顺利完成万载体育总会换届工作,以县体育总会为龙头,以单项体育协会和乡镇体育分会为纽带,以乡村社区健身站点为基础的三级体育组织网络基本构建。

据统计,2022年全县已注册的体育社会组织已达到25个,覆盖棋牌、足球、篮球、乒乓球、羽毛球、体育舞蹈、太极拳、游泳、武术等各种群众喜欢的运动项目。社会体育指导员队伍也得到发展,截至2022年12月,全县社会体育指导员共683人,其中一级社会体育指导员17人、二级社会体育指导员145人。体育组织建在群众身边,方便了群众的健身运动,满足了群众多元体育需求,人民群众的幸福感满意度不断提高,体育社会组织得到进一步规范、健康、持续发展。

二、完善硬件设施,加快打造"10分钟健身圈"

"下午6点,夕阳西下,傍晚来临,万载县建成社区体育小游园迎来了一天中最具活力的时刻。"2022年,万载县深入贯彻实施全民健身国家战略,大力推动公共体育设施建设，想方设法补齐全民健身场地设施短板，轰轰烈烈开始了全民健身载体升级行动。

2022年，县政府筹集建设资金达8000余万元，在街边绿地、“金角银边”，根据居民密集程度、建设场地面积大小以及社区居民健身需求，布设8个社区健身房、3个健身驿站和56处器材362件，完成三兴镇、马步乡、潭埠镇等乡镇50多件健身器材的安装。建成181个自然村游泳池共186个，南门社区公园体育小游园、建成社区公园体育小游园、和乌溪体育小游园3个体育小游园及城北、马脑山、菜市路、德胜路、城隍庙、百合路等7个停车场体育设施组群。截至2022年底，全县体育场地总面积达到112.54万平方米，人均体育场地面积达到2.31平方米。体育服务能力和水平全面提升，实现县政府提出的100米见体育设施、300米见体育广场的工作要求。

现在的万载，无论清晨、傍晚，还是周末、节假日，在各大公园、广场、绿道、体育小游园，随处可见锻炼身体的市民，上至耄耋老人，下至学前儿童，无不流露出参与健身运动的喜悦。“10分钟体育健身圈”让群众幸福感十足。

三、体育赛事引领，营造全民健身浓厚氛围

以体育赛事引领，把地方特色、群众文化与全民健身紧密融合，象棋、羽毛球和足球“一棋两球”为重点发展运动项目，坚持多项目覆盖、多层级联动，打造一系列有品位、有质量、有热度的深受群众喜爱的全民健身赛事活动。2022年，全年举办各类体育赛事活动233场，其中组织县级赛事21场次，承办国家、省、市级赛事13场，参与人数达5万余人。引进的“腾讯棋牌天天象棋”全国象棋男子甲级联赛第二阶段赛会制赛事，填补了县级承办国家级大型赛事的空白。江西省首届小棋王大赛、第四届罗城半程马拉松赛、万载县第三届百合旅游文化节“悠骑白水　探花百合”山地自行车骑游活动、江西省第十六届运动会(社会部)宜春市预选赛象棋围棋赛、万载县第三届气排球赛、“中国梦·劳动美——喜迎二十大　建功新时代”“互保杯”拔河比赛、宜春市“百城千村”健身气功交流展示活动、万载县第八届全民健身广场舞大赛、宜春市十县(市、区)太极拳(械)展示交流活动等精彩纷呈。

周周有活动、月月有赛事。“体育过节”已经成为万载全县上下节庆新民俗、社会新风尚、城市新名片。

(黄庆友　2023年4月)

大事记

1月

5日，省应急管理综合考核督查第八组到万载县考核督查应急管理工作，省市场监督管理局副局长谭文英带队。

6日，万载县红十字会在赤兴乡皂下村开展“博爱送万家”活动，省红十字会专职副会长戴莹、万载县领导、江西省浙江总商会代表和市、县红十字会负责人参加活动。

6日，万载县城北佳园小区幼儿园、凤凰御景小区幼儿园、江工安置小区幼儿园基本完工，并启动2022年春季招生登记。

8日，万载县社区矫正管理局正式揭牌成立。

10日，万载县罗城镇政府干部退役军人兰全平入选“江西好人”榜。

11日，万载县公安机关全面启动“长风3号”集中打击暨“断卡”犯罪集中抓捕行动。

11日，万载县政协第十四届一次会议重点提案督办会召开。

13日，万载县召开城乡环境综合整治现场会，与会人员先后到潭埠、三兴等乡镇，参观集镇街道、农贸市场、建筑工地以及背街小巷等环境综合整治工作开展情况，听取环境整治工作典型经验和特色做法的介绍。

13日，万载县浙江商会到潭埠镇、黄茅镇走访慰问困难户。

17日，万载县在江西“百县百日”文旅消费季系列活动中，以综合评分全省第一的成绩获2021年度“优秀组织奖”。

17日，省总工会一级巡视员吴海平一行到万载县走访慰问，万载县相关领导陪同走访。

18日，万载县烟花爆竹总商会2021年度总结表彰大会召开，分析总结2021年全县花炮产业发展工作，表彰先进。

18日，省委政法委副书记毛保国到万载县调研走访。

18日，武警江西总队少将政治委员徐云飞到万载县走访慰问，县相关领导陪同。

20日，万载县人民政府与江西慧典智能产业发展有限公司签约。

20日，万载县株潭镇政府专职消防队成立并举行揭牌仪式。

22日，万载县与河南省濮阳市光明化工有限公司签约总投资额为20亿元的锂电池新材料产业项目。

25日，万载县白水乡槽岭村举办以“辞旧迎新　逐梦启航”为主题的虎年村晚。

26日，宜春市应急管理局到万载县专业森林消防大队走访慰问并对参加全省森林消防队伍大比武取得优秀成绩的队员颁奖。

26日，万载县召开进一步规范公务(接待)接待管理工作部署会。

26日，宜春市“迎新春、品赣菜”餐饮消费活动月在万载县正式启动。

是月，省科技特派万载油菜团2022年度依托江西省红壤研究所，在万载县马步乡泉塘村举办油菜蔬油两用技术示范油菜薹现场测产观摩会。

是月，江西慧典智能产业发展有限公司、河南省濮阳市光明化工有限公司落户万载，分别投资30亿元、20亿元。

是月，宜春市委常委、市监委主任石军英到万载县走访慰问困难群众并指导万载县委常委会班子党史学习教育专题民主生活会。

是月,万载古城景区被江西省文化和旅游厅认定为省级文化产业和旅游产业整合发展示范区。

2月

9 日，中共万载县委十五届三次全体(扩大)会议第一次、第二次会议召开。

9 日,江西省工信厅党组成员、副厅长辛清华,市工信局党组书记、局长胡练康等到万载县调研督导重点企业和重点项目复工复产情况。

11 日，万载县第十七届人大常委会第四次会议召开。

11 日,万载县召开 2022 年党管武装工作会议。

12 日,万载县召开 2022 年首次县委书记专题会。会议听取十五届县委第一轮巡察各巡察组工作汇报和十四届县委第十轮巡察整改情况汇报。

14 日,万载县刘永、常垂明被评为江西省首届“江西省乡村振兴青年先锋”。

16 日，万载县在江西华麟光电有限公司年产 3060 万个显示模块及配套项目现场举行 2022 年第一季度项目集中开(竣)工活动。

17 日，万载县召开房地产企业家座谈会。

18 日，万载县召开第十五届纪律检查委员会第二次全体会议及“作风建设年”抓落实活动“三拼三促”工作动员部署会。

18 日，万载县三兴中心卫生院、鹅峰卫生院、马步卫生院、罗城卫生院获评国家卫健委、国家中医药管理局“优质服务基层行”表现突出、服务优质机构。

22—25 日,万载县 33 名市人大代表和 14 名政协委员到宜春市参加宜春市第五届人民代表大会第二次会议和政协宜春市第五届委员会第二次会议。

25—27 日，万载县政协第十四届委员会第三次会议召开。

26—28 日,万载县第十七届人民代表大会第二次会议召开。

是月,万载县鹅峰乡获评第二届江西省模范劳动关系和谐单位,全省仅 60 家。

3月

1 日，万载县召开 2022 年第一次政银企对接会,县委领导出席会议并讲话。会上,工商银行、农业银行、中国银行等 11 家银行介绍相关惠企金融政策,重点讲解针对此次雪灾出台的更低利率、办理便捷度更高的金融产品。

3 日,万载县广仁骨科医院与湖南社港江氏康复医院举行签订仪式。

4 日,万载县交警大队联合县教体局、县交通局、县城管局等部门开展校园周边道路交通安全专项整治行动。

5 日，万载县委宣传部、团县委、县志愿者协会启动“志愿新时代、美丽新万载”学雷锋志愿服务主题月活动。

8 日,万载县举行“乡村振兴我带头　幸福生活秀出来”文艺会演。

9 日，万载县党史地方志工作办公室举行揭牌仪式,县领导出席仪式并揭牌。

10 日，江西省科技厅副厅长鄢帮有率科技合作处处长卢荣、副处长张燕一行到万载县指导科技创新工作。

10 日,江西省“替烈士看爹娘,为烈属办实事”活动和“革命英烈后代关爱行动”现场推进会与会人员到万载县烈士陵园开展祭奠瞻仰活动。

12 日，万载县双桥镇深塘村举行首届老年快乐运动会。

14 日，万载县召开全县工业企业疫情防控工作会议及工业企业疫情防控应急桌面演练。

15 日,宜春市委副书记、市长严允到万载县调研农业农村工作,县主要领导陪同调研。

15 日，万载县召开全县烟花爆竹安全生产工作会议。

17 日,万载县召开 2022 年春季征兵集体定兵会。

17 日，万载县召开全县森林防灭火工作会议。

18 日，万载县举行未成年人“12309”联建保护平台会签约仪式和未成年人“一站式”关爱中心揭牌仪式。

21 日，万载县召开生态环境保护委员会 2022 年第一次全体会议。

21日，万载县召开巩固拓展脱贫攻坚成果同乡村振兴有效衔接工作领导小组第一次(扩大)会议。

22日，万载县召开全民健身促进中心工作会议。

22日，万载县召开十五届县委第三轮巡察工作动员部署会。

23日，万载县开展“3·23”警示教育暨县委书记讲廉政课活动。

24日，宜春市委书记于秀明到万载县调研。

25日，万载县签发2022年总林长1号令——《关于切实做好当前林业相关重点工作的行动令》。

25日，宜春交投集团代建的省市重点工程G220万载至袁州段(宜万同城)改建工程的跨沪昆高速桥左幅中跨顺利合龙，标志着全线控制性工程取得阶段性进展。

26日，万载县与宜春学院正式开展“县校合作”。

30日，万载县召开慧典智能产业园项目专题推进会议，就慧典产业园项目用地、用电、用水等方面事项进行统筹调度，推动产业园各项目快速落地。

是月，万载县江西睿达新能源科技有限公司等18家企业入选省级专精特新企业。

是月，万载县文化馆在第五次全国文化馆评估定级工作中被评为国家二级馆。

4月

2日，万载县人武部组织部机关、退役军人事务局、专武干部和基干民兵共60余人到县革命烈士陵园，开展以“缅怀革命先烈　矢志奋斗强军”为主题的祭奠活动。

6日，江西省委副书记、省长叶建春到万载调研。

14日，万载县召开数字经济发展调研座谈会。

14日，宜春市人大常委会到万载县开展“双减”工作情况调研暨重大民生实事项目专项督查。

14日，万载县举办2022年度非物质文化遗产代表项目传承人培训班，来自全县的国家、省、市级非遗传承人以及县级非遗传承人优秀代表20多人参加培训。

15日，万载县十七届人大常委会第六次会议召开。

15日，万载县召开第二次银企融资对接会。会上通报2021年政银企对接落实和2022年主要金融工作重点任务安排情况，解读当前国家有关金融政策，就银企融资对接过程中关心的问题进行互动，并分两批次进行现场签约。此次政银企对接会共签约企业155家，授信金额达14.6亿元。

21日，宜春市委督导调研组到万载督导调研政法工作。

21日，宜春市司法局局长喻川到万载县调研指导司法行政工作。

23日，市委副书记、市长严允到万载县调研地质灾害防治及防汛工作。

24日，万载县召开花炮产业链链长工作推进会。

26日，万载县人民医院急救科主任唐海洋获“江西省五一劳动奖章”。

28日，万载县召开“2021年年底高质量发展综合绩效考评表彰大会暨2022年重点工作推进会”。

30日，万载县召开慧典智能产业园项目专题推进会议。

是月，江西省农业农村厅领导到万载县调研粮食生产情况。

5月

5日，万载县马步乡、鹅峰乡被江西省人民政府办公厅确定为第一批基层政务公开标准化规范化乡镇(街道)。

11日，县领导对万载县2022年20件民生实事之老城区道路建设情况进行现场办公式督导。

13日，万载县召开经济运行分析座谈会。

17日，县领导对万载县2022年20件民生实事中三个体育小游园项目进行现场办公督导。

18日，宜春市召开推进“先进制造业强市”暨制造业高质量发展试验区建设动员大会，万载县获评2022年度县（市、区）工业高质量发展综合先进县，这是继2021年获评全市工业高质量发展综合先进县后，连续两年获此殊荣。

19日，万载县召开美丽宜居城市建设推进会。

23日，万载县召开企业破产处置府院联动联席会议。

25日，万载县举办2022年全县社会组织党委（支部）书记党建引领城市治理主题培训班。

25日，万载县召开打击整治养老诈骗专项行动工作会。

26日，县领导对全县教育工作及民生实事项目进行专题调研。

27日，万载县召开廉政工作会议，深入贯彻落实中央、省、市纪委全会和国务院、省政府、市政府廉政工作会议精神，总结部署全县政府系统党风廉政建设和反腐败工作。

30日，2022年度全县巩固拓展脱贫攻坚成果同乡村振兴有效衔接工作领导小组第二次会议暨国家、省考问题整改提升集中行动部署会在县行政服务中心召开。

31日，宜春市广播电视台首个基层工作站在万载成立并揭牌。

是月，共青团江西省委授予万载县消防救援大队团总支"全省五四红旗团支部"称号，授予万载县第三中学教师揭一鸣"全省优秀共青团员"称号。

6月

1日，县委书记严旭辉到县第四小学和凤凰御景小区幼儿园，看望慰问少年儿童，代表县委县政府向广大少年儿童致以节日的祝福。

1日，罗城镇举行扎粉美食文化产业园项目开工仪式，县挂点领导、镇村干部100余人参加开工仪式。扎粉美食文化产业园为包含商务接待中心、扎粉产业运营中心、大型超市、儿童乐园的综合产业园。总投资1200万元。

2日，县委副书记、县长刘学军到马步、仙源、赤兴、潭埠、双桥等乡镇就路面改造、危桥改造等问题进行实地督促、召开现场会办公。

2日，万载县召开座谈会，深入学习贯彻习近平总书记在庆祝中国共产主义青年团成立100周年大会上的重要讲话精神，回顾万载县共青团奋斗历程，激励引导全县团员青年在建设富强美丽和谐宜居新万载中贡献青春力量。

6日，万载县人民政府与宜春市公路事业发展中心签订战略合作框架协议，与宜春电信分公司签订数字经济战略合作协议。万载县抢抓机遇、乘势而上，积极完善公路交通基础设施建设，深入推进数字产业化、产业数字化，加速构建新发展格局的重要举措。

7日，万载县在西屏山足球场召开基干民兵分队集结点验大会，对全县2022年度民兵整组工作进行检查验收。宜春军分区司令员，县委书记严旭辉，宜春军分区战备建设处负责人，县委常委、县人武部政委，县人武部部长出席大会。全县200余名基干民兵参加点验。

7日，万载县"喜迎二十大 争创第一等"党务技能大赛选拔赛在鹅峰乡大礼堂举办。

8日，万载县召开全县金融惠企工作推进会。会上，县内11家银行金融机构和6家保险机构主要负责人先后发言，分析存在问题，提出下一步工作举措。

9日，万载县人大常委会召开全县各级人大代表"五带头五表率"主题实践活动推进会，深入贯彻落实省委、市委贯彻落实中央人大工作会议精神推进会和宜春市人大代表"五带头五表率"主题实践活动工作要求，进一步动员全县各级人大代表"五带头五表率"主题实践活动，切实扛起代表责任、彰显代表作为，奋力打造新时代县乡人大"第一等"工作。

9日，万载县召开纪念万载县关工委成立30周年暨全县关心下一代工作表彰大会。会议主要任务是深入学习贯彻习近平总书记关于做好关心下一代工作的重要指示精神，纪念万载县关心下一代工作委员会成立30周年，总结工作，表彰先进，部署任务，推进万载县关心下一代工作向前发展、再创佳绩。

9日，赣州市会昌县委书记潘金城率考察团到万载县学习考察古建筑修缮项目，县委书记严旭辉，县委常委、宣传部部长黄云辉陪同考察。

10日，万载县惠企政策精准直达企业工作推进会在县会议中心召开。会议的主要任务是深入贯彻落实中央、省、市关于优化营商环境的会议精神，全面做好惠企稳岗保运行和惠企政策精准直达工作，努力让企业主更有获得感，推动全县经济社会高质量发展。

10日，中国·万载第三届百合旅游文化节“游百合故里·享万载幸福”暨“悠骑白水，探花百合”山地自行车骑游活动在白水乡举行。

11日，万载第三届百合旅游文化节在白水乡槽岭村开园迎宾。

12日，团县委联合白水乡人民政府、县文广新旅局、县教体局、县卫健委、县总工会、县妇联等在白水乡槽岭村组织开展百年好合——鹊桥相会联谊活动，全县各行政企事业单位100名20~40周岁单身男女青年参加活动。此次活动也是万载第三届百合旅游文化节系列活动之一。

12日，万载县历史民俗文化研究会成立大会暨第一届第一次全体会议在文宇阁书院举行。

13日，宜春市生态环境局局长卢新明到万载调研督导生态环境保护工作，卢新明局长先后深入三十把水库和县工业园等地，就万载县备用水源和第二污水处理厂建设，以及重点项目选址等进行实地调研督导。县政府副县长黎俊昌、万载生态环境局局长罗立新全程陪同调研。

13日，万载县2022年节能宣传周启动仪式暨集中签名活动在县政府广场举行。

14日，宜春市委副书记、市长、市级副总河(湖)长、市级副总林长严允在万载县开展巡河巡林工作。严允强调，要深入学习贯彻习近平生态文明思想，立足新发展阶段，贯彻新发展理念，构建新发展格局，聚焦突出问题整改，用实际行动守好发展和生态两条底线，坚定不移走生态优先、绿色发展之路，奋力推动绿色生态强市建设取得新成效。

14日，万载县聚焦“遵守安全生产法，当好第一责任人”活动主题，组织开展2022年度安全生产月启动仪式暨安全生产警示大会。

15日，县委宣传部牵头组织新媒体协会成员到县公安局特巡警大队、诚济医院、双桥镇柏树村王宗槐将军故居、花根本艳农业公司四个采风点开展“美丽万载·网络媒体生态行”夏季新媒体采风活动。

15—20日，残疾人举重亚洲大洋洲锦标赛在韩国平泽举行，中国选手邹益在“男子65公斤级”项目中斩获4枚奖牌，分别是公开组冠军、亚洲组冠军、公开组总成绩亚军、亚洲组总成绩亚军。

17日，江西卫视五套《我和我的家乡》节目走进万载县，从历史文化、美食文化、秀美乡村、县域经济发展等方面全方位展现万载魅力。

17日，万载县人民法院组织干警在县老年大学用身边典型案例向老年朋友宣讲诈骗危害和防诈知识，为老年人开出“反诈良方”。

21日，宜春市生态环境局到万载调研，协调推进万载重大项目建设，万载县委书记严旭辉、副县长郑龙一同调研。

22日，湘赣边区域宜春片区(万载县)产融对接会议召开，深入贯彻落实《湘赣边区域合作示范区建设总体方案》有关决策部署，推动《金融支持湘赣边区域合作示范区建设的指导意见》落实落细，为湘赣交界地区协同发展探索新经验贡献金融力量。

22—23日，江西省第十六届运动会(社会部)宜春市预选赛围棋、象棋比赛在万载古城新时代文明实践站举行。

24—26日，县乒乓球协会举行庆七一乒乓球团体友谊赛，全县近百名乒乓球爱好者参赛。

25日，万载县禁毒主题公园开园仪式在龙湖公园举行。

27日，万载县召开2022年第六次政企圆桌会议。

28日，万载县红十字会、县

教体局、县水利局在县冬泳基地联合举行“生命教育　泳安计划”主题活动启动仪式。

28日，南昌大学公共政策与管理学院组织师生代表到仙源乡湘鄂赣革命根据地开展主题党日暨支部共建活动。

29日，宜春市委宣传部部长方艳如到万载县调研湘鄂赣革命根据地红色文化建设。

28—29日，应急管理部规划二司副司长到万载县抽查烟花爆竹生产经营安全专项执法检查工作。

29—30日，江西省乡村振兴局副局长邓丰昌到万载县就巩固脱贫成果与推进乡村振兴进行调研。

30日，由县委组织部、团县委、县文广新旅局联合举办的红色名村讲解员选拔赛决赛圆满落幕。

是月，经专家评审，江西省共评出18所中小学国防教育示范学校，万载县第二中学入选。

是月，万载县白水乡槽岭村被评定为江西省AAA级乡村旅游点。

7月

1日，江西省安委会第八巡察组组长、省应急管理厅副厅长徐何明率巡察组一行，到万载县开展安全生产巡察工作。县委副书记、县长刘学军，副县长黎俊昌参加巡察组个别访谈。巡察组一行通过组织谈话、召开座谈会、查阅安全生产资料、现场察看等形式详细了解万载县安全生产工作落实情况。

1日，江西省委宣传部副部长、省文明办主任龚建文到万载县调研新时代文明实践中心工作。

1日，省委组织部、省委老干部局公示第二批全省离退休干部“示范党支部”名单，万载县人民法院老干部党支部万载县公安局老干部党支部两个党支部上榜。

3日，江西省“三区”人才支持计划畜禽生态养殖技术培训班在万载县举行。

3—6日，由江西省科技厅主办，江西农业大学新农村发展研究院承办的江西省“三区”人才支持计划科技人员畜禽生态养殖技术培训班在万载县“江西恒晖大农业科技有限公司”举行。全省选派的省级科技特派员和农业科技型企业、农民专业合作社技术人员、农村创新创业技术骨干、农村致富带头人等30余人参加培训。

6日，县委深入贯彻落实中央人大工作会议精神推进会召开。

6日，县公安局森林分局和县市监局对全县销售、维修打印机的经营场所开展专项执法检查，摸排全县打印机行业现状，严惩制售假冒打印机等侵犯知识产权的违法犯罪行为。

7日，江西省2022年烟花爆竹安全经营管理暨产品交易大会开幕式在万载召开。全国烟花爆竹四大主产区的220多家生产企业、近百家经销企业齐聚万载、共襄盛举。

7日，全省道德模范与“身边好人”现场交流活动暨2022年上半年“江西好人”发布仪式在南昌举行。万载县钟氏父女钟水根、钟玉婷、钟玉娉荣登上半年“江西好人”。

7日，县市监局工作人员参加湘赣边四县（市）知识产权工作经验交流会，并签订有关知识产权行政保护协作协议书。

8日，中国供销电商公司董事长刘国生一行到万载县调研供销“互联网＋第四方物流”供销集配体系项目建设开展情况。

9—17日，万载县第三届“金柯杯”气排球比赛在万载县第二中学体育馆举行。

11日，2022年全县村党组织书记乡村振兴主题培训班在县委党校举办。

12日，县委全面深化改革攻坚行动专题推进会在县会议中心召开。

17—23日，2022年万载县红十字举办应急救护师资培训班。

26日，由中共万载县委宣传部、宜春市万载生态环境局联合举办的2022年例行新闻发布会在万载生态环境局举行，万载县广播电视台、万载发布、万载文旅、万载在线、拇指万载等多家媒体参加发布会。

28日，十五届县委第四轮

巡察工作动员部署会召开。

29日，县财政局联合中国人民银行万载县支行与9家合作金融机构签订《政府采购支持中小企业信贷融资协议》。

29日，在第二届公共就业服务专项业务竞赛全国总决赛中，万载县康乐街道福星村主任助理李佳荣获基层公共就业服务人员“全国十佳”称号。

29日，全县领导干部碧根果种植知识讲座在县会议中心举行，邀请江苏省中国科学院植物研究所研究员郭忠仁和江西省林业科学院博士、研究员左继林，先后作题为《贯彻“两山”精神，推动碧根果产业发展》《科学发展碧根果产业，促进乡村产业振兴》的知识讲座。

29日，2022年万载县总河(湖)长、总林长会议在县会议中心召开。

是月，万载县第三中学被评为被省教育厅评为“课后服务百校行”示范学校。

是月，万载县烈士纪念馆在民间收藏家手中发现两张1953年由开国领袖毛泽东亲笔签署的革命牺牲军人家属光荣纪念证。

是月，江西省第二批不可移动革命文物名录公布，共1214处，其中万载县工农兵银行旧址等32处入选该名录。

是月，万载县法院依法发出首份未成年人犯罪记录封存通知书。

8月

5日，县委人才工作会议暨人才工作专项述职会议在县行政服务中心二楼举行。会议深入学习贯彻习近平总书记关于新时代人才工作的新理念新战略新举措，认真落实中央、省、市人才有关会议精神，研究部署当前和今后一段时期全县人才工作，为万载经济社会高质量发展提供有力的人才支撑。

5—7日，“万载古城杯”第一届江西省小棋王大奖赛在万载古城举行，来自全省各地的20支队伍、60名业余5段以上小棋手相聚万载古城，角逐“江西小棋王”。

6日，江西省审计厅厅长刘文华深入省审计厅驻点帮扶村万载县罗城镇黎明村调研指导乡村振兴工作，现场查看村容村貌、基础设施、产业建设等情况，研究谋划下一步帮扶举措。

7日，由县委宣传部主办，县志愿者协会、县青年志愿者协会承办，团县委、县文联等单位协办的“我爱万载，爱我万载”——群星聚益关爱留守学生暨万载县新时代文明实践优秀志愿者表彰公益晚会在龙湖公园举行。

8—10日，万载县县乡人大系统及部分人大代表履职能力提升培训班在江西瑞金中央苏区红色教育培训中心开班。

9日，喜迎二十大“全民健身·幸福江西·健康宜春·运动万载”2022年万载县“全民健身日”启动仪式在龙湖公园举行。活动上，《二十四式太极拳》、舞龙·《中国龙》、柔力球《共筑中国梦》、健身气功《八段锦》、舞蹈《爱我万载》等节目精彩纷呈，充分展现了万载县群众精神饱满、积极向上、“我运动、我快乐”的精神风貌。

10日，宜春市政府党组成员、副市长江东灿率相关部门到万载县调研部分“5020”项目建设工作，县政府副县长郑龙、商务局局长张芜等在点陪同。

11日，万载县“喜迎二十大争创第一等”党务技能大赛决赛举行。来自全县各领域党组织的18个党建案例入选参加本次决赛，选手们重点展示各党(工)委在推进党建质量过硬行动中解决基层党建实际问题的好案例、好经验、好做法。

11日，县委全面依法治县委员会第五次会议暨法治政府建设示范创建推进会在县党政大楼七楼会议室召开。

16日，国家税务总局万载县税务局被评为全省社会保障工作先进集体，万载县人力资源和社会保障局揭伏玲被评为全省社会保障工作先进个人。

16日，万载县入选第一批江西省革命文物保护利用示范县创建名单。

18日，万载县易地搬迁梦想花苑“有求必应”服务中心揭牌运行，这是宜春市设立的首个易地搬迁“有求必应”服务中心。

19日,万载县委、县政府召开“全县庆祝第五个中国医师节暨卫生健康发展大会”,表彰全县100名优秀医务工作者、10个卫生健康工作先进集体和10个尊医重卫先进单位。

22日,县关工委2022年度一元捐爱心助学金发放仪式在县老干部活动中心举行。

24日,万载县住户调查大样本轮换工作动员部署会召开。

25日,万载县防汛抗旱指挥部决定8月25日11时30分起启动抗旱Ⅳ应急响应,

31日,县委书记严旭辉、县长刘学军、县委副书记喻满根、县人大常委会主任龙雷君、副县长黎俊昌一行带领相关单位负责人,对万载县工业园区新能源新材料产业园路网工程建设情况进行专题调研,协调项目进展中存在的困难,督促相关部门加快推进项目建设。

31日,教育部教师工作司、中国教师发展基金会公示2022年乡村优秀青年教师培养计划人选,万载县双桥镇昌田小学夏萍老师入选。

31日,葬于浏阳永和镇草坪村月亮湾85载的革命烈士陈鸿钧的遗骨移葬回万载革命烈士陵园。

是月,万载县江西睿达新能源科技有限公司获评省级智能制造标杆企业。

是月,全国工商联办公厅、最高人民法院办公厅公布(2020—2022年)工商联与人民法院沟通联系机制典型事例,全国共100对,万载县工商联、万载县人民法院共建沟通联系机制做法上榜。

是月,江西省高级人民法院印发《关于表彰2020—2021年度全省优秀法院(法庭)优秀法官(工作人员)的决定》,万载县人民法院马步人民法庭庭长刘斐同志获评全省优秀法官。

9月

1日,万载县青年联合会成立大会暨第一届委员会第一次全体会议胜利召开。

2日,县委书记严旭辉主持召开县委理论学习中心组专题学习会暨“七个有之”专项治理工作会议。

5日,万载县在县政府广场开展网络安全宣传周主题宣传活动。

5日,万载县召开2022年秋季预定新兵役前教育训练动员会。

5日,县长刘学军主持召开县政府党组班子“七个有之”专项治理工作会议。

5日,2022年“全国非遗与旅游融合发展优选项目名录”进入公示期,万载古城景区入选“非遗旅游景区”。

5日,万载县人民政府主办,万载县文化广电新闻出版旅游局承办的2022宜春·第十六届月亮文化旅游节“百姓大舞台”中秋群众文化展演展示活动拉开帷幕。

5—6日,县委书记严旭辉先后到万载中学、县二中等地实地调研万载县“提质强校”项目进展情况。

6日,万载县人民政府与中石油昆仑燃气有限公司江西分公司在万载县工业园区管委会签约总投资额为3亿元的天然气综合利用项目。

6日,万载县新生代商会走进高村镇开展消费帮扶活动。

9日,万载县召开庆祝第38个教师节暨全县教育工作会议。

9日,万载县召开万载县营商环境优化升级“一号改革工程”暨深化“放管服”改革工作推进会。

9日,万载县召开营商环境优化升级“一号改革工程”暨深化“放管服”改革工作推进会,进一步贯彻落实全市营商环境推进会议精神,总结2022年以来全县优化营商环境、深化“放管服”改革工作进展情况,部署下一步重点工作,推动全县营商环境优化升级“一号改革工程”工作走深走实。

15日,万载县疾控中心在白良镇行田村开展“9·15”减盐周宣传活动,进一步传播和普及健康文明的生活方式,倡导“人人行动　全民控盐”理念。

17日,江西“百城百夜”文化和旅游消费季宜春分会场启动仪式在万载古城街区举行。

19日,万载县召开数字经济做优做强“一号发展工程”工

作推进会。县委副书记、县长刘学军出席会议并讲话，副县长郑龙主持会议，全县各乡镇（街道）、县数字经济建设工作领导小组成员单位主要负责人参加会议。

21 日，江西省第三届“农行杯”农村创业创新项目创意大赛在南昌结束，万载县参赛项目“富万载助力万村富”获江西农创大赛省赛第三名。

21 日，由工信部主办，中国5G 应用领域级别最高、最权威的竞赛——第五届“绽放杯”5G应用征集大赛江西区域赛在南昌圆满落幕，本次大赛中，由宜春移动上报的代表万载传统花炮行业数字化转型的“烟花 XR show-5G+XR 花炮产业数字化转型示范应用”在江西融媒体行业赛获得二等奖。

22 日，万载县白良镇举办农民农事技能大赛。

23 日，由县委宣传部、县人民检察院共同举办的 2022 年县人民检察院服务民营经济暨知识产权检察新闻发布会在县检察院三楼会议室举行。

24 日，万载县召开“喜迎党的二十大，千名干部下基层”活动动员部署会。

26 日，县长刘学军主持召开 2022 年万载县第八次政企圆桌会议，现场协调解决企业生产经营过程中遇到的困难和问题。

26 日，万载县经济运行监测分析联席会议 2022 年第八次会议暨综合考评、营商环境、重大项目建设调度会召开，推进“拼搏三季度、奠定全年胜”。

27 日，根据中国人口报社有限公司《关于表彰 2022 年中国人口报新闻宣传工作先进单位和先进个人的决定》的文件，万载县卫生健康系统宣传队伍获 2022 年中国人口报新闻宣传工作先进单位和先进个人的荣誉。

28—29 日，万载县在全县举办“中国梦·劳动美——喜迎二十大　建功新时代”“互保杯”拔河比赛。

28 日，2022 年例行新闻发布会在县文广新旅局举行，万载县广播电视台、万载城市通、拇指万载等多家媒体参加发布会。

28 日，2022 年宜春市跨区域协同处置森林火灾应急演练在万载举行。

30 日，万载县城毛泽东同志旧居、万载古城红色文化展馆全面对外免费开放。

30 日，万载县在县革命烈士陵园举行公祭仪式。

是月，共青团万载县委、万载县志愿者协会联合举办“我爱万载　爱我万载”2022 年“爱心助学，你我同行”助学金发放仪式。30 名受助的高中生和大学生从爱心企业、社会爱心人士的手中接过新学期的助学金。

是月，万载县双志夏布厂的夏布产品夏布、夏布团扇、夏布鸭舌帽及织布机 4 件非遗实物入选国家非物质文化遗产馆藏（展）品征集。

是月，阳乐大道北段全线通车。

是月，万载县马步乡布城村党支部书记、村委会主任郭龙院获全省“百优”“法律明白人”称号。

是月，“宜春市万载县工商联、宜春市万载县人民法院共建沟通联系机制做法”成功入选全国工商联办公厅、最高人民法院办公厅典型事例。

10 月

3 日，江西省文明办发布 2022 年第三季度“江西好人”，万载县高村居民——潘秀妹：41 年抚养 3 名孤儿，用爱点亮希望之光入选孝老爱亲类别。

4 日，万载县召开烟花爆竹领域“打非治违”专项整治工作部署会。

6 日，万载县第四小学、万载县康乐幼儿园、万载县龙湖实验学校被评为“宜春市语言文学规范化示范学校”。

8 日，万载中学罗黎以恒获第 36 届中国化学奥林匹克（初赛）一等奖。

9 日，全县 2022 年度巩固拓展脱贫攻坚成果同乡村振兴有效衔接工作领导小组第四次会议召开。

12 日，在宜春市安全防范工作电视电话会议召开之后，万载县紧接着召开安全防范工作会议。

12 日，万载县花炮产业工

作大会在行政服务中心二楼大礼堂召开。会议对18家十星企业、20名先进个人进行表彰和颁奖,树立典型、表扬先进。

14日，万载县美丽宜居城市建设行动第三阶段工作推进会在县行政服务中心二楼大礼堂召开。

14日，万载县与重庆万里新能源股份有限公司签约总投资20亿元项目。

15日,“宜春这十年” 系列主题新闻发布会（万载县专场）在宜春举行。县委书记严旭辉以“‘奋起赶超跨越　勇争全省一流’ 全力建设富强美丽和谐宜居新万载” 为主题作发布并回答记者提问。县长刘学军回答记者提问。

18日，县委书记严旭辉先后来到县公安局交警大队、县工业园区,通过实地查看、听取汇报、座谈交流等方式,对党的二十大召开期间万载县道路交通安全和安全生产工作进行调研督导。

23日,江西省第二届“携手为人道”红十字志愿服务项目大赛在南昌举行,万载县人民医院红十字会选送的“情暖夕阳‘医’路相随”助老公益项目,经过材料评审、项目展示、项目路演等环节，以综合得分93.08分的好成绩，获得第二届红十字志愿服务项目大赛一类项目第一名及项目支持金1万元，这也是宜春市红十字公益项目首次获此殊荣。

24日,县委宣传部、县文广新旅局组织举办“学习贯彻党的二十大,千名干部下基层”为主题的送戏下乡活动,县花灯戏剧团演职人员来到仙源乡青溪村、仙源村、株木村,为村民、学生带来喜闻乐见的传统花灯戏表演。

25日，由万载县老年人体育协会和万载县全民健康促进中心共同主办的2022年老年人体育健身才艺展示活动在龙湖公园举行。

25日，县长刘学军深入县工业园华麟产业园项目工地、工业园区锦江路、南氏锂渣堆场工地、名优特市场、汽运城、龙湖实验学校对面工地等地,实地督导全县大气污染防治百日攻坚工作情况。

25—26日,万载县举办“互保杯”花炮产业工人城市烟花技能创新大赛。

26日，万载县贯彻落实省第十五次党代会确定目标任务工作推进会召开。

27日，县委书记严旭辉到县花灯戏剧团，通过座谈交流的形式调研万载县花灯戏发展状况。

27日,2022年乡村优秀青年教师培养奖励计划入选教师名单公布,其中万载县双桥镇昌田小学夏萍榜上有名。

28日，县委书记严旭辉深入赤兴乡皂下村、镜山村调研乡村振兴工作。

28日,万载县“喜迎党的二十大　千名干部下基层”活动总结座谈会召开。

29—30日,2022年宜春市文化和旅游产业发展大会在奉新县召开,万载县荣获“全市文化和旅游产业发展先进县市区”先进单位,万载万花筒文旅公司荣获全市优秀文旅企业,曾鸣总经理代表全市优秀文旅企业代表发言。

31日，万载县地方政府专项债券等中央投资项目谋划申报及推进实施工作调度会在县党政大楼7楼会议室召开。

是月，万载县高村镇高村村、赤兴乡镜山村、赤兴乡花桥村、岭东乡小关村、岭东乡苏溪村、双桥镇浩石村、双桥镇垞上村、茭湖乡西源村8个村被评定为省级森林乡村。

是月,《万载年鉴(2021)》获江西省全省县级综合年鉴一等奖，宜春市仅万载年鉴获一等奖。

是月,万载县文创产品“燃朝烟花主题礼盒”获首届“宜春有礼”创意设计大赛一等奖。

是月，万载县鑫达花炮、睿锋环保、金柯纸业等15家企业成功入选江西省专精特新中小企业名单。15家企业中,农副产品加工类企业5家,橡胶化工类企业4家，花炮产业类企业3家,新型建材及电子信息类企业3家。

是月,“万载百合”“万载花炮”在省市场监督管理局举办的“讲好江西商标品牌故事——我最喜爱的地理标志商标”展示活动颁奖典礼上获2022年度江西省“我最喜爱的地理标志商标”优秀奖。

是月，万载县罗城扎粉传统产业工业化项目荣获2022年江西省乡村振兴公益“100+”三年行动项目优品项目奖项。

是月，2021年度江西省农村电影公益放映表彰名单公布，万载县电影放映发行有限公司荣获2021年度江西省农村电影公益放映一等奖，这是宜春市唯一一家荣获一等奖的单位。

是月，第十二届江西玉茗花戏剧节奖项揭晓，其中万载县获得4个奖项分别是：剧目类的万载傩戏《关鲍情缘》和万载花灯戏《数麻雀》；表演类的李小波主演剧目《李更探监》和辛慧祖主演剧目《数麻雀》。

是月，省文化和旅游厅组织开展全省革命文物保护运用优秀案例评选推介活动，万载县湘鄂赣革命纪念馆文物保护利用模式获评省级优秀案例。

11月

2日，宜春市碳酸锂渣二次提锂及尾砂尾泥锂渣消钠处理调研会在万载召开。

3日，严旭辉主持召开县委理论学习中心组党的二十大精神专题学习会，市委宣传部二级调研员易长福到会指导。

4日，万载县招商引资重点项目进展工作推进会召开。

4日，万载县在县人武部组织召开县委常委议军会暨国防动员委员会、人民武装委员会会议。

4日，在江西省第七次全国人口普查总结表彰会议上，万载县统计局和万载县康乐街道办事处被评为江西省第七次全国人口普查先进集体，株潭镇人民政府干部李菲、黄茅镇人民政府新村办主任周明昊、岭东乡人民政府干部辛冬南、鹅峰乡人民政府副科级干部陈杰被评为江西省第七次全国人口普查先进个人。

4日，万载县召开县第七次归侨侨眷代表大会，会议强调要统一思想、融入大局，不断夯实党在侨界的群众基础。

5日，第三届“中国傩文化传承发展研究”学术研讨会在万载召开，进一步挖掘、传承和保护傩文化，推动文化和旅游的融合发展。中国傩戏学研究会会长李志远，江西省文化和旅游厅二级巡视员杨静，县委书记严旭辉，宜春市文广新旅局局长李智勇，县委副书记喻满根，县委常委、宣传部部长黄云辉，县政府副县长龙水莲参加会议，全国知名非遗和傩戏研究学者50多人参加会议。会议研讨新时代非遗视野下的傩文化理论与实践、傩文化传承与乡村振兴发展研究、江西傩戏傩舞及其特征和价值等十个议题。随后，中国傩戏学研究会向万载县授牌、授予基地证书、赠送基地书籍资料。

7日，万载县人民政府与中国联通宜春分公司举行共同推进数字万载高质量发展战略合作协议签约仪式。

7日，全县前三季度主要经济短板指标分析座谈会召开。

8日，万载县第十届中小学生田径运动会在县第二中学开幕。

8日，江西省群众体育先进单位和先进个人表扬大会在九江市举行。万载县罗城镇人民政府被评为2018—2021年度江西省群众体育先进单位。

10日，十五届县委第五轮巡察工作动员部署会召开。

10日，武警江西总队司令员曹众善一行深入仙源乡，先后来到湘鄂赣革命历史展馆、仙源乡中心小学、湘鄂赣省委旧址、仙源村天然水厂进行实地参观和调研。10日，县委书记严旭辉到仙源乡开展调研座谈，详细听取仙源乡党委政府换届以来工作开展情况汇报，询问仙源乡党的建设、产业发展、乡村振兴等工作开展情况。

14日，县委书记严旭辉来到县社会心理服务中心，通过座谈交流的形式调研社会心理服务体系建设工作。

14—15日，宜春市第二届乡村振兴职业技能大赛在万载县龙湖公园举办。

15日，万载县推进移风易俗乡风文明三年专项行动工作推进会在县行政服务中心三楼会议室召开。

15日，万载县举行“江西省书法之乡”命名授牌仪式，中国书法家协会副主席、江西省文联副主席、江西省书法家协会主席毛国典代表省书法家协会为万载县授“江西省书法之乡”牌。

16 日，万载县花炮产业发展工作座谈会在县花炮中心会议室召开。

17 日，万载县召开十五届县委第五轮巡察工作推进会。

18 日，万载县委营商环境专项巡察集中反馈会暨万载县营商环境优化升级“一号改革工程”推进会在县行政服务中心二楼大礼堂召开。

18 日,江西省委宣传部、省司法厅、省文化和旅游厅、省普法办联合通报第四批江西省法治宣传教育基地名单,由万载县税务局主持修建的万载县红色税收法治基地榜上有名。

19—25 日，万载县教体系统工会第二届气排球赛在县二中体育馆举行。

20 日，万载县罗城扎粉食品有限公司在江西省企业登记网络服务平台地方特色经营范围版块公示“罗城扎粉”这一特色经营范围,成为万载县首家使用经营范围规范条目自主公示特色经营范围的企业。

21 日，宜春市卫生健康委员会下发《关于同意樟树市中医院、万载县中医院设置为三级中医医院的批复》(宜卫中医字〔2022〕5 号),正式批复同意万载县中医院设置为三级中医医院。

21 日,江西供销(万载)冷链物流园基础设施建设项目开工建设。省供销联社党组书记、理事会主任李晓刚,市政府副市长董晓明，县委书记严旭辉,县委副书记、县长刘学军,县委副书记喻满根,县人大常委会主任龙雷君，县政协主席彭述荣,县委常委、统战部部长胡玲,县委常委、常务副县长彭宇波,县委常委、株潭镇党委书记高兴贤，县政府副县级干部潘集章以及省、市供销联社相关负责人出席开工奠基仪式。喻满根主持仪式。

25 日,浏阳、万载、铜鼓、上栗四县市区域医保合作线上签约会议正式召开。万载县人民医院、中医院、人民医院西院、诚济医院、广仁骨科医院、博视眼科医院、黄茅镇中心卫生院、仙源乡卫生院、白水乡卫生院 9 家医院参加签约仪式。

28—30 日，万载县 4 个项目在江西省第三届党务技能大赛中取得佳绩,万载县康乐街道党工委书记徐俊获“城市基层党建项目”二等奖,万载县湘鄂赣革命纪念馆党支部委员陈胥获“微党课项目”二等奖,万载县中医院党建办副主任钟扬吉获“公立医院党建项目”三等奖,万载诚济医院党支部副书记张婷获“社会组织党建项目”三等奖。

是月,中国非物质文化遗产保护协会发布 2022 年 “全国非遗与旅游融合发展优选项目名录”，万载县万载古城景区榜上有名。

是月,全国农信机构第一届职业技能大赛在昆明落下帷幕，万载农商银行的江西农信代表队选手汪杏获得对公业务竞赛第二名。

是月,万载县康乐街道北门社区入选江西省综合减灾示范社区。

12 月

1 日,中共江西省委、江西省人民政府印发《关于表彰江西省保障工作先进集体和先进个人的通报》，万载县税务局被评为江西省社会保障工作先进集体,万载县人社局劳动股股长揭伏玲被评为江西省社会保障工作先进个人。

6 日,江西省委常委、宣传部部长庄林在万载调研,强调要以优质文化供给满足人民群众精神文化需求。

9 日,宜春市科普教育基地在万载县文宇阁书院揭牌。

9 日,学习贯彻党的二十大精神市委宣讲团到万载县宣讲。市委宣讲团成员、市委组织部部务委员、市委“两新”工委副书记季斌作宣讲报告。

10 日,宜万同城快速通道全线通车,万载县到宜春中心城区的时间不到 30 分钟。

11 日，第五届万载罗城半程马拉松在罗城镇九龙原始森林景区开展。

13 日，刘学军带队督导 2022 年民生实事项目，刘学军一行先后到县人民医院路段、春风庭院南区、城东路、县中医院、煤炭小区、百合路中段、阳乐大道南段、建成社区、三兴变电站等地，分别就道路建设项目、停车场建设项目、安防小区建设项目、老旧小区改造项目、体育小游园建设项目以及110千伏三兴变电站建设项目等十二个2022年民生实事项目进行现场办公，督促推进。

13日，宜春市统战品牌建设暨乡贤工作现场推进会在万载县举行。

15日，万载县首次举办集体婚礼，八对新人喜结连理，深入践行“移风易俗我先行　不要彩礼要幸福”理念。

15日，万载县委宣传部、万载县工业园区管委会联合举行专场新闻发布会。万载电视台、万载发布等官方媒体以及万载在线、拇指万载等自媒体平台参加新闻发布会。发布会上，万载县工业园区相关负责人就园区经济发展、招商引资、化工安全环保监管与安全生产、基础设施建设、要素保障等方面情况回答媒体记者提问。

20日，“我眼中的江西文化符号”首届江西国际传播短视频大赛日前完成三轮评选工作，万载作品《万载烟花（Fireworks in Wanzai)》获三等奖。

22日，万载县9家合作社入选2022年新增省级农民合作社示范社，分别是万载县九鳅湖种养农民专业合作社、万载县土生金农业发展专业合作社、万载县青溪种养农民专业合作社、万载县双粮农民专业合作社、万载县益升种养农民专业合作社、万载县富亿种养农民专业合作社、万载县天正有机种养农民专业合作社、万载县顺发种养农民专业合作社、万载县金宇有机种养农民专业合作社。

27日，万载县女子商会被认定为2021—2022年度全省“四好”商会。

28日，县委书记严旭辉到万载县部分医疗机构调研检查疫情防控工作。

29日，宜春学院和万载县人民政府在县人民医院举行宜春学院第一附属医院揭牌仪式。

29日，万载县2022年第九次政企圆桌会议召开。

29日，由江西省优化营商环境办公室、江西日报社主办，江西营商全媒体平台策划推出的新一期《作示范、勇争先，强攻“一号改革工程”大型全媒体访谈》走进万载县，邀请县委书记严旭辉做客“移动演播厅”，分享擦亮“万事好办”营商环境品牌的经验做法，畅谈学习和贯彻党的二十大精神助力打造营商环境新优势的心得体会。

31日，万载县17个乡镇（街道）和县工业园区管委会统一开展打击非法生产“零点行动”，打击安全生产非法行为，防止和减少安全生产事故，保障人民群众生命和财产安全，确保全县安全生产形势稳定。县政府副县长黎俊昌到仙源乡进行督战。

31日，万载县举办第十七期全县领导干部“周六论坛”，邀请北京市教学名师、首都体育学院教授、博士研究生导师李相如进行授课。

31日，万载县中医院综合楼建设项目正式揭幕投入使用。

31日，三兴镇花炮商会向三兴镇中心卫生院捐赠一辆全新的救护车辆。

是月，江西省红十字会举办“全省红十字会基层基础工作典型案例推选”活动，万载县《我爱万载，幸福万载我在岗》入选全省红十字会基层基础工作典型案例。

是月，在江西省妇联开展的“江西省家庭教育典型案例”征集活动中，万载县《“精品＋承诺书”育人实践探索》入选。

县情概览

地理与地貌

【位置】 万载县位于江西省西北部，东邻上高、南接袁州、西连浏阳、北毗铜鼓，县城距南昌昌北机场170千米，离长沙黄花机场178千米，距宜春明月山机场25千米，离浙赣铁路宜春站30千米，沪昆高铁、昌栗高速、铜宜高速、320国道和220国道穿境而过。

【地貌】 万载县境地势南部和西北部高，东部偏低，由西北向东南逐渐倾斜。南部屈峰顶山——蒙山山脉，北部为九岭山脉初级降起所组成的古陆山脉。地貌为“七山半水分半田，一分道路和庄园”，属丘陵山区县。境内800米以上的山峰有36座，最高峰位于县北55千米处高村镇上坪村的仙姑岽（旧称太阳山）。海拔1404.4米。最低点为三兴镇沙潭村的均车，海拔70米。

政区沿革

【中华人民共和国成立前】 万载，夏禹时属扬州之域；殷商时属吴国；周考王九年（前432）勾践灭吴，属越国。楚威王七年（前333）灭越，尽收吴故地，万载属楚国。秦始皇二十六年（前221）分天下为三十六郡，万载属九江郡。西汉汉高祖六年（前201）置豫章郡，设建成县，万载为建成属地。西汉末年，王莽改制，改豫章郡为九江郡，改建成县为多聚县、万载随同改属。东汉建武元年（25）恢复豫章郡、建成县旧名。东汉中平年间（184—189）划建成县一部分地置上蔡县，万载属上蔡县地。东汉末年，魏、蜀、吴三国鼎立，上蔡县属吴管辖。三国吴黄武元年（222）从上蔡县划出一部分地置阳乐县，县治设罗城，这是万载作为一个县级行政单位的开始，仍属豫章郡。西晋太康元年（280），阳乐县更名为康乐县。隋开皇九年（589）置洪州，将康乐县并入建成县，隶属洪州。隋大业二年（606）废州复郡，仍属豫章郡建成县地。唐武德五年（622），改郡为州，置靖州，复置阳乐县，县治由罗城迁入龙山下（今康乐镇），隶靖州。武德七年（624），州名再易，初为乐州，后改筠州，次年筠州并入洪州，阳乐并入高安县（武德五年建成县改名为高安县）。唐太宗、玄宗、懿宗时，先后划分全国为道、军。唐贞观元年（627）属江南道，唐开元二十七年（739）分属江南西道，唐咸通六年（865）属镇南军。吴睿帝顺义元年（921）分高安的进城、康乐、高侯、万载四乡置万载县，取当时万载乡之“万载”为县名，南唐保大十年（952）割隶筠州。北宋开宝八年（975）隶袁州为紧县。北宋宣和三年（1121）更名为建成县，仍属袁州。南宋绍兴元年（1131）复名万载县，至今未变。元至元十九年（1282），改州为路，万载隶袁州路。明洪武二年（1369）改路为府，万载隶袁州府。清朝沿明制，万载隶属未变。

辛亥革命后，废州郡留县，万载为全省81县之一。1914年，江西省行四道制，万载隶属庐陵道，道尹公署设吉安。1926

年废道制，万载直属江西省管辖。1932 年江西省 13 个行政区，万载隶属第 8 行政区。1935 年江西省缩编为 8 个行政区万载属第 2 行政区。1939 年，全省改为 11 个行政区，万载属第 2 行政区。1942 年，江西省缩改为 9 个行政区，万载属第 2 行政区。

【中华人民共和国成立后】 1949 年中华人民共和国成立后，先后隶属袁州分区、袁州专员分署、南昌专员公署、宜春专员公署、宜春地区革命委员会、宜春地区行政公署。2000 年，宜春地区行政公署撤地区设市，万载隶属宜春市政府管辖。万载总面积 1719.63 平方千米，是宜春市所辖的 10 个县(市、区)之一，县城建成区面积达到 17.5 平方千米。2022 年，全县设有 9 个镇 7 个乡 1 个街道办事处，分别是黄茅镇、株潭镇、潭埠镇、双桥镇、三兴镇、高村镇、罗城镇、高城镇、白良镇、茭湖乡、白水乡、仙源乡、赤兴乡、鹅峰乡、马步乡、岭东乡、康乐街道办事处。

自然资源

【野生动植物资源】 1998 年 7 月至 1999 年 3 月，万载县组织技术力量首次对全县野生动物资源进行调查。据调查，全县境内分布的野生动物 92 种。其中，鸟类 19 科 46 种，兽类 13 科 26 种。珍稀树种有南方红豆杉、银杏、罗汉松、闽楠、苏铁、半枫荷等 20 余种。古树名木有古樟树、柏树、苦槠、枫香、猴樟、皂荚、木荷、酸枣、苦楝、杉木、马尾松、桂花树、牛根树、重阳木、黄檀、椤木石楠、古檵树等。

【湿地资源】 根据省、市林业主管部门统一部署，1996 年 11 月至 1997 年 3 月万载县首次开展全县范围内的湿地资源调查。调查成果统计，全县 8 公顷以上的湿地 6 处，总面积为 25258.53 公顷，占全县总面积的 14.74%。其中面积在 100 公顷以上的湿地 2 处。总面积为 725.7 公顷(即三十把和锦江水库)；面积在 8 公顷以上 100 公顷以下的湿地 66 处，总面积为 1799.5 公顷，均为常年性淡水水域:全县水稻田湿地面积为 22733.33 公顷。全县 8 公顷以下的水库 86 个、山塘 1838 个、溪流 154 条，主要河流断面水质达标率 100%。

【森林资源】 全县第五次森林资源二类调查成果材料从 2002 年 7 月至 2003 年 2 月全部完成。通过此次森林资源二类调查及森林分类经营区划调查得出：在全县 171400 公顷的面积中，林业用地面积 11.52 万公顷，其中森林 95962 公顷，灌木林地 10620 公顷，疏林地 333 公顷，无立木林地 1726 公顷，苗用地 8 公顷。全县活立木蓄积为 742.06 万立方米，其中森林蓄积 2536758 立方米，疏林地蓄积 1801 立方米，散生木蓄积 1353874 立方米，四旁树蓄积 182399 立方米。全县活立竹 9421 万株，其中林分毛竹 42415233 株，散生竹 5293606 株，全县森林覆盖率达 66.34%，全县实施生态公益林 3.29 万公顷、天然林保护 2.98 万公顷、商品林 79116 公顷。

气候

【总体气象】 万载县位于北纬 27°～28°、东经 113°～114°，属亚热带湿润气候，四季分明，气候温和，雨量充沛，日照充足，对工农业生产和人们生活较为有利。但也常出现一些不利于工农业生产和人们生活的气候因素，如春季低温，阴雨，初夏小满寒、盛夏洪涝和干热风，夏秋干旱，秋季寒露风和烂秋天气以及冬季寒潮所带来的冰雪、霜冻天气等。2022 年，万载天气形势复杂，冬春季多雨雪，春播前的 3 个月多晴好天气、气温偏高、强降水频繁。入汛以来，出现 8 次较明显的强降水天气过程。夏季长期晴热无雨。

【气温】 1 月为全年最冷月，平均气温为 3.79℃~8℃。7—8 月为全年最热时期，月平均气温为26.5℃~30.6℃。秋季时间较短，入秋后，随着北方冷空气势力加强，不断受冷空气影响，气温明显下降，日平均气温为20.0℃~22℃。冬季较寒冷，气温变幅较大，常有较强冷空气带来降温、降雪和霜冻天气。2022年万载县全年平均气温为18.7℃，较历年平均偏高0.8℃，年极端最高气温40.9℃，年极端最低气温-3.6℃；年总日照时数1799.0小时，较历年平均值偏多307.5小时。全年气候主要特点：气温偏高，降水量偏少，日照偏多。

【降水量】 年平均降水量为1742.5毫米，年际变化较大，最多的2002年达2353.3毫米，最少的1986年仅1321.2毫米。4—6月降水量最多，占全年降水量的42%。11月至翌年2月降水量最少，占全年降水量的20%，其他月份占38%。2022年总降水量为1448.2毫米，较常年偏少298.9毫米。

人　文

【历史遗迹】 古邑万载，岁月峥嵘，远绍人文。数千年前始，先民于此渔猎农耕、繁衍生息，初现文明之光。1982年，在第二次全国文物普查中，江西省考古研究所在仙源新市榨树垍、下垍考察发现两处商代文化遗址和100余处西周古文化遗址。境内保存有战国时赵相蔺相如遗迹、明代城隍古庙、清代文明古塔等一大批古建筑、古墓葬、古文化遗址。

【历史名人】 万载建县1800年，历来地灵人杰、储财擢秀、人才辈出，山川锦绣、物华丰美、富庶人和。万载是中国山水诗鼻祖谢灵运的袭封地。城郊的莲花形山至今还遗存有谢灵运墓。东晋太元八年(383)，谢玄因淝水之战立下赫赫战功被封为康乐公，食邑万载。太元十八年（393)，8岁的谢灵运承袭祖爵为康乐公，食邑两千户，世称谢康乐。

自唐至清末，万载进士及第43人，官至七品以上者233人，出现了如南唐宰相宋齐邱、工部侍郎李征古、五代文学家徐弦、徐锴兄弟，明初有参修《元史》的史学家黄盅，明代有秉公执法的刑部左侍郎郭瑾，清代有地理学家李荣陛，历任礼部、工部侍郎的辛从益，被曾国藩誉为“江右人杰”的彭寿颐，以及曾任广州护法非常国会议员、黎元洪大总统府顾问的谢济沂等一大批名人学士。新中国成立后，又涌现了心理学家郭一岑、20世纪国内三大词学家之一龙榆生，女作曲家辛沪光等一批文化名人。革命战争的艰苦岁月，造就了杜平、张翼翔、王宗槐3位中将和谢胜坤、罗章、彭盛3位少将。

【文化遗产】 万载开口傩、花炮制作技艺、夏布织造技艺和得胜鼓被列入国家非物质文化遗产名录。

【人文和自然景观】 岁月长河铸就了万载诸多闻名遐迩的人文景观和自然景观。有建于明洪武三年（1370）全省保存最好、规模最大的城啤庙，建于清乾隆二十一年（1756）的文明塔；建造于北宋淳化元年(990)官元山船埠滩的观鹰桥，有全国重点文物保护单位——中共湘鄂赣省委、省苏维埃政府等革命旧址；有谢灵运墓和清代汉民族古民居——周家大屋，有大型喀斯特溶洞——竹山洞，有诡异莫测、宏大深远的云峰古洞和横空出世、栩栩如生的马步寨下特大山体卧佛；有三十把水库和九龙省级自然保护区；有被誉为万载“历史档案馆”和“老城博物馆”的万载古城田下街区。其中，九龙省级自然保护区保存了近万亩原始森林，有珍稀动植物300多种，三十把水库为省级自然风景保护区。全长达4000多米的“华东第一地下长河”竹山古洞被评为“江西省十大美景之一”。洞内有神奇怪异的奇石飞瀑，洞外有天马山山体卧佛、四千亩石笏石林和富硒温泉，相映生辉，奇观天成。万载古城田下街区以万载非遗文化、赣派建筑风情为内核，保存有明清、民国时期祠堂27座，涉及辛、宋、郭、彭、闻、易、周、张、高、鲍、陈、龙、欧阳13个姓氏，还有许多古民居、古街、巷弄、粮仓、水井等古建筑和不可移动文物，是保存较为完好、具有赣西文化特色的古建筑群，有乡土风情商业街区、江西风味小吃及土特产街区、娱乐休闲文化街区、时尚购物街区、古建民宿文化区、国学文化示范区等区域。黄庭坚、杨万里、汤显祖等文人墨客均曾游历万载，留下了170多篇脍炙人口的山水诗词“碧嶂千层附城出，清江一条穿市飞”“一水浮光转，千峰远翠连”“推窗延月照画图，万峰苍翠松涛呼”“风乱竹枝垂地影，霜干桐叶落阶声”等名句流传至今，给万载的灵山秀水平添了浓厚的诗意，缔造出一座生态静谧、康乐和谐的江南宜居山水县城。

万载物产富庶，是中外闻名的“花炮之乡”“百合故里”。“三大特产”(花炮、夏布、土纸)和“三大名产”(百合、辣椒、三黄鸡)闻名遐迩，史上素有“富万载”的美称。20多年来，全县以“生态立县、有机富民”为理念，大力发展有机农业，从1999年建立菱湖有机农业有机食品示范园区开始，历经艰辛探索。将万载打造成“江南有机农业第一县”。

工　业

【园区规划】 县工业园区由原来的1.07平方千米扩大为6.96平方千米，总规划面积32.75平方千米，已建成12平方千米，形成了“一区四园”教体格局，即综合产业园、新能源新材料产业园、高新技术产业园和应急环保产业园。园区先后获得称号有全国大宗固废综合利用基地、省级有机食品加工基地、省级民营科技园、省级生态工业园试点园区、省级产业集群发展试点园区、中国·万载锂电新材料基地等。

【园区企业数量】 2022年，工业园区共有企业263家(含厂中厂52家)，投产工业企业共146家，其中规模以上企业103家(园内企业91家、园外企业12家)、规模以下企业43家。

【园区工业经济指标】 2022年，园区产值360.24亿元，同比增长14.3%；工业增加值85.95亿元，同比增长4.69%；营业收入373.21亿元，同比增长16.21%；利润总额40.97亿元，同比增长25.73%；固定资产投资62.4亿元，同比增长26.1%，其中工业投资54.2亿元，同比增长15.9%。

【园区财政税收】 2022年，园区实有财政税收11.39亿元，同比增长83.57%。其中，锂电新能源新材料行业完成税收2.36亿元，占比20.72%；循环经济行业完成税收5.18亿元，占比45.48%；医药、医疗器械行业完成税收1.89亿元，占比16.59%；其他产业完成税收1.96亿元，占比17.21%。

【全县工业发展】 2022年，全县规模以上工业增加值107.95亿元，同比增长9.2%，增速排名全市第3位；规模以上营业收入完成452.7亿元，同比增长16.1%，增速排名全市第2位；利润总额完成50.1亿元，同比增长23.5%，增速排名全市第4位。工业固定资产投资完成96.6亿元，同比增长15.2%，位列全市第5位，增速排名全部进入全市前5。完成月度入规企业9户，年度入规申报15户，新增入规24户。

农业农村工作

【种植业】 粮食生产。2022年，全县粮食生产面积66.45万亩，其中早稻种植面积26.20万亩、中稻播种面积10.49万亩、晚稻种植面积25.28万亩，杂粮播种面积4.48万亩，全年粮食总产量25.86万吨。油料作物生产。2022年，完成夏收油菜播种面积4.01万亩，同比增长2.5%；完成花生、芝麻等其他油料作物播种面积1.47万亩，完成油料作物产量5381吨，同比增长4.4%。蔬菜生产。2022年，蔬菜任务面积15万亩，新增大棚设施蔬菜种植面积3090亩，蔬菜总产量15.86万吨。中药材生产。2022年，全县新增中药材种植面积0.55万亩，主要品种有“三子一壳”和特色药材夏天无、黄精、艾草、车前草、瓜篓、粉防己等品种，年新增中药材产值2750万元。果树、茶叶生产。全县果树种植面积2万亩，其中新增种植面积0.1万亩，主要是脐橙、马家柚、葡萄、早熟梨、火龙果、草莓等。茶叶生产种植面积0.8万亩，主要是赤兴乡花桥村、茭湖乡上峰村等基地。果茶总产值5600万元。

【畜牧业】　2022年，全县生猪存栏39.82万头，同比增长3.1%；生猪出栏64.94万头，同比增长6.5%；牛存栏5.52万头，同比减少1.4%；牛出栏2.80万头，同比增长11.55%；家禽存笼188.68万羽，同比减少14.73%；家禽出笼336.54万羽，同比增长14.4%；羊存栏12.31万只，同比增长14.8%；羊出栏16.4万只，同比降低2.84%；兔存笼90.24万只，出笼154.3万只，同比分别增长5.6%和17.86%。实现畜牧业总产值18.22亿元，同比增长6.5%。

【绿色有机产业】　2022年，新增绿色产品证书9个，其中源禾米业5个、景云合作社3个、金佰荟食品公司1个。至年底，有“全国绿色食品原料(水稻)标准化生产基地”面积12万亩、绿色产品29个、绿色种植面积14.6万亩；有8个乡镇从事有机农业种植，已获有机认证土地总面积41.2万亩，其中有机耕地9.1万亩、有机野生采集面积32.1万亩；有有机农产品139个；绿色有机农产品注册商标99件，建成绿色有机食品加工龙头企业17家，其中省级龙头企业9家、市级龙头企业7家，直接参与有机食品加工的下游企业110多家。年加工各类果蔬近20万吨，有10多个系列100多个产品进入国际国内市场。

建成农业绿色发展模式万亩示范区4个，有机富硒产业总产值突破50亿元，获评“全域创建富硒绿色有机农产品示范市工作先进县”。

【新农村建设】　2022年，新建新农村点300个，推广黄茅镇“江夏宅改”模式，建成“十个一”“八个有”示范点25个。改造农村危房151户、危桥7座，新(改)建农村公路99.6千米。完成衔接资金项目155个，建立易地搬迁安置点“有求必应”服务中心35个，新(改)建“微工厂”94家，“一村一微工厂”富民工程在全省推介、全市推广。

【林业】　全县林业用地11.52万公顷(国土三调数据)。占土地总面积的67.07%，活立木总蓄积742.06万立方米，活立竹9421万株，森林覆盖率66.34%，保护生态公益林3.29万公顷，天然林2.98万公顷。

全年完成人工造林1.64万亩；完成封山育林0.74万亩;退化林修复2.81万亩;完成战略储备林现有林改造0.15万亩;完成国有林场新造和补植补造的场外造林0.72万亩；完成1个省级乡村森林公园、5个省级森林乡村、3个市级森林乡村的创建。全县林业生态建设累计投入5786.33万元，其中生态公益林、天然林保护投入2288.42万元，松材线虫病防治、森林防火等生态保护投入738.2万元，造林补贴、油茶林及森林抚育、毛竹改造等生态修复2759.71万元。

【水利】　2022年，全县有锦泰灌区续建配套、城乡供水一体化、三兴中小河流治理、锦河疏浚、山洪沟治理、水库除险加固6个项目列入2023年江西省水利领域基础建设攻坚行动方案，总资金额5.9亿元。

城乡建设

【城市功能与品质提升】　全县建筑业企业总产值完成18.46亿元，同比增长12.9%，全市排名第一。全年新增入库规模以上建筑企业4家。出台《万载县城市功能品质提升双城联动规划》，城市功能与品质提升含新建、续建共69个项目，投资总额90.54亿元。年底已竣工29个项目，已开工37个项目，未开工5个项目，累计完成投资55.48亿元。全面完成城区十五条道路建设，完成6个项目选址和用地规划，完成对南部新城5.5平方千米的核心区从城市开发运营层面的优化设计并形成成果，优化落实“双城联动”规划。

【城乡污水处理设施建设】 完成万载县河西路1.4千米污水收集管网铺设工程。完成城区四处污水收集支管工程。总投资783.97万元，新增污水收集支管总长度约为5.7千米，直径1米成品污水检查井193座。推进岭东、赤兴、白水、茭湖和高村污水处理厂及管网建设。至2022年年底，5个乡镇的主体工程及污水管网已全部建成。

【棚改扫尾工作】 完成对康乐街道猛辉、马步乡新民村和康乐街道北门社区79户征迁工作。处理条管单位遗留问题5起。四个安置房建设项目涉及任务2979套全部完工。

【商品房情况】 办理商品房预售许可证18宗，批准预售的建筑总面积36.79万平方米。累计备案建筑面积41.45万平方米3458套。全县商品房住宅销售均价5041元/平方米，全县销售商品房面积为41.45万平方米，截至2022年12月底，全县商品房库存面积为140.47万平方米。

环境保护

【空气质量】 空气质量优良天数共计283天，优良天数比率为90.1%，轻度及以上污染天气共31天，同比下降5.6个百分点，$PM_{2.5}$平均浓度为每立方米31微克，同比上升24%。

【土壤污染防治成果】 全县受污染耕地安全利用率达到93%以上，重点建设用地安全利用率得到有效保障，完成全年土壤污染防治工作目标任务。

【水环境质量】 水环境质量达到优良，水质综合指数3.4830，同比上升1.16%。主要河流断面均车、卢洲两个断面水质达标率均为100%，均达到《地表水环境质量标准》中Ⅱ类水质标准，优于目标Ⅲ类水质要求。县城集中式饮用水水源地（第二水厂）断面水质达标率为100%，达到《地表水环境质量标准》中Ⅱ类水质标准，优于目标Ⅲ类水质要求。

万载县有16个乡镇获得省级生态乡镇称号。其中茭湖乡、高村镇、仙源乡、赤兴乡四个乡镇获得国家级生态乡镇称号。马步乡寨下村、罗城镇藏溪村等6个村获评省级生态村，全县市级生态村共计49个。

交通运输

【公路】 全县境内公路总里程3143.47千米。其中高速公路89.64千米、普通国道46.03千米、省道167.51千米、农村公路2840.29千米。农村公路等级公路里程2757.53千米，占农村公路总里程的97%(其中二级以上公路里程0.80千米、三级公路185.51千米、四级公路2571.22千米)，等外公路82.76千米，按路面类型分，农村公路中，水泥混凝土及沥青路面2757.53千米，未铺装路面82.76千米。

【汽车运营】 全县拥有公路营运汽车7471辆，比上年末减少8.5%。拥有载客汽车174辆6780客位，比上年增长0.9%。拥有公共汽电车50辆50标台。出租汽车运营车辆44辆。拥有载货汽车7203辆111672吨位，全年完成货运量3525万吨，货物周转量334925万吨千米，平均运距95千米。

全县营业性客运车辆完成公路客运量294.6万人，比上年减少7.9%；旅客周转量14435.4万人千米，比上年增加8.9%，平均运距49千米。至年末100%的建制村通客运线路，通车率与上年持平。拥有公共汽电车运营线路45条，运营线路总长11613千米。城市客运系统运送旅客365.2万人，与上年持平。

其中公共汽电车运送 339.8 万人,运营里程 6651 万千米。出租汽车运送 25.4 万人,运营里程 269.24 万千米,平均每车次载客 2 人,空驶率 40%。

供水供电

【供水能力】 县城及乡镇日供水能力 10.8 万立方米,用水人口近 20 万人。推动三十把水源工程建设工程设计取水规模 14 万吨 1 日。总投资 2.59 亿元。项目已开工建设,2022 年已铺设 DN1200 球墨铸铁管 28.4 千米,完成管网工程总体进度 95%。

【供水设施建设】 县城区供水管网延伸工程的延伸段包括环湖南路、建成大道延伸段、康乐大道延伸段及轮毂产业园,全长 19 千米,2022 年 7 月全部完工并通水运行。老水厂供水管网枢纽瓶颈成功实施改造,新建一根 DN600 主管分别供老水厂管网,供水瓶颈被打破。截至 2022 年底,潭埠、高城农饮水厂均已建成。

【供电能力】 全县辖区内共有 220 千伏变电站 1 座,主变 2 台,容量为 300 兆伏安;110 千伏变电站 7 座,主变 12 台,总容量为 53.3 兆伏安;35 千伏变电站 8 座,主变 16 台,总容量 105.95 兆伏安;配电化变电站 2 座,总容量 14.3 兆伏安;35 千伏线路 15 条,长度 172.31 千米;10 千伏公用线路 122 条,长度 2971.74 千米;0.4 千伏及以下线路长度 9637.6 千米;公用配变 2975 台,总容量 714.488 兆伏安;供电客户 24.76 万户。

【供电设施建设】 2022 年,国网万载分公司全年完成电网建设发展总投入 3.02 亿元,建成投运 110 千伏东门变、改造 35 千伏马东线、35 千伏丁田桥变电站扩容、白良和罗城 35 千伏配电化站五项输变电工程,新增 35 千伏线路 5.7 千米、变电容量 22.3 兆伏安。至年底,110 千伏三兴变已完成主体工程和设备安装调试。全年完成配网投资 1.18 亿元,建设改造 10 千伏线路 215 千米;建设改造配电台区 735 台,解决低电压 8802 户,重过载台区 108 台,供电可靠性不断提升。公司被省电力公司评为“2022 年度优秀县级供电企业”。

教　育

【学校数量和生源】 全县共有中小学校 227 所,其中普通完全中学 5 所(含万载外国语学校及 2 所民办学校)、初中 17 所、“十二年一贯制”学校 2 所(民办)、“九年一贯制学校”2 所(含民办康乐实验)、小学 200 所(含教学点 59 个,4 所民办)、中职 2 所(含 1 所民办)、特殊学校 1 所。2022 年秋季,全县在校中小学生 102202 人,其中小学 50561 人、初中 31696 人、高中 16565 人、职高 3380 人,有特教 277 人。全县共有幼儿园 183 所,其中公办幼儿园 92 所(含县级 2 所)、民办幼儿园 91 所,在园幼儿总数 20428 人。

【高考质量】 2022 年全县本科上线 2951 人,文化类一本上线增长率全市排名第二,本科上线增长率全市排名第三,总量排名全市第四,高中教育取得了长足的进步和发展。

商　务

【利用外资情况】 利用省外项目资金完成 68.07 亿元,同比增长 9.7%,总额排全市第二。全县外贸进出口完成 8.25 亿美元,同比增长 80.22%。其中出口完成 8.21 亿美元,同比增长 89.39%。外贸出口 8.2 亿美元,同比增长 89.4%。

【签约项目情况】 全年新签约项目 57 个,总金额 221.95 亿元,其中亿元以上项目 49 个、20 亿元以上项目 5 个、省商务厅认定“5020”项目 2 个。

【电商发展】 全年实现网络零售额 11.63 亿元,同比增长

188.93%，其中实物网络零售额10.76亿元，同比增长212.05%；县内电商企业及店铺数达到1.84万家，从业人员3万余人。

【社会消费情况】 2022年，拉动全县商旅消费市场营业收入1.6亿元。组织夏季车展、家电换新、赣菜美食节等线上线下活动20余场。2022年，万载县社会消费品零售总额完成80.85亿元，同比增长5.2%。

财政与税务

【财政收支】 全年完成财政总收入38.6亿元，同比增长18.3%。完成一般公共预算收入17.91亿元，同比增长8.6%；完成一般公共预算支出53.1亿元，同比增长6.3%，其中民生支出43.44亿元，占总支出的82%。

【税务】 2022年，全县实现全口径税收收入32.1亿元，同比增长16.01%，实现一般公共预算口径税收收入12.89亿元，同比增长13.4%。两项收入总量均在全市十个县市区排名第7，增幅均排名第三。入库非税收入36.5亿元，同比增长29倍，总量排名从全市第八上升至第二，增幅排名从全市第十跃升至第二。全年累计有222户企业通过“银税互动”获得超3.2亿元贷款。

人口与人民生活

【人口】 2022年末，万载县总人口58.12万人，共16.16万户。其中，城镇人口25.23万人，乡村人口32.89万人。全年总出生人口4594人。

【人民生活水平】 社会消费品零售总额完成80.85亿元，同比增长5.2%；城镇、农村居民人均可支配收入分别达到37043元、16387元，分别同比增长5.7%、5.9%。

中国共产党万载县委员会

综　述

2022年，县委坚持把讲政治作为第一要求，把“两个确立”“两个维护”贯穿到工作各方面和全过程。坚持“第一议题”制度，召开19次常委会会议、12次县委理论学习中心组学习会，及时跟进学习习近平总书记重要讲话、重要指示批示精神；举办党的十九届六中全会精神专题研讨班，实现科级干部培训全覆盖；开展“喜迎党的二十大·千名干部下基层”活动，投入3000余万元，为群众办实事427件，化解矛盾纠纷440起。组建县委宣讲团，县四套班子领导带头深入到基层宣讲，在全县上下迅速掀起学习宣传贯彻党的二十大精神的热潮。坚决贯彻民主集中制，严格落实“三会一课”、民主生活会、组织生活会等制度。聚焦“三新一高”、疫情防控、粮食安全、巩固拓展脱贫攻坚成果等“国之大者”，推动政治监督更加具体化、精准化、常态化。坚持抓住关键少数，加强对“一把手”和领导班子成员的监督，收到监督直报问题104个，“治未病”作用得到有效发挥。持续深化以案促改、以案促治，召开全面从严治党形势分析会，坚决杜绝“七个有之”，讲政治从外部要求转化为内在行动。做好抓落实活动年“三拼三促”工作，县域发展对标九江市永修县、园区发展对标上高工业园区，多项主要经济指标增幅成功实现赶超跨越。

【推动工业发展】　扎实开展“入企走访连心”活动，由县四套班子领导担任营商专员，主动认领任务，坚持每月上门，全年为企业协调解决问题196个，并定期将走访服务情况形成通报传阅学习。加强商会建设，向商会派驻干部担任秘书长，推动商会运行更加规范、工作更加高效，探索实施由商会承担部分行政职能的承接工作。开展“人人都是营商环境，让企业在万载暖心爽心”专题民主生活会，提高干部对营商环境重要性的认识，优化营商环境举措和路径。同时，全年坚持每月至少通报一起损害营商环境的行为，全年共查处典型案例82起102人、通报49起54人。通过持续努力，县工商联、县人民法院共建沟通联系机制做法成功入选全国典型事例；“人生十件事，一事一次办”改革入围省政务服务办、省大数据中心典型案例，万载县荣获江西省第一批“无非法集资示范县”称号。加大县工业园区基础设施建设投入力度，整合资金7亿元改造提升园区路网、管网，园区要素保障不断增强、环境更加优美。推动县工业园区营业收入同比增长16.6%、利润总额同比增长22.5%，园区排位实现大幅提升，获评“江西工业崛起园区发展专项奖”，万载县获评全市工业高质量发展先进县。2022年，签约20亿元以上项目5个，申报认定“5020”项目2个，2家企业入选“瞪羚”企业；天卓新材料入选国家级专精特新“小巨人”企业，为全县首家百亿企业；睿达新能源、睿锋环保成功申报“国家级绿色工厂”，其中睿达新能源成功申报国家级废旧动力电池梯次利用项目，并获批省级技术创新中心，全市仅3家。秉持“花炮兴则万载兴”的情怀，始终把花炮产业作为支柱产业、富民产业和第一位产业，以创建“全国烟花爆竹转型升级集中区”为契机，全面推进花炮生产企业标准化建设并完成星级评定，加快“5G+ 花炮产业”发展，92 家花炮企业完成自动化技改。成功举办江西省 2022 年烟花爆竹安全经营管理暨产销洽谈大会，扩大了花炮品牌影响力，一批龙头企业正在引领“万载花炮”响彻全球，花炮产业每年保持 20%的增速，2022 年实现产值 150 亿元、税收 4 亿元的“双突破”，在四大主产区的地位稳步攀升。4 月 6 日，江西省省长叶建春在万载调研时，寄予“安全生产万无一失、企业发展万马奔腾、烟花绽放万人空巷”的殷切期望。

【推进城乡融合发展】 坚持“新旧同步、双城联动”发展战略，新城建设突出生态引领、配套先行，做到科学规划，并严格按照规划建成各大路网等基础设施。加速推进宜春学院附属医院、体育公园、布城水系公园建设，全力构建城市的“五脏六腑”。老城区坚持不搞大拆大建，而是采取渐进式的城市更新策略，投入 2 亿元改造老旧小区、修复路面、新铺管网、打通断头路。连续 12 个月深入开展美丽宜居城市建设行动，构建“县委常委、人大政协主要领导挂帅，各部门单位负责、全体干部齐上阵”的网格化推进工作格局，扎实做好环境整治、文明劝导、结对帮扶商户等工作，全年收集群众意见 800 多条，逐步推进 200 多个城区改造项目，示范带动群众共建共治共享。同时，立足万载老旧现状，叠加特有的城市文化，聚力打造“市井生活味、人间烟火气”城市特质，加速构筑家的温馨和邻里和谐关系。

【巩固拓展脱贫攻坚成果】 全面推进乡村振兴战略，实施“一村一微工厂”富民工程，实现年人均增收 2.1 万余元，并助力一批行政村集体经济年收入突破 50 万元。携手省供销集团，启动全省县级最大的冷链物流产业园建设，加快构筑农产品物流仓储体系，持续强化农村产业发展配套服务。加强耕地保护，推动农业产业发展，建成农业绿色发展模式万亩示范区 4 个，有机富硒产业总产值突破 50 亿元，获评“全域创建富硒绿色有机农产品示范市工作先进县”。黄茅镇光明村江夏组新农村建设坚持规划先行、村民自治，发挥好村规民约作用，宅基地管理严格按照集体性质、户有所居、取退有偿、公平公正的“江夏宅改”成功经验在全县推广。

【主动服务和融入国家发展战略】 成立湘赣边区域合作示范区建设工作专班，召开湘赣边区域宜春片区（万载县）产融对接会；宜万同城快速路、G220 绕城公路建成通车，对外通道和县域公路交通更加畅通。积极与浏阳、上栗等地共建优势互补、联系紧密的产业分工合作体系，推动以株潭镇为中心的湘赣边发展先行区建设。株潭“中部伞都”建设初具雏形，建成总投资 1.88 亿元的产业园，已落户企业 12 家。

【推进生态文明建设】 有序推进“两高”项目全面排查清理整改，大力发展天然气、风能、光伏等清洁能源，综合利用固体废物 120 万吨，产值突破 80 亿元，绿色低碳循环发展经济模式日趋完善。第二轮中央、省生态环境保护督察交办信访问题 34 件已全部整改销号，开展“零点行动”35 次，查处环境违法案件 11 起，整治“散乱污”企业 9 家，切实守护好万载的蓝天碧水净土，万载县成功创建省级生态县。推动 39 个持证矿山复绿，创建绿色矿山 5 家。打造“林长 + 国家储备林建设”示范点，人工造林 1.64 万亩，修复退化林 2.8 万亩，成功创建官元山省级乡村森林公园。加强农业面源污染治理，牛蛙养殖等实现全面退养。

【主题实践活动创品牌】 人民民主和政治协商迸发活力，支持县人大常委会全过程履行人民民主，创新开展人大代表“五带头五表率”主题实践活动；成立 5 个监督小组，对 20 件重大民生实事项目开展专项督查，推动各项民生实事基本完成。充分发挥人民政协作为专门协商机构作用,探索打造“赣事好商量,万事微协商”工作品牌,开展基层微协商活动47次。坚持重点督办提案“双领办”制度,17个高质量提案得到有效落实。

【宣传思想工作聚合力】 宣传思想文化彰显万载绚丽风采,在强化内宣上凝聚合力,大力挖掘、弘扬真善美和身边的好人好事。2022年,4人入选“江西好人榜”,6人入选“宜春好人榜”,“我爱万载、爱我万载”的氛围更浓、成色更足。严格落实意识形态责任制,对15个单位开展专项检查,对11个重点单位、网站、重要系统和平台的网络安全进行加固,舆论阵地管控坚强有力。在扩大外宣上积极传播万载好声音,万载古城获评全国“非遗”旅游景区、省级特色文化街区,数十次登上央视;“中国傩文化研究基地”“江西省书法之乡”相继授牌。深度讲好万载故事,在中央“四报两台”上稿57篇,省“一报两台”上稿113篇。

【加强统战工作】 凝聚社会各界力量广泛共识,加强和改进统一战线工作。“党外知识分子之家”揭牌成立,推进“五好”宗教活动场所建设,加强对非公有制经济人士、党外知识分子和新的社会阶层人士的团结引导,爱国统一战线进一步巩固发展。

【加强社会综合治理】 坚持把维护政治安全放在首位,严厉打击渗透破坏活动,共侦破邪教案件12起,打击成效位居全市第二,构筑起维护国家安全的铜墙铁壁。坚决扛起防范化解重大风险政治责任,定期召开会议分析研判形势,及时解决重大问题,全县债务总体可控,圆满完成上级下达的债务化解任务,牢牢守住不发生系统性金融风险的底线。

推进更高水平的法治万载、平安万载建设,持续深化司法体制改革,大力支持法院、检察院依法履行职责,推动依法治县取得新成效。扎实做好市域社会治理现代化试点工作,建成矛盾纠纷多元化解中心。完善社会心理服务体系建设,统筹推进群众身心健康,累计服务1万多人次。做好信访工作,成功化解31起信访积案。常态化开展扫黑除恶斗争,扎实开展整治养老诈骗、电信网络诈骗等专项行动,成功打掉1个涉恶势力组织犯罪集团,侦破各类案件647起,打击成效位居全市前列。在全市政法系统“作示范、勇争先”活动中,万载县位列全市第一。

严格落实安全生产责任制,不定期开展打非治违专项行动,按照“村不漏组、组不漏户、户不漏栋、栋不漏层、层不漏间”的要求进行摸排,打击非法生产行为6起、刑事拘留11人,烟花爆竹、非煤矿山、道路交通等重点领域态势平稳可控,防汛抗旱、森林防灭火、地质灾害等工作成效明显。

【教育和体育事业协同发展】 坚持教育优先发展,把人才培养摆在更加重要的位置,持续加快校县合作步伐,探索与南昌大学、江西师大、宜春学院等高等院校开展全方位战略合作,全力打造赣西最专业、最正规的艺术类教师教育培训中心。新增、改扩建9所学校,新增学位4600余个,县教体局成功申报教育部“新时代学校美育劳动教育数字资源建设与应用众筹众创”共同体,全国仅61个。聚焦快乐体育建设,推进全民健身运动并养成文明健康生活方式,罗城镇荣获“全省群众体育先进单位”称号。创新县领导担任协会名誉会长制度,一大批体育协会从无到有、从有到优,各类体育运动和赛事活动蓬勃发展。

【民生保障和社会服务更有精度】 加快推进多层次社会保障体系建设,群众就业创业环境更优、渠道更广,成功举办宜春市第二届乡村振兴职业技能大赛。坚持房住不炒定位,推动房地产市场平稳健康发展。兜牢民生保障底线,在全市率先设立困难群众救助服务热线平台,持续关注“一老一小”,建立留守儿童之家75个,改造提升养老服务机构6个。

【聚焦基层党建创新发展】 以仙源湘鄂赣革命根据地等为依托,深化红色名村建设、开展红色研学、助力乡村振兴,全年红色研学达 6.5 万余人，调研课题成果《用好红色资源，赓续红色血脉》成功入选第六届全国基层党建典型案例。紧盯乡村治理，推广马步乡宝石村“四三二”工作机制、潭埠镇新田村“四新之路”、双桥镇“好人之治”等典型做法，进一步筑牢基层战斗堡垒。承接省委组织部在宜春开展的流动党员管理试点，配合市委组织部做好宜春市驻粤港澳大湾区流动党员党委的成立筹备工作，全力打造流动党员管理“宜春样板”。参加全省党务技能大赛，万载县 4 类 4 个参赛案例全部获奖，获奖数量位列全市前列。

高规格举办 17 期“周六论坛”，推动各级领导干部在学习中开阔视野、解放思想、提升能力。同时，在实施乡镇干部绩效考核的基础上，对县直单位分类考核、竞相比拼，对县直单位干部进行绩效考核，并严格与绩效奖金挂钩，真正做到干多干少、干好干坏不一样，14 名“躺平”干部回归正常工作，10 名干部接受组织处理，调整使用一线干部 5 批 270 人次，绩效考核的经验做法在中共中央组织部《组工信息》单篇进行推介。

围绕修复净化政治生态总目标，一体推进不敢腐、不能腐、不想腐，实现“一把手”和领导班子政治监督全覆盖，推动巡察工作规范化、标准化，努力做到巡察监督与纪律监督、监察监督、派驻监督、审计监督融会贯通。坚持风腐一体纠治，对乡科级领导干部立案 48 人次，处置违反中央八项规定精神问题线索 42 件，给予党纪政务处分 42 人，通报典型案例 81 起 116 人，持续释放出把反腐败斗争进行到底的强烈信号。创新廉政教育方式，大力开展廉政戏剧编排、勤廉微视频拍摄、领导干部配偶培训班等活动，6800 名党员干部参加“网络廉考”，书写新时代全面从严治党永远在路上、党的自我革命永远在路上的坚定执着。

重要会议

【县委全委(扩大)会议】 2022 年，中共万载县委共召开县委全委(扩大)会议 1 次，主要内容是：以习近平新时代中国特色社会主义思想为指导，深入学习贯彻党的十九大和十九届历次全会、中央经济工作会议和习近平总书记视察江西重要讲话精神，认真落实省委十五届一次全会、省委经济工作会议精神、市委经济工作会议精神，听取讨论县委全会工作报告和《中共万载县委常委会 2022 年工作要点（讨论稿）》，审议《中共万载县委十五届三次全体(扩大)会议决议(草案)》《关于厉行勤俭节约反对铺张浪费的决议(审议稿)》，动员全县上下坚定信心、奋起赶超跨越，担当实干、勇争全省一流，全面推动万载高质量发展。会议指出，2022 年是党的二十大召开之年，是建设富强美丽和谐宜居新万载的奋进之年，做好全年各项工作责任重大、使命光荣。要按照“融入宜春、聚力园区、双城联动、特色彰显、宜业宜居”工作思路，聚焦“工业强、城市美、生态优、民生好”新目标，坚持以党的政治建设为统领，巩固拓展党史学习教育成果，全面修复净化政治生态；坚定不移主攻、强攻工业，全力优化发展环境，巩固拓展疫情防控和经济社会发展成果。系统推进城市功能与品质提升，全面推进乡村振兴战略，持续增进民生福祉，推动万载在县域经济比拼中立起来、跑起来、火起来。

【中共万载县委常委会会议】 2022 年，中共万载县委共计召开常委会会议 18 次。每次会议始终坚持把学习习近平新时代中国特色社会主义思想和习近平总书记系列重要讲话精神作为常委会“第一议题”，严格贯彻执行民主集中制原则，不断推进县委常委会议事决策科学化、民主化、制度化，对全县经济建设、政治建设、文化建设、社会建设、生态文明建设和党的建设等方面工作中的重要问题作出决定。18 次会议的主要内容有：全面从严治党、党风廉政建设、法治政府建设、依法治县、高质量发展考核；基层党建、深化改革、“六个江西”、市域社会治理现代化、巡视巡察、组织人事、宣传及意识形态、统战宗教工作、脱贫攻坚成果巩固、乡村振兴、生态文明建设、文化旅游、城市提升、国家卫生县创建、农村宅基地制度改革、疫情防控、森林防火、抗旱减灾;招商引资、项目建设、营商环境、数字经济、地方政府融资平台;安全生产、信访、扫黑除恶、财政预算、传达学习党的二十大精神等。会议还听取万载县人民代表大会常务委员会工作报告、万载县人民政府工作报告、政协万载县第十四届委员会常务委员会工作报告、万载县人民法院工作报告、万载县人民检察院工作报告。

重要决策

【"入企走访连心"活动】 2022年3月,县委、县政府针对全县所有规模以上企业和重点工业项目,开展"入企走访连心"活动,由县四套班子领导担任营商专员挂点服务企业,带领各级服务干部下沉一线、担当作为,助力推动企业纾困解难。活动期间,协调解决各类涉企问题196个,收到企业赠送锦旗17面、感谢信6封;落实用地指标800余亩、解决用工人数3260人次、协调贷款资金1.75亿元、争取各级各类政策奖补资金1.2亿元。全年共编印9期工作简报,下发1期督查通报、2期问题分析专报,并制作电视采访纪录片。与此同时,万载县"入企走访连心"经验做法和工作亮点被江西电视台、宜春市电视台、江西营商等媒体多次报道,《宜春市工业强市简报》向全市推介万载县经验做法,"人人都是营商环境、事事关乎营商环境"的理念更加深入人心。

【"喜迎党的二十大·千名干部下基层"活动】 为深入贯彻落实稳增长、防风险、保稳定、惠民生要求,以安全稳定的政治社会环境迎接党的二十大胜利召开,9月23日,县委、县政府联合印发《万载县"喜迎党的二十大·千名干部下基层"活动实施方案》,在全县开展"喜迎党的二十大·千名干部下基层"活动,活动时间为9月23日至10月31日。为开展好此次活动,县委专门从县直部门派出17个工作组、100余名县直部门干部下沉到各乡镇(街道)开展"一讲""三访"。其主要内容是讲党的十九大以来的发展成果、乡村振兴政策、取得的成效和《中华人民共和国民法典》,公众安全感满意度、营商环境满意度、基本公共服务满意度、生态环境满意度、勤廉单位创建满意度,党的二十大精神。访民情办实事、访民忧解难题、访隐患保稳定。在"一讲""三访"活动期间,共收集意见建议2000余条,投入3000余万元帮助解决427件事关群众生活饮用水、农田灌溉、交通出行、子女教育等急难愁盼问题,化解矛盾纠纷440起,协调60余家企业解决资金筹措、政策咨询、产业发展等问题。

督查工作

【概况】 2022年,县委督查工作坚持以习近平新时代中国特色社会主义思想为指导,按照省、市、县工作部署要求,提高政治站位,聚焦中心大局,创新方式方法,主动担当尽责,有效发挥督查"利剑"作用。全年共承办上级各类督查督办问题16件,组织开展或参与督查64项,承办县委主要领导指示批示95件,以《万载督查》形式印发各类通报19期,呈送《督查快报》4期,有效地推动了县委决策部署落地落实。

【纪检监察建议整改落实】 1月以来,县委督查室先后完成肖某案、龚某某案等中央纪委国家监委纪检监察建议整改工作。在肖某案件整改中县委主动认领34项整改任务、落细落实88条具体整改措施,龚某某案件整改中主动认领9个方面34项整改任务,并制定116条具体整改措施,销号率100%,完结率100%。

【抓好中办督查成果后续整改和防范化解重大风险专项督查】 根据宜春市委整改工作部署要求,县委督查室安排2名工作人员专门对接做好相关工作。整改过程中，全程参与并牵头整改方案起草、制定整改作战图、督促开展整改、整理整改资料、对接销号工作、形成总结材料，并多次前往市整改办对接工作，完成市委、县委有关整改工作任务。

【推进“六个江西”建设在万载落地】 成立全面推进“六个江西”建设工作专班，由县委督查室负责统筹协调。县委督查安排专人对接工作，先后制定出台《万载县全面推进“六个江西”建设实施方案》《万载县全面推进“六个江西”建设2022年工作计划》。同时，全年积极对接省市“四不两直”督导4次，在《万载发布》等新闻媒介开辟专栏专访6期，制发《工作简报》11期。

【县委决策部署落实】 始终坚持服务县委，紧紧围绕贯彻落实县第十五次党代会“奋起赶超跨越，勇争全省一流”工作主线，将党代会既定工作目标要求，逐项分解到具体责任领导和责任部门。始终坚持问题导向，认真抓好全年县委督查工作计划执行并强化监督实施，敢于较真碰硬，圆满完成全年各项计划及县委领导交办的督查任务。加强与相关职能部门沟通对接，及时督促开展或派员参与农村农业、疫情防控、安全生产、值班值守、项目建设、招商引资等30余项专项督查，及时形成有关情况报告报县委领导并向全县通报。

【领导指示批示跟踪督办】 认真梳理县委主要领导深入基层考察调研时所提要求，明确分工、压实责任，及时跟踪调度，从严审核把关，切实督促相关责任单位严格对照领导指示要求，制定务实管用的举措抓好整改，并对典型问题要求举一反三，保证县委领导有关指示落到实处、取得实效。全年，县委督查承办县委主要领导指示批示要求95件，回复件95件，回复率达100%。同时，认真对待群众给县委领导来信来访办理工作，全年办理省委办公厅民声通道和人民网地方领导来信来访98件，办结98件，办结率100%。其中省委核办件2件，按领导指示批示精神积极协调有关单位限时办理来信处理，对来信来访情况建立工作台账，及时调度问题处理情况，做好群众回复工作并将处理情况呈报县委领导阅示。

【全市巡查测评】 根据市委巡查测评统一部署安排，牵头负责县委巡查测评项目点选定和筹备工作。由县委总督查带队，在全县范围内选取突出体现万载县2022年经济社会发展变化的5个项目点，呈县委审批同意后，常态化督促推动项目点建设筹备。充分发挥督查精神，深入项目现场、摸排项目困难、协调解决问题。联合县委宣传部精心制作巡查测评汇报片，在全市巡查测评会上，向市四套班子领导、市直有关单位以及各兄弟县市展现万载形象。

【基层减负工作】 根据省、市基层减负工作要求，6月份由县委督查牵头开展“指尖形式主义”自查自纠工作，重点查摆80多个部门行业存在强制或变相强制要求下级单位搞强制注册、定期登录、签到打卡、积分排名、答题排名、投票点赞、过度留痕等“指尖形式主义”问题，通过自查自纠，让基层党员、干部有更多时间和精力抓落实，为基层各项事业提供坚强的作风保证。

县委办公室工作

【概况】 2022年，万载县委办公室力求提高标尺谋突破、拉高标杆争一流。一方面，将高安市委办选定为对标提升对象，营造“比学赶超”的浓厚氛围，多项工作成功实现赶超跨越，做到始终把学习作为推动工作的强大动力，创新干部轮流讲课、随机点名发言制度，让干部学习更投入、交流更充分，全年安排18名干部在会上授课；同时用好用活江西干部网络学院学习平台，掀起“学习强国”学习平台比学赶超热潮，全办人均积分和学习活跃度稳居万载县第一方阵；将每月撰写2篇调研信息和每半年撰写1篇调研报告、心得体会纳入绩效考核指标，推动全办干部深入调查研究，不断增进对全县工作的了解,增强参谋辅政的能力。另一方面,坚决扛起牵头单位责任,对标先进、调研评比、改革攻坚、闭环工作机制、厘清责任清单等5项县重点任务均取得良好成绩,在宜春市调研文章评比中8篇获奖,其中2篇获全市一等奖,获奖数量位居全市第一。

【提升年轻干部挑大梁的能力】准确把握习近平总书记对党办工作的基本定位,加大对干部尤其是年轻干部培养,主动出题目、压担子,提高其在工作中挑大梁、独当一面的能力,切实当好党委的"坚强前哨"和"巩固后院"。积极推荐条件成熟、能力优秀的干部赴上级部门和基层一线学习取经。全年分别推荐1名干部到省委办公厅、市委办公室跟班学习,推荐1名干部到乡村担任第一书记,帮助干部在新平台锤炼本领,强化担当作为能力。发展党员和入党积极分子,2022年,发展党员2名、预备党员1名、入党积极分子1名。全力做好传、帮、带工作,加大干部培育力度,全年推荐提拔重用6人,3名干部通过遴选考入省、市机关。县委办抓学习、强队伍的经验做法在宜春机关党建公众号刊载,向全市进行宣传推介。

【加强党员干部思想政治教育】坚持党管意识形态的原则不动摇,加强对办公室党员干部思想政治教育,使县委办公室始终成为坚持正确导向、传播先进思想文化的坚强阵地,不给错误思想观点提供任何传播渠道。始终坚持民主集中制原则,建立和完善议事决策规则、决策程序和决策机制,充分发挥每一名班子成员积极性和创造性,促使每一个人真正"独当一面"。纵深推进全面从严治党,严格遵守中央八项规定,旗帜鲜明反对"四风",始终以制度管好人、用纪律约束人。公务接待规范有序,三公经费同比大幅下降。坚持每半年至少研究部署一次党风廉政建设工作,对纪委制发的各类通报做到第一时间传达学习,增强教育效果。建立日常监督"四项清单",明确监督责任清单33项,推动政治监督融入日常、抓在经常。

【在中心工作中担当作为】做一名美丽宜居建设的"清道夫"。坚持常态化开展美丽宜居城市建设行动,挂点网格区域内道路环境更整洁、车辆停放更规范,城市死角得到有效清理、违规菜地实现全面清除,在11月的万载县9大网格环境考核评比中获得第1名,彰显党办干部"干就干最好、争就争一流"的精神风貌。同时,通过干部示范引领,有效带动群众共建共享,区域内的居民和商户对维护环境卫生的认识更加深刻、行动更加自觉。

做一名服务企业的"店小二"。始终坚持亲清政商关系原则,用心用情服务好华尔升、南极光2家挂点企业,坚决做到"随叫随到、不叫不到、服务周到、说到做到",全年共走访联系40余次,协助解决企业招工、产权办证、要素保障等各类问题。其中,通过多次举办招工会,为南极光招工200余人。

做一个乡村振兴的"暖心人"。全年,县委办帮扶3个行政村,结对帮扶53户,城镇帮扶任务14户。全办干部坚持定期走访联系,做好关心慰问和政策宣讲,与群众交心谈心,干群关系日益紧密。同时,在党的二十大召开前夕,选派2名干部参与"千名干部下基层"活动,下沉一个多月吃住在村,推动解决一大批群众急难愁盼问题,助力全县社会态势平稳可控。

【提升工作效能】重点工作严督查。围绕重大建设项目和重点民生工程、"双城联动"建设、招商引资、生态文明建设、疫情防控等重点工作,全力开展实地督查、明察暗访、专项督查,督查"利剑"作用进一步彰显。全年共开展督查64项,承办县委主要领导指示批示95件,印发《万载督查》19期,形成《督查快报》2期。

调研工作显成效。聚焦县委"融入宜春、聚力园区、双城联动、特色彰显、宜业宜居"工作思路,深入项目前沿、基层一线开展专题调研50余次,组织起草各类文稿300余篇，在中共中央组织部、省、市期刊和人民网、新华社、《江西日报》等报刊上稿20余篇，多篇文章赢得市委、县委主要领导的肯定。

办会和保密工作见实效。严格落实基层减负要求，完善办文办会制度，全县文件数量在连续多年缩减的基础上，继续保持10%以上的降幅，县级召开会议次数同比减少20%。加快保密机要工作法治化、信息化进程，对13个单位进行保密检查，下发整改意见23条。全年收发机要文件3356个，做到机要值班“零空隙”、文件收发“零失误”、会议保障“零差错”。

其他工作齐进步。深入挖掘、总结提炼一批全县特色亮点、经验做法，在省级平台刊登上稿13篇，上稿量全市领先，180余项年度改革任务均按期完成，获全市先进。在全市率先建成国家安全主题公园，海报征集、演讲比赛等荣获一等奖、三等奖，情报信息采用量位居全市第三。档案工作落地落实，群众性答题活动参与人数位居全市第二，档案行政执法监督检查实现各乡镇(街道)全覆盖。信息工作提质增效，13条被省委信息处采用，160条被市委信息科采用，上稿量在全市排位实现大步赶超。与台胞、台属的联系日益紧密。民生通道有力度，98个群众诉求均得到有效解决。

组织工作

【概况】 2022年，万载县组织系统坚持把习近平新时代中国特色社会主义思想和习近平总书记重要讲话、重要指示批示精神作为党员干部教育培训的“第一课”、党委(党组)理论学习中心组、部务会和部机关周例会的“第一议题”，制订《万载县2022年干部教育培训计划》，全年举办主体班次11期，培训党员干部2500余人次。坚持每月举办“周六论坛”，通过邀请国内知名专家学者、行业单位“一把手”授课，开展“沉浸式”专题调研45次，培训1250余人次，着力提升县级党政领导、乡镇县直“一把手”贯彻新发展理念的综合履职能力。全年投入3000余万元为群众办实事427件，化解矛盾纠纷440起，解决信访问题152件。万载县红色名村建设等基层党建有关工作经验，在中共中央组织部《组工信息》推介6次，在《中国组织人事报》大篇幅推介11次，在中共中央组织部上稿数位居全省前列。探索制定《万载县关于规范村级组织工作事务、减轻村级组织负担的暂行办法》，工作成果被评为宜春市调研评比一等奖。

【基层党建】 强化基层治理引领，提升服务群众水平。2022年，“深化红色名村建设、开展红色研学、助力乡村振兴”的县委书记领题党建课题成果，入选第六届全国基层党建典型案例；成功打造白水乡槽岭村、仙源乡仙源村等一批党建引领乡村振兴工作样板，推出一批“叫得响、立得住、推得开”的红色万载名片；贯彻落实中办、国办《关于规范村级组织工作事务、机制牌子和证明事项的意见》；在开展专题调研的基础上，提出厘清村级组织法定职责、规范台账报表事项、精减工作机制和挂牌等6项举措，让村干部从形式主义、官僚主义中解脱出来，有更多时间和精力参与基层治理并服务群众。

加强流动党员管理，建立青年人才党支部。县委组织部承接全省流动党员管理试点，协助做好成立宜春市驻大湾区流动党员党委筹备工作。探索建立流动党员管理责任清单和乡镇流动党员管理服务中心，实行流入党员“码”上报到、流出党员“码”上报备，落实设岗定责、积分管理、结对联系等制度，实现流而有家、流而有学、流而有为。在全县17个乡镇(街道)建立青年人才党支部，以创业致富能手、返乡大学生、退役军人、优秀村民小组长为主要对象，优化选、育、管、用机制，着力培养农村治理人才、农村致富带头人和优化农村发展党员源头。全年共纳入青年人才836人，其中265人被列为村级后备干部人选，有关做法6次被人民日报客户端报道。

发展壮大实体经济,巩固脱贫攻坚成果。县委组织部按照“县投资、乡管理、村受益”的模式,实施“一村一微工厂”富民工程,鼓励乡镇或村集体将闲置校舍、旧厂房、旧村室、村民空闲房舍等资源,因地制宜建立厂房式、流通式、乡村旅游式“微工厂”。2022年,全县94家“微工厂”帮助7300多人实现“家门口”就业,助推95个村集体经济经营性收入增加1362万元。这一做法得到《人民日报》等10多家主流媒体推介,在全省“巩固拓展脱贫攻坚成果·推进乡村振兴”专题研讨班上作典型发言,并在《江西改革动态》单篇推介和《半月谈》上大篇幅报道。2022年,全县181个行政村集体经济经营性收入全部达到15万元以上。

【干部选拔任用】 探索实践县直单位绩效考核工作。县委组织部按照“月考评、季点评、年总评”的阶段化考评步骤和“321”阶梯化的述职方式,变年终“算总账”为全程“算细账”。强化结果运用。将绩效考核与干部评先评优、绩效奖金发放、干部推荐使用、职务职级晋升、职称评定“五挂钩”,改变干多干少、干好干坏、干与不干一个样的“躺平”现象,2022年,一、二、三、四季度分别对全县2774名、2790名、2801名、2812干部进行绩效考核,评为“一级”等次分别为830人、850人、845人、843人;评为“二级”等次分别为1665人、1656人、1670人、1687人;评为“三级”等次分别为279人、284人、286人、282人。做深做实干部政治素质考察。坚持把政治标准放在首位,严格落实《县管领导干部政治素质考察办法(试行)》,健全完善联审联评工作机制,全年对拟提拔或进一步使用对象形成报告书99份,建立县管领导干部政治素质档案1118份。制定《关于开展2022年县直单位机关工作人员绩效考核工作的指导意见》,58个县直单位因地制宜制定符合各单位实际的具体方案,有效推动绩效考核。2022年,万载县全年共调整干部5批284人次,其中提拔83人,进一步使用16人,平职交流85人,2名因年度考核多次被评为较弱的干部被调整退出领导岗位。

【在一线培养历练干部】 2022年,县委组织部优化干部锻炼培养机制,坚持在一线培养历练干部,全年选派44名年轻干部到工业园区主战场、扫黑除恶斗争一线、综治维稳现场进行实践锻炼;抽调92名新提拔干部、优秀一般干部参与市、县两级巡察。完善年轻干部综合比选进出机制。开展2022年度县直单位公开选调机关工作人员考试,从35岁以下素质较高的干部中选调9名公务员(参公人员)、14名事业编干部进入县直机关工作;向上择优推荐6名高学历青年干部到乡镇挂职助力乡村振兴,其中3人通过市委组织部综合比选进入选岗环节;接收1名县级干部、1名金融企业干部、2名卫生人才到万载县进行挂职锻炼,1名省直单位选调生到驻村所在乡镇挂职;创新县校合作,推动宜春学院选派2名年轻干部到万载县人民医院领导班子担任党政正职。

【抓实干部监督管理】 县委组织部畅通举报受理渠道,广泛公布“12380”举报方式和受理范围,在电视台、万载党建等主流媒体上公布干部选拔任用举报电话、邮箱、短信,全年共受理群众来信、来访、信访举报4件,查核属实0件,促进群众更好进行监督。配合做好2022年县处级领导干部报告个人有关事项工作。全年共组织39名领导干部按照要求学习相关文件精神并填报个人有关事项报告。抓好提醒谈话、函询、诫勉等制度的贯彻落实,2022年,开展批评教育1人次,函询3人次。委托开展离任经济责任审计工作,发出离任审计委托书19份。严格执行《党政领导干部选拔任用工作条例》,严格落实《党委(党组)讨论决定干部任免事项守则》“三个不上会”和“凡提四必”要求,2022年,共对96名提拔或进一步使用干部和75名职级晋升对象进行任前信息审核、事前征求纪检监察机关等部门意见各96人次;组织开展领导干部“吃喝喜乐”微信群行为清理工作，推动万载县处级以上领导干部签署承诺书共44份。

【多举措推动人才培养】 全年投资5000余万元，高标准建设人力资源产业园暨人才驿站，乡镇（街道）均成立县科技特派员工作站分站，在全市率先实现科技特派员服务全覆盖，着力打造人才综合服务平台。2022年，万载县7人（团队）入围省“双千计划”、1人入选省“主要学科学术和技术带头人培养计划”，省级重大人才工程数量实现新突破；江西睿达新能源科技有限公司获工信部废旧动力电池综合利用和梯次利用行业规范条件“双白名单”，为全省首家；全年新增1家国家级专精特新“小巨人”、15家省级专精特新企业；2家公司获批省“瞪羚”企业，实现“零”的突破。出台《万载县研发投入后补助奖励办法》，全年共投入4.26亿元，引导企业加大研发投入，全年科研奖励增幅居宜春市各县（市、区）前列。

【构建党管人才新格局】 2022年，全县通过高层次人才示范宣讲、青年人才学习交流、农村新青年专题培训，开展“弘扬爱国奋斗精神、建功立业新时代”活动10场次，加强人才政治引领。对标省委双“一号工程”和市委抓落实活动“三拼三促”工作要求，制定《2022年全县人才工作重点任务清单》，对13项重点任务进行挂图作战，细化26家成员单位144项工作职责，按照“干什么、述什么”开展人才工作专项述职。策应县委“奋起赶超跨越、勇争全省一流”发展战略，出台《万载县深化人才发展体制机制改革攻坚行动实施方案》，明确15大项33小项任务，为打造人才流入优选地破除体制机制障碍。出台《万载县关于支持重点企业使用人才专项编制引进高层次人才管理办法》，统筹使用100个人才专项管理事业编，破解企业引进高端创新人才和技能人才难题。

【打造人才聚集新高地】 2022年，万载县引聚重点产业人才，致力打造人才聚集新高地。全年用坚持“以项目聚人才、以人才带项目”的方式，引进6名科技领军人才和5个创新创业团队，带动2家企业入选工信部绿色工厂、1家企业入选国家智能制造优秀场景、1家获评省级智能制造标杆企业。组织17家企业参加专场引才活动，签订产学研合作项目6个，其中锦江酒业的项目9月13日入围全省“揭榜挂帅”企业重大技术需求榜单，获资助经费100万元。壮大专业技能人才。深化产教融合，开设“工匠讲堂”，聘请技能人才授课，培训4场600余人次。选派12名技能人才到萍乡市高级技工学校学习。与满天星职业技术学院合办实训教育基地，解决技能人才训用脱节问题。10月25—26日，举办全县花炮产业工人城市烟花技能创新大赛；11月14日，举办全市第二届乡村振兴职业技能大赛，推动以赛促训强能工作走深走实。培育经营管理人才。实施企业高管人才培训计划，对全县300余名规模以上企业负责人进行集训，推荐11名人才参加省级培训班。联合市工商联组织22名重点民营企业家到中南大学“加油充电”。

【打造人才服务新环境】 2022年，县委多次召开人才工作会议，评选表彰10名优秀人才、7家优秀科技创新型企业和2项重大科技成果。聚焦花炮产业，选树18家十星企业、20名先进个人，在“万载党建”“万载发布”微信公众号，刊登人才事迹20条，营造尊贤敬才的浓厚氛围。坚持营商环境和人才环境一起抓，扎实开展“入企走访连心”活动，由县四套班子领导担任营商专员，每月上门为企业和人才协调解决问题共计196个。坚持常态化党委联系服务专家制度，县主要领导带头走访慰问专家人才，为他们解决各类问题32个。全面落实惠才政策，全年共发放各类人才补贴、企业配套奖励、科技创建经费等3300余万元；解决子女入学问题5起，为20名人才办理入住人才公寓，消除人才的后顾之忧。

【激发人才发展平台新动能】 2022年，万载县注重关心关爱人才发展平台，支持人才利用平台开展课题研究、技术攻关，助力企业发展升级。睿达新能源依托平台开展3个项目研发，1项成果申请实用新型专利，应用于公司生产。拓展县校合作平台，在全国“百校联百县兴千村”行动中，万载县与南昌大学结对，全省仅两地；与宜春学院签约，投资15亿元，共建宜春学院第一附属医院，打造辐射湘赣边区县的区域医疗卫生中心。搭建乡村人才振兴平台，在乡镇（街道）全面成立青年人才党支部，纳入836名青年人才，培育农村实用人才472人，为乡村振兴储备人才。争取省级农业科技特派员26人，组建县科技特派员队伍17人，开展种植养殖技术指导和培训100余次，帮助破解技术难题。2022年，万载县新增省级平台4个、市级平台4个。

【落实干部培训】 2022年，继续落实新时代基层干部培训计划，制定2022年度《万载县推进新时代基层干部主题培训行动计划实施方案》，整合利用各种培训资源，建立健全统筹协调、齐抓共管的工作机制，有针对性地设计培训专题和课程，合理确定培训规模、学制、方式、师资，全年举办村党支部书记乡村振兴主题培训班、社区党委(支部)书记党建引领城市治理主题培训班、第一书记乡村振兴专题培训班、在职科级干部贯彻落实党的十九届六中全会精神专题研讨班等各类主体班次共13期，培训干部1800余人次，基本实现万载干部全员轮训。同时还深化开展领导干部“周六论坛”，围绕万载县36项重点民生项目、省市“综合考核”3张考卷的具体指标、领导干部“七种能力”“八大本领”等内容，共开设“实体经济”“美丽宜居城市”“乡村振兴”等11个专题，培训干部2500余人次。

【基层党支部建设】 2022年，新组建基层党支部12个，成立支委会12个，撤销基层党支部3个，完成党组织换届10个，新调整党组织书记22名，54个党总支(支部)纳入基层党建信息化平台管理。新发展党员43名，按期转正党员20名，培养入党积极分子16名，全面落实发展对象信息联查联审工作，落实党（工）委书记与预备党员谈心谈话制度，全年谈心谈话56人。严格组织生活，营造健康政治生态。采取“一月一查、一季一通报”的方式，随机抽查县直机关党组织“三会一课”、主题党日等组织生活制度落实情况。深入开展“党课开讲啦”活动，每月定期下发工作提示，大力推动县直机关学理论文章、开展主题党日等活动增强组织活力。为14名老党员颁发“光荣在党50年”纪念章，走访慰问困难党员194名，有效增强机关党员的党性意识、党员意识和担当作为意识。在全市率先开展“人人都是营商环境，让企业在万载暖心爽心”专题民主生活会，查摆并解决问题1842个。开辟“模范机关创建”活动专栏，公开谈做法、亮目标、展特色。

【党建业务融合】 为了在打造模范机关上聚焦发力，紧扣双“一号工程”、新能源产业、乡村振兴、美丽宜居城市创建、基层治理等中心任务，全年选派48名优秀党员干部到重点工业企业帮扶锻炼，实现全县非公企业14个单建党支部和17个联建党支部帮扶全覆盖。选派81名机关党员干部担任驻村第一书记、驻村工作队员，3300余名机关在职党员到共建社区开展志愿服务。为建立“有求必应”工作机制，8月，指导支持县乡村振兴局在全市率先设立首个易地搬迁“有求必应”服务中心，设立“有求必应”服务专柜、“有求必应”App小程序、“有求必应”服务热线，帮助群众在“家门口”解决生产生活需求的问题。在彰显党建品牌魅力上靶向发力。持续深化“一支部一品牌、一单位一特色”党建品牌创建，把党建品牌延伸至工业园发展主战场上，融入基层治理上，引导全县多个机关基层党组织结合自身业务，挖掘、总结、提炼党建品牌。涌现出法院“支部领题、靶向发力”、党校“四个结合”、卫健委“紧抓‘四度’要领”等一批有亮点、有特色、有内涵的党建品牌。其中，打造营商环境“万事好办”品牌，实现万载县营商环境的全路径优化，该做法在《江西日报》整版刊登。

宣传工作

【概况】 全县宣传思想战线认真贯彻习近平总书记重要指示精神和党中央决策部署，按照省委、市委、县委工作要求，围绕迎接、学习、宣传、贯彻党的二十大精神这条主线，守正创新、奋勇争先。2022年，全县宣传思想文化工作稳中有进、进中有优，加强理论学习，做实舆论宣传，强化红色传承，促进文旅发展，助推了全县经济社会高质量发展。

【加强理论武装】 以习近平新时代中国特色社会主义思想为学习重点，重点学习《习近平谈治国理政》第四卷、党的二十大精神等专题，全年共组织专题学习12次，其中交流研讨6次，县级领导发言58人次，其中8名领导作专题调研汇报交流。狠抓基层党委（党组）中心组学习规范化、制度化建设，全面完成乡镇党委和县直党委理论学习中心组学习巡听旁听全覆盖工作。组建2022年度理论宣讲小分队、好人宣讲团，打造基层理论流动“微课堂”，推出万载古城大碗茶文明实践站“理论+花灯戏”宣讲品牌。通过“一站一课”“一所一单”“每月一课”和网上微宣讲等形式，开展“强国复兴有我”专题“微课堂”宣讲300余场次，覆盖群众5万余人。“微课堂”经验做法在江西日报刊载，宜春市好人宣讲工作现场推进会在万载召开。

【做实舆论宣传】 紧密围绕中心大局，讲好万载故事，全年在中央“四报两台”上稿58篇。紧扣秋收起义95周年和湘赣边革命老区发展，以湘赣边红色旅游和绿色产业发展为主线，4月27日在《人民日报》4版头条、6版头条及6版要闻、《新华每日电讯》8版头条，分别刊登《合作谋发展 携手惠民生》《用好红色资源 砥砺初心使命》《红色是鲜亮的底色》《巍巍罗霄展新颜》4篇稿件，实现一天国家级报刊四稿三头条。积极围绕“万载非遗”“万载烟花”“万载古城”等金名片，元宵节彩灯闹元宵第10次登上央视，中秋节古城庆团圆第21次登上央视。聚焦热点，围绕民生实事，完成新闻发布会11场（全部直播），重点涉及环境、医保、交通、体育等多项百姓迫切关心的民生实事，实现新闻发布会域内全覆盖。

【强化红色传承】 开展红色故事“三会一课”活动，以演讲、文艺展演、书法绘画、宣讲等形式用红色故事激励广大干部在“三拼三促”中取得实效，巩固拓展党史学习教育成效，厚植爱党爱国情怀。依托爱国主义教育基地，广泛开展主题实践活动，湘鄂赣革命纪念馆、县烈士馆成功入选江西省首批少先队校外实践教育基地，成为万载及周边地区少先队组织和少先队员参与“红领巾讲解员”实践体验活动、少年儿童社会实践营活动的打卡地。积极组织开展“同上一堂思政课——寻访红色地标 传承革命精神”活动，全县各级学校通过专题党团队日、班队会、红色歌曲大合唱、讲红色故事、线上云游爱国主义教育数字馆、线下打卡红色圣地等活动，上好一堂思政课，报送同上一堂思政课作品35个，1个作品登上“学习强国”学习平台宜春平台。

【意识形态工作】 建立健全意识形态工作考核评价、追责问责等制度，开展意识形态工作巡察检查、专项督查、年度考核，指导督促问题整改落实。2022年，先后配合五届市委第四轮巡察及十五届县委第三、四、五轮巡察，对19个单位开展意识形态工作责任制专项检查，10次向县委反馈360余名人员落实意识形态工作责任制情况意见建议，对其中5名理论学习不重视的同志实行评优评先一票否决，对7名县处级领导干部出具落实意识形态工作责任制和执行党的宣传纪律情况的结论性评价。加强各类意识形态平台阵地建设管理，对“干部周六论坛”“百合文化讲堂”等进行严格把关。

【促进文旅发展】 加强传统文化传承创新。6月10日，成功举办“文化和自然遗产日”展演展示活动；11月5日，第三届中国傩文化传承发展研究学术研讨会在万载县召开；8月16日，成功申报江西省首批革命文物保护利用示范创建县；11月15日，荣获江西省书法之乡。策划推出一系列群众喜闻乐见、参与度高的民俗文旅活动，承办首届“江西风景独好”云端旅游推介会、2022江西“百城百夜”文旅消费季宜春分会、宜春市十六届月亮文化旅游节万载分会等，有效促进文旅消费强劲复苏，规模以上文旅企业营业收入总额排名全市前列。10月29日，获全市文旅产业发展先进县荣誉称号；2023年4月27日，获“江西省文化产业重点县”荣誉称号。

精神文明建设

【文明实践】 万载县立足县情实际，坚持高标准打造、高质量管用，全县1个实践中心、4个实践基地、17个实践所、206个实践站均建设到位，入驻“点单系统”常态化项目4736个，实现点单、评单8198次，参与打卡43992人次。全年全县17个乡镇均设立志愿者协会分会，志愿者总注册人数达108841人。按照“一所一品牌、一站一特色”，重点打造“鲁冰花驿站”“墩墩苗伴童成长工程”“张包春理论宣讲小分队”“关爱暖银丝·志愿来敲门”“百姓大舞台，大家一起来”等重点志愿服务项目。其中，马步乡宝石村文明实践站在全省会议上作典型发言，“鲁冰花驿站”志愿服务项目在全市志愿服务展示交流活动中作经验交流。

【主题教育】 全县中小学校广泛开展“扣好人生第一粒扣子”“清明祭英烈”“防溺水宣传”等系列主题教育，使全县广大师生受到良好教育。实施“争做中国好网民”工程，在各乡镇开设“学劳动模范、最美人物，争做中国好网民”等专题专栏。挖掘、宣传“边远乡镇小学陈老师”“山谷里蹚出致富路”的万载白水乡槽岭村脱贫户刘华平等一批先进典型人物。在国家网络安全宣传周期间，开展《中华人民共和国网络安全法》宣传宣讲、“百万网民学法律”数据安全法、个人信息保护法专场知识竞赛、全民数字素养与技能提升线上知识竞答等网络文化活动，提高了广大干部群众学网、懂网、用网能力。

【好人文化】 开展“身边好人”“道德模范”“文明典型”“最美人物”推荐评选、学习宣传工作，举办万载县第四届“最美万载人”和首届“文明之星”（“文明村镇”“文明家庭”“文明校园”“文明商户”“文明小区”“文明楼幢”）评选表彰活动，通过选树身边榜样，引导全县社会新风尚。钟水根、钟玉婷、钟玉娉、潘秀妹、黄冬根5人入选“江西好人”，袁宇、钟水根、钟玉婷、钟玉娉、潘秀妹、胡克丰、黄冬根7人入选“宜春好人”，成立“好人工作室”16个。组建“好人宣讲团”及“张包春理论宣讲小分队”“胡克丰理论宣讲小分队”等好人宣讲志愿服务队，开展党的创新理论宣传宣讲720余场，通过身边事感动身边人，让身边人推动身边事，好人好事蔚然成风。

7月8日，“中国好人”张包春（左一）在万载县双桥镇龙田村新时代文明实践广场向群众宣讲移风易俗乡风文明知识

【移风易俗】 先后制定《万载县推进移风易俗乡风文明三年专项行动实施方案（2022—2024年）》《万载县移风易俗乡风文明三年专项行动联席会议制度》《万载县民政领域推进婚丧事宜移风易俗促文明乡风三年行动实施方案》，召开全县移风易俗乡风文明工作推进会，举办“移风易俗我先行，不要彩礼要幸福”集体婚礼，持之以恒推进移风易俗，培育淳朴民风、文明乡风。马步乡宝石村、双桥镇绍江村移风易俗改革经验做法在“文明江西”及“文明宜春”公众号上进行推介。结合美丽宜居城市建设，以小网格为单元组织开展“移风易俗我先行”“文明餐桌我做起”“交通安全文明行”“文体活动进万家”“和谐社区好邻居”“文明评比齐参与”六大主题活动，举办“文明之星”（文明村镇、文明家庭、文明校园、文明商户、文明小区、文明楼幢）评比活动，广泛营造争先进、学先进、做先进的浓厚氛围。

网信工作

【概况】 万载县网络安全和信息化建设办公室从维护网络安全、筑牢网络安全屏障等方面着力防范化解网络风险，推动全县网络安全和信息化建设事业实现新的更大发展。2022年，万载县网络应急指挥中心被评为第一批江西省县级网信办应急指挥中心规范化建设试点单位、全市网信工作先进集体、江西省第二届“赣政杯”网络安全大赛优秀组织奖、全市IPv6规模部署和应用工作先进单位。

【网络舆论工作】 组织开展“网络安全为人民，网络安全靠人民”主题的国家网络安全宣传周活动，结合校园日、电信日、法治日、金融日、青少年和个人信息保护日等6个主题日，开展240余场多元化网络宣传，累计受众20万人次。

【网络信息化建设】 万载县按照“三有”要求，创新做好全县7家非公有制互联网企业党建工作，成立中国共产党万载县互联网行业综合委员会，加强对全县互联网行业党建工作的指导。全年完成2家公有和15家商业网站的IPv6升级改造工作；扎实推进数字乡村建设发展工作，“万载县恒晖大农业科技智慧景区建设案例”入选2022年江西省数字乡村优秀创新案例。

【网络综合治理】 2022年，万载县先后组织开展“网上垃圾信息清理”“网络直播、短视频领域乱象”“未成年人网络环境”“涉恐有害信息”“涉网络养老诈骗”等“清朗”行动及系列专项行动，全年共查封涉黄涉博彩网站35家，收集涉养老诈骗线索3条。

信访工作

【概况】 2022年，万载县信访局以学习、宣传、贯彻《信访工作条例》为契机，以护航全县经济社会发展为主线，紧扣县委“融入宜春、聚力园区、双城联动、特色彰显、宜业宜居”工作思路，担当实干、攻坚克难、勇毅前行，切实做好“作风建设年”“三拼三促”等各项工作，持续推进初信初访问题治理、完善信访工作体制机制、信访积案化解攻坚、信访干部队伍建设四项重点任务，打造让党放心、人民满意的模范机关。万载县信访局有编制14个（其中行政编6个，事业编8个），实际在编12人，5个班子成员，7个事业编干部（下派1个驻村干部）。

【领导接访】 万载县坚持和加强党对信访工作的全面领导，构建由党委统一领导、政府组织落实、信访工作联席会议协调、信访部门推动、各方齐抓共管的信访工作格局。畅通信访渠道，落实信访“为党分忧、为民解难”的政治责任，每天安排1名县领导在县接访中心坐班接访，县委书记、县政府县长主动到县接访中心接访，重要时期县接访中心坐班领导全部为县委、县政府领导。畅通民意诉求渠道，县主要领导高位推动，分管领导具体推进，始终紧抓信访工作,形成县、乡、村三级齐抓共管的信访局面,切实依法、及时、就地解决群众合理诉求,增强工作的前瞻性、系统性和针对性。

【信访突出问题专项治理】 万载县持续落实领导干部带头包难案、化积案,切实按照“三到位一处理”原则和“一案一策一专班一档案”要求精准施策,强力推动信访积案化解。印发《关于进一步落实责任推动化解信访突出问题的工作方案》,对重点事项采取挂牌督办方式,督促包案县领导和责任单位做好疏导化解工作。下发《关于化解突出信访问题“夏季攻势”行动实施方案》,落实县领导包案和责任单位化解责任。

【信访矛盾化解攻坚行动】 针对万载县存在的疑难棘手信访矛盾,成立重大矛盾纠纷调解等专班,负责具体指导和协调解决行业领域内的重大矛盾纠纷问题和信访积案。在工作中,推进治理重复信访、化解信访积案工作常态长效机制,严格落实《万载县乡镇(街道)矛盾纠纷多元化解处置工作机制》,健全完善网格、村(社区)、乡镇(街道)、县四级“三三制”调解方法。坚持运用专项工作中形成的好经验、好做法,推动信访问题“案结事了”,信访群众“事心双解”。加大信访积案化解工作力度,加快推动重复信访专项治理、重点信访积案化解等专项治理工作。严格落实信访工作责任制,就各专项治理行动制定工作台账,加大工作调度,明确化解责任和化解期限,确保县以上工作任务按期完成。

【民情家访日记】 万载县以开展“三拼三促”抓落实活动为契机,把推动民情家访日记工作作为“为民办事解忧”的务实举措,密切党群干群关系,创新“互联网+为民办事”工作模式,全面开展排查化解矛盾纠纷,着力改善解决民生问题。全县民情件办结率99.49%,满意率100%。建立初信初访工作台账,及时有效地把问题化解在基层,让群众最多访一次。初信初访受理率、办结率100%,信访事项群众满意率97.5%。

【信访联席会议制度】 万载县全面贯彻落实江西省委信访局《关于推进乡镇(街道)信访工作联席会议实体化运行的指导意见》,把信访联席会议制度落到实处。制定和完善《万载县信访工作联席会议制度》《万载县重大信访事项处置工作机制》《万载县信访事项警示督办工作制度》《万载县信访工作奖惩实施细则》四个制度,推动“四个机制”落地落实;加强县领导包案化解的督办力度,重点案件落实县领导提级包案,抓实抓细县领导包案化解工作;全县17个乡镇(街道)全部设立信访工作联席会,压实工作责任,推动乡镇(街道)信访工作联席会议制度实体化运行,充分发挥乡镇(街道)信访工作联席会议综合协调、牵头抓总作用,形成各单位相互支持、密切配合、齐抓共管信访工作的强大合力。

【依法息访】 抓实信访法治宣传工作,结合新修订的《信访工作条例》颁布契机,开展“条例宣传月”活动,组织各乡镇(街道)、各单位开展条例知识考试,制作宣传海报等广泛开展宣传。同时,规范信访秩序,下发《关于规范信访秩序打击违法信访行为的通告》宣传海报进行宣传。还坚持依法治访、分类处理,落实诉访分离和引导群众依法逐级走访,建立访调对接机制,推动律师参与接访工作,在信访接待中导入心理咨询,不断提升信访工作法治化水平。

【信访救助】 2022年,万载县设立信访专项救助资金项目,使用上级信访救助资金23.8万元,使用县本级救助资金153.6万元,共计177.4万元,化解信访问题31件,为近年来使用信访救助资金之最。正确使用信访救助专项资金,积极推动解决特殊疑难信访问题,切实推动重复信访事项专项治理和上级交办重点突出信访问题妥善化解。

统战工作

【党外干部培养使用】 坚持把培养选拔党外干部作为一项重要的政治任务，建立县委统战部、县委组织部联席会议制度，共同做好党外干部发展、培养等工作。重点抓好储备、教育、管理、使用四个环节，建设了一支高素质专业化党外干部队伍。截至2022年，有188名党外股级干部纳入党外干部后备人才库，其中男性105人、女性83人，县直单位124人、乡镇64人。为提升干部理论水平，依托社会主义学院、党派之家、党外知识分子之家，定期组织党外干部培训班2期，培训党外干部400余人次，选派14名党外干部参加省、市党外科级干部培训班。在干部管理工作中，建立县委、县政府党员领导干部与党外干部联谊交友制度，每年与所联系的对象开展不少于2次的谈心交友活动。开展党外干部警示教育活动，组织党外干部观看警示教育片、撰写心得体会、签订廉洁从政承诺书等，要求党外干部和党员干部一样，做到遵规守纪、清正廉洁。在提拔使用干部工作中，全县共有党外副科级以上干部58名，其中县人大常委会副主任和县政府副县长各1人、县政协副主席4人。28个政府组成部门中有13个配备有党外科级领导干部，其中商务局局长、财政局局长、工业园管委会主任、侨联主席及红十字会、宜春电大万载分校、万兴集团、创投集团行政正职均为党外干部担任，县法院配备有党外副院长。

【党外人士履职尽责】 万载县支持民主党派和无党派人士积极参政议政，引导党外人士开展民主监督，在县“两会”期间，共提交提案14篇，调研报告2篇，其中3篇提案被评为“优秀提案”，民革万载县总支以《让红色资源发挥更广阔长久的效应》为题、农工党总支以《同心协力推动“双减”政策落地见效》为题在县“两会”上发言。组织党外人士开展大调研活动，县委书记参加调研成果汇报会，会上提交百字金点子57条，其中10条得到县委主要领导批示，所反映的乌溪河环境污染、城区环境脏乱差等问题直接促成县委县政府在县城开展美丽宜居城市建设三年行动。知联会《关于改造排污管道实行一企一管污水管网的建议》被县政府采纳并实施，已投资1000万元改造县工业园区化工企业排污管。

【强化政党协商】 中共万载县委制订《2022年政党协商计划》和《关于支持民主党派开展优化营商环境专项民主监督工作的实施方案》，开展“县政府工作报告征求意见座谈会”“县法院、检察院工作情况通报会”“党风廉政建设情况通报会”“美丽宜居城市建设情况通报会”等政党协商会议4次。民革的《进一步优化营商环境的调研报告》、农工党的《有“锂”同行，共创未来》、知联会的《万载县生活污水管网建设管理机制的调研报告》在大调研成果汇报会上向县委书记进行汇报，为县委决策提供参考，城乡生活污水管网建设问题已纳入县政府重点工程。

【建设“党外知识分子之家”】 5月，高标准建成占地600平方米、功能齐全的“党外知识分子之家”，省委统战部副部长刘伟旗到现场揭牌。7月，省委统战部副部长、省社院党组书记易军到万载考察时，对“党外知识分子之家”建设给予充分肯定。县委统战部将党外代表人士政治理论培训纳入全县干部培训计划，把加强党外代表人士政治引领贯穿学习工作全过程。

【强化知联会工作】 2022年，县知联会会员共有市人大代表3人、市政协委员2人、县人大代表7人、县政协委员21人。无党派代表人士张芜为商务局局长、陈环峰为财政局局长、袁庆为工业园区管委会主任，丁凤为红十字会常务副会长，另有24名党外代表人士在22个县直单位和乡镇街道担任科级领导职务。全年，县知联会提交金点子15条，开展送温暖活动5次，帮助贫困群众150余人，帮扶资金130多万元，获万载县2022年度乡村

3月4日上午，万载县党外知识分子之家在文宇阁书院挂牌成立

振兴公益捐赠爱心组织称号。

【非公有制经济保障见效】 2022年，县委统战部组织400多名民营企业家学习党的二十大精神，赴井冈山等红色基地开展3次理想信念教育，组织4次“十个一”红色走读活动共260余人次参加。邀请省联教授李兆文、鄱阳商会徐胜平授课，参训242人次。组织50名民营企业代表赴江西财大等院校学习培训、136名年轻企业家参加创业论坛。推荐非公有制经济人士担任市县“两代表一委员”165人。建立健全公检法司沟通协调机制，各商会成立商事调解中心，收集问题线索、诉求反映366件，实质性维权诉求29件，均已圆满解决。通过“工商联＋商会＋法院”机制调解309件纠纷，合力保障非公企业合法权益。“工商联＋法院”共建沟通联系机制做法入选全国工商联和最高人民法院典型事例100例。支持商会发挥作用，建立党政班子成员挂点联系商会机制，6个商会由6个县委常委挂点。工商联所属商会秘书长由二线干部派驻。出台《万载县惠企政策直达企业工作方案》，累计为企业减税降费6.84亿元，发放惠企型金融贷款60.65亿元，落实各类扶企奖励资金2.98亿元。

【民族和睦宗教和顺】 万载县及时传达学习2月23日省委民族工作会议暨全省宗教工作会议精神，在全县17个乡镇（街道）建立“少数民族工作服务站”，大力开展民族团结一家亲创建活动，铸牢中华民族共同体意识。做好宗教领域自建房大检查。坚持“一所一品、应建尽建、全面推进”原则，扎实推进“五好”宗教场所建设，县万佛寺获批全省“五好宗教活动场所”。

【发挥各级乡贤人才库作用】 2022年，万载县致力做好乡贤人才库工作，在调查摸底、各级推荐的基础上，全县有4800余人纳入全县乡贤人士库。高标准建设乡级乡贤馆3个，村级乡贤馆1个。建立新乡贤联谊会27个，其中乡级17个，村级10个，实现乡贤联谊会乡镇全覆盖。为了让乡贤人才发挥作用，万载县积极探索构建“乡贤＋”工作机制，提升新乡贤服务中心大局质效。在“乡贤＋招商引资”工作中，乡贤牵线引进企业22家，总投资180.5亿元；在“乡贤＋乡村治理”工作中，乡贤调解各类纠纷603起，调解成功率达93.8%；在“乡贤＋奖教助学”工作中，成立“乡贤＋奖教助学”基金会27个，收到乡贤捐款1620余万元。2022年，全县各乡镇奖教助学基金会奖励资助师生600人次，发放奖教、奖学、助学资金120多万元，捐赠电脑、空调、体育器材等物资300多万元。

【加强港澳台胞联谊】 万载县注重加强与港澳台青少年及常驻台胞的联谊交流，多年来大力创新港澳台胞联谊特色品牌实践活动。2022年，制订“乡亲桑梓行　浓浓万港情”乡亲回乡行动计划方案，邀请2批次28名港胞返回万载，围绕“与港同心·共叙乡情”主题召开座谈会，加深与香港同胞之间的感情联系。举办“饮水思源·常回家看看”主题活动，组织2批次31名港澳台同胞返乡看家乡变化，展未来发展，增进港澳台同胞爱国爱家乡情怀。组织3名香港青少年参加宜春市举办的网上夏令营活动，了解更多赣文化，加深与香港同胞之间的感情联系。组织港胞返乡开展“回家看变化”活动，先后到万载古城、恒晖大农业、重点企业等地看家乡变化，展未来发展，增进港胞爱乡爱家情怀。组织在港万载人开展座谈、沙龙、户外游联谊活动3批次42人次，以此增进感情，凝聚人心。召开36名台胞台属参加的“共话端午·万水千山粽是情”“中秋赏月·月是故乡明”联谊座谈会。

【开展海外侨胞服务】 2022年，万载县开展侨情普查，完善数据库，深入开展“走访侨界百家”活动。在做好常态化侨企服务中，创新推出“一二三”工作法，为侨企解决难题5件，为县委提供招商线索13条。为发挥侨胞之家、旅加侨友联谊会、侨界志愿者服务队、新侨眷属联谊会作用，开展“爱在端午·粽叶飘香”活动、“但愿人长久·千里共婵娟”中秋座谈会、“翰墨迎盛会·侨心颂党恩”喜迎党的二十大书画展等凝心联谊活动。同时，创新建立“侨检之家”法律服务站，维护保障侨眷合法利益12起。

【新联会工作出亮点】 2022年，万载县新的社会阶层人士联谊会（简称新联会）组织会员及时传达学习各级统战工作会议和党的二十大精神，健全各项工作机制，推进新联会规范化、制度化建设，新吸收188名新的社会阶层人士加入新联会，8名会员被推选为市新联会理事，在实践创新基地（电商产业园）设立党支部，基地年销售农产品8000余万元。积极推进“五强”新联会和“六好”实践创新基地的建设，开展“喜迎党的二十大书画展”、慰问抗疫人员、“抗疫志愿行”、关爱特殊儿童等系列实践活动；组织新的社会阶层人士专题培训班2期，通过培训促进新的社会阶层人士听党话、感党恩、跟党走，不断强化新的社会阶层人士思想政治引领；举办新联会网络分会培训班，开展《中国共产党统一战线工作条例》进基地、“喜迎二十大 携手共奋进”主题活动，建立两个重点群体代表人士数据库，推荐4人为县人大代表与政协委员人选。

政策研究

【概况】 2022年，中共万载县委政研室锚定县委“奋起赶超跨越，勇争全省一流”战略目标，聚焦县委“融入宜春、聚力园区、双城联动、特色彰显、宜业宜居”工作思路，以“拼”的意识、“抢”的状态、“实”的作风，全力抓好文稿撰写、调研、国安、档案等各项工作，既注重学习党和政府的方针政策，又注重结合万载实际，向县委提供解决社会发展中存在的问题、助力民生幸福的建议，为实现“工业强、城市美、生态优、民生好”新目标贡献政研力量。

【文稿撰写】 万载县委政策研究室全年完成300余篇文稿撰写工作，编写《万载动态》296期。同时，进一步加强与上级的沟通交流，在中央、省、市上大稿、重稿、约稿20余篇，万载政研的影响力和竞争力得到提升。

【调研成果】 2022年，万载县委政策研究室结合宜春市“三拼三促”抓落实活动，在全县范围内开展万载县“作风建设年”抓落实活动、“三拼三促”工作调研评比活动，聚焦全县经济社会发展中的重点、难点、堵点问题，人民群众的急难愁盼问题，影响工作落实的关键问题和薄弱环节，激励全县各级党员干部大兴调查研究之风，大力开展“沉浸式”“解剖麻雀式”调研，共形成150篇调研报告，助力于经济社会发展，其中8篇调研报告在全市获奖，《推广“江夏模式”的可行性调查》《村级组织减负工作专题调研报告》获全市一等奖，获奖数量及质量均位居全市第一。

机构编制

【概况】 中共万载县委机构编制委员会办公室为中共万载县委机构编制委员会办事机构,是归口县委组织部管理的正科级机关。内设秘书股、综合业务股(事业单位登记管理局)、监督股,核定行政编制6名,设领导职数一正两副(主任1名,兼县委组织部副部长;副主任2名)。县机构编制实名制中心为中共万载县委机构编制委员会办公室下属副科级公益一类全额补助事业单位,核定事业编制6名,设领导职数1名(主任1名)。2022年,县委机构编制委员会办公室注重抓好机构编制管理、编制调整划转与核定,理顺县直机关部门职责边界,为优化政务环境,促进政务资源配置作出应有的努力。

【机构单位挂牌】 6月6日,分别在县发改委挂万载县粮食局牌子,在县价格认证中心挂万载县粮食安全保障中心牌子,在县公安局国内安全保卫大队挂县境外非政府组织管理办公室牌子,在县劳动监察大队挂万载县劳动人事争议仲裁院牌子,在县委办内设机构保密机要局(县委国家安全委员会办公室)增挂万载县国家密码管理局牌子。6月27日,在县文广新旅局内设机构公共服务股挂县文物保护所牌子。6月28日,分别在县卫健委内设机构党建宣传股挂县卫生行业党建工作指导委员会办公室牌子,在县公共法律服务中心挂县法律援助中心牌子。8月19日,在县委办内设机构档案股挂“万载县档案局”牌子。

【单位更名】 8月29日,县工业园区管委会内设机构综治安监股更名为安全生产和应急股;9月6日,宜春广播电视大学万载分校(万载县教师进修学校)更名为万载县开放学院(万载县教师进修学校)

【单位职数增减】 增设县人民医院党委书记职数1名(正科)、县中医院增设党委书记职数1名(正科)及纪委书记职数1名(副科)、县红十字会增设专职副会长职数1名(副科);核减县公安局、县工业园区管委会纪委书记职数(副科)各1名、县国家现代(有机)农业示范区管委会纪检组长职数(副科)1名。

【内置机构设立】 2022年6月6日,设立审计室为县公安局股级内设机构;设非公有制企业维权服务股为县工商业联合会内设机构,加挂县非公有制企业维权服务中心牌子。

【事业单位设立】 6月6日,设立万载县交通运输事业发展中心为县交通运输局下属正股级公益一类全额补助事业单位;8月29日,万载县第五小学为县教体局下属正股级公益一类全额补助事业单位;10月25日,设立赣西艺术学校。

【职能划转】 明确县市政公用事业服务中心承担城市环境卫生、市容市貌、园林绿化、公园、城市安全运行、公用事业及公用设施等监督管理和服务保障等职能。

【编制调整划转核定】 采取动态管理方式,为县教体系统下属学校及幼儿园、县博物馆、县水稻原种场、县果园场、县机关事务管理中心、县渔种场、县国家现代(有机)农业示范区管委会、县花炮中心、县住房保障中心、县信访接待中心调整编制177名;2022年下达公务员招录计划19名、事业单位招录计划63名,人才引进计划13名;配合做好县事业单位参公申报工作,完成县全民健身促进中心、县城市管理综合行政执法大队、县市政公用事业服务中心、县现代农业技术服务中心等4个单位人员编制划转,以及对退出申报参公的原县机关事务局、县商务局、县旅发委、县房管局等四家单位原参公身份32人编制进行落实;对县巡察机构的机构编制事项进行规范性设置;转变公立医院单一审批制为人员总量管理,核定县人民医院西院人员总量为

195~240 人；核定县人民医院内设党政管理机构为 23 个；妥善处理乡镇机构改革中原财政所人员遗留的编制问题。

【理顺部门职责边界】 围绕理顺职责边界工作任务，通过梳理汇总、调研论证等方式，经备案审查通过后下发备案文件、明晰职责。根据《万载县直机关部门职责分工协调办法（试行）》相关规定，认真审核 72 个部门上报的职责边界争议事项问题，理顺 8 个单位的 17 条职责边界争议事项。重点针对县城市管理局与宜春市万载生态环境局关于城市管理综合行政执法职责分工争议事项、县自然资源局与县城市管理局关于县城规划区内违反规划建设职责分工争议事项，印发《关于县城规划区内违反规划建设职责分工协商意见备案通知书》和《关于城市管理综合行政执法职责分工协商意见备案通知书》文件，明确并规范执法程序，理顺职能部门之间管理权、执法权等权责交叉、权责不清问题，确保边界清、职责明、关系顺。

【事业单位登记管理】 按照《事业单位登记管理暂行条例》对全县符合登记条件的 289 个事业单位进行年审，年审合格率 100%。25 个事业单位办理了设立登记，61 个事业单位办理了变更登记，38 个事业单位办理了注销登记。2022 年，全县党政群和垂管机关变更共计 8 个。

【政务和公益机构域名注册】 2022 年，全县中文域名注册 45 个，党政机关网站标识申请通过 1 个、事业单位网站标识申请通过 2 个，全县党政群和垂管机关变更共计 8 个。

党校教育

【概况】 2022 年，中共万载县委党校坚持"党校姓党"，认真贯彻落实党的路线、方针、政策，紧紧围绕县委、县政府中心工作，通过"百堂党课进基层""周六论坛""县委常委到党校上党课""江西干部网络学院""红色名村现场教学"等平台载体，对党员干部进行理论教育和党性锤炼，充分发挥党校"三个熔炉一个阵地"的作用，积极开展"三拼三促"作风建设和"模范机关"打造工作，为加快推进万载县高质量跨越式发展发挥积极作用。

【干部教育培训】 2022 年，党校按照年初制订的年度培训计划，开办培训班 18 期、云视讯班 6 期，共培训学员 3285 人次。积极探索创新运用对党员干部的教育培训模式，开发菜单式教学（百堂党课进基层）、案例式教学（开发花炮产业转型升级、以红色资源助推乡村振兴）、模拟式教学（召开新闻发布会、辩论赛等）、访谈式教学（在红色资源、乡村振兴等方面开发 5 堂访谈式教学）、体验式教学（在红色名村开展"七个一"沉浸式体验教学）、音像教学（拍摄 14 堂微党课、课件中加入视频等）。

【百堂党课进基层】 2022 年，县委党校围绕党的二十大精神、党的十九届六中全会精神、党史学习教育、"三拼三促"活动和县委"融入宜春、聚力园区、双城联动、特色彰显、宜业宜居"工作思路，深入基层宣讲 78 堂。结合党的二十大精神学习宣传宣讲教育，深入基层宣讲 48 堂。常务副校长钟勇民的《"拉家常"式宣讲，让党的二十大精神飞入寻常百姓家》在人民网和《宜春日报》上刊发。

【县委常委领导到党校上党课】 2023 年 3 月 15 日，万载县委正式下发《关于县委常委进党校课堂讲党课工作安排的通知》，要求全体县委常委领导均到县委党校主体班次上党课。县委书记严旭辉，县委副书记、县长刘学军，县委副书记、县委党校校长喻满根等全部常委均到党校做专题党课辅导。

【红色名村现场教学】 在现有的湘鄂赣纪念馆、万载县革命烈士纪念馆两个干部党性教育基地基础上，充分挖掘本县丰富深厚的红色资源，利用仙源乡仙源村、马步乡宝石村、白水乡槽岭村、潭埠镇新田村、双桥镇柏树村、茭湖乡上峰村等红色名村，对学员进行党性教育、红色文化教育,使全县红色研学和传承红色基因教学的承载能力更强,干部党性教育基地的选择性和针对性更多,内容也更加丰富,促进了党校教育工作的发展。

【周六论坛】 2022年,县委组织部和县委党校利用每个月的最后一个星期六,邀请权威专家学者,向党员干部就新理念、新思路、新经济、新业态等进行专题辅导。在授课中,专家学者围绕党和国家提出的新要求新任务、经济社会科技新形势新内容、人民群众的新期待新需要、省市县"高质量发展考核"重点内容以及万载县领导干部亟须提升的履职尽责必备能力等进行16期专题授课。

【理论研究成果】 2022年,县委党校在抓好干部教育培训的同时,注重提升教师的理论素养,增强撰写调研文章的压力,引导教师进行理论结合实际的思考,全年全校教师共撰写调研文章7篇,课题成果解决基层党员干部教育培训的"最后一公里"(钟勇民、刘翊)经宜春市委组织部、宜春市社会科学界联合会、宜春市党的建设研究会审定批准予以结项。课题营造"畅通县城"面临的问题与对策研究(钟勇民)获批为2022年度江西省党校系统哲学社会科学研究立项课题。课题乡村振兴视域下农村"家文化"建设研究(钟勇民)获批为2022年度宜春市党校系统社会科学研究立项课题。在江西省党校系统理论研讨会上,《乡村振兴视域下农村"家文化"建设研究——以万载县双桥镇深塘村为例》(钟勇民)获得三等奖。在宜春市党校系统理论研讨会上,万载党校获得优秀组织奖,共有2篇文章获二等奖,1篇文章获三等奖,1篇文章获优秀奖。

老干部工作

【概况】 2022年,全县老干部工作认真贯彻落实中共中央办公厅印发的《关于加强新时代离退休干部党的建设工作的意见》精神,按照全省、全市老干部工作部署,加强离退休干部思想政治建设和党支部建设,改进离退休干部服务管理,组织引导离退休干部发挥正能量,推进离退休干部党的建设工作提质增效。2022年,全县共有离退休干部4343人,其中离休干部10人,县四套班子离退休干部正县级17人、副县级14人。建立离退休干部党支部54个,各级老干部活动中心(室)39个。2022年,县法院、县公安局老干支部被省委老干部局评为第二批全省离退休干部示范党支部。

【思想政治建设】 抓理论学习,提高政治力。以迎接、学习、宣传、贯彻党的二十大为主线,开展"我看中国特色社会主义新时代""建言二十大""学习二十大·畅谈微体会"等专项调研,正向引导广大老干部点赞新时代、建言新发展、聚力新征程。抓活动内容,提高凝聚力。组织召开全县离退休干部座谈会、离退休干部党支部书记座谈会和离退休干部党的建设工作座谈会,发放离退休干部党纪法规学习资料,引导离退休干部衷心拥护"两个确立",忠诚践行"两个维护",自觉做新时代离退休干部党的建设工作的坚定信仰者、有力传播者、忠诚实践者。抓阵地建设,提高组织力。充分发挥离退休干部党支部、老干部活动中心主阵地作用,结合"银耀赣鄱"App、"赣鄱老干部微讯""宜春市老干部之声"微信公众号等线上学习平台,线上线下共同发力,持续深化离退休干部思想政治教育。

【党支部建设】 紧扣中心任务。举办学习贯彻落实中办《关于加强新时代离退休干部党的建设工作的意见》精神专题培训班,把党中央关于离退休干部党建工作各项要求落实落细,推动离退休干部党的建设和老干部各项工作再上新台阶。规范组织生活。以党支部班子建设、学习活动阵地建设、党员教育管理、"三会一课"制度落实为切入点,加强离退休干部党组织规范化建设。创新活动形式。推动全县54

个离退休干部党支部工作创新，通过开展学习教育、主题党日活动、经验交流会等形式，举办“对五十年党龄的老党员颁发纪念章”“庆七一、颂党恩”“银发大讲堂”“庆七一知识竞赛”“到红色名村、湘鄂赣革命旧址群参观学习庆党生日”等丰富多彩的活动，引导广大离退休干部继续坚定不移听党话、感党恩、跟党走。开启“关怀”模式。对离休干部主要生活待遇落实情况进行全面调查统计；创新实施“一册一卡”结对服务老干部工作，获市委老干局充分肯定；组织走访慰问、住院看望、临终关怀等服务；利用县财政解困经费5万元，对3名困难离休干部和21名离休干部遗属实行重点帮扶；组织全县32名县四套班子离退休老干部进行健康体检。联合有关部门举办“防范养老诈骗”、交通安全、健康知识等系列专题讲座，创建全市首个老年人权益保护“法官工作室”。

【规范活动阵地建设】 规范活动阵地，打造“悦心康养中心”。积极协调项目资金，做好场所建设和日常维护工作，完善共享式学习室、会议室、宣誓室等党建功能室，新配备电子屏幕、视频音响等设备设施，努力营造舒适、干净、整洁、安全的活动环境。投入270余万元新建龙山公园四连片门球场，规范组织设置打造“红色文化中心”，常态化开展红色文化系列活动，引导老同志不忘革命初心、永葆政治本色。规范活动开展，打造“文体娱乐中心”。紧扣“活动”职能，定期举办全县老年人体育竞赛、文体展演等大型活动。精准设置门球、太极拳、健身操等16个类别的活动项目，日均到中心活动的老干部300余人次，组织6次以上全县性单项赛事。

【引导离退休干部发挥正能量】 搭建服务平台。依托老干部活动中心，关工委、老年大学、老科协、老年体协、老年诗书画协会等阵地组建志愿服务队、“五老”宣讲团，实施“银龄行动”，动员3870余名“五老”积极参与志愿服务，在助力乡村振兴、参与疫情防控、社会综合治理、优秀文化传承、关心下一代、老龄事业发展和美丽宜居城市建设等方面开展志愿服务，传播党的好声音，弘扬社会正能量。组建志愿队伍。挑选政治素质高、大局意识强、文艺素养好的离退休干部组建银龄志愿宣传队，采用舞蹈、声乐、书法等喜闻乐见的形式，宣传党的创新理论和路线、方针、政策，不断提升离退休干部的战斗力，为建设美丽宜居新万载贡献力量。强化正面宣传。利用新媒体从不同角度进行宣传报道，树立标杆，鼓舞离退休干部的斗志，提升老干部工作的影响力。县发改委退休干部宋小林获得全国青少年普法教育先进工作者称号。

档案管理

【强化档案工作政治属性】 2022年，县委办档案局加强理论学习，坚持把学习贯彻习近平总书记对档案工作的重要指示批示精神作为一项重要的政治任务来抓，印发《中共万载县委办公室关于开展档案知识学习宣传工作的通知》，督促各部门单位党委（党组）理论学习中心组会上对总书记对档案工作的重要批示精神、《中华人民共和国档案法》《江西省档案工作条例》等内容进行系统学习。完善考核体系，将档案工作纳入县委办公室工作总体布局，一体谋划部署推进，督促各单位党委（党组）把档案工作纳入重要议事日程和年度考核内容，根据《宜春市2022年档案工作要点》各项工作要求，结合全县档案情况，不断细化考核项目，优化考核指标，更加科学客观地反映各单位档案工作开展情况和具体成效。完善机构组建，严格按照《江西省档案局关于印发〈国家档案局档案工作综合检查反馈意见整改方案〉的通知》的主要任务和整改时限，完成县档案局的挂牌和县档案局局长任命工作；根据机构改革有关要求，县史志办和县档案馆进行合并，组建县党史地方志办公室（县档案馆）。

【提升档案工作服务水平】 县委办档案局创新档案查询方式，依托“江西档案云中心”和远程共享利用平台，探索开展“赣服通”掌上查阅及已开放档案和民生档案查阅利用“省内通办”服务，打通群众查档的“最后一公里”。全面落实新修订档案法和县级档案馆开放办法，县国家综合档案馆1997年以前馆藏档案鉴定开放工作已全面完成。2022年，县档案馆共接待社会各界档案利用1914人次，调阅档案2867卷(件)，出示档案复印件1140份。

【推进档案法治建设】 2022年，县委办档案局和县史志办(档案馆)联合到全县17个乡镇(街道)和部分部门单位，组织开展2次档案行政执法监督检查。针对各地各部门单位在档案保管条件、档案收集、整理、归档、移交、档案人员队伍配备、工作经费安排等方面存在的突出问题，责令立档单位及时整改。6月9日，县档案局、县档案馆联合开展“喜迎二十大·档案颂辉煌”国际档案日系列宣传活动。参加活动的有机关干部、学生和群众200余人，发放宣传资料400余册，收到各单位投稿40余篇，推送市档案局4篇，参与档案知识答题人数14000余人，在全市位列第2。

【夯实档案事业发展基础】 2022年，县档案局、县档案馆狠抓档案业务监督指导。一方面，督促各立档单位全面落实档案工作责任制，建立健全档案工作规章制度，加大文件材料收集归档力度，确保各类档案资源齐全完整、移交及时。另一方面，指导县教体局、县民政局、县司法局等20余个单位的档案工作。转发《乡镇档案管理办法》，指导各乡镇做好档案工作规范化建设。县人民检察院、县消防救援大队档案工作规范化管理均达到省一级。

加强档案资源体系建设。县档案局、县档案馆督促各单位将到期档案及时移交进馆，指导县粮食局、县史志办等涉改单位将档案及时收集整理扫描并移交进馆。印发《关于做好2021年度疫情防控档案工作的通知》等文件，督促县乡村振兴指挥部和县卫健委完成2021年以前形成的两类档案的收集整理移交工作。2022年共接收档案21581卷7780件，档案馆馆藏总量192480卷159265件。开展红色档案征集和资源普查工作。组织填写《万载县图书馆中国档案文献遗产名录申报书（降平集）》，该申报材料作为宜春市2个重点项目之一报省档案局。组织申报国家重点档案专题保护开发项目“抗日战争档案汇编·抗战期间万载县政府军米征运资料汇编”(1~2)。

提升档案安全、信息化水平。县档案局、县档案馆按照“存量数字化、增量电子化”要求，持续推进档案数字化工作，县档案馆馆藏婚姻、林权、土地等民生档案数字化率100%。印发《关于进一步加强档案安全工作的通知》，要求各地各部门单位加强风险排查，完善档案安全防范措施，坚决杜绝档案安全事故，确保档案实体和信息绝对安全。督促县档案馆健全人防、物防、技防“三位一体”的档案安全防范体系，完善档案安全突发事件应急预案，做好安全检查，全县范围内未发生档案安全事故，档案安全网不断织密织牢。

【加强档案干部队伍建设】 2022年，县档案局、县档案馆举办1期全县党政办公室主任业务培训班，对档案的收集、整理、数字化扫描、移交等工作以及档案安全保密等注意事项进行全面细致的讲解。黄光辉入选全省档案三批人才专家库成员，宜春仅1人入选。档案馆原副馆长朱静获批为全市档案工匠型人才，入选“市级三支人才队伍”。

史志工作

【概况】 2022年，县党史地方志工作办公室以开展“三拼三促”为契机，以“推动高质量发展有成效、推动党史方志工作创业绩、推动党员干部作风实”为目标，各项工作实现新突破，取得新成绩。2022年，《万载年鉴》

(2021卷)获评江西省第七届年鉴质量评比一等奖;史志办蔡友平获聘江西省地方志系统专家库成员;顺利承办全市史志系统优质课大比武,并获得全市第3名的好成绩;《中国共产党万载县历史(第一卷)》加印500册;完成《中国共产党万载县历史(第二卷)》的编纂。

【《万载年鉴》2021卷获一等奖】 2022年10月,《万载年鉴》2021卷获江西省第七届年鉴质量评比一等奖,全省仅9个县获一等奖,宜春市仅万载1个县获一等奖,为2022年全市最好成绩,也是开展全省年鉴评比以来万载获得的最好成绩。

【承办全市史志系统优质课大比武活动】 9月,万载县党史地方志工作办公室承办宜春市首届史志系统优质课大比武活动。来自全市史志系统的9名选手在万载古城山水迎宾馆展现了风采,他们从标语、遗址、一场战斗事件、一个红色历史人物入手,讲述了土地革命斗争年代艰苦卓绝的革命斗争,以及对红色历史的感悟。此次宜春市首届史志系统优质课大比武分万载与丰城两地举行。万载县史志工作办公室选派的2名比武选手表现较为出色,蔡友平在14堂优质课比武中获得第3名。

【《红色仙源》印刷发行】 8月,由万载县党史地方志工作办公室与中共万载县仙源乡党委、政府共同编辑的《红色仙源》印刷发行。《红色仙源》共计36万余字,其内容分为纪念·回望、烽火·故事、研讨·简述、遗址·吟唱、英烈·缅怀五辑,既有老一辈革命者的回忆文章,也有仙源地区革命斗争历史;既有英勇革命者的故事,也有学者、专家对湘鄂赣苏区革命斗争历史的研讨文章。《红色仙源》较好地向世人回答了仙源为何在土地革命斗争时期被国民党高级将领何键称为“小莫斯科”,是一本史料翔实、内容丰富生动的红色历史教科书。

【《万载县城名木古树图鉴》出版发行】 10月,万载县党史地方志工作办公室编辑的《万载县城名木古树图鉴》在江西科学技术出版社出版发行。全书分为林业与园林概况、城区大树调查概要、城区大树数量信息统计表、城区“树牌”信息汇总表、城区“树牌”信息模板、城区大树档案、城区大树图鉴、城区大树保护的问题及对策、现场验定意见表及专家证书复印件、附件等10个方面的内容。该书邀请林业系统的钟侨兰、陈银霞、曾传圣等省、市、县专家作为主编。《万载县城名木古树图鉴》是县城名木古树的“身份证”档案,可以有效地促进对县城名木古树的保护和利用,促进县城的生态文明建设。

【《纪念中共湘鄂赣省委、省苏成立90周年理论研讨会论文集》出版发行】 11月,江西省委党史研究室,宜春市委、市人民政府,万载县委、县政府共同编辑的《纪念中共湘鄂赣省委、省苏成立90周年理论研讨会论文集》(简称理论文集)由中共党史出版社出版发行。理论文集收录了2021年纪念中共湘鄂赣省委、省苏维埃政府成立90周年理论研讨会的82篇论文,为广大共产党员与干部从中汲取革命精神营养与理论素养提供了便利。

【探索编鉴修志科学方法】 对标全国精品年鉴,改进年鉴工作中的问题,尝试开展提升志鉴水平的探索,采取集体编修和全员审校两手抓举措。集体编修:即核心骨干带新成员一起编修,编书和练兵边做边学一起提高,分片包干由一人统稿全面提质。全员审校:建立书稿办内两轮审校机制;干部职工全员参加书稿审校。集中全办精干力量校对《万载年鉴》(2021卷),参编《万载年鉴》(2022卷),经过半年的工作实践,在边做边学中锻炼培养了编修人才,年鉴编修人员从合并初的1人发展到5人;全办在岗在职人员全员参与书稿校对,校对人员由1名发展到7人。

【党建引领强化内部管理】 搭强班子,强化党建基础管理。2022年9月,召开全体党员干部会议,选举新一届支部委员和支部书记,明确支部委员分工。同时,严格落实意识形态工作责任制,打造良好的网络氛围,全年共8篇稿件在国家级刊物上稿。强化学习,提升干部队伍素质。组织干部职工集中学习党的二十大精神,认真学习习近平总书记系列重要讲话精神,坚持在思想上和行动上与党中央保持高度一致。主要领导带头谈体会、谈思路、谈打算、谈做法,年底集中晾晒工作成果和落实成效。创新管理,激发干部干事活力。按照"三拼三促"工作要求,进一步完善干部考核评价机制,在干部职工绩效考核中突出"实干者实惠,有为者有位"的鲜明导向,激发全体干部职工干事创业的积极性、主动性和创造性。积极开展"我为群众办实事"活动,聚焦美丽宜居万载建设,在建成社区工作中彰显史志档案部门担当。注重作风建设,守住拒腐防变底线。建立健全班子成员督导机制,实行每季度定期督导,全年共针对2起问题进行谈话提醒。严格制度管人、管事、管钱,形成高效、廉洁、透明的正气清风。

机关事务

【概况】 万载县机关事务管理中心为县委、县政府直属公益一类正科级事业单位。管理中心主要承担机关服务工作,保障机关的水、电设备正常运转;负责机关的各种基础设施设备的维护管理;负责政务接待及相关公务接待;负责办公用房、公务车辆日常管理;开展公共机构节能监督管理等。2022年度,在全省公共机构节能工作考评中,万载县被评为优秀等次。

【办公用房管理】 做好办公用房统计工作,对万载县党政机关办公用房闲置及处置利用情况进行全面调查,并进行登记造册,列明地址、权属、面积等具体情况,加强统筹协调,实行统一调配。10月25日,召开万载县党政机关办公用房专项检查工作部署暨业务培训会,加深各单位对办公用房政策法规的理解,从严加强办公用房使用管理。严格办公用房日常监管,以落实省纪委省监委专项督查整改为契机,开展万载县办公用房突出问题专项检查工作,重点检查"四类问题",并通过核对台账、现场测量检查等方式进行核查,确保办公用房使用符合规定要求。全年落实市管干部和县管干部签订规范使用办公用房承诺书567份。

【公务用车管理】 2022年,县机关事务管理中心加强公务用车管理。推行定点加油,与定点加油站签订诚信经营承诺书,严格按照"一车一卡、车卡相符"原则加油;实行定点维修,所有公车使用单位与定点维修企业签订维修协议,建立维修管理台账,落实"痕迹化管理";强化督导管理,定期分析公车加油、维修、使用情况,每季度通报问题,及时督促整改,并制定下发《万载县关于进一步加强公务用车更新购置审批管理的补充规定》,召开4次县公务用车更新购置审批领导小组会议,指导规范16家单位完成17辆公务用车购置工作;加强公车平台日常管理,制定出台《机关事务管理中心司勤人员管理制度》,强化安全行车管理,经常化开展酒精检测,严防驾驶员酒后驾驶及"隔夜酒"等违法行为,组织开展驾驶员安全教育及技能培训10次,提升安全行车意识。

【公共机构节能】 县机关事务管理中心扎实开展能耗统计,健全统计体系,全年召开万载县能耗统计培训会议两次,对能耗统计系统的应用进行全面培训,提高能耗统计工作的信息化和科学化水平;抓好日常节能管理,形成长效机制,70%以上的县属党政机关建成节约型机关;积极开展节能宣传,营造节能氛围,先后举办节能宣传周活动、2022年"世界水日"、"中国水周"等活动,发放《公共机构节能条例》《减塑倡议书》《垃圾分类指导》等宣传资料2000余份。

【公务接待】 坚持用心服务,打造精细化管理、人性化服务、特色化内涵的万载接待品牌。圆满完成各级领导来万载视察指导及省市调研组、兄弟县市考察团、重点外商等到万载的接待工作共计 229 批次 5000 余人。

【“吃公函”专项整治】 县机关事务管理中心承担全县公务接待规范化管理的督查工作，把“吃公函”问题专项整治作为纠治“四风”问题、督导全县公务（商务）接待规范开展的有力抓手，与县纪委监委、县财政局成立联合督查组在万载县范围内开展“吃公函”问题专项整治工作，重点清查“空白公函、虚假公函、一函多餐”“无公函接待”“转嫁接待”“超标准接待”等问题。在对 22 个县直单位和 9 个乡镇开展的督查整治中，共发现相关问题 45 个，健全完善相关制度 5 项，实现万载县公(商)务接待支出同比下降 58.9%。

【后勤保障】 会务服务更加周全。会前筹备严格按照会务工作标准化流程检查会场布置、茶水摆放、音响视频测试等会前准备工作，根据会议需要安排服务人员实行标准化、精细化服务，确保会议顺利进行。物业服务更加精细。水电、音响等物业服务人员加强对会场等场所的日常检查，提高物业服务水平和服务质量。2022 年，圆满完成大小会务服务 643 场次。同时，加强硬件改造，为党政大楼各机关单位提供安全良好的硬件环境。餐饮服务更加优质。积极推动健康食堂、满意食堂建设，建立每周菜单制度，实行每月考核体制，不断调整干部职工膳食结构，增加饭菜花色品种 70 余种，努力做到尽显地方特色、营养均衡搭配。开办机关食堂超市，消费品种更加丰富。全年较高质量完成 6 万余人次的就餐保障任务。安全保卫更加有序。切实规范、指导、监督机关办公区域安全防护管理工作，严格落实机关安全保卫工作要求，明确责任分工，加强预案演练，强化协同联动，有力维护党政大楼的安全稳定。同时，开展急救培训，提高机关干部职工自救互救能力。

万载县人民代表大会

综　述

2022年，万载县人民代表大会常务委员会始终坚持党对人大工作的全面领导，扎实推进重大民生实事项目人大代表票决制工作，大力发展全过程人民民主的万载实践。首次听取审议县监察委专项工作报告，监督广度进一步拓展。全年共召开主任会议15次、常委会会议9次，听取审议“一府一委两院”专项工作报告31个，作出审议意见书17份。

【开展人大代表“五带头五表率”主题实践活动】 首次设立县级“人大代表为民服务专项资金”，星级代表联络工作站（室）提质升级，4个工作站获评省、市级首批示范站。在市委深入贯彻落实中央人大工作会议精神推进会上，万载县人大常委会作《大力发展全过程人民民主，着力打造代表工作的万载样板》典型发言。

【开展宣传报道工作】 将宣传工作放在人大工作全局中来谋划，融合资源、创新方式，积极挖掘特色亮点、先进典型，一批反映万载县人大工作经验做法和代表风采的稿件在《人民代表报》《时代主人》和省人大新闻网等刊登报道，2022年在国家级媒体发表稿件14篇，省、市级媒体发表稿件95篇，获“全市人大宣传工作先进单位”称号。

【推进作风效能建设】 首次对标湖南省浏阳市人大机关，出台《机关干部职工绩效考核方案》，引导干部奋发向上、担当实干。围绕城市规划、扫黑除恶、全民健身、株潭行政体制改革、乡村医生队伍建设等主题，持续深入开展调查研究，调研报告多次获县委主要领导肯定批示。其中，《花炮陈年垃圾处理》《退役军人事务工作》在全市“三拼三促”抓落实活动年调研成果评比中分别荣获二等奖和三等奖。

【县十七届人大第二次会议】 万载县第十七届人民代表大会第二次会议，于2022年2月26—28日在县城召开。出席会议代表237名，县十四届政协委员、县委、县政府各部门、县直正科级单位主要负责人、党组（党委）书记和垂直管理部门的主要负责人等列席会议。会议听取和审议县人民政府工作报告、县人民代表大会常务委员会工作报告、县人民法院工作报告、县人民检察院工作报告、县生态文明建设情况的报告。审查和批准万载县2021年国民经济和社会发展计划执行情况与2022年国民经济和社会发展计划草案的报告，批准万载县2022年国民经济和社会发展计划；审查和批准万载县2021年县级总预算执行情况和2022年县级总预算草案的报告，批准万载县2022年县级预算；票决万载县2022年度重大民生实事项目，并作出和通过相关决议。

常委会工作

【强化政治建设】 练好党的理论基本功。把学习贯彻习近平新时代中国特色社会主义思想作为党组会议、主任会议、常委会会议“第一议题”，把践行习近平总书记关于坚持和完善人民代表大会制度的重要思想、习近平法治思想作为基本功，在全县人大系统掀起学习宣传贯彻党的二十大精神热潮，切实用党的创新理论武装头脑、指导实践、推动工作。全年开展“第一议题”学习16次，举办专题学习讲座5次。

【依法作出决议】 紧紧围绕“工业强、城市美、生态优、民生好”奋斗目标，确定监督、调研和代表工作重点，依法作出决议决定5项、任免国家机关工作人员27人次，确保县委的决策和主张通过法定程序转化为全县人民的共同意志和自觉行动。协助县委召开深入贯彻落实中央人大工作会议精神推进会，向县委请示报告工作、重大事项8项，上报调研专报6件，切实把党的领导贯穿于履职全过程各方面。

【召开党组会议】 2022年，常委会党组突出把方向、管大局、保落实的政治功能，健全党组会议制度、工作程序、运行机制，严格落实民主集中制，全年召开党组会议16次。全面落实新时代党的建设总要求，实现全县人大系统政治谈话全覆盖。加强对常委会工作的组织领导和统筹协调，使人大及其常委会成为坚持党的领导的坚强阵地。

【服务中心大局】 在助力“一号改革工程”工作中，开展优化营商环境调研座谈，听取审议营商环境建设情况报告。常委会领导担任营商专员，下沉企业督导，开展入企走访连心活动，当好企业“护航员”“办事员”“服务员”，助力打造万载“万事好办”营商环境品牌。在助力社会和谐稳定工作中，常委会领导领衔参与“喜迎党的二十大，千名干部下基层”活动，11名县领导带队出征，深入开展各领域安全稳定风险排查化解工作。在助力美丽宜居城市提质升级工作中，常委会领导多次深入挂点网格项目现场开展视察、调研，督办城市重点项目建设，及时发现问题，提出整改意见建议，开展《中华人民共和国城乡规划法》执法检查，提出相关建议，推动美丽宜居城市建设走向深入。

【监督工作】 2022年，县人大常委会听取审议计划、财政预决算、审计工作等报告，提高财政资金使用效益。加强预算全口径审查和全过程监管，扎实推进预算联网监督工作，重点督办“红灯”预警项目，切实增强预算监督实效。听取审议万投集团经营管理情况综合报告，持续对国有资产管理情况开展监督，强化风险防控及化解能力，推进国有资产管理公开透明、规范有效。在省人大常委会预算审查、国有资产监督工作宜春调研座谈会上，万载县人大常委会作为县市区代表作经验交流发言。聚焦审计查出的突出问题，采取上门督办、满意度测评、整改“回头看”等方式，督促38个问题整改销号。在保障民生福祉工作中，常委会领导牵头，成立5个监督小组，对人大票决的20件重大民生实事项目开展专项督查，推动项目实施达到时序进度。聚焦生态环境治理，听取审议生态文明建设报告、环境状况和环境保护目标完成情况报告，积极配合省市人大环保、农产品质量安全等调研和执法检查，合力打好蓝天、碧水、净土保卫战。听取审议养老服务体系建设情况报告，推动老龄事业高质量发展。持续关注教育领域问题，开展义务教育“双减”情况调研，助推办好人民满意教育。听取审议巩固拓展脱贫攻坚成果同乡村振兴有效衔接情况报告，开展“乡村振兴人大代表在行动”活动，推动脱贫成效更可持续、振兴基础更加稳固。

【推进常态化扫黑除恶工作】 2022年，县人大常委会，按照“审慎稳妥、依法依规”的要求，首次听取审议县监察委关于开展整治群众反映强烈问题的工作报告，推动监委加大力度对脱贫攻坚、扫黑除恶、营商环境等群众身边领域不正之风和腐败问题亮剑。开展《省人大常委会关于常态化开展扫黑除恶斗争巩固专项斗争成果的决定》实施情况执法检查，推动常态化扫黑除恶工作走深走实。听取审议未成年人检察、民事行政检察、备案审查工作情况报告。首次采取“线上＋线下”“体验＋观摩”形式，以“司法执法实践开放日”活动为切入口，组织185名代表实地参观法院诉讼服务中心、检察院“12309”检察服务中心、公安交警指挥中心，对法院网上立案、自助诉讼和检察院控告申诉、法律咨询进行现场观摩，旁听电信诈骗案件庭审现场，参加检察公开听证会25次，打造“阳光司法”万载实践。

【选举和任免工作】 县人大常委会坚持党管干部原则，坚决落实县委有关人事工作安排，依法履行人事任免工作职责，严格落实任前法律知识考试和宪法宣誓制度。2022年，共任免国家机关工作人员27人次，共组织5批次15名拟任人员进行任前法律知识考试，组织15名新任命的国家工作人员在县人大常委会向宪法宣誓，在万载人大微信公众号发布选举人事任免公告7个。依法做好人大代表的辞职与补选工作。根据市人大常委会和县委工作安排及时调整部分市县人大代表，认真做好人大代表辞职、补选工作，加强对人大代表的代表资格审查工作。依法接受2名市人大代表辞去代表职务，终止2名县人大代表的代表资格，接受4名县人大代表辞去代表职务，对有关选区补选的7名县人大代表的代表资格进行确认。做好重大民生实事项目人大代表票决制工作。在县十七届人大第二次会议上，组织全体代表采取无记名投票方式，对县政府提请大会票决的25项民生实事候选项目进行票决，产生2022年度重大民生实事项目20项。

【代表履职形式多样】 扎实推进“五带头五表率”主题实践活动，做到精心制定一个方案、高规格召开一次推进会、建立一个联系指导机制、科学谋划一张作战图、迅速成立一个宣传专班、严格建立一个例会制度、每周完成一次信息填报、全面进行三次活动督查。2022年，向市人大主题实践活动领导小组办公室报送主题活动调度表64份、特色亮点典型事迹18份，18名市、县人大代表履职做法和工作成效在省市人大新闻媒体刊登报道。县财政首次设立80万元“人大代表为民服务专项资金”，用于人大代表联络工作站解决群众身边的“微民生”实事，配套出台《万载县“人大代表为民服务专项资金”使用管理办法（试行）》，13件微小民生实事项目落地落实。依托江西数字人大平台，安排专人实时监督，实行线上回应反馈，线下流转办理，架起人大联系群众、服务人民的“数字桥梁”。

【提升代表履职能力】 强化代表履职培训，在江西瑞金中央苏区红色教育培训中心举办为期3天的县乡人大系统及人大代表履职能力提升培训班，全面提升代表履职能力。推进“双联系”制度规范化常态化，制定《万载县人民代表大会常务委员会组成人员联系县人大代表办法》《万载县人大代表列席县人民代表大会常务委员会会议办法》，28名常委会组成人员直接联系基层一线代表72名。拓宽代表参与常委会工作的深度和广度，邀请县人大代表列席常委会会议、参与调研视察、执法检查等活动228人次，进一步丰富闭会期间的代表履职活动。积极稳妥实施民生实事项目人大代表票决制工作，有效推动20项重大民生实事项目顺利实施，实现政府决策从“为民作主”到“由民作主”的重大转变。

【创新代表联络工作】 2022年，县人大常委会按照“34562”工作模式，持续推动星级代表联络工作站（室）建设提质增效，组织开展第二批“五星级”人大代表联络工作站创建活动，五个乡镇（街道）工作站通过验收。康乐街道、鹅峰乡工作站被评为省级首批代表联络工作示范站，罗城镇、双桥镇工作站被评为市级代表联络工作示范站。县委、县政府主要领导以代表身份带头进站接待选民，全县各级代表600多人次纷纷响应，走访选民1.8万余人次，推动代表联络工作站成为联系选民的桥梁、服务群众的窗口和践行全过程人民民主的阵地。

【做实代表履职考核】 4月6日，印发《万载县第十七届人民代表大会代表履职考核方案》，成立县十七届人大代表履职考核领导小组；制定《万载县第十七届人大代表履职档案》和《万载县第十七届人大代表履职考核评分表》，为258名县人大代表发放一个履职档案盒，一本履职手册，一份履职档案，进一步强化代表履职考核意识，增强代表履职的积极性和主动性。年底，完成对全县258名人大代表的代表履职考核，所有的代表均填报《代表履职档案》，乡镇（街道）人大对所有代表进行年终打分量化。代表履职考核完成后，在县十七届人大第三次会议上通报表扬30名优秀人大代表。

【督办代表建议案】 听取和审议"一府两院"关于县十七届人大第二次会议期间代表审议发言办理情况报告，按照议案建议办理机制同步进行督办，213条发言办理答复率、办结率100%，评选和表彰10件"代表优秀建议"。认真做好县十七届人大第二次会议以来收到的123件代表建议办理工作，推行重点建议跟踪督办制度，确定12件年度重点督办件，由常委会领导牵头现场督办，实现办结率100%，满意率98.36%。如胡琨震代表提出的《关于加快解决城区交通拥堵问题的建议》，县政府高度重视，加大改善城区交通环境的力度，在城区建设停车场24个，打通城区断头路7条、拓宽瓶颈路8条。代表建议案的现场跟踪督办，有效推动了县重点工作、民生工作的落地。

【机关干部建设】 紧扣"四个机关"目标定位，全力打造让党放心、人民满意的模范机关。8月8日，组织机关党员干部赴赣州瑞金市开展人民代表大会制度初心使命教育，从瑞金中华苏维埃代表大会探索实践历程的学思践悟中，增强做好新时代人大工作的政治自觉、思想自觉和行动自觉。开展"喜迎二十大、永远跟党走""对标三拼三促，争当五个表率"活动，提振精气神。深入推进勤廉万载建设，分层分类开展谈心谈话、廉政家访，支持和保障派驻机关纪检监察组履行职责、发挥作用，营造风清、气正、心齐、劲足的干事氛围。对标"三拼三促"，开设"人大讲堂"。7月18日，前往浏阳市人大机关及淮川街道、集里街道代表活动室等地学习考察，持续推进学习型机关建设。加强县乡人大联动，实行常委会领导、专工委与乡镇（街道）人大主席团（工委）"一对一"联系指导制度，建立人大系统干部跟班锻炼工作机制。修订完善人大及其常委会组织制度和议事程序，建立机关绩效考核机制，实行月度"321"情况汇报、季度"361"排名制度，发布"三拼三促"工作动态23期。

人大办公室工作

【突出政治引领】 2022年，县人大机关办公室全年开展"第一议题"学习20余次，印发学习资料汇编12期，把学习贯彻习近平新时代中国特色社会主义思想作为机关党组会议"第一议题"，把践行习近平总书记关于坚持和完善人民代表大会制度的重要思想、习近平法治思想作为基本功，切实用党的创新理论武装头脑、指导实践、推动工作。

【规范党内组织生活】 按照"一月一主题"的方式和"微党课、微述职、微交流"等形式，推动机关党支部"三会一课"规范化、组织生活常态化，全年共召开支委会、党员大会、党小组开展党员学习议事日36次。大力弘扬伟大建党精神，开展"喜迎二十大、永远跟党走"、迎七一、"光荣在党50年"纪念章颁发仪式、"对标三拼三促、争当五个表率"等系列主题党日活动5次。

【严守政治纪律和政治规矩】 严格民主议事决策，制定印发《机关党组议事规则》，凡属"三重一大"范围的人事、资金拨付等重大事项，均由机关党组会议集体研究决定。同时，严格执行"一把手"末位表态制，在决策过程中坚持做到党组成员依次发言，"一把手"最后表态，决策民主、科学、透明。4月28日,召开“人人都是营商环境,让企业在万载暖心爽心”专题民主生活会和年度组织生活会,用好批评与自我批评“利器”。

【建设“务实型”机关】 干部下沉展担当。坚持资源在网格叠加、力量在网格沉淀、工作在网格联动、任务在网格落实,形成以“叮、盯、钉”三字诀为基础的网格化基层治理服务群众完整闭环。助力经济发展,党组成员下沉园区企业,开展“入企走访连心”活动,当好企业“护航员”“办事员”“服务员”,推动各项稳增长、稳市场主体、保就业措施落到实处。

【推进民生工程】 深入推进重大民生实事项目人大代表票决制,成立5个监督小组,对2022年度20件重大民生实事项目开展专项督查,形成监督报告,推动项目实施达到时序进度,让人民群众成为民生事项的建议者、监督者和最终受益者。

【人大代表参加“司法实践开放日”活动】 9—10月,采取“线上+线下”“体验+观摩”“监督+参与”形式,开展“司法执法实践开放日”活动,组织185名代表实地参观法院诉讼服务中心,检察院“12309”检察服务中心、交警指挥中心,对法院网上立案、自助诉讼,检察院控告申诉、法律咨询进行现场观摩,旁听电信诈骗案件庭审现场,以全新方式打造万载“阳光司法”实践,助力法治万载建设,有关工作做法在《人民代表报》、江西人大网站同步刊登。

【建设“服务型”机关】 2022年,县人大常委会办公室协助县委召开深入贯彻落实中央人大工作会议精神推进会,全面完成县十七届人大第二次会议、全县人大宣传工作会议、9次常委会会议、15次主任会议筹备工作;紧扣县人大常委会年度监督工作计划,形成8篇调研文章,花炮陈年垃圾处理专题调研报告、全县退役军人事务工作情况的调研报告分别获评全市“三拼三促”抓落实活动年调研评比结果二等奖、三等奖。

【专题调研与检查督办】 开展花炮垃圾处理、乡村医生队伍建设、义务教育“双减”政策落实、退役军人保障、株潭行政管理体制改革、老旧小区改造、侨资企业环境等专题调研和《中华人民共和国城乡规划法》《全民健身条例》《省人大常委会关于常态化开展扫黑除恶斗争巩固专项斗争成果的决定》等法律法规实施情况执法检查,调研检查成果得到县委、县政府高度重视和采纳;协助常委会领导领衔督办的12件重点建议,推动一批事关产业发展、民生保障的重点建议办实办好。跟踪督办县十七届人大第二次会议期间代表提出的123件建议,实现答复率100%,满意率98.36%。

【代表履职培训与服务】 2022年,县人大常委会办公室协助常委会赴江西瑞金举办为期三天的县乡人大系统及人大代表履职能力提升瑞金培训班,围绕《中华人民共和国民法典》学习、如何撰写调研报告、加强预算审查监督等主题,协助举办三期“人大讲堂”,有效提升代表履职能力。对接做好代表进站“双联系”服务保障,有力保障全县各级代表走访选民18000余人次,推动解决一大批群众急难愁盼问题落地。协助出台《万载县“人大代表为民服务专项资金”使用管理办法(试行)》,推动解决微小民生实事项目13个。

万载县人民政府

综　述

2022年，在宜春市委、市政府和万载县委的坚强领导下，在县人大、县政协的监督支持下，全县上下团结奋斗、勇毅前行，较好完成年初确定的各项目标任务，全县经济社会发展迈出新步伐、取得新成效、呈现新气象。获评全市工业高质量发展先进县、全市农业生产工作先进县、全市文化和旅游产业发展先进县。

【经济发展】 2022年，全县主要经济指标全面挺进第一方阵，全年地区生产总值实现262.6亿元，增长5.3%，全市第四；财政总收入38.6亿元，增长18.3%，其中一般公共预算收入17.9亿元，增长8.6%，全市第四；规模以上工业增加值增长9.2%，全市第三；固定资产投资增长10%，全市第三；利用省外项目资金68.1亿元，增长9.7%，全市第二；外贸出口8.2亿美元，增长89.4%，全市第三；社会消费品零售总额80.85亿元，增长5.2%；城镇、农村居民人均可支配收入分别是37043元、16387元，同比分别增长5.7%、5.9%。

【产业升级】 2022年，全县规模以上工业企业新增24家，达225家，产值突破430亿元，同比增长14.6%。引进尚明新材料、时代志存、天卓新材料二期、赛酷新材料、和光新材料等20亿元以上项目5个，锂电新能源产业产值达210.5亿元，同比增长148.8%，天卓新材料成为宜春市首个县级"百亿企业"。数字经济核心产业营业收入167.6亿元，同比增长344.6%，总量列全市第三，增速列全市第一。花炮产业产值突破150亿元，税收4亿元。新建高标准农田3.5万亩，完成乡镇防洪工程3个，维修农饮工程52处。

"两稳一扩"超额完成省定任务，"两品一标"认证数达149个，农林牧渔业总产值达22.82亿元。建成农业绿色发展模式万亩示范区4个，有机农业基地认证面积41.2万亩，富硒农产品基地面积21万亩。黑山羊、黑兔、黑番鸭养殖量分别达33.3万头、230万只、23.5万羽，"康乐黄鸡"养殖15.5万羽，列入全国首批畜禽性能测定名单。藠头加工出口量4200吨，成为全国藠头加工出口大县。龙牙百合脱毒种苗标准化生产及栽培示范基地建成，并被列为省级龙牙百合良种繁育基地。成功申报国家农村产业融合发展示范园项目，获评全域创建富硒绿色有机农产品示范市工作先进县。

坚持每周六和重要节假日上演古城烟花秀，打造"星期六来万载"消费品牌，成功举办第三届百合旅游文化节、"百城百夜"文旅消费季等重大活动，旅游综合收入118.9亿元，同比增长13.6%。发放消费券1350万元，拉动消费1.6亿元。新增电商企业7147家，同比增长364%，网络零售额达11.6亿元，同比增长188.9%，列全市第二。万载古城获评全国"非遗"旅游景区、省级特色文化街区、宜春十大网红景区。

【城市建设】 2022年，投资1.9亿元打通城区断头路7条、拓宽瓶颈路8条，宜万快速通道

(万载段)和G220绕城公路建成通车。开展美丽宜居城市建设行动，拆除违章搭建1320处，修复增补绿化3.5万平方米，新增停车场24个、公厕11座、路灯10273盏。完成“双城联动”项目12个、宜居项目45个，改造老旧小区9个、背街小巷4条、市政工程36处，新建体育小游园10个，交付棚改安置房5707套，完成汽车服务广场、名优特大市场、城北农贸市场升级改造。天然气管网万载支线顺利建成。

【生态环境保护】 2022年，万载县空气质量达到国家二级标准、优良天数比例达90.1%，主要河流断面及县城集中式饮用水水源地水质达标率均为100%，土壤环境风险得到有效管控。创建绿色矿山4家、修复废弃矿山31家。人工造林1.64万亩，修复退化林2.8万亩，建设国储林2.5万亩，创建江西省AAA级乡村旅游点1个、森林乡村3个、乡村森林公园1个。成功创建省级生态县。

【乡村振兴工作】 2022年，新建新农村点300个，推广黄茅镇“江夏宅改”模式，建成“十个一”“八个有”示范点25个。改造农村危房151户、危桥7座，新(改)建农村公路99.6千米。完成衔接资金项目155个，建立易地搬迁安置点“有求必应”服务中心35个，新(改)建“微工厂”94家，“一村一微工厂”富民工程获全省推介、全市推广。

【社会民生事业】 2022年，20件重大民生实事全面完成，民生支出43.4亿元，占一般公共预算支出的81.8%。新增城镇就业3892人、农村劳动力转移7356人，发放创业担保贷款3.7亿元，稳岗就业1.4万人。发放各类救助资金1.2亿元，在全市率先设立“0795-8881995”困难群众救助服务热线。建立留守儿童之家75个，改造提升养老服务机构6个，新殡仪馆投入使用。181个行政村游泳池全覆盖，“一村一泳池”做法入选宜春市“三拼三促”抓落实优秀案例。投入抗旱资金1288万元，开展人工降雨作业23次，有效应对60年一遇旱情。教育投入2.6亿元，新改扩建校舍70653平方米，新增学位6210个，新招录教师498人，教育大班额由4.2%下降至2.5%，历史性全面消除超65人以上超大班额。承办第三届中国傩文化学术发展研讨会，被授予中国傩文化研究基地称号。获评江西省革命文物保护利用示范创建县、江西省书法之乡。

【平安建设】 全年化解信访积案31件，刑事警情、治安警情、交通事故死亡人数同比分别下降31.5%、24.4%、31.6%，侵财性案件挽损442万元，其中挽回25名群众电诈损失310万元，打掉恶势力集团1个。未成年人“零溺亡”，较大以上事故“零发生”，查处花炮非法生产窝点6个，刑事拘留11人。获评全省应急管理考核优秀、全省森林防火“平安春季行动”平安县。

重要会议

【概况】 2022年，县政府共召开政府常务会议38次，研究讨论议题322项。

【政府常务会议】 传达学习上级会议精神议题72项。专题研究讨论县《政府工作报告》《2021年县级决算和2022年上半年县级总预算执行情况的报告》、信访工作、教育“双减”、高质量发展综合绩效考评、城乡环境综合整治、安全生产、食品安全、营商环境、反电诈、粮食安全、专项债和一般债项目、乡镇(街道)和工业园财税收入、棚改工作、市域社会治理现代化等重点工作议题102项。制定各行业、各部门文件议题77项。研究审议万载县锂电池正极材料产业项目、万载阀门产业项目、万载县锂电池新材料产业项目等项目合同议题22项。审议通过拨付江西众诚方源制药有限公司首笔装修扶助款、江西省启光涂装机械有限公司17.03亩土地扶助款、宜春市铭恩模具有限公司首笔搬迁扶助款等涉企业有关事项议题

49项。

督察工作

【概况】 2022年，县政府办充分发挥督察利剑作用，紧扣县政府重点工作部署及县政府会议研究事项、领导指示等抓好工作落实，共开展重点工作、民生实事等专项督察200余人次、联合督察100余人次，落实县政府常务会议议决事项181件、县长交办（批示）工作共442项，办结国务院“互联网+督察”、“我向省长建言”平台群众留言线索99件，落实2022年宜春市民生实事9件、万载县民生实事20件，下发督察通报155期。

【完善工作机制】 全面贯彻落实国务院和省政府第五次廉政工作会议精神，按照要求制定任务责任分工表，明确责任单位和时间节点并督促责任部门抓好落实。围绕省、市关于新形势下推进“五型”政府建设走深走实的意见制定万载县实施意见，全力推进“五型”政府建设。组织相关部门就涉及县级层面的七大项措施提炼工作亮点，并与上级密切衔接，同时根据市级要求上报相关材料。做好国务院大督查相关迎检工作。根据县政府督查工作要点全力抓好全县各项重点工作、领导指示批示的落实督查工作，做到严肃督查、精准督查、规范督查，确保督查常态长效。

【落实重点工作】 全面推进省《政府工作报告》152项重点工作、市《政府工作报告》121项重点工作及县《政府工作报告》92项重点工作落实，细化责任清单，明确责任单位和时间节点，实行每月调度并持续跟踪进展，有序推进各项工作。2022年，督查调度加强主要经济指标调度、开展重大项目建设攻坚行动、推动防溺水工作有效落实等市、县重点专项工作20项。督查县长办公会议纪要关于矿山整改、大气污染、驻村工作等落实整改问题事项50余项。参与安全生产、早稻种植、美丽宜居、债券项目建设、乡村振兴、党的二十大等联合督查100余人次。完成联合及专项会风督查40人次。

【促进问题整改】 做好国务院“互联网+督查”“我向省长建言”等问题线索办理工作。2022年，共收到国务院“互联网+督查”问题线索94件，均已办结；收到“我向省长建言”问题线索5件，均已办结。共督查县长暗访安全生产、巩固拓展脱贫攻坚成果同乡村振兴有效衔接、防溺水等工作发现问题整改落实事项150项。

【推进民生实事】 2022年初，县政府办公室印发《关于对2022年万载县20件民生实事人大票决项目进行考核的通知》，制定项目计划书，并在县政府官网公示2022年县政府20件民生实事责任分工表，进一步明确目标任务、完成时限、牵头领导和责任单位，实行清单化管理、项目化推进。建立督查考核机制，将落实市、县重大民生实事情况纳入年度考核。开展现场督察、不定期督察和“回头看”，及时发现问题、解决问题，督促各项民生实事项目强力推进。同时，积极配合县人大常委会组织人大代表对民生实事项目开展视察调研，听取代表意见建议，持续改善工作方式方法，把好事办好、实事办实。

办理人大代表建议和政协委员提案

【概况】 2022年，万载县政府办理市五届人大一次会议代表建议（协办件）共计5件；承办市五届人大二次会议代表建议共计7件，其中主办件1件，协办件6件。全年共办理县人大代表建议122件，代表满意率98.36%，基本满意率1.64%，其中A类70件，占建议总数的57.38%；B类50件，占建议总数的40.98%；C类2件，占建议总数的1.64%。办理政协委员提案67件，委员满意率97.01%，基本满意率2.99%，其中A类34件，占提案总数的50.75%；B类

32 件,占提案总数的 47.76%;C 类 1 件,占提案总数的 1.49%。

【压实办理责任】 县政府各部门按照工作要求,着眼于解决实际问题,将建议提案办理工作当做考验工作水平的重要职责和提升改进工作的重要契机,建立“主要领导负总责、分管领导具体负责、业务股室承办落实、办公室督办协调”的办理机制,形成“一级抓一级,层层抓落实”的工作责任体系。

【规范办理要求】 以力求办结为目标,将建议提案办理工作与上级政策充分结合,做到能办则办,对一些涉及面广、条件暂时不成熟或解决起来有一定难度的建议提案,实事求是地将情况明确告知代表、委员,并列入今后的工作计划,力争逐步解决。将办理程序划分为承办、办理、答复、督导四个环节,着力做到程序合法、答复规范、反馈及时,切实做到对代表和委员负责、对人民负责。

【提升交办质效】 2022 年 5 月,县政府召开专题会议,对建议提案进行集中交办,要求各承办单位采取有效措施扎实解决事关人民群众切身利益的问题。由县政府督查室压茬推进建议提案交办工作,累计将 122 件建议、67 件提案发放至 60 余家单位,提高交办效率。提出 3 个工作日的建议提案承办缓冲期,先后研判、分析、调整承办建议 6 件、提案 6 件,提升了建议提案办理的精准度。

【密切联络沟通】 围绕办前、办中、办后三个关键环节,持续完善“办理前联系、办理中征求意见、办理后跟踪回访”的工作机制,实现代表、委员与承办单位之间的良性互动。接到代表建议和委员提案后,承办单位积极与代表、委员联系,征询意见、听取建议,准确把握提案的主旨;办理过程中,继续与代表、委员保持良好沟通,跟踪了解代表、委员的新想法、新要求,提高了办理工作的针对性,办理效果更加符合代表、委员的意愿要求。

【严格督办落实】 围绕提升建议提案办理效率和效果,将督查工作做细做实做深入。围绕确定的重点建议提案开展重点督办,先后采取现场督察、召开座谈会等方式,协调解决办理过程中存在的问题。同时,注重全过程督办,借助电话催办、结果公开等举措,在办前、办中、办后三个阶段开展督察督促工作,切实提升办理水平。

外事工作

【概况】 2022 年,万载县政府办围绕县委、县政府中心工作,认真贯彻党的外事方针政策,全面落实国家、省、市相关会议精神,聚焦“作示范、勇争先”目标定位,狠抓外事管理,重点做好海外利益安全、服务企业情况、来宾来访等工作,推动外事工作取得新成效。

【做好外事常规管理】 因疫情影响等原因没有办理公务人员因公出入境。在线上外事活动上,严格遵照“外交大权在党中央、外事工作授权有限”的根本原则,截至年底,尚未举办相关线上活动。

【密切关注境外安全风险】 加强宣传,在复杂的国际形势背景下,提醒境外高风险地区公民,密切关注安全风险和中国驻当地使馆发布的安全提醒,加强安全防范和应急准备。

【服务企业和地方经济】 推动“一带一路”合作,使万载县企业与阿根廷布宜诺斯艾利斯市的贸易往来纳入省统筹协调范围。积极推动万载古城景区省级备选外事参观点申报。6 月,省外办党组成员、副主任胡志扬一行到万载古城景区进行实地考察,对景区备选外事参观点提出相关意见与建议。

营商环境建设

【概况】 2022 年,万载县以建设“全省营商环境一等县”为目

6 月 10 日，万载县惠企政策精准直达企业工作推进会在县会议中心召开

标，出台《关于深入推进营商环境优化升级“一号改革工程”的实施方案》《万载县建设全省政务服务满意度一等县行动方案》等文件，多措并举优化营商环境，全县经营主体的获得感、幸福感和满意度得到大幅提升，在全省营商环境第三方评价中位列全省第 34 名。

【优化营商环境】　严格按照“一年求突破，两年大提升，五年树品牌”的总体要求，制定《万载县营商环境指标提升作战图（2021—2024 年）》，建设万载“万事好办”营商服务平台，实时掌握调度各指标牵头单位深入推进优化营商环境“一号改革工程”的工作进展及对标国内先进标杆城市指标提升情况。将国评指标体系中涉及县级 16 个一级指标、70 个二级指标、507 个三级指标逐项落实到具体单位。分别由 5 位县领导担任指标长，12 个一级指标牵头单位主要负责人担任指标优化办公室主任，36 个责任单位分工配合，营商办负责统筹协调，每个指标安排专人点对点核查调度指标优化情况。主动落实营商环境指标优化提升工作调度机制，做到营商办一周一调度、指标长两周一调度、分管县领导一月一调度、县长一季一调度。

【提升政务服务水平】　开展“人生十件事，一事一次办”改革，将个人全生命周期涉及的出生、入学、医保、社保、重大疾病免费救治、二手房过户、不动产抵押贷款、军人退役、公积金贷款、身后等“十件”高频事项进行整合优化，以“政务服务网万载分厅”“赣服通”“赣政通”“一窗式综合受理系统”为集散中转站，对接宜春市大数据共享平台或部门专业系统，实现业务内网、政务外网互联互通，确保信息交互共享，数据智能匹配，实现数据共享。按照“统一受理相关办理事项，一次性收取所需全部材料，进行一次性录入、并串联办理”模式，通过“一窗式综合受理系统”“万载县网上审批系统”和部门专业系统交叉互用的方式，把申办材料精准推送给相关部门审核办理，并在规定时限内将办理结果反馈申请人。办事企业和群众可只跑一次，只交一套材料，便可完成一件事涉及多部门多事项的办理。全年共办理“人生十件事”事项 36 万多件，有效地减少群众“跑腿”次数，提高办事效率。

【办理企业诉求】　2022 年，召开政企圆桌会议 9 次，帮助企业解决问题 54 个。开展“安商红黄榜”网络投票 11 次，收到“红牌”1042 张、“黄牌”30 张。高位推动入企走访服务活动，至 2022 年底，共收集问题 210 个，解决问题 196 个，按时间有序协调处理问题 14 个。上线“事事宜人”企业诉求办理小程序，帮助企业解决问题 125 个。推行企业诉求“1510”快速处置机制，对企业反映的诉求“1 个工作日电话联系、一般问题 5 个工作日办结、疑难问题 10 个工作日回复”。开展万载县惠企政策精准直达企业工作，累计兑现工业技改资金、企业科技创新、品牌创建、管理创新、企业入规等各类涉企奖励扶持资金 5.9 亿元，惠及企业 1171 户次，为企业减税降费 9.3 亿元，助企贷款 71.5 亿元。

【开展“四项”治理工作】 印发《万载县开展“新官不理旧账”问题专项治理行动工作方案》,对招商引资政策不兑现、合作协议不履行、账款支付不到位、法院判决不执行、涉政府产权纠纷及其他相关情形等问题开展专项整治，全年共收到宜春市市级转办问题6条,到年底全部办结并销号,办结率100%,全市排名第一。8月29日，万载县“新官不理旧账”专项治理工作受市政府“红榜”表扬。印发《万载县开展行政审批中介服务规范治理六大专项行动的实施方案》,制定《万载县中介机构管理暂行办法》,开展中介服务机构脱钩改制治理、中介服务市场秩序规范治理、中介服务事项目录和要素公开治理、中介服务收费治理、中介机构服务治理、中介机构依法依规执业治理等6项专项治理。共发现问题14个,至年底已全部完成整改。印发《万载县公共资源交易领域突出问题专项整治工作实施方案》，自查项目总数2279个,自查问题86个全部完成整改。开展公职人员不作为乱作为专项重点整治行动,共查处损害营商问题66起75人。

金融工作

【概况】 2022年底，全县银行机构各项存款余额347.02亿元，比年初增加37.92亿元,同比增速12.27%；各项贷款余额288.08亿元，比年初增加33.95亿元,同比增速13.36%,完成全年新增40亿元任务的84.88%。普惠重点领域贷款余额75.54亿元,占各项贷款余额的比重为26.22%，较年初提高3.67%(列全市第1);绿色贷款余额36.01亿元，较年初增加14.17亿元，完成全年新增15亿元任务的94.47%，绿色贷款占各项贷款的比重达12.5%，较年初增加3.9个百分点；绿色保险保费收入5593.41万元，同比增速76.91%(列全市第1)。2022年2月,万载县获评“江西省第一批无非法集资示范县”。

【推动金融惠企】 开展惠企政策精准直达企业行动,全面梳理并建立金融惠企政策清单,发放“惠企政策大礼包”800余册。建立政银企对接长效机制,2022年共开展包括湘赣边区域宜春片区(万载县)产融对接会在内的5次政银企对接活动,签约企业547家，授信金额47.92亿元，实际发放贷款47.23亿元，履约率达到98.57%。4月25日起,政府性融资担保公司担保费率下降至0.5%，全年累计为161家企业降低担保费用151万元,涉及担保金额3.55亿元。

【对接资本市场】 江西奈斯医药物流有限公司完成股份制改造，更名为江西奈斯医药物流股份有限公司，并于10月12日在江西联合股权交易中心标准层完成挂牌。协调推动大度家具、新前沿科技2家企业完成申报进入省重点上市后备企业库,组织睿锋环保、华尔升科技、盛典科技、锦源生物、坤奇实业等重点后备企业参加全市资本市场培训，召开全县企业上市专题讲座，邀请专业机构人员为17家专精特新等企业讲解企业上市相关知识。万投集团面向专业投资者非公开发行公司债券(第一期)在上海证券交易所成功发行，债券发行规模5亿元。

【防范金融风险】 2022年,共举办防范金融风险“七进”等宣传活动1298场次，参与群众87800人次;报纸杂志、广播电视、户外广告、宣传品等刊印份数、播放次数达到10111次,发放传单、手册等23361份;在网站、微信、微博、抖音、快手、短信等发布网络宣传原创作品2篇,点击量、阅读量、曝光量、转发量4351次,互动宣传覆盖16.70万人次,发送短信7790条。开展涉嫌非法集资风险排查,密切关注五洲宏业、全民通等风险点,加强分析研判和情况会商。开展规范银行字样使用清理、伪金交所清理、信用互助农民专业合作社自查自纠等专项排查行动,对民间融资登记服务机构现场检查，规范金融市场秩序。

重要政策

【《万载县妇女发展规划（2021—2030年）和万载县儿童发展规划（2021—2030年）》】 6月20日，万载县人民政府为认真贯彻落实党中央和省委、市委决策部署，保障妇女权益、促进妇女发展、推动男女平等，依据《中华人民共和国宪法》《中华人民共和国民法典》《中华人民共和国妇女权益保障法》和《万载县国民经济和社会发展第十四个五年规划和二〇三五年远景目标纲要》的总体目标和要求，印发《万载县妇女发展规划（2021—2030年）和万载县儿童发展规划（2021—2030年）》，为妇女平等依法行使民主权利、平等参与经济社会发展、平等享有改革发展成果提供保障。

【《万载县"十四五"公共服务规划》】 6月21日，万载县政府按照省委、省政府和市委、市政府的决策部署，依据《江西省"十四五"公共服务规划》《万载县国民经济和社会发展第十四个五年规划和二〇三五年远景目标纲要》，印发《万载县"十四五"公共服务规划》。该规划共12章，主要覆盖公共教育、医疗卫生、养老托育、文体服务、就业创业、社会保障、优军服务和住房保障等主要行业领域，是"十四五"时期乃至更长一段时期促进全县公共服务发展的综合性、基础性、指导性文件。规划期为2021—2025年。

【《万载县"十四五"生态环境保护规划》】 6月23日，万载县人民政府按照党中央、国务院和省委省政府关于生态文明环境保护规划》《宜春市"十四五"生态环境保护规划》，结合《万载县国民经济和社会发展第十四个五年规划和二〇三五年远景目标纲要》，印发《万载县"十四五"生态环境保护规划》。

【《万载县全民健身实施计划（2021—2025年）》】 8月22日，万载县人民政府依据国务院《全民健身条例》《国务院关于印发全民健身计划（2021—2025年）的通知》《江西省人民政府关于印发江西省全民健身实施计划（2021—2025年）的通知》和《宜春市人民政府关于印发宜春市全民健身实施计划（2021—2025年）的通知》等文件要求，结合万载县实际，印发《万载县全民健身实施计划（2021—2025年）》（以下简称"实施计划"）。该实施计划以持续推动群众体育"六边"工程建设为目标，使重视全民健身、支持全民健身、参与全民健身的社会氛围更加浓厚。计划到2025年，建成与万载经济社会发展水平相适应的全民健身公共服务体系。县、乡、村（社区）三级全民健身设施网络和中心城区15分钟健身圈，农村社区"30分钟健身圈"实现全覆盖，全县人均体育场地面积达到2.8平方米，经常参加体育锻炼的人数比例达到38.6%，国民体质合格率达到92.6%，每千人拥有社会体育指导员达到2.8名。

【《万载县"十四五"畜禽养殖污染防治规划（2021—2025年）》】 8月29日，万载县人民政府以《中华人民共和国环境保护法》《畜禽规模养殖污染防治条例》《江西省畜禽养殖管理办法》为指导，按照统筹规划、合理布局，因地制宜、多元利用，种养结合、生态发展，政府引导、市场运作编制原则，印发《万载县"十四五"畜禽养殖污染防治规划（2021—2025年）》（以下简称"防治规划"）。该防治规划以保障农村地区生态环境安全、促进畜禽养殖产业转型升级为目标，以提高畜禽养殖废弃物资源化利用水平和主要污染物减排为主线，以解决突出的畜禽养殖污染问题为抓手，以规模化畜禽养殖场（区域）为重点单元，以资源化利用为根本途径、坚持政府支持、企业主体、市场化运作的方针，以厌氧发酵处理技术为主要发展方向推进粪污资源化，以就地就近用于农村能源和农用有机肥为主要使用方向，以改善区域环境质量、促进畜禽养殖业健康可持续发展为目标，以推动畜禽养殖废弃物资源化利用和主要污染物减排为主线，以推进畜禽养殖废弃物资源化综合利用为核心，基本建立生态消纳为主、工业治理为辅的畜禽污染防治体系，解决突出的畜禽养殖污染问题，推进农村生态文明建设，为全面建设美丽万载、创造美好生活提供环境安全保障。

【《万载县全民科学素质行动规划纲要实施方案(2021—2025年)》】 11月12日，万载县人民政府为深入贯彻落实《国务院关于印发全民科学素质行动规划纲要（2021—2035年）的通知》，明确“十四五”时期万载县全民科学素质工作的阶段目标、重点任务及保障措施等，根据《江西省人民政府关于印发江西省全民科学素质行动规划纲要实施方案(2021—2025年)的通知》《宜春市政府关于印发宜春市全民科学素质行动规划实施方案(2021—2025年)的通知》《万载县国民经济和社会发展第十四个五年规划和二〇三五年远景目标纲要》要求，结合万载县实际，制定《万载县全民科学素质行动规划纲要实施方案(2021—2025年)》。实施方案重点围绕践行社会主义核心价值观，大力弘扬科学精神、科学家精神和工匠精神，培育科学思维，养成文明、健康、绿色、环保的科学生活方式，提高劳动、生产、创新创造的技能，在“十四五”时期实施青少年科学素质提升、农民科学素质提升、产业工人科学素质提升、老年人科学素质提升、领导干部和公务员科学素质提升等5项提升行动。同时，突出供给侧结构性改革，实施科技资源科普化、科普信息化提升、科普基础设施、基层科普能力提升、科学素质对外交流合作等五项重点工程。

发展改革

【概况】 2022年，万载县发展和改革委员会认真贯彻落实县委、县政府决策部署，围绕“奋起赶超跨越，勇争全省一流”奋斗目标，按照“融入宜春、聚力园区、双城联动、特色彰显、宜业宜居”工作思路，统筹推进疫情防控和经济社会发展，全面落实“六稳”“六保”任务，被县委、县政府授予2022年度万载县服务“三农”工作先进单位称号、重大项目推进先进单位称号、疫情防控先进单位称号、“金柯杯”第三届气排球比赛党政组“优秀组织奖”，并被市发改委评为2022年度项目工作先进单位。

【经济指标】 2022年，万载县地区生产总值完成262.56亿元，按可比价格计算，比上年增长5.3%，列全市第4位。其中，1—6月增幅列全市第1位、全省第5位。规模以上服务业实现营业收入比上年增长32.4%，列全市第1位，从3月起增幅持续保持全市第一。通过逐月考核、预警干预、横纵联动、应统尽统、算清家底、注重质量等举措，彻底扭转2021年固投指标排位靠后局面，并获宜春市人民政府相关领导指示，经验在全市推广。2022年，县固定资产投资增速10%，列全市第3位，工业投资增长15.2%。

【稳发展政策支持】 2022年，县发改委牵头制定《万载县“强攻二季度、确保双过半”行动方案》，出台降本增效促进市场主体发展36条、稳住基本盘全力保增长51条及接续措施32条等，持续调度政策落地情况，为稳住经济发展提供有力支持；牵头推进“三拼三促”生态修复攻坚行动，全面推进富裕江西建设，制订实施方案及年度工作计划，43条工作台账全部完成销号。

【项目申报】 2022年，县发改委申报2023年省市大中型项目76个，总投资322.8亿元，计划完成投资146.2亿元，同比增长45.3%。其中，省大中型项目30个，总投资236.8亿元，计划完成投资95.8亿元，增长56.9%；通过国家审核的2023年专项债项目11个，债券需求12.07亿元，列全市二类县第2位；通过国家审核的四批中长期贷款项目65个，贷款需求67.79亿元，项目个数和贷款需求均列全市第1位；通过国家审核的设备购置与更新改造贷款财政贴息项目12个，已完成资金投放2.3

亿元，列全市二类县第1位；成功发行政策性开发性金融工具基金项目1个，获得资金0.79亿元，列全市二类县第1位；申报2023年中央预算内储备项目18个，总投资50.37亿元。

【项目建设】 2022年，73个市级大中型项目累计完成投资124.8亿元，占年计划的124%。其中，31个省大中型项目累计完成投资77亿元，占年计划的126%。中央预算内投资项目14个，已下达中央预算内资金1.48亿元。基金项目（城乡水系综合整治及供水项目）累计支付基金4010万元，基金支付率为50.63%，支付率列全市第六。持续调度"六大领域大会战"和"四大攻坚"项目建设情况，全年各大项目有序平稳推进。

【跑项争资】 2022年，万载县发改委共争取上级无偿资金1.7亿元，列全市二类县第1位。其中，8个老旧小区管道更新项目获中央预算内资金8732.84万元，县粮食购销公司三兴分公司"四化"粮库仓储建设及改造提升项目获省财政资金2050万元。

【营商环境建设】 2022年，县发改委牵头制定《万载县公共资源交易领域突出问题专项整治工作实施方案》，收集各监管部门项目数2279项，自查清单86项。出台《招标投标对标提升方案》，制定攻坚目标、工作举措以及完成时限，对不见面开标率形成"周调度、周通报"工作机制，不见面开标率为100%；保证金及时退付率100%，全市并列第一；全流程电子化100%，远程异地评标项目占比62.5%。

【政务诚信工作】 开展双公示信息的录入工作，全年新增双公示信息6363条，其中行政许可6090条、行政处罚273条；开展五类信息的补录工作，其中法人行政确认148条、自然人行政奖励35条、法人行政监督检查325条、自然人行政监督检查85条；开展"屡禁不止、屡罚不改"专项治理活动，全年对17家严重违法失信市场主体重点约谈，台账退出率达100%；组织县直机关上传政务诚信公开承诺活动，报送年度信用承诺书120条。

【粮食安全保障】 成立粮食安全工作领导小组，加强粮食质量检测，完成全县早稻、中晚稻的2次采样工作，并将结果报送省、市粮油质检部门。

【价格监测】 完善基础设施，健全价格监测制度。制定《万载县今冬明春重要民生商品保供稳价工作实施方案》；在各农贸市场、各大商超等设置27个价格监测点，完成常规价格监测任务。做好价格临时补贴工作，发放价格临时补贴合计267.2万元，惠及4.42万人；做好价格认定工作，受理涉案财物价格认定及评估案件85件，认证总价值1798.69万元；会同县财政局核查涉企收费执收部门6个，涉企收费项目11个，涉及金额2705.72万元；做好商品房"一房一价"销售价格备案登记工作，对7个楼盘出具共15份价格备案复函。

【以工代赈】 2022年，万载县实施"以工代赈"项目共31个，总投资803.63万元，其中财政资金628万元。以工代赈项目带动群众就业人数491人，向群众发放劳务报酬139.96万元，发放劳务报酬比例达22.29%。

【推进碳达峰碳中和】 召开双碳领导小组全体会议，审议通过《2022年万载县碳达峰碳中和工作要点》等系列文件；初步编制完成《万载县碳排放峰值预测和碳达峰路径研究》，补充调研并修改完善《万载县碳达峰实施方案》；召开整（县）域碳汇开发座谈会，探索碳汇开发交易；开展规模以上工业企业能源消费情况摸排调研和有色金属行业节能减排调研。

【能耗"双控"工作】 严格管理"两高"项目，成立专项工作组，制定专项行动方案，形成动态管理台账。严控能耗强度，对网报用电量大于实际用电量的企业分责任单位，一对一指导，提高企业能耗申报准确度。严格管理项目节能审查，全年共受理36个需单独进行节能审查的新建项目，其中8个省级评审项目,2个已获批复;7个市级评审项目,5个已获批复;21个县级评审项目,14个已获批复。

【能源安全】 5月24日，县发改委联合供电公司制定《2022年万载县电网有序用电方案》;7月4日,出台《2022年万载县电网负荷管理方案》，确保万载县电网安全稳定运行和电力有序供应。加快推进风电、光伏发电等新能源项目建设,38家光伏扶贫电站总装机容量4696千瓦,上网电量457.64万千瓦时。促成县政府与时代永福签订投资协议,计划建设光伏项目规模25万千瓦,总金额约10亿元。

【基础设施建设】 2022年12月，宜万同城快速通道建成通车;S222万载高村至三兴公路改扩建工程动工在建;S223和S308改建工程项目启动前期工作;11月7日,江西供销(万载)冷链物流产业园基础设施建设项目完成用地预审、可研批复、初步设计批复,各项基础设施建设稳步推进,成果显著。

【区域合作推进情况】 参加示范区建设会议,不定期召开万载县湘赣边区域合作示范区建设工作推进会；争取上级政策支持,在省政府办公厅印发的《江西省推动湘赣边区域合作示范区建设行动方案》中,有多处涉及万载县相关项目;积极对外开放,与浏阳市联合制定《湘赣边区域合作示范区建设城乡融合发展试点实施方案》。

【万载县中医院综合楼项目】 万载县中医院综合楼建筑面积25000平方米,地上楼层12层,地下1层，地上地下停车位约500个,总投资约1.2亿元。全院主要以内科功能科室为主,设置病床共350张,血透床位52张;其中一楼为胸痛中心、脑卒中中心;二楼为感染科;三楼为康复运动中心；四楼为血透中心;五六楼为康复、针灸科病房;七楼至十一楼为内科病房;十二楼为行政办公用房。新综合楼建设项目于2020年11月17日开工建设,2022年2月22日完成主体验收,12月31日正式投入使用,方便了全县群众就医。

行政审批

【概况】 2022年，县行政审批局持续深化"放管服"改革,推动营商环境优化升级"一号改革工程",以"三拼三促"抓落实活动为契机,聚焦办事方便,围绕行政审批、政务服务、公共资源交易等重点领域,出台《万载县深入推进政务服务改革提速增效工程的意见》《万载县"人生十件事"一链办理改革工作方案》等文件,深入开展"四减一优化"活动,不断优化服务模式,升级办事体验。

【政务服务】 2022年，窗口共接待办事群众13万余人,办理事项155106件,其中"一次办好"事项131586件,"一次不跑"事项13303件,周末(节假日)延时错时服务10217件。完成县乡两级"大一窗"综合受理。除行政审批局划转的184项行政审批事项外，集中其他单位的138项行政审批事项受理权,设立"无差别大一窗"。开展"人生十件事"一事一次办改革。将"出生、入学、身后"等"十件事",通过一次申请、一套材料、一窗受理，实现一站式联办、一体化服务，一件事一次办。深入推进惠企政策落实。线下，协助县税务局办税大厅整体入驻县政务服务中心，共同设置惠企专窗;线上,完成惠企通平台建设。截至年底,惠企通平台企业注册17079家，兑现惠企资金187笔，涉及资金373.48万元。推进企业开办便利化改革。设立企业开办服务专区,将企业登记、申领发票、社保登记、公积金缴存登记、公章刊刻、银行开户等业务整合为一套表格，通过江西省企业登记平台,实现全流程"一窗受理、一站办结",企业开办一日办结率达95%以上。深化工程领域审批制度改革。设立在线审批监督员，落实“告知承诺+容缺审批”制，推行并联审批、联合踏勘、联合验收，设立锂电产业市县协同办理专窗，锂电产业工程报建时限缩短至56个工作日。

【公共资源交易情况】 全年共完成各类开标167场，交易金额约39.1亿元，节约5.92亿元，节约率13.18%。积极运维江西省网上中介服务超市，按照《江西省网上中介服务超市管理办法》管理中介超市。截至年底，有13家本地中介机构入驻江西省网上中介服务超市，注册账号的项目业主60个，全年共开展中介服务采购项目134个，服务金额998万元。

【政府采购工作】 着力强化采购服务水平。及时与采购单位进行沟通和衔接，主动上门服务，加强操作指引；在项目采购结束后，通过电话或走访的形式，取得对项目采购质量、服务的评价结果，以总结经验教训，促进工作提升。全力助推重大项目完成。对重大或紧急项目精心梳理，聘请专家反复进行论证，提出修改意见建议，推进重大项目顺利完成。竭力提升服务水平。对采购人、供应商办理项目采取一次性告知制度，对采购单位改为上门办理制，对采购项目完成后进行事后评价。2022年，采购中心接受委托完成采购项目36个（其中公开招标35个，竞争性磋商1个），预算金额1.23亿元，成交（中标）金额1.18亿元，节约523万元，节约率为4.24%。

【政务服务便民热线】 全年处理“12345”政务服务热线工单13736件，同比增长37.28%，按期办结率为99.99%，群众满意度99.87%。开展“12345热线+网格化”工作，打造“1小时响应处置”工作机制，始终以“群众满意”为导向，强化会商、联办、督办、问责机制，联合两办督查室和县纪委监委，加大对成员单位的督促考核。全年先后就城市管理、城乡建设、噪声扰民等群众关心关注的10多个事项，开展现场办公20余次，重点督办工单30多次。

中国人民政治协商会议万载县委员会

综　述

2022年，县政协党组认真落实“第一议题”制度，全年组织政协党组会议、主席会议、常委会会议集体学习22次，通过界别、专委会等活动开展座谈学习40余次。组织开展喜迎党的二十大，委员唱红歌、读书分享、说变化、送温暖等系列活动10余次，并开展党的二十大精神理论宣讲和研讨交流活动。严格执行重大事项请示报告制度，及时就政协全会筹备、年度协商计划、“两个薄弱”解决和重要工作及重大活动向县委作专题汇报。认真履行全面从严治党主体责任和党组成员“一岗双责”，修订完善政协党组、机关党组工作规则。制定出台《“着力推进‘两个全覆盖’，更好发挥党的领导作用”改革工作方案》，成立中共万载县政协委员联合总支，下设6个功能型党支部，对党员委员实行“一方隶属，双重管理”，建立县政协党组成员联系功能型党支部，党员委员联系党外委员制度。

【基层调研谋出路】 深入县工业园了解掌握标准厂房建设运营现状，针对了解到的问题，组织与相关部门、企业开展多次协商，形成专题调研报告，提出7点对策建议。组织委员深入全县有关乡镇、职能部门、农业企业，就如何推动富硒产业健康长远发展进行调研，围绕政策保障、基地建设、龙头带动、标准制定等提出10个方面问题及相应对策建议。聚焦助力传统花炮及锂电新能源等重要产业的发展，瞄准危货运输关键环节开展调研，赴浏阳、上栗等地学习考察相关经验做法，提出3个方面7条建议。

【民主监督促整改】 组建两个部门民主监督工作小组，对县人社局开展民主评议，向县民政局委派民主监督员。通过查阅资料、实地调研视察、召开座谈会、走访群众等多种形式，听取各方意见建议，收集到意见建议200余条。经梳理归纳，向县人社局反馈问题12个，向县民政局反馈问题14个，并提出整改建议。

【营商解难题】 围绕打造营商环境“一等县”，组织对安商“红黄榜”等工作开展情况进行调研，提出改进措施意见。县政协领导班子成员履行营商专员职责，深入开展“入企走访连心”行动，与20余家规模以上企业、重点企业结成帮扶对子，帮助企业解决各类问题26个。

【聚焦民生福祉】 围绕县城“停车难”问题，组织开展专题调研，先后到县城管局、交通局、住建局等职能部门调研，并赴浙江杭州等地学习考察，深入剖析原因，提出5个方面13点建议。抽调卫健、民政、医保等相关部门及部分政协委员，就全县民营医疗机构现状进行调研，通过实地走访、分批座谈、外出考察等多种形式，组织召开专题协商议政常委会进行协商讨论，提出“打造特色、提升医疗服务能力、强化监管、优化发展环境”等多条推动民营医疗机构健康发展的建议。探索打造“赣事好商量，万事微协商”工作品牌，组织开展“群众家门口”的微协商活动47次，帮助筹集物资及项目资金700余万元，解决群众反映的热点难点问题 90 余个。2022 年，编报《社情民意信息》专刊 12 期 50 余条，得到党政主要领导重视与批示。向省政协择优推荐社情民意信息 42 条，被采用 12 条，其中 2 条向全国政协报送后获单篇采用，1 条获省委单篇采用。

【做好提案工作】 十四届二次会议以来审查立案提案 73 件，提案办复率 100%，委员满意率 97.3%。坚持实行党政领导与政协领导双领办重点提案制度，17 件“双领办”重点提案如期办理完成；以宜春市政协系统打造“十县十先”工作品牌为契机，创新开展提案“五办五促进”工作。

【做好新闻宣传工作】 通过广播电视、报纸杂志和新媒体，加大政协工作宣传力度；全年在国家级媒体上稿 10 篇，省级媒体上稿 12 篇；向市政协五届三次全会报送大会发言材料，其中两篇被采用。

【做好团结联谊工作】 主动邀请各民主党派、工商联和无党派人士参加政协组织的视察调研、协商座谈、提案督办、民主监督等履职活动，支持民革、农工党和工商联分别领衔完成调研协商议题，提交调研报告 3 篇。

【做好对外联系与指导工作】 加强与党外知识分子、非公有制经济人士、新的社会阶层人士和万载籍在外企业家的走访和联系；积极配合市政协开展相关调研考察工作，密切与各县市区政协间的联系，强化对乡镇政协活动组的工作指导。

【机关建设】 制定出台《万载县政协委员履职考核办法》，对委员履职提出“五个一”要求，实行量化考核打分。加大对优秀委员的表彰力度，探索实施常委年度述职制度。重视鼓励委员议政建言，从委员全会分组讨论发言中梳理出建议 296 条，汇编成册，报送县四套班子领导参阅，并推动相关责任单位办理回复。按照宜春市政协统一要求，统筹推进完成 9 个界别委员工作室的前期建设，其中 6 个工作室已正式运行。同时，按照工作需要及成熟度，建设完成 3 个乡镇委员工作室。在省、市政协的统一安排部署下，稳步推进网络政协平台建设。落实“三拼三促”工作部署要求，大力开展“对标一流找差距，比学赶超促提升”专题活动。精心制定“三拼三促”工作施工图，推动各项工作层层推进、形成闭环。建立机关干部职工月考核、季测评、年总评制度，对个人履职情况实行量化考核打分。

重要会议

【政协万载县十四届二次会议】 政协江西省万载县第十四届委员会第二次会议，于 2022 年 2 月 25—27 日在万载县城举行。出席会议的委员 225 人，应邀出席会议的县党政领导和原任副县级以上离退休老同志 68 人，县直有关单位负责人、乡镇（街道）党委书记、统战委员、政协活动组秘书等 141 人列席会议。中共万载县委书记严旭辉在开幕大会发表讲话。会议听取并审议通过彭述荣代表县十三届政协常委会所作的工作报告和张功才代表县十三届政协常委会所作的提案工作情况报告，10 名委员作大会发言，为全县经济社会发展出谋划策。与会委员列席万载县第十七届人民代表大会第二次会议，听取并赞同县政府县长刘学军所作的政府工作报告及会议其他报告。会议通过政协万载县第十四届委员会第二次会议决议。

【十四届二次常委会会议】 2 月 17 日，县政协组织召开十四届二次常委会会议。会议协商讨论《政府工作报告（征求意见稿）》；听取县政府通报《县政协十四届一次会议以来提案办理情况的报告》；审议通过《政协万载县第十四届委员会常务委员会工作报告（审议稿）》及报告人；审议通过《政协万载县第十四届委员会常务委员会关于提案工作情况的报告（审议稿）》及报告人；审议通过《关于召开政协万载县第十四届委员会第二次会议的决定（草案）》、日程安排等事项;审议通过政协万载县第十四届委员会第二次会议执行主席和主持人名单(草案);审议通过县政协委员调整决定;通报政协万载县第十四届委员会第二次会议以来委员变化情况的说明;协商讨论《2022 年度县政协协商计划(审议稿)》;协商讨论《万载县政协委员履职考核办法(审议稿)》。

【十四届三次常委会会议】 2 月 27 日，县政协组织召开十四届三次常委会会议。会议听取县政协十四届二次全会各讨论组召集人通报学习讨论情况。审议通过《政协万载县第十四届委员会第二次会议关于提案审查情况的报告（审议稿)》《政协万载县第十四届委员会常务委员会工作报告和提案工作情况报告的决议（审议稿)》《政协万载县第十四届委员会第二次会议决议(审议稿)》。

【十四届四次常委会会议】 7 月 15 日，县政协组织召开十四届四次常委会会议。会议协商讨论《万载县政协提案工作争先创优工作方案(审议稿)》;通报《关于开展“喜迎二十大,委员在行动”主题活动工作方案》;通报上半年政协委员履职情况;审议通过县政协委员调整决定。

【十四届五次常委会会议】 9 月 22 日，县政协组织召开十四届五次常委会(扩大)会议。会议协商讨论政协委员工作室建设事宜、县政协委员助力乡村振兴公益活动工作、政协常委领衔提案工作。

提案工作

【概况】 县政协十四届二次会议以来,广大政协委员、政协各参加单位、各专门委员会共提出提案 145 件。其中,集体提案 7 件，委员个人和联名提案 138 件。经审查,立案 73 件,并案 20 件,其余 52 件未予立案,转为社情民意和意见建议使用;其中遴选重点提案 17 件。从办理结果看,已经解决或采纳的有 39 件,占 53.42%；列入计划解决或采纳的有 32 件,占 43.84%;因条件限制,暂时无法解决、用作参考的有 2 件，占 2.74%。截至 2022 年 11 月 30 日，所有提案各承办单位已全部办理完毕。

【助力经济社会发展】 2022 年,委员们以“1+3+N”产业格局为主线，加快构建特色经济体系，以高质量发展为落脚点提出经济建设方面提案 12 件。《促进政府采购公平竞争,优化营商环境》《关于深化“放管服”改革，强化园区内生动力的提案》《关于培育好企业家、提高企业核心竞争力》等提案,就如何构建统一开放、竞争有序的市场体系，不断优化营商环境方面提建议，为出台和完善相关政策文件提供参考。《关于促进万载县产业链招商及升级智能制造产业趋势提案》《关于推动企业创新转型升级的建议》等提案，就有效利用科技创新成果、助力企业数字化水平提升、推动产业链供应链优化升级上提出合理建议。

【推动文化强县建设】 委员们以繁荣社会文化、传承弘扬优秀传统文化、发扬基层群众文化为重点提出文化建设方面提案 8 件。《关于加强花炮文化元素宣传和氛围营造的提案》，聚焦全县特色花炮产业文化建设,为浓厚全县花炮特色产业文化氛围、增强全县人民花炮文化自信、向外来游客宣传万载花炮文化、发展新型花炮文旅产业助力。《让红色资源发挥更广阔长久的效应》提案,建议整合万载红色文化资源、讲好红色文化故事、壮大乡村红色文旅产业,在《万载县文化和旅游产业发展总体规划》和拟订的《湘赣边区域合作示范区建设城乡融合发展试点实施方案》中得到体现。

【聚焦社会建设】 委员们聚焦美丽宜居城市建设、加强城乡医疗卫生体系建设、办好人民满意教育、保障和改善民生等方面提出社会建设方面的提案 43 件。《关于打造赣西一流体育休闲城市》的提案,提出在城市建设中有效注入体育元素，全面构建

"十五分钟健身圈",得到全民健身中心采纳。《关于缓解春节前后交通拥堵问题的提案》,在城市路网建设工程项目和城市日常交通管理中得到体现。《关于加强县城公共区域无障碍设施建设及管理的提案》《关于加大农村环境治理的建议》《关于加快推进我县医养结合养老模式的提案》等贴近民生,为政府提高人民幸福指数提供了参考。

【**推进生态文明建设**】 委员们围绕持续改进环境质量、加强重点流域生态保护、守护绿色家园提出生态文明建设方面提案10件。《关于加强我县饮用水水质状况监管和检测工作、保障水质安全,维护群众生命健康,共建绿色生态家园的提案》《关于保护九龙河农村饮水源安全的提案》《关于建立万载县排水准入专项审批和验收流程建议的提案》等,为政府持续打好蓝天碧水净土保卫战提供参考依据。

专委会工作

【**提案委员会**】 2022年,提案委以全市政协系统打造"十县十先"工作品牌为契机,大力开展提案工作"五办五促进",创新提出政协常委领衔提出提案制度,政协常委发挥带头示范作用,以围绕中心、服务大局为前提,提前谋划选题方向,经县政协主席会议协商讨论通过后,自行邀请委员共同参与,围绕选题开展深入调研,撰写并形成提案,更好发挥委员集体智慧,提高提案质量。持续推进重点提案党政领导同政协领导"双领办"制度。确定10月份作为重点提案督办月,对17件重点提案办理情况开展集中督办,同时将重点提案督办工作与其他提案督办结合,以点带面推动提案的有效办理。截至2022年12月,所有提案均已办结,委员满意率97.3%。按照《2022年度县政协协商计划》工作要求,及时成立调研组,对全市、全县及周边县市的危货物流行业现状进行调研,通过走访危货物流企业,开展相关部门座谈,赴浏阳、袁州、高安等先进地区学习,了解全市、全县及周边县市危货物流行业的发展状况、涉及问题及现实困难等,对危货物流行业如何更好发展提出合理的意见建议,调研报告以参阅件形式上报县委并以联组发言材料形式被市政协四届三次会议采用。加强宣传报道及表彰。提案委全年宣传报道投稿共计36篇。其中《万载县召开政协提案交办会》《万载县政协开展委员助力乡村振兴公益活动》在人民政协报上稿;社情民意总投稿26篇,向省政协投稿8篇,其中《要素保障不足制约项目建设的问题急需得到解决》在江西政协报刊登。同时,加大对提案及承办单位的表彰力度,全年共表彰7篇优秀提案,8个优秀承办单位。

【**经济委员会**】 2022年,县政协经济委围绕"工业园区标准化厂房建设使用情况"课题开展专题调研,深入县工业园,了解掌握标准厂房建设运营情况,针对了解到的问题,组织与相关部门、企业开展多次协商,前往宜春市经开区考察学习,形成专题调研报告,提出7点对策建议,呈送县四套班子领导。积极参政议政。全会期间,经济委委员共提出27条建议。开展重点提案督办工作。听取单位提案办理情况汇报,提高部门对委员提案重视程度。加强宣传报道。全年市级用稿40余条,报送社情民意20篇,县级采用10篇,县级单篇采用1篇,人民政协投稿1篇,省政协投稿6篇、用稿4篇,报省委3篇,单报省委1篇。《关于畅通江西花炮出口通道的建议》社情民意被省政协评为高质量社情民意信息。开展"连心入企"活动。通过走访委员和开展"连心入企"活动,加深与委员的感情,帮助企业解决实际困难,如帮助轩利丰和永来实业等企业解决厂房扩建困难,帮助先荣铝业解决金融贷款等问题;打造委员工作室,经济界别委员工作室如期建成并开展工作;组织委员积极参与公益活动,支持乡村振兴和教育事业发展。2022年,为新开村、西坑村乡村振兴、教育及疫情防控捐款捐物20万元。

【人口资源环境委员会】 全方位开展专题调研。围绕“破解县城停车难题，建设美丽宜居城市”这个课题开展专题调研，深入相关职能单位、街道社区一线座谈，前往浙江杭州考察学习，召开对口协商会，并形成政协调研参阅件呈送县四套班子领导。精选题凝聚领导共识。根据主席会安排，聚焦县委、县政府工作重点、群众关心热点、社会治理难点，精心选题，认真组织调研，人资环委推送的《优化行政审批服务，提高行政效能》和株潭政协活动组推送的《扎实推进县域副中心建设，勇担湘赣边发展“桥头堡”使命》两篇大会发言材料在政协万载县第十四届委员会第二次会议上口头发言。针对政协委员提出的《关于万根竹路(万载中学东门段)人行道改造》《关于治理人行道板容易破损的建议》《关于城市建设中路灯建设工程的几点建议》和《关于加快推进我县大型货运停车场建设的提案》四个重点提案办理情况进行督办。督办小组分别到有关提案办理单位召开座谈会。全过程督办重点提案。听取单位提案办理情况汇报，了解提案办理重视程度、办理进度、办理质量情况。通过提案督办，各单位均能高度重视委员提案办理工作，对能及时办结回复的做到及时与提案人对接，征求办理意见和满意情况。通过督办提高委员对提案的重视程度，提高委员的提案质量。勤履职创新服务方法。创新服务委员方法，落实委员管理制度，组织委员开展“五个一”履职活动，提升委员履职实效。全面完成县政协对专委会考核的宣传报道任务，人资环委全年用稿51条，其中央视《新闻联播》1条，《人民政协报》1条，省政协3条。上报社情民意10篇，县级采用4篇。

【社会法制和港澳台侨外事委员会】 做好民主监督。对县人社局开展民主评议工作，抽调部分委员成立民主评议工作小组，通过走访群众、实地调研视察、广泛座谈交流，共查找县人社局5个方面12个问题，提出改进意见建议并及时进行反馈，帮助部门提高工作效率。建强履职平台。把社情民意作为服务委员履职的重要平台来建，办出精品、办出特色。设计制作社情民意专辑专用红头，使社情民意直观了然；在赣政通、微信建立“社情民意工作群”“县政协社情民意信息联系群”，拓宽信息来源渠道。全年反映社情民意信息273条，全年编辑县本级《社情民意专辑》12期51条，促进和推动相关民生实事的改进改善。向省市政协推荐社情民意信息48条，13条获得省以上采用，其中全国政协3条(2条单篇)，省委单篇采用1条，《关于畅通江西花炮出口通道建设的建议》《建议将约定俗成地名、人名等非官话区不同读音字收录进字词典》2条信息分别被省市政协评为优秀社情民意信息。该项工作在全市排名前三名，进入全省第一方阵。多维度调研惠民生。先后抽调委员成立调研组，深入相关职能单位和乡镇企业、进村入户就关爱留守儿童、农民工欠薪问题、依法管理宗教、道路运输、民政与民生等问题开展多维度调研，并形成相关调研文章。协助市政协开展“加快推进新型警力护校园行动，不断深化平安校园建设”专题协商调研工作。大会发言凝聚共识。针对营商环境红黄榜制度存在的不足、青少年学生存在的心理问题上发力，深度展开调研，查找问题、分析原因、商讨对策，形成《让安商“红黄榜”成为我县营商环境的“晴雨表”》《同心发力　培育青少年健康心灵》两篇发言材料，在县政协第十四届委员会第三次会议上进行口头发言。建好委员工作室。协调县综治中心，创建社会法制服务委员工作室。结合挂点村潭埠镇新开村“微心愿”，积极联系县交通运输局等有关部门，筹资16万元，将新开村小学2100多平方米操场、路面进行沥青黑化。持续做好美丽宜居城市建设工作，使所辖区域人居环境得到较大改善。扎实做好第三期棚改的后续服务工作等。

【教科卫体和文化文史学习委员会】 学习考察拓思路。组织委员集体学习四次，认真学习党的十九届六中全会精神、党的二十大精神、《中国共产党政治协商工作条例》等。全年组织开展调研视察活动20余次，外出学习考察2次，常委会专题协商1次。凝聚全力献计策。2022年,县政协教文委向县民政局委派民主监督员,开展部门民主监督工作,通过实地调研、召开座谈会、入户走访等多种形式,多方收集意见建议,经梳理归纳,反馈问题14个，县民政局积极采纳建议,完成8个问题整改,其余问题有序整改推进。为发挥全县民营医疗资源体量优势,抽调相关部门人员和委员组成调研组,通过召开民营医疗机构负责人座谈会了解情况,赴分宜、渝水等地进行实地考察,经常委会协商讨论并形成调研报告。针对全县经济座谈会上提出的城市微书房建设，积极组织委员赴奉新、靖安等地学习,在掌握第一手材料的基础上,因地制宜制定方案供县政府决策参考。宣传报道聚焦点。引导委员关心群众热点、难点问题,积极撰写提案和社情民意,做好宣传报道。全年提交社情民意21条，报送市政协4条、省政协6条。其中省政协采用2条,1条以单篇形式报送全国政协,县里采用6条。全国上稿2篇、省级4篇、市级29篇，其中袁宇委员的文字阁书院被新闻联播宣传报道。撰写提案19篇,其中,辛明青等委员提出的《关于建设万载县中小学生涉水应急防控“预警系统”的提案》，被作为重点提案由政府领导和政协领导共同督办,在组织承办单位和提案者进行专题调研形成科学可行的办理意见后，召开专题督办会,增强提案办理的质效。

【农业和农村委员会】 加强理论学习。组织开展专委会集体活动4次,深入学习贯彻习近平新时代中国特色社会主义思想和中共二十大精神等党的最新理论成果。开展富硒产业发展调研。根据县政协2022年度协商工作计划,围绕“全县富硒产业发展”开展深入协商调研,到部分职能部门,有关乡镇、村,部分农业龙头企业及农业合作社进行实地调研座谈,详细了解富硒产业发展现状,广泛听取各方意见,并组织召开专题对口协商会议,形成调研报告,梳理出产业发展中存在的10个方面突出问题,并提出相应对策建议。

督办重点提案。对山塘治理、建设龙松泉烈士标志性建筑等4件重点提案进行督办,先后深入县水利局、县退役军人事务局、县教体局等办理单位详细了解座谈,听取办理情况,提出办理意见,有力推进提案的办理落实。全年向省政协报送社情民意7条,其中《加强山塘水库治理保障粮食稳产增收》《应高度重视野生动物致害致使山区农田撂荒》被省政协采用。开展农村热点问题调研。对全县农村人才现状、灌溉水渠运行情况等农业农村热点问题分别开展调研,先后形成调研材料并转化为大会发言材料3篇。其中《完善荣誉激励机制,提振干部担当干事精气神》《打通灌溉“生命线”,让农田喝上及时水》被市政协五届三次会议采用。

中共万载县纪律检查委员会
万载县监察委员会

综　述

2022年，县纪委县监委围绕全县经济社会发展大局，推进全面从严治党、党风廉政建设和反腐败斗争，全县政治生态持续向上向好，全面从严治党呈现“一降两升”新态势。“一降”即信访量下降，全年信访总量同比下降35.05%，初信初访量同比下降41.11%。“两升”即立案数和处分数上升，全年立案数同比增长4%，查处科级干部数同比增长27.3%。

【常态化开展扫黑除恶】 全年常态化开展扫黑除恶打伞破网行动，查处相关问题4起9人。推动疫情防控新政策新措施落地落实，紧盯防控关键点和薄弱环节开展一线督导、明察暗访，查处相关问题66起68人。深入开展高标准农田建设领域腐败问题专项治理，查处相关问题11起11人。开展乡村振兴领域专项监督检查，查处相关问题6起9人。

【做实做细日常监督】 2022年，新增1个纪检监察室，重新调配监督力量，调整协作区域范围。运用“四种形态”，坚持“三个区分开来”，持续做好容错纠错和澄清正名工作。2022年，运用“四种形态”批评教育帮助和处理313人次，其中，第一、二种形态处理292人次，占93.3%，为1名受到不实举报的对象澄清正名。

【严格开展闭环式核查】 严把党风廉政意见回复关，严格开展闭环式核查，全年共回复党风廉政意见1125人次，提出否定性意见51人次。用好问责利器，全年党内问责47起，问责党组织3个，问责党员干部44人，查处群众身边的腐败和作风问题49起53人。

【开展落实中央八项规定】 开展落实中央八项规定精神十周年“回头看”。建立“1+X”（纪委+相关职能部门）专项监督机制，查处违反中央八项规定精神问题47起54人，通报曝光近年来相关典型问题81起116人。

【优化营商环境一号工程】 助力优化营商环境“一号改革工程”。坚持开展“月督查、月查处、月通报”，全年共查处损害营商环境问题66起75人；结合“三拼三促”抓落实年活动，深入纠治空喊口号、不抓落实、应景造势及推诿扯皮、躺平不干等作风问题，查处形式主义、官僚主义问题25起24人。

【坚持推进“三不腐”】 2022年，全县纪检监察机关共处置问题线索242件，立案201件206人，同比分别增长8.1%、10.2%；其中，乡科级领导干部立案42件，同比增长27.3%；协助配合省市纪委办理留置案件4件，自办留置案件2件；全年向农业农村、民政、住建等相关单位制发纪检监察建议书45份。

【持续深化政治巡察】 全年共开展3轮巡察，涉及5个乡镇、29个部门、60个村级党组织，发现倾向性问题668个，问题线索33条，提出意见建议70条；坚持把巡察整改作为重要政治任务，先后开展2轮专项督查，反馈整改不到位问题65个；将巡

8 月 17 日，万载县在工业园区召开巡察工作推进会

察发现的共性问题纳入县本级重大巡察问题清单，向相关职能部门通报问题 2 批次 37 个。

【干部队伍建设】 扎实推进模范机关创建和“三拼三促”抓落实年活动，组织开展喜迎二十大主题演讲比赛、主题党日等活动。常态化开展“案件质量评查”“半月讲坛”“纪法应知应会测试”“以干代训”等，加强干部基本功和专业训练。第二派驻组组长张包清获江西省纪检监察系统嘉奖。2022 年，宜春市纪检监察业务大比武中，万载县代表队获“最强答题队伍”称号。打通不同业务板块和系统内外干部使用通道，系统内提拔、调整干部 30 人次，借用调入优秀干部 22 人次，推动“一池水走活”。加大对财会、金融、法律类专业干部选配力度，优化队伍年龄、学历和知识结构，机关干部平均年龄由 40.1 岁降为 38.6 岁。制定机关、派驻、乡镇纪委差异化考核评价办法，出台关心关怀纪检监察干部 7 条具体举措，常态化开展政治家访、谈心谈话等。

重要会议

【十五届纪律检查委员会第二次全体会议】 2 月 18 日，召开十五届纪律检查委员会第二次全体会议。出席全会的县纪委委员 22 人，列席 219 人。县委书记严旭辉出席全会并讲话。县委常委、县人大常委会、县政府、县政协领导，县法院、县检察院主要负责人出席会议。会议以习近平新时代中国特色社会主义思想为指导，全面贯彻党的十九大和十九届历次全会以及十九届中央纪委六次全会精神，深入贯彻习近平总书记视察江西重要讲话精神，认真落实省第十五次党代会、省纪委十五届二次全会和市第五次党代会、市纪委五届二次全会和县委十五届三次全会部署要求，总结 2021 年工作，部署 2022 年任务。审议通过陈伟峰代表县纪委常委会所作的《永葆自我革命精神，全面建设勤廉万载，为建设富强美丽和谐宜居新万载提供坚强保障》工作报告。

党风廉政建设

【开展“吃公函”问题专项整治】 2022 年，针对公(商)务接待中虚开公函套取资金、利用公函违规吃喝等隐形变异问题，及时开展“两清 + 两查 + 两治”“吃公函”问题专项整治，查处相关问题 45 起 72 人，完善相关制度 5 项。2022 年，全县公(商)务接待支出同比下降 56.88%。

【建立村组议事监督微信群】 督促村组干部全面、及时公开党务、村务、财务，有效打通群众监督“最后一公里”。2022 年，累计开展“三务”公开 5200 余次，查办相关问题线索 22 条，处理作风不严不实的党员干部 15 人，全县基层群众信访量同比下降 41.2%。

【开展重点领域专项治理】 2022 年，先后开展国企、粮食购销、公共资源交易、高标准农田建设、医疗卫生领域和治超系统等一系列专项整治，靶向惩治系统性、行业性腐败问题。

【开展廉政警示教育】 深化纪法教育，组织开展“3·23”警示教育活动，引导全县党员干部保持“赶考”清醒和对“腐蚀”“围猎”的警觉。向有关县领导制发廉情抄告单81份，涉及37个单位65人。开展党纪法规专题知识考试，组织全县6800余名党员干部参加“网络廉考”，形成以考促学、以考促廉浓厚氛围。创新廉洁教育，深入挖掘万载传统和革命历史中的勤廉文化，通过编排廉政戏剧、拍摄勤廉微视频、举办领导干部配偶培训班、廉洁文化作品征集等活动，引导党员干部永葆清正廉洁的政治本色。

【印发《关于做实做细日常监督的工作方案》】 2月10日，万载县纪委协助县委印发《关于做实做细日常监督的工作方案》，按照“全面排查、精准监督、常态更新”的工作思路，制定党委(党组)监督责任清单、纪检监察机关靶向监督、岗位廉政风险、问题整改销号四项清单，聚焦管党治党政治责任落实等13个方面54项重点内容，做到监督可量化、能落地、易操作。

【印发《关于厉行勤俭节约反对铺张浪费的决定》】 5月4日，万载县纪委协助县委印发《关于厉行勤俭节约反对铺张浪费的决定》(以下简称《决定》)。《决定》规定全县各级党组织和党员干部、公职人员要严格控制财政支出、严格规范公务接待、严格规范节庆活动、严格控制办文办会、严格规范津补贴发放、严格落实节能机关建设、严格杜绝餐饮浪费、严格督查考核，并将贯彻落实《决定》及其实施细则情况纳入日常监督检查范围，对顶风违纪的依规依纪依法严肃处理，并严肃追究相关领导责任，对典型案例进行通报曝光。

2月28日晚，万载县纪委、万载县监委在万载县廉政教育中心召开派驻工作座谈会，对全县派驻监督工作进行集中把脉“会诊”，研究解决重点难点问题，谋划部署2022年工作

【印发《关于常态化开展公职人员违规从事营利活动问题整治的方案》】 10月31日，万载县纪委协助县委印发《关于常态化开展公职人员违规从事营利活动问题整治的方案》，按照一体推进“三不腐”工作理念，围绕“监测预警、惩戒查处、促治促改”工作思路，循序渐进，持续开展公职人员违规从事营利活动问题整治，着力削减存量、遏制增量，切实斩断权力与资本的利益链条，不断维护市场公平，优化营商环境。

监　察

【印发《纪检监察干部“八小时外”行为监督管理暂行办法》】 2月21日，万载县纪委印发《纪检监察干部“八小时外”行为监督管理暂行办法》，按照权责一致、分级负责，监管并重、惩教结合的原则，重点监督全县纪检监察干部社会交往、休闲娱乐、家庭生活、社会活动方面有关事项，对纪检监察干部“八小时以外”的行为问题依规依纪依法严肃处理，并将纪检监察干部“八小时以外”的行为表现及处理结果作为干部年度考核、评先评优、职务职级晋升的重要依据。

【加强监察工作“三化”建设】 加强监察工作规范化、法治化、正规化建设。万载县监察委员会坚持使命引领和问题导向，不断推进监察工作理念创新、机制创新、工作创新、方法创新。深化运用“四边”工作法，加强反腐败突出问题专题研究，认真总结党的十九大以来全县反腐败斗争宝贵经验和成功做法，形成针对性强、质量较高的调研报告，为反腐败斗争开展提供智力支撑。制发《县纪委县监委机关问题线索处置工作流程》，提高问题线索处置综合效率；编写《万载县纪委县监委监督检查审查调查实务手册》，切实规范监督执纪执法工作程序，推动监督检查、审查调查各环节有序高效衔接。按照省市纪委监委部署，县监察委员会首次向县人大常委会报告专项工作。

【突出政治审查特色】 围绕修复净化政治生态总目标，大力正风肃纪反腐。2022 年，给予党员干部、公职人员政务处分 21 人。坚持行贿受贿一起查，对 2 名涉嫌行贿犯罪的企业法人代表采取留置措施。协助省纪委监委查处江西省联社财务会计部原总经理刘桂花案，协助市纪委市监委查办宜春市某部门有关案件，为全省、全市反腐败斗争贡献万载监察力量。全年共制发纪检监察建议书 1 份，监察建议书 36 份，督促堵塞漏洞，聚焦治本抓整改。开展办案安全全覆盖监督检查，将提升思想政治工作能力水平贯穿办案全过程、各方面，推动办案安全工作规范化、精细化，牢牢守住安全底线。

【提升监察治理质效】 坚守国家监察专责机关定位，深化派驻机构改革，深入推进纪律监督、监察监督、派驻监督、巡察监督统筹衔接，整合运用监督力量，构建系统集成、协同高效的监督机制。推动纪检监察监督与人大监督、民主监督、行政监督、司法监督、群众监督等各类监督贯通协同，建立完善信息沟通、线索移送、措施配合、成果共享机制，形成常态长效的监督合力。健全完善“组组”协同监督、“室组”联动监督、“室组地” 联合办案机制，构建上下贯通、左右衔接、集成联动的“一盘棋”监督格局。推进纪法贯通、法法衔接，健全纪检监察机关与审判机关、检察机关、执法部门衔接顺畅的体制机制。大力推进信息技术与纪检监察业务深度融合，有效支撑依规依纪依法履职。

民主党派

中国国民党革命委员会万载县总支

【概况】 2022年，民革万载县总支共有党员48人。总支划分为三个支部，分别是文艺支部、教育支部、综合支部。全体党员中在职在岗的有32人，离退休的有16人；女党员18人，男党员30人；在职在岗党员中，政界有5人，文化艺术界有8人，医药卫生界有5人，教育界有9人，经济界有3人，农业界与法律界各1人。48名民革党员中，有副县级干部2人、正科级1人、副科级干部4人。总支领导职数一正三副，事业编专职干部1名。2022年，总支获评民革宜春市委会“‘三拼三促’暨履职能力建设年”活动先进基层组织。

【自身建设】 2022年，总支组织全体班子成员学习习近平在庆祝中国共产主义青年团成立100周年大会上的讲话、习近平总书记关于对台工作的重要论述和中共中央对台工作决策部署、《中国共产党政治协商工作条例》。召开全体党员警示教育动员大会，学习市、县“两会”精神、观看廉政警示教育片，学习宜春市党外代表人士警示教育大会暨党外干部违法违纪通报会精神。传达学习中央统战工作会议精神，要求党员坚持围绕中心、服务大局，撰写高质量的调研报告。召开中共二十大精神专题学习会，学习贯彻中共二十大精神。

【参政议政】 一是民革党员履职有成效。全年围绕人民群众关心、党政部门重视的工作内容，总支通过“社情民意”“百字金点子”“大会发言”“政协提案”“人大议案”“专题调研”等多种形式开展参政议政和民主监督工作。二是社情民意有质量。郭颖在政协万载县第十四届委员会第二次会议开幕式上，代表总支作《让红色资源发挥更广阔长久的效应》的大会发言；辛丹撰写的《关于万载县康乐幼儿园扩建的建议》被评为优秀社情民意。谢昌仁撰写的社情民意《关于由中央、省级财政统一收购重金属超标粮的建议》《关于规范水稻保险承保和理赔规程的建议》被民革中央委员会和江西省政协采纳。三是调研课题服务中心工作。围绕“美丽宜居城市创建”主题，深入开展调研，形成高质量调研报告，服务美丽宜居城市建设。四是开展优化营商环境专题调研。根据万载县委统战部政党协商工作安排，开展优化营商环境专题调研，形成《进一步改善营商环境的调研报告》，并在政党协商座谈会上向县委书记严旭辉做汇报。

【组织活动】 2022年，总支利用周末时间走访慰问退休老党员，把组织的关怀和祝福送到党员的心中；召开全体党员大会，围绕参政议政工作，就全县民生、医疗、教育、交通、司法等方面提出意见建议；对2020年和2021年“优秀党员”进行表彰；2022年5月，举办“书香民革”读书会活动，加强学习型参政党建设；组织党员前往宜丰县开展廉政教育活动，接受党纪警示教育；2022年10月14日，到民革分宜县支部开展交流共建活动，参观民革分宜县支部“党员之家”阵地建设，围绕多个方面进行深入交流；赴分宜介桥严嵩故里和螺丝小镇参观调研，了解分

6月15日，民革万载县总支联合万载县侨联组织民革医务党员前往岭东乡开展“关爱健康·助力乡村振兴”义诊活动

宜县历史文化和全域旅游等有关情况。

【社会服务】 总支响应防疫部署，组织民革党员坚守岗位，齐心抗击疫情；2022年6月15日，联合万载县侨联组织民革医务党员前往岭东乡开展“关爱健康 助力乡村振兴”义诊活动，向100余名群众提供免费医疗服务，并向患者赠送价值8000余元的药品；联系爱心人士为鹅峰乡长江小学捐赠800多册图书，以实际行动支持乡村文化振兴；2022年7月15日，组织文艺界党员到潭埠镇新开村开展送戏下乡惠民活动，丰富村民的文化生活；县政协委员曾鸣将万载传统烟花与文旅产业相融合，在国内首创沉浸式烟花表演《焰火之吻》，开创烟花文旅表演先河。

【民革党员风采】 6月，民革江西省第十四次代表大会对2021年度民革全省先进单位和个人进行表彰，谢昌仁获评先进个人；在万载县第38个教师节表彰大会上，郭炜被评为“宜春市优秀班主任”，刘丽娟被评为“十佳教学能手”，辛丹被评为“优秀教育管理工作者”；在第5个医师节全县表彰会上，罗会玲被评为“优秀医师”；在2022年全县科技工作会议暨人才工作专项述职会上，以曾鸣为董事长的汇鑫源花炮制作有限公司获“优秀科技型企业”称号、贺增梅获“全县优秀人才”称号；刘丽娟在宜春市监察委员会、市委组织部、市委统战部组织的“清风廉洁扬正气 同心喜迎二十大”演讲比赛中获二等奖；在县监察委员会、县委组织部、县委统战部组织的“清风廉洁扬正气 同心喜迎二十大”演讲比赛中，刘丽娟、辛丹各荣获一等奖和二等奖；徐小明3篇作品被“学习强国”学习平台“江西学习平台”转载，向全省全国推介。

中国农工民主党万载县总支

【概况】 中国农工党是以医药卫生、人口资源和生态环境领域高中级知识分子为主，由一部分社会主义劳动者、社会主义事业建设者和拥护社会主义的爱国者组成的政治联盟，是接受中国共产党领导、同中国共产党肝胆相照的亲密友党，是致力于中国特色社会主义的参政党。2022年底，农工党万载县总支设有5个支部，分别为县人民医院支部、县中医院支部、县税工商贸支部、县文化教育支部、县前进支部，共有党员68人。曾文祥多次逆行抗疫，获南昌市红谷滩区新时代“最美逆行者”称号等。2022年，县总支获农工党江西省委会“宣传思想工作先进基层组织”称号、省委会2022年度“优秀基层组织”称号。

【思想建设】 组织全体党员通过会议、座谈、调研等形式，学习贯彻中共十九届六中全会精神、中共二十大精神及农工党中央第十七次全会精神，把握“两个确立”的决定性意义，持续学懂弄通做实习近平新时代中国特色社会主义思想。围绕市委会关于开展政治交接主题教育方案，组织开展政治理论学习，推动习近平新时代中国特色社会主义思想深入人心。加大宣传报道的力度，总支的各项宣传教育、学习活动分别在中共江西省市委统战部、农工党江西省市委会网站刊登。张晓涛主持完成总支调研报告《有“锂”同行　共创未来》;王彬红的《“学、宣、访、做”推动党史学习教育走深走实》在《前进论坛》上发表;《十年统战情,一生统战缘》在《江西统一战线》2022年第二期上刊登。

【组织建设】 2022年,建立“党员之家”,设党员活动室、文化长廊、图书吧、档案室等功能区块,将党员风采、荣誉、工作和活动掠影上墙展示,为后续学习、活动的开展提供“家”的保障。该项目得到省、市委会以及县领导的充分肯定。

【参政议政】 通过市、县政协“两会”及“百字金点子”等重要平台,围绕市县中心工作集思广益、参政议政,提交政协提案8篇、“百字金点子”19条、社情民意13篇;调研报告《同心协力推动“双减”政策落地见效》入选政协会议发言;县政协委员曾令伟提交的政协提案《关于建设龙松泉广场的建议》获评政协重点提案;到县工业园区,开展锂电产业营商环境调研,撰写《有“锂”同行　共创未来》调研报告。

【社会服务】 6月2日,联合县生态环境局、县法院、县检察院开展世界环境日“环境与健康”宣传义诊活动,免费送药1000余元,发放宣传资料150余份;11月25日,联合万载县政协委员会、辉明口腔门诊部赴万载县潭埠镇中心小学开展“青少年护齿”公益活动,开办“少年儿童口腔保健”健康讲座,为1300余名学生发放价值1万余元的“爱牙护牙小礼包”;组织口腔科专家前往老年大学,为老年朋友提供爱牙、护牙知识讲座,并赠送护牙用品100余套;人民医院支部前往康乐街道福利院,为老人们提供健康体检,发放免费药品;中医院支部深入高城镇村组,为百余村民送去免费中医药健康服务等。

【党员风采】 主委张晓涛获省委会“优秀支部”创建工作“优秀党务工作者”、省委会“党史和理论研究先进个人”称号,《新时代民主党派加强参政履职工作成果和成效经验的思考》分别获省委会理论课题二等奖和市政协研讨会优秀研讨文章二等奖;王彬红获省委会“思想宣传工作先进个人”称号;唐斐等代表宜春市委会参加省委会知识竞赛获一等奖;欧阳珍珍在“万载县红色名村讲解员选拔”决赛中获一等奖;唐斐、周玉琪等在县委统战部等部门联合举办的“清风廉洁扬正气　同心喜迎二十大”演讲比赛中获三等奖。

群众团体

万载县总工会

【概况】 2022年，万载县总工会围绕“维护、建设、参与、教育”四大职能，以“助力双‘一号工程’工会在行动”为主线，全面开展“三拼三促”抓落实活动，积极组建基层工会组织。2022年，县总工会辖17个乡镇工会联合会和工业园工会联合会，34个县直系统工会和599个基层工会，会员总数62847人。新成立基层工会组织42个，新吸收基层工会职工会员3126人，新增职工活动阵地3590平方米，建立商创产业园、金三角社区等四个爱心驿站。

【培训赛事活动】 2022年，县总工会先后举办数字技能培训班、电商创业培训班，培训人员300余人次；主办花炮产业工人城市烟花技能创新大赛、“喜迎二十大，建功新时代”“互保杯”职工拔河比赛和数字经济产业办公电脑技能竞赛；协同万载县人民政府承办宜春市第二届乡村职业技能大赛；卫生、教育系统工会分别举办篮球联赛、气排球比赛。

【营商环境】 县总工会聚焦“助力双‘一号工程’工会在行动”专项行动和县委、县政府有关要求，主动融入发展大局彰显工会力量，为82家小微企业全额返还工会经费41.3万元；组织单身男女职工参与“百年好合”相亲活动和数字经济聚集区联谊活动，为青年男女交友提供平台；助力扶贫济困和经济发展，分别与县乡村振兴局、县文广新旅局等单位联合行文，鼓励会员购买扶贫产品、文旅产品和餐饮消费，共拉动消费980万元；助力企业发展，发放“宜工贷”170万元。

【激励学习劳模】 县总工会组织开展新一届劳动模范评选和工匠选树，最终选定宜春市工人先锋号2名，市五一奖章3名，市奖状1名，宜春工匠1名。五一期间，在万载电视台等3家主流媒体开辟“助推‘双一号’，劳模在行动”专栏，宣传企业焊将、大爱医生、扑火勇士、乡村振兴领头雁、数字经济领头人等6名

10月21日，万载县总工会在工业园区企业举行“中国梦·劳动美，庆祝党二十大 建功新时代”劳模宣讲团授旗仪式（万载县总工会 供图）

市级以上劳动模范的先进事迹，传播爱岗敬业、甘于奉献的劳模精神。发挥劳模创新工作室作用，开展职工理想信念教育。商创农业发展有限公司黄映艳劳模创新工作室被命名为“宜春市劳模创新工作室”。黄丽劳模创新工作室培训学员近万人次。组织劳模到工业园企业开展“‘中国梦·劳动美’，庆祝二十大　建功新时代”劳模宣讲，传递积极向上的正能量。

【关心关爱职工】　2022年，县总工会分三批次组织90名一线职工分别到庐山、温汤疗养。到双桥镇清城村、绍江村开展“牵手向未来”走访慰问困难留守儿童活动，在双桥社区打造留守儿童之家。组织266名村级女干部进行“两癌”筛查，组织760名享受江西省边远地区农村中小学教师特殊津贴的乡村老师进行健康体检。在双创产业园、康乐街道金三角社区等地新建四个“户外劳动者爱心驿站”，万载县双创产业园户外驿站被评为“全省最美工会户外劳动者服务站点”。走访慰问春节期间、端午节期间不停工项目、不停产企业8家共855名职工，送上5.83万元慰问品(金)。开展送温暖活动，2022年共筹集送温暖资金33.3万元，走访困难职工353人，发放救助资金48.33万元，资助困难职工175人次。加强互助保障工作，全年参保单位354个，参保34656人次，参保金额289万元，全年理赔307人次，理赔金额105.31万元，救助94人次，救助金额13.62万元。同时，为广大职工开展《中华人民共和国职业病防治法》公益讲座。

【服务职工维权】　万载县总工会成立“三师一室”专业队伍，聘请5名律师、11名主治医师和2名心理咨询师、3名劳动关系协调师共21人组成　“三师一室”工作队伍，公布联系电话，方便职工随时联系、预约服务，在维权服务内容和方式上进一步创新升级、提质增效，为职工送去基层一线精准化、个性化、便捷式的维权服务500余次，获得2022年江西省工会“三师一室”维权服务工作三等奖。按照县委“一站受理、多元化解”的思路，全程参与矛盾纠纷多元化解中心的组建工作，并派出骨干力量全天候驻守“劳资维权”专区。协同调处中西医结合医院欠薪案件28万余元，碧桂园一期精装项目承包欠薪案200余万元。2022年，万载县各级工会成功调解劳动争议案件35件，提供免费法律咨询83人次，接待职工来信来访123件，为职工挽回经济损失300多万元。在江西省工会维护劳动领域政治安全工作暨信访工作座谈会上作典型发言。构建和谐劳动关系，由劳动关系协调师指导签订工资集体协商合同、劳动合同，从源头上减少劳动争议的发生。万载县工业园被评为省级“劳动关系和谐工业园区”。

【深化产改工作】　在万载水泵有限公司产业工人队伍建设改革工作取得初步成效的基础上，江西星浩有限公司等五家企业也加入产业工人队伍建设改革试点工作中。强化产业工人综合素质提升，有针对性地开展职工素质培训工程，水泵公司与萍乡市高级技工学校开展企业新型学徒制企校合作，培训车工12人。在产改试点企业开展“互保杯”劳动技能大赛，共设车床、电焊、精工铸造等五个竞赛项目。

【职工拔河比赛】　9月28—29日，万载县总工会、县全民健身中心共同主办“‘中国梦·劳动美’，庆祝二十大　建功新时代”“互保杯”拔河比赛。来自万载县各乡镇(街道)、县直单位的41支代表队伍参加比赛，比赛12人制，场上男队员人数为8人，女队员人数为4人。比赛分乡镇(街道)组和县直系统组两个组别，以小组赛和淘汰赛的方式进行。经过紧张激烈角逐，最终县直代表队中国电网万载县供电公司、县自然资源局、教体局分获前三名。乡镇代表队的前三名则由株潭镇、茭湖乡、罗城镇夺得。

【技能创新大赛】　10月25—26日，由万载县总工会主办，万载县烟花爆竹总商会承办，县烟花

10 月 26 日，万载县“互保杯”花炮产业工人城市烟花技能创新大赛获奖作品展示暨颁奖晚会举行(万载县总工会 供图)

爆竹产业服务中心、江西省花炮产业技术创新战略联盟协办的“互保杯”花炮产业工人城市烟花技能创新大赛在万载县龙湖体育赛事中心举行。全县 28 家花炮生产企业选送 102 个作品参与玩具类、旋转类、升空类、喷花类等八个类别的比赛。经专家评委评议，八个类别共评出金奖 8 个、银奖 16 个、铜奖 24 个。10 月 26 日晚，万载县委、县政府领导出席参加获奖产品展示暨颁奖晚会并为获得金、银、铜奖的企业颁奖。本次大赛获奖产品在质量、创意、工艺及技术方面代表了 2022 年万载县城市烟花的优质水平，彰显了万载花炮人勇于创新、精益求精的卓越品质。

【第十四届七次委员（扩大）会议】 9 月 21 日，万载县总工会第十四届七次委员(扩大)会议召开。万载县总工会十四届委员会委员(候补委员)、各乡镇(街道)、工业园、各系统(工委)工会主席、县总工会机关干部职工共计 80 人出席会议，会议主要任务是选举工会主席、工会委员和工会常委。经过民主选举，万载县人大常委会副主任、万载县总工会党组书记、主席提名人选程淑兰全票当选万载县总工会第十四届委员会主席。

中国共产主义青年团万载县委员会

【概况】 2022 年，共青团万载县委认真落实县委、县政府工作部署，坚持引领青年服务中心大局、服务青少年所需所盼、夯实基础全面从严治团，先后成立县青年联合会、县青年志愿者协会、县青年企业家协会以及万载籍在外学子团工委，共青团“三力一度”显著提升，先后获评 2022 年度全省共青团工作先进县(市、区)、2022 年度宜春共青团工作先进单位、2022 年度全市“童心港湾”建设先进单位、2022 年度全市少先队工作先进单位。

【意识形态】 团县委坚持“第一议题”学习制度，狠抓日常学习教育。落实意识形态工作责任制，抓牢抓实团属新媒体平台建设和管理。深化“青年大学习”行动，全年参与人数达 20 余万人次，参学率在市县(市区)综合排名前列。举办“学习二十大 青联思享汇”青联委员交流活动和学习《习近平谈治国理政》第四卷、《论党的青年工作》等青年干部读书分享会，用学习和交流的方式，让青年干部学原文、悟原理，做到学以致用、学用结合。组织开展“走进红色名村槽岭，重温百年党史团史”、全县青少年红色书画作品创作大赛等主题活动；组建青年讲师团队伍开展集中宣讲，引导广大青年听党话、跟党走。

【乡村振兴】 选拔培育“赣鄱新时代乡村好青年”181 名，举办万载县红色名村讲解员选拔大赛和万载县红色名村讲解员培训班，选拔培训 30 名青年担任万载县红色名村金牌讲解员，讲好万载红色故事。开展“归雁思源 智汇家乡”万载籍高校学子暑期返乡社会实践服务活动，142 名返乡大学生在 15 个乡镇(街道)基层岗位一线实践。

【成立万载学子备考站】 团县委针对考编青年人数激增现状，通过维修改造万载县青年活动中心，新建万载学子备考充电站，增加独立自习室座位，每天至少为数十名备考学子提供安静舒适的自习环境,同步储备自习学子信息,实现组织与青年的双向联系更加紧密，自开放起，在库备考学子已超过200人。

【服务困难青年群体】 团县委深入开展爱心助学、圆梦微心愿等品牌活动,全年为36名高中学生、大学生发放助学金11.2万元，为300余名学生圆梦微心愿。2022年,新建童心港湾16个,组织有相关技能的青年到童心港湾开展心理辅导、安全教育、亲情陪伴等公益活动200余场，关爱服务留守儿童400余人次。

【建立志愿者积分制度】 对志愿服务时长满300小时的青年志愿者发放志愿者证，在“衣、食、住、行、娱”上与万载县域内百名爱心商家建立合作,持志愿者证入店消费可享受最低折扣优惠,扩大青年志愿者社会影响力,形成“有困难找志愿者,有时间当志愿者”的良好氛围。

【开展志愿服务】 引领青少年践行“我爱万载　爱我万载”社会风尚。组织培训80余名青年志愿者,顺利完成万载承办的3场国家级、省级重要赛事活动志愿服务工作。寒暑假期间,组织300余名大学生参与美丽宜居城市建设、疫情防控等志愿服务活动。

【青年联谊交友活动】 组建万载县行政企事业单位青年微信交流群,组织开展“5·20”专场“剧本杀”、“百年好合　鹊桥相会”等4场青年交友活动,共160余名青年参加。拓展青年交友空间,组织42名青年赴铜鼓参加首届月老文化旅游周暨“不要彩礼要幸福”宜春各界青年人才交友会公益活动，帮助更多的青年人才缔结友谊、收获爱情。

【维护青年权益】 持续推进中长期青年发展规划落地,召开万载县青年事务联席会议第三次全体会议。建立县“12355”青少年服务台，配备80余名心理咨询师,快速有效为有心理需求的青少年提供线上线下服务,履行县预青专项组牵头职责,开展普法宣传等活动。

【选培青年典型】 积极做好各类优秀青年人才推荐、评定和表彰工作,全县有4人获“江西省乡村振兴青年先锋”“全省优秀共青团员”“全省优秀少先队辅导员”等称号,14人获全市“青年五四奖章”、“青年岗位能手”称号等荣誉;评选表彰全县“优秀共青团员”“优秀共青团干部”“优秀少先队员”“优秀少先队辅导员”共计54人,选拔培育县“新时代赣鄱乡村好青年”181名。

【召开学习座谈会】 6月2日,团县委召开万载县“深入学习贯彻习近平总书记在庆祝中国共产主义青年团成立100周年大会上的重要讲话精神”座谈会,回顾万载县共青团奋斗历程,激励引导全县团员青年在建设富强美丽和谐宜居新万载中贡献青春力量。县委书记严旭辉出席会议并讲话，县领导喻满根、刘学松、叶青松出席会议。严旭辉强调,青年工作,抓住的是当下,传承的是根脉，面向的是未来。党旗所指就是团旗所向,广大青年要与新时代同向同行，聚焦“奋起赶超跨越,勇争全省一流”战略目标,在青春的赛道上奋力奔跑,在新征程上干出一番无愧于时代、无愧于青春、无愧于党和人民的业绩,为建设富强美丽和谐宜居新万载作出新的更大贡献。

【万载县青年联合会成立】 9月1日，召开万载县青年联合会成立大会暨第一届委员会第一次全体会议。县委书记严旭辉,团市委副书记唐阳,县领导刘学松、龙水莲、叶青松出席会议。严旭辉强调,青联委员是各行各业的佼佼者,有着广泛的代表性和较大的影响力,不仅是一种荣誉,更是一份责任。希望大家增强大局意识、责任意识、表率意识,始终坚持高标准、严要求,时时处处当好模范、做好表率，影响和带动更多青年共同成长成才。

万载县妇女联合会

【概况】 2022年，县妇联以服务大局、服务妇女儿童、服务基层为宗旨，以联系和服务妇女儿童为工作主线，围绕中心抓服务、重点突出抓特色、上下联动抓落实，团结带领广大妇女在推动妇女事业上实现新突破，开创妇女工作新局面。先后被评为2022年度全省妇联系统舆论阵地建设先进单位、平安建设工作优秀单位、全县综合考核等次评定为二等次(良好)。

【党建工作】 抓带头示范。党组书记主持召开党组会议专题研究部署党建工作，坚持党建带妇建，对两新组织中已建立党组织的妇联组织同步跟进全覆盖，目前，万载县已在两新组织中组建妇联组织19个；深入乡村振兴联系点在支部主题党日活动中讲党课，深入企业开展“入企走访心连心”活动，联合万载县妇幼保健院开展“母亲健康快车”体检活动；有序推进“三拼三促”抓落实活动；持续抓好万载县疫情防控、美丽宜居城市建设等工作。抓规范管理。认真落实“三会一课”等党内基本制度，开展“党员活动日”“党员政治生日”等活动。抓党史学习教育。组织开展“少年儿童心向党 祖国发展我成长”庆六一研学教育活动，引导广大少年儿童知史爱党、知史爱国，厚植爱党、爱国、爱社会主义的浓厚情感。

5月31日，万载县妇联组织开展万载县妇联“少年儿童心向党 祖国发展我成长”庆“六一”研学教育活动

【妇女工作】 在全县范围内开展“喜迎二十大‘她’故事分享会”系列宣讲活动，邀请三八红旗手、巾帼建功标兵、最美家庭等先进代表，通过故事分享的形式，大力宣传党和国家事业发展取得的重大成就，激励更多女性独立、自信、自强，坚定不移听党话、感党恩、跟党走。抓好两个规划落实工作。6月6日，万载县人民政府常务会议通过《万载县妇女发展规划(2021—2030年)》和《万载县儿童发展规划(2021—2030年)》。利用暑期走进万载县17个乡镇(街道)开展“少年儿童心向党，用心用情伴成长”儿童暑期关爱宣讲活动，有效预防学生溺水和儿童受侵害事件的发生。加大对《中华人民共和国家庭教育促进法》的宣传，在全县25个社区进行“家长学校”的规范化建设和开展“家长学校”课堂，保障未成年人合法权益，引导全社会注重家庭、家教、家风。开展“学雷锋纪念日”活动，3月2日，联合县巾帼志愿者协会、广仁骨科医院为县城市管理局、县公安局交通警察大队、县消防救援大队送去医用防护口罩共计3万个。

【评选表彰】 2022年，县妇联开展纪念“三八”国际妇女节112周年评选表彰活动，表彰全县20名三八红旗手、25名巾帼建功标兵、35名优秀村妇女小组长。2022年，在各级对妇联工作的表彰嘉奖中，万载县(2021年度工作)2个集体获宜春市三八红旗集体称号，3人获评市“三八红旗手”，1人获评市“巾帼建功标兵”，1人获评市“巾帼文明岗”，1个集体获评市“维护妇女儿童权益先进集体”，1人获评市“维护妇女儿童权益先进个人”；开展寻找“最美家庭”活动，1户获评第十三届“全国五好家庭”，3户获评江西省“最美家庭”，1户获评“书香家庭”；6户获评市“最美家庭”。

【妇女创业就业】 搭建企业和妇女双向选择平台。年初，县妇联整合资源，在“春风行动”招聘会中，解决了部分工业园区企业用工和广大妇女群众就业问题。开展城乡妇女岗位建功“四进”主题宣讲活动，发挥了城乡妇女岗位建功先进个人和集体的典型示范作用，营造了“巾帼心向党·喜迎二十大”浓厚氛围，引领带动万载县广大城乡妇女积极投身科技创新、乡村振兴、妇女创业就业等巾帼建功活动。开展“一县一品”下沉式技能培训，调动了妇女群众学一门实用技术的积极性，提高了广大妇女就业率。2022年，由县妇联推荐的兰燕珍在江西巾帼直播电商创新创业大赛社会组中荣获三等奖；11月13—15日，配合承办2022年度宜春市第二届乡村振兴职业技能大赛；12月20日，组织4名家政从业人员参加2022年宜春市“明月山杯”家庭服务行业职业技能竞赛，分别取得一、二、三等奖和优秀奖好成绩，县妇联荣获团体优胜奖。

【活动开展】 组织开展纪念“三八”国际妇女节112周年系列活动；组织全县副县级及以上女领导干部参加全市“巾帼心向党　喜迎二十大”党史情景剧展演并获得三等奖；组织队伍参加全市“乡村振兴我带头·幸福生活秀出来”广场舞比赛并获得一等奖；举办万载县“乡村振兴我带头·幸福生活秀出来”文艺会演；联合团县委、县红十字会开展全县妇女骨密度和青少年脊柱侧弯免费筛查活动。“赣鄱红色娘子军”宣讲团万载小分队走进赤兴乡皂下村开展城乡妇女岗位建功“四进”主题宣讲和“美好生活·民法典相伴”主题宣讲。9月6日，省政协妇联界调研组一行来到万载县家庭教育指导服务站和万载县家风文化教育基地进行参观调研，对万载县充分利用传统优秀家风文化、强化新时代家庭教育工作，推进家庭家风家教建设、宣传和宣讲表示认可。11月17—18日，在县委党校举办全县基层妇联干部暨妇女“法律明白人”骨干培训班，共计220名基层妇联干部参加培训，进一步提升妇联干部综合素质和履职能力。构建文明、健康、和谐的交友平台，引导广大青年树立正确的人生观、价值观和婚恋幸福观。6月12日，联合多家单位在白水槽岭村举办“百年好合　鹊桥相会”青年交友会。11月25日，联合县委宣传部、县民政局、团县委等单位在万载古城绿荫公祠广场举办“移风易俗我先行　不要彩礼要幸福”为主题的集体婚礼。

【妇女儿童维权】 县妇联在“民法典宣传月”中印制各类普法折页2000多份，发放《中华人民共和国民法典》婚姻家庭知识手册500多份，利用“万载女性”微信公众号发布法律法规条文，形成全方位、多角度的法律宣传格局。1月11日，县妇联联合县人民检察院到双桥镇柏

7月22日，万载县妇联邀请老师到潭埠镇新田村开展巾帼创业就业“一县一品”下沉式家政服务员培训

树小学开展“把爱带回家——送法到家 让孩子健康成长”主题活动。3月4日，联合各乡镇妇联开展以“建设法治万载·巾帼在行动”为主题的2022年万载县“三八”妇女维权周普法宣传活动。4月，对全县生活困难儿童，留守、流动、残疾儿童，重点家庭、单亲家庭、失亲家庭等重点人群和家庭进行全面摸排并建立关爱保护体系。4月28日，联合县人民检察院在县儿童活动中心举行家庭教育指导工作站揭牌成立仪式暨万载县家庭教育指导工作联席会，进一步推动《中华人民共和国家庭教育促进法》的实施。建立“侵害未成年人权益行为强制报告”制度，有针对性地开展关爱保护服务。2022年，县妇联共受理来访来电案件70余起，通过建立妇联信访台账，提供法律咨询、上门调解等方式，有效维护妇女儿童的合法权益。

【关爱救助困难家庭】 2022年，农村低收入妇女“两癌”免费筛查人数4000人，城镇困难家庭35~64周岁妇女“两癌”免费筛查人数217人，救助23名低收入“两癌”妇女(农村)共计23万元，救助6名低收入“两癌”妇女(城镇)共计6万元。年底，争取到30个全国妇联“防疫健康包”和募捐到40个省妇联“防疫健康包”，及时发放到困难妇女家庭中。

万载县科学技术协会

【概况】 2022年，万载县科协深入贯彻习近平总书记有关科协“四服务”职能定位重要指示，深入贯彻江西省科协、宜春市科协科普与科学素质建设高质量发展部署，在全民科学素质提升、科普宣传教育活动、科普阵地建设、繁荣学术园地、服务科技工作等方面取得新成效。2022年，科普和科学素质建设高质量发展指标在江西省、宜春市高质量考核中获得满分成绩。

【《万载县全民科学素质行动规划纲要实施方案(2021—2025年)》】 2022年，万载县政府根据《关于新时代进一步加强科学技术普及工作的意见》《江西省全民科学素质行动规划纲要实施方案(2021—2025年)》《宜春市全民科学素质行动规划纲要实施方案(2021—2025年)》，征求万载县全民科学素质工作领导小组成员单位意见建议，召开县委常务会议，于11月12日正式印发《万载县全民科学素质行动规划纲要实施方案(2021—2025年)》。实施方案重点围绕青少年、产业工人、老年人、农民、领导干部和公务员五大人群科学素质提升，依托科技资源科普化、科普信息化提升、科普基础设施、基层科普能力提升、科学素质对外交流合作五大工程，全面指导、提升万载县全民科学素质水平。

【全民科学素质工作会议】 4月7日，万载县科协组织全民科学素质工作领导小组24个成员单位分管领导、17个乡镇(街道)科协工作分管领导、企业科协负责人、县级协(学)会负责人共计55人，在万载县党政大楼七楼召开万载县全民科学素质工作会议。会议书面传达江西省科协第八届全体会议暨省全民科学素质培训会议、宜春市全民科学素质会议精神。会上，万载县科协下发《2022年万载县科协工作要点》，部署2022年万载县全民科学素质工作。会议要求提高思想认识，在强化政治引领上画好同心圆；要求围绕中心大局，在助力经济社会发展上彰显担当；要求完善工作机制，在形成工作合力上提升效能；要求加大要素投入，在确保工作实效上强化保障。8月31日，万载县科协组织万载县全民科学素质工作领导小组成员单位分管领导、乡镇(街道)专职副书记共计45人在万载县党政大楼七楼会议室召开万载县全民科学素质工作推进会。会议要求，要在思想上高度重视，把科普和科学素质建设当作当前和今后一项重要任务来抓；要求在部署上做好统筹，将科普和科学素质建设各项工作同推进同落实；要求在举措上注重实效，确保科学素质水平测评的短期结果与全民科学素质建设长期水平双提升双促进。

【科普宣传教育】 联合万载县全民健身中心、万载县教体局开展“筑梦冬奥一起向未来——全国科普大篷车流动科普设施联合行动”，响应习近平总书记关于“带动3亿人参与冰雪运动”的号召,促进冰雪运动的普及和发展,弘扬奥林匹克精神。联合万载县教体局开展“天宫课堂”第二课科普大篷车巡展太空直播授课科普宣传活动,培育全县青少年航空航天精神及科普天文、物理知识。万载县委宣传部联合万载县科技局,举办“走进科技,你我同行”新时代文明实践科技活动周活动,开展科技培训、入企宣传、送科技下乡活动,宣传万载县近年来取得的重大科技成果、科技法规、“双碳”环保、知识产权保护和食品安全等内容，发放宣传资料500余份，受益人数达1500人次。联合万载县教体局、万载县科技局、万载县卫健委等十部门举办“喜迎二十大·科普向未来”全国科普日万载主场活动,活动邀请全民科学素质工作领导小组成员单位、各级科普教育基地等8个单位开设卫生健康、航模基地、气象、消防、应急救灾、生态环保、机器人、芦笋种植技术科普展区。在万载古城南轩公祠开设“中国共产党领导下的科学家精神”展览。全国科普日期间,组织全县17个乡镇(街道)基层“三长”开展各类科普活动67场,科普受益群众达5万余人次,发放科普宣传资料2万余册,全国科普日指数居全省第46名,被宜春市科协授予全国科普日“优秀组织单位”奖。全年开展科普大篷车“六进”活动,科普宣传食品安全、生命健康、创卫生城、疫情防控、低碳环保、知识产权、前沿科技、大篷车展品展览等科普宣传活动共20场,大篷车里程8000余千米,受益人数达10万人,发放宣传资料5000余份。组织全县17个乡镇(街道)1700人。

【科普阵地建设】 2022年,万载县科协创建县级科普教育基地2家，市级科普教育基地2家，省级科普教育基地1家,市级党员科普示范村1家,科普阵地涉及机器人人工智能前沿科技、航空模型、人文社科、先进农业生产技术各领域,获江西省科协、宜春市科协认可。

【农业技术推广】 “3·5”学雷锋纪念日期间，联合万载县农业农村局、万载县乡村振兴局、万载县科技局、万载县商务局,邀请万载县生态农业发展协会乡土人才，为全县种植养殖大户、农产品加工企业负责人、农业合作社负责人等80余人,开展百合、荞头种植技术培训,讲解百合、荞头、构树、油茶等有机(富硒)产业奖补政策、绿色有机(富硒)农业项目申报；县科协组织万载百合科技小院分别于5月、8月、10月在全县百合种植基地，开展百合病虫害防治培训、龙牙红新品种及种植技术推广、百合种植技术专业人才培训活动。发挥万载百合科技小院利用人才、技术优势,组织由县科技特派员、江西农业大学博士研究生团队志愿服务分队，指导江西万载千年食品有限公司百合精深加工、现场指导农户种植。中国农技协授予万载县生态农业发展协会、万载龙牙百合科技小院“优秀组织单位”奖,江西省21家获奖，宜春市4家获奖，其中万载县占2家。

【发挥桥梁纽带作用】 万载县科协充分发挥科协在党和政府联系科技工作者的桥梁纽带作用,2022年新建12家企业科协，积极打造党和政府直接联系、服务企业科技工作者、服务企业科技创新的平台。

【服务科技工作者】 组织科技工作者积极申报科普产业联盟会员;向中国科协推荐“筑梦流动十年”流动科技馆巡展优秀科技志愿者;向中国农技协推荐乡土人才2名;组织乡镇(街道)积极报送推荐2022年度宜春市“最美科技工作者”，张学军获2022年“宜春市最美科技工作者”称号。做好2022年“科创中国”科技服务活动对接工作,调度科技型企业对人才、技术需求,形成需求清单,为服务企业、服务科技工作者搭建好人才、技术平台。

万载县归国华侨联合会

【概况】 万载县归国华侨联合会(简称万载县侨联)是万载县委领导的由归侨侨眷组成的一级人民团体，是党和政府联系广大归侨、侨眷和海外侨胞的桥梁和纽带，代表归侨侨眷的利益，依法维护归侨侨眷和海外侨胞在万载的合法权益。全县现有海外华侨703人，其中“政治上有影响、经济上有实力、学术上有造诣、社会上有地位”的“四有”人物共200多名。国内归侨侨眷3000余人，侨资侨属企业7家。

【“侨界百家”走访活动】 本着“经济上帮困、生活上排忧、精神上关怀”的原则，县侨联积极开展“走访侨界百家”活动，深入全县17个乡镇(街道)遍访侨眷，为侨眷侨属解决困难问题8个。同时，健全和完善海内外侨界人才库，筛选“四有人士”，为开展海外联谊和招商引资、招贤引智夯实基础。

【服务侨资企业】 2022年，县侨联专题开展促进侨资企业稳步发展的调研活动。通过实地走访、座谈交流，深入企业了解生产经营和疫情防控工作，倾听企业需求、解决企业难题，传递县侨联对侨企的关心关爱。

8月22日，万载县检察院与县侨联举行“检侨之家”法治服务站揭牌仪式

【成立“检侨之家”法治服务平台】 8月22日，县侨联与县检察院举行“检侨之家”法治服务站揭牌仪式暨检侨合作联席会，现场签订《依法服务和保障侨资侨属企业健康发展的合作协议》，构建服务保障侨资侨属企业和归侨侨眷合法权益的多元工作格局，为推进涉侨检察工作，加强侨联与检察院之间的沟通协作，依法服务和保障侨资侨属企业及归侨侨眷的合法权益提供平台与载体。

【专题会议】 8月12日，县侨联在康乐街道召开侨界群众学习中央统战工作会议精神专题会。来自各个社区的侨务专干、归侨侨眷共80余人参加。侨界群众纷纷表示，要把这次会议的精神传达给远在海外的亲人，作为中华儿女，我们要以侨为桥、融通中外、团结朋友，筑牢海外爱国阵地，涵养壮大知华友华力量，做增进中外文明交流互鉴的使者，讲好中国故事、传播好中国声音。

【侨界联谊】 发挥侨胞之家、旅加侨友联谊会、侨界志愿者服务队、新侨眷属联谊会的平台作用，开展“爱在端午·粽叶飘香”活动、“但愿人长久·千里共婵娟”中秋座谈会、“翰墨迎盛会·侨心颂党恩”喜迎党的二十大书画展等凝心联谊活动。

【维护侨眷利益】 邀请资深法律专家举办2期侨法知识讲座，提高县侨务工作者以及归侨侨眷对侨务法律法规的知晓率，增强依法护侨的社会认知度，为推动侨务工作法治化创造良好的社会氛围。

【侨联换届工作】 11月4日，召开万载县第七次归侨侨眷代表大会圆满完成各项议程，胜利闭幕。万载县各人民团体、各民主党派负责人，侨界代表共100余人参加会议。会议选举产生县侨联新一届领导班子，黄淑贤当选新一届侨联主席。会议通过《万载县侨联第六届委员会工作报告的决议(草案)》等文件。

万载县工商业联合会

【概况】 2022年，万载县工商联围绕中心服务大局，以“五好”县级工商联、“四好”基层商会为抓手，班子履职尽责，商会改革和发展、非公企业维权服务、优化营商环境、构建“亲”“清”政商关系、弘扬企业家精神、引导民营经济人士参政议政等各项工作。“工商联＋法院”共建沟通联系机制做法，被全国工商联和最高人民法院作为典型案例在全国通报表扬。

【商会党的建设】 县工商联打造创新企业商会非公党建示范点，指导女子商会、浙江商会成立党支部。七一前后，工商联党组成员到各挂点商会上党课，组织商会参加“清风廉洁扬正气·同心喜迎二十大”主题演讲比赛。强化理想信念教育。紧扣服务经济发展与服务非公经济的结合点、着力点，持续深化“四史”学习教育。打造非公经济人士文化学习基地，通过参观、学习、培训等，把每一名非公经济人士紧紧团结在党周围，弘扬文化精神，传承红色基因，激发民营企业家的创新、创业热情。充分发挥商会党组织的核心引领作用，积极引导鼓励民营企业参与“万企兴万村”行动，助力乡村振兴。参与行动的企业有152家，共对接107个村，实施项目7个，新增项目投资8100万元，新增公益捐赠金额530万元。

【开展“入企走访连心”活动】 2022年，万载县工商联走访企业100多次，覆盖全县各行各业、大中小微企业及个体工商户，收集到意见建议300条，向民营企业和个体工商户发放《惠企政策宣传手册》400本，《非公有制企业维权服务中心办事指南》200份。协助县营商办组织企业参与省营商环境第三方评估工作。

【走访慰问受灾企业】 党组书记龙荣明带领班子成员走访慰问因暴雪导致工棚倒塌货物破损的企业，针对企业灾后重建的具体步骤和注意事项给予意见和建议，并送上慰问金对受灾企业表示慰问。

【提升民营企业家素质】 2022年，县工商联推荐县工业园企业家商会拟任会长参加江西省工商联民营企业家高级研修班暨工业园区工商联分会会长培训班；组织10名商会会长和优秀民营经济人士到江西经济管理干部学院学习党的二十大精神；与宜春市工商联在中南大学（长沙）联合举办重点民营企业家培训班，着力提升民营经济人士素质。

【增强服务民企能力】 2022年，县工商联强化银企对接，为银行与企业牵线搭桥，帮助企业解决资金问题，助力非公经济做优做强。2022年，万载县工商联联合中国建设银行万载支行、九江银行万载县支行、万载县富民村镇银行等6家银行签署合作战略协议，联合举办金融政策宣讲和产品推介，先后向6家银行推送300多家民营企业融资需求，协调解决100多家企业超过34.1亿元的信贷支持。

【健全非公维权机制】 2022年，县工商联继续发挥万载县非

4月25日，万载县工商联联合县法院通过诉前调解让诉求双方握手言和

公维权服务中心作用，针对企业反映的问题，多方协调，主动作为，积极帮助民营企业维护合法权益，与县纪委建立联系协调工作机制，联合出台《关于建立万载县纪委县监委与万载县工商联联系协调工作机制的意见》，对民营企业诉求中可能涉及党员干部、公职人员损害营商环境或可能引发重大社会影响的问题进行通报、诉求转办。此项工作为宜春市首创。

【为非公企业维权】 2022年，县工商联畅通与法院的沟通协调渠道，印发《非公企业纠纷诉调对接工作的实施细则》，于8月成立万载县涉案企业合规第三方监督评估机制管理委员会，选聘22名涉案企业合规第三方监督评估机制专业人员。全年，万载县非公维权服务中心接到民企问题线索、诉求反映326件，实质性维权诉求29件，实现办结率100%，回复率100%，满意率100%。

【落实意识形态工作】 县工商联注重加强对民营经济领域意识形态工作的领导，利用微信公众号及主流媒体等平台，对非公有制企业和非公有制经济人士典型进行正面宣传。为迎接党的二十大营造浓厚氛围，开展"喜迎二十大，我向党说一句心里话"活动，引导民营经济人士充分认识中国共产党百年来取得的伟大历史成就，加深对全会精神的理解和把握，把全会精神转化为促进万载县"两个健康"工作。

【发出工商联好声音】 2022年，县工商联在国家省市刊发各类宣传报道37篇次，其中，非公维权案例《江西万载：非公企业维权中心护民企"利" 解业主"难"》和非公党建特色做法《宜春市万载县：用心建设非公经济人士的"幸福之家"》在《人民日报》上刊登，《江西万载县畅通企业维权渠道》在全国主流媒体《中华工商时报》上刊登；《万载县工商联：诉前调解让企业省钱又省心》入选2022年第七期《江西省工商联工作动态》，作为优秀典型经验在全省工商联系统进行推广学习；撰写的江西睿达新能源科技有限公司专访稿件入选市百强企业风采，并在《宜春日报》上刊登。

万载县文学艺术界联合会

【概况】 2022年，县文联紧紧围绕党中央和省、市、县关于繁荣社会主义文艺工作的各项决策部署，积极履职，不断推出内容丰富、形式多样的文艺作品，努力提升文艺事业公共服务质量和效益，推动万载县文艺事业高质量发展，并获评江西省文艺两新工作优秀单位。

【"江西省书法之乡"命名授牌】 11月15日，万载县举行"江西省书法之乡"命名授牌仪式，中国书法家协会副主席、江西省文联副主席、江西省书法家协会主席毛国典代表省书法家协会为万载县授"江西省书法之乡"牌。中共万载县委书记严旭辉在授牌仪式上致辞并代表万载县接牌。

【书法家开展"迎新春 送万福"活动】 春节前夕，县文联组织书法家走进乡村、社区、古城景区开展"迎新春 送万福"活动，为群众义务书写春联，共送出春联5000余副。

【举办全县青少年红色书画作品展】 4月30至5月4日，县文联与县教体局、团县委、县关工委在古城郭南轩公祠联合举办全县青少年红色书画作品展，现场展出作品150余幅。

【开展廉洁文化作品征集】 7月，县文联与县纪委联合举办"喜迎二十大，奋进新征程"廉洁文化作品征集活动。共征集作品230件，含征文作品73篇、平面作品140幅、微视频作品17个，经专家组评选产生一等奖2名，二等奖6名，三等奖10名。

【"平安建设杯"有奖征集活动】 7月，县文联与县委政法委联合举办万载县"平安建设杯"有奖征集活动，共收到全国各地参赛作品832件（散文70篇、诗词441首、书法177件、美术98件、摄影46件）。经评委会组织专家分类评审，最终有72件作品获评等级奖和优秀奖。

【举办全县首届农民书法展】 9月29至10月7日，县文联在古城郭南轩公祠举办“喜迎二十大 描绘新农村”万载县首届农民书法展，前期共收集作品310幅，现场展出作品95幅。

【举办第二届书法临帖展】 9月29至10月7日，县文联在万载书画院举办万载县第二届书法临帖展，前期共收集书法作品193幅，现场展出作品91幅，其中一、二、三等奖作品14幅，优秀作品20幅，特邀作品10幅，入展作品47幅。

【县作协举办诗歌交流会】 7月24日，万载县作家协会走进仙源，追寻红色足迹，续写英雄篇章，用饱蘸深情的笔墨，尽情抒写仙源革命老区的风土人情，讴歌红色精神，在《红旗报社》的红色舞台上开展“追寻红色足迹，续写英雄篇章”诗歌交流会。28名文友朗诵《万载是一幅多彩的画》《别让灵魂无处安放》《七律·仙源新景》《仙源赋》《大美仙源》等诗作，热情讴歌仙源红，讴歌伟大时代。通过诗词歌赋，表达着对革命先辈的崇敬，对这片红土地的热爱。

【县作协扶助文学爱好者】 万载县作家协会以扶助作者、提升会员写作水平为己任，全年推荐作协成员作品86篇（首）在市级以上报刊发表，许碧霞、周建好、宋名竞、李成炳、龙冬华等数名作者在市级以上赛事中获奖。作协主办的《红土地》文学刊物开辟“会员专辑”专栏，集中刊发多位优秀会员的简介与作品。县作协“万载文学”微信平台推出91期，推送会员作品近1500篇（首）。同时利用微信群，开展“我打碎了夕阳”“我来人间一趟”写作竞技活动，提升会员写作水平。

万载县残疾人联合会

【概况】 2022年，县残联在县委、县政府的正确领导下，坚持以习近平新时代中国特色社会主义思想为指导，全面贯彻落实党的二十大精神和习近平总书记关于残疾人事业发展重要指示批示精神，以“增进残疾人民生福祉，不断满足残疾人美好生活需要”为目标，对全县80多户符合家改的困难重度残疾人进行无障碍改造工作，推动残疾人事业高质量发展，并获评该年度宜春市残疾人工作优秀单位。

【万载县残联第六次代表大会】 10月28日，万载县残联召开万载县残疾人联合会第六次代表大会，县委副书记喻满根出席会议并讲话，市残联党组成员、副理事长任红生到会指导并致贺词。参加会议的正式代表76名，特邀代表30名。会议听取和审议县残联第五届主席团的工作报告，总结过去五年的工作并为今后五年残联工作谋划了蓝图。按照规定，会议选举相关人员。

【全县残联工作会议】 4月22日，召开万载县残联工作会议，县委副书记喻满根出席会议并作总结讲话，会议由县政府副县长龙水莲主持，各残工委单位、各乡镇残联分管领导、理事长、残疾人专职委员，县残联全体职工参加会议。

【第32次全国助残日活动】 5月14日，在第32次全国助残日活动来临之际，万载县委副书记喻满根、县政府副县长龙水莲分别到万载县特殊教育学校和康尔泰盲人按摩机构调研指导工作，县残联工作人员陪同走访，并给相关单位和个人送去慰问金。

【残疾人运动】 6月15—20日，万载县残疾人运动员邹益在代表国家队参加的“残疾人举重亚洲大洋洲锦标赛”中，分别荣获公开组冠军、亚洲组冠军、公开组总成绩亚军、亚洲组总成绩亚军。

【评残工作】 6月21—24日，万载县残联组织县人民医院专家组到全县17个乡镇（街道）的残疾人家中，为困难残疾人进行残疾鉴定。此次活动，共为159名残疾人进行失能评定，为108名疑似残疾人进行残疾鉴定。

【七一主题党日活动】 7月1日，中共万载县残联支部组织全体在家党员赴小平小道陈列馆开展“同心庆七一，喜迎二十大”主题党日活动，探寻伟人足迹，汲取信仰力量。在小平小道陈列馆大厅，全体党员干部再次重温入党誓词。

【助残扶残活动】 11月24日，宜春市残联理事长刘友亮带领市新学会和九三学社的爱心人士到万载县潭埠镇开展助残扶残爱心活动，对唇腭裂手术儿童，困难残疾人家庭进行走访慰问，并送上慰问金1.5万元。

【金再生到万载调研工作】 11月8日，宜春市残联党组成员、副理事长金再生一行4人到万载调研指导阳光助残基地建设工作，县残联党组书记、理事长黄晓繁陪同调研。

【任红生到万载调研工作】 11月15日，宜春市残联副理事长任红生一行6人组成残疾儿童康复救助服务机构星级评定工作组，到万载残疾儿童康复机构开展儿童康复机构星级评定工作。

【宜春市残联工作座谈会】 11月24—25日，宜春市残疾人工作座谈会在万载县召开，会议深入贯彻落实党的二十大精神，梳理制约当前全市残疾人事业发展的重难点问题，高标准高质量抓好年度工作落实，筹划2023年工作思路。

万载县红十字会

【概况】 万载县红十字会坚持弘扬“人道、博爱、奉献”的红十字精神，始终把党建引领、政治建设放在首位，扎实推进“三拼三促抓落实”主题活动，聚焦主责主业提升服务质效，努力建设更具凝聚力、影响力和公信力的红十字组织，做好党和政府在人道领域的助手。2022年，万载县红十字会被评为“全省先进县级红十字会”；在全市红十字会重点工作任务完成情况中获评“优秀等次”（全市综合评分排名第二）；县红十字志愿者队伍建设工作入选江西省红十字会基层基础工作典型案例；99公益日网上筹资活动获县（市、区）红十字会网络众筹榜样单位第三名。

【党员学习教育】 2022年，县红十字会，通过“三会一课”、主题党日，采取个人自学、中心组集中学习、主题党日学习等形式学深悟透习近平新时代中国特色社会主义思想。坚持把党风廉政建设同红十字业务工作同部署、同落实、同检查、同考核，不断强化管党治党的政治责任。结合红十字会重点工作、核心职能、权力运行等方面制定个性化清单，并根据清单内容抓好风险点管控。通过开展警示教育活动等加强对党风廉政建设有关规定精神的学习，增强干部职工反腐倡廉的思想意识。为企业在应急救护培训、慈善捐赠等方面量身定制服务方案，送知识上门、送服务上门，为企业开展爱心慈善活动发挥桥梁和纽带作用。

【人道资源动员】 成立首个博爱基金，宜春市利荣混凝土有限公司捐赠300万元（分10年捐赠，每年30万元）设立万载县利荣博爱基金，组织开展助学、助医、助老、助困及乡村振兴等与红十字宗旨相符的社会公益活动。2022年，全县红十字系统共策划发起“筹集赈灾家庭箱”“博爱在万载”“情暖夕阳，‘医’路相随”“罗城扎粉提质升级”等6个公益项目，线上募集善款共119.68万元，参加人次1.09万人次。其中“罗城扎粉传统产业工业化”项目获2022年江西乡村振兴公益“100+”三年行动项目大赛优品项目（二等奖）。做好筹资服务平台，全年线下（含定向捐赠）筹资款物共计359.22

万元,其中善款302.35万元,物资56.87万元,用于教育、医疗、美丽乡村建设等公益事业的发展及助医、助学、助老等困难群众的帮扶工作。做好特殊疾病人群救助工作,全年为“白血病”“先心病”患儿申请“小天使基金”“天使阳光基金”救助款项7笔,为遗体器官捐献者困难家属申请“生命光彩基金”救助款项3笔,共计31.1万元。

【基层组织建设】 2022年,县红十字会通过机关工委审批后,成立机关党支部。以作风建设年抓落实活动“三拼三促”为抓手,严格对标对表市红十字会工作要点。在红十字青少年、医院、乡镇单位中吸纳红十字会员和志愿者,全年新增红十字基层组织2个,团体会员19个(共41个),个人会员491个,志愿者200余人(含南丁格尔志愿者),收取会费63460元。推进红十字阵地建设,建设开放式红十字知识小微宣传阵地试点,以公共场所配置AED为契机,推进公共场所安装红十字智慧一体机,建设县域红十字宣传网络平台7个。

【志愿服务】 县红十字会加强与教体局、工会等相关部门的协作,参加全民健身迎新跑、气排球比赛、马拉松等52场全县重大运动赛事的医疗救护保障志愿服务工作。积极参与疫情防控志愿服务,全年共组织参加校园消杀、物资搬运等志愿服务活动106场次,出动志愿者564人次,志愿服务时长达4256小时。联合开展关爱特殊人群公益志愿活动,组织参与各类关爱老年人、关爱留守儿童、爱心义诊活动,惠及2000余人。

【“三救三献”工作】 2022年,县红十字会举办全县应急救护师资培训班,全县新增红十字应急救护师29名,做到优质师资17个乡镇全覆盖。全年完成应急救援培训24期,持证培训1220人次,普及培训11690人次;完成养老介护普及培训369人次,帮助困难孤寡老人100余人次。推进重要公共场所配置AED(自动体外除颤仪)7台,培训AED投放点救护员42人。推进“三献”工作,全年重要节日组织献血人数108人,献血量共计35200毫升;完成造血干细胞捐献志愿者采样20人,新增遗体和器官捐献志愿者379人,完成3例遗体器官捐献。

法　　治

政法委与综治

【概况】 2022年，万载县委政法委认真贯彻落实上级决策部署，聚焦党的二十大安保主线，锚定争创新时代“第一等”政法工作的目标定位，作示范、勇争先，有力维护全县政治安全、社会安定、人民安宁。2022年，万载县被宜春市委、市政府评为“全市平安建设工作先进县”“全市政法工作先进县”“全市信访工作成绩突出集体”。县委政法委、县法院、县检察院、县公安局、县司法局分别被市委、市政府评为“2022年全市政法系统‘作示范、勇争先’活动优胜单位”。县委政法委被县委、县政府评为“2022年度综合考核先进单位”“万载县抓落实活动‘三拼三促’工作先进单位”“万载县2022年度美丽宜居城市建设工作先进单位”。万载县法学会被市法学会评为“宜春市法学会工作2022年度综合考核优胜单位”。

【政法工作创建】 2022年，县委政法委出台《关于争创新时代“第一等”政法工作的实施意见》，从提升政治素养、业务能力、作风形象三方面入手，推进政法领域改革创新，攻克政法工作堵点难点，建设全省示范政法机关、打造过硬政法铁军、争创全省“第一等”政法工作。

【队伍政治建设】 县委政法委全面加强政法队伍政治建设，形成严抓严管氛围，夯实全县政法干警理想信念根基。2022年8月，组织全县科级以上政法干警、乡镇（街道）政法委员、县委政法委机关干部共203人，分3批次前往上饶市弋阳县方志敏干部学院开展政治轮训。其他政法干警每人按要求完成不少于3天的集中学习。围绕把准政治方向、坚持党的政治领导、夯实政治根基、涵养政治生态、防范政治风险、永葆政治本色、提高政治能力等7个方面，全年对全县8个政法单位派出机构以及县人民法院开展政治督察。同时，按照干部管理权限，开展政治素质项目化考核，并建立干警政治素质档案，实行“一人一档”动态管理，建立政治素质档案757份。

【扫黑除恶专项斗争】 按照《全市扫黑除恶斗争工作要点》有关要求，县委政法委强化统筹协调，凝聚部门工作合力，全年打掉1个涉恶势力犯罪组织，抓获团伙骨干成员7人。同时，开展重点行业领域专项整治，共查处行业乱点乱象和突出问题147类，具体问题1468个。纪检和政法机关向有关部门发出“四书一函”92份，整改率达到100%。

【打击整治诈骗】 2022年，县政法系统开展系统打击治理电信网络诈骗犯罪行动，共破获电诈案件128起，抓获犯罪嫌疑人293人，止付1400余万元，打掉涉诈团伙32个，劝返核减滞缅窝点人员220人。全年共立案31起，破获30起，抓获犯罪嫌疑人29名，扣押和冻结资金505.81万元，行政处罚8起，处罚金额263.2万元。

【信访工作】 县委政法委大力开展重点信访积案“百日攻坚”和突出信访问题“夏季攻势”行动，全面实行“一案一策一专班一档案”,成功化解信访积案31件。全力推动“四个工作机制”落地落细,救助30个信访对象,化解信访问题30件。

【平安建设】 2022年,万载县在全省率先制定《万载县乡镇(街道)政法委员工作规则》,成立乡镇(街道)综治中心议事协调领导小组,建立例会和会商制度,定期研究平安建设、政法工作,经验做法得到江西省委政法委肯定并在全省推广。探索创新网格、村(社区)、乡镇(街道)、县四级“三三”调解机制(即矛盾纠纷出现后,从网格调解开始,必须调解三次以上,无效后方可上报到上一级进行调解)。整合基层治理力量,组建好人调解等调解队伍。2022年,共组建好人调解、长辈调解等调解队伍594支,排查矛盾纠纷3256件,化解3244件,化解率99.63%。

【矛盾纠纷多元化解中心建设】 县委政法委投资900余万元,建成近4000平方米的矛盾纠纷多元化解中心,统筹安排县信访接待中心整体入驻,21个县级部门常驻办公,律师、心理咨询师、人民调解员等专业人员一并入驻,推进矛盾纠纷一站式受理、一揽子调处、全链条解决。累计接待群众1659人次,受理矛盾纠纷610起,化解589起,群众满意度达95%。

【治安防控体系建设】 2022年,县政法系统启动雪亮工程一期升级改造,完成雪亮工程三期前端建设。全面完成“农村雪亮”工程和“平安乡村”项目建设。自然村点位平均在线率达92%以上。全县82个小区全部完成智能化建设,建成率100%。招录40名特巡警,组建“铁骑大队”,调整206名“一村一辅警”,在村(社区)和小区等百人以上微信群派驻一名干警或辅警,在城区和乡镇设立警务室64个。

【开展“喜迎党的二十大,千名干部下基层”活动】 县委政法委组织全县17个工作组,100余名县直部门干部下沉各乡镇,做好政策宣讲和访民情办实事、访民忧解难题、访隐患保稳定等工作,投入3000余万元为群众办实事427件,化解矛盾纠纷440起,解决信访问题152件。

【网格化管理】 县政法系统根据城市建设和人口变化,按照精细化管理服务要求,对全县网格重新进行科学设置,在原有594个网格基础上新增77个网格。对全县所有网格员进行整顿淘汰,公开招聘106名高素质网格员队伍,全面确保一格一员。

【社会心理服务体系建设】 成立县委书记挂帅的社会心理服务体系建设领导小组,投入200多万元高标准建成社会心理服务中心,开通“万载心云平台”和“万载心理健康测评系统”两个线上平台,拨专款130万元开展第二期专业人才队伍培训。2022年,县社会心理服务中心与部门联动开展个体心理咨询300余人次,团体辅导200余场,服务群众10000余人次。

【开展“派驻网格警,推进双提升”活动】 2022年,县政法系统向全县607个网格各派驻一名政法干部担任“网格警”,按照“八个一”要求,抓实反邪教、扫黑除恶、禁毒、反电诈、“双提升”五项重点工作,全年共走访群众31695户,解决实际问题635个。

【建立“月督查、月评比、月考核”工作制度】 将平安建设各项工作和上级部署的重点任务、关注的重点工作、考核的重点内容细化分解,按月考核,对乡镇(街道)、县直有关单位进行打分排名,每月汇总形成通报,每季度召开专题会议进行点评。

公　安

【概况】 2022年,全县公安机关以防范化解各类风险隐患为基点,以服务保障经济社会高质量发展为重点,统筹推进防风险、保安全、护稳定、促发展各项工作,公安工作和队伍建设实现新的提升。全县刑事警情、治安警情同比下降31.1%和10.4%,实现全年无命案、无重大有影响的刑事治安案件、无较大以上交通事故。2022 年，县公安局被市委、市政府评为全市政法系统“做示范、勇争先”活动优胜单位，4 个先进集体和 4 名先进个人获省级表彰，10 个先进集体和 25 名先进个人获市级表彰，局森林公安年度综合考评位列全市第二。

12 月 10 日上午，万载县公安局在万载古城广场举行退赃挽损大会，一批在侵财类案件中被骗被盗的财物退还到了受害人手中

【安全保卫】 2022 年，县公安局以党的二十大安保工作为主题主线，梯次推进“百日行动”“见底行动”“和谐 2022”等系列行动，防范化解重大政治安全和社会稳定风险，完成党的二十大、冬奥会、冬残奥会以及全国、全省“两会”等重大安保工作任务，实现“五个严防、三个确保”目标。特别是党的二十大召开期间，形成了报警少、发案低、秩序好的祥和态势，被省公安厅荣记集体二等功。

【维护社会安定】 2022 年，万载县公安系统常态化推进扫黑除恶专项斗争，保持对黑恶势力和社会乱点乱象的整治力度，全年办理九大类涉黑涉恶案件 31 起，成功打掉 1 个恶势力集团。开展养老诈骗专项整治行动，成功侦办案件 29 起，打掉 3 个团伙，为群众挽回损失 505.81 万元。聚焦电信网络诈骗强力攻坚，全年破获电信网络诈骗案件 128 起，其中现案 13 起，抓获犯罪嫌疑人 293 人，刑事拘留 181 人，打掉电诈团伙 67 个，在“长风二号”“长风三号”行动中，综合排名全市第一，“长风四号”行动综合考评位列全市第二。严厉打击八大类现行严重暴力犯罪案件。打击传统侵财性案件成效突出，破案率 79%，挽回损失 95 万余元，挽损率为 65%，各项数据稳居全市前列。其中，破获方某武、徐某健系列跨县市盗窃通信电缆案，高某平、张某良系列盗窃案，带破跨县市系列案件 60 余起。深入推进“昆仑 2022”行动，始终保持对食药环、水域、矿产领域违法犯罪高压严打态势，侦办刑事案件 39 起，其中省督案件 6 起，依法采取刑事强制措施 45 人，抓获网上逃犯 12 人。以“春雷”行动为牵引，强力开展扫黄禁赌工作，黄赌警情同比下降 50%。严厉打击毒品犯罪，破获涉毒刑事案件 5 起、行政案件 10 起，缉毒执法工作位列全市第四。扎实推进“獴猎”行动，不断深化“三非”外国人治理，全年打处人数位列全市第二，首创对外籍新娘基础信息全面采集工作，其工作经验在宜春市公安系统推广。

【公共安全守护】 2022 年，县公安局在公安安全工作中紧扣“减量控大”目标任务，全力以赴保安全畅通。2022 年，全县共发生道路交通事故 8675 起，同比上升 7.4%，死亡人数 52 人，同比下降 31.6%；全年未发生一次性死亡 2 人的交通事故，达到省厅“全面预防较大事故、压降亡人事故，实现死亡人数下降 30%的目标”。强化危爆物品管理，以查源头、强整治、严防控为重点，保持对易制爆危险化学品的高压管控，加强民爆物品、烟花爆竹、易制爆危险化学品等方面的清理排查，实现对危险物品安全监管零死角，隐患整改零懈怠，责任事故零发生。开展打击烟花爆竹非法生产专项行动，办理非法生产案件 5 起，刑事拘留 11 人。统筹做好监所安全与疫情防控，严格落实“监所防疫标准高于社会面”的总要求，实现监所安全零风险，监所工作继续保持全市第一。持续加强对小旅馆、棋牌室等“九小”场所的管理，发现安全隐患392处，整改335处；强化对旅馆业不实名登记、违规容留未成年人住宿的查处力度，查处违规容留未成年人住宿的宾招场所5家。推进校园安防“八个一”工程建设，完成工程建设295所，简易改造76所。推进“水美家安——全民防溺水”专项行动，开展校园防溺水安全宣讲180余场次，摸排出危险水域115个，积极配合乡镇机关做好“一村一泳池”建设管理等工作。

【护航经济发展】 2022年，县公安局推进宜春公安“六办”品牌创建活动。聚焦首批198项“六办”事项，共计办理业务12.2万件次。在鹅峰派出所设立港澳台居民居住证办理点，为园区企业提供便捷服务；在鹅峰、白水派出所设立电动车上牌点，为周边乡镇群众提供就近上牌服务。全年巡查各类金融单位30余家，开展法治业务培训6场次，全面强化经济活动监管、经济犯罪预防工作。2022年，万载县被列为全省“无非法集资示范县”。聚焦新能源首位产业，出台全链条服务锂电产业发展措施28条，成立工作专班对接解决企业急难愁盼问题，并在重点锂电企业设立3个警务室，打造锂电警务品牌。

【队伍建设】 2022年，县公安局强化忠诚教育，严格落实“第一议题”制度，系统学习习近平新时代中国特色社会主义思想，深入学习宣传贯彻党的二十大精神，引导全体警员坚定捍卫“两个确立”、坚决做到“两个维护”。扎实开展全警政治大轮训，强化党性修养，提升能力素质。推进执法规范化建设，推行群众上门报警自助扫码登记制度，每周对执法服务不规范问题进行通报并督促落实整改，每季度开展一次劣质案件点评。坚定不移整肃纪律作风，常态化开展督查巡查，统筹网上网下两条线，深入查找问题，查纠问题91个，运用“四种形态”处理民辅警3人，移送案件线索1条。注重强化民辅警职业保障，全县355名辅警完成改革过渡工作。稳妥推进两个职级序列改革工作，公平公正完成职级晋升工作。

检　察

【概况】 万载县人民检察院是国家法律监督机关，对万载县人民代表大会及其常务委员会负责并报告工作。全年有政法专项编44个、工勤编3个，实有干警45人，内设6个部门和1个派出检察室：政治部、办公室、第一检察部、第二检察部、第三检察部、法警大队和西区检察室。2022年，县人民检察院以“质量建设年”“三拼三促”抓落实活动为抓手，以“求极致”精神为引领全面履职，回应人民群众对公平正义和政治清明的新期待。

【国家安全和社会安定工作】 2022年，县人民检察院重拳打击严重刑事犯罪，突出惩治涉黑恶组织犯罪、养老诈骗犯罪等，参与“断卡”行动，批捕147件203人，起诉364件564人。办理上高县人大常委会原主任钟某受贿案、丁某等7人恶势力案、秦某等5人涉养老诈骗案等重大刑事案件。推动扫黑除恶常态化，抓好《中华人民共和国反有组织犯罪法》的贯彻实施，成立涉黑恶案件专案团队，定期对6大行业14个部门进行专项执法检查，提出社会治理检察建议11件。助力金融风险防范化解，落实最高检“三号检察建议”，依法惩治破坏金融秩序案件4件5人，办理的全市首例利用虚拟币洗钱案入选全省典型案例。

【法治化营商环境建设】 县人民检察院出台服务保障“第一等”营商环境16条举措，建立检察与工商联、侨联协作机制，参与“百名检察官进百企”活动，加强“一室两平台”建设(“知识产权检察办公室+企业维权云上平台+非公维权办平台”)，实现企业足不出户提出诉求。推动涉案企业合规改革，建立“万企·方圆”企业合规师工作室，对犯罪情节较轻的25名企业负责人依法不起诉，企业合规文书被全市推广，努力实现"办理一起案件、扶助一批企业、规范一个行业"。加强知识产权司法保护，积极探索"刑民行"集中统一办案模式，办理郑某等人假冒"仁和集团"注册商标等案17件。

【社会治理现代化进程】　县人民检察院通过办案"见微知著"，推动诉源治理，制发检察建议17件，同比上升183%。推行"检察建议+调研报告"工作模式，向县委政法委呈递调研报告4份。全面准确把握宽严相济刑事司法政策，深化适用认罪认罚从宽制度，对轻微犯罪不起诉358人。认真落实"谁执法谁普法"责任制，微信公众号"万检说法""青青我心FM""普法小剧场"等开展的以案释法，全年阅读量超32万人次。

【生态环境改善方面】　县人民检察院守护蓝天碧水净土，打造"只此青绿，这很万载"生态环境公益诉讼品牌，以"三合一"理念（"专业化法律监督+恢复性司法理念+社会化治理"）推动生态环境治理。强化"河长+警长+检察长""林长+警长+检察长"工作机制。2022年，办理生态环境公益诉讼案件25件，同比上升78.5%；落实生态环境修复费用百万余元；督促修复林地、耕地300余亩；责令整改矿山6家，整治非法河道采砂1处；推动2处革命旧址得到保护，工作经验入选全省"百院千人万里行"优秀普法作品展。

【公益诉讼检察】　2022年，县人民检察院开展弱势群体民生司法保障活动，为各类困难群众支持起诉19件，追索赡养费、农民工薪资等200余万元，同比上升63.9%；强化数字检察以大数据赋能司法救助线索摸排，办理司法救助案件69件，同比上升360%，救助金额达103万元，同比上升442%。致力守护"夕阳"，办理全省首例养老诈骗公益诉讼案件，深入辖区村圩开展预防养老诈骗主题宣传，原创短视频《爱你》获平安宜春建设"防养老诈骗·守好养老钱"主题短视频大赛二等奖。会同县人武部和退役军人事务局共建军检协作机制，积极开展军人、军属合法权益专项保护。

【致力"朝阳事业"】　2022年，县人民检察院深化"万检·云帆工作室"和"未成年人一站式关爱中心"建设，在宜春市首推"法治+心理"工作机制，开展社会调查、心理测评疏导、帮教、家庭教育指导1563人次，发出督促监护令27份。此做法被中国行为法学会报道，并在全省"法治心育进千校"活动中进行经验交流。持续抓实"一号检察建议"，牵头成立全省首家未成年人"12309"联建保护平台，推动建立集惩治犯罪、教育矫治、维护权益、预防犯罪于一体的未成年人保护法律监督体系，努力让"1+5>6=实"。推动强制报告案件10件，监督教职员工入职查询9984人次，"江西改革"微信公众号对该项工作进行报道。在县矛调中心、文宇阁书院和双桥镇柏树村建立留守儿童法治园地，助力留守儿童司法保护。办理的杨某帮信案入选全市首批涉未成年人犯罪典型案例，《检察院里的"金牌调解"》获评全市优秀未检办案故事，未检办案团队被授予"宜春市三八红旗集体"称号。

【做细矛盾化解工作】　2022年，县人民检察院畅通民意渠道，通过派驻矛调中心、"网格警"以及在微信公众号设立"人大代表政协委员云连线"平台等方式，与人民群众随时随地"心连心"。全面落实"群众信访件件有回复"，信访均做到7日内程序性回复和3个月内实体性答复，首访院领导包案率、化解率均为100%。充分运用"1+N"公开听证模式开展上门听证105件，同比上升133%，实现"四大检察""十大业务"全覆盖。

【做优刑事检察】　2022年，县人民检察院推动侦查监督与协作配合办公室实质化运行，建立"信息共享、业务研判、提前介入、联席会议"工作模式，提前介入103件，同比上升77%。强化监检衔接，形成反腐合力，提前介入、参与市县两级职务犯罪案件侦办10余人次。监督看守所监管、社区矫正监管和公安机关剥夺政治权利执行活动，发出检察意见书60份，对县法院财产刑执行情况核查146人664.37万元。

【深化民事行政检察】 2022年,县人民检察院制发民事行政检察建议64件,采纳率100%。开展行政非诉执行专项监督,制发检察建议9件。开展执行及审违“两项监督”,制发执行监督检察建议8件。深化虚假诉讼专项监督，制发再审检察建议2件。常态化开展行政争议实质性化解,办理的万载某山泉有限公司行政争议实质性化解案件入选全省典型案例。

【推动公益诉讼检察】 2022年,县人民检察院积极贯彻《江西省人大常委会关于加强检察公益诉讼工作的决定》,结合“公益诉讼江西行” 活动能动履职，针对食品安全、国土国财、窨井盖治理、高空隐患排查、残障设施、妇女权益、革命遗迹、安全监管等领域开展专项行动,办理公益诉讼案件53件。建立公益诉讼诉前检察建议与人大代表意见建议、政协委员提案相互转化机制,检察公益诉讼与审计监督协作配合工作机制,该工作做法被列入全省生态文明建设总结报告。积极推广“益心为公”志愿者平台，邀请志愿者参与办案16件次,以“我管”促“都管”,提升社会治理效能。

法 院

【概况】 2022年，万载县人民法院(以下简称县法院)实有干警78人，设9个庭室，辖刑事庭、民事庭、行政庭、立案庭、执行局、法警大队、政治部、综合办公室、审判管理办公室,下辖康乐、三兴、株潭、双桥、潭埠、马步6个基层人民法庭。2022年,县法院全力践行“作示范、勇争先”目标要求,按照“融入宜春、聚力园区、双城联动、特色彰显、宜业宜居”工作思路,服务大局、司法为民、公正司法,争创新时代“第一等”法院工作。2022年,共受理各类案件6937件,审结6849件，结案率98.73%，同比上升2.95%。在全省法院高质量考核体系中排名第32位,较2021年提升7位。在全市政法系统开展的“作示范、勇争先”活动中排名A组第二,获评“全市基层政法工作先进单位”。

【推进各项中心工作】 紧盯营商环境“办理破产”“执行合同”指标的责任落实,成立重大项目法官工作室、府院联动工作联络处、惠企快执中心,以实际行动助力实施双“一号工程”。推进府院联动机制走深走实,加快“僵尸企业”的市场出清,审结破产案件10件,其中积案6件。着力打造程序质量最优、诉讼耗时最少的司法服务,民商事案件审理用时由37.1天缩短至16天。突出“花炮法庭”特色,建立一企一政策等“四个一”机制,助力花炮产业振兴,为烟花爆竹企业回笼资金4000余万元。切实巩固拓展脱贫攻坚成果同乡村振兴有效衔接,向挂点帮扶村落实帮扶资金88万元，帮助挂点村走稳走实全面小康步伐。

【审判执行】 2022年，县法院严厉打击刑事犯罪,受理各类刑事案件386件,审结383件。推进扫黑除恶常态化,助推行业监管部门堵塞漏洞,发送司法建议46件。严厉打击网络电信诈骗等犯罪,审结案件80件。依法惩治危害生态环境犯罪,审结污染环境、滥伐林木、非法狩猎等案件13件。积极开展打击整治养老诈骗专项行动,在县老年大学成立“老年人权益保护法官工作室”,为老年人开展法律讲座、法律咨询50余次。妥善化解民商事纠纷，受理各类民商事案件3923件,审结3869件。深入贯彻实施民法典,坚持平等保护原则,审结各类合同案件1172件。落实房地产涉稳风险化解处置工作要求,妥善审理多个小区逾期交房、逾期办证等纠纷300余件。积极探索“少年审判+家事审判”的专业审判模式,开通未成年人普法点单服务,开展心理健康教育10余次。审判服务开放创新,挂牌成立宜春(万载)知识产权审判庭，对知识产权民事、行政、刑事案件实行“三合一”审判，办结民事案件296件、刑事案件6件，平均审理天数为16.8天。与市监局开展“行政调解＋司法确认”合作，实现知识产权行政保护和司法保护有机衔接。

【完善诉讼服务】 2022年，县法院受理各类执行案件3825件，执结3765件，执行到位金额6.19亿元。开展“猎狐—2022”专项行动，向公安机关移送案件6件，引导一案一人进行刑事自诉。充分贯彻善意文明执行理念，灵活采取执行措施，依法屏蔽失信被执行人48人，解除限制高消费187人，对3家企业、16名自然人进行信用修复。积极开展司法救助，为当事人缓减免诉讼费13.85万元，发放司法救助金65万元，让人民群众感受到“实打实”的司法温度。完善诉讼服务大厅、诉讼服务网、“12368”诉讼服务热线三大平台，拓展微信、手机App等诉讼服务新途径，促进诉讼服务多样化。深化诉源治理，构建“法院+N”一站式多元解纷体系，相继建立“法院＋矛排中心”“法院＋工商联”等诉调对接工作机制，选派67名干警积极参与“派驻网格警”工作。2022年，诉前化解矛盾纠纷3652件，防止群体性纠纷6起，新收案件数同比下降10.76%，“网格警”帮助解决实际问题70余件、调解纠纷210件。与县工商联协调联动工作做法，入选全国100对沟通联系机制典型事例。

6月15日，诉前联调中心进行调解

【队伍建设】 2022年，县法院坚持党的绝对领导，认真开展“深刻领悟‘两个确立’决定性意义　坚决做到‘两个维护’”主题教育，通过党组理论学习中心组学习、党支部会议等方式引导全体干警学习宣传贯彻党的二十大精神。围绕创建模范机关要求，开展“在职党员法官＋退休党员法官”为组合的志愿服务，老干支部获评全省“示范党支部”。积极承办全县打造让党放心、人民满意的模范机关现场推进会，交流基层党建工作的经验与做法。严格公正廉洁司法，严肃查处违反“三个规定”等行为，对干预过问案件全程留痕。提高履职能力和水平，认真开展岗位练兵、速录测试、裁判文书评比等技能比赛，全面提升干警业务素质，1篇案例入选《全国生态环境司法保护案例选编》，2篇案例入选省级案例，省级信息上稿10篇，获评全省法院信息工作先进集体。组织干警参加“人民法院大讲堂”，立足本地资源开展红色教育、廉政教育，切实提高干警的党性修养和廉政意识。

【司法公开】 2022年，县法院主动接受人大监督，认真办理县人大代表意见建议18件，并及时加以整改。切实增强监督联络工作的针对性和实效性，邀请代表委员视察法院、旁听庭审、见证执行29人次。严格落实人民陪审员制度，人民陪审员参审案件270件。广泛接受社会监督，发布生效裁判文书3068篇，庭审直播案件1233件，让司法公开真正看得见、能评价、受监督。推进基层基础建设，落实安全管理工作要求，补齐基础设施短板，新建设的康乐法庭已投入使用。充分发挥人民法庭扎根基层、贴近群众的优势，强化巡回服务功能，开展巡回审判137场次，举行各类普法宣传活动212场次。

司法行政

【概况】 2022年，县司法局统筹推进全面依法治县、法治政府建设、重点人员管控、法治营商环境、公共法律服务、人民调解、干部队伍建设等工作，先后获评全省“平安江西建设先进集体”、“全省行政复议工作规范化示范单位”、全省行政复议“进园区、商会、企业”专项法律服务活动先进单位。在宜春市政法系统“作示范、勇争先”对标竞赛中排名第二，岭东司法所获评江西省“矛盾纠纷排查化解专项行动先进集体”。

【全面依法治县】 2022年8月11日，召开县委全面依法治县委员会第五次会议，审议印发《县委全面依法治县委员会2022年工作要点》《“对标提升法治力　奋进喜迎二十大”主题实践活动方案》《争创新时代法治建设“第一等工作”三年攻坚行动方案》等文件。举办万载县“习近平法治思想大学堂”培训班80余场次，组织新任科级领导干部开展宪法宣誓活动和法律法规知识考试，落实各级党政主要负责人年终述法制度。

【法治政府建设】 2022年5月23日，制定《万载县创建全省法治政府建设示范县实施方案》《万载县人民政府重大行政决策事项目录》。全面推行“双随机、一公开”监管，制订年度计划444个，行政执法监督联合检查任务112个。严格管理行政执法证件，组织2022年度执法证件申领考试，183人通过，合格率95%。探索“综合查一次”执法检查模式，推广使用“好差评”系统，行政执法监督评价系统收到被查企业评价615条，其中评价“非常满意”604条，评价“满意”11条。规范做好行政复议工作，投入35万元建成“一站式”行政复议大厅，全年立案受理37件，审结36件。《万载县探索行政争议化解新模式》在“江西改革”微信公众号上宣传推广。

【普法依法治理】 开展法治宣传教育活动。召开万载县法治宣传教育工作会议，专题部署“八五”普法，落实“谁执法谁普法”责任制。制定《2022年万载县落实普法责任制开展主题普法宣传活动方案》，推动“法律六进”。全年以宣传《中华人民共和国宪法》《中华人民共和国民法典》为重点开展主题普法16场，解答咨询500多起，发放宣传手册3万余份。推进法治文化阵地建设。2022年，完成禁毒法治主题公园、红色税收法治文化馆、马步乡宝石村鲁塘新村红色法治文化基地等法治文化宣传阵地的建设，其中，红色税收法治文化馆被省委宣传部、省司法厅、省文化和旅游厅、省普法办评为“第四批江西省法治宣传教育基地”。同时，推出融媒端普法阵地——“万小司普法”，制作以案释法系列推文45期。深化“法律明白人”培养提升工程。从村组(社区)干部、网格员等人群中遴选出4426名骨干作为示范培养

2022年新建成的万载县司法局行政复议大厅

对象。开展“民主法治示范村(社区)”创建。马步乡布城村被评为“第七批江西省民主法治示范村”,罗城镇藏溪村、双桥镇深塘村、马步乡宝石村、高城镇复胜村、白水乡槽岭村、潭埠镇新田村、马步乡洞口村被评为“宜春市民主法治示范村”。

【社区矫正】 2022 年 8 月 25 日,新建智慧矫正中心,实现对社区矫正人员智能化日常管理;对全县“两类人员”进行全面排查,做到无一人无重新犯罪。

【安置帮教】 2022 年，县司法局落实无缝对接机制,采取“五帮一”方式开展帮教,实行刑满释放人员分类排查机制,实现人员对接“零缝隙”、安置帮教“零时差”,做到接回率 100%、帮教率 100%,为服刑人员家属提供远程视频 501 场次。

【公共法律服务】 2022 年,县司法局推出十项便民举措,完善首问责任制、一次性告知等制度。创新推出“公证 + 不动产登记”延伸服务,扩大法律援助范围,实现“应援尽援”。司法鉴定中心为行动不便群众提供上门服务。在律师行业开展“公益律师集结号”活动。2022 年,全县办理公证 981 件、法律援助案件 281 件、司法鉴定案件 737 件，律师代理案件 2166 件，担任法律顾问 198 家,防止和挽回经济损失 4.28 亿元。

【人民调解】 2022 年 10 月 27 日， 成立万载县矛盾纠纷人民调解委员会,开展人民调解员等级评定，评定二级人民调解员 21 名、三级 138 名、四级 114 名，建有各级人民调解委员会 233 个，创建鹅峰乡“缘桌调解”、岭东乡“长辈调解”等基层品牌调解室。开展矛盾纠纷大排查大化解有效防范“民转刑”案件专项行动,各级人民调解委员会共调处矛盾纠纷 1407 件,化解“民转刑”矛盾纠纷 195 件。

【司法所建设】 截至 2022 年年底,共投入 288 万元,完成黄茅司法所、株潭司法所、潭埠司法所、双桥司法所、白水司法所、岭东司法所、高城司法所、鹅峰司法所、马步司法所、三兴司法所、高村司法所、茭湖司法所的规范化建设，重新配备办公桌椅、空调、打印机等办公设备。新任 5 名司法所长,招录 8 名司法辅助人员充实到司法所,基本解决司法所业务用房紧、工作人员偏少的问题。

军　事

人民防空

【人防设备采购使用】 自建项目全面完工。人防应急救援指挥中心完成人防办公家具、家电的政府采购及实地安装工作，指挥通信设备工程已完成安装、调试及验收，并具备投入使用条件。人防工程建设有序推进。完成人防项目审批及人防项目竣工验收工作，采取“人防 +”模式，建成人防疏散地域。顺利完成防空警报试鸣并召开人防指挥部联席会议。

【人防指挥部常态化运行】 9月18日顺利完成防空警报试鸣，鸣响率100%，并召开指挥部联席会议，研究人防高质量发展中的重难点问题，商讨对策举措。人防信息化建设水平逐步提升。购置人防指挥车，完成机动指挥通信平台建设和视讯会议系统高清改造建设。加强人防工程安全建设。对在建人防结建工程质量监督巡查及安全检查，排除安全隐患，发现问题并整改到位，实现全县人防工程安全生产零事故。

【开展人防知识宣传教育活动】 利用“3·1”国际民防日、“5·12”防灾减灾日、“9·18”“10·31”开展人防知识宣传活动，增强市民的防空防灾意识和国防观念。

退役军人事务

【概况】 万载县退役军人事务局为县政府职能部门，2019年3月27日县委编办正式下发“三定”方案，核定行政编制5人，事业编制21人，行政股室2个，下设县退役军人服务中心、县烈士纪念馆、县光荣院3个下属单位。2022年，万载县烈士纪念馆成功入选江西省首批191个少先队校外实践教育基地之一，县委退役军人事务工作领导小组报送的“探索关爱英烈后代新机制，培筑传承红色基因大格局”经验材料入选《全国党委退役军人事务工作领导机构示范工作法》汇编。

【服务保障】 2022年，县退役军人事务局完善退役军人服务保障制度，践行“三拼三促”工作要求，将“退役一件事”纳入县政府“人生十件事”“一链办”改革范围，打通与相关单位和部门在网上流转、线上快速办理的渠道。全年利用县退役军人服务中心“一站式”平台，为全县转业士官及自主就业退役士兵便捷高效完成社保、医保、组织关系及户口落户等手续的办理工作。

【优抚政策】 2022年，全县发放抚恤补助资金，优抚对象受益；发放医疗保障补助配套资金，重点优抚对象受益；发放临时困难补助，惠及困难家庭和建档立卡贫困户；对符合条件的退役军人落实调残、评残和带病回乡的申请与认定工作。春节期间，对宜春军分区、驻县部队、万载籍现役师团领导亲属、光荣院休养老人、各类优抚对象进行走访慰问，并发放慰问金。

【优待证申领制发】 2022年4月，按照全省统一部署启动优待证办理工作，在各乡镇（街道）退役军人服务站设立专门的业务办理窗口。至10月底,全县建档立卡退役军人申领率达到93.2%,并于10月25日在局机关举行首批优待证集中发放仪式。

【退役安置工作】 2022年,接收符合安置条件的转业士官、自主就业退役士兵,转业士官安置率100%,自主就业退役士兵参加自主就业培训率100%。

【就业创业渠道】 2022年,万载县按照中央提出的“保就业稳增长”工作要求,全年共组织退役军人专场招聘会4场,参加企业60家,达成就业意向100多人次。组织参加市人社局、县人社局的网上招聘会9场次,为退役军人参加免费职业技能培训提供服务保障。

【典型示范引领】 2023年7月28日,县退役军人事务局参加中共江西省委宣传部、江西省退役军人事务厅在全省范围内开展的“最美退役军人”“最美

2月23日,万载县为二等功臣范家铭送立功喜报

军嫂”评选表彰活动。同时,为部队45名立“三等功”的人员开展“五个一”活动,将立功喜报送到家。

【承办全省关爱英烈后代推进会】 3月10日,承办省退役军人事务工作领导小组办公室在万载召开的全省退役军人事务系统“关爱英烈后代现场推进会”。

【专项资金项目】 2022年,县退役军人事务局向上争取烈士纪念设施维修专项资金120万元,用于对烈士纪念设施进行新建和整修。

【红色教育阵地】 2022年,县退役军人事务局针对全县各单位团体的不同特点与要求,利用全民国防教育日、清明、七一、八一及烈士纪念日等重大节日,组织开展不同主题的教育活动,全年共接待参观者4万余人次。

财政·税务

财　政

【概况】 2022年，县财政局围绕全县经济工作目标任务，强力推进财源建设，加大保障重点支出力度，坚持稳中求进工作总基调，牢固树立和贯彻落实新发展理念，主动适应经济发展新常态，深化财政改革，健全体制机制，发挥职能作用，不断提高财政管理科学化、精细化水平，先后评得第十六届江西省文明单位、财政衔接推进乡村振兴补助资金绩效评价整体推进县、全县文明单位和文明规范服务示范窗口、全县公共机构节能工作先进单位、平安建设先进集体。并获中央水利发展资金及省级水利专项资金绩效评价优秀奖、县级财政工作综合考核三等奖。

【财政收支运行】 2022年，全县一般公共预算收入累计完成17.91亿元，同比增长8.6%。其中，税收收入完成11.15亿元，同比增长1.2%；非税收入完成6.76亿元，同比增长23.6%。税收占比为62%，同比下降4.8个百分点。一般公共预算支出全年累计53.10亿元，同比增长6.3%，保持持续增长态势。其中，民生支出43.44亿元，占总支出的82%。

【重点税源行业】 2022年，全县形成以制造业、建筑业为主的第二产业税收集群，以批发和零售业为代表的第三产业税收不断壮大。第二产业税务口径税收累计入库19.02亿元，同比增收3.79亿元，增长24.8%。其中制造业入库税收16.06亿元，同比增收3.96亿元，增长32.7%。江西南氏锂电新材料有限公司全年完成税收1.06亿元，实现净增长；建筑业入库税收2.31亿元，同比增收2301万元，增长11.1%；第三产业税务口径税收累计入库13.05亿元，同比增收6544万元，增长5.3%，其中批发和零售业入库税收6.74亿元，同比增收2.55亿元，增长60.8%。

【深化财政改革】 加快推进预算绩效管理。将绩效目标管理范围覆盖到所有项目资金，并将所有预算公开的部门整体支出纳入绩效目标管理范围，实现绩效目标管理部门和项目“双覆盖”。2022年，县财政共批复年初预算项目绩效目标184个，涉及金额3.14亿元。开展2021年度项目绩效自评，涉及77个部门单位，自评金额4.68亿元；开展地方预决算公开情况专项检查、全县粮食领域“小金库”暨会计信息质量专项监督检查、“三公”经费专项检查。2022年，万载县“三公”经费预算安排金额3217.1万元，全年执行金额2310.5万元。优化政府采购营商环境。采购项目全部实行“电子化招标、不见面开标”，所有招投标信息、中标结果等采购信息必须在江西省公共资源交易网公告。同时，开展政府采购电子卖场建设，全年通过电子卖场完成采购13749笔，累计交易金额达到1.32亿元。

【政府债务管理】 2022年，全县发行一般债券2.22亿元、专项债券12.91亿元。就2022年新增专项债券资金的九大投向领域，组织各主管部门、发行顾问对符合发行领域的项目逐一优化完善，并结合项目的专项收入等情况，合理选择重点项目申报，提高政府债券项目评审通过率。严格按照上级文件精神，督促项目单位加快债券资金的使用。每周对项目建设、支付情况进行调度,随时掌握项目建设进展,密切关注省、市对专债资金使用要求和其他县、市动态，及时上报政府协调解决项目建设过程中存在的困难和问题,在相应的时间节点完成专项债券资金的拨付使用。制定《万载县2022年政府隐性债务化解实施方案》,逐笔梳理全县政府存量隐性债务情况,截至年底,全县超额完成2022年化债计划。

【优先教育发展】 2022年,全县教育支出11.28亿元,主要用于保障教师工资福利待遇、学校运转、学生资助、教育基础设施建设等支出。其中,拨付公用经费9176万元，有力保障各学校日常教学运转;落实中小学(含幼儿园)建设资金(含债券)1.31亿元,资助学生2573.6万元。

【落实财税政策】 2022年,全县共兑现税收扶助、工业技改资金、工业高质量发展、小额贷款贴息、标准厂房企业扶助等惠企政策资金7.98亿元，惠及企业3324户次。兑现科技创新、品牌创建、管理创新、企业入规等惠企政策资金5.63亿元，惠及企业732户次。出台《万载县"财园信贷通"续贷操作流程》,简化续贷程序,2022年财园信贷通共放贷5.5亿元，惠及企业140户,其中:园区企业53户2.3亿元、花炮企业74户2.7亿元、园区非花炮企业13户0.5亿元。截至2022年年底,在贷余额6.1亿元,惠及企业160户,其中:园区61户企业2.5亿元、花炮企业84户3亿元、园外非花炮企业15户0.6亿元。安排财政资金3100余万元支持三个体育小游园项目建设,发行新增政府债券资金15.13亿元，用于县24个重点项目建设,为全县重点项目建设提供财力支持。

【助力惠农政策落地】 统筹资金6000万元，用于推进高标准农田建设。落实水利专项资金2023万元,用于山塘整治、病险水库除险加固等项目建设。做好补贴资金发放工作,发放耕地地力保护补贴资金5208.99万元、实际种粮农民一次性补贴资金2022.1万元、全县早稻种植补贴资金1294.06万元、农机购置补贴资金379.24万元、生态公益林补偿资金1462.94万元、天然林停伐及管护补助资金934.62万元、退耕还林补助资金11.59万元。开展财政"惠农信贷通"工作,截至年底,累计发放贷款92笔共8317.9万元。支持新农村建设,筹集资金9000万元,用于全县300个新农村建设点建设;落实管护资金332万元,用于开展村庄环境长效管护。

【规范国资国企管理】 制定《万载县2022年度县属国有企业综合考核实施方案》，开展国有企业绩效评估考核。制定《关于加快万载县地方政府融资平台优化升级的工作方案》(征求意见稿)和《万载县地方政府融资平台优化升级工作责任分工表》,成立万载县政府融资平台优化升级工作专班,对党政机关公务人员在融资平台公司违规兼职行为进行清理,对全县国有资产资源进行全面清查。

【提升党建水平】 以党建促工作,以工作促党建,全面落实"三会一课"、主题党日等党内制度。运用"党建+"模式,认真实施"党建+文明创建""党建+志愿服务""党建+文体活动",在全局范围内营造比学赶超、创先争优的浓厚氛围。

税 务

【概况】 国家税务总局万载县税务局设机关股室13个，分局6个,事业单位2个,负责贯彻执行税收、社会保险费和有关非税收入法律法规、规章及规范性文件，以及全县17个乡镇（街道)、县工业园区管委会的各项税收、社会保险费和有关非税收入征收管理工作。2022年,万载县税务局获全省社会保障工作先进集体、2021年全市五一巾帼标兵岗、2021年驻县优质服务单位等称号,负责新建的仙源红色税收主题馆被省委宣传部等四部门命名为江西省法治宣传教育基地。

【模范机关建设】 县税务局突出模范政治机关建设,集体观看党的二十大开幕会、举办“税收现代化服务中国式现代化”座谈会、组织“书写党的二十大”书法活动、邀请专家领导授课。完善龚全珍工作室、党员活动室,潭埠分局支部被评为全市“示范党支部”。创建“跨越时空的颜色”党建品牌在全市党建创新工作中获三等奖。

【税费收入】 2022年,全县实现全口径税收收入32.1亿元,同比增长16.01%,实现一般公共预算口径税收收入12.89亿元,同比增长13.4%。两项收入总量均在全市十个县市区排名第七,增幅均排名第三。组织入库社保费8.95亿元,同比增长1.8%,总量排名全市第六,增幅排名从全市第九上升至第六,社保和医保申报率同比分别上升3%、3.5%;入库非税收入36.5亿元,同比增长29倍,总量排名从全市第八上升至第二,增幅排名从全市第十跃升至第二。

【减税降费】 为落实新的组合式税费支持政策,县税务局成立退税减税政策落实工作领导小组,组织多轮政策解读、培训。全年共落实新的组合式税费支持政策19788户次9.29亿元,同比增长44.5%,退税减税降费相关工作在宜春市税务局简报刊发6次,被各类媒体报道22次。

【非税收入划转】 自1月1日起,国有土地使用权出让收入和矿产资源专项收入划转至税务部门征收。征收范围、征收对象、征收标准、申报缴纳期限等政策仍按现行规定执行。县税务局加强与自然资源、财政等部门的沟通协作,组建划转工作青年突击队,制定应急预案,做好政策宣传和操作培训,全年征收国有土地使用权出让收入35.34亿元,矿产资源专项收入532万元。

【税收分析】 落实“惠企稳岗保运行”机制,2022年6—11月,按日监测、通报退税减税、企业开票、税款入库等数据,保障经济平稳运行。深入开展税源调研,充分运用“税郡通”开展税收分析,形成多篇专报以税辅政,4次获县委、县政府领导肯定性批示,《税收视角下万载花炮产业与上栗花炮产业分析比较与发展建议》在《江西税务》专刊上刊登,1人获评全省税务系统“税郡通”运用先进个人。

【推进管理体系试点工作】 2022年,县税务局深入推进“五员”管理体系试点工作,落实集中审批,成立审核审批组,对24项前移审批事项进行扎口管理,规范涉税事项审批流程。推行电子文书印章,1万余户纳税人签订电子送达服务协议。持续推进专用发票电子化改革试点,不断提升电子专票推行覆盖面,全年共为756户纳税人开具电子专票7122份。推进不动产登记办税税务区块链应用,创建“不动产登记+办税一链办”联办平台,实现“一窗受理、并行办理”。

【税费专项清理管控】 2022年,县税务局出台《涉税风险办税员日常监管指引》,规范办税员的办税行为。狠抓征管质量5C监控评价工作,不断规范税种认定、发票管理、退税管理等业务流程。强化数据管理,实时监控、整改各项疑点数据,在税(费)种专项清理中,核查整改11类税(费)种认定疑点数据5000余条。深入推进行政执法“三项制度”,做好行政执法信息公开,规范税务行政处罚,执行两批“首违不罚”事项清单,办理“首违不罚”3起。圆满完成个人所得税经营所得汇算清缴和企业所得税汇算清缴。开展土地增值税清算审核,组织审核2户企业,清算税款770万元。在13个乡镇试点内销花炮税收征收,入库税款234万元。全年开展风险行业专项整顿、纺织鞋帽、竹木行业整顿面超80%,应对中低风险107户次,查补税款1882万元,入库税费884万元。

【纳税服务】 万载县税务局第

4 月 30 日，万载县税务局第一税务分局（办税服务厅）整体进驻行政服务大厅，图为搬迁后的办税服务厅导税台（邹集颖　摄）

一税务分局（办税服务厅）整体进驻县政务服务中心，有效解决办事群众“来回跑”“多头跑”问题；落实“一号改革工程”，全年纳税次数降为 4 次，纳税时间压缩至 35 小时，营商环境纳税指标考核全省排名第八；落实“一次都不跑”“最多跑一次”清单，提供延时错时、限时办结等服务，全年业务办理平均等候时长 0.21 分钟，排名全市第一，业务平均办理时长 2.79 分钟，排名全市第四。优化退税流程。大力推行全流程电子退税，资料实行内部流转，出口退税时间压缩至 6 个工作日内，一类企业退税时间压缩至 3 个工作日内，低于全市平均水平。多样化政策服务。开展两轮“万名税干访万企”活动，深入企业送政策、问需求、解难题；开展“春雨润苗”专项行动，梳理小微企业惠企政策进行精准投放；组织召开涉税中介机构恳谈会，引导中介机构遵纪守法、规范发展。采取线上直播、线下培训、媒体发布、微信群发等方式，深入开展税收宣传。

【“银税互动”信用贷】 2022 年，县税务局深化银税互动，规范向金融机构提供企业纳税信用信息，帮助符合条件的纳税人获取资金支持。全年累计有 222 户企业通过“银税互动”获得超 3.2 亿元贷款，帮助信用企业解决融资难题。

【纪检监察体制改革】 2022 年，县税务局落实国家税务总局“1+7”“1+6”和江西省税务局“1+2+N”及宜春市税务局五项配套制度，开展纪检干部进支部活动，研究制定《基层分局纪检专员管理办法》，积极探索在农村分局设置纪检专员，获市局纪检组肯定。选举产生新的机关党委和机关纪委委员，推进机关纪委实体化运行。同时，广泛张贴“码上监督”二维码，广泛收集干部作风问题线索。

【建成红色税收主题馆】 9 月，万载县税务局在仙源建成红色税收主题馆。红色税收主题馆通过讲述土地革命时期税收政策，讲述中国共产党领导下的税收政策发展，有效地弘扬了革命精神、传承了红色税史、增强了理想信念教育。11 月，该馆被江西省委宣传部、省司法厅、省文化和旅游厅、省普法教育领导小组办公室四部门命名为江西省法治宣传教育基地。

【助力乡村振兴工作】 2022 年，县税务局挂点 5 个行政村，选派 1 名干部担任岭东乡柴田村第一书记。全年累计下乡 12 批次，拨付专项帮扶资金 25 万元。

经济管理

审 计

【概况】 县审计局聚焦“作示范、勇争先”的目标要求，按照上级审计机关的安排部署，扩展审计内容深度与广度，创新审计管理模式，常态化做好经济体检工作，助力县域经济高质量发展。2022年，获万载县高质量发展综合绩效考核评价先进单位、党风廉政建设先进单位、全面依法治县先进集体、平安建设目标管理优秀单位、全县公共机构节能工作先进单位等多项荣誉。

【审计理论与宣传】 2022年，H镇领导干部自然资源资产离任（任中）审计项目获江西省审计厅2022年度县级优秀审计项目二等奖及宜春市优秀审计项目一等奖；领导干部自然资源离任审计项目作为案例，代表全省县级审计机关入选审计署长江经济带自然资源和生态环境审计巡礼；领导干部自然资源资产研究型审计方法被省审计厅作为经验做法在全省各县（市区）推广。《万载县深化乡镇领导干部自然资源资产离任（任中）审计改革》《万载县实施自然资源资产管理及生态环境保护村级干部主动报告制度》被“江西改革”微信公众号采用，并在全省推广；自然资源资产审计工作特色作为基层审计机关改革创新案例材料，入选江西省生态文明建设总结材料；南京审计大学拟将万载自然资源资产任中审计项目作为全国教学案例引入课堂。

【审计监督】 2022年，完成审计项目37个，审计出违规问题金额2750万元，管理不规范金额1362万元，应归还原渠道资金246万元，查出非金额计量问题146个，全年共提交审计建议129条，被采纳审计建议129条，共出具审计报告和专项审计调查报告54篇。各类审计文章及信息在省级以上刊物刊登37篇、市级刊登55篇、县级刊登15篇。领导干部自然资源资产离任（任中）审计项目共发现各类问题合计27个，移送案件线索6起，撰写审计专报28篇，获市领导签批13篇，获县领导签批15篇。

【财政预算执行审计】 开展县级部门预算执行及决算(草案)审计，重点关注县级部门预算收支、决算(草案)编制的真实性和完整性。2022年，县审计局完成对县本级财政、县人社局、县自然资源局等8个单位的预算执行情况以及其他财政收支情况审计项目，查出问题金额1353万元。

【经济责任审计】 2022年，对25个党政领导干部开展经济责任审计，重点关注“三重一大”、“三公”经费、中央八项规定等的执行情况。召开县2022年经济责任审计工作联席会议，与县纪委监委、县委组织部、县财政局等单位负责人协商并印发《万载县经济责任审计工作联席会议议事规则》《万载县经济责任审计工作联席会议办公室工作规则》，明确各成员单位的工作职责，推动建立万载县党政主要领导干部廉政风险防控机制。

【政府投资审计】 严把政府投资项目“审计关”，站好项目管理“监督岗”。打破原局股室人员分配格局，将工程与财务把关有机结合，积极开展政府投资审计项目。建立长效机制，修订完善《万载县政府投资项目管理制度（试行）》等规章制度。

【外派审计】 2022年，审计署南京特派办借用1人赴杭州市参与党政主要领导干部自然资源资产离任（任中）审计，抽调18人分别参加全省粮食专项审计调查、全市政府债务专项审计、市委巡察、县委巡察，并圆满完成各项工作任务。

【审计机关创新管理】 2022年，县审计局在审计机关内部打破股室界限、专业界限，强化专业人才配合，配备精干力量，成立审计组，由局党组书记、局长全程跟进现场指导，在组织上实现由"各自为战"向"全局一体、协同作战"的转变，做到了统筹人员安排，强化协作配合。县审计局与县人大常委会环资委、自然资源等相关部门通力合作，借用相关职能部门专业人员，发挥专业技术优势，协助、配合审计组开展审计调查，确保审计工作整体协调、多方配合、顺利开展，做到了统筹部门力量，强化监督效能。在开展自然资源资产审计项目过程中，通过对ArcGIS的学习，结合地理信息"一张图"，利用大数据分析平台，快速锁定疑点图斑，深入分析、见微入著发现问题，有效统筹了"技术+"审计模式。针对审计发现的问题和领导批示意见，促进整改、出台和完善制度17项。通过上下级互联互通，打破县级审计机关成果停留在县一级层面的壁垒，为上级领导决策提供更为直接的基层数据及审计建议。

【创新内审工作方式方法】 2022年，县审计局加强业务指导，健全工作机制，先后出台《关于实施内部审计工作的通知》《万载县内部审计业务工作规定（试行）》等制度文件，并采取现场调研、座谈研讨、经验交流等方式，统筹开展对单位内部审计工作的业务指导，提出加强和改进内部审计工作的意见建议。同时，与17个乡镇（街道）、县公安局、县卫健委等重点部门以及国有企业沟通联系，指导推动设立独立的内部审计机构，建立健全内审工作制度，配备内部审计人员，推动内审机构客观、独立地开展工作。同时，县审计局加强队伍建设，提升业务能力。全年在全县建立内审机构34个，配备内审人员165人，其中业务人员97名；组织17个乡镇（街道）及17个县直单位分管内部审计工作领导、审计业务人员共70余人参加内部审计业务培训会议，并安排内审人员"以审代训"。县委组织部和县委审计委员会办公室联合发文，形成内审人员跟班学习机制，全年共安排36名内审业务人员分4批次到县审计局跟班学习，直接参与项目审计，在实训中提升审计业务能力，为培养内审队伍、发现审计人才打下扎实基础。

【党风廉政建设】 年初，县审计局设立局党组督查室，制定《万载县审计局党组监督责任清单》，从主要领导到一般干部，做到各岗位、各环节的有效制约。组织开展"3·23"警示教育、保密学习、网络安全等多场学习活动，切实筑牢廉政思想防线。2022年，先后印发出台《万载县审计局2022年党建工作要点》《万载县审计局抓落实活动年"三拼三促三提升"工作方案》《关于打造让党放心、人民满意的模范机关的实施方案》《万载县审计局审计项目工作流程》《审前谈话、审中巡查、审后回访工作规定》等文件，加强党内工作运行效率，保持严谨工作作风，筑牢廉洁自律防线，有效防范廉政风险。严格落实"三会一课"制度，创新党建活动形式，将党建活动与审计业务相融合，举办万载审计小讲坛活动，开展政治家访，关爱干部成长。

统　计

【概况】 2022年，万载县统计局始终坚持"忠诚统计""人民统计""担当统计""法治统计""勤廉统计"，以提高数据质量为中心，强化统计监测分析，扎实开展统计普查调查，更加有效发挥统计监督职能作用，被江西省第七次全国人口普查领导小组评为“江西省第七次全国人口普查先进集体”。

【统计服务提质】 2022年,县统计局在丰富“全县经济运行相关指标攻坚作战图”内容的基础上,增加多维度对比分析,在每月召开的全县经济运行监测分析联席会议上分析上月数据并提出下步举措,为县委县政府全面把握经济运行趋势提供重要参考。一方面,将所有指标分领导及牵头单位进行分解,按月收集各项指标工作开展情况,督促各牵头单位盯短板定措施抓落实;另一方面,组织开展综合考核四大满意度模拟测评,分析问卷调查中的短板弱项,提出可行性建议,促进满意度全面提升。截至12月底,共撰写统计分析41篇,工作信息110篇,其中2篇得到县领导签批,省采用109篇次。同时,全年围绕“五上”单位和固投项目申规纳统等重要领域开展调研,形成统计专报5期。

【统计基础提升】 县统计局持续按照《关于深化统计管理体制改革提高统计数据真实性的实施意见》要求,抓好统计力量、队伍素质、数据质量等工作的落地落实。为抓好统计力量建设,对乡镇街道推进统计工作进行评价通报;继续为“五上”企业统计员发放补贴;利用人才招考、劳务派遣等方式充实统计力量,2022年,县统计局从乡镇遴选公务员1人、事业编考录1人、编外招聘2人。为抓好队伍素质提升,组织全员参加省局举办的网络视频培训课程;通过以会代训、专题培训、统计大讲堂等多种形式开展基层业务培训10余次,全年累计受训人员达300余人次。为抓好数据质量管理,开展基层基础“六有”“六化”建设情况调查,对进展缓慢的乡镇加强指导;持续探索完善工业产值、贸易业销售额、服务业营业收入、建筑业产值等统计台账,推动“五上”企业统计基础不断夯实,固定资产投资“一项目上报,一凭证档案”制度不断成熟。

【统计格局构建】 2022年,县统计局以地区生产总值统一核算改革为总抓手,构建大统计格局。在工业方面,全县工业经济运行重报送数据凭证核查,强调数据稳定对全县工业经济发展的支撑作用;在贸易方面,与县商务局建立业务交流长效工作机制,促进消费数据的应统尽统;在服务业方面,与县发改委形成常态化大服务业部门联合分析机制,推动服务业数据质量不断提高;在投资方面,完善固定资产投资分析联席会议制度,各相关部门定期将掌握的投资项目基本信息报送到县统计局,确保及时纳统;在劳动工资方面,针对非一套表样本单位,会同人社、发改等部门,专题开展业务培训会,讲解指标填报注意事项,确保不重不漏。一系列举措,多方合心聚力,县统计局打好组合拳,推动了大统计格局的构建。

【统计法治开展】 2022年,县统计局以全省统计督察整改落实“回头看”为契机,压紧压实防范和惩治统计造假、弄虚作假责任。县委常委会会议、县政府常务会及各乡镇街道党委政府会议对监督意见等法治内容进行学习;清理纠正违反统计法精神的文件和做法;完善健全普法责任机制、失信企业和人员动态管理机制、统计与部门联合惩戒机制等机制;与县委巡察办建立协作配合机制,通过开展统计监测评价、统计执法检查、统计法律法规知识及统计案件学习等方式推进推动良好统计环境的形成;组织学习通报的有关统计造假、弄虚作假案件,从案件中吸取经验教训;配合县司法局梳理统计执法案卷,提升统计案卷规范化建设工作;做好领导干部违规干预统计工作记录调查和台账填报工作;统计执法检查有序推进。2022年,按照“双随机、一公开”执法检查计划,对6家在库企业(项目)开展统计执法检查;各专业股室对全部“五上”单位开展了现场数据质量核查,配合发改、工信、商务等部门开展各领域专项核查,各项基础数据不断夯实。

【第五次全国经济普查工作】 2022年，县统计局多举措抓实第五次全国经济普查工作。加强统筹谋划，及时向县委、县政府汇报经普有关会议精神，成立第五次全国经济普查筹备领导小组及办公室。强化经费保障，召开党组班子会讨论编制普查经费预算，向县委、县政府汇报，确保经费按时拨付，保障普查工作顺利开展。加强部门联动，与工商、税务、民政等部门沟通共享信息，全年抽取180家法人单位和11家产业活动单位，以上户走访和电话核实2种方式相结合进行数据质量核查。

7月，国家统计局万载调查队在三兴镇沙潭村开展早稻实割实测

国家调查

【概况】 2022年，国家统计局万载调查队践行新时代国家调查队精神，围绕提高数据质量的中心任务，深化改革创新，巩固调查工作基础，提升统计调查能力，推动统计调查事业全面高质量发展。在全省调查队系统绩效管理考核评比中位列县级调查队第2名，继续保持“江西省第十六届文明单位”称号，获“全省统计调查工作先进集体”“驻县优质服务单位”“万载县平安建设工作优秀单位”“万载县服务‘三农’工作先进单位”等多项称号。

【常规统计调查】 万载统计调查工作样本网点和调查对象分布广泛，通过严格执行调查制度和数据质量管理制度，加大对基层调查单位和人员的培训力度，全年圆满完成城乡居民收支调查、粮食产量抽样调查、主要畜禽监测调查、粮食畜牧业全面统计、农产品生产者价格、中间消耗、月度劳动力调查、新设立小微企业和个体经营户跟踪调查、工业生产者价格统计、采购经理调查等常规统计调查工作。

9月，国家统计局万载调查队在双桥镇大桥村开展住户调查大样本轮换工作

【调查专业样本轮换】 万载国调队组织开展全县住户调查大样本轮换工作、农作物对地抽样调查样本轮换工作。2022年，严格按照样本轮换工作方案，通过对全县181个行政村（社区）的住户、耕地面积等情况进行全面摸底，确定抽样框，最终抽选出符合精度要求的住户调查10个样本村（社区）、农作物对地抽样调查15个行政村45个样方。

【调查样本网点分布】 2022年，全县调查样本网点涉及17个乡镇（街道）、108个行政村(社区)、96家企业、3000余户调查对象。康乐街道北门社区、株潭镇长和村、马步乡带塘村等10个行政村(社区)为城乡居民收支调查点；康乐街道龙湖社区、高城镇高城村、双桥镇昌田村等10个行政村(社区)为月度劳动力调查点；罗城镇小浒村、双桥镇绍江村、三兴镇闹坪村等12个乡镇15个行政村的45个样方为农作物抽样调查实地调查点；主要畜禽监测调查涉及85个行政村，其中生猪调查网点涉及68个行政村，包括万载县和盛园农业发展有限公司等76家规模养殖企业为主要畜禽监测调查点；鹅峰乡涂泉村等4个行政村以及小明薯业农民合作社等17家合作社和规模户为农产品生产者价格调查点；罗城镇南垣村以及金秋种养农民专业合作社等4家合作社和规模户为主要农产品中间消耗调查点；江西万载千年食品有限公司等7家企业为工业生产者价格调查点；万载昌圣科技有限公司等5家企业为采购经理调查点；万载县双宇烟花贸易有限公司等2家新设立小微企业和个体经营户为跟踪调查点。

【统计调查宣传】 2022年，万载国调队秉持“为民调查、崇法唯实”的统计调查精神，努力提高统计服务水平，紧紧围绕国家统计局信息要点及社会经济发展热点、难点问题，深入一线开展专题调研活动，掌握更全面、更真实的一手资料，撰写一批优质的调查分析信息，充分发挥统计调查的参谋服务作用。全年共参与总队专题调研、自主开展调查分析63篇，调查信息17篇，工作动态30篇，统计文化17篇，其中16篇被国家统计局工作信息网采用。

【统计法治工作】 2022年，万载国调队学习贯彻最新法治理论，做到学习法规、宣传法规、严格执法。全年反复学习《关于深化统计管理体制改革提高统计数据真实性的意见》《统计违纪违法责任人处分处理建议办法》《防范和惩治统计造假、弄虚作假督察工作规定》《关于更加有效发挥统计监督职能作用的意见》；成功举办第十三届“中国统计开放日”、“12·4”法治宣传日等系列活动，现场讲解统计调查各项工作的重大意义及统计法律法规相关知识，展现经济社会发展情况和成就，共话统计事业的过去、现在和未来；推动严格执法，对万载县2家企业开展“双随机”独立执法检查，通过严格检查和执法不断提升统计法治的权威。

市场监督

【概况】 万载县市场监督管理局的主要职能是市场综合监督管理、市场主体统一登记注册、产品质量安全监督管理、特种设备安全监督管理、食品安全监督管理、药品安全监督管理、管理计量、管理标准化、统一管理认证认可与检验检测、统一管理全县知识产权监督检查等。2022年，县市场监督管理局以“三拼三促”抓落实活动为契机，提高科学监管能力水平，守住“三品一特”四大安全防线，做好信用监管、知识产权保护等各项工作，获得全市尊师重教先进集体、宜春市“七五”普法工作先进单位等荣誉。

【企业信息年报】 2022年，县市监局多举措抓好企业信息年报工作。组织召开全局信用监管工作会议，对年报公示工作进行部署，每周一次通报年报进度。协调全县27个部门通过国家企业信用信息公示系统（江西)协同监管平台共归集数据881118条，其中2022年新增854763条，数据归集量宜春市排名第一。全年全县有非公有制企业12051户、农民专业合作社1193户、个体工商户170484户；2021年度企业年报率为98.19%；农民专业合作社年报率为94.76%；个体工商户年报率为

89.82%。

【信用监管】 2022年，县市监局在信用体系监管中开展“双随机、一公开”抽查3次902户。建立万载县市场监管领域“双随机、一公开”监管工作部门联席会议制度并召开会议3次。全年制定双随机事项507个，联合检查任务159条，相关执法案件录入76个，“好差评”评价机制完成374条。

【绿色生态品牌创建】 2022年，县市监局着力推进万载县“江西绿色生态”品牌试点县工作。发布万载县《江西绿色生态芦笋》《江西绿色生态万载百合》团体标准；引导江西恒晖大农业科技有限公司、江西千年食品有限公司与中国质量认证中心签订“江西绿色生态合同”，有效推进了绿色生态品牌建设。

【知识产权保护】 2022年，县市监局多举措做好知识产权保护工作。一方面，提升知识产权数据指标。全年新增商标注册764件；专利授权数量492件，同比增长2.1%；发明专利18件，每万人有效发明专利拥有量2.12件；十年以上发明专利6个。另一方面，加强知识产权行政保护，重点整治商标恶意注册、虚假商标、专利标识不规范、专利侵权等现象，2022年办理知识产权案件38件，商标案件6件。同时，加强跨区域合作，赴浏阳开展知识产权交流会，会上浏阳、醴陵、上栗、万载四县市签订《四县市知识产权行政保护协作协议书》。另外，还推进地理标志保护产品挖掘培育和申报工作，与省质量和标准化研究院签订技术服务合同。万载百合与万载花炮成功入选2022年度江西省“我最喜爱的地理标志商标”优秀奖。对万载“罗城扎粉”开展调研并对其申请地理标志证明商标开展服务工作和提出指导意见，帮助其通过审查阶段。

【“入园惠企”工作】 2022年，县市监局持续推进知识产权质押融资“入园惠企”专项行动。全年全县专利质押融资登记金额已达10020万元，协调江西万申机械有限责任公司与中国农行万载分行达成300万元的万载县首例商标质押融资。

【食品安全监管】 县市监局锚定食品安全“守底线、查隐患、保安全”深化专项行动，排除食品安全风险隐患1963处，并逐条销号处理。推进食品及食用农产品抽样检测890批次，合格率为96.9%。健全食品安全快检体系建设，投入26.21万元新建食品快检室，配备仪器设备和专职的食品快速检测人员4名，完成年度目标总任务9728批次。对学校食堂和供餐单位实行全覆盖监督检查，全力保障校园食品安全。

【药械安全监管】 2022年，县市监局从规范全县药械化市场秩序、规范药店行政审批、做好药械化抽检工作、持续推进“智慧药店”建设四个方面强化药械安全监管。全年办结药品案件12件，医疗器械案件1件，化妆品案件4件；对7家新办零售药店、10家许可证延续零售药店和6家变更零售药店开展现场核查工作；按照市局药品抽检工作计划，共抽检药品31例，全面完成宜春市市监局下达的药品抽检任务，发现不合格药品1例并立案查办；全县151家零售药店已有143家药店完成对接，对接率达94.7%，县级验收通过92家，通过率为60.9%。

【质量安全监管】 2022年，县市监局多方面加强质量安全监管。一是推进政府质量奖和省名牌申报工作，对万载县全县机械制造、食品农产品加工、橡胶制品、建材等重点产业的名牌培育企业进行调研，确定拟申报企业5家，已有4家企业7个产品通过第一轮公示，第二轮公告结束后万载县最终有2家企业5个产品获得江西名牌产品。二是加大产品质量监督抽查工作力度，完成抽查花炮产品企业61家共56个批次，抽查钢材市场6家共12个批次，彩钢夹芯板1家共1个批次，建筑用钢筋4家共10个批次，农膜2家共4个批次，抽查成品油市场6家共6个批次，抽查学生用品销售商3家共6个批次。三是加快“万载县花炮产品质量提升”项目进度,推动江西省猎鹰烟花制造有限公司等3家企业向中国标准化协会申请AAA级“企业标准化良好行为”评定;由万载县市监局和江西省质标院共同牵头起草的《万载小烟花》《万载文旅烟花表演指南》两项团体标准获得发布;万载县市监局株潭分局设立万载县花炮产业质量基础设施“一站式”服务站并已投入使用。

【特种设备监管】 2022年,县市监局紧盯春节、国庆等节假日及两会、党的二十大等重要时段,加大巡查检查频率。全年共对230多家企业开展特种设备安全隐患排查。检查特种设备1560余台次,下发监察指令书71份,移交线索28件。开展电梯质量安全提升行动。下达特种设备安全监察指令书26份,对7起使用超期未检电梯的违法行为予以立案调查;扎实开展电梯安全隐患治理工作,帮助解决“国贸小区”电梯遗留问题。开展燃气管道和气瓶全面安全检查。全面排查全县中压燃气管道底数等情况,严格落实燃气气瓶扫码充装规定,下达监察指令书15份,立案处理6起违法现象。开展城镇燃气专项整治百日行动,联合城管、应急等部门开展4次城镇燃气专项整治。

【执法稽查】 县市监局推进“双打”和“铁拳行动”,全面开展专项整治。制定和下发专项整治行动实施方案,严厉查处食品、药品、化妆品、特种设备等各方面违法行为,全年共出动执法人员847人次,检查各类市场主体499家次,办理案件66件,移送公安4件,罚没款共计38.8545万元。开展全县教育、医疗领域收费检查工作。对万载县全县15家学校和3家卫生院开展价费检查,检查发现的问题已进入立案调查阶段。

【消费维权】 县市监局做好投诉举报工作,稳步推进消费维权上新台阶。牵头举办以“共创诚信守信、共促消费公平”为主题的宣传咨询活动,共有21家单位参与。现场为群众提供消费咨询服务,发放宣传资料3000余份。指导和推荐5家经营户成功获评宜春市2022年“放心消费示范创建单位”。2022年,全年共接收转办“12315”平台投诉6712条、“12345”热线投诉2057条,办结率100%,为消费者挽回经济损失12万元。

农业农村

综　述

【概况】 万载县农业农村局是县政府工作部门，为正科级单位，接受县委农村工作领导小组的直接领导，承担县委农村工作领导小组的具体工作，负责组织开展“三农”重大问题的政策研究，协调督促有关方面落实县委农村工作领导小组决定事项、工作部署和相关要求，下设人秘股、脱贫攻坚办、计财股、新农村建设与农村人居环境整治股、种植业管理股等15个股室。2022年，万载县农业农村局获宜春市农业生产工作先进县（市、区）、宜春市党的二十大维稳信访安保工作成绩突出集体称号，并获得“2022—2026年”五年肉羊产业建设项目资金支持。

【农作物方面】 粮食生产。2022年，全县粮食生产面积66.45万亩，其中早稻种植面积26.20万亩、中稻播种面积10.49万亩、晚稻种植面积25.28万亩，杂粮播种面积4.48万亩，全年粮食总产量25.86万吨。油料作物生产。全年完成夏收油菜播种面积4.01万亩，同比增长2.5%；完成花生、芝麻等其他油材料播种面积1.47万亩，完成油材料产量5381吨，同比增长4.4%。蔬菜生产。全年蔬菜任务面积15万亩，新增大棚蔬菜种植面积3090亩，蔬菜总产量15.86万吨。中药材生产。2022年，全县新增中药材种植面积0.55万亩，主要品种有“三子一壳”和夏天无、黄精、艾草、车前草、瓜篓、粉防己等品种，中药材年产值2750万元。果树、茶叶生产。全县果树种植面积2万亩，其中新增种植面积0.1万亩，主要是脐橙、马家柚、葡萄、早熟梨、火龙果、草莓等；茶叶生产种植面积0.8万亩，主要是赤兴乡花桥村、茭湖乡上峰村等基地，果茶总产值5600万元。

【畜牧业方面】 2022年，全县生猪存栏39.82万头，同比增长3.1%；生猪出栏64.94万头，同比增长6.5%；牛存栏5.52万头，同比减少1.4%；牛出栏2.80万头，同比增长11.55%；家禽存笼188.68万羽，同比减少14.73%；家禽出笼336.54万羽，同比增长14.4%；羊存栏12.31万只，同比增长14.8%；羊出栏16.4万只，同比降低2.84%；兔存笼90.24万只，出笼154.3万只，同比分别增长5.6%和17.86%。全年实现畜牧业总产值18.22亿元，同比增长6.5%。

【绿色有机产业】 2022年，全县新增绿色产品证书9个，其中源禾米业5个、景云合作社3个、金佰荟食品公司1个。有“全国绿色食品原料（水稻）标准化生产基地”面积12万亩、绿色产品29个、绿色种植面积14.6万亩；有8个乡镇从事有机农业种植，有机认证土地总面积41.2万亩，其中有机耕地9.1万亩、有机野生采集面积32.1万亩；有有机农产品139个；绿色有机农产品注册商标99件、绿色有机食品加工龙头企业17家（其中省级龙头企业9家、市级龙头企业7家），直接参与有机食品加工的下游企业110多家。全年加工各类果蔬近20万吨，有10多个系列100多个产品进入国际国内市场。

【申报试点项目】 全年完成“部省共建江西绿色有机农产品基

地试点省县级先行标杆（100万元)”“部省共建江西绿色有机农产品基地试点省星级农产品质量安全检测服务机构(10万元)”“最美农安卫士” 三个项目的材料申报,并获得先行标杆县(100万元)、最美农安卫士、三个乡镇星级检测站(9万元)、国家绿色原料标准化基地建设（10万元）共计119万元的项目实施资格。

【巩固农村集体产权制度改革成果】 万载县农村集体产权制度改革工作已于2020年9月通过市级验收。其中集体成员身份确认454112人,改革时点量化资产总额8877.07万元,成立181个农村集体经济股份合作社，完成集体经济组织登记赋码181个,发放股权证11万本,并与万载县农村商业银行股份有限公司签署战略合作协议，2021—2022年建立“三资”管理平台。

【农村建房审批】 遵照上级要求,全县全体村民落实“一户一宅”制度,对现有两处及两处以上符合规划且整体较好的住宅,暂不予拆除,待本组新增宅基地使用完后,必须把不符合“一户一宅”政策的多余房屋流转给需要建房的村民,在流转前收归集体管理充当公房，用作放置农具、存储实物等。加强村庄规划建设。理事会根据规划图纸对所有新增宅基地进行编号管理并向村民公示,新建房屋必须符合村庄总体规划,其他地方一律不准建房。若村民有两处及以上住房,除在住的外,是土坯房、危旧房的一律拆除并列入新增宅基地,保留土地使用权,建房前仍由原土地使用人负责耕种,如建房者不是原土地使用权人,需以货币进行补偿，补偿价格按每平方米75公斤当时普通大米的价格来确定。抓好村庄环境管护。理事会成员带头,组织部分群众进行环境整治提升，以道路通达、水质净化、公共设施健全为目标,大力开展“三拆”“四清”行动。

种植业

【落实强农惠农政策】 2022年,万载县发放耕地地力保护补贴资金5208.99万元,发放稻谷补贴资金1775.67万元,三次发放实际种粮农民一次性补贴资金2022.10万元。

【保障农产品质量安全】 2022年，全县共设立水稻病虫害、草地贪夜蛾等监测预警点12个；在罗城镇麻田村、三兴镇闹坪村、高村镇高村村建立3个2000亩的水稻病虫害统防统治绿色防控与农药化肥减量增效示范区；在白良镇锦江村建立200亩蔬菜病虫害统防统治绿色防控与农药化肥减量增效示范区;在岭东乡荷岭村建立600亩果树病虫害统防统治绿色防控与农药化肥减量增效示范区；在赤兴乡花桥村建立1000亩的茶叶病虫害统防统治绿色防控与农药化肥减量增效示范区。2022年，全县专业化统防统治组织共45家,多旋翼无人机78台,科学安全用药技术覆盖率达到95%以上，推广高效低毒低残留农药面积45.5万亩次、生物农药40.5万亩次，实现农药减量目标。

【水稻品种展示示范区建设】 2022年，在罗城镇麻田村建立水稻新品种示范点，示范面积200亩，展示早稻新品种16个和晚稻品种16个，并先后两次召开早稻、晚稻新品种现场观摩会。与此同时,进行省级17个中稻新品种对比试验，试验面积100亩,通过抓示范样板,举办技术培训班，召开现场观摩会,做到理论与实践相结合,提升广大农民的科技水平。

畜牧业

【扶持畜牧业】 实行财政保费补贴制度。按保费总额的80%给予养殖户保险费补贴,将能繁母猪保额从1000~1200元增加至1500元、育肥猪保额从500~600元增加至800元。落实财政种猪补贴文件精神。按照市农业农村局《宜春市2022年生猪产能调控能繁母猪一次性临时救助补贴项目实施方案》文件精神，按国家级、省级、市级、县级等产能调控能繁母种猪一次性临时补贴，每头能繁母猪给予100元补助，共补贴养殖户214.8万元。

【普查畜禽遗传资源】 按照《国务院办公厅关于加强农业种质资源保护与利用的意见》(国办发〔2019〕56号)文件精神和要求，及时启动普查工作。至2022年底，万载黑兔和康乐鸡全部完成拍照、基因测定、性能测定等工作。

【养殖业转型升级】 稳步推进标准化规模养殖，生猪规模化养殖比重70%；畜禽粪污资源化利用提质增效，全县畜禽粪污综合利用率保持在90%以上，规模养殖场粪污处理设施装备率保持100%。2022年，按照“水稻＋毛豆”轮作模式开展试点工作，全面完成畜禽粪肥还田测产和土壤检测分析。

【肉羊产业项目建设】 按照“扩量提质、产业融合、草畜配套、绿色生态”的发展思路，以肉羊产业为重点，通过政府、企业、农户和金融机构等协同发力，实施肉羊产业项目建设，开展肉羊养殖标准化示范创建，支持肉羊规模场建设，提升标准化规模养殖水平，扩大肉羊养殖量，提升养殖质量，壮大肉羊产业。2022年，全部完成新(改)建规模标准化养殖场9个(其中国家提质增效项目2个)。

【“春秋两防”工作】 “两防”工作以高致病性禽流感、口蹄疫、猪瘟等重大动物疫病为防控重点，坚持“预防为主”的防控方针，实施强制免疫，散养户由村级防疫员上户免疫，规模场则实行“先免后补”政策，做到应免尽免，确保免疫密度100%，免疫标识佩戴率100%，免疫密度100%。

农产品质量建设

【农产品监管平台】 2022年，万载县依托省农产品质量安全大数据智慧监管平台，建立全县农产品生产经营主体监管数据库，全年共有166家农业生产经营主体加入平台，纳入全省统一监管，有26家农业生产经营主体加入国家农产品监管与追溯平台。推广食用农产品承诺达标合格证，2022年全县推广使用承诺达标合格证近5000份。通过平台监管及食用农产品承诺达标合格证的使用推广，166家企业产品使用了合格证，消费者通过手机扫描合格证上的二维码即可查询产品生产全过程，实现产品全过程可追踪。

【监管队伍建设】 2022年，万载县有县级农产品质量安全监管人员4人、乡镇级农产品质量安全工作人员17人、村级农产品质量安全协管员175人，构建农产品质量安全县、乡、村三位一体的监管体系。2022年，万载县完成快速检测任务4030批次，完成农产品定量检测任务711批次。

【科学用药推广】 2022年，全县耕地面积为42.29万亩，永久基本农田面积37.18万亩，全县农作物复种面积99.35万亩，绿色防控覆盖面积61万亩，绿色防控率61.39%。全年化学农药使用量385吨，较上年减少1.03%。

农业机械化

【农业装备】 农机装备拥有量持续增加。万载县农业机械总数量1.78万台，总动力达33.65万千瓦。农机化作业水平提高。全年机耕面积48353公顷，机播面积23003公顷，机收面积46007公顷，农用连栋温室大棚5.8万平方米，农机化作业综合水平79.05%，比2021年同期增长1%。水稻耕种收割综合机械化率为83%，比2021年增长1%。油菜耕种收割综合机械化率为67.68%，比2021年增长1%。同时，农机装备结构全面优化，无人植保机械、插秧机械、抛秧机械得到快速发展。

【建设农机知识宣传及服务体系】 加强对农机合作社建设的组织领导,规范运营机制,扩大农机合作社的覆盖面。积极开展农机政策、技术宣传,扶持发展农机专业合作社。组织农机技术人员100余人次进村入户,帮助农机手修复农机具770台,保养各类农机具1520台。2022年,全县建成4个大型机械化育秧中心、4个小型机械化育秧中心、4个全程机械化综合农事服务中心、1个"四有三能"农机维修网点,农机专业合作社发展到12个,有力地提升了全县农机服务水平。

【农机购置补贴】 2022年,上级下达万载县农机补贴资金任务512万元(含省补22万元),可使用中央补贴资金508万元,已使用补贴资金729万元,其中报废补贴52万元。全年共补贴机具427台,其中补贴报废机具52台;使用资金比例143.6%,带动万载县农机装备投资3200万元。2022年,大中型拖拉机注册登记133台,联合收割机注册登记89台,发放跨区作业证25张。

农业农村改革

【土地经营权流转】 深化农村承包地"三权分置",促进土地经营权流转。贯彻实施《农村土地经营权流转管理办法》,制定土地流转合同,引导土地经营权流转有序进行,并鼓励种粮大户、农民合作社、家庭农场等新型农业经营主体加大土地流转力度,提高万载县农村承包地流转率,盘活农村土地资源,全年农村土地经营权流转率为61%。

【农村建房规范管理】 2022年,印发《关于进一步规范农村建房管理助推乡村振兴"十个一""八个有"建设的实施方案》,成立万载县"宅改"工作专班,结合万载县实际,制定《万载县农村宅基地制度改革试点和规范管理三年行动方案(2022—2024年)》《万载县2022年农村宅基地改革和管理工作要点》,经乡镇推荐、县领导小组审核批复,在全县25个行政村134个自然村庄。同时,邀请设计单位深入村组实地调研,以"一户一宅"为原则,确定未来20年宅基地建房需求,再结合现有宅基地数量,确定规划新增宅基地的数量,最后将这些新增宅基地合理布局到村庄预留宅基地,以此供村民择址建房。

【推动宅基地改革】 在总结2021年黄茅镇光明村江夏宅改经验的基础上,以2022年罗城镇黎明村、赤兴乡镜山村及株潭镇上坊村为典型案例,探索完善农村宅基地所有权、资格权和使用权等权利内容及其分置实现形式,有序引导农民将资格权流转、入股、合作,激活农村闲置宅基地资源。

乡村振兴

【概况】 2022年,县乡村振兴局按照国家、省、市巩固拓展脱贫攻坚成果有关工作要求,坚持"四个不摘"原则,聚焦"守底线、抓发展、促振兴"主线,守住不发生规模性返贫底线,围绕"12534"(即一个引领、两类机制、五个重点、三大工程、四项保障)工作思路,抓好责任落实、政策落实、工作落实和成效巩固,获评2022年度宜春市全面推进乡村振兴实绩考核巩固拓展脱贫攻坚成果工作优秀县,并在2022年度万载县综合考核中被评为先进单位。

【巩固脱贫成果】 2022年,万载县获中央和省级财政奖励项目资金共600万元;宜春市易地搬迁"有求必应"服务管理工作现场会在万载县召开;万载县乡村"微工厂"富民工程建设在江西省巩固拓展脱贫攻坚成果专题培训班上作经验交流;脱贫户人均纯收入13639.82元,同比增长13.82%,高于全县农民人均可支配收入增速。

【压实帮扶责任】 2022年,县乡村振兴局继续派强用好驻村第一书记和工作队,发挥好乡村振兴工作组的作用,61名驻村第一书记和119名驻村工作队员平均年龄43岁，协调帮扶资金2100万元。通过每月开展一次“微信视频定位”督查活动，印发督查通报8期，着力打造一支“不走的工作队”。全年遵照“属地优先、对口优先、责任优先”的原则，安排3926名帮扶干部结对帮扶9757户脱贫户及监测对象，压实县、乡、村三级结对帮扶责任。

【建强工作机制】 落实“每周县委或县政府主要领导、分管领导采取‘四不两直’方式沉到一线，暗访一户脱贫户或监测对象”的工作机制，全年以县政府督查通报的形式印发督查通报53期，该工作做法在2022年3月份全省“双月调度会”上被江西省乡村振兴局通报表扬。

【强化业务培训】 2022年，印发《万载县2022年巩固脱贫成果业务培训计划方案》，设立“万载县乡村振兴大讲堂”。按照“每月至少一期”的工作要求，先后举办驻村第一书记、衔接资金管理、户上基础设施申报程序、就业技能、防返贫监测等专题培训班19期1619人次；举办高素质农民培训班4期312人次，编印发放《万载县巩固拓展脱贫攻坚成果十大主要衔接政策解读》5000本。全县17个乡镇（街道）均建立了青年人才党支部，836名青年被纳入乡村振兴人才储备库。

【建立考核评估机制】 印发《万载县2022年巩固脱贫成果衔接乡村振兴常态化督导考核实施方案》，全面落实巩固拓展脱贫攻坚成果“四定”闭环工作机制，每月抓住1个考核主题，每季度开展1次部门联合督导，年终进行年度考核，对各乡镇（街道）和县直各帮扶单位分类、分层次开展巩固脱贫成果考核评估，树立奖惩分明的鲜明导向，推动各项工作落地落实。开展防返贫监测帮扶、就业帮扶、结对帮扶、住房保障、饮水安全保障等14个主题的月考核和4个季度的综合性考核，考核结果全县通报，要求年度考核结果排名后两位的乡镇（街道）党委书记在全县性大会上作表态发言。

【防返贫监测】 2022年，印发《关于建立“五化”防止返贫监测和帮扶工作机制的实施意见》，转发《江西省健全防止返贫动态监测和帮扶机制工作指南（试行）》。以岭东乡为试点，设立防返贫监测员193人（每人每年监测补贴费500元，由乡镇本级财政负责），从“基层监测网格化、行业部门信息预警联动化、三级研判精准化、分类帮扶科学化、业务培训常态化”五个方面，筑牢万载县防止返贫致贫监测和帮扶防线，全年新增监测对象65户245人，其中边缘易致贫户23户84人，脱贫不稳定户4户21人，突发性严重困难户38户140人，做到应纳尽纳、应扶尽扶。4—5月，开展防止返贫监测帮扶集中排查活动，排查农户126255户479973人，覆盖所有农村人口。

【资金绩效管理】 建立“1+3+N”扶贫（衔接）资产后续管理新模式。即根据每个项目的类别属性，确定项目巡护员、管理员和监督员各1人，其中巡护员为项目的经营主体，管理员为村干部，监督员为乡镇（街道）干部，“N”是以“小小打卡”微信小程序为载体，制定若干管护责任清单，助推扶贫（衔接）项目资产科学管理、经营高效、监督有力。合理安排衔接资金用于支持巩固拓展脱贫攻坚成果。2022年，全县共安排衔接资金8341.9万元，批复各类项目154个，其中产业项目73个5003.7万元，基础设施项目75个2459.3万元，其他项目6个878.9万元，产业项目资金占比59.98%。同时，聘请修福会计师事务所对2013—2020年的扶贫资产8.97亿元进行全面清查确权，做到资产家底清晰、产权归属明晰、类型界定科学、管护主体明确、运行管理规范。

【住房安全保障】 每个月在山区、矿区、林区和库区等薄弱地区，组织开展危旧房安全巡查，完善农村脱贫人口和“三类人员”住房安全动态监测机制。2022年，共排查房屋128860栋次，128栋农村危旧房全部整治到位。同时，针对脱贫户和监测对象住房“漏风漏雨”的问题，按照“每户不超过3000元”的标准，批复基础设施项目972户225.3万元，保障脱贫户和监测对象的住房安全。

【饮水安全保障】　成立万载县巩固拓展脱贫攻坚成果同乡村振兴有效衔接饮水安全专项工作领导小组，提升农村饮水安全水平，保障全县脱贫户、监测对象和农村低收入户饮水安全。全年落实农村饮水维修改造资金677万元，保障全县1740处农村集中供水和分散供水工程的建设和管护。设立护水员公益性岗位，加强日常巡检和设备维修，实行“农村安全饮水防贫监测排查月报”制度，建立健全农村供水工程长效管护机制。

【教育公平保障】　全面落实“控辍保学”工作，继续推进乡镇学校与属地管理双负责制度。2022年，共核查脱贫户与监测户学生信息15315人次，函告跟踪3189人次，落实资助金额2217.1万元（其中春季974.24万元、秋季1242.86万元），实现“零辍学”与“应助尽助”双保证。

【医疗健康保障】　2022年，县级财政设立特困人员临时救助金100万元，开通救助电话0795-8881995，全面落实社会保障各项政策，确保“不漏一户、不落一人”，实现脱贫人口28548人100%参保，其中资助参保12347人；监测人口1080人100%参保，其中资助参保683人。

【“一村一微工厂”富民工程建设】　按照“宜建则建、宜改则改、宜扩则扩”的原则，鼓励各乡镇（街道）和村集体将闲置资产以资源入股改建或新建厂房式、流通式、旅游式微工厂。规范项目合作管理，在“微工厂”项目申报审批之前，各合营主体要与村级合作社签订至少三年的合同，每个“微工厂”的年收益率不低于投入财政衔接补助资金的8%，并预付1～2年的租赁费，以确保“微工厂”能够稳定创收。2022年，万载新建或改扩建“微工厂”94家，带动脱贫群众和“三类人员”就业2500多人，实现年人均增收2.1万多元。该做法被宜春市深改办作为全省深化改革典型案例进行推荐。2022年，全县消费帮扶工作实现销售农产品15105.36万元；38座光伏电站累计发电431万千瓦时，电费收益178.6万元；落实新增贷款5460.4万元，完成任务指导数114.26%；建设和认定帮扶车间62个，开发公益性岗位1884个，脱贫劳动力就业人数14630，就业率86.03%，较上年同期增长5.15%。

【乡村振兴职业技能大赛】　11月14—15日，宜春市第二届乡村振兴职业技能大赛在万载县龙湖公园举办。大赛以“宜技之长、振兴乡村”为主题，围绕农村实用型技能，共设六个比赛项目，分别是直播销售员、选品员、视频创推员、养老护理员、中式烹调师、中式面点师，共有来自宜春市各个县（市区）、市本级的150名选手以及全国各地的19名裁判员参加。

【易地搬迁后续扶持】　印发《万载县易地搬迁社区管理服务“有求必应”工作试行方案》，在万载35个搬迁安置点建立“有求必应”管理服务中心，实行“清单制”管理，设立“一站式”服务窗口。建立迁入地与迁出地、迁入地与业务主管部门之间的协调联动机制，成功办理服务事项396起。举办搬迁群众就业专场招聘会。组织搬迁群众外出务工，确保搬迁群众稳得住、有就业、逐步能致富。

【考核评估反馈问题整改】　5月23日，召开由县四套班子领导参加的2022年度万载县巩固拓展脱贫攻坚成果同乡村振兴有效衔接工作领导小组第二次会议暨国家、省考问题整改提升集中行动部署会，印发《万载县2021年度巩固拓展脱贫攻坚成果同乡村振兴有效衔接国家、省考核评估反馈问题整改工作行动方案》（以下简称整改方案），该整改方案包括5大方面40个问题，制定整改措施96条。各乡镇（街道）、县直行业牵头责任单位和各村

（社区）的问题清单对照县级整改方案，制定问题整改的细化方案，做到共性问题全部认领、个性问题自查自纠，推动问题整改如期高质量完成。

【新农村建设】 2022年，按照"省定乡村振兴重点村不少于100万元、市定乡村振兴重点村不少于50万元、县定乡村振兴重点村不少于30万元"的衔接资金投入标准，协调农业农村部门"十个一、八个有"新农村建设资金3500万元，推动49个乡村振兴重点村建设，形成"点上有精品、线上有风景、面上有提升"的建设格局。以黄茅镇光明村江夏组宅基地改革为试点，在万载县25个示范村大力推广"江夏宅改"试点模式，以农村环境提升助推村庄规划落实。强化问题整改。万载14个省、市重点帮扶村先行启动村庄规划编制，全部规划完成。同时，加大万载问题厕所的摸排力度，共排查问题厕所86739个，立行立改问题全部整改到位，所有户厕信息数据质量预警动态清零，推动了农村新气象新面貌的形成。

【持续推动乡风文明】 2022年，印发《万载县推进移风易俗乡风文明三年专项行动实施方案（2022—2024年）》和《万载县移风易俗乡风文明三年专项行动联席会议制度》，结合万载当地特色开展乡风文明移风易俗三年行动，开展"我爱万载 爱我万载"文明之星评选活动、好人文化推荐评选活动，营造共建共享、互创互评的浓厚氛围，提升万载上下公民文明素质和社会文明程度。各乡镇（街道）通过新时代文明实践中心，持续深入开展"三讲一评"感恩教育活动，推进移风易俗，破除厚葬薄养、铺张浪费、高价彩礼等陋习，"听党话、感党恩、跟党走"主题优秀图片、视频、文章作品陆续在各级媒体刊出。结合"爱心超市、积分激励"的正向激励机制，有效引导村民思想从"要我干"向"我要干"转变，推动乡风文明持续向好。

林 业

【概况】 2022年，县林业局践行"绿水青山就是金山银山"的理念，聚焦"作示范、勇争先"目标定位，将林业工作融入全县发展大局，以推深做实林长制为总抓手，着力提升森林质量和扩大森林资源总量，全年林业用地11.52万公顷（国土三调数据），占土地总面积的67.07%，活立木总蓄积742.06万立方米，活立竹9421万株，森林覆盖率66.34%，实施生态公益林3.29万公顷，天然林保护2.98万公顷，完成2022年度生态公益林优化工作，全年实现林业总产值33.33亿元，其中一产10.63亿元、二产16.79亿元、三产5.91亿元。2022年，县林业局被评为"全市党的二十大维稳信访安保工作成绩突出集体""全省森林防灭火'平安春季行动平安县'""全市学习强国优秀学习组织""全市林业信息宣传工作先进集体"。

【资源保护】 建立"林长+警长+检察长"协作机制，通过信息共享、办案协作、联合督办等举措教育群众、打击重点、堵住盲点，推动和落实森林资源保护管理。加强万载县野生动植物资源保护工作的组织领导，建立万载县野生动植物资源保护联席会议制度。开展林长制"抓示范、促提升"活动，通过打造"林长+国家储备林建设（含场外造林基地）"等7个"林长+基地"示范点建设，扩大林长制工作的影响。

【森林督查整改】 对国家林草局交办的2018—2021年度森林督查发现问题整改情况开展"回头看"，对相关问题进行再次梳理和排查，按照"案件查处、林地回收、追责问责"三个到位的要求完成整改任务；对2022年度森林督查发现的非法损毁侵占、改变林地用途、滥伐林木等违法问题逐一整改到位，查处违法问题43个。

【造林绿化】 组织技术力量，做好造林绿化规划，建立健全城乡绿化美化一体化制度，通过多种形式推进增绿工程,全年完成人工造林 1.64 万亩，占省林业局下达任务的 150%;完成封山育林 0.74 万亩，占省林业局下达任务的 123%;退化林修复 2.81 万亩(其中重点区域“四化”0.54 万亩)，占省林业局下达任务 104%；完成国有林场新造和补植补造的场外造林 0.72 万亩；完成国家战略储备林现有林改造 0.15 万亩；完成 1 个省级乡村森林公园、5 个省级森林乡村、3 个市级森林乡村的创建。

【林业宣传】 9 月 23 日，江西省林业局到万载县开展全省国有林场“喜迎二十大”媒体采风活动,对万载县国家储备林建设工作进行宣传报道。9 月 28—29 日，全省 2022 年国家储备林基地建设项目管理培训班在万载县举办。10 月 14 日,万载县在国家林业和草原局国际合作交流中心召开的“世行和欧投行‘长江经济带珍稀树种保护与发展项目’管理培训暨经验交流会”上作示范点经验交流发言。

9 月 28—29 日,江西省 2022 年国家储备林基地建设项目管理培训班在万载县举办,图为与会人员参观万载县森工林场清城国家储备林建设基地

【助力乡村振兴】 2022 年,开发 180 个生态公益性护林员岗位,每名脱贫户年增收 4800 元；招聘 21 名脱贫户为专职护林员，每户平均年增收 1 万余元；为林区生活困难群众提供就业岗位 3000 多个;支付造林、抚育等劳务工资 2000 多万元。利用富硒竹笋产业项目资金 25 万元建设 12 个标准化基地，总面积 1.72 万亩,覆盖 8 个脱贫村和 2 个乡村振兴重点村,带动 880 余户农户有效增收。九龙林场 2021—2022 年度 250 亩森林药材(石菖蒲)省级林业补助专项资金项目通过省级评审。

【有害生物防控】 2022 年,县林业局组织 300 多名清理人员成立 20 支清理队伍，组建松材线虫病疫木清理作业小班（地点)421 个，清理松树死树 3.87 万株，打孔注药 2405 株 5702 支，释放花绒寄甲成虫 2 万头，清理面积 3.4 万亩，全面完成 2021—2022 年度松材线虫病防控责任目标。全年实施监测调查面积 147.87 万亩次，监测覆盖率 100%;对鹅峰、高城、双桥突发的较大面积的阔叶树食叶害虫发布预警信息,进行防治技术指导。全县林业有害生物防治率 100%，其中无公害防治面积 1.02 万亩、无公害防治率 100%。新增育苗面积 50 亩，实施种苗产地检疫面积 50 亩，种苗产地检疫率 100%。

【林业投入】 2022 年，累计投入林业生态建设专项资金 5786.33 万元，其中，生态公益林、天然林保护 2288.42 万元，松材线虫病防治、森林防火等生态保护 738.2 万元，造林补贴、油茶林及森林抚育、毛竹改造等生态修复 2759.71 万元。

【森林防火专项补助】 2022 年,万载县生态公益林场、九龙林场 2 支半专业扑火队通过江西省林业局验收,每支队伍均获得 10 万元补助；经江西省林业局核查验收,完成生物防火林带建设 1763 亩，争取补助资金 176.3 万元。

【林地征占用管理】 全年审核审批林地 139 起 164.73 公顷，

其中，长期占用33起80.73公顷；临时占用9起41.28公顷；直接为林业生产服务97起42.72公顷。征收森林植被恢复费2093.47万元，向宜春市林业局申报矿山复绿、林地占补平衡274亩。完成2021年万载县矿山生态环境安全综合评估。对在有效期内的32家持证矿山进行全面排查，排查出4家存在非法占用林地情况，及时将案件移交相关执法单位进行依法处理。

【湿地和自然保护地管理】 开展2022年度湿地保护专项行动暨违法侵占湿地问题大排查整治行动，重点核查龙河省级湿地公园、城区湿地等。对江西省林业局下发的万载县11个疑似湿地问题图斑进行现场核查，发现湿地问题图斑8个，将核查结果形成专报上报县委县政府及省、市林业局。开展万载县自然保护地生态环境监督检查，全面排查自然保护区、湿地公园等自然保护地探矿开矿、修路、筑坝、建设等问题。对3个县级自然保护区机构完善硬件和软件设施，挂牌、制度上墙，配齐巡护人员，定期督促巡护人员按时间按规定做好巡护记录。

【林地流转管理】 全年审核林地流转25起，面积0.26万亩，为万载林地适度规模经营和国有林场场外造林提供有力的保障。

水 利

【概况】 2022年，县水利局机关有工作人员44人，设综合股、建设与管理股、农村水利水电股、河长制股4个股室。事业单位改革后，设下属事业单位三个，分别为县水利事务保障中心、县水政监察大队、县水旱灾害防御中心。

【基础设施建设】 2022年，全县有锦泰灌区续建配套、城乡供水一体化、三兴中小河流治理、锦河疏浚、山洪沟治理、水库除险加固等6个项目列入2023江西省水利领域基础建设攻坚行动方案，总资金额5.9亿元。全年投资3.6亿元，实施24座小型水库除险加固、高城防洪工程、株潭防洪工程、潭埠防洪工程、水库移民后期扶持项目、城区双水源工程、农村饮水维修养护、水利抗旱救灾项目、农业水价改革、小型水库雨水情测报和大坝安全监测项目、小型水库维修养护等项目，有力地保障了人民群众的生命财产安全。

【水旱灾害防御】 2022年，县水利局落实防汛责任人，做好“水工程”度汛方案编制，协助县防汛抗旱指挥部开展3次防汛检查，督促全县17个乡镇（街道）加强水利工程、在建工程的巡查。加强全县水库、山塘、河流蓄水调度分析，指导乡镇、村科学用水，及时下发工作提示，压实乡、村、管理单位责任，组织全县干群抗旱，通过打井、维修渠道、添置水泵等方式增加水量，保障群众生产生活用水需求。全年累计投入抗旱资金1288万元、抗旱人数2.6万人次、机电井1337眼、泵站790处、机动抗旱设备915台(套)。

【持续推进河长制】 全面落实河流水库属地管理责任制。2022年，全县共设置河长232名，设立公益性岗位护河员180名，防溺水巡查员719名。以河长制工作为平台，开展巡河、护河、治河工作；以“清洁河湖水质、清除河湖违建、清理违法行为”为重点，及时开展“清河行动”，处理各类涉河问题。县、乡、村三级河长全年累计巡河12095人次，督办解决涉河问题99个，排查梳理“清河行动”问题20个，开展河道、水库安全管理、水土保持设施措施巡查32次，办理行政处罚案件2起，办结检察建议书3份。开展“世界水日”“中国水周”宣传活动，在县城龙湖公园建成全县首个河长制主题公园，全县181个行政村游泳池实现全覆盖。

【提升农村供水能力】 强化农饮工程日常管护，督促乡、村两级完善管理机制，建立管护台账，加强维修养护，保持农饮工程正常运行，保障农村饮水安全。至年底，全县农村集中供水工程159处,设计供水总规模每天5.69万立方米(不含分散工程),农村供水总人口37.21万人;农村规模化供水工程14处,设计供水规模每天3.77万立方米,供水人口28.39万人,占全县农村人口的76.32%;百吨千人工程9处,设计供水规模每天0.21万立方米,供水人口1.03万人,占全县农村人口的2.77%。全县农村集中供水率94.29%,农村自来水普及率84.83%。

【推进农业水价综合改革】构建政府主导、有关部门齐抓共管的农业水价综合改革运行机制,健全完善"四项机制""两大体系",以保障农田水利工程良性运行为目标,全力实施农业水价综合改革,不断提升节水增收效果。全县农田水利工程维修养护资金采用"政府补贴+用水户负担水费"的模式,田间工程维修养护经费按照实际缴纳水费进行等额补贴,提高农业用水的精细化管理水平,做到农田水利设施"有人管、有钱管、管得好、长效益、可持续"基本要求。2022年,全年完成县域有效灌溉面积34.22万亩。

【推进水土保持】利用"3·22"世界水日、水利宣传周向广大民众宣传水土保持的重要意义和紧迫性。严格执行水土保持"三同时"制度,将水土保持审批手续纳入联审联批范围,使水土保持"三同时"制度得到落实,促进全县水土保持监督执法工作的有序进行和规范发展。加大对生产建设项目水土保持批后巡查监管力度,督促生产建设单位落实水土保持措施,严厉打击造成水土流失、破坏生态环境的行为。

工　业

工业和信息化

【概况】 万载县工业和信息化局(简称县工信局)是县政府工作部门,核定行政编制17名,工勤编制2名,事业编制10名,下设副科级事业单位县工业智能化推进中心1个。2022年,县工信局内设机构8个,分别是党政办、综合发展股(强攻办、园区办)、产业发展股、投资科技股、节能环保股、信息化推进股、企业服务股、行业与安全股。县工信局主要职能是贯彻党中央和国务院、省、市、县关于工业和信息化工作的方针政策和决策部署,在履职过程中坚持加强党对工业和信息化工作的集中统一领导。

【工业发展】 2022年,全县规模以上工业增加值完成107.95亿元,同比增长9.2%,增速在宜春市排名第3;规模以上营业收入完成452.7亿元,同比增长16.1%,增速在宜春市排名第2;利润总额完成50.1亿元,同比增长23.5%,增速在宜春市排名第4。工业固定资产投资完成96.6亿元,同比增长15.2%,位列全市第5,增速排名全部进入全市前5。全年完成月度入规企业9户,年度入规申报15户,新增入规24户。

【产业结构】 2022年,县工信局坚持"1+3+N"总体产业布局,稳步实施重点产业提升工程,建立"一名链长、一个产业链、一个牵头部门、一套工作机制、一抓到底"的"五个一"工作模式,制定产业专项规划,完善重点产业"四图五清单",不断补强产业链条。优化升级花炮企业,淘汰落后产能,做大富硒农产品种植规模,带动食品加工产业发展。锂电新能源产业营业收入实现220.8亿元,同比增长158.9%;烟花鞭炮产业营业收入实现67.0亿元,同比增长5.8%。

【梯次企业培育】 2022年,宜春天卓新材料有限公司成为第四批国家专精特新"小巨人"企业、全市首个县级百亿企业,全年新增睿锋环保、鑫达花炮、联陆生物等15家省级专精特新企业,新增省级企业技术中心1家,市级企业技术中心4家,两化融合贯标企业8家,省级智能制造标杆企业1家,两化融合示范企业2家。江西睿达新能源科技有限公司产品"电池级硫酸镍"被江西省工信厅和江西省市监局认定并纳入第二届"赣出精品"名单。

【资金扶持】 2022年,全县共计发放各类工业企业奖补资金1869.35万元。分别是:2020年工业高质量发展考核涉企奖励297.9万元、2021年春节期间稳产稳岗补贴105.85万元、在春节、五一期间不停工、不停产企业用电用工补贴215.6万元、2021年工业高质量发展考核县级奖励资金620万元、省级工业发展专项(省级中小企业发展专项)扶持资金630万元。

【数字经济】 2022年,县工信局推进数字经济"一号发展工程",建成5G基站457个,"云平台"企业631家,"智赣119"物联网、工业园区一体化数字在线监控平台上线运营,万载大宗固体废物交易及检测服务管理平台开始运行,市级自建办公自动化系统(OA)与赣政通实现全面对接,赣政通实现县、乡、村三级平台组织架构全覆盖。与中国电信股份有限公司宜春分公司签订《数字万载暨推进万载数字经济发展战略合作框架协议》。全年新引进亿元以上数字经济项目24个,投资总额135.8亿元,数字经济核心产业营业收入167.55亿元,总量全市排名第3,同比增长344.6%。

【营商环境】 2022年,县工信局当好惠企政策宣传员,充分运用惠企政策精准直达工作机制,通过召开惠企政策宣讲会、入企走访等形式,"一对一"逐企把脉问诊、逐企送策入户,全年累计召开惠企政策宣讲会3场,送出政策大礼包326份,入企送政策400余次。同时,全县121家重点企业和项目由县四套班子领导兼任营商专员,乡镇(街道)、县直部门作为服务单位开展入企走访服务,聚力企业要素保障,收集涉及政策服务类、用地用工类、生产要素类、基础设施类等方面问题210个,解决问题196个。

【绿色低碳成效】 2022年,县工信局抓好预拌企业的日常监管,强化联合检查,发现各类涉企环保问题90个,下达整改指令书17份(其中停产整改书2份);对7家涉及环保督察反馈问题及信访件企业进行全面复查,防止问题反弹。全面贯彻绿色发展理念,开展固投节能审查自查自纠,技改节能审查1家,技改节能备案7家;打造绿色制造体系,积极申报绿色园区和绿色工厂,新增省级绿色工厂3家,睿达新能源汽车废旧动力蓄电池综合利用行业梯次项目入选工信部白名单。

工业园区

【概况】 县工业园区属县政府正科级派出机构,党委、管委会"两块牌子、一套人马",内设7个职能股室,机关有干部职工49人,园区党委有非公党委1个,下设支部37个,覆盖园区104家企业。万载县工业园区成立于2002年8月,2006年经省政府核准为省级工业园区。2019年,县工业园区扩区调区获得江西省政府正式批复,由原来的1.07平方千米扩大为6.96平方千米,总规划面积32.75平方千米,已建成12平方千米,形成"一区四园"整体格局,即综合产业园、新能源新材料产业园、高新技术产业园和应急环保产业园。园区先后获得的称号有:全国大宗固废综合利用基地、省级有机食品加工基地、省级民营科技园、省级生态工业园试点园区、省级产业集群发展试点园区、省级化工集中区、中国·万载锂电新材料基地等。

【园区企业】 2022年,园区共有企业263家(含厂中厂52家),投产工业企业共146家,其中规模以上企业103家(园内企业91家、园外企业12家)、规模以下企业43家。

【主要经济指标】 2022年,园区产值360.24亿元,同比增长14.3%;工业增加值85.95亿元,同比增长4.69%;营业收入373.21亿元,同比增长16.21%;利润总额40.97亿元,同比增长25.73%;固定资产投资62.4亿元,同比增长26.1%,其中工业投资54.2亿元,同比增长15.9%。

【财政税收】 2022年,园区实有财政税收11.39亿元,同比增长83.57%。其中,锂电新能源新材料行业完成税收2.36亿元,占比20.72%;循环经济行业完成税收5.18亿元,占比45.48%;医药、医疗器械行业完成税收1.89亿元,占比16.59%;其他产业完成税收1.96亿元,占比17.21%。

【供水保障】 园区企业用水主要来自县城自来水城西水厂、第二水厂,供园区的供给能力为3.8万吨/天,园区最高用水峰值为2.0万吨/天。水价格为2.6元/吨,其中包含1.4元/吨的基本水费和1.2元/吨的污水处理费。2022年,园区总用水461.32万吨,同比增长6.12%。

【供电保障】　园区企业用电主要来自220千伏康乐变电站、110千伏鹅峰变电站和110千伏东升变电站，供电能力最高为24.2万千瓦时（其中康变12万千瓦时、鹅变9万千瓦时、东升变3.2万千瓦时）。2022年，园区用电总量约为5.61亿千瓦时，较上年同比增长39.2%。

【供气保障】　2022年，园区日供气量约为35000立方米/天，用气量约为25000立方米/天，供气价格整体按照4.6元/立方米结算，园区全年共有10家企业使用天然气。

【供热保障】　园区企业由铂瑞能源(万载)有限公司集中供热蒸汽，供热机组为2台90吨/小时超高压超高温循环流化床锅炉配1台B15汽轮发电机组及其配套设施。2022年，园区共有31家需热蒸汽使用企业，已签约30家，其中27家正在使用，日平均供热为100蒸吨/小时，用气总量约为2400蒸吨/天，最高负荷供热蒸汽能力为260蒸吨/小时。

【重点基础设施项目建设】2022年，县工业园共投入资金7.03亿元，实施重点基础设施项目共19个，主要涉及的建设为道路、市政管网完善和改造、道路交通安全设施、化工集中区配套基础设施完善以及公交站、挡土墙、周边村组生产生活保障等民生工程，有力地改善了园区的基础设施配备。

【宜春天卓新材料有限公司】宜春天卓新材料有限公司于2017年成立，注册资金5亿元，占地600亩。该公司依托宜春“亚洲锂都”丰富的锂云母资源，围绕“吃干榨尽”综合利用，致力于锂云母制备电池级碳酸锂、氢氧化锂及铷铯等稀贵金属的研发、生产和销售。该公司为国家高新技术企业、江西省专精特新企业、江西省智能制造标杆企业、江西省清洁生产企业、中国工商联新能源商会副会长单位、中国有色金属工业协会理事单位。公司创新研发的“低品位锂云母资源综合利用制备电池级碳酸锂关键技术”被中国有色金属工业协会组织的专家评价达到“国际领先水平”，其科技成果获2019年中国有色金属工业科技一等奖、2020年江西省科技进步二等奖和江西省专利奖。公司参与《电池级单水氢氧化锂》国家标准制定，获中国有色金属工业标准化优秀奖。2022年，公司电池级碳酸锂产量排名雄踞榜首，全年产值突破140亿元(含南氏)，成为宜春市县级首个“百亿企业”。

【江西睿达新能源科技有限公司】　江西睿达新能源科技有限公司成立于2014年10月，注册资本8000万元，占地250余亩，2022年有员工300余人。公司秉承绿色循环、共赢共享理念，致力于携手新能源产业龙头企业、促进资源循环、打造产业链闭环的金色品质。该公司专注于回收利用废旧锂电池材料并制备锂电池正极材料前驱体、电池级碳酸锂、硫酸镍、硫酸钴的国家级高新技术企业。拥有多项核心专利技术及强大的技术研发团队，报废锂电池处置规模居国内前列，各类电池级材料产品行销国内主流新能源电池正极材料制造商。该公司为国家高新技术企业，获得工信部新能源汽车废旧动力蓄电池综合利用行业规范企业再生利用与梯次利用双“白名单”企业、工信部智能制造优秀场景名单企业，获批省级研发平台——江西省废旧锂电池资源循环清洁利用工程研究中心、宜春市锂电池回收综合利用工程技术研究中心，属江西省专精特新中小企业。

【江西华尔升科技有限公司】江西华尔升科技有限公司是首家入驻万载县高新技术产业园标准厂房的高新技术企业，前身是深圳华尔升电子有限公司(成立于2003年)，公司专注为全球用户提供最优质的显示终端产品。公司注册资本4850万元人民币，总投资1.2亿元，现以万载县为制造中心，以深圳为研发和销售中心。该公司主要生产：STN模块、AMOLED模块、TFT模块三大产品的设计、生产、销售、研发和服务。公司专注于小尺寸屏的全面发展,集单色STN、彩色TFT、PMOLED、AMOLED四种类型LCM的研发和生产于一体,是国内能为客户同时提供四种显示产品方案的公司。产品广泛用于工控数显、车载显示、电子终端、医疗器械、移动终端、智能穿戴等领域。2022年,华尔升获国家级专精特新“小巨人”称号。

【江西华麟光电有限公司】 江西华麟光电有限公司(简称华麟光电)由江西华尔升科技有限公司(简称华尔升科技)与深圳麒麟电子有限公司(简称麒麟电子)合作成立。该公司总投资20亿元,占地160亩,建筑面积约12万平方米,满产后预计年产值30亿元以上,年纳税额约1亿元。华麟光电以承接麒麟电子工厂转移为基础,大力开拓国外工控、车载市场,国内重点服务华为、小米、OPPO等一线品牌,打造显示领域新标杆。

【新能源新材料产业】 2022年,锂电新能源产业产值突破170亿元,6年增长近30倍,成为万载县最大的支柱产业,占园区总产值的比重攀升至48.9%。龙头企业天卓新材料生产的电池级碳酸锂产量2021年、2022年连续两年稳居全国第一,2022年产值成功突破100亿元大关,成为宜春市县级首个百亿元企业。

【锂电新能源产业】 2022年,万载县共有涉锂企业38家,21家已投产,17家在建。其中:选矿企业18家,从分布上看,园区2家、三兴7家、罗城4家、马步3家、白良2家;从生产情况上看,在产企业16家、在建企业2家(罗城久特锂业、白良云赣锂业);从原材料上看,锂云母原矿选矿企业16家、长石粉二次利用企业2家。锂盐及锂渣焙烧类8家,投产2家、在建6家;锂电池生产类4家,投产2家、在建2家;综合利用类2家,1家投产,1家在建;正负极材料类5家,均为在建企业;其他企业1家,为锂渣烘干利用,主体工程已建成。2022年,万载县锂电新能源产业规模以上企业23家,规模以上工业产值210.53亿元,同比增长148.7%,占万载县规模以上工业总产值比重为48.7%;规模以上工业增加值52.56亿元,同比增长159.2%,占万载县规模以上工业增加值比重为47.9%;规模以上工业营业收入220.86亿元,同比增长158.9%,占万载县规模以上工业营业收入48.8%;规模以上工业利润总额29.07亿元,同比增长215.9%。2022年,万载县新签约锂电新能源产业项目21个(投产10个,开工8个,未开工3个),占项目总数57个的36.84%,签约金额155.51亿元,占签约项目总金额221.95亿元的70.07%。

花炮产业

【概况】 万载县烟花爆竹产业服务中心由万载县烟花爆竹管理局、万载县花炮科学研究所、万载县口岸管理办公室合并设立,属县政府直属公益一类正科级事业单位。主要承担烟花爆竹历史、文化宣传,产品推介、产业招商、金融服务、科技研发、产业人才培训、企业进出口协调等技术支撑和服务保障等职能。2022年,全县在花炮企业直接从事花炮生产的工人5万余人,整个花炮产业链上的从业人员超过10万人。2022年,邬立寿在全县美丽宜居城市建设工作中被评为“先进个人”;刘泳在全县开放型经济工作中被评为“先进个人”。

【安全生产许可证发放】 2022年,全县发放第五轮安全生产许可证的企业共163家,其中纯烟花企业68家、纯爆竹企业61家、烟花爆竹混合企业16家、引火线企业12家、黑火药企业5家、单基粉加工企业1家。

【花炮产值】 2022年,万载花炮有4000多个规格品种,出口100多个国家和地区。出口以小型组合、玩具烟花为主,市场以欧美、日本、东南亚为主;内销以传统排炮、红炮、大地红为主,市场以江西、湖北、安徽、福建、贵州、四川、重庆、广西、浙江等地为主，约占整个市场份额的20%。2022年，实现花炮总产值150.3亿元，税收4亿元。

【花炮企业星级评定】　2022年，县烟花爆竹产业服务中心制定《万载县烟花爆竹生产企业星级评定实施办法》，实行一年一评。全县依法取得烟花爆竹安全生产许可证的烟花、爆竹、引火线、黑火药、单基粉生产企业都参加评定。根据烟花爆竹生产企业安全生产、产业发展、产品创新、管理水平、税收贡献、行业自律、诚信建设、标准化创建、承担社会责任及完成行业其他中心工作共十个方面，分别给予每个方面一颗星，最高为十颗星，可破格额外授予一颗星。对年度内未取得“安全生产”星的，企业或企业法人（或实际控制人）被列入安全生产、质量管理、银行征信“黑名单”的，以及企业法人（或实际控制人）有被依法行政拘留或依法追究刑事责任等行为的，一律不参与第二年的星级评定，对十星企业、七至九星企业、六星以下及未评星企业实行不同的激励措施。2022年，全县18家企业被评为“十星企业”，23家企业被评为“九星企业”，42家企业被评为“八星企业”，22家企业被评为“七星企业”，5家企业被评为“六星企业”，39家企业不参与评星。通过差异化扶持、分类管理企业，落实企业的主体责任，激发企业向上、向好的内生动力和积极性，使企业管理更加精细、发展更加有序。

【花炮产业链链长工作推进会】4月24日，召开花炮产业链链长工作推进会，会议以书面形式总结回顾花炮产业2021年的工作，县花炮中心汇报花炮生产企业星级评定工作、万载花炮优势企业（集团）培育工作方案、万载花炮企业购买财产保险工作。县花炮总商会汇报万载承办、举办部分重点省份2022年度花炮订货会或产销对接会工作以及万载花炮产业16项团体标准制定方案。县金控公司汇报万载花炮供应链金融支持产业发展工作。县应急管理局汇报2022年全县烟花爆竹转型升级集中区建设工作。

【李畋庙竣工暨花炮祖师李畋诞辰1401周年活动】　5月22日，紫盖寺李畋庙竣工大会暨花炮祖师李畋诞辰1401周年活动在高城镇奇枫村举行。新庙占地面积280多平方米，坐落在风景秀丽的高城奇枫。活动当日，紫盖寺一改往日的沉寂与空旷，热闹非凡。上午10时18分，庆典活动正式开始，庆典议程共18项，包括为李畋祖师金身开光、为李畋庙竣工揭牌、敬献花篮、献礼等。

【江西省2022年烟花爆竹安全经营管理暨产品交易大会】　7月6—8日，江西省2022年烟花爆竹安全经营管理暨产品交易大会在万载县召开。全国烟花爆竹四大主产区的220多家生产企业、近百家经销公司齐聚万载。省供销合作社联合社理事会副主任李家祥，省烟花爆竹行业协会、省应急管理厅烟花爆竹安全监管处、省公安厅治安总队，浏阳市、上栗县、醴陵市有关负责人参加开幕式。大会内容包括文旅焰火表演、开幕式、花炮精品展、产销洽谈、小型烟花产品推介和互动体验、合同签约等。大会召开当天，烟花爆竹产品交易金额16亿元。

【全县花炮产业工作大会】　10月12日，召开全县花炮产业工作大会。会议对18家十星企业、20名先进个人进行表彰和颁奖。县委书记严旭辉出席会议并讲话，县委副书记、县长刘学军出席会议并宣读万载县委、县政府关于表扬全县花炮产业“十星企业”和先进个人的通报，会议由县委副书记喻满根主持。县政协主席彭述荣，县委常委、株潭镇党委书记高兴贤，县政府副县长黎俊昌，县政府副县级干部潘集章，县花炮总商会总顾问刘汉朝及县花炮产业链副链长张鼎明出席会议。会上，十星企业代表、万载县黄茅镇贵山花炮制造有限公司董事长刘家云和江西安瑞烟花爆竹有限公司董事长祝根华，以及先进个人代表、江西省猎鹰烟花制造有限公司优秀技术创新人员王明和万载县双宇烟花制造有限公司优秀市场营销人员王华先后上台发言。

【"互保杯"花炮产业工人城市烟花技能创新大赛】 2022年,举办"互保杯"花炮产业工人城市烟花技能创新大赛。大赛以"中国梦·劳动美,永远跟党走、建功新时代"为主题,弘扬劳动美德和工匠精神,激发全县花炮产业工人勇于创造、追求卓越的热情,为推动花炮产业高质量发展凝聚磅礴力量。全县28家花炮生产企业选送102个作品参与玩具类、旋转类、升空类、喷花类等8个类别的比赛。经过专家评委评议,8个类别共评选出金奖8个、银奖16个、铜奖24个。

【焰火燃放队伍建设】 鼓励烟花生产企业申请成立燃放公司,组建专业燃放队伍。6月14日,组织万载县第一期大型焰火燃放培训班,7家企业128名人员参加培训;11月1日组织第二期焰火燃放培训,49人参加。

【花炮与文旅产业融合发展】 动员组织全县企业支持、赞助古城焰火燃放,打造万载古城《焰火之恋》文旅融合表演节目,宣传万载花炮形象,吸引游客和市民。以"焰火之吻"为依托,在万载古城打造包括焰火民宿、烟花文创馆、焰火餐厅、烟花里等个性鲜明的焰火街区,将丰富的非遗元素和群众文化融入古城当中。在项目的设计上,除融合焰火、灯光、激光、投影、特效、音乐等元素外,还加上演员、歌手、乐队、舞团的表演,将浪漫、爱情、时尚等元素融入其中,让游客耳目一新。2022年,万载古城成功入选江西省首批省级夜间文旅消费集聚区名单、第一批国家级夜间文化和旅游消费集聚区名单;汇鑫源公司成为全球迪士尼乐园焰火燃放唯一中国供应商,同时也是北京环球影城乐园的焰火服务提供商。

商贸服务

商　务

【概况】 万载县商务局为县政府工作部门，正科级单位，址设建成大道1299号广信集团四楼，内设办公室（财务统计股）、对外贸易服务股、招商安商股、市场管理股（商贸服务股）、口岸管理股等5个股室。2022年，有干部职工33人，其中公务员7人、参公事业人员6人、事业编干部14人、事业编工人6人。2022年，万载县实际利用外资中现汇进资2001万美元，利用省外项目资金完成68.07亿元，同比增长9.7%。万载县电子商务产业园获评"2021—2022年度省级电子商务示范基地"，宜春科芬商贸有限公司获评2022—2023年度江西省电子商务示范企业，万载县民青农业发展有限公司、宜春邦源电子商务有限公司获评宜春市农村电商示范站点。

（刘珺琳）

【社会消费】 2022年，县商务局在春节、五一、端午、中秋、国庆等节点，组织发放政府消费券共1350万元，同时鼓励银行配套、企业让利金额600余万元，拉动全县商旅消费市场营业收入1.6亿元。组织夏季车展、家电换新、赣菜美食节等线上线下活动20余场，持续活跃县内消费氛围，针对大宗商品消费实现正向引导。组织企业参加宜春市富硒美食节、中国米粉节等大型会展，利用更高规格平台推动百合、扎粉等名特产品行销全国。2022年，万载县社会消费品零售总额完成80.85亿元，同比增长5.2%。全年新申请入规企业35家，其中批发13家、零售13家、住宿4家、餐饮5家。

（刘珺琳）

【外贸进出口】 2022年，万载县进出口完成8.25亿美元，同比增长80.22%。其中，外贸出口完成8.21亿美元，同比增长89.39%。全年拨付20余家企业2021年省市外经贸发展专项扶持资金100余万元，为57家出口企业发放2021年出口创汇奖励800余万元。2022年，全县花炮监装货柜量超5000个，增幅233%；花炮出口超1亿美元，同比增长60%。

（刘珺琳）

【招商引资】 2022年，万载县将锂电新能源产业作为首位产业，利用省级化工园区、大宗固废综合利用基地等优势和资源，引进国内锂电行业头部企业生产项目落户万载，大力引进产业链关键环节、核心企业，就近配套宜春经开区锂电池企业，做好全市锂电新能源产业链的强链补链。2022年，成功招引时代志存、重庆万里、玖能负极材料等一批重大项目落户万载。全年新签约项目57个，总金额221.95亿元，其中亿元以上项目49个、20亿元以上项目5个、省商务厅认定"5020"项目2个。

（刘珺琳）

【县乡村商业体系】 2022年，县商务局着力提升县、乡、村三级商业体系配套构成，建设G99市集、株潭年年乡时代广场、罗城美食文化产业园等县乡商贸中心，开展城北农贸市场改造，从硬件上提升县、乡、村三级消费供给。

（刘珺琳）

【电子商务】 2022年，开展县乡村三级物流建设,助力农产品上行和工业品下乡;加强快递物流运行效率，提升县域物流配速、流转速度;以项目为助推,推动县域物流中心改造升级,全年新建、改造49个镇村站点。2022年，开展电子商务进农村培训10期共计390人次，全年实现网络零售额11.63亿元,同比增长188.93%,其中实物网络零售额10.76亿元，同比增长212.05%;县内电商企业及店铺数达到1.84万家，从业人员3万余人。同时,大力推进“直播带货”,开展“双品网购节”“十百千万”“爱尚月城”等线上活动,组织企业参加各级电商直播活动,有效提升全县农副产品全网知名度及销售量。

(徐梦野)

【成品油管理】 2022年，县商务局严把年审关,规范成品油流通秩序，全年全县年检加油站38家,参检率100%,年检合格率100%。2022年,全县加油站共销售成品油64513.64吨,其中汽油40116.95吨、柴油24396.69吨。

(刘珺琳)

【商贸安全】 2022年，县商务局对重点消防安全隐患单位紧盯不放,每月深入加油站(点)、商超、二手车市场、民爆公司、口岸作业区等开展安全检查。全年共出动检查人员162人次，检查企业262家，发现并整改隐患154处。同时，组织开展“安全生产月”和“安全生产万里行”活动;广泛宣传安全生产法律法规及安全常识，咨询日当天接待群众500余人次,发放宣传资料900余份、纪念品400余份。

(刘珺琳)

供销合作

【概况】 2022年，县供销社以服务三农为宗旨，结合万载县“三拼三促”抓落实活动,找准工作的切入点和着力点,各项工作实现新突破。2022年,全市“四方物流”现场会议在万载县召开,罗城镇雅凯种养农民专业合作社联合社申报成为国家农民合作社示范社。

【冷链物流产业园项目建设】 2022年，冷链物流产业园项目按照“全链条无脱冷、绿色节能环保、5G物联智配”的建设标准,以及冷链仓储物流园、交易市场的布局要求,打造融产品交易加工、冷冻冷藏、能源配套、仓储物流等功能于一体的一站式仓储(加工、交易)中心,并在5G环境下融入冷藏网、冷运网、冷配网“三网合一”的全省农产品冷链大数据调度平台,构建融智能温控、库存库容优化、智慧调度运输配送于一体的智能化冷链运营体系。该项目于11月11日上网招标,11月21日进行土方建设,12月7日开标,中标施工单位为是中铁十九局集团有限公司,中标设计单位是同济大学建筑设计研究院(集团)有限公司。项目总投资约10亿元,冷链仓储及交易市场用地约265亩。项目将建设县域集散中心1个，城区外14个乡镇设置综合配送服务站,布设村级物流服务点不少于100个，构建覆盖县、乡、村三级农村物流网络,建立“网货下乡、农产品进城”双向快捷物流通道。

【“第四方物流”供销集配体系建设】 2022年,县供销合作社与万载县晨达、左城右乡物流公司达成合作，开展第四方物流工作。双桥镇电子商务服务站作为第一个乡镇电商试点为农民提供网购商品入村的“最后一公里”产品和服务的配送、农产品归集、代理营销等业务,同时采取线上与线下相结合的新型电商模式,助力当地农产品产业发展。

【基层示范供销社建设】 2022年,成功将罗城供销社升级为示范社,并完善罗城供销社各项管理制度,建立社员(代表)大会制度、理事会制度、监事会制度、内部管理制度和财务管理制度并严格执行;建立健全按交易额返利和按股份分红相结合的分配制度,做到农民出资、农民参与、农民受益。

【特色富民产业发展】 2022年,县供销合作社结合茭湖乡茭湖村和赤兴乡镜山村的资源优势和市场需求发展前景,组建茭湖村和镜山村发展种植项目——种植中药材(石菖蒲)和养殖万载黑兔项目。全年完成茭湖村和镜山村石菖蒲中药材种植600亩及万载黑兔养殖10万只。

烟草专卖

【概况】 万载县烟草专卖局(分公司)组建于1985年,现有员工64人,内设综合办公室、专卖办公室、营销部、综合监督组、接驳点,下设城区、株潭、三兴3个基层网点。2022年,县烟草专卖局被宜春市烟草专卖局(公司)授予"工作业绩考核先进单位""安全生产工作先进单位"称号。

【营销效益】 2022年,全县卷烟累计实现销售额(含税)6.51亿元,同比增加0.39亿元,同比增长6.33%;卷烟单箱销售收入37173元/箱,增加2533元/箱,增幅7.31%。

【营销网建】 县烟草专卖局打造营销示范店。结合"我与客户共成长"主题营销活动,深入践行乡村振兴战略,打造乡村振兴示范店15户,试行农副产品和卷烟联合营销,提升营销质效,助推乡村振兴。推进现代终端建设。在城区试行推广QC课题成果,在农村打造"新零售小镇",围绕"理念更新、形象升级、素质提升"三个方面,把零售终端建设成展示品牌形象的"窗口"。打造"WY星连心"便民服务点。免费为客户提供雨伞外借、手机充电、免费发放矿泉水、口罩、酒精棉片等"微服务",全年共建成3个便民点,形成"便民服务圈"。建设文明吸烟环境。加大文明吸烟环境建设区,营造和谐吸烟环境,建成文明吸烟环境4个、吸烟点140个、吸烟亭1个。

【专卖管理】 2022年,县烟草专卖局加大对卷烟经营八大环节的日常监管,加强市场走访频次,联合市场监督管理部门进行检查,对中小学校、幼儿园周边持证零售户依法予以取缔。持续推进"互联网+政务服务",基本实现办证"只跑一次腿"或"零跑腿"。深化与公安、市监、寄递物流等部门的联合打假协作配合,全年共查处各类涉烟违法案件84起,查获各类违法卷烟356.91万支(含7.20烟丝折算量2082.5条),较上年同比增加51.54%。其中,假私烟2.24万支,查获1万元以上案件34起,5万元以上大案、要案27起,拘留4人,逮捕3人。

石油销售

【概况】 2022年,中国石化销售股份有限公司江西宜春万载石油分公司坚持"顾客至上、信誉第一"的原则,认真做好优质服务求发展及应急时期的油品保障工作,不断推出清洁能源,积极推广国六B清洁燃油以及柴油尾气处理液和燃油宝。至年底,万载石油分公司拥有加油站15座,年销售成品油3.84万吨,营业额3.75亿元,非油品销售1374.77万元,完成国家税收278.89万元。

【潭埠新加油站投入运营】 12月,中国石化销售股份有限公司江西宜春万载潭埠新加油站建成并投入使用。

【助力挂点帮扶村平安建设】 2022年,万载石油分公司在挂点帮扶村工作中,认真贯彻落实习近平总书记系列重要讲话精神,深入推进平安建设各项工作,围绕罗城镇党委、镇政府中心工作,主动承担企业社会责任,协助和加强村级社会治安防范工作,上户宣讲党的好政策,为村两委有序开展平安建设创造良好的社会治安环境。

交通管理

交通运输

【概况】 2022年，全县境内公路总里程3143.47千米。按类别分：高速公路89.64千米、普通国道46.03千米、省道167.51千米、农村公路2840.29千米。农村公路等级公路里程2757.53千米，占农村公路总里程的97%（其中二级以上公路里程0.80千米、三级公路185.51千米、四级公路2571.22千米）。按路面类型分：水泥混凝土及沥青路面2757.53千米，未铺装路面82.76千米。年末，全县拥有公路营运汽车7471辆，比上年末减少8.5%，其中载客汽车174辆6780客位，比上年末增长0.9%；拥有公共电车50辆50标台，出租车44辆；拥有载货汽车7203辆111672吨位，全年完成货运量3525万吨，货物周转量334925万吨千米，均比上年减少5.2%，平均运距95千米。全年营业性客运车辆完成公路客运量294.6万人，比上年减少7.9%；旅客周转量14435.4万人千米，比上年增加8.9%，平均运距49千米。至年末，100%的建制村通客运线路，通车率与上年持平；拥有公共汽电车运营线路45条，运营线路总长11613千米，与上年持平。全年城市客运系统运送旅客365.2万人，比上年减少8.7%。其中，公共汽电车完成339.8万人，运营里程6651千米；出租汽车完成25.4万人，运营里程269.24万千米；平均每车次载客人数2人/车次，空驶率40%。

【县内重点公路建设】 6月，全长14.76千米，总投资1.5亿元的G220绕城一级公路竣工通车；12月，总投资9.06亿元的宜万同城快速通道竣工通车，境内含连接线等全长10.023千米；年底，全长19.9千米的省道222高村至三兴8千米路面工程通车。县内重点公路的竣工通车，有效地改善了路网状况，缓解了交通压力。

【交通运输服务水平】 2022年，全县有公路营运汽车7380辆，其中载客汽车174辆6780客位，公共电动车50辆，出租车44辆。城乡客运班线实现公交一体化，全年完成客运量294.6万人次，旅客周转量14435.4万人千米。年底，全县出租汽车纳入“95128”电召服务平台，并正式投入使用。驻县28辆网约车，满足群众点对点、零距离接送。运输服务水平的提升，增强了百姓生活的幸福感与获得感。

【交通安全排查监管】 2022年，县交通运输局制定出台《万载县道路运输安全生产行政执法检查计划》《道路运输应急突发事件保障预案》，开展安全生产专项整治“三年行动”“百日行动”“危险化学品道路运输安全集中整治”等系列活动，全年共出动安全检查人员297人次，检查企业362家次，发现一般安全隐患208处。其中，开展交通运输领域安全生产网络化试点工作，为省市交通运输安全提供“万载样板”，并在一定范围内宣传推介。同时，坚持实施常规巡查和重点整治相结合，重点抓好在建公路建设项目的质量监管，管好风险源，开展汛期山区公路、“两客一危”运输企业安全隐患等大排查。

【S222 高村至三兴公路改建】 6月11日，市发改委委托市工程咨询中心在万载三兴镇组织召开 S222 万载高村至三兴公路改建工程工可报告评审会。S222 高村至三兴公路是纵穿万载北部苏区的重要通道，是苏区人民脱贫攻坚的惠民工程，全长约 19.90 千米，总投资约 3.39 亿元，可行性研究报告于 2020 年 9 月批复。2021 年 8 月 18 日，万载县政府副县长黎俊昌在交通运输局召开 S222 高村至三兴公路改建工程征地拆迁工作推进会。至 2022 年底，全线基本完成路基土石方工程，8 千米路面工程可通车。

【江西省交通运输厅王昭春一行到万载调研农村公路建设和治超工作】 5月19日，江西省交通运输厅党委委员、副厅长王昭春率领省厅公路管理处处长徐华兴、省综交中心农路处处长段庆华、省厅公路管理处副处长肖振发、省综交中心农路处副处长任重等到万载调研农村公路建设和超限超载等工作情况，市交通运输局局长曾文军、万载县政府副县长黎俊昌、县交通运输局局长高包林等陪同调研。调研组先后到 X508 白良至万载石笋驿站、罗城黎明村和县超限超载检查站检查指导，并在黎明村召开镇村有关人员参加的座谈会。

【宜春市交通局局长一行到万载调研农村公路建设】 11月3日，宜春市交通运输局局长一行到万载调研农村公路建设情况，县交通运输局局长高包林等陪同。调研组先后到赤兴乡镜山村和仙源乡新市村对农村公路建设和乡村振兴工作进行调研，对镜山村绕村公路建设和新市村微工厂建设工作给予充分肯定。

【农村公路建设提标】 2022 年，县交通运输局以县政府常务会议纪要(第二十八期)方式落实“十四五”危桥改造项目除上级补助资金外的配套资金(由县财政给予全额配套)，确保惠民工程项目按质按量按期完成。一是县政府与市公路事业发展中心完成《万载县境内道路建设战略合作框架协议》签订，将农村公路纳入合作建设范畴，提高农村公路建设标准。二是完成“十四五”农村公路桥梁安防项目申报及入库工作，其中县道升级改造 5 个 41.1 千米、建制村通双车道项目 30 个 92.8 千米，错车道 470 个、村道安防 48 个 76 千米、美丽生态文明示范路项目 3 个 32.7 千米。2022 年，完成县道升级改造 2 个 5.4 千米，其中 X503 赤兴至黄茅 1.2 千米，X843 石前岭至宝石路面改造工程 4.2 千米；实施建制村通双车道项目 10 个 28.7 千米；实施危桥改造项目 7 个；开工建设五路项目 3 个 10.6 千米；实施农村公路安全生命防护工程 45 千米，农村公路养护工程 19 个。

【农村公路建设养护】 2022 年，县交通运输局出台《万载县农村公路管理养护体制改革实施方案》，鼓励乡镇实行分级分类管养，要求乡镇每年开发公益性“护路员”岗位 180 名，落实好“门前三包”，实施政府主导、群众共养，助力乡村公路养护，巩固“四好农村路”格局。2022 年 9 月，县政府启动 S222 未涉及基本农田段项目建设，至 2023 年 1 月 10 日，已完成 K0+000 至 K2+700 路基土方、6 座桥、K14+600 至 K19+480(三兴至漕源茭湖路口)沥青路面。2022 年，S223 列入“十四五”江西省公路重点建设项目；X508 县城至多江村 3 千米和 X503 樟树脑至芳林 5.9 千米升级改造如期完成，县道三级及以上比例达 76%；完成 15 个行政村 42 千米双车道项目建设，建制村通双车道比例达 70%；全年实现四、五类桥梁处治率 100%，完成农村公路危桥改造 36 座；实施村道安全生命防护工程 76 千米；完成农村公路错车道建设 470 个；完成农村公路生命防护工程 45 千米，农村公路养护工程 19 个。农村公路的建设养护，有力推动了村道安全生命防护工程建设，提升了普通公路防灾减灾水平，为保护群众的生命财产提供了有力保障。

【《万载交通年鉴(2021)》印刷出版】 2022年,《万载交通年鉴(2021)》印刷出版。《万载交通年鉴(2021)》系万载县交通运输局年鉴编审领导小组主持编纂的一部反映万载交通运输事业基本情况和发展变化的资料性工具书，是21世纪以来的第14卷,全书基本保持原有的框架结构，采用194个条目,52张图片,21.3万字。至此,万载交通年鉴资料达255万字。

【机动车驾校规范管理】 2022年,县交通运输局依据《江西省道路运输管理条例》和《机动车驾驶员培训管理规定》，要求各类机动车培训学校推行驾培公示制度、建立健全学员档案及教学车辆档案、严禁违规操作行为。在规范机动车驾校管理的过程中,相关执法机关通过加强规范化常态化执法检查,开展质量诚信考核评选活动,好的授予诚信奖牌;群众反映强烈不好的予以处罚,并向社会曝光。4月29日,县交通运输综合行政执法大队联合县交警大队对全县10个驾培机构开展“拉网式”、突击式安全隐患大排查,重点查处学时造假、未落实封闭式教学管理、注册地外从事经营活动、培训车辆安全性能不达标等安全隐患问题，现场发现安全隐患6处，暂扣教练车辆1台,并根据情节轻重分别依法给予警告、限期整改和罚款处理,并将整改落实情况纳入诚信管理。

【万载县“95128”电召热线开通】 12月30日，万载县举行“95128”全国统一出租汽车电召服务启动仪式,宜春市交通运输综合行政执法支队、万载县交通运输局、江西华洋信息科技有限公司和万载县恒通出租车有限公司等相关负责人参加启动仪式。启动仪式上,万载县交通运输局局长高包林致辞并介绍“95128”出租汽车电招服务热线的建设背景和意义,万载县恒通出租汽车公司代表作现场发言,宜春市交通运输综合行政执法支队副支队长余斌斌宣布万载县“95128”电召热线正式开通,标志着万载县出租汽车即日起正式进入网约时代。至年底,全县所有出租汽车都已纳入“95128”电召系统,市民可通过拨打电话“95128”或通过关注微信公众号、使用小程序、下载App等方式使用出租汽车电召预约出租车服务。2022年,在万载备案的江南出行运输服务有限公司万载分公司和万顺叫车云信息技术有限公司万载服务中心2家网约车公司,共有网约车28辆。“95128”电召热线的开通,有效地方便了群众的出行。

【应急救援培训演练】 10月11日,县交通运输局组织全县“两客一危”及规模以上普货道路运输企业共计70余人开展2022年交通运输应急救援培训演练活动。在培训演练活动上,聘请的第三方培训机构安全管理方面的专家及县红十字会专业人员等向企业详细讲解如何按照“五个一、十个一次”履行主体责任、车辆一般险情如何现场处理、事故现场如何实施(院前)生命应急救援等操作性强的专业知识,提升了全县道路运输企业应急救援的能力水平。

【工程建设质量监管】 规范工程建设管理程序。按照省厅、市局文件要求,规范农村公路及桥梁建设的招投标、交竣工验收程序;完善“双随机、一公开”抽查制度、约谈挂牌督办制度、信用评价制度、“七公开”工作制度;落实工程质量责任,严格要求农村公路工程项目业主、勘察、设计、施工、监理、试验检测等单位按合同履行各自职责。严把农村公路建设安全质量关。针对工程建设整个程序,严格设计、开工、公示、交底、材料质量、施工工艺、交工验收、现场考核等各个环节的监管;围绕全面提升工程建设品质,贯彻落实“四好农村路”工作;做好“十四五”期间“平安百年品质工程”创建示范工作。2022年底,县道升级改造项目（万载至茭湖公路县城至G220段）以“平安百年品质工程”为标准建设进入招投标准备阶段。

【车辆超限超载治理】 2022年,县交通运输局将万载治超工作纳入制度化、规范化、法制化轨道，完成13名公路部门转隶人员上编、档案移交、工资定档等工作,执法大队人员经费得到县财政全额保障。治超过程中,实行多部门联合执法治超机制,加大流动巡查力度。执法人员除坚持定点执勤及24小时执勤外,还充分利用科技治超数据,结合流动巡查、开通举报热线、不定期开展联合治超等方式,持续加大对货车、工程车、渣土车的路面巡查力度,严厉查处超限超载上路行驶违法行为,及时消除货车违法超限超载行为。2022年,共出动治超执法人员4093人次,出动治超执法车辆1257车次,检测车辆111028辆,查处超限超载车辆208辆,罚款403.35万元,其中查处"百吨王"货运车辆14辆,监督卸载货物10529.04吨,恢复非法改装车辆5辆;交警部门对超限超载车辆驾驶员扣分253分;非现场处罚83辆。治超巡查的有力推进,保障了全县治理车辆超限超载和非法改装工作成果得到有效巩固,货运车辆超限超载率明显下降。

【结对帮扶茭湖西源村】 宣传乡村振兴政策,帮助村两委制订实施乡村振兴计划(总体计划和年度计划)。全年申请公路维修项目资金60余万元,村内主要道路增加护栏1000米,新增路灯55盏,打通组级公路140米,新修挡土墙4处、河坎2处,完成土方石600立方米。带领村两委班子成员超前完成上级下达的水稻播种任务,农村生活垃圾无害化处理率达95%以上,向上级部门争取资金改造户厕30个,新增7名专职保洁员进行农村环境整治。采纳农业生产等有关建议15条,不断完善脱贫攻坚同乡村振兴有效举措,完善村规民约,促进农村经济文化有效衔接、和谐稳定。

【老干部工作】 改善老干部活动条件。2022年,县交通运输局投入10万元,成立老年活动中心并完善老干部活动场所,设立支部活动室、资料室、老年体协活动室,添置办公设施、健身器材及学习资料。丰富老干部活动。坚持每月15日组织全体老干部学习、参观、举行文化体育活动,并组织他们积极参加县老年大学举办的跳舞、唱歌、器乐、书法、棋牌等活动。2022年,老干部参加全县老年体协和老年大学举办的钓鱼比赛、重阳节"电力杯"门球比赛均获第一名。关心老干部生活。按照有关政策规定,落实老干部的福利待遇。春节和七一建党节对老干部进行慰问,对长期不能参加活动的老干部一年至少上门慰问看望一次,对住院的及时探望。发挥老干部余热。10月,组织部分老党员志愿者参与交通运输局开展的美丽宜居环境整治活动,到交通建设工地指导施工。如,退休干部老工程师刘仕良多次到潭埠镇大岭下桥梁、株潭至车陂公路改造现场指导解决施工中遇到的技术问题。局领导汪华萍带领老干支部和关工委人员到局挂点帮扶村茭湖乡西源村帮扶贫困学生12人3600元。

公路管理

【概况】 万载公路分中心隶属宜春市公路事业发展中心(以下简称发展中心),原名宜春市公路管理局万载分局,属正科级事业单位。2022年,发展中心有在职人员111人,退休职工186人,内设8个科室(行政办公室、党群工作科、养护机务科、工程科、安全科、人事科、财务科、应急分队),下设万载市政交通养护有限公司。主要职责是从事公路养护、公路建设等工作,负责管养万载县境内国、省干道共计200.31千米,包括G220(东营—深圳)1条国道,S222(棋坪—河东)、S223(黄茅—禾埠)、S308(万载—东桥)、S430(白水—潭埠)、S530(高城—楠木)5条省道及大、中、小桥梁共60座。所管养的国、省道,按技术等级分为:二级公路108.738千米、三级公路62.216千米、四级公路29.353千米。2022年,发展中心获全市公路系统工作目标综合考核一等奖。

【S222公路改建标准及进度】 S222万载高村至三兴公路改建项目起点位于高村镇高村村,起

12 月 13 日,万载公路分中心对 G220 绕城公路进行机械化养护

点桩号为 K0+000(原 S222 桩号为 K109+720),途经源头埚、芳家岭、十八洞、邹家湾、漕源村、竹山下,终点至万载县三兴镇与 G220 东深线相交,终点桩号为 K20+110(原 S222 桩号为 K130+316),路线全长 20.11 千米。项目 KO+000—K14+600 段维持原老路标准;K14+6007—K20+110 段为二级公路标准,设计速度为 40 千米 / 小时;路线 KO+000—K14+600 段路基宽度为 8.5 米,路面宽度 7.5 米;路线 K14+600—K19+480 路基宽度为 10 米,路面宽度 8.5 米;路线 K19+480—K20+110 段为利用原城市道路路段,路基宽 25 米,路面宽 15 米。2022 年,S222 万载高村至三兴公路改建完成板房、工地试验室等设施建设,并完成 7 座桥梁、27 道圆管涵、2 道盖板涵及 5 千米路面摊铺等工作。

【G220 万载绕城公路建设】 2022 年,G220 万载绕城公司改建项目完成多江综合养护中心黑站、白站、储备库、办公楼及场地建设。

【G320 县内工程建设】 2022 年,G320 上高墨山至万载段宜万同城改建工程连接线二工区工程完成沿线扫尾工程及附属工程施工,公路日常养护工作有序开展。

【赤兴乡镜山村绕村公路建设】 赤兴乡镜山村绕村公路建设路线起点位于镜山村村部附近,接县道 X692,起点桩号 K0+000,终点位于花炮厂,接回县道 X692,终点桩号 K3+570.62,总里程长 3.571 千米,于年底竣工通车。

【文宇阁书院道路改造】 文宇阁书院道路项目 A 线起点位于东深线 220 国道,终点位于文宇阁书院附近,路线全长为 0.638 千米;B 线起点位于 A 主线 K0+260 处,终点位于文宇阁书院门前,路线全长为 412.656 米。2022 年底,文宇阁书院道路改造工程竣工通车,有力地改善了书院的基础设施条件。

【公路养护中心建设运营】 2022 年,万载公路综合养护中心建设工程全面完成(以下简称养护中心),下辖鹅峰养护站、高城养护站,形成以公路分中心为领导、公路养护所为支撑、公路站为补充的集约化管理模式,实现养护公司、应急分队、公路养护所合署办公。养护中心内设应急储备库、4000 型沥青拌和站和 600 型白站,备配有多功能养护车、洒水车、道路清扫车、装载机、压路机、摊铺机等 20 多台养护和应急设备,2022 年先后采购洗扫车、洒水车、小型压路机、平板夯、背式吹风机、撒盐机、除雪车等多种养护设备。2022 年,养护中心共修补填补路面坑洞 0.61 万平方米、沥青浅贯修复路面病害面积 4.67 万平方米;组织应急抢险 6 次,清理路面大小塌方 11 处 850 立方米,疏通排水沟 5 万多米;清理桥涵 540 多座;完成路面预防性养护工程和路面修复养护工程 106.1 千米。

邮政·通信

邮　政

【概况】 中国邮政集团有限公司江西省万载县分公司是公用服务型全民所有制企业(以下简称邮政万载县分公司),主要提供信件、包裹寄递、金融、函件、速递、物流、报刊发行、集邮等多项业务服务。邮政万载县分公司现有综合营业网点9个、自办邮政营业网点5个、代办农村邮政营业网点2个、揽投部2个,内设管理生产一室五部(综合办公室、市场营销部、金融业务部、集邮与文化传媒部、寄递事业部、渠道平台部),配套设施齐全,现有员工113人,其中A类用工47人,B类用工51人,派遣用工15人。2022年,邮政万载县分公司被省分公司评为全省邮政金融(2021—2022)跨年度专项营销活动"二十佳"县分公司,被市分公司授予宜春邮政普遍服务"保品质、守底线、深扎根"优胜单位一等奖、宜春邮政三级物流体系建设先进单位一等奖、宜春邮政新闻宣传先进单位二等奖、宜春邮政协同组织奖二等奖、宜春邮政绿色品牌发展优胜单位一等奖及宜春邮政工会目标管理先进单位第一名,被县委、县政府评为2022年度驻县优质服务先进单位。与此同时,公司任丽被市总工会评为"宜春市五一巾帼标兵"。

【注重服务质效】 2022年,邮政万载县分公司乡镇网点覆盖率达、建制村投递频次达标率、城区《人民日报》《江西日报》当日见报率及服务网点营业时间达标率均为100%,给据邮件信息丢失率为0,机要通信全年无失密丢损事故,全年未发生违反"两条红线"的案件,未发生重大服务质量和重大媒体曝光事件,邮件收寄无安全事故发生。

【构建三级物流体系】 2022年,邮政万载县分公司在全县行政村建有自提点153个,除乡镇政府及城区投递已覆盖和重合的行政村外,基本实现全覆盖。因供配中心场地面积偏小,租用工业园绿色标准厂房6号楼并进行搬迁,使用面积达7324.8平方米,并采购环形自动化分拣设备,实现每小时1.5万件的分拣量。2022年,邮政万载县分公司还与万载县恒瑞供应链管理有限公司(由中通、申通、韵达、极兔、丰网5家快递企业整合)签订邮政快递合作协议,为快递进村打下坚实基础。

【助力乡村振兴定点帮扶及农产品销售】 2022年,邮政万载县分公司选派3人任乡村振兴工作队队员,拨付2万元用于定点扶贫村和挂点扶贫村建设。建设农产品展示馆1个,面积200平方米,用于销售龙牙百合、千年南酸枣糕、高村小吃、罗城扎粉、黄源米酒、百合面、土鸡蛋、丰顶山有机生态大米、山茶油、五谷杂粮、茶叶等土特产,全年销售万载百合系列产品50余万元。

【狠抓企业管理】 基础管理重成效。落实每周重点工作督导机制,坚持抢前抓早和"以日保周、以周保月、以月保季、以季保年"工作方法,强化重点工作落实成效,推动各项重点工作有力有序进行。财务管理重推进。深入推进全面预算管理体系,充分发挥预算在企业经营管理中的基础性作用;制定损益核算考核方案，做好责任专业中心损益核算、网点损益核算工作；开展降本增效工作，全年节约各项成本84.67万元。薪酬管理重效益。强化“人工成本是自己挣回来的，而不是上级分配来的”意识，以“质量第一，效益优先”的经营理念，全面改革员工绩效考核方案，杜绝“躺平”和吃“大锅饭”现象。队伍建设重培养。注重青年骨干培养，2022年，推荐骨干人员5人，打造了一支专业理财经理团队并发放荣誉勋章。此外，通过“每周一课”学习，“一把手”讲堂，开展代理金融制度学习季、案件警示教育等活动，提升合规意识，全年安全生产状况保持平稳运行，未发生安全事故及金融资金案件。

【网点建设】 投入资金100余万元，对双虹桥网点、白良网点、白良职工小家进行改造。

通 信

【概况】 中国移动通信集团江西有限公司万载县分公司(以下简称移动万载县分公司)是万载本地基础通信运营商，主要经营移动语音、数据、宽带和多媒体业务，致力于成为网络强国、数字中国、智慧社会主力军。2022年，移动万载县分公司落实以“人民为中心”的发展理念，为客户提供优质的信息服务，为做强做优做大数字经济贡献力量。公司现有员工62人，内设综合部、市场经营部、网络部、集团客户部4个职能部门，下设6个网格运营中心，全年移动用户数34万户，实现年收入2.3亿元，并获万载县驻县优质服务先进单位、宜春分公司纪检工作先进单位、工会工作先进单位等称号。

【践行央企责任】 为税收和就业做贡献。2022年，移动万载县分公司实现税收2041.98万元，并充分运用内部招聘、代维管理、渠道运营及企业合作等多种方式，创造各类就业机会约2000个。推进巩固脱贫攻坚成果同乡村振兴衔接。派出1名驻村干部驻村帮扶，7名帮扶干部对脱贫户进行精准帮扶，全年完成消费帮扶4.8万元，向上级公司申请项目帮扶资金4.5万元，积极跟进建设“5G+”花炮产业数字化平台和农产品物联网5G云平台，助力万载乡村振兴产业数智化转型。

【坚持服务为本理念】 落实“客户为根、服务为本”的理念。一方面，严厉打击不知情定制、泄露客户信息等侵害客户利益的行为，常态化通过现场调研、总经理接待日等方式近距离接触客户，“10086”免费热线24小时保持畅通，随时随地为客户提供高质量服务。另一方面，组织开展红星服务进集团、乡村、居民小区活动，开展宽带义诊、反诈宣传、智慧爱心助老等公益活动500余场，全年累计走访服务安商企业300家，解决网络故障等问题10余件。

【做好网络建设运维】 2022年，移动万载县分公司全面开展新基建工作，主动融入双“一号工程”，助推万载数字经济发展。至年底，完成全县75%的5G基站建设，有线宽带千兆网络覆盖率100%，完成基站巡检1650次，发电保障1125次。全力做好雪灾抢修工作，安排7×24小时领导带班值班制，实时监控网络运行情况，及时调度通信抢修。全年共组织抢修人员65名组成抢修队伍31支，累计出动人员168人次，出动车辆31台次，累计发电305小时。

【反诈宣传及工作成效】 2022年，移动万载县分公司定期组织渠道培训，学习反诈知识，严格落实断卡行动要求。全年组织员工多渠道入村入户开展反诈宣传共计500余场，通过技术手段协助公安破获电信网络诈骗案件4起，抓获作案人员20余人，获得万载县反诈领导小组肯定。

金 融

金融监管

【概况】 2022年，人民银行万载县支行执行稳健的货币政策，以“稳字当头”为原则，落实各项调控要求，用好货币政策工具，保持辖区货币信贷规模合理增长、结构持续优化。同时，持续加大对实体经济信贷支持力度，确保金融资源更多流入高质量发展重点领域和薄弱环节。2022年，全县银行业各项存款余额347.02亿元，较年初增加37.92亿元、增长12.27%；全县银行业金融机构各项贷款余额288.08亿元，较年初增加33.95亿元、增长13.36%。

【落实金融助企政策】 2022年，万载金融机构按照助企纾困政策要求，对受疫情影响的贷款客户实施征信保护延期还本等纾困方案，主动对接客户、宣传延期政策、及时了解市场主体贷款需求。全年通过展期、无还本续贷、调整还款计划等方式，在全县辖区金融机构实施阶段性延期还本付息贷款0.25亿元。

【强化金融支持作用】 一方面，加速国务院扎实稳住经济“一揽子”政策举措和人民银行总行金融惠企利民纾困23条政策举措的落地落实，发挥支小再贷款、两项直达货币政策工具转换和接续的精准滴灌作用。2022年，共发放支小再贷款4.14亿元，较上年同期增加1.57亿元、增长61.1%，有效满足1679户市场主体执行5.5%以下优惠利率。另一方面，对地方法人金融机构发放的普惠小微贷款，按照贷款余额增量的1%提供资金，并将资金支持的比例从1%提高到2%，2022年，辖区内两家法人机构普惠小微贷款增量3.88亿元，向两家法人金融机构提供激励资金719.63万元。

【凝聚产融对接合力】 2022年，推动湘赣边区域宜春片区（万载县）产融对接会议成功召开，现场对接意向签约企业项目共113笔18.84亿元。同时，深入贯彻落实《湘赣边区域合作示范区建设总体方案》有关决策部署，推动《金融支持湘赣边区域合作示范区建设的指导意见》落实落细，为湘赣交界地区协同发展探索新经验贡献金融力量，指导辖区内金融机构不断创新信贷产品、扩大信贷规模、拉长银企合作链，开创政、银、企三赢的新格局，着力打造万载一流的金

6月22日，湘赣边区域宜春片区（万载县）产融对接会议召开

融环境。

【依托金融为民服务】　打击治理电信诈骗。及时向银行机构通报两卡涉案情况,督促银行机构查明涉案账户的原因并抓好整改落实。持续做好假币收缴和特殊残损人民币鉴定工作。全年收到假币1160张10.18万元;鉴定特殊残损人民币14195元,确认可兑换1.29万元。全面落实国家增值税留抵退税政策。截至12月末,共办理小微企业、个体工商户留抵退税1.07亿元。强化金融服务,开展“金融知识普及月,金融知识进万家”主题宣讲活动。联合县商务局开展跨境人民币管理政策宣讲以及开展绿色信贷统计业务培训,及时召开货币信贷形势分析会议,多管齐下助力万载高质量发展。

【保护红色金融资源】　赓续红色基因,讲好红色故事,充分利用万载县红色金融资源,制作以湘鄂赣省工农银行石印版的故事和原湘鄂赣省政府财政部部长兼工农银行行长成功(原名陈鸿钧)烈士斗争历程为历史原型的红色金融故事微视频,被人民银行总行选送为中央和国家机关推荐保密视频,并从辖区内11家银行选拔出一批熟悉、热爱红色金融史的金融从业人员,成立红色金融志愿讲解服务队。推动“江西省红色金融教育基地”改建升级。建立健全红色金融遗址保护利用多元投入体系,根据旧址保护的迫切性和可行性,筹集奖金分级分类对全县4处红色革命遗址进行保护利用,促成江西省首个省级红色金融教育基地“江西省红色金融教育基地”在万载县仙源乡建成。

【金融助力乡村振兴】　2022年,人民银行以万载县农村普惠金融服务站为依托,整合金融服务、政策引导、政府扶持等各方资源,为乡村提供专业化的金融服务方案。加强对乡村金融服务政策的宣传引导,让金融政策“流动”起来,打通金融服务渠道,让群众能够懂政策、用政策;着力引导涉农金融机构构建多元化惠农机制,多管齐下,补齐短板;围绕“金融+特色产业”大力发展绿色金融,创新推出产业发展特色信贷产品,整合银行信贷资源,凝聚合力,探索专业化普惠金融供给模式,助力乡村振兴。

金控公司

【概况】　金控公司原由万载投资发展集团有限公司出资,2020年7月改为由县财政局出资,注册资本金2.98亿元,是万载县唯一的一家全资国有县属非银行金融机构,内设综合管理部、项目服务部、风险管理部和财务管理部等4个部室,下设万载县中小企业融资担保有限公司(以下简称担保公司)、万载金控供应链管理有限公司(以下简称供应链公司)、万载县烟花爆竹贸易有限公司(以下简称贸易公司)等3个全资子公司。2022年,金控公司累计收入2052.98万元,其中营业收入1532.98万元,投资收益520万元,累计完成全年预算收入的102.65%。营业收入中:续贷帮扶业务收入282.66万元,担保业务收入291.78万元,保函业务收入507.37万元,科贷通业务收入115.3万元,工程供应链业务收入128.5万元,花炮供应链业务收入14.41万元,委贷业务收入4.84万元,追偿业务收入0.73万元,利息收入187.4万元。

【主要职责】　金控公司主要职责是以金融服务为主业,促进金融发展,扶持中小微企业做大做强;服务县域经济,优化资本运作,创新金融产品,服务实体经济,弥补各银行机构在扶持地方经济发展当中存在的空缺与不足,架起银行与企业之间的桥梁,支持产业发展升级;开展续贷帮扶、融资担保、花炮供应链、科贷通、保函、工程供应链、制造业供应链、委托贷款、助保贷(已停止)、财园通(仅推荐)等金融服务业务。2022年,为扶助企业纾困解难、减轻疫情影响公司担保费由年化1%降为年化0.5%。

【担保公司】 担保公司成立于2009年，原为县民营企业局（中小企业管理局），后为县工信局下属事业单位，2018年3月（实际运营为2018年7月）改制为金控公司下属企业，取得省地方金融监督管理局融资性担保机构经营许可证，主营业务为融资性担保，在保企业中，花炮企业占比超过40%。2020年8月，担保公司吸收合并原万载县出口创汇融资担保有限公司，同年9月加入国家融资担保体系。2021年9月与市融资担保公司签署合并协议，成为其子公司，但管理权限不变。2022年，注册资本金1.1亿元，融资担保在保余额5.3亿元，放大倍数3.94倍，多次获得省市主管部门工作肯定。

【供应链公司】 供应链公司成立于2019年，注册资本金1000万元，主营业务为与县科技局合作开展科贷通、工程供应链、制造业供应链等业务。

【贸易公司】 贸易公司成立于2010年，原为县商务局下属企业，2020年12月移交金控公司，2022年6月10日股东由万投集团变更为金控公司，主营业务为花炮供应链金融业务，注册资本金5000万元。

【主营业务开展】 2022年，金控公司共开展担保业务241笔5.20亿元；开展续贷帮扶业务331笔17.76亿元；开展花炮供应链业务29笔7384万元；开展保函业务66笔1.45亿元；开展科贷通业务44笔1.24亿元；开展工程供应链业务9笔3195万元；开展制造业供应链业务1笔300万元。2022年，金控公司与县农商行、县九江银行、县赣州银行等合作银行签订2∶8担保业务分险补充协议，协议签订后，业务银行承担20%责任，担保公司承担80%责任。截至2022年12月31日，已纳入国家融担体系的担保业务共68笔1.54亿元。

中国工商银行万载县支行

【概况】 中国工商银行股份有限公司万载支行内设行长室、综合管理部、业务营销管理部，有营业部、锦江支行2个营业网点。支行设有自助银行网点5个，分布在县城沿河东路、阳乐大道、康乐大道、迎宾大道等主要街区，现有在职人员35人。2022年，各项业务的稳健持续发展，并荣获第二届“江西省分行工银卓越奖章”、宜春分行2022年度党风廉政建设先进单位。

【经营效益】 2022年，工商银行万载县支行全年实现净利润7368万元，同比增加912万元。

【存贷业务】 2022年，工商银行万载县支行存款62537万元，三项存款余额、新增均列同业第一。其中：储蓄存款4.50亿元，公司存款1.32亿元，机构存款0.49亿元。至年底，贷款-1573万元。其中：普惠+8825万元，个人贷款+0.65亿元，公司贷款-0.38亿元。

【国际业务】 2022年，工商银行万载县支行完成国际结算17383万美元，同比减少1513万美元，保持同业第一；跨境人民币15914万元，完成市行计划176.82%，完成国际贸易融资639万美元，同比增加61万美元。

【重点项目突破】 2022年，工商银行万载县支行贯彻落实上级关于惠民惠农财政待遇资金“一卡通”专项治理的统一部署，为民生提供金融服务支持。在中秋节和国庆节期间，发放政府消费券金额150多万元，通过支行线上线下协同宣传，让消费券惠及千家万户，推动当地消费增长，助力稳经济大盘。

【资产质量】 2022年，工商银行万载县支行不良贷款余额91万元，不良率0.04%，较年初减少197万元，其中公司不良率为 0，个人 91 万元，较年初减少 52 万元，不良率 0.07%。全年清收处置不良贷款 877 万元，完成计划的 175%。不良额和不良率实现双降，风险抵补能力不断增强。

【党的建设】 2022 年，工商银行万载县支行严格落实“三会一课”党内各项制度，做好发展党员工作；开展“六必谈、六必访”，及时化解矛盾，消除不安定因素，全年共访谈员工 35 人次。开展“党建 + 特色活动”，组织团员青年开展迎“五四”，争做奋发有为新时代青年志愿活动；开展“喜迎二十大，感党恩、铸忠诚”等为主题的爱国主义教育活动，提升支行的创造力、凝聚力和战斗力，全面支持地方经济发展。

中国农业银行万载县支行

【概况】 中国农业银行股份有限公司万载县支行（以下简称农行万载支行）内设综合管理部、业务管理部两个部室，下设支行营业部、康乐支行、株潭支行三个营业网点，现有在职员工 58 人。2022 年，农业银行万载支行各项存款余额 30.68 亿元，较上年净增 6.09 亿元，增幅 24.76%；各项贷款余额 26.36 亿元，较上年净增 8.53 亿元，增幅 47.84%；全行实现营业收入 1.19 亿元，同比增加 0.31 亿元，增幅 35%；实现净利润 0.72 亿元，同比增加 0.24 亿元，增幅 50%；实现中间业务收入 0.13 亿元，同比增收 330 万元，增幅 33.6%。2022 年，农行万载支行获中国农业银行宜春分行综合绩效考核优胜单位、“四好班子”、中国农业银行江西省分行“2022 年度服务乡村振兴优秀支行”、万载县 2022 年度驻县优质服务先进单位称号。

【党建引领】 2022 年，农行万载支行坚持把党建与业务融合起来，纵深推进全面从严治党、从严治行。一方面，加强对重点岗位、重点工作以及员工行为管理等领域监督，抓好精细化管理，确保各项制度有效运行。另一方面，强化纪检监督执纪，在日常监督外，收集各部门的重点工作，加强对精细化管理的监督，推动全行上下牢固树立合规意识，严守合规底线。

【业务发展】 2022 年，农行万载支行坚持“存款兴行”的思想不动摇，通过大幅提升服务质量和加强与客户沟通联络等方式，大力拓展私营业主、个体工商户等客户群体，有针对性地制定资产业务营销作战图谱，有的放矢开展营销。同时，通过提高发展中间业务的认知度和执行力，有效拓展盈利空间、多渠道联动营销，以此提高产品覆盖率，加快中间业务发展步伐。

【服务实体经济】 2022 年，农行万载支行以“网捷贷”为主要突破口做好“个人 E 贷”，重点推广“纳税 E 贷”“抵押 E 贷”等产品，积极营销财园贷、科创贷等政府增信产品，利用好纳税 E 贷等信用贷款产品，加强与省、市级融资担保公司的协调沟通，解决好小微企业抵押难、担保难的痛点、堵点。同时，积极推广“总对总”产品，以产业龙头企业、行业协会为切入点，以对公业务批发做的思路，批量营销一批龙头企业上下游供应链客户和行业协会推荐的优质中小企业。

【助力乡村振兴】 2022 年，农行万载支行学习研讨“三农主力行”的考核办法，通过了解研究万载县乡村振兴的战略规划、细化落地方案，以“农户信息建档开路、惠农 E 贷敲门、综合营销跟进”的工作思路发展“惠农 E 贷”，持续推动农户信息建档和惠农 E 贷业务高质量发展。同时，主动与政府乡村振兴、巩固拓展脱贫攻坚成果规划相对接，全年实现农村个人贷款余额 4.69 亿元，较上年净增 6737 万元。

【强化风险防控】 2022 年，农行万载支行突出做好信贷风险管控及不良贷款清收处置工作。做实不良贷款清收和核销，跟进重点大户清收，加强法院执行突破；扎实推进信贷回访，纪委牵头运用风险线索和首贷户清单，对全行范围内信贷业务回访核查工作进行专项监督，纠治核查过程中反映的问题，促进业务更加合规。同时，全面加强员工行为管理与案防合规工作，持续开展员工异常行为线索监测分析和风险核查，严肃检查责任，实行检查终身负责制，对于应检查未检查、应发现未发现、应报告未报告的，严肃追究检查人员失职渎职责任。

【夯实基础管理】 2022 年，农行万载支行持之以恒抓好合规文化建设落实制度规定，定期学习规章制度，强化制度意识，坚持防范管理，增强自我保护意识，提高各项制度执行的自觉性；加强反电信诈骗，剖析存在涉案账户的原因，做实解冻业务尽调，做细账户分级分类，做好冻卡客户的解释和处理工作；夯实幸福家园建设，开展办公场所环境卫生治理，完善员工生活设施，优化经营场所环境，增强员工归属感和农行品牌形象。

中国银行万载支行

【概况】 中国银行万载县支行成立于 1988 年 12 月，2006 年 7 月 5 日正式更名为中国银行股份有限公司万载支行（简称中国银行万载支行）。支行设有行长室、综合管理部、业务发展部、会计营业部，下设 1 个对外营业网点及 1 个自助网点在阳乐大道 528 号，有智能服务柜 4 台，布放在网点厅堂。中国银行万载支行电子渠道分别有网上银行、电话银行、手机银行，能够全方位满足客户转账、汇款、交易、缴费、消费等多种金融服务需求。2022 年，中国银行万载支行人民币各项存款余额为 12.48 亿元，人民币各项贷款余额为 5.70 亿元，个人手机银行业务在四季度“万马奔腾”竞赛活动中获“总行级手机银行拓展奖”，是万载县人民银行 2022 年度金融消费者权益保护评估工作中唯一一家获得 A+ 级的单位。

【支部建设】 2022 年，中国银行万载支行组织全体党员迎“七一”参观仙源红色教育基地，组织收看中国共产党第二十次全国代表大会报告，开展二十大专题学习讨论，撰写心得体会，让广大党员理论学习上有收获、思想政治受到洗礼、干事创业更具备担当、密切联系群众更接地气、清正廉洁更能做好表率。

【社会责任担当】 2022 年，中国银行万载支行组织人员参与美丽宜居社区建设，得到社区领导、群众一致认可，并获得政府的书面表扬，支行 1 人获万载县 2022 年度美丽宜居城市建设先进个人奖。

【业务开展情况】 2022 年，中国银行万载支行通过授信带动争揽代发薪业务，不断提升有效账户数，夯实客户基础，并通过抓好分层提级、做好存量中高端客户的触达、做实“三个日常”、运用手机银行等战略产品优势做好对流量客户的日常维护等，不断增强活客拓客挖掘客户潜力。2022 年，支行累计揽入专项债 6000 万元，开通银行电子汇票业务存入 100%大额保证金 2000 万元；各项人民币时点存款余额 12.48 亿元，较年初新增 1.93 亿元，完成全年任务的 214.06%；各项人民币存款日均余额 11.08 亿元、较年初新增 1.49 亿元。

【普惠金融服务】 2022 年，中国银行万载支行贯彻中央关于服务生态文明战略、服务战略新兴产业、服务普惠小微企业和民营企业等重大决策，落实服务实体经济、防控金融风险、深化金融改革等金融工作三项任务，大力推进集团“十四五”发展规划中关于“八大金融”、数字化转型、全面风险管理、企业文化建设等。全年新增贷款的 80%都是普惠金融贷款，并投向服务于实体经济。

中国建设银行万载县支行

【概况】 2022年，建设银行万载支行抓住数字经济、绿色金融、普惠金融、精准扶贫、乡村振兴、消费升级等发展机遇和增长点，贯彻落实省行“48522”和“三大战略”发展思路，深入践行新金融理念，不断提升市场竞争力，各项业务取得稳步发展。2022年，全行个人客户12.34万人次，其中有资产客户8.54万人次；个人加权有效客户数11.66万人次，较年初新增1.23万人次。

【主要指标增速】 至2022年12月31日，建设银行万载支行个人金融资产日均余额14.56亿元，较年初新增1.91亿元，增速15.12%；个人存款时点较年初新增1.75亿元，个人存款日均余额10.94亿元，较年初新增1.48亿元；普惠贷款余额3.05亿元，较年初新增8924万元，完成全年计划的149%；对公非贴贷款余额9.18亿元，较年初新增2.22亿元；对公存款时点余额9.36亿元，较年初新增395万元，对公日均存款9.23亿元，日均新增8922万元。

【政府消费券平台搭建】 2022年，建设银行万载支行对接政府消费券，成功通过建行生活承接并发放万载县政府消费券总计4个批次共550万元，注册建行生活用户过万，为建行生活卡的推行奠定基石。

【建行生活信用卡推广】 2022年，建设银行万载支行B端带动C端实现信用卡持续获客。在信用卡营销上围绕商户发力，尤其是运用好建行生活权益深耕建行生活的B端商户，实现建行生活信用卡的持续获客，截至2022年底，建行生活信用卡客户新增1478户。

【建易贷批量拓客】 2022年，建设银行万载支行通过总工会平台，把建易贷作为一款针对全县行政企事业单位工会会员的优惠政策，紧扣优势产品和抓住政策利好期，通过建易贷批量获取高质量行政企事业单位个人客户。至年底，建易贷较上年新增5065万元。

【投放特种设备贴息贷款1.2亿元】 2022年，建设银行万载支行在特种设备贴息贷款政策下达后，主动对接县政府和卫健委，在宜春分行的帮扶下，凭借优质的综合金融服务，在同业多家银行中脱颖而出，成功营销万载县公立医院特种设备贴息贷款，投放1.2亿元贷款。

【助力搭建万投集团资产管理系统】 2022年，建设银行万载支行积极与政府平台公司万投集团进行对接，通过投放5000万元住房租赁贷款，以CCB建融家园平台和悦生活缴费平台为基础，成功与万投集团资产管理系统对接。

【助力普惠金融】 2022年，建设银行万载支行通过系统对存量对公无贷户资源、存量商户资源、房贷还款客户资源进行筛选，列出目标客户名单，充分运用抵押快贷、善担贷、收支流水贷、商户云贷等特色产品进行组合营销，抢市场，争份额，至2022年12月31日，实现普惠贷款余额3.05亿元。

【对接政府专项债】 2022年，万载建行首次作为万载县财政局的专项债发行顾问银行，成功协助2个专债项目通过初审。水利局2023年6.51亿元专债项目已通过省发改委审批，省财政修改意见已补充完善。

中国邮政储蓄银行万载县支行

【概况】 中国邮政储蓄银行万载县支行(以下简称邮储银行万载支行）自2008年3月成立以来，一直践行“根植城乡、服务‘三农’、普惠小微”的企业使命，全面深化改革创新，加快特色化、综合化、轻型化、数字化、集约化转型发展，坚定履行国有大行经济责任、政治责任和社会责任。2022年，中国邮政储蓄银行万载县支行继续复评江西省第十六届文明单位；刘颖行长荣获宜春市第三届“最美退役军人”荣誉称号；王勇获评万载县美丽宜居城市建设工作先进个人；黄灿获评万载县营商环境建设先进个人；在2022年度支持地方经济综合打分中，列11家银行金融机构并列第3位。

【人员及机构编制】 2022年，邮储银行万载支行共有员工49人，下设综合管理部、零售金融部、公司金融部、风险合规部4个部门，有营业部、康乐大道支行、株潭镇支行3个自营网点。

【主要经营指标】 2022年，邮储银行万载支行各项存款余额54.82亿元，其中个人储蓄存款余额49.11亿元，(自营10.74亿元，代理38.37亿元)，公司存款余额4.32亿元；各项贷款余额达 16.34亿元(个人贷款12.99亿元、小企业贷款3.35亿元)，较上年增长2.15亿元，全年实现收入7232万元、利润3859万元；不良贷款521万元，不良贷款率为0.29%。

【助力地方经济发展】 2019年，万载县人民政府与宜春邮储银行签订的新五年(2019—2023年)战略合作协议，新增贷款20亿元的目标。近三年来，邮储银行万载县支行累计向地方投放信贷资金超30亿元，各项贷款余额从9.78亿元增长至25.82亿元(系统内)，翻2.64倍，不良贷款仅0.63%。2022年10月，从收集材料到实现放款，仅用时8天成功为江西睿达新能源科技有限公司发放邮储银行系统内全国首笔公司项目设备更新改造再贷款5000万元，为助力建设工业强、城市美、生态优、民生好的幸福万载注入更强大的新动能。

万载县农商银行

【概况】 2022年，万载县农商银行全面落实“疫情要防住、经济要稳住、发展要安全”的要求，切实发挥农村金融主力军作用和地方性银行地缘优势，加强与政府发展战略互动，支持地方经济发展，全年累计缴纳各项税款5193.98万元，比上年增加2914.32万元，增长127.84%，主要业务经营质效考评排名全省第13名，获全省农商银行2022年度“主要业务经营考评优秀单位”称号。

【部门网点】 2022年，万载县农商银行总行内设办公室、人力资源部、风险合规部、信贷管理部、财务管理部、综合业务部、金融市场部、运营管理部、审计部、党群工作部、安全保卫部、清收事业部、普惠金融事业部共13个部门，下辖营业部1个，支行22个（西坑分理处于2022年6月28日撤销)，共23个网点，共有员工281人。

【业务发展运营】 2022年，万载县农商银行各项存款余额115.58亿元，较年初净增13.58亿元，增幅13.32%，完成省联社下达全年净增计划的133.18%。贷款投放增速保持稳定。截至12月底，各项贷款余额87.39亿元，较上年增长8.11亿元，增幅11.06%，授信户数42181户，较年初增长12383户；用信户数27317户，较上年增长3296户。主要监管指标全部达标。全行资本充足率12.35%，优于监管指标1.85个百分点；杠杆率5.98%，优于监管指标1.98个百分点，具备保证正常运营和发展的资本能力；拨备覆盖率241.63%，优于监管指标91.63个百分点；流动性比例66.02%，优于监管指标41.02个百分点。

【服务地方经济】 2022年，万载县农商银行以占万载县金融机构38%的资金来源，发放占全县35%的涉农贷款、83%的小微企业贷款和85%的花炮行业贷款和97%的金融扶贫贷款，巩固提升万载最大的“三农”金融服务提供商、小微金融服务集成商、普惠金融供应商的地位。

【家门口银行党建品牌创建】 2022年，万载县农商银行紧扣

“三拼三促”活动,全力打造“您家门口的品牌银行”党建品牌,严格落实限时办结、一次性告知、阳光办贷等品牌服务制度,优化业务流程、简化办贷资料、缩短办贷时限,奋力打好惠企纾困“组合拳”。2022年,累计投放各类贷款87.39亿元,较年初净增8.11亿元。同时,对36户6704.7万元贷款实施延期还本付息或无还本续贷,减费让利1745.59万元。

【多层次信贷产品体系构建】 2022年,万载县农商银行为满足客户需求,发挥自身“机制活、审批快、决策链条短”的优势,针对不同客户群体,精准把控客户群的特点,专门定制相匹配的贷款品种供客户选择,相继创新推出“卫士贷”“园丁贷”“天使贷”“文明信用快贷”“安居贷”“百福社保贷”“百福夜市贷”等系列专属信贷产品,并大力推广线上金融产品,构建多层次的信贷产品体系,使信贷产品的时效性、易得性、操作性能够全面满足县域中小微企业、个体工商户、农村新型农业主体资金需求。

【脱贫小额信贷发放】 2022年,万载县农商银行支持乡村振兴战略,做好城区“网格化”营销和农区“整村授信”工作,全年涉农贷款余额45.59亿元,较上年增加0.86亿元,小微企业贷款余额63.25亿元,较上年增加0.42亿元;普惠型小微企业贷款余额34.57亿元,较上年净增加5.68亿元,增幅19.66%;普惠型涉农贷款余额21.28亿元,较上年净增加3.77亿元。持续秉承“支付为民”理念,在全县设立普惠金融服务站194个,累计交易笔数58.28万笔,交易金额达10205万元。同时,做好脱贫人口小额信贷投放与管理,2022年脱贫小额信贷累放1284户5525万元,完成政府下达计划的115%。

【召开2021年度股东大会】 5月26日,江西万载农村商业银行有限公司在总行综合楼五楼召开2021年度股东大会,50余位股东代表参加会议。宜春银监分局万载监管组领导应邀参加会议,各网点负责人、机关各部室负责人列席会议。会议听取并审议通过《万载农商银行2021年度董事会工作报告》《万载农商银行2021年度监事会工作报告》《万载农商银行2021年财务决算及2022年财务预算方案》《万载农商银行2021年度利润分配方案》《万载农商银行2021年度股金红利分配方案》《万载农商银行2021年度关联交易管理工作报告》等16项议案,并形成决议。股东大会的召开,为推进农商行高质量发展蓄势赋能。

【举办八周年客户答谢会】 8月18日,万载农商银行成立八周年客户答谢会在古城隆重举办,并通过智慧万载客户端直播间和万载发布视频号直播间进行现场直播,宜春市政协副主席、万载县委书记严旭辉出席此次盛典。答谢会的召开,有效地展现万载农商银行的良好形象。

中国农业发展银行万载县支行

【概况】 中国农业发展银行万载县支行内设机构2个,即客户部和综合部,在编在岗员工18人,其中行长1人、副行长2人。2022年,支行立足农业政策性银行职责和使命,以党的建设为统领,以高质量发展为主题,以作风建设为抓手,以基础管理为保障,不断加大信贷支持力度,全力服务万载县“三农”发展,获市分行“绩效考评先进单位”“信贷支农履职先进单位”“业务经营突出贡献奖”等荣誉称号。

【存贷业务发展】 2022年,农发行万载县支行各项贷款余额77.18亿元,累计投放各项贷款10.84亿元,比上年增加5.55亿元,投放农发基础设施基金0.79亿元,年末贷款余额居宜春市系统内第3位、全县金融同业第2位,对公贷款余额居全县金融同业第1位。各项存款余额24.86亿元,较年初增加1.73亿元。不良贷款继续保持为零。

【粮食收储信贷支持】 2022年,

农发行万载县支行做好早籼稻、中晚籼稻收购调研工作。组织人员先后到政府相关单位和农户家对万载县2022年度籼稻的种植面积、产量、预计收购量和仓容等情况进行摸底调查。做好地方粮食收储信贷支持工作。至2022年底，实现粮棉油等专线贷款余额6978.68万元，其中粮油购销流动资金贷款3480万元（含小微企业480万元），地方储备粮油贷款2167.12万元，地方调控粮油贷款1331.56万元，有力保障万载粮食市场有序健康发展。做好贷后检查工作。收粮前，协同政府相关单位进行空仓验收；收粮期间，定期到粮管所掌握收粮进度，确保收粮进度和资金支付保持一致，管库信贷员按频次要求做好每月粮食库点库存核查工作，做到“有仓必到、有粮必查、有账必核”。

【打造银行特色品牌】 2022年，农发行万载县支行打造绿色银行品牌，全年累计投放绿色贷款6笔，合计5.23亿元，实现生态环境保护、安全条件改善、资源合理利用。打造农地银行品牌，全年投放农地贷款3笔，合计2.2亿元。打造水利银行品牌，全年投放水利贷款3笔，合计3.03亿元。

【加大信贷支农力度】 2022年，农发行万载县支行充分发挥政策性金融工具作用，持续加大信贷支农力度。积极支持城乡一体化水、电、路、气等基础生活设施和卫生、科教、养老、文化、体育等公共服务设施建设，因地制宜支持园区建设提升产业支撑水平，实现促就业、助增收、惠民生有机融合发展。全年共投放城乡一体化贷款4.55万元。

【驻村帮扶开展情况】 2022年，支行各项帮扶贷款余额17.21万元，其中投放产业帮扶贷款3.25万元，带动低收入人口就业增收；向定点帮扶贫困村派出帮扶干部4人，累计走访上户30余次，及时了解帮扶户最新的身体生产生活情况。向驻村帮扶村派出驻村队员1人，确保驻村帮扶工作落实到位。

城乡建设与管理

住房和城乡建设

【概况】 2022年，万载县住房和城乡建设局坚持“高水平规划、高质量建设、高标准管理”的原则，按照“聚焦一个核心、促进两项提升、落实多项举措”的工作思路，深入推进住房和城乡建设事业。2022年，城市更新工作被江西省住房和城乡建设厅列为城市体检转化更新项目第一批优秀案例；工程质量安全监管站被宜春市总工会评为“宜春市工人先锋号”。

【房地产企业资质】 2022年，全县从事房地产开发年审备案企业共52家，本地注册的房地产开发企业42家，外地房地产开发企业10家，资质等级全部为二级。

【商品房预售许可办理】 2022年，县住房和城乡建设局办理商品房预售许可证18宗，批准预售的建筑总面积36.79万平方米，其中住宅面积31.43万平方米2305套，同比上年下降55.41%、57.71%；商业面积5.36万平方米600间，同比上年下降62.65%、70.96%。

【商品房买卖合同网签备案】 2022年，累计备案建筑面积41.46万平方米3458套，建筑面积和套数同比上年下降35.17%和35.80%。其中，住宅2930套36.67万平方米，同比上年下降36.48%；商业528间4.79万平方米，同比上年下降22.99%。

【房地产开发投资】 2022年，全县房地产开发完成投资22.96亿元，比上年同期21.32亿元增加1.64亿元，增长7.68%。

【商品房销售均价、销售面积及库存】 2022年，全县商品房住宅销售均价5041元/平方米，比上年同期的5258元/平方米，下降217元/平方米，同比下降4.13%；全年全县销售商品房面积为41.45万平方米，比上年同期的63.93万平方米减少22.48万平方米，同比下降35.17%；全县商品房库存面积为140.47万平方米，比上年同期的151.23万平方米减少10.77万平方米，同比下降7.12%，去化时间37.3个月。其中商品住宅库存面积80.73万平方米，比上年同期的93.72万平方米减少12.99万平方米，同比下降13.86%；商铺库存面积为59.74万平方米，比上年同期的57.51万平方米增加2.23万平方米，同比上升3.87%。

【商品房预售资金监管】 2022年，全县纳入监管的企业有26家，监管银行有8家，监管有效账户72个，监管率100%。累计纳入监管的备案资金157.98亿元，工程累计拨付资金154.02亿元。采取担保函担保资金6535.1万元，监管账户预售资金余额为3.31亿元。

【商品房开工面积】 2022年，全县房地产新开工面积为26.31万平方米，比上年同期的30.75万平方米减少4.44万平方米，同比下降14.45%。

【物业管理推进】 2022年，县住房和城乡建设局以党建为引领，助力物业管理有效推进。全年县城在建、已建小区82个（含老旧小区)，共计 1583 栋 40631 套住宅。其中，有物业公司管理的小区共计 50 个，建筑面积 492.67 万平方米，物业用房面积 6680 平方米、社区用房面积 770 平方米，物业从业人员 630 人。

【成立“万载县物业管理行业综合委员会”】 2022 年，县住房和城乡建设局成立“万载县物业管理行业综合委员会”，召开第一次综合党委党员大会，选举产生党委委员。依托物业管理行业综合委员会，通过选派党建指导员，加强对物业行业党建工作的指导。依托建立的物业行业党组织，推动符合条件的物业服务企业及时建立党组织。加强党组织对业主大会、业主委员会成立过程的指导，逐步提高业委会、物业管理委员会中党员的比例。目前，有 27 个业委会党员人数占比超过 50%。

【“红色物业”品牌创建活动】 2022 年，县住房和城乡建设局创建 2 个红色物业小区，分别是“百合花城”与“和谐二期”，形成良好红色物业氛围。做好维修基金收缴、使用工作。全年共收缴物业专项维修基金 1054 万元，同时严格按照专项维修基金管理制度，加强对使用专项维修基金的监管。

【新建小区的物业承接查验工作】 2022 年，县住房和城乡建设局一方面加大法律法规宣传力度，联合法制办、党建办等股室，每月定期深入居民住宅小区，进行防养老诈骗宣传和各类法律法规宣传，在显著位置悬挂横幅、张贴标语、设置宣传版面，发放《物业管理法规政策宣传》《物业管理政策法规问答》等 700 多册。另一方面，打造好典型，树立好标杆，推动物业服务行业整体水平提高，通过不断完善企业管理制度和改造提升住宅小区硬件设施，鼓励有条件的物业企业、物业小区积极参与省、市、县物业各类评比。全年组织社区、物业、开发商、业主代表分别对碧桂园、水悦龙湖Ⅱ等 6 个物业小区进行物业承接查验，在承接查验过程中向开发企业下发 6 份问题整改督办函；全年共有 2 个住宅小区荣获 1 个省级、3 个市级奖项。

【城镇贫困家庭住房保障】 一方面，联合社区、物业公司深入小区上户发放宣传材料，并通过宣传栏张贴住房保障政策，住户微信群发布住房保障信息，让群众对住房保障工作应知尽知，提高群众对住房保障工作的满意度。另一方面，设置专门股室负责相关工作，2022 年根据上级文件要求，保障性住房申请工作全部下放到社区(居委会)开展。全年通过采取实物配租和发放租赁补贴两种方式，保障住房困难城镇贫困家庭共计 664 户，其中实物配租 312 户，发放租赁补贴 352 户。筹集到城北佳园 400 套保障性租赁住房，并全部分配完毕，投入使用。

【公房安全监管】 2022 年，县住建局坚持直管公房定期排查与日常排查相结合，开展直管公房安全生产大检查、大维修活动。全年共完成维修卡片 956 份，其中断桁条、断椽皮 72 户，大修屋面 5 户，清理倒塌空关房 4 户，清理维修化粪池 3 起。对 621 户直管公房开展房屋隐患排查，并对排查出有安全隐患的房屋及时进行修复，拆除九仙塘、水管头、后脑冲等路段的危旧房 13 户。

【推进历年棚改扫尾工作】 2022 年，完成对猛辉地块两个辛家、陈家、宋家四个祠堂共 36 户的征迁工作；完成马步新民村龙湖公园至竹山洞(石前岭至宝石)路口 6 户房屋征收；对马步龙家大屋 32 户进行征迁；对北门社区 5 户房屋进行征收；处理条管单位遗留问题 5 起；完成万中老校门口电信机房征收工作；完成五金厂的征迁工作；完成光明幼儿园旁（现商业修理厂）报废车辆停车场围墙、烤漆房、临时用房征收工作；完成兴联 1 组及 22 组集体土地石坎、停车水泥场、凉亭征收工作。9 月 5 日，启动 2021 棚户区改造项目安置房选房工作。完成棚改项目零星征迁。2022 年，涉及美丽宜居项目、路网及遗留问题共计 48 户 713.75 万元，面积 7193.03 平方米,全部完成产权置换。

【协助三兴镇完成石蛇村房屋征收工作】 2022年,协助三兴镇制定石蛇村房屋征迁方案。三兴镇石蛇村4、5、6组拆迁,总共88户340人,7天完成所有拆迁户的合同签订工作,拆迁款3999.64万元全部发放至拆迁户,房屋全部拆除到位,安置点位于鹅峰乡东田村松树脑。

【做好商铺征迁户选房交房工作】 4月12日,对2018年、2019年、2020年棚改商铺产权调换户共计47户进行选定商铺,制定《棚改商铺产权调换户选房工作方案》,组织看房和选房工作,共计45户商铺进行选房。完成田下古城13户商铺的交房工作。13户征迁户有11户选定安置商铺,共1984.09平方米。做好前期棚改、田下古城、零星扫尾项目过渡费发放工作。

【调解征迁矛盾纠纷】 2022年,处理矛盾纠纷12起,积极参与各检察院、法院的调解工作,应对诉讼案件46起。至8月底,涉及田下古城改造、二期棚改、三期棚改案件共计46件,其中行政案件43件、民事案件3件。行政案件中,宜春市袁州区法院审理的案件16件,宜春市中级人民法院审理的案件3件,江西省高级人民法院审理案件24件。已审结案件21件,未审结案件25件。判决结果当中确认行政行为违法的案件有1件,判决驳回原告诉讼请求(维持行政行为)的案件有20件,维持率达到95%。

【安置房建设】 2022年,完工的四个安置房建设项目,任务数2979套全部完工。分别为:龙湖佳园四期700套,江工安置小区1178套,江湾壹号492套,锦绣苑609套。2022年,万载共10个安置小区,总房源套数10060套,货币补偿协议购买套数1691套,产权置换套数5308套,已结算套数3232套,已交房套数3192套,已办证套数41套,全年发放过渡费4060.02万元。

【招投标监管】 2022年,共监督工程项目招标37个,其中公开招标26个,邀请招标11个,招标工程总中标金1.94亿元;直接发包项目33个,发包建筑面积53.55万平方米,合同金额10.72亿元。严格实行信息公开制度,规范招标程序。加强对招投标资格的审查,规范市场准入行为;狠抓招标代理机构管理,规范中介执业行为;加强评标全过程监管,规范评标专家行为;开展招投标领域突出问题专项整治行动,规范投诉处理,查处规避招标、串通招标、违反招标程序等违法违规行为57起,罚款金额910.92万元。

【新增入库规模以上建筑企业4家】 2022年,全县建筑业企业总产值18.46亿元,与去年同比增长12.9%,全市排名第一。全年新增入库规模以上建筑企业4家,分别是:江西邦夏建设工程有限公司(三级)、江西佰焯建设工程有限公司(三级)、江西润明建筑工程有限公司(三级)、江西凡耀建筑工程有限公司。2022年底,全县共有入统建筑企业24家,其中一级企业1家,二级企业1家,三级企业22家。

【规范建筑业管理】 规范竣工备案管理。2022年,竣工验收备案43宗152.88万平方米,涉及工程造价18.28亿元。开展万载县房屋建筑和市政基础设施建设工程领域转包挂靠出借资质等违法违规行为专项整治工作,截至年底,共检查项目28家,查处企业4家,处罚金28.03万元,查处履职不到位项目经理4人,处罚金4万元。加强建设工程材料价格信息管理。大力发展绿色建筑,万载县建筑节能和绿色建筑发展态势良好,城市规划区内新建绿色建筑设计达到100%全覆盖,20万平方米以上的大型居住小区实现1星级以上绿建设计和施工(城北佳园、东华学府等)。2022年,新批新建医院、学校等公共建筑按照省市要求进行2星级绿建设计标准执行,妇幼保健院项目已通过2星级绿建预评审。新竣工星级绿色建筑面积43.6万平方米,星级绿建占比32.95%,全市排名第一。大力推广装配式建筑,根据省、市关于发展装配式建筑相关文件要求，下发《2022年度推进万载县装配式建筑发展工作计划》(万住建字〔2022〕40号文)，文件制定2022年度装配式建筑发展计划。2022年，新开工建筑面积54.05万平方米，实施装配式建筑面积18.42万平方米，装配式建筑占比34.08%。

【建筑质量安全监管】 2022年，县住建局结合防高处坠落、坍塌、物体打击事故、起重机械专项整治行动，聘请起重机械专家、电气工程师专家等进行专项检查，每季度定期组织专家对在建项目进行检查评分、排榜。全年共组织安全检查12次，下发安全隐患整改通知单102份，发现、消除建筑施工安全生产隐患383处。建立万载县建筑施工安全监控中心。对县城和乡镇主要项目实现全覆盖实时监控，及时发现工地问题并及时督促整改；对存在违法生产经营建设的行为主体，责令停产整顿；对责任不落实、措施不力的单位和个人进行约谈问责，依法进行行政处罚。全年约谈项目负责人30人次，挂牌督办项目1个，立案查处违法违规项目5个，处罚责任企业8家，处罚金额共计22万元，处罚责任人员1人，处罚金额共计0.9万元。2022年，县工业园区标准厂房一标剩余工程获得市优质工程奖，另有洲际大厦、锦绣苑、东华学府等10个项目通过优质工程结构核验；第三中学项目获省级、市级工程质量管理标准化工地。

【扬尘治理】 2022年，制定出台《2022年万载县建筑工地扬尘防治要点》和《万载县建筑工地扬尘污染防治“百日攻坚”行动方案》。一是要求每个项目落实专人负责扬尘治理工作，严格落实建筑工地扬尘治理6个100%的降尘措施，项目开工前必须满足扬尘治理要求，不符合要求的必须停工整改，同时要求企业对降尘设施进行自查、维修保养，确保降尘设施完好并按规定启用。二是每个项目安排监管人员进行巡查督查，及时发现问题督促整改，做到每天一巡、每周一查，不定时开展突击检查，确保各工地降尘设施按规定启用，防止扬尘治理“人前人后两个样”的现象。三是建立扬尘治理监控平台，每个在监在建项目安装两个以上摄像头接入住建局监控平台，实时掌握工地情况，采取现场检查与视频监控等方式对建筑工地扬尘治理形成常态化督查检查。四是落实每季至少1次对各在监在建项目按照《建筑工地扬尘治理红黄绿牌管理办法》进行检查评分和通报，公平、公正地评定各项目的挂牌性质，对违反扬尘治理规定的责任单位进行约谈、按照有关法律法规对违法违规行为的责任单位进行行政处罚。2022年，共约谈红黄牌项目责任主体单位24家，处罚项目2个，罚款4万元。

【农村自建房排查整治】 2022年，全县共排查182211栋房屋，发现疑似危房1485栋(其中闲置房977栋，已全部采取管控措施)，另对508栋房屋进行安全鉴定，鉴定共发现305栋C、D级危房(C级251栋、D级54栋)，此305栋已整治到位284栋（其中已拆除36栋，包括8栋D级经营性自建房)，剩余31栋已采取管控措施。对经营性自建房开展回头看，发现31栋经营性自建房存在安全隐患，已整治销号到位31栋，销号率100%。

【农村住房改造】 2022年，全县共实施危房改造156户，其中上级任务100户，拨付补助资金共234.8万元，其中上级资金205.2万元、县级资金29.6万元。

【乡镇生活污水处理设施建设】 2022年，县住建局推进岭东、赤兴、白水、茭湖和高村污水处理厂及管网建设。县住建局积极主动协调相关部门和乡镇加强项目技术指导和服务，先后多次召开乡镇污水项目建设推进会，及时解决项目施工中的困难和问题，督促项目施工单位加快项目建设进度。年底，5个乡镇的主体工程及污水管网已全部建成。

【老旧小区改造】 2022年，县住建局协调相关社区开展群众改造意见征求，根据群众意见及要求，坚持方案设计“一区一案”

原则,着力解决小区居民急难愁盼问题。对小区内的排污排水、道路等基础设施做到应改尽改,因地制宜建设停车位、新增绿化带、增设休闲娱乐设施等改造项目,满足小区居民停车、非机动车充电、养老服务设施、托幼设施、休闲娱乐、垃圾分类等需求。定期开展项目进度、质量和安全督查,下发督办函或整改通知书等,督促相关单位工作落实到位,保障施工顺利进行。2022年,实施城镇老旧小区改造9个2567户,总投资约4777.8万元。

【城市功能与品质提升项目】 2022年,县住建局编制并印发《万载县建立城市体检评估机制推进城市高质量发展实施方案》《建立城市体检评估机制推进城市高质量示范省建设落实意见》《万载县城市功能与品质再提升行动方案》。2022年,城市功能与品质提升含新建、续建共69个项目,投资总额90.54亿元。年底已竣工29个项目,已开工37个项目,未开工5个项目,累计完成投资55.48亿元。全年完成沿河东路北段、东大路西段、灵运大道、中医院南侧道路、菜市路、河西路等城区十五条道路建设。组织开展城市体检,向省城市功能与品质提升工作领导小组办公室申报的宜春市万载县老城区三个运动小游园(南门社区体育小游园、建成社区体育小游园、乌溪体育小游园)公共服务设施建设项目荣获《江西省城市体检转化城市更新项目优秀案例(第一批)》。

【消防验收备案】 2022年,县住建局加强消防验收备案全方位审查,对依法纳入消防验收备案的建设工程,确保做到审查验收应收尽收,新竣工项目应验尽验,不断提高服务效能。2022年,共受理40个项目的消防验收备案,出具消防验收意见书14份,消防验收备案凭证15份。

【污水管网处理设施建设】 2022年,县住建局完成万载县河西路1.4千米污水收集管网铺设工程。完成万载县阳光花苑小区、名优特批发市场、凤凰御景花园小区、汽车城污水收集支管工程。总投资783.97万元,新增污水收集支管总长度约为5.7千米,直径1米成品污水检查井193座。启动万载县污水处理厂扩容工程项目,并通过县委、县政府的批准实施,同时选址用地方案通过县规委会审核,并与万投集团、住建局、万兴公司、洪城水业签订四方用地协议。

城市建设

【概况】 万载县城市建设由国营万投集团进行实施。近几年来,万载县城市建设由国有企业万投集团负责。2022年,万投集团共实施市政道路、停车场及市场改造、棚改安置房建设、幼儿园、老旧小区改造、体育小游园等工程项目82个。其中,完工项目60个,在建项目22个,项目总投资81亿元,全年累计完成投资62亿元。全年实施市政道路25条,道路总长20.23千米,项目总投资7.12亿元,16个老旧小区的改造全部完工并投入使用。万投集团实施的各个项目有效地改善了城市人居环境,提升了城市品位。

【宜万同城快速通道全线通车】 12月10日,宜万同城快速通道全线通车。宜万同城快速通道是江西省和宜春市的重点民生工程,也是宜春市迄今为止单体投资规模最大的交通基础设施建设项目,由宜春交投集团投资建设、宜春公路建设集团承建,项目途经袁州区、宜阳新区、宜春经开区、万载县、上高县等5个县(区、管委会)和10个乡镇、街道,全长53.55千米,总投资58.23亿元。由G220万载至袁州段改建工程和G320上高墨山至万载段改建工程两个项目组成。其中:G220万载至袁州段改建工程起于G220国道与锦绣大道交叉口,终于万载县马步乡布城村,全长30.87千米,按双向六车道一级公路标准建设。项目在万载县境内长约3.046千米,主线至老G320新建连接段0.458千米,宜万高速万载连接线改造段约

0.405 千米，万载县境内项目总投资 11.5 亿元。

【城北佳园路网建成通车】 2022 年，城北佳园周边 4 条路网建成通车：城东路长 285 米，红线宽 30 米；谢灵运路北段长 345 米，红线宽 24 米；横一路长 205.7 米，红线宽 15 米；北环路长 445 米，红线宽 32 米。路网的建成通车，缓解了交通堵塞，给群众出行提供了方便。

【锦绣苑周边 6 条道路建成通车】 2022 年，锦绣苑周边 6 条道路建成通车：沿河路北段长约 149 米，红线宽 23.5 米；东大路西段长约 330 米，红线宽 18 米；阳乐大道北段长约 218 米，红线宽 36 米；环城北路西段长约 368 米，红线宽度为 24 米；万根竹路长约 381 米，红线宽 24 米；大北关路长约 587 米，红线宽 24 米。6 条道路的建成通车，在提升城市品质的同时，拉大了城市格局。

【打通 3 条断头路】 2022 年，菜市路、中医院南侧道路、百合路中段 3 条断头路建成通车：菜市路长 610 米，红线宽 18 米；百合路中段道路长 1605 米，红线宽 18 米；中医院南侧道路长 380 米，宽 18 米。断头路的打通，让城市畅行无阻。

【南部新城“一纵两横”路网建设】 2022 年，龙湖路（沿湖东路至建成大道）建成通车，全长 2309 米，红线宽度 30 米；环湖南大道全长 3063.4 米，道路红线 46 米，至年底完成沿湖东路南段至新 320 国道段建设；康南路全长 3521 米，道路红线 32~36 米，至年底完成将军大道至环湖南大道段建设。南部新城“一纵两横”路网的拉升，为万载城市发展预留了足够的空间潜力。

【其他道路建设情况】 2022 年，纵一路、竹山洞支路、河西路、纵二路南侧延伸段支路、灵运大道、环城北路东段延伸等 6 条道路建成通车：纵一路长 1089 米，红线宽 18 米；竹山洞支路长 300 米，红线宽 24 米；河西路长 310 米，红线宽 18 米；纵二路南侧延伸段支路长 210 米，红线宽 18 米；灵运大道长 1088.69 米，红线宽 33 米；环城北路东段延伸长 650 米，红线宽 24 米。其他道路建设同步推进，横支二路长 1562 米，红线宽 18 米，已完成康南路至龙湖幼儿园半幅主路施工；百合路东段长 324.53 米，宽 22 米，完成雨污水管道及碎石垫层施工；新经二路（南部新城人民医院段）长 318 米、宽 24 米，已完成土方施工。

【民生项目建设】 2022 年，全年完成 8 个停车场 1244 个停车位项目建设，同时配套建设篮球场、羽毛球场、乒乓球场等体育设施。包括：城北农贸市场停车场、康乐医院北侧停车场、得胜路停车场、城隍庙广场停车场、百合路中段广场兼摊点、百合路中段停车场、菜市路停车场、万载中学停车场。完成康南路、向阳路、万中前、和谐佳园等 4 处人行道改造项目。完成汽配城、名优特大市场及建材市场等 3 个市场项目的改造（完善市场基础设施建设，包括沥青摊铺约 10.6 万平方米、新建绿化 5560 平方米、改造雨污水管 9355 米、新建停车位 1107 个）。

【棚改安置房项目建设】 2022 年，万载县城棚户已改造项目共有城北佳园、江共片安置小区、龙湖佳园四期、锦秀苑小区等。其中城北佳园项目占地 162.87 亩，总建筑面积约 36.7 万平方米，共 23 栋 2408 套，至 2022 年年底，全部交付使用；江工片安置小区项目占地 207.45 亩，总建筑面积约 43.91 万平方米，共 27 栋 2293 套，年底完成南区 940 套并交付使用，北区完成主体建设；龙湖佳园四期占地 55.73 亩，总建筑面积约 12.7 万平方米，共 6 栋 694 套，年底已完成主体建设；锦秀苑小区占地 54.13 亩，总建筑面积约 12 万平方米，共 8 栋 611 套，年底完成主体建设。另外，河西路商铺安置点项目占地面积 19.55 亩，总建筑面积 20601.20 平方米，建设商铺 140 间用于拆迁棚改安置，年底已完成主体施工。

【商品房采购项目】 2022年,县城锦江御景南区、帝景龙湖、御桂园三期、江湾壹号4个项目采购商品房3763套,锦江御景南北区、江湾壹号、帝景龙湖、御桂园三期项目建成3271套并交付使用,江湾壹号492套安置房完成主体施工。

【幼儿园项目建设】 2022年,万载县普惠幼儿园项目主管部门为县教体局,由万投集团代建5所,包括城北佳园幼儿园、新源幼儿园、凤凰御景幼儿园、龙湖幼儿园及江工幼儿园。至年底,五所幼儿园已全部建成并交付使用,可容纳57个班级1710名幼儿就读。

【体育设施建设情况】 2022年,由万投集团代建的3处小游园全部交付使用,即:南门社区小游园、建成社区小游园及龙湖社区小游园。同时,风雨门球场项目建成并交付使用。风雨门球场项目是一座新建的标准门球场,建筑面积1058.3平方米,附属用房44.79平方米。体育场馆的建设,大大丰富了群众的业余生活,对提升市民的整体身体素质作用巨大,影响深远。

【农贸市场项目建设】 2022年,城东农贸市场项目全部建成并交付使用。该项目用地面积54.46亩,总建筑面积约3.8万平方米,其中:农贸市场约1万平方米(一层为菜篮子工程交易市场,二层为室内停车库),商业共三层308间2.8万平方米。

【工业园区项目建设】 2022年,万投集团有序推进工业园区项目建设。其中,企业孵化基地项目位于工业园标准厂房北侧,东临创业大道,项目主要功能是园区生活性配套,规划用地59282.72平方米(约88.92亩),总建筑面积126610.38平方米。1~10号楼主体全部封顶,正在进行装饰装修及附属工程施工;华麟电子一期项目占地面积约74.08亩,总建筑面积约50763.11平方米,建设内容包括新建标准厂房、食堂、员工宿舍及铺装、停车位等附属工程,至年底主体已全部完工;鹅峰污水处理提升项目为新建污水处理厂,近期规模为每天1万立方米,远期规模为每天2万立方米,建设内容包括污水处理设备、污泥脱水间、加药间、鼓风机房、进出水在线监测间、门房、综合楼、气浮系统、生物除臭设备,并配套建设道路、给排水、电气、仪表、绿化等附属工程,主体已全部完工。

城市管理

【概况】 2022年,县城市管理局以提升城区市容市貌、环境卫生管理为抓手,以“讲政治、转作风、强服务”为依托,以美丽宜居城市建设为契机,继续秉承“人民城市人民建、人民城市为人民”的城市管理理念,坚持疫情防控与城市管理执法工作相结合,市容与繁荣并举,执法与服务并重,推动城市执法管理向城市综合治理转变,城市管理领域各项工作、城市面貌及人居生活环境有较大提升。2022年,全年集中收运农村生活垃圾至县垃圾焚烧发电厂12.3万吨。

【实施城乡环卫一体化】 万载县城市管理局通过市场化运作,引入先进的企业化管理模式,创建万载县城乡环卫一体化特许经营项目。一方面,环卫所严格按照市场化考核评分细则对光谷公司进行考核,将城区划分为南北两个片区,每个片区由1名副职担任片长,落实责任,每个片区将道路再进行划分至个人,做到责任到人。另一方面,通过划分城区、乡镇两部分进行市场化管护外包工作,稳步推进农村生活垃圾第三方治理,全县181个行政村全部纳入城乡环卫一体化生活垃圾收运处置体系,农村生活垃圾无害化处理率达100%。全年集中收运农村生活垃圾至县垃圾焚烧发电厂12.3吨。

【抓好市政设施建设】 在污水管网建设方面,投资547万元落实建成区、老城区78.2千米管网清淤检测工程。加大路灯保障检修。全年新装路灯260盏,完成各类路灯维修1154盏，维修路线8967米，维修控制设备92次，处理各类市民投诉75起，处理各类安全隐患97起。在市政设施维修与管护方面，修复路沿石136处、人行道板710平方米，清理人行道乱石15车次，铲除违规斜坡42处，修补沥青路面540平方米，清掏雨水井110只次，修复及更换井盖62个，疏通管道约262米，大雨天排除积水103处，修补硬化路面421平方米。在城市绿化方面，采取护绿补绿方法，使建成区内绿地率达36.69%，人均公园绿地面积为15.51平方米。

【抓好燃气石油安全】 县城市管理局优化液化石油气储配站、瓶装供应站点布局，完善瓶装燃气配送体系，提升瓶装燃气服务水平。推进天然气项目建设，加快天然气管道建设进度，结合城市老旧小区改造工程，逐步扩大燃气管网覆盖范围。宣传燃气安全使用知识，加强对人员密集场所、工商业液化石油气用户安装可燃气体报警装置的宣传推广。全年完成249处人员密集场所、酒店等完成可燃气体报警装置安装。

【综合整治城乡环境】 推进城乡环境综合整治工作，治理公路沿线扬尘污染67起，整治违法非法公路标识标牌95个，拆除违法钢架棚21处1460多平方米，拆除违规户外广告牌、店招79处。健全城区网格化，通过党员干部带头，发动群众参与，解决城市“脏乱差”问题。

【垃圾分类有效实施】 落实垃圾分类工作，强化设施建设，对新旧小区配备生活垃圾分类相关设施，全年新增的9个小区均已配备生活垃圾分类相关设施。完成新增范围内的小区及户数摸底工作，范围覆盖城区各住宅小区、集中安置点、主次干道沿街住户等，至年底已完成各项费用测算和请示工作。完成餐厨垃圾终端处理设施建设前期调研考察和请示，22个试点小区垃圾分类工作运行稳定。

【推进美丽宜居建设】 2022年，县城市管理综合行政执法大队拆除危旧公房、铁皮棚、简易棚、旱厕、厨房等违章搭建1320处，拆除各类破烂雨棚、广告牌（架）640余个，清理大小违规菜地421处、陈年垃圾1035吨、建筑垃圾850吨、乱堆杂物和卫生死角3967起、“牛皮癣”39870余处、“僵尸车”92辆。聚焦民众停车难、灯不亮等急难愁盼的问题，实施一系列民生项目。完成城北佳园、文广新旅局等24处停车场工程，新增1468个停车位；完成小北关、原种厂老宿舍等7处休闲及体育广场工程；完成凤凰山公园、宝塔东路等26处市政改造工程；完成县城区内中心农贸市场等10处防洪排涝工程；启动汽车服务广场、名优特大市场、城北农贸市场升级改造工程；新增水管头、原种场老屋等公厕11座；修复背街小巷、广场公园等区域路灯320余盏，新安装路灯5000余盏，修整硬化道路近46500平方米，修复增补绿化约35000平方米。

【推进城市管理与执法】 2022年，县城市管理局综合行政执法大队多方面抓好执法工作，一是规范市容市貌秩序。设立流动摊疏导点8个，查处占道经营7795余起，严格检查临街面的门前三包责任落实管理，与商户签订门前三包责任书，查处门前三包责任落实不到位行为13000余起。二是持续推进控违拆违。处理违章信访事项27起，向属地乡镇（街道）下达交办函33份、督办函1份，共拆除违建和乱搭乱建199起7750平方米。其中，违章建筑102起，拆除面积4875平方米；蓝棚及其他违章搭建97起2875平方米。三是规范户外广告设置。加强店招户外广告设置管理，多次开展户外广告整治活动，严格户外广告审批制度，清理拆除不规范的户外广告649起，查处乱发小广告和涂写“牛皮癣”行为1325起，清理条幅732起。四是实施多勤联动执法。对车辆（含大货车、共享单车）乱停乱放进行专项整治；对非法营运三轮车进行专项整治，对流动摊点、运输车辆扬尘治理和违章搭建等加大执法力度。实施联勤执法以来，处理违停车辆共375辆，共处罚款56250元,全年下达整改通知书245份,各类商家保证书36份。五是加强运输建筑渣土、散装建材车辆的管理。全年共查处污染路面的行为40起,立案3起,处罚2400元。

供电管理

【概况】 国网江西省电力有限公司万载县供电分公司位于县城阳乐大道1号,有4个职能部门、3个业务机构、15个供电所、3个营业站、2个集体企业,公司担负着全县16个乡镇和城区的供电任务。辖区内共有220千伏变电站1座,主变2台,容量为300兆伏安;110千伏变电站7座，主变12台，总容量为53.3兆伏安;35千伏变电站8座,主变16台，总容量105.95兆伏安;配电化变电站2座,总容量14.3兆伏安;35千伏线路15条,长度172.31千米;10千伏公用线路122条,长度2971.74千米;0.4千伏及以下线路长度9637.6千米;公用配变2975台,总容量714.488兆伏安;供电客户24.76万户。2022年,全县传电基础设施总投入完成3.02亿元，其中固定资产投资完成1.1亿元。全年售电量完成15.71亿千瓦时,同比增长20.45%,增速排名全省第5,上缴税收1045.07万元。最高负荷达31.9万千瓦,同比增长19.48%，电网保持平稳。公司获省电力公司"2022年度优秀县级供电企业"称号。

【安全生产】 2022年，万载县供电分公司国网万载分公司贯彻国家电网公司安全生产决策部署，把握安全工作本质和核心,通过实现安委会安全责任落实、开展安全生产专项整治行动、特种设备消防安全整治等措施,实现"三杜绝四防范四控制"为全年安全工作目标,全年电网稳定运行、电力供应可靠,未发生人身死亡事故、大面积停电事故、重特大设备事故和网络安全事件。全年累计排查问题隐患233处,整改率97.85%;排查花炮企业安全隐患76起，整改率均为100%。

【电网建设发展】 2022年,国网万载分公司全年完成电网建设发展总投入3.02亿元，建成投运110千伏东门变、改造35千伏马东线、35千伏丁田桥变电站扩容、白良和罗城35千伏配电化站五项输变电工程,新增35千伏线路5.7千米、变电容量22.3兆伏安。至年底,110千伏三兴变已完成主体工程和设备安装调试。全年完成配网投资1.18亿元，建设改造10千伏线路215千米;建设改造配电台区735台,解决低电压8802户,重过载台区108台,供电可靠性不断提升。

【推进供电优质服务】 2022年,万载县供电分公司注重从加快电网建设、强化运营管理、完善用电报装、规范窗口服务等方面提升供电服务品质,持续提升获得"获得电力"水平。实现160千瓦及以下小微企业"三零"服务全覆盖,全年节约社会办电成本约200万元;贯通工程建设审批平台、不动产登记平台与公司业务系统互联互通,实现"一网通办""不动产+电力联合过户""刷脸办电"等便捷服务;定期向政府汇报电网情况及惠民惠企政策落地、优化营商环境举措等,及时深入走访企业,就企业发展和用电需求进行交流沟通;以二十四节气为周期,定期开展供电服务宣传，关心客户365天;让故障停电5分钟内在朋友圈、微信群发布停电信息,每30分钟更新抢修进度,形成客户、供电所、供指中心多方高效有序联动。

供水管理

【概况】 江西省万载润泉供水有限公司供水区域涵盖万载县城区、工业园区及黄茅、株潭、潭埠、三兴、罗城五个乡镇。拥有城乡水厂8座，其中县城水厂2座,乡镇水厂6座,截至2022年底,公司拥有总资产4.24亿元,员工108人,县城及乡镇日供水能力10.8万立方米，用水人口近20万。2022年，江西省万载润泉供水有限公司正式运营管理14个乡镇污水处理厂。

【三十把水源建设工程】 为解决县城供水水源单一缺乏备用水源问题，提高县城供水应急能力及供水水质安全，水务集团承担项目建设费用，积极推动三十把水源工程建设。工程设计每日取水规模14万吨，总投资2.59亿元。截至2022年底，已铺设DN1200球墨铸铁管约28.4千米，完成管网部分95%的工程量。

【县城区供水管网延伸工程】 项目延伸段包括环湖南路、建成大道延伸段、康乐大道延伸段及轮毂产业园，全长19千米，7月全部完工并通水运行。

【推进城乡供水一体化】 遵照县政府与江西省水务集团合作协议，加快推进城乡供水一体化建设，实现2025年底前，农村集中供水率达到92%以上，农村自来水普及率达到90%以上，保障农村饮用水水质达到国家规定标准。截至2022年底，潭埠、高城农饮水厂均已建成。

【建设高品质供水项目】 组织成立高品质供水工作推进领导小组，由总经理任组长，全面部署安排工作开展。截至2022年底，与碧桂园、东华学府小区，第五、第六小学等就高品质供水项目实施达成一致意见，并完成合同签订。

【改造老水厂供水管网】 老水厂供水管网枢纽瓶颈成功实施改造，新建一根DN600主管分别供老水厂管网，供水瓶颈被打破，城西水厂供水压力0.40兆帕调整为0.35兆帕，第二水厂供水压力0.42兆帕调整为0.38兆帕，在降低两个水厂出厂水压力的情况下，满足城区用水压力，有效降低产销差率及生产电耗。

【做好旱情保障工作】 面对发生的覆盖面大、持续时间长的较强旱情，公司全力应对、精准调度，制定周密的抗旱保供水应急预案，积极配合县委、县政府开展抗旱保供水工作，无论县城还是乡镇，只要群众有需要，都全力做好保障，成功赢得这场抗旱攻坚战的全面胜利。

【落实安全生产责任】 依托安全生产专项整治三年行动攻坚方案，组织开展"安全生产月"活动，并签订安全生产双向承诺书，层层发动、人人参与，营造良好的企业安全生产氛围；成立专门安全生产检查组，坚持每月开展一次全公司范围内的安全生产大检查，特别在汛期加强对防汛工作各环节的全方位、全过程常态化监督检查，杜绝事故发生，保障供水安全；通过组织全员参与的防汛应急抢险演练、消防安全讲座、消防实操和疏散演练、安全警示教育等相关工作的开展，提高全员安全生产意识。

【提升经营管理】 强化标准建设，创新管理提升。梳理工作节点，推进精细化、标准化管理工作，严格规范工作流程；积极配合县营商环境提升工作，简化用水报装流程，提升"一站式"服务水平；加强对表务工作的管理，大力推行智能水表，提高水费回收率；加强城市供水稽查整治力度，严肃查处违法违章用水行为；配合集团公司产销差管控工作安排，通过前期调研，制定公司产销差管控方案，并根据方案要求全方位推进工作进程，产销差同比下降7个百分点；健全公司层面各项考核制度，对各部门重点工作推进情况以及作风纪律情况进行全面督察，以制度执行带动企业效率提升。

【压实党建工作责任】 公司党支部持续贯彻落实国有企业三年行动工作要求，牢固树立"抓好党建就是最大政绩"的理念，压实党建工作责任，结合企业实际，制定《公司党总支2022年党的建设工作要点》，成立抓党建工作领导小组，明确责任分工，压实管党治党责任。严格落实党组织"第一议题"学习制度，提高政治判断力、政治领悟力、政治执行力；全面民主决策"三重一大"事项，促进各治理主体协调运转、有效制衡，充分发挥党组织“把方向、管大局、促落实”作用；持续巩固党史学习教育成果,推进党史学习教育常态化常效化;组织多形式、多渠道、全方位党的二十大精神的学习宣讲和贯彻落实；严肃党内政治生活,高质量召开组织生活会并开展民主评议党员工作;全面落实党要管党、从严治党的方针,不断提高党风廉政建设和反腐败工作水平。

自然资源管理

【概况】 2022年，县自然资源局持续在“保发展、护资源、优空间、惠民生”上全面发力,获评宜春市2022年度自然资源绩效评价优秀县,自然资源绩效综合考评工作在全市排名第一;获评万载县2022年度党风廉政建设先进单位、扫黑除恶斗争先进单位及营商环境建设先进单位;县委参阅件《县自然资源局工作情况调查》作为典型经验材料,向全县推介。

【强化自然资源要素保障】 在面临批而未用土地消化困难、用地指标受限等难题中,积极向上协调沟通，破解要素发展难题。组卷上报农转用征收审批1508.4亩;上报村庄集体建设用地审批431.01亩，保障全县专项债、民生基础设施项目和时代志存、天卓新材料等重点工业项目落地,解决年度内花炮企业整改用地需求,吸引上栗县、浏阳市等地花炮企业到万载县投资。2022年,全县出让土地2719.77亩,实现土地出让价款37.07亿元;批而未用土地消化任务消化周期降至3.26年；批而未供土地供应任务完成率102.47%;闲置土地处置任务完成率333.33%;完成收储土地11宗，合计861.59亩。2022年,立项并完成土地开发整治项目5个1063亩,新增耕地500余亩。

【推进国土空间规划编制工作】 按照国家、省、市部署,积极推进万载县国土空间总体规划(2021—2035年)编制工作,国土空间规划“三区三线”划定成果于2022年10月14日经自然资源部批复并正式启用。全县永久基本农田划定37.18万亩,耕地保护任务41.80万亩,城镇开发边界45.27平方千米,生态保护红线412.63平方千米，占总面积的24.02%。为充分保障国土空间总体规划批复前项目落地,先后完成两次过渡期土地利用总体规划延续方案编制,解决过渡期90余个项目规划符合问题。组织召开乡村振兴13个省定重点帮扶村和1个市定重点帮扶村村庄规划专家评审,为全县秀美乡村的建设注入规划源头动力。

【推进双城联动规划】 出台《万载县城市功能品质提升双城联动规划》,老城区大北关路、阳乐大道北段等14条断头路动工建设,其中河西路等6条至年底建成通车。南门社区公园等3个社区级的小游园已建设完成;完成建成社区等3个社区综合服务中心规划选址和方案设计;完成南部新城区人民医院新院、江西供销(万载)冷链物流产业园等6个项目选址和用地规划,其中人民医院新院、光明幼儿园动工建设;完成对南部新城5.5平方千米的核心区从城市开发运营层面的优化设计并形成成果,优化落实“双城联动”规划。

【规范绿色矿山创建】 审议通过《关于进一步完善采矿权延续的意见》，指出12月31日前到期未通过绿色矿山评估验收的市、县级发证矿山办理延续手续时，预办理1年期采矿许可证，并在采矿许可证上注明只用于绿色矿山建设,待绿色矿山评估验收通过后，再办理登记手续，否则不予办理,12月31日之后到期的将把通过绿色矿山评估验收作为延续的前置条件。10月17日，江西省自然资源厅批复《万载县矿产资源总体规划》(2022—2025年)正式实施(赣自然资函〔2022〕429号)。2022年，万载县黄茅镇水源高岭土矿、万载县鑫钰矿业有限公司赤兴浙桥长石矿、万载县株潭旺银岭采石场、万载县马步乡大众机砖厂、万载县槽头祥圣高岭土矿等5家矿山通过绿色矿山第三方评估验收。

【健全耕地保护制度】 2022年,县自然资源局强化耕地保护监管力度,健全完善耕地保护动态监测系统,严格执行动态巡查制度和联合办案制度,对违反耕地保护政策、破坏耕地和违法占用耕地从严查处,坚决遏制耕地非农化,防止非粮化行为。2022年,下发涉及“非农化”的545个图斑1459.68亩,并根据职责及管辖权限分别移送乡镇(街道)及工业园区管理委员会,要求各主体单位对占用基本农田、生态红线的坚决拆除并复耕复绿,通过大力整改和进出平衡,实现耕地数量不减少。

【防治地质灾害】 2022年,县自然资源局坚持“预防为主,防治结合”理念,编制并下发全县地质灾害防治方案。依托中央财政资金项目,购置调查巡查装备,提升基层防灾装备水平。开展地灾防治科普培训,强化地质灾害防治宣传,组织技术专家在全县17个乡镇(街道)对293名群测群防员、584名学生进行地灾防治科普培训,提升基层防灾水平。2022年,共调动县—乡(镇)—行政村三级群测群防体系人员107批共195人次,共巡查排查地质灾害隐患点415个。先后2次邀请江西省地质局生态地质大队对新发现的江湾一号小区二期工程边坡滑坡、茭湖—仙源X693县道边坡滑坡进行现场应急防治调查并出具应急防治方案,守护人民群众生命财产安全。

【不动产登记服务】 2022年,县自然资源局优化不动产登记延伸服务工作,将窗口服务延伸至乡镇、企业、中介、公证处等机构单位。不动产抵押登记办理延伸至银行,解决办事人员在银行、不动产登记服务中心两头来回跑多次的问题,实现“一站式”服务。抵押贷款登记业务从“最多跑一次”迈进“零跑腿”时代。全年通过银行延伸网点办理抵押登记业务790起,减少服务对象来回跑腿1500多次;通过银行延伸网点办理抵押登记的业务700起,为服务对象节省跑腿约2800千米。持续做好农房确权登记发证工作,2022年11月,县农村房地一体确权登记发证工作成果通过省级验收,基本实现“确权调查全覆盖、符合政策应登尽登、应发尽发”工作目标。

【林权类不动产登记工作】 4月7日,由县自然资源局、县林业局就林权类不动产登记发证工作在县自然资源局召开联席办公会议,就林权类不动产登记发证工作受理、权属审核及权属调查、权属成果的沿用、登记资料的收集归档、林地权属纠纷调处等问题形成《万载县自然资源局、万载县林业局联席会议纪要》。

【实行交地(房)即交证确权登记】 2022年,县自然资源局以工程建设项目审批制度改革为契机,形成《万载县工程建设项目“多测合一”工作实施方案》,提高行政审批效率,减轻企业负担。在供地办证中开辟“绿色通道”,对重点用地采取即来即办、并联审批的模式,开展“交地(房)即交证”确权登记试点探索。6月30日,在万载碧桂园进行首批“交房即交证”改革试点,在交房现场直接将不动产权证书交付到业主手中。7月4日,江西万申机械有限责任公司在与万载县自然资源局签订国有建设用地使用权出让合同后,实现即时交地,为企业尽早开工争取时间。

生态环境保护

环保管理

【概况】 2022年，万载县水环境质量优良，水质综合指数3.4830,同比变好1.16%。主要河流断面均车、卢洲两个断面水质达标率均为100%,均达到《地表水环境质量标准》中Ⅱ类水质标准，优于目标Ⅲ类水质要求。县城集中式饮用水水源地(第二水厂）断面水质达标率为100%,达到《地表水环境质量标准》中Ⅱ类水质标准,优于目标Ⅲ类水质要求。空气质量优良天数共计283天,优良天数比率为90.1%,轻度及以上污染天气共31天，同比下降5.6个百分点，$PM_{2.5}$平均浓度为每立方米31微克,同比上升24%。全县受污染耕地安全利用率达到 93%以上,重点建设用地安全利用率得到有效保障,完成全年土壤污染防治工作目标任务。

【生态乡镇建设】 2022年顺利通过省级生态县考核验收。至年底，万载县有16个乡镇获得省级生态乡镇荣誉称号。其中茭湖乡、高村镇、仙源乡、赤兴乡4个乡镇获得国家级生态乡镇。马步乡寨下村、罗城镇藏溪村等6个村获评省级生态村,全县市级生态村共计49个。

【水环境管理】 编制水华防控应急预案,开展二级及以上医疗机构和疫情防控隔离点医疗废水现场检查,重点检查污水处理设施运行、医疗废物处置以及污水达标后排放去向情况，从严抓实医疗废水处置工作。对20家水污染重点监管企业开展在线设备监测质量比对行动,对8家相关运维单位进行考核、评价，落实涉水企业在线问题整改。开展园区污水收集处理情况调研,推动工业园区制定“一园一策”整改方案以及园区污水收集处理和破损管网修复整改工作。全县牛蛙养殖退养工作已基本完成。

【大气环境管理】 全年制定《万载县农作物秸秆禁烧专项工作方案》《万载县大气污染防治“百日攻坚”行动方案》《关于建立万载县大气污染防治攻坚点位长制的通知》等文件,先后组织召开全县大气污染防治工作会议10余次。开展工业企业废气治理。全年累计检查涉气企业500余家次，取缔“散乱污”企业9家,责令停产整改30家,立案调查1家。开展交通运输及扬尘污染专项整治。全年抓拍大货车进城记录180条，违停600条，黑烟车记录59条；查处超限超载车辆44辆，卸载货物2178.84吨，罚款80余万元。全年共计组织扬尘治理专项检查、红黄绿牌拼比5次，下发整改通知单46份,约谈25人次，提出整改意见100余条,处罚红牌工地2个。开展餐饮油烟污染专项整治。常态化督导各餐饮单位做好油烟净化设施安装、使用、维护及升级改造工作，全县280家餐饮单位油烟净化设施安装全部完成。开展秸秆禁烧污染专项整治。张贴《关于禁止露天焚烧农作物秸秆的通告》3000余份,悬挂宣传横幅标语1500余条,下发致农民的一封信2万余份。同时,对工作开展不力、禁烧管控不严的部分乡镇(街道)予以全县通报批评,压实属地责任。

【土壤生态环境管理】 开展受污染耕地安全利用、重点建设用地安全利用专项行动，加强土壤环境风险管控，遏制土壤污染趋势，保障农用地和建设用地土壤环境安全。全面完成工业园区化工集中区地下水环境状况初步调查评估工作，为开发区空间再造提供土壤和地下水环境质量重要支撑。完成《万载县“十四五”畜禽养殖污染防治规划》编制工作，加强农业面源污染防治监督与指导。开展涉危企业摸底调查，确立万载县2022年省、市、县三级危险废物重点监管企业名单38家，把各企业危险废物环境监管落到实处。

【信息公开】 全年政务信息公开310条，其中，公开指南1条、工作动态260条、概况信息2条、财经信息4条、行政执法8条、政策文件4条、解读回应5条、重点领域信息公开20条、建议提案办理3条、环境保护3条。

【排污许可证】 开展建设项目排污许可证核发、延续、变更、重新申领等工作，其中重点管理已发证21家，简化管理已发证43家，登记备案43家，完成66家企业排污许可证质量审核及排污许可证执行报告质量审核工作。

【生态环境宣传教育】 关注“两微一端”环保和疫情相关信息，配合复工复产宣传，及时回复各类环境问题，保证信息公开透明。全年累计向市级以上新媒体供稿94篇，化解环境污染网络舆论2起，受理办结各类环境信访件290余件。开展党的二十大精神党课宣讲，切实用党的二十大精神统一思想、统一意志、统一行动，坚定捍卫“两个确立”、坚决做到“两个维护”。开展世界水日、全国低碳日和“6·5”世界环境日等系列宣传活动，发放相关宣传资料和环保倡议书各300余份，收集市民环保方面意见建议30余条。

污染防治

【生态环境监测】 2022年，做到日常监测毫不放松。全年完成2个城镇饮用水源、13个千吨万人(百吨千人)农饮水源、37个乡村振兴农饮水源、4个重点污染源企业的饮用水源(包括土壤和地下水)、16个农村生活污水排放口、1个农村环境监控点、16个重点污染源、12个入河排污口、102个功能区噪声点、8个区域环境噪声、20个交通噪声等的例行监测和污染源监测，共获得环境监测数据6000个。做到投诉处理及时有效。与城管、交通、乡镇(社区)等部门配合，处理各类投诉33起，出具监测数据134个。监测培训入企用心。组织县域104家排污许可自行监测企业召开自行监测培训会，由技术人员讲解并现场演示全国污染源信息管理与共享平台的操作步骤，对33家企业进行现场帮扶指导；对3家排污许可重点管理企业进行现场取样监测分析和比对监测；对16家自行监测工作进展缓慢企业下达提醒函。

【生态环境保护督察】 开展中央生态环境保护督察反馈问题整改、省生态环境保护督察反馈问题整改专项行动。截至2022年底，中央、省生态环保督察及“回头看”反馈问题115个，已完成整改51个，达到序时进度64个；交办信访件108件，已解决107件。

【开展“两打”专项行动】 2022年，县环保局联合县检察院和县公安局，严厉打击非法处置危险废物环境违法犯罪和重点排污单位自动监测数据弄虚作假的违法犯罪专项行动。全面排查全县38家涉危险废物、42家安装在线监控的重点监管企业、6家从事收集废铅蓄电池废机油的单位(个人)和11家在线监控运维公司。

【环境安全隐患排查】 县环保局持续开展环境安全隐患大排查、大整治，全年共排查发现环境安全隐患30处并全部完成整改，整改率100%。开展涉铊企业排查整治，对辖区内涉锂企业全面溯源排查，共发现问题3个,立案3起。

【强化环境执法监管】 2022年，县环保局持续开展“散乱污”企业、危废专项、矿山生态环境问题等专项整治行动,全年出动执法人员550余人次，开展零点行动30余次。结合“双随机、一公开”等执法检查，下达责令改正违法行为决定书69份，立案查处环境违法案件26起,罚款200余万元,移送公安机关行政拘留2起，取缔关闭小散乱污企业近30家。启动生态环境损害赔偿案件12起，达成磋商协议11起。全面落实23家用电监管企业安装调试，全县污染源在线监控平台软硬件全面升级。

【环境影响评价】 按照建设项目环评相关规定和要求开展项目审批,做到不越权、不降(升)环评等级，对不符合产业政策、产业定位等项目一票否决,全年共审批建设项目68个，其中报告表63个,报告书5个,共备案登记项目82个，所有审批项目均进行实时联网报送。

【环保信访件办理】 响应群众关切，及时妥善处理群众信访，认真办理人大建议和政协提案，做到既满足群众合理诉求,又维护企业合法利益。2022年,受理办结各类环境信访件290余件，同比下降10%。其中,大气污染投诉96件，水污染投诉72件，噪声污染投诉87件，固体废物污染投诉25件，调处满意率100%。办理政协提案3件,满意率100%。

【环境应急能力建设】 2022年,建立万载生态环境局应急物资库,储备环境应急物资,并对辖区内重点企业环境应急库进行核查。联合长沙市生态环境局浏阳分局执法人员对跨省界河流渌水河沿线开展环境安全隐患排查,签订《浏阳市、万载县湘江流域突发环境事件联防联控协作框架协议》，保障流域环境安全。

科　　技

科技活动

【概况】 万载县科学技术局(简称县科技局)内设秘书股、成果合作与创新发展综合股、高新技术与农村社会发展股等3个股室,共有编制11人,主要负责科技创新政策制定、落实,工业、农业、社会发展领域科技创新、成果管理、人才引进等方面工作;同时下设科技创新促进中心(股级单位)。2022年,县科技局围绕省委建设“创新江西、富裕江西、美丽江西、幸福江西、和谐江西、勤廉江西”和市委建设“江西综合实力强市”目标,贯彻落实县委、县政府提出的“融入宜春、聚力园区、双城联动、特色彰显、宜业宜居”工作思路,坚定不移推进高质量发展战略实施,强化科技服务,推动万载科技和经济社会各项事业全面进步,获2022年度全市科技工作综合先进单位称号。

【实施科技型企业梯次培育行动】 2022年,县科技局围绕“培育、认定、成长”三个重点环节,下好鼓励引导先手棋,打好靶向服务主动仗,出好政策雨露组合拳,加快推进科技型企业梯次培育和快速发展。落实财税政策激励科技创新,争取落实省、市企业研究开发财政补助资金,增强了创新创造活力;围绕高新技术企业申报和科技型中小企业评价入库中关键环节、共性问题,及时向企业传达省、市相关文件精神和优惠奖励政策;聘请第三方科技服务机构,围绕高新技术企业申请和科技型中小企业评价入库材料、财务指标等方面,对申请企业开展“保姆式”全方位精准服务。2022年,江西星浩实业有限公司、江西华尔升科技有限公司等两家企业获批瞪羚企业(高成长型企业);江西亚太科技发展有限公司等13家企业获批国家高新技术企业;江西省富佳农业科技有限公司等119家企业入库科技型中小企业。

【培育创新平台】 2022年江西睿达新能源科技有限公司获批江西省废旧锂电池拆解利用技术创新中心;江西星浩实业有限公司、江西锦源生物科技股份有限公司、万载县商创农业发展有限责任公司等3家企业获批宜春市技术创新中心。

【推动产学研用融合】 2022年,县科技局积极引进人才,推动产学研用深度融合。全年全县获得7个江西省人才计划项目,13名科技特派员到江西睿锋环保有限公司等企业开展科技服务,江西睿达新能源科技有限公司与中南大学及江西理工大学、江西沃琪生态农业开发有限公司与中国农科院等多项产学研用项目进展顺利。根据《万载县高层次人才引进办法(试行)》(万发〔2019〕7号)文件要求,会同县人才办开展全县“优秀人才”“优秀科技创新型企业”和“重大科技成果”评选工作,评选出10名创新人才、7家优秀科技型企业和2项重大科技成果,在全县人才工作会议上进行表彰。

【争取上级科技经费】 2022年,县科技局全力做好科技项目资金争取工作,进一步发挥科技项目在高质量发展中的支撑作用。一方面，全年争取市级以上科技经费750万元，其中江西睿达新能源科技有限公司、江西恒晖大农业科技有限公司分别获得中央引导地方资金100万元，江西锦江酒业有限责任公司获省重大科技研发专项揭榜挂帅企业需求类项目经费100万元。另一方面，引导、鼓励企业加大研发投入，以县政府名义出台《万载县研发投入后补助奖励办法》，全社会研发经费占地区生产总值的1.78%，增幅列全市第3位。

【科技特派员工作站建设】 在2021年成立宜春市首家县级科技特派员工作站的基础上，2022年又在全县17个乡镇（街道）设立工作站分站。组织省、市、县三级54名科技特派员到乡村开展技术指导、技术培训、建立示范基地等科技服务，为全县农业产业科技创新发展和全面推进乡村振兴提供科技支撑。

【推动企业创新发展】 2022年，县科技局一方面通过举办培训班、派出惠企专班等方式，向企业宣传、解读高新技术企业所得税优惠等科技创新政策，另一方面为推动创新创业工作，利用“科贷通”为企业累计发放贷款1.1亿元。

气象监测

【概况】 万载县气象局于1959年1月1日建站，现址位于万载县康乐街道西环路联和村境内，为正科级单位，工作人员10人。内设综合管理科、防灾减灾科、气象台，下设气象灾害防御技术中心，万载县人工影响天气中心是其地方管理机构。县气象局连续五届评为省级文明单位，连续九届评为市级文明单位。2022年，万载县平均气温18.7℃，较历年平均偏高0.8℃，年极端最高气温40.9℃，年极端最低气温–3.6℃；年总降水量1448.2毫米，较常年偏少298.9毫米；年总日照时数1799.0小时，较历年平均值偏多307.5小时。全年气候主要特点：气温偏高，降水量偏少，日照偏多。

【气象数据监测】 强降雨天气明显。2022年，万载天气形势复杂，冬春季多雨雪，春播前的3个月多晴好天气、气温偏高、强降水频繁。入汛以来，出现8次较明显的强降水天气过程。3月25日，全县中到大雨，局部乡镇出现暴雨；3月31日，出现大范围暴雨；4月13日，出现全县范围的暴雨到大暴雨；4月25日、4月28日，出现局地强对流天气；5月10日，出现中到大雨，多个乡镇暴雨，最大雨强68毫米/小时（白良）；5月30日，出现全县平均雨量超37.2毫米强降水过程，局地大暴雨，最大雨强69.4毫米/小时（罗城）；6月2日，出现局地短时强对流天气，部分乡镇出现短时强降水。夏季长期晴热无雨。进入夏季以来，受强盛副热带高压影响，尤其是7月上旬主汛期结束后，全县长期维持晴热无雨状态。其中7月降水量169.2毫米，较历年偏少17.7毫米；8月降水量5.5毫米，较历年偏少127.6毫米（雨日2天，偏少9.6成）；9月降水量0.6毫米，较历年同期偏少56.4毫米（雨日1天，偏少9.9成）；10月降水量12.3毫米，较历年同期偏少47.4毫米（雨日7天，偏少8成）；7月最高气温在35℃（含）以上日数有20日，最高温度在37℃（含）以上日数有12日，其中7月最高气温为38.6℃，出现在7月27日；8月最高气温在35℃（含）以上天数有21日，最高温度在37℃（含）以上天数有19日，其中8月最高气温为40.9℃，出现在8月23日。7月以来，万载县35℃高温日数（日最高气温35℃以上）共计43天，列1961年有完整气象记录以来同期第1高位，极端最高气温40.9℃，列有完整气象记录以来第2高位。

【气象预警服务】 2022年，县气象局及时制作发布旬月报、元旦、春运、春节、五一、端午、中高考、中秋、国庆等专题气象预报。与自然资源、防汛办、民政、应急管理等部门联合建立气象信息联合发布机制，重要气象预报预警信息通过“12379”、智慧办公平台等“绿色通道”对外发布。2022年，发布高温橙色预警39次、高温黄色预警3次、干旱橙色预警3次，联合县林业局发布火险橙色预警1次。启动重大气象灾害(高温)应急响应3次，启动重大气象灾害（气象干旱)Ⅳ级应急响应1次。全年共制作决策服务材料12期、春播专报6期、百合影响专题7期、生态月报5期，通过突发预警信息发布中心发布预警信息预警170条，其中蓝色109次、橙色60次、红色1次(干旱)、暴雨应急响应2次。联合县水利局发布中小河流洪水1次，联合县自然资源局发布山洪地质预警1次，联合县应急管理局、县林业局发布森林火险预警3次，联合县生态环境局发布大气污染预警1次，联合县水利局、县自然资源局联合发布预警信息2条，及时报送重大突发事件信息。

【普及气象科普知识】 利用春播服务调研、美丽宜居城市创建、“3·23”气象日等开展气象科普“进农村、进社区、进校园”宣传活动，积极推广“江西微农”和万载气象公众号；围绕“科技强国、气象万千”主题，组织气象科普宣传队员到高城镇开展气象科技下乡活动；组织各科室骨干人员参加全县新时代文明实践科技活动周，宣传推广气象防灾减灾知识；积极参与全国第32个公共机构节能宣传周系列活动，践行绿色低碳生活方式；开展第21个全国“安全生产月”宣传活动；派出“气象科普志愿服务队”参加万载县2022年全国科普日活动启动仪式，围绕2022年全国科普日“喜迎二十大，科普向未来”的主题，积极开展系列气象科普宣传活动；组织气象局科普队到万载田下古城沿河路开展第33个“国际减灾日”宣传活动，广泛宣传防雷安全生产法律法规及极端灾害性天气避险常识。

【检查气象防雷安全】 县气象局年初制定2022年“双随机、一公开”检查计划，对全县29个防雷重点单位进行专项检查。至年底，共开展防雷安全专项检查5次，升放气球审批3次。开展岁末年初安全生产集中治理百日行动、安全生产大检查行动、2022年“安全生产月”和“安全生产万里行”等活动。树立“以人为本、安全第一”的理念，重点开展建筑物尤其是易燃易爆场所的防雷安全检查，要求单位和企业严格落实防雷安全责任，认真抓好整改，消除安全隐患。

教　育

综　述

2022年，万载县教育系统共有13个县直教育单位、32个初中、中心小学及5所民办学校。全系统共有副科级以上干部47人，其中局机关19人（党委4人），各级各类学校28人。局机关下设12个职能股室，局党委下设2个党委、4个党总支、48个党支部，共有党员1782名，其中退休党员362名。全县共有教职工6026人，其中高中783人、初中1788人、小学3189人、幼儿园121人、进修学校20人、万载中专102人、特殊学校23人，与2021年比，净增教师279名。

2022年，全县共有中小学校227所，其中普通完全中学5所（含万外及2所民办学校）、初中17所、“十二年一贯制”学校2所(民办)、“九年一贯制学校”2所（含民办康乐实验）、小学200所（含教学点59个，4所民办）、中职2所（含1所民办）、特殊学校1所。2022年秋季，全县在校中小学生102202人，其中小学50561人、初中31696人、高中16565、职高3380人，特教277人，义务教育阶段学生较十年前减少3578人，缩减4.2%，一年级新生数较十年前减少4252人，缩减39.7%。全县共有幼儿园183所，其中公办幼儿园92所（含县级2所）、民办幼儿园91所，在园幼儿总数20428人，学前三年毛入园率达96.11%，公办在园幼儿11030人，公办占比53.99%。

【规范党组织设置】 稳步推进党组织领导的中小学校校长负责制。全面规范党组织设置，共新增万载中学、县二中2个党委，县一小、县二小2个党总支，民办学校党组织全覆盖并派驻书记，形成局党委下设2个党委、4个党总支、28个支部架构。

【紧抓党风廉政建设】 建立完善“三项清单”、扎实推进“三项整治”、深入开展“三违”、违反师德师风、酒驾赌博等问题的专项治理，全年共给予37人党纪政纪处分，清退违规经商5人。

【抓好防溺水工作】 2022年，投入1860万元，在全县181个行政村实施“护苗”公益游泳池建设工程；选定康乐街道锦江河域范围内23个中高风险水域点位作为试点项目；设立防止青少年儿童溺水巡逻公益性岗位615个，建立巡查员季节性防溺水安全巡查制度；深化防溺水安全教育，推动防溺水安全教育入脑入心，做到人防、物防和技防相结合，全年防溺水成效明显，有效保护了学生的生命安全。

【推进校园安防设施建设】 实施“互联网+安全”工程，利用大数据、人工智能等现代信息技术，百分百在校门口等重点区域安装一键式报警、门禁系统等，对全县中小学校、幼儿园、教学点进行全面摸排，确定357所改建学校，建立“一校一方案”，其中简易改造76所，确定改造281所。

【有效改善办学条件】 2022年，教育投入11.28亿元，较2018年增加1.89亿元，年均增长5.02%，连续四年教育投入10亿元以上，四年累计投入

43.13亿元。全年重点完成龙湖实验学校的新建、改扩建学校5所、新建扩建城镇小区配套幼儿园10所、县2所小学（县五小、县六小）主体工程新建完工，共新增公办学位14540个，学校布局得到调整优化，大班额得到有效缓解。

【加强教师队伍建设】 多渠道补充人才，加强教师师资力量建设。2022年，继续通过省考、特岗计划、校园招聘、定向培养、“三支一扶”支教等方式补充教师498人。其中，幼儿园教师14人、小学教师205人、初中教师229人、高中教师50人；补充音体美教师48人，其中小学20人、初中28人，全县音体美教师达到429人。截至2022年底，全县共有在编教师6075人，平均年龄37岁，本科以上学历4172名，占比69.2%。创新模式提高教师培训实效。2022年，通过多种形式组织开展“教育大讲堂”“正职校长培训”“后备干部培训”“骨干教师培训”“班主任工作”“学科建设”“新教师岗前培训”等培训40多期，参训教师1500余人次。树立典型有效落实教师待遇。落实“不低于”目标要求，同时、同步、同幅度足额发放2022年全县教职工（含退休人员）基础性奖励性工资，落实边远地区教师特殊津贴440.6万元，乡镇工作补贴1095.63万元，重新启动并完成专业技术岗位晋级工作。2022年，双桥镇昌田小学校长夏萍入选教育部“2022年乡村优秀青年教师培养奖励计划”，黄茅镇棉土小学校长林星华入选“江西省2022年度感动江西教育人物”，高村镇中心小学副校长李道勇获“马云乡村教师奖”，县五小校长助理王旖瑶获“江西省优秀少先队辅导员”，200余人次教师获市级以上荣誉。

教育管理

【助推信息化教育】 2022年县教体局全年开展“智慧作业”工作专班培训230多人次，全县“智慧作业”使用率为100%；提升信息化应用管理水平，打造偏远山区“智慧校园”全覆盖集群，注册教师数5035人，家长数15.2万人，学生数10.7万人，注册率达90%以上；推动信息技术与学科融合，完成万载县教师信息素养提升三年行动计划，共计举办信息技术培训班203次，1.24万人次参加培训和考核活动，考核优秀率达91.6%，有9个课题获得省级立项，立项数量居全市第一。

【抓实减负提质工作】 2022年，县教体局落实“双减”工作推进改革。因校因生实施分层高质量作业、精减作业量，做好学科类校外培训机构的压减工作，截至3月15日，全县学科类培训机构全面清零，压减率达100%。提质强校项目引领发展。2022年，专家组6次入校开展实地指导活动，根据各实验学校实际情况，分别进行“高质量作业设计”“2022年版新课标解读”“集体备课”“板块式教学”“教师专业成长训练营”“家校合作共育新生态”等主题培训，对全年提质强校项目进行总结，优化第二年活动方案。创新教研模式提升水平。立足校本教研，发挥骨干教师和“名师工作室”的引领作用，全年“送教”24次，受益教师2800余人次，推行“五课”（名师上“示范课”、骨干教师上“观摩课”、新教师上“汇报课”、普通教师上“公开课”、老教师上“展示课”）制度，提升课堂教学水平。

【开展联片教研活动】 2022年，县教体局搭建交流平台，丰富“订单式”教研内容，提高课堂教学效率。全年举办片区教研活动50余次，中小学教师5200余人参加活动。截至2022年，全县获省级立项课题28个，市级立项课题125个，其中省级重点课题3个；有45个课题获得结项，其中省级结项课题22个，市级结项课题23个；学生参加的各类学科竞赛、教师参加的优质课和论文评比获市级以上奖励共300余项。

【督导评估促进教育健康发展】2022年，县教体局把握新时代教育要求，不断优化评价体系。健全完善《万载县中小学校（园）办学绩效综合评价实施方案（试行）》和《万载县中小学校领导班子和领导人员考核评价暂行办法（试行）》，注重对学校的发展性、全面性评价，促使校长树立素质教育办学理念。摒弃简单地以“分数”、“升学率”和“做表面文章”论英雄的评价制度，树立正确的用人导向，扎实推进“五育并举”全面发展。加强督学队伍建设，发挥责任督学职能。加强对第三届督学的管理、培训工作，不断提升督导队伍的专业水平。完善督学责任区工作机制，抓实学校教育教学管理过程督查，推动常规督查与专项督查相结合，全年共开展开学工作、“双减”及五项管理等专项督查5次，常规督查每月1次，实现所有学校全覆盖。以评促建，大力促进教育公平。研究制定《万载县推进义务教育优质均衡和学前教育普及普惠及普通高中发展提升规划实施方案（2022—2025年）》，按照国家及省市要求，不断提高各校（园）的办学条件，科学规划布局，从“有学上”向“上好学”迈进，促进教育公平，努力办好人民满意教育。

【完善教育助学体系】2022年，全县实行属地与校长双负责制和送教上门机制，建立完善“双线控辍保学”责任制，严格落实控辍保学任务。全面落实教育帮扶政策，完善学生资助体系，加大学生资助力度，构建政府资助、企业捐助、爱心募助的教育助学体系，实现学前教育、基础教育、高中教育、职业教育、高等教育全覆盖，全面落实学生资助政策应助尽助。2022年，发放义务教育阶段贫困家庭寄宿生生活补助和非寄宿生生活等资金342.97万元，受惠学生8735人次。教育基金赋能乡村振兴。截至2022年12月，全县有各级各类教育基金组织108个，各界爱心人士捐资助学善款2300多万元，《基金助学·赋能乡村振兴》工作经验做法获省教育厅发文全省推广。

【构建家校社协同育人格局】2022年，万载县成立家庭教育指导服务中心，指导学校建立校级、年级、班级三级家委会。全年印制13.8万份家庭教育促进法宣传单，覆盖全县所有家长、教师；为全县12万名中小学生、幼儿建立“一生一档”的家庭档案。开设“数字家长大学”课程，设计劳动清单，帮助家长做好孩子的“第一任老师”。全县1000多名教师获得心理咨询师和家庭教育指导师资质，闻慧君、王旖瑶、龙洪亮、钟学明、温莉惠等5名教师入选“江西省家庭教育讲师团”成员，《“精品＋承诺书”育人实践探索》入选2022年江西省家庭教育典型案例。

基础教育

【学前教育软硬件设施建设】2022年，全县坚持幼有所育、多元投入，大力普及学前三年教育，乡镇中心幼儿园实现全覆盖，入园难问题得到彻底解决。大力发展公办幼儿园。全年，完成新建及改扩建幼儿园16所，增加公办学位近2000个，凤凰御景小区、龙湖佳园小区、城北佳园、江工小区、龙湖小区等5个城区小区幼儿园开园招生，全县城区新增公办学前学位1170个，新建、改扩建村级幼儿园14所，增加农村公办学前学位1080个。扶持普惠性民办幼儿园发展。2021年万载全面启动第二轮民办普惠性幼儿园认定工作，共认定普惠性民办园63所，全年下拨普惠性民办园公用经费164.64万元。全面规范幼儿园办园行为。按“一园一案”要求，完成12所幼儿园的整改工作；注销康乐街道里泉小学附属幼儿园、康乐街道未来之星幼儿园、赤兴乡花桥天波幼儿园等32所幼儿园。

【学前教育长足发展】2022年，全县共有幼儿园183所，其中公办幼儿园92所（包括县级幼儿园2所，小区幼儿园8所，乡镇公办中心幼儿园16所，村级幼儿园66所），民办幼儿园91所（其中被认定为普惠性民办幼儿园71所，非普惠性幼儿园20所），全部按1∶15的师生配比规定配备专职教师1269人，其中在编公办幼儿教师122人，有幼师资格教师649人，持证上岗率为55%。2022年，全县适龄幼儿21255人，在园幼儿总数20428人，三年毛入园率达96.11%，公办在园幼儿11030人，公办占比53.99%，普惠性幼儿园覆盖率91.02%。县幼儿园通过申报被省教育厅确定为“全省第二批学前教育质量提升计划实验园”，康乐幼儿园被宜春幼专选定为实践教学基地。

【义务教育资源均衡发展】 万载县坚持为党育人，为国育才，全面落实立德树人根本任务，依法保障适龄儿童接受义务教育权益。2022年，全县共有中小学校227所，严格实行义务教育学校划片、就近免试入学招生政策、随迁子女入学政策，义务教育阶段入学率达到100%，年度巩固率达98.75%。全年共投入资金3亿多元，完成龙湖实验学校的新建和县一小、县四小、县三中、县四中、株潭中学、株潭小学的改扩建，共新增学位7890个，义务教育阶段大班额占比2.2%。

【教育“双减”落实成效显著】 万载县以教研和高质量作业设计推动高效课堂；充分挖掘本土教育资源办好“5+2”托管服务，开展红色教育、艺术特长教育、劳动教育等，推进素质教育全面发展、特色发展。2022年，全县中小学校积极构建“一校一品”德育特色品牌，推进全县中小学“文明校园”“温馨校园”“绿色校园”“书香校园”“和美校园”建设。潭埠小学、鹅峰小学被评为省、市两级温馨校园；株潭中学被评为市级绿色学校；县二中被评为市心理健康教育特色学校。白水槽岭红色文化中心基地获评“宜春市第五批中小学生研学实践教育基地”。万载县岭东初中和仙源初中被江西省教育厅评为江西省劳动教育特色示范学校。万载三兴恒晖基地被江西省教育厅评为全省劳动教育综合实践示范基地。

【体育课程设置标准严格】 万载县严格按照教育部颁发的课程标准设置体育课程，安排课间操20分钟、眼保健操5分钟、课外活动40分钟，保证每天1小时的阳光体育活动时间。2022年11月7—11日，全县第十届中小学生田径运动会在万载县第二中学田径场举行，来自全县48个学校56支代表队的900名运动员参加比赛，开幕式上万载县二中、万载县三中、县一小和康乐中小的4个大型团体进行团体操表演，是历届运动会参赛队伍和人数最多的一次运动会。

【高中教育注重提质创优】 2022年，全县共有万载中学、万载县第二中学、株潭中学3所公办普通高中和赣西外国语、万载外国语2所私立高中，共计309个教学班（含私立54个），高中在籍学生16565人（含私立2640人）。近年来，万载县大力提高高中教育普及程度，优化结构布局，加强条件保障，牢固树立“追求一流，圆梦高考”的赶超意识，全力推进教育改革，实行文化与特长两条腿走路。2022年，收购赣西外国语小学部，县编委批复成立赣西艺术学校，主要负责全县高考艺术类培训的统筹协调监督管理等工作，引进高考艺术类培训合作机构，整合全县高考艺术类培训资源，提高培训质量。实施校级、中层、年级三层管理模式和“青蓝工程”，高中教育质量连年攀升，2022年全县本科上线2951人，文化类一本上线增长率全市排名第二，本科上线增长率全市排名第三，总量排名全市第四，高中教育取得长足的进步与发展。

【特殊教育协调发展】 2022年，万载县特殊教育学校现有教师20人，在籍学生277人（初中112人、小学165人），其中在校就读学生105人，送教上门学生130人。2022年秋季，全县6~14周岁适龄残疾儿童、少年共654人，其中普通中小学随班就读426人、万载县特殊学校71人、在县外特殊学校就读15人、送教上门102人、社会康复机构及幼儿园就读28人，共安置641

人，残疾儿童少年安置率98.16%。2022年，万载县特殊教育的办学基本实现“以普通学校随班就读为主体、以特殊学校为骨干、以送教上门为补充”的特殊教育发展格局。2022年5月初，在宜春市第3届残疾人运动会，该校选派的运动员共参加7个比赛项目，其中单手托乒乓球接力获团体第一名。

职业教育

【解决职业教育发展难题】 万载县认真贯彻习近平总书记关于职业教育指示精神，按照《国家职业教育改革实施方案》《中华人民共和国职业教育法》《关于深化现代职业教育体系建设改革的意见》等文件精神，大力发展职业教育。自2020年以来，先后出台《万载县职业教育综合改革实施方案》《万载县职业教育深化产教融合实施方案》《万载县职业教育扩容提质创优实施方案》，成立万载县职业教育联席会议，每年召开1~2次会议，专题研究解决职业教育发展的各种难题。2022年，万载县共有万载中等职业学校2所，在校学生共计3380人。

【万载中等专业学校】 万载中等专业学校是万载县唯一一所公办中等职业学校，2021年被评为江西省C级中专。学校占地面积65亩，建筑面积2.6万平方米，全校共有教师102人，企业派驻教师9人，“双师型”教师44人，共开设计算机应用、学前教育、SMT工程技术、工业设计、电子商务、酒店管理、工业机器人等7个专业44个教学班，在籍学生2187人。2022年，万载中专充分利用“五年一贯制”中高职一体化的有利政策，与宜春职业技术学院等院校开展“3+2”模式的校校合作，学校内生动力和外部竞争力不断加强。学生技能竞赛活动获市级一等奖6个、二等奖10个；“三校生”录取本科人数达31人。

【江西万载技工学校】 江西万载技工学校坐落于万载县工业园内，是省人力资源和社会保障厅批准成立的民办全日制技工学校，法人代表张学文。2022年，学校共开设护理、幼儿教育、电子商务、电子技术应用、汽车维修、计算机应用与维修等六个专业31个教学班，在籍学生1316人。

成人教育

【强化成人教育】 万载县成人教育主要依托万载县开放学院(2021年由广播电视大学万载分校更名)完成，属正科级公益一类财政全额补助事业单位，创办于1959年，主要职责是服务县全面终身学习，推进成人教育体系建设。2022年，全县参加成人高考3059人，开放教育春季招生273人（其中本科99人）、秋季招生196人(其中本科招生58人)，全面完成各级下达的招生任务，被宜春开放大学评为“2022年度招生工作先进单位”。2022年，成人教育呈现“线上+线下”多种模式，干部网络学院、“学习强国”学习平台、奥鹏学习平台、国家教育资源公共服务平台等成为成人继续教育的新载体、新方式。

【万载县开放学院】 2022年，万载县开放学院(万载县教师进修学校)紧紧围绕服务万载县经济社会高质量发展，开辟万载县村(社区)基层组织干部学历提升、乡村教师学历提升服务新项目，为推进全县脱贫攻坚、乡村振兴战略实施和加强基层组织建设提供有力支撑。全年完成各级教师培训项目30个，培训人员2000余人次。

民办教育

【概况】 2022年，全县共有民办幼儿园92所，民办中小学5所，其中民办“十二年一贯制”学校2所(万载外国语学校、赣西外国语学校)，民办“九年一贯制”学校1所(康乐实验学校)，民办小学1所（万载新世纪学校），民办职业学校1所（万载技工学校），另有已审批校外培训机构60所。全县民办在园幼儿9398人，占全县在园幼儿的46%；民办中小学在校学生8999人，占全县中小学生数的9.1%；民办中职在校学生1193人，占全县中职学生的35.6%。2022年，万载康乐实验学校被授予“江西省海军青少年航空学校优质生源地”称号。万载县伊顿阳光幼儿园、园外园幼儿园等7所民办幼儿园被评定为2022年江西省标准化幼儿园。

【推动民办义务教育学校发展】 2022年，万载县制定《万载县规范民办义务教育发展专项工作方案》，先后对全县5所民办义务教育学校开展基本办学条件核查、教育教学工作专项检查、年度财务审计、决策机构成员备案、章程审核等。下发《关于严格规范民办中小学招生的工作提示》（万教体基字〔2022〕4号），明确要求各校要严格落实义务教育免试就近入学和“公民同招”政策，严格按照规定的招生范围、招生计划、招生时间、招生方式进行统一招生，不得无计划、超计划组织招生，不得自行提前组织招生，变相“掐尖”选生源。加快实现民办学校党组织工作全覆盖。2022年，万载县新世纪学校与康乐幼儿园建立联合支部，由局机关高录寿同志担任联合支部书记，全县所有民办学校实现党组织和党的工作全覆盖。

【组织开展校外培训机构检查评估工作】 按照相关文件规定，县教育局组织对全县民办中小学校、幼儿园、校外培训机构开展2021年度检查评估工作，宜春智友教育培训中心、万载县乐酷机器人培训中心等7所校外培训机构被评定为“年检不合格”，注销万载县康乐街道嘟嘟乐幼儿园、万载县白良未来星幼儿园等32所民办幼儿园。同时，在全县范围内组织开展幼儿园名称清理规范整治工作，潭埠镇群英艺术幼教中心、喜乐艺术幼儿园、星城双语幼儿园等12所民办幼儿园依法依规全部完成名称变更工作。

附：教育大事记

2月23日 特大冰雪天气，全县中小学（幼儿园）停学一天。

6月24日 上午，万载县中小学（幼儿园）家庭教育指导服务中心成立。

8月2日 万载县委书记严旭辉主持召开教育高质量发展“提质强校”工作专题调度会，听取“提质强校”工作推进情况汇报。

8月28日 万载县民办学校公办教师通过进城专项选调等多种方式全部回归公办学校。

8月31日 双桥小学夏萍入选全国优秀乡村青年教师培养奖励计划（宜春市2人，全省仅13人）。

9月9日 黄茅镇棉土小学校长林星华获第四届“感动江西教育年度人物”提名奖。

9月9日 万载县召开庆祝第38个教师节暨全县教育工作会议，对先进单位和先进个人进行表彰，优秀教师奖励1000元/人，创历史新高。

9月18日 万载中学荣获宜春市教育发展突出贡献集体。

11月7—11日 全县第十届中小学生田径运动会在万载县第二中学田径场举行，全县48个学校56支代表队900名运动员参加比赛，是历届运动会参赛队伍和人数最多的一次。

11月11日至2023年1月10日 县委第五轮巡察（市教体系统交叉巡察）对教体局和6个县直学校党组织进行巡察。

11月29日 全省学生资助会议召开，万载县作题为《教育助学基金·赋能乡村振兴》的典型发言，并被发文全省推广。

12月16日 《“精品+承诺书”育人实践探索》入选2022年江西省家庭教育典型案例。

（梁友泉）

体　育

体育设施

【概况】 2022年，全县体育场馆2722个，其中室外2671个、室内51个，总面积112.54万平方米，人均体育场地面积2.30平方米；田径场地49个、游泳场地191个、足球场地30片、篮球场地337个、排球场地89个、乒乓球场地719个、羽毛球场地88个、健身步道8条、全民健身路径1300条、网球场1片、门球场4片、社区健身房8个、体育小游园三个、体育设施组群7处。

【体育休闲设施规划】 完善中心城区体育休闲设施建设总体规划，以“道”“路”“园”为基础骨架，充分利用“道”“路”两侧及公园绿地、空地、“金边银角”合适的点（位），插建和打造适宜的体育健身设施和小型健身场地，充实“道”“路”“园”体育休闲功能，满足周边群众健身休闲需求。基本实现100米见体育设施、300米见体育广场的目标，基本建成中心城区“10分钟健身圈”。

【全民健身场所建设】 2022年，全县投入300万元建成城区九个社区全民健身路径56处、器材362件，建成社区健身房8个、健身驿站3个；投入1860万元建成181个自然村游泳池共186个；投入3400万元，建成南门社区公园体育小游园、建成社区公园体育小游园、龙湖公园体育小游园3个体育小游园；投入1800万元在城北、马脑山、莱市路、德胜路、城隍庙、百合路等7个停车场植入体育设施组群。投入资金60万元，建成省体育彩票公益金建设项目2个，分别是：罗城镇湖溪村农民体育健身工程10万元、茭湖乡茭湖社区农民体育健身工程50万元；投入12万元完成三兴、马步、潭埠全民健身路径安装15处。

群众体育

【全县体育运动协会工作】 2022年，成立万载县体育总会党委，县级领导担任各体育协会名誉会长，制定出台《万载县体育运动协会管理办法（试行）》，逐步规范体育社会组织的监督管理。截至12月底，包括老年体育协会、社会体育指导员协会等人群体育协会和棋牌协会、足球协会单项体育协会共有23个，体育分会17个[17个乡镇（街道）均成立]。全县注册会员5000余名，其中社会体育指导员合计683人，三级全民健身组织体系基本构建，体育社会组织实现城乡全覆盖。

【全民健身活动】 全面落实万载县全民健身实施计划（2021—2025年），各项体育活动遍地开花，形成“周周有活动，月月有比赛”的良好健身氛围。2022年，全县举办各类体育赛事活动共233场，组织县级赛事21场次，承办国家、省、市级赛事13场，参与人数达5万余人次。自行车协会承办万载县第三届百合旅游文化节举行的“悠骑白水　探花百合”山地自行车骑游活动；棋牌协会承办江西省第十六届运动会（社会部）宜春市预选赛象棋围棋赛活动；气排球协会承办万载县第三届气排球赛；户外运动协会承办“中国梦·劳动美——喜迎二十大　建功新时代”“互保杯”拔河比赛;健身气功协会承办全市“百城千村”健身气功交流展示活动;广场舞协会承办万载县第八届全民健身广场舞大赛;太极拳协会承办宜春市十县(市、区)太极拳(械)展示交流活动。2022 年,组队参加省十六届运动会(社会部)宜春市预选赛 15 个项目,派出运动员 180 多人,其中获得一等奖的项目 3 个、二等奖项目 6 个、三等奖的项目 4 个。

【全民健身宣传】 通过线上线下齐发力的方式,加强全民健身活动与科学健身宣传。每月与县融媒体中心联合推出 1 期《全民健身》科普视频,普及全民健身项目与科学健身知识。开展城区全民健身问卷大调查,了解全民健身现状与需求,6500 名市民参与问卷。开展科学健身大讲堂和健身服务“五进”活动,用群众听得懂、看得到、学得会的方法普及运动项目、健身知识和健身文化,推动全民健身意识深入人心,让全民健身融入群众日常生活,增强群众的满意度和幸福感。

竞技体育

【概况】 2022 年,万载有国家级足球特色项目学校 9 所、篮球特色项目学校 2 所,有市级体拳击训练基地 1 个。在籍中小学生中有国家三级运动员 96 人、国家二级运动员 12 人、国家级一级运动员 3 人,全年向市级训练单位输送运动员 10 人。

【重点项目布局】 加强对中国象棋、羽毛球、田径、武术、拳击、足球、篮球等相对优势项目的重点布局;场地场馆设施布局、高水平教练员的选用、运动员管理等方面,向重点项目倾斜;保障优势项目成为市运会、省百县运动会和省市青少年锦标赛争金夺银拿分的基本保证。

【深化体教融合】 大力推进体教融合。积极构建青少年健康促进、青少年体育训练、青少年体育竞赛三大体系,形成政府主导、社会参与,校内、校外有机结合的全方位、多维度、深层次有效融合的青少年体育工作机制和运行模式,确保学生每天校内校外各 1 小时体育活动,掌握 1~2 项运动技能,学生体质合格率达到 95%以上。

【构建赛事体系】 整合学校比赛、U 系列比赛等各级各类青少年体育赛事;健全分学段、跨区域的青少年体育赛事体系;组织校内比赛、校际比赛、跨区域比赛(省、市、县)和各类选拔赛。每年重点打造好以田径、足球、篮球、排球(气排球)、武术、拳击、散打、羽毛球、乒乓球等项目为示范引领的全县性青少年单项系列竞技赛事,推进体育传统特色学校和小学、初中、高中“一条龙”体育后备人才对口培养体系。

【引进品牌赛事】 引进“腾讯棋牌 天天象棋”2022 全国象棋男子甲级联赛“万载古城杯”第二阶段比赛。大赛于 2 月 7—23 日在万载古城举行,由国家体育总局棋牌运动管理中心、中国象棋协会、万载县人民政府、宜春市教育体育局联合主办,万载县全民健身促进中心、北京中体明星体育文化传播有限公司共同承办,江西省象棋协会、宜春市象棋协会、北京酷享体育文化传播有限公司协办。

【竞技成绩】 江西省百县青少年“三人制”篮球运动会,获得全省 36 强;宜春市青少年锦标赛,113 名运动员参加篮球、足球、田径、羽毛球等项目比赛,其中篮球赛获宜春市第三名,田径赛获宜春市第五名,足球赛获宜春市第六名,团体总分获宜春市第四名。参加宜春市中小学校校园足球比赛获初中组第四名;参加宜春市中小学排球和气排球比赛,万载外国语学校代表队获得初中男子排球赛第二名,万载县三中代表队获得初中女子排球赛第四名。

文化传媒

综 述

2022年，全县规模以上文化企业97家，较2021年同期增加7家，实现总收入65.28亿元，同比增长4.7%。全县规模以上文化、体育和娱乐业收入2475.3万元，同比增长87.82%。其中，广播影视业收入1181.3万元，同比增长135.08%；文化艺术业收入1294万元，同比增长58.7%。全县规模以上互联网及相关服务业收入14747.2万元，同比增长29.42%。万载县获“全市文化和旅游产业发展先进县”称号，万载古城景区获评“省级特色文化街区”“全国非遗旅游景区”“宜春十大网红景区”。万载成功入围江西省首批革命文物保护利用示范创建县名单，经验做法被江西省人民政府网站、江西文旅发布采用。万载古城景区游客量位列全省前十、全市第一，并获首批江西省特色文化街区、宜春市十大网红景区称号；万载文宇阁图书馆袁宇获评文旅部2022年度乡村文化和旅游带头人；白水乡槽岭村获评省级AAA级乡村旅游点。

【推动文旅融合促发展】 2022年，万载县坚持每周六和重要节假日开展“焰火之恋”烟花秀，万载古城成为南昌、长沙、宜春、新余、萍乡周边游的必打卡地，有力推动夜间文旅消费。全年共组织“焰火之恋”烟花秀80场，增加游客量120万人次，带动旅游综合收入4.8亿元。举办万载县第三届百合旅游文化节、宜春市十六届月亮文化旅游节万载分会、2022江西“百城百夜”文旅消费季宜春分会、首届“江西风景独好”云端旅游推介等主题活动。精心设计推广7条红色研学线路，驱动乡村振兴“红色引擎”。2022年，接待研学旅游6.5万人次，红色旅游达200万人次。

【推进文化惠民实举措】 制订出台《万载县群众文化高质量发展三年行动计划》，为群众文化工作明确“时间表、任务书、路线图”。2022年，县公共图书馆、文化馆（站）、博物馆等公共文化场馆免费开放率100%。万载县文化馆免费开放服务达20余万人次，演出参与人数达50余万人次；城区毛泽东旧居、万载古城红色文化展馆正式对外免费开馆；启动第三批县保单位申报工作，推动文化馆、图书馆总分馆制数字化平台建设；推进村级应急广播终端建设，全年完成310个村级终端建设；湘鄂赣革命纪念馆入选首批“江西省少先队校外实践教育基地”。广泛开展文化惠民活动进村（社区）、进景区、进学校，全年完成送戏下乡270场、送电影下乡2756场、傩戏演出70余场。

【推出文艺精品浓氛围】 2022年，县文旅局复排濒危剧种江西傩戏《关鲍情缘》、万载花灯戏《李更探监》《数麻雀》《三伢子钓鱼》《扶贫书记》《三媳拜寿》等多部作品，推出文艺精品路线日益清晰。其中《关鲍情缘》《李更探监》《数麻雀》参加第八届江西艺术节·第十二届玉茗花戏剧节获剧目奖和优秀表演奖；创作以美丽宜居为主题的本土歌曲《出彩万载》被群众文艺团体以合唱、舞蹈、走秀等形式广为传唱。

【传承文化遗产有成效】 2022年，承办第三届中国傩文化传承发展研究学术研讨会，全国各地知名傩文化专家学者50余人参加，万载县被中国傩戏学研究会授予“中国傩文化研究基地”称号；《湘鄂赣苏区红色故事》《湘鄂赣苏区红色歌谣》获批宜春市第八批市级非物质文化遗产代表性项目；《万载笑菩萨戏狮子》《万载阳戏(万载提线木偶)》《万载龙牙百合粉制作技艺》《硬门二十四气推拿术》《湘鄂赣苏区红色故事》等五个项目被宜春市推荐申报江西省省级非遗保护项目；创作出版国家级非物质文化遗产《万载夏布》歌曲和书籍。与此同时，全县32处不可移动革命文物入选江西省第二批不可移动革命文物名录，国家一级文物党课微视频《一枚印章的故事》被宜春市委组织部官微“五星党建”采用，万载县湘鄂赣革命纪念馆革命文物保护利用模式获全省革命文物保护运用优秀案例。

【促进文旅消费增信心】 2022年，出台《万载县促进文旅消费奖励办法》，奖励金额最高达100万元。全年发放商贸文旅消费券1150万元，参与消费人数达18万人次，带动直接消费2000余万元、间接消费4000余万元。万载古城、三兴恒晖艺术农业、竹山洞三个景区在重要节假日推出针对本地人免门票政策，鼓励非国有A级旅游景区门票实行不低于5折的降价优惠，拉动景区及周边综合消费。全力组织2022江西“百城百夜”文化和旅游消费季万载站活动，实现销售总额11.56亿元，拉动文旅消费4.49亿元，综合消费586.5万人次，引导企业让利4630.8万元。

【强化文娱监管优环境】 2022年，成立6个安全生产大排查督导组，不定期对县城内101家文旅单位进行安全大检查、大排查，下达整改通知书40余份，查找出问题100余处（个）。2022年，县文化市场综合执法大队长郭蒙代表宜春市参加第三届江西省文化市场综合执法岗位练兵技能竞赛活动获团体全能一等奖、团体单项二等奖及个人单项三等奖。

公共文化

【概况】 2022年，万载县共有公共图书馆1个、分馆8个、民间公益图书馆1个、文化馆1个(分馆8个)、博物馆(湘鄂赣革命纪念馆)1个、乡镇综合文化站20个(含3个农林垦殖场文化站)、农家书屋181个、基层综合性文化服务中心204个（行政村181个，社区23个），全年全面完成181个农家书屋出版物更新工作，补充出版物涉及政治、经济、科技、文化、医卫、少儿类等62种共11222册。2022年，万载傩戏《关鲍情缘》、万载花灯戏《数麻雀》获第八届江西艺术节·第十二届江西玉茗花戏剧节小戏复排剧目剧目奖，万载县花灯戏剧团2人分别获第八届江西艺术节·第十二届江西玉茗花戏剧节表演类小戏复排剧目优秀表演奖及表演奖。

【公共文化数字化建设】 2022年，县公共图书馆与8个乡镇分馆及181个行政村的农家书屋建立文献资源共享关系，通过ilasIII数字图书馆系统与分馆实现图书通借通还，并与数字参考咨询联盟平台、微信图书馆、移动图书馆等多种平台实现电子资源的共建共享。县文化馆购置数字化系统、硬件设施、LED显示屏，并完成8个分馆的硬件设施配置，常态化地在公众号、抖音等新媒体进行宣传，推进公共文化设施数字化建设。

【公共文化政策性保障】 2022年，印发《群众文化高质量发展三年行动》，分析全县群众文化工作特点，结合文化资源优势，研究提出文化高质量发展四大工程，即：公共文化服务标准化工程、惠民文化服务提升工程、群众文化品牌打造工程、群众文化净化工程，通过四大工程涵盖全县群众文化发展的硬件、软件及后续保障措施，为未来三年群众文化工作明确“时间表、任务书、路线图”。同时，围绕九大网格社区文艺队伍特点，组建社区群众文化艺术团9个，分别是以广场舞为特色的东门社区、以器乐演奏为特色的南门社区、以戏曲表演为特色的西门社区、以形体走秀为特色的北门社区、以打击乐器为特色的建成社区、以书画静态文艺为特色的凤凰社区、以灯彩艺术为特色的金三角社区，以及两个以综合类表演为主的务前社区和龙湖社区群众文化艺术团。

【百姓舞台常态化开展】 2022年，万载县常态化开展“百姓大舞台　大家一起来”群众文化活动，该活动由县文化馆派出业务骨干对民间文艺团队进行辅导，活动表演形式涵盖广场舞、戏曲、合唱表演等多种形式，每逢节假日在人群密集广场、社区等地开展“百姓大舞台·大家一起来”群众文化活动，开展群众身边和“家门口”的文化服务，全年共计开展各类活动120余场次。

【古城灯彩闹元宵】 2022年2月15日，万载古城景区开展“万载古城灯彩闹元宵”活动，包含万载得胜鼓、万载花灯、笑菩萨戏狮子等多种特色民俗表演，吸引央视、省台、市台、县台数十家媒体平台进行同步直播。

【公益演出进城乡】 万载县将戏曲曲艺非遗节目与送戏下乡及濒危剧种公益性演出相结合，为群众提供公共文化服务，锚定演出场次目标，依托万载傩戏、万载花灯戏两大濒危剧种戏曲资源，全年开展270场送戏下乡服务，覆盖全县17个乡镇(街道)，将公共文化惠民服务送入文化资源较为缺乏的乡村。在万载古城景区从泉茶馆内，搭建濒危剧种公益性演出平台，每周六晚进行濒危剧种演出，将公共文化服务供给与旅游结合，促进文旅融合，打造特色文化品牌，营造逛古城、观烟火、喝大碗茶、看花灯戏的良好氛围。

【全民阅读活动形式多样】 4月23日，世界读书日期间，万载县开展全民阅读推广系列活动，书香万载氛园营造有力有效。县教体局举办3场大型“护苗·绿书签”宣传活动，共有1600多名学生参与本次宣讲活动并受益；各学校通过举办专题主题班会、升旗仪式、国学经典诵读活动、讲故事比赛、黑板报手抄报大赛等形式积极宣传“绿色阅读，文明上网”理念；县一小拍摄制作的江西省“护苗——绿书签”主题曲《绿书签之歌》快闪视频，荣获2022年江西省《绿书签之歌》视频展播优秀奖。县文广新旅局积极引导爱心捐赠、购书优惠的形式吸引各界广泛参与“绿书签——伴成长”系列宣传活动。县新华书店、金星书店、无妨书店等出版物经营单位积极参加购书优惠活动；团县委、袁宇私人图书馆、部分书店和校外培训机构及热心市民共捐赠图书1500多本(册)，参与捐赠的市民近两百人。由视觉江西拍摄的“江西万载：乐享阅读　品味书香”阅读主题系列照片发布于大江网。世界读书日当日，央视《新闻联播》播报江西万载袁宇私人民间图书馆先进事迹。袁宇个人获文旅部“2022年度乡村文化和旅游带头人”称号。

【文化和自然遗产日活动】 2022年6月11日“文化和自然遗产日”前后，在万载古城常态化开展非遗文化进景区活动，在乡镇、学校同步开展展演展示活动。在万载古城，通过展演展示的方式，让群众全方位感受非物质文化遗产的内涵与魅力。技艺展示互动区吸引大量市民前来观看，巧夺天工的微型农具，匠心精美的竹雕作品，夏布织造过程中的穿梭往来、丝丝入扣都让前来观看的市民一饱眼福。在展演区，非物质文化遗产节目《得胜鼓》《花灯戏》《纸棚山歌》《傩舞》等节目上演，让市民近距离感受和领略非物质文化遗产的独特魅力。

【宜春市十六届月亮文化旅游节万载分会场活动】 2022年9月5—9日，连续五晚在万载古城景区举办中秋群众文化活动，演出节目包含器乐表演、万载民间灯彩、万载花灯戏、旗袍走秀、绝技表演等。活动期间，吸引央视媒体对万载古城中秋庆团圆活动进行全方位报道，央视《新闻联播》《朝闻天下》《新闻直播间》《东方时空》等栏目多时段播出。

【花灯戏进校园活动】 9月27日，万载县在康乐中心小学举办万载县花灯戏进校园启动仪式。开展“万载花灯戏”进校园活动，旨在培养学生对优秀传统文化的兴趣，增强学生戏曲艺术素养和审美素养，传承中华优秀传统文化，培育和践行社会主义核心价值观。活动面向全体学生，采取示范先行、全面推广的工作方法，于2022年秋季学期至2023年春季学期将戏剧课程纳入示范校试点实施阶段，力争2025年底实现全覆盖，形成戏剧艺术传承发展的长效工作机制。

文物遗产保护

【“江西省革命文物保护利用示范县”创建】 2022年，江西省文物局下发《江西省文物局关于开展革命文物保护利用示范县创建工作的通知》(赣文物局字〔2022〕7号)，根据文件精神，以县人民政府为建设主体，启动创建江西省革命文物保护利用示范县申报工作，成立以刘学军县长为组长的创建工作领导小组。

【第三批县级文物保护单位申报评审】 2022年，万载县启动第三批县级文物保护单位申报评审工作，以县政府名义下发《万载县人民政府关于公布第三批县级文物保护单位的通知》，其中，12处文物点被公布为第三批县级文物保护单位，分别为株木桥战斗遗址、茵果大战遗址、湘鄂赣省苏维埃政府造币厂遗址、王宗槐将军故居、黎源彭德怀旧居、新竹红十六军医院旧址、上坪湘鄂赣省红三医院六所旧址、湘鄂赣省工作团留守处旧址、老鼠尾湘鄂赣省红三医院一所旧址、潭埠万寿宫、桐树江傩神庙、池溪沙江桥傩神庙。

【革命旧址活化利用】 9月30日，举行县城毛泽东同志旧居、万载县红色文化展示馆免费开放揭牌仪式，将县城毛泽东同志旧居、万载县红色文化展示馆纳入免费开放范围。县委书记严旭辉，县委常委、宣传部部长黄云辉，县政府副县长龙水莲，县文广新旅局和县党史地方志工作办公室相关工作人员参加启动仪式。

【爱国主义教育宣教工作】 利用现有场馆，开展爱国主义活动，包括清明祭英烈、“5·18”国际博物馆日、“9·18” 等主题纪念活动。推出多个精品主题展览，包括原创临时展览《辛细和红色产品展》及《红旗飘飘湘鄂赣》《新四军廉洁思想教育展》《长征》《美丽中国， 千年万载——万载县县史县情图片展》等，积极送展进校园、进社区。加强红色引领，推进馆校共建。开展“红色文化进校园”“红色家书诵读大赛”“纪念馆讲解员大赛”“小小讲解员培训”等系列活动，培养和储备能讲、会讲、愿讲的专业队伍。2022年，万载县湘鄂赣革命纪念馆全国爱国主义教育示范基地和国家国防教育基地共接待参观人数达29万人次。

【非物质文化遗产保护】 2022年，万载共有县级以上非物质文化遗产代表性项目53个，其中国家级非遗项目4个（万载开口傩、万载得胜鼓、万载花炮制作技艺、万载夏布织造技艺)、省级非遗项目4个(万载花灯戏、纸棚山歌、罗城扎粉加工技艺、苎麻纸制作技艺)、市级以上非遗项目11个(表芯纸制作技艺、笑菩萨戏狮子、龙牙百合粉制作技艺、硬门二十四气推拿术等)。非遗文化传承人有国家级非物质文化遗产代表性传承人2人、省级非物质文化遗产代表性传承人3人、市级非物质文化遗产代表性传承人15人、县级非物质文化遗产代表性传承人58人。

媒体宣传

【概况】 万载县融媒体中心，挂万载县广播电视台牌子，为县直正科级全额拨款公益一级事业单位，归口县委宣传部管理，核定编制30名。现有在编员工32人，下设7个部室，分别为办公室、总编室、采访部、专题部、编辑制作部、技术服务部和事业发展部，有万载人民广播电台（调频104.1兆赫）、电视台、"智慧万载"App客户端、"万载发布"微信公众号、"万载发布"视频号、"万载发布"微博、"万载发布"抖音号、今日头条号、"学习强国"学习平台等十余个融媒平台，多项指标排在全省前列。2022年，江西省融媒体中心对全省104家县级融媒体中心进行排名，"万载发布"抖音号、"智慧万载"App、"万载发布" 微信公众号等列全省前20强，"智慧万载"App得到大力推广，下载量达54796户。全年在中央电视台《新闻联播》中用稿4条，其他频道（考核频道）用稿23条，中央人民广播电台《中国之声》用稿1条，江西卫视《江西新闻联播》用稿29条，灯彩焰火闹元宵10次上央视，中秋5天20次上央视。

【重大主题宣传】 以党的二十大召开等重大事件为报道主线，以县委常委会2022年32项工作要点及县政府工作报告20件民生实事为新闻宣传着眼点和落脚点开展宣传报道。全媒体矩阵开设《人间烟火气》及民生实事栏目；在《万载发布》每月发布红黄榜《万载安商"红黄榜"》，对服务企业的各单位进行排名，表扬先进，鞭策后进，促进发展；《营商环境》《优化营商环境进行时》栏目多角度多层次报道为企业排忧解难，护航企业高质量发展的做法举措，同时报道自实施花炮产业链链长以来，花炮产业走出的崭新发展之路等重稿大稿；矩阵开设《非非说公开》栏目，旨在让政务公开变得有趣有味有料，更好服务广大群众；新开设《三拼三促》《聚焦民生实事》《喜迎党的二十大，千名干部下基层》《秀美乡村我的家》《好记者讲好故事》《建设美丽宜居城市》《打卡红色名村》等栏目；在《乡村振兴之路》节目中开设"振兴要闻""品牌振兴""魅力乡村""乡村治理""政策速递"等子栏目。

【助力花炮产业振兴】 中心融媒矩阵紧抓重点，从花炮安全、科技、环保、商贸、转型升级、文旅融合等视角，全方位展现花炮产业发展的"凤凰涅槃"，报道有重点、有深度。既有县领导多次到安徽贵州等外省推介万载花炮，也有县领导早晨4点到企业督查安全生产，晚上11点在企业开座谈会；既有大型花炮文化节，也有花炮版《三字经》。尤其是新媒体方面，通过短视频策划、视频直播等多种形式，不断提振万载花炮行业的发展信心，引导、刺激花炮消费，助推万载花炮产业振兴。除利用本级媒体外，还充分发挥资源优势，努力做好"万载花炮"的外宣工作，积极让"万载花炮"上省媒、上央媒。2022年，万载花炮产业实现总产值111亿元，完成税收2.98亿元，创近年新高。

【红色名村报道】 2022年，万载县在红色名村报道中，做到策划接地气、表达有灵气、传播聚热气。为讲好红色名村建设助力乡村振兴在万载大地的生动实践，县融媒体中心提前谋划、高点定位，以更开阔的视野、更新颖的视角、更多样的手段，推出图文短视频系列"打卡红色名村"栏目。红色名村重点报道白水乡槽岭村，这个诞生了万载第一个党支部、红军医院、贫困发生率在23%的小山村，红色旅游成为带动村民致富的产业。专门报道槽岭村稿件5篇，《白水乡槽岭村红色名村为乡村振兴赋能》《槽岭：彩色百合田铺就乡村振兴路》《槽岭村志愿者服务走进红色名村》《小山村　大变样》。县融媒体中心大胆起用一批新人，缺少采编经验,反而让年轻人更自由更鲜活更有灵气。拒绝说教注重体验，让受众感受最真的快乐。“打卡”系列图文短视频,聚焦的是万载红色名村建设,反映的是中国乡村振兴的大变革,展现的是新时代农村群众的奋斗创造和幸福生活。马步乡红色名村宝石村,讲好龙松泉故事,为乡村振兴赋能有专稿。

【意识形态工作】 加强意识形态正面宣传。坚持党管媒体原则,唱响主旋律,凝聚正能量,严格落实《宣传纪律》《新媒体信息发布制度》等,加强正面宣传。紧紧围绕迎接宣传贯彻党的二十大精神这条主线，开展《喜迎二十大 奋进新征程》重大主题宣传;组织《喜迎二十大委员说变化》《喜迎二十大古今万载》《喜庆党的二十大》《学习宣传贯彻党的二十大精神》创作展播活动;紧扣“融入宜春、聚力园区、双城联动、特色彰显、宜业宜居”工作思路,推出系列报道。落实《万载县融媒体中心(县广播电视台)网络信息安全应急预案》《万载县广播电视台安全播出调度指挥应急方案》等管理制度,加强播出机房和高山发射台值守。加强微信公众号“万载发布”和智慧万载手机台等新媒体网络信息内容管理和采编队伍建设,持续推送正面信息，提升应对突发事件的能力和水平。加强意识形态队伍建设，制订全年培训计划，安排领导干部轮流培训学习。

【“三拼三促”工作】 一是抓学用,强政治。强化政治意识,始终用习近平新时代中国特色社会主义思想、习近平总书记关于媒体深度融合和县级融媒体中心建设的重要论述指导实践。以落小落细“三审三校”和安全播出为抓手,加强和改进意识形态工作，做好意识形态领域风险防控,新闻没有出现任何政治责任事故。扎实开展“三拼三促”活动,抓干部作风建设。

二是抓队伍,转作风。对标对表分宜县融媒体中心先进典型，专门组织中层以上人员到分宜县融媒体中心观摩学习，召开干职工会,从政治、思想、作风上对自身作风建设存在的问题进行认真梳理，形成问题清单,落实整改措施。实施绩效考核,开展 “三拼三促”活动。加大学习培训力度，提升能力素质;以绩效管理为抓手,抓好岗位管理。

三是抓主业,见成效。在开设 “学先进、转作风、见实效”专栏的基础上,新开办《三拼三促》栏目,“坚决落实对标对表扎实推进‘三拼三促’”等横幅在微端首屏、首页“天天见、时时新”。提前谋划、高点定位,以更开阔的视野、更新颖的视角、更多样的手段,全力打造高质量的融媒体产品。同时在“万载发布”微信公众号、抖音、“智慧万载”、万载电视台《万载新闻》等融媒体矩阵刊播,实施多维度推送,进行全媒体展示。至年底,已刊播相关稿件100多条。

【美丽宜居工作】 制定建设美丽宜居城市行动方案，设立10人专班，专抓美丽宜居城市建设工作。同时,发挥机关干部示范带动作用，每周天天到责任片区开展卫生整治行动。所有人员下沉社区一线发现问题、督促整改。建立上下联动、分片包干的常态长效机制,发动人民群众参与到美丽宜居城市建设行动中来。

社科研究

【概况】 万载县社会科学界联合会(简称县社联)是县委领导下的社会科学学术性群众团体,是党和政府联系社会科学工作者的桥梁和纽带,是全县社会科学工作者的联合组织。万载县社联现与县委宣传部合署办公,有领导干部2人。

【理论宣讲】 县社联注重发挥示范带头作用,到县内民间团体宣讲党的二十大精神,并组织各研究会结合自身特点开展宣传宣讲活动,全年在各研究会共计开展党的二十大精神现场专题宣讲12场。同时,组建党的二十大精神专题宣讲团到各乡镇

(街道)、各县直开展巡回宣讲31场。在万载古城景区举办古城大碗茶新时代文明实践站流动“微课堂”专题宣讲活动34场,让各乡镇(街道)的“名嘴”结合当地发展变化、红色故事、好人事迹等宣讲党的二十大精神。

【研究成果】 县社联成功推荐申报市社会科学研究“十四五”(2022年)规划项目一般课题3个,已结项2个。指导万载县红色文化研究会挖掘和弘扬万载红色文化出版的《湘鄂赣苏区红色歌谣选》《湘鄂赣苏区文化建设史略》列入“湘鄂赣苏区发展研究中心研究成果丛书”。

【红色故事演讲大赛】 6月29日，县社联在七一建党节到来之际，在万载外国语学校举办“我爱万载　爱我万载”红色故事演讲比赛决赛。经各地各单位初赛,选拔出来的27名选手紧扣“我爱万载　爱我万载”主题,用饱含深情的演讲,重温发生在万载或万载籍革命先辈为民族独立和革命事业前仆后继的英勇革命事迹。

6月29日,在万载外国语学校举办“我爱万载　爱我万载”红色故事演讲比赛决赛

【开展社科普及宣传】 按照省委、省委宣传部和省社联统一部署,县社联于9月17—23日在全县范围内开展以“喜迎党的二十大　感恩奋进新征程”为主题的科学普及宣传周活动。启动仪式在龙河星城广场举行,全县各地21个社会团体参加，县社联指导各社会团体结合党的二十大精神，充分发挥自身特长,创作“喜迎二十大龙狮颂辉煌”“喜迎二十大花灯戏展演”等群众喜闻乐见的文艺作品。各社会团体深入到县城和各地农村开展活动26场,参与群众1.8万余人。

卫生健康

综　述

万载县卫生健康委员会是县政府工作部门，为正科级单位。机关内设党建宣传股、秘书股、人事股、财务审计股、县卫生健康服务中心、会计核算中心、规划信息股、医政医管股等23个职能股室及乡镇(街道)卫生健康办17个。2022年,在健康江西工作中,万载县被省卫健委评为优秀健康县;在江西省科普健康比赛中获一等奖;在江西省妇幼健康促进宣讲省级竞赛中获二等奖。

【医德医风建设】 6月,召开万载“医德医风建设示范医院创评”部署工作会议,把习近平总书记党风廉政建设思想贯穿医德医风建设全过程,加强对万载医疗技术人员的管理,强化医德医风考评。一方面,促进卫健行业典型建树,全年医疗机构拒收红包工作人员43名，累计金额达2.5万余元;另一方面,每月开展“找问题、堵漏洞、排风险、强管理”自查自纠活动,设立10类问题100余条清单,落实整改措施,全年成功调处各类医疗纠纷34起，对5名医务人员酒驾给予党内警告处分,对县人民医院西院1名中医师2次私自挪用患者住院押金进行诫勉谈话并调离临床岗位3个月。

【县校合作】 3月26日，万载县与宜春学院“县校合作”正式签约,双方共建宜春学院第一附属医院暨万载县人民医院南部新城院区,全力打造三级甲等综合性医院,是“县校合作”签订后首个正式启动推进的项目。该院区总建筑面积18.92万平方米，设置1199张床位，项目概算总投资13.2亿元。县中医院综合楼项目建成并投入使用,该项目建筑面积约25000平方米,总投资1.1亿元,于2022年12月投入使用。

【优生优育】 2022年，建设优生优育指导中心,中心占地面积200多平方米，设立幼儿活动区、图书阅览区、培训指导区、咨询服务区、母乳喂养区、知识宣传区等六大区域。承办全省计生协优生优育指导中心调研活动。

【全省优生优育指导中心调研活动】 7月8日，全省优生优育指导中心调研座谈会在万载县

12月29日,宜春学院第一附属医院正式挂牌

召开,江西省计生协秘书长李秀珍等携全省各设市(区)、县计生协专职副会长、全省各优生优育指导中心项目点人员50余人到万载参加座谈会,调研一组先后参观六大功能区,对万载县坚持积极探索多种形式的优生优育全程服务的做法和取得的成效给予肯定。7月22日,万载县计生协、县妇幼保健院在鹅峰乡联合开展“优生优育进万家”健康知识巡讲活动,进一步推进全县优生优育工作。

【人才建设】 2022年,万载面向社会公开招聘卫生专业技术人员51人,招录“三支一扶”支医医学生8名。推进实施医学高层次人才计划,申报高层次人才计划数36名。下发县级免费进修指标13个,3人参加全省全科医生培训,1人参加省市骨干医师和紧缺人才培养,1人精神科医师转岗培训,推荐4名高层次人才申报全县“优秀人才”评选活动,选派2名县级医师到西安交大进修培养。

公共卫生

【概况】 建立健康扶贫绿色通道。2022年,全县共建立居民电子健康档案483089份,建档率为99.32%,全部向城乡居民推送。档案中有动态记录的档案份数为272661份,健康档案使用率为56.44%。全县建立高血压患者自我管理小组和糖尿病患者自我管理小组共552个,高血压患者健康管理36126人,规范管理28671人,规范管理率为79.36%;糖尿病患者健康管理10068人,规范管理8079人,规范管理率为80.24%;65岁及以上老年人规范健康管理48907人,规范管理率80.38%;0~6岁儿童规范健康管理40052人,管理率为90.99%;新生儿访视3545人,访视率为97.69%;严重精神障碍患者规范管理2292人,规范管理率94.79%;建立预防接种证人数为41476人,建证率为100%;全县传染病报告例数511例,报告率100%,结核病患者健康管理332人,管理率100%,完成治疗患者242人,其中按照规则服药239人,规则服药率98.76%。

【健康帮扶】 2022年,万载县31所医疗机构全部建立健康扶贫“一站式”结算服务窗口,住院费用报销稳定在90%适度范围,脱贫患者住院只需在出院时支付个人10%以内的自付医疗费用,全年建档立卡贫困对象累计享受门诊待遇49472人次,住院待遇12369人次;门诊统筹报销260.58万元,住院医疗报销6177.14万元。开展健康帮扶成果全面排查整改“回头看”暨脱贫攻坚“百日行动”,确保健康帮扶问题动态“清零”,全面完成整改任务。继续推进公有产权标准化村卫生室建设,截至年底,万载新建改建公有产权标准化村卫生室153所。继续巩固家庭医生签约服务成果,采取面对面签约、面对面服务的方式,对重点人群进行签约。全年全县脱贫人口28000人,已签约26759人,签约率95.57%,履约率100%;全县重点监测“三类”人员1130人,签约1097人,签约率96.48%,履约率达100%。

【疾病预防】 做好法定传染病报告。全年全县共报告法定传染病16种1988例,死亡12例(艾滋病10例、狂犬病1例、肺结核1例),报告发病率为410.19/10万,死亡率为2.43/10万。其中,乙类传染病12种1276例,死亡12例,报告发病率为263.28/10万,死亡率为2.48/10万;丙类传染病报告4种712例,无死亡病例,报告发病率为146.91/10万。加强涉疫事件处置。处置涉疫火龙果事件1起、涉疫快递事件1起、涉疫进口服装1起,共排查涉疫人员20人。进行重点传染病监测。开展霍乱、手足口病、禽流感等重点传染病监测,采集各类样本347份,发现A型流感通用核酸阳性样本14份,禽H9流感核酸阳性样本4份,未发现监测对象出现人感染高致病性禽流感可疑症状。重大传染病防控。全年共接种国家免疫规划疫苗 85141 剂次，接种率为 99.30%。做好国家免疫规划疫苗接种。落实结核病、艾滋病等重大传染病防控措施，对 180 名结核病患者和 266 名符合条件的艾滋病感染者及病人落实“四免一关怀”及免费救治政策。

妇幼保健

【婚前孕前保健管理】 设立婚检优检一站式服务中心，进行免费婚检及孕前优生检查。全年结婚登记对象 2227 对，婚检人数 2215 对，婚检率 99.46%，检出疾病人数 691 人，疾病检出率为 15.60%，给予婚前医学建议 287 人，婚检阳性率 6.48%；孕前优生健康检查应检人数 4200 人，实检人数 4130 人，检查率为 98.33%，其中，地中海贫血血常规初筛异常 429 人，蛋白电泳异常 317 人，地中海贫血基因检测异常 252 人。

【产前筛查防控】 2022 年为 4031 名准备怀孕及早孕妇女发放叶酸预防神经管缺陷，服用率 100%，其中依从人数 3547 人，依从率 87.99%；对 1471 名增补叶酸妇女进行项目知识调查，知识知晓率为 100%。全年辖区内助产机构接产 4031 名产妇，开展唐氏筛查 2496 例，直接无创 DNA 检测 641 例，产前筛查率 77.82%，产筛中高度风险或 B 超软指标异常者共 95 人。

【母婴安全保障】 2022 年，全县孕产期保健门诊对 4210 名孕产妇进行妊娠风险评估，其中绿色 1590 人、黄色 1643 人、橙色 952 人、紫色 25 人，需引起重视的橙色 16 人转诊三级医疗保健机构，黄色及橙色以上高危孕产妇进行专案管理和后续跟踪随访。全年万载县医疗保健机构接产 4031 名产妇，活产数为 4081 人，孕产妇死亡率为 0.00/10 万，5 岁以下儿童死亡率 4.39‰，新生儿死亡率 0.98‰，婴儿死亡率 1.95‰。

【传染病预防防治】 2022 年，辖区内艾梅乙检测 4031 人，检测率为 100%；孕期检测 4023 人，孕期检测率为 99.80%，孕早期检测 3339 人，孕早期检测率 82.83%。其中梅毒感染产妇均接受苄星青霉素治疗，所生儿童均给予预防性治疗；HIV 感染产妇孕期接受抗病毒治疗，所生幼儿进行出生后的抗病毒治疗；乙肝表面抗原阳性产妇 343 人，其中双胎 7 对，共为 350 名新生儿免费注射乙肝免疫球蛋白。

【新生儿筛查】 2022 年，新生儿疾病筛查人数为 4006 人，筛查率为 99.38%。全县听力筛查人数为 3951 人，筛查率为 96.81%。

【“两癌”筛查】 2022 年，为万载 35~64 岁农村妇女、城镇贫困妇女进行“两癌”筛查，共检查 4217 人。其中，宫颈 TCT 结果异常 190 人，病理检查 93 人，检出低级别病变 20 人，高级别病变 17 人；乳腺彩超检出 3 类 54 人、4 类 14 人、5 类 1 人；乳腺 X 线检出 2 类 12 人、3 类 42 人；病检检出 4 例浸润性导管癌。万载生殖健康进行妇女病普查 23806 人，宫颈脱落细胞学检测 12573 人，其中检出宫颈癌前病变 70 人、宫颈癌 7 人，均进行相应的治疗与随访。

医疗卫生管理

【保障补助资金到位】 2022 年，拨付乡镇（街道）卫生院的中央、省级补助资金共计 553 万元，村卫生室中央补助资金 120 万元，基本药物网上采购率 100%，17 所卫生院均执行药品零差率销售，17 家公立医疗机构完成省级药品使用监测数据采集和药品不良反应上报工作。

【优化医疗服务流程】 2022 年，万载县各级医疗机构综合运用信息化手段，优化院前、院中、院后就诊流程，着力构建覆盖就医全过程的优质服务，医院医疗系统与健康档案系统实现双向对接，并实现“省市县”三级信息专网互联互通，落实医疗机构间检验检查结果互认共享，推广日间手术，推进预约诊疗、多学科诊疗（MDT）等医疗服务新模式。

【增强医疗服务能力】 2022年，县人民医院胸痛中心和卒中中心、县中医院创伤中心挂牌运行。建立万载胸痛中心工作群，搭建乡镇转诊县级平台。全年共进行36例急性冠脉综合征急诊手术，其中19例病人来自基层卫生院，首次医疗接触后首份心电图完成达标率达到96%，心电图远程传输达到87%。

【提升医疗技术水平】 2022年，静脉溶栓、脑动脉造影术、冠状动脉造影术、急诊pci（经皮冠状动脉成形术支架）术、动脉瘤介入栓塞术等新诊疗技术引进并应用，全年开展静脉溶栓70余例、冠状动脉造影130余例，二级医院三、四级手术占比22.43%，比上年增长1.4%。

医疗机构管理

【医疗机构】 全县设有县、乡卫生健康单位23个，其中县直卫生健康单位6个，分别是县人民医院、县中医院、县妇幼保健院、县疾控中心、县卫生健康综合监督执法局、县皮肤病防治所；乡镇（街道）卫生院17个，其中中心卫生院5个、乡镇卫生院12个。全县民营医疗机构13个，分别是万载龙湖医院、万载县医学会医院、万载梁成秀肛肠医院、万载和谐医院、万载爱心精神病医院万载工业园医院、万载红星医院、万载华安口腔医院、万载诚济医院、万载广仁骨科医院、万载康慈体检中心、万载杏林中医医院、万载博视眼科医院、万载百年颐康护理院。全县共有社会个体医疗机构51个（含联合诊所6家）。

【医疗机构编制人员】 县直医院现有在编人员678人，大集体人员27人，聘用临聘人员782人，合计1487人；基层卫生院现有在编人员420人，大集体65人，聘用临聘人员745人，合计1230人；县乡卫生健康单位取得高级职称130人（正高职称15人、副高职称115人）、中级职称804人，研究生学历17人。全县共有编制病床2317张。

【乡村卫生室人员】 全县共有181个行政村，村卫生室181个，乡村医生517人，平均年龄50.5岁，其中30周岁及以下34人，占6.6%；31~44岁172人，占33.27%；45~59岁220人，占42.55%；60岁及以上91人，占17.6%。中专学历及中专水平443人，占85.69%；大专学历25人，占4.84%；无医学学历49人，占9.48%；取得执业（助理）医师资格的149人，占28.82%。

社会生活

民政工作

【概况】 2022年，县民政局在编人员36人，内设13个职能股室：秘书股、党建（监察）股、社会救助办、社会工作股、婚姻登记（处）、养老服务股、流乞人员救助股、慈善事务股、村社事务股、未成年保护股、福利彩票站、县城镇贫困群众解困脱困办公室、县殡葬改革办公室。2022年，全县民政工作践行人民至上的发展理念，全面落实省、市民政工作要点，兜底线、保稳定、促发展，获得“万载县抓落实活动‘三拼三促’工作”“巩固脱贫攻坚成果”“全县信访工作”“宣传思想工作精神文明建设工作”“2016—2022年全县普法工作”五个先进单位称号及县第三届气排球比赛县直组“优秀组织奖”。

【养老服务】 2022年，万载县推进乡镇敬老院改造。11月底，罗城镇敬老院适老化改造示范点完工并投入使用；完成龙湖国际小区和帝景龙湖小区养老用房装修及221户特殊困难老年人家庭居家适老化改造；开展两期养老服务从业人员培训，组织155名从业人员进行护理、心理等专业培训；完成马步、白水、白良等社区居家养老服务中心和康乐街道金三角社区助餐服务网点的建设。全年全县22所养老机构全部通过消防大队简易验收，其中5所养老机构通过住建局备案登记。

【未成年人保护】 2022年，全县有孤儿51人，分散供养保障标准每人每月1200元，集中供养保障标准每人每月1600元，全年共发放保障金84.8万元；事实无人抚养儿童178人，保障标准每人每月1200元，全年共发放保障金193.71万元；残疾孤儿和残疾事实无人照料护理标准提高至每人每月1380元，全年共发放照料护理补贴33.93万元；为就读大学的孤儿和事实无人抚养儿童每人每年发放1万元“助学工程款”，全年共发放10.9万元；拨付1.14万元，组织21名散居残疾孤儿到万载县人民医院参加“福彩圆梦，明天计划”体检。全县共有留守儿童947人，重点帮扶45人，市县投入资金25万元，完成全县17个乡镇（街道）未保站建设。

【城镇解困脱困工作】 2022年，万载县全面推行“防贫救助”。为符合城镇困难群众条件的困难家庭购买防贫保险(100元每人每年)。落实健康扶贫政策，全年共结算774人，医疗总费用549.27万元，三道保障线457.33万元。教育保障提质增效。春季共落实城镇解困学生资助844人次，金额46.87万元。住房保障有效解决。全年享受住房保障政策749户，其中采取实物保障608户，上半年发放租赁补贴保障141户，发放金额10.45万元；下半年发放租赁补贴143户，发放金额12万元。职工帮扶有效拓展。走访慰问城镇困难职工8户，发送资金5300元。社会帮扶显著提高。县城镇解困脱困残疾人603人，享有两项补贴人员546人，城镇特困救助供养残疾人57人，共发放补贴68万元。2022年，全县城镇脱困家庭1425户2796人（其中，低保对象1303户2668人，特困对象118户123人，支出型对象4户5人)全部实现“两不愁三保障”。

【社会救助】 2022年，万载县社会救助金发放到位，全年共发放城乡低保金1.1亿元、特困供养3685.9万元、特困对象护理费550.5万元、临时救助163.3万元、精简退职32万元。低保质量数据清洗、清零工作落实到位。在全市率先设立困难群众救助服务专线平台(0795-8881995),县政府每年拨付配套100万元救助资金,由专人专岗24小时值守接听电话,实现8小时救助模式,确保困难群众基本生活保障“不漏一户、不落一人”。

【慈善一日捐】 2022年，县民政局充分利用县慈善会收到的“慈善一日捐”善款160万元,开展慈善走访、“慈善助学”“慈善救助”“幸福万载　慈善帮扶”活动,让慈善工作走进千家万户。

【流乞救助】 2022年，县民政局流乞工作站共救助97人,其中男性95人、女性2人,江西省26人、外省71人。工作站千方百计寻找流乞人员亲人,成功寻亲2人,安置托养对象4人,

【村社事务开展】 2022年,县民政局开展“幸福社区”星级创评和“365天服务不打烊”工作,制定服务不打烊工作机制,在各村(社区)醒目位置张贴标示牌、服务事项清单,推进婚丧习俗改革,充分发挥好村规民约(居民公约)和民情理事会、红白喜事理事会在城乡社区治理中的积极作用，做好区划地名信息审核修改工作，得到省民政厅通报表扬。

【婚姻登记工作】 2022年,万载县做好社会福利事务工作,推进婚姻登记规范化建设,全年共办理结婚登记2226对，离婚登记594对，补发结婚登记325对,补发离婚登记47对。

【福彩事业】 万载县全年销售福利彩票3607.9万元，福利彩票工作在全市综合考评中排名第一。

【殡葬改革】 提升改造殡葬设施,完成新建殡仪馆主体基础工程建设；申报地方性专项债券——公墓区域龙文公园第一期项目建设，计划总投资5200万元,规划用地29亩,建造墓穴6000套，已完成可行性研究报告等手续。通过公开招标,确定项目建设中标单位为河南省生态园林绿化建设有限公司;搭建联办平台，实现逝者亲属办理“身后一件事”全流程网上联办,全年共办理42件。

【信访工作】 2022年，共收到“12345”热线信访件19件,按期办结率100%,满意率100%;对全国民政系统8件信访件,全部办结;办理“问政江西”平台信访件1件。严格按照疫情防控要求，对全县19个敬老院的消防设施设备进行改造,增强养老机构消防安全处置能力,民政系统2022年零事故、零感染。

老年人活动

【概况】 万载县老年大学原是县委老干部局下属老年教育服务机构,现为县老干部活动中心合署办公事业单位。核准事业编3人,下设办公室、教务处、学工处,校领导根据工作需要由县委调配,现有从原四套班子退下来的校长、副校长共5人。2022年,县老年大学外聘老师25名,设学科专业23个，教学班50个,学员入学人数4065人次。学员中共有党员200名，建有20个学员支部。17个乡镇(街道)均设立“老年学校”,有牌子、有人员、有场所、有活动。

【主要成果】 2022年，县老年大学黄毛牙、钟小玲两位老师获县级“优秀教师”称号,至此,全校已有10名教师获此殊荣;学校教育凭借其办学规模、学校管理、教学质量及社会效果,整体工作继续处全市县级校前列。4月25日，在召开的宜春市第三次老年教育工作会议上,县委喻满根副书记再次代表县委、县政府就万载县老年教育工作作典

型发言。

医疗保障

【概况】 万载县医疗保障局深入践行以人民为中心的发展理念，围绕医保征缴扩面、打击欺诈骗保、巩固拓展脱贫攻坚成果同乡村振兴有效衔接、医保经办服务、药品集中带量采购、DIP支付方式改革等方面，从严抓好各项医保惠民政策落地见效。2022年，被市委、市政府评为“信访工作成绩突出集体”，获评万载县“三拼三促”抓落实活动先进单位及万载县优秀模范机关称号，巩固拓展脱贫攻坚成果同乡村振兴有效衔接工作在市医保系统获得第一，基金监管工作在全市排名第二。

【医保扩面征缴】 2022年，全县城乡居民参保总人数517247人，参保率达98%以上。年度城乡居民医疗保险基金收入5.04亿元，支出4.78亿元，结余2547万元，累计结余1.27亿元；职工医疗保险基金收入1.48亿元，支出1.32亿元，结余1580万元，累计结余2.32亿元。

【巩固脱贫成效】 2022年，全县脱贫人口28674人、三类对象1013人100%参保。同时，紧扣工作重点，建立防范化解因病返贫致贫长效机制，对脱贫人口、农村居民中个人年度累计自负医疗费用较大的，进行因病返贫致贫监测，协同相关部门做好风险处置，做到对易返贫致贫人口早发现、早干预、早帮扶。全年累计救助脱贫户及三类人员9783人，报销898.95万元，三道保障线共计报销5518.25万元。

【医保基金监管】 2022年，万载县保持打击欺诈骗保的高压态势，通过自查自纠、专项治理检查、日常稽核检查等方式，实现对全县定点医药机构检查全覆盖。印发、张贴违法违规使用医保基金有奖征集线索海报1000张，发放集中宣传资料6000册，发放医保电子凭证推广信2000封，滚动播放宣传视频5000余次，制作录制普法宣传视频2条，联合潭埠中心卫生院开展户外宣讲活动1次，发送打击欺诈骗保短信10000条，组织开展警示教育1次，公开曝光违规骗保案例13例。2022年，查处325家定点医药机构，收回医保基金450.08万元，行政处罚201.25万元，共计651.33万元；通报批评4家医疗机构，责令改正医药机构7家，暂停医生涉及医保服务1人。

【推进药品集中带量采购和DIP支付方式改革】 2022年，万载县共执行三批次药品带量采购，五批次耗材集采工作，已对第二批国家集采药品进行结余留用资金核算，结余留用资金为46万元。有6家二级医院、26家一级医院全部纳入DIP结算。

【提高医保经办水平】 2022年，万载县全面建成县、乡、村三级医保服务一体化网络，将医保高频服务事项下沉至乡、村两级服务站点，实现城乡居民参保登记、异地转诊等医保服务事项全县通办、就近可办。大力推广医保电子凭证应用，提高信息化水平，全县所有定点医药机构全部启动电子凭证结算功能，全县电子医保凭证总激活人数41.69万人，激活率80.52%，结算率38.59%，实现医保“展码结算”。

【强化队伍服务】 2022年，万载县打造便捷医保，广泛开展“党员红马甲”志愿者服务，组织业务骨干走村入户，为群众提供医保政策解读、电子凭证推广、办证送医、异地购药等服务，全年共开展政策宣传20余次，办理慢性病证人数9182人次。打造温情医保。组织党员干部结对帮扶和开展美丽宜居城市建设，投入10万余元用于清除陈年垃圾、拆除违建，解决山体滑坡隐患，铺设路面等，片区内环境有明显改善。

【湘赣边区域四县（市）医保合作】 万载县探索湘赣边区域发展合作新格局，11月25日，与浏阳、铜鼓、上栗三县（市区）签订医保合作线上协议，实现区域合作县市异地就医管理互联、零

11 月 25 日,赣湘边区域医保合作线上签约仪式举办

售药店互认、经办服务互通、医疗监管互动、改革经验互鉴。

【破解意外伤害医保报销难题】 2022 年,万载县聚焦“四大堵点”,破解意外伤害医保报销难题。即聚焦安全“隐患多”,及时办理意外伤害“公众责任险”;聚焦报销“时间长”,推进意外伤害审核服务下沉;聚焦责任“划分难”,建立意外伤害案情会商制度;聚焦群众“来回跑”,加强意外伤害调查区域合作力度。通过“四个聚焦”切实做到大幅度降低医保结算等待期,为参保群众提供高效便捷医保报销服务。2022 年 11 月,国家、省、市医疗保障局工作动态和江西卫视 3 套都对此进行了推介。

【建立因病致贫返贫预警机制】 2022 年,万载县及时对脱贫人口、农村居民中个人年度累计自负医疗费用较大的人员进行因病返贫致贫监测,协同相关部门做好风险处置。此项工作得到省医保局的肯定,7 月,江西卫视 3 套《医保进行时》栏目对万载县因病返贫致贫监测工作进行专题报道。

人力资源和社会保障

【概况】 万载县人力资源和社会保障局(简称县人社局)设秘书股、人才人事职称股、工资福利股、劳动工作股、纪检监察信访绩效股、劳动监察大队、信息中心等 7 个内设机构,下设社保中心和就业创业中心 2 个副科级单位,全系统共有 87 人在编在岗,主要负责人事、人才、职称、劳动保障、就业、社保等方面工作,是肩负公共管理职能的部门,是关联全县民生工程的主要窗口。2022 年,县人社局荣获全市“民生工程”就业和社会保障工作先进单位(第一名)、全市信访工作成绩突出的先进集体、全县综合考核先进单位、县平安建设(综治)先进单位、巩固拓展脱贫攻坚成果先进单位、“三拼三促”先进单位、美丽宜居城市建设先进单位、营商环境先进单位、入企走访连心活动十佳服务单位及县政府表彰的安全生产先进集体。2022 年,县人社局承办宜春市第二届乡村振兴职业技能大赛;电子社保卡申领激活率超过 83.84%,居全省排名第一位。

【稳步推进就业创业】 2022 年,全县城镇新增就业人数 3892 人,占年度任务的 104.46%;城镇失业人员再就业人数 1551 人,占年度任务的 118.40%;就业困难人员就业人数 451 人,占年度任务的 129.60%;零就业家庭安置率 100%;新增农村劳动力转移 7356 人,占年度任务的 134.06%。(其中,省内新增农村劳动力转移 5109 人,占年度任务 131.54%);失业保险金发放 135 人 132.58 万元;失业补助金发放 233 人 81.3 万元。

【创业带动就业】 2022 年,县人社局合计发放创业担保贷款 3.7 亿元,稳定就业岗位 12053 人。其中,个人创业贷款 2.41 亿元 1094 笔;小微企业贷款 1.29 亿元,扶持企业 37 家;稳岗补贴发放 175 家,受惠 4350 人,合计发放 160.48 万元。

【开辟“信用担保”渠道】 2022年，县人社局主动对接县市监局、银行等单位合作开辟“信用担保”渠道，逐步降低创业个人和小微企业担保门槛，减轻申请人提供担保人、抵（质）押物的负担，帮助市场主体解决担保难题。全年全县有453人通过自身信用担保获得创业担保贷款，累计发放资金达7635.2万元，带动就业2900多人。2022年，万载县“创业担保贷款信用担保模式”被省人社厅列为全省试点工作。

【开展就业培训】 2022年，县人社局开展各类职业培训220期8401人次，发放补贴527.76万元。其中，开展家政服务、模特、起重装卸机械操作工等技能培训2385人次，发放补贴144.4万元；创业培训1952人次，发放补贴184.661万元；开展酒店，园区企业职工岗前培训和技能提升培训4064人次，发放补贴198.7万元；企业新型学徒制培训200人，完成率100%；初级工及以上登记补贴性培训完成853人；发放职业技能提升补贴22人，合计3.25万元。

9月20日，万载县求知职业培训学校开展网络创业培训

【营商环境建设】 2022年，县人社局以建设“全省营商环境一等县”为目标，及时发现“痛点”、打通“堵点”、解决“难点”，畅通人社业务经办全流程；投放人社自助服务一体机，实现群众办理就业、社保业务便民高效，让“最多跑一次”“就近办”服务水平得到提升。

【人才队伍建设】 2022年，全县共招录事业单位工作人员102人、教师389人（省考教师120、特岗教师189人、校园招聘80人）、卫生专业技术人员44人、三支一扶人员21人，协助县委人才办引进全日制硕士研究生13人。通过一系列举措，加强干部人才队伍建设与储备。

【人才服务举措】 2022年，县人社局积极为全县专业技术人才开展职称评审和聘任工作。全年推荐初级认定45人，中高级职称评审推荐申报566人；推荐中医院易文彪等3人申报2022年度江西省高层次高技能领军人才培养工程。用好用活职称评价，到企业指导非公企业人才职称申报。2022年，有47家企业，共226人通过初级职称评定；推荐28名熟悉相关技术技能标准、副高以上职称的人员参加江西省高技能人才专家库评选。同时，加大对企业技能培训力度，鼓励企业职工参加学历提升教育；探索“科技创新平台+企业+项目+人才”模式，积极为睿达新能源有限公司、南氏锂电两家企业申报为国家级博士后科研工作站；组织睿达新能源和锦江酒业参加全市企业自主评价业务工作培训班。

【事业岗位设置工作】 2022年3月，正式启动万载县事业单位岗位设置工作，8月经市人社局审核通过，确定万载县事业单位岗位数，开展专技岗位的正常晋升工作；开展在编不在岗和临聘人员清理整顿工作，按时间节点对在编不在岗和编外临聘人员清理整治进行全过程专项督查。

【帮助企业引才招工】 2022年，县人社局帮助企业开展引才招工工作。线上方面，共计开办5场“直播带岗”活动，帮助亚太科技等园区重点企业达成就业意向1384人;线下方面,2月11日举办园区专场招聘会,95家园区企业提供6000多个就业岗位,现场达成就业意向1200多人。2022年,帮助园区企业引进高层次人才151人,其中从省内、市外引进63名,省外引进88名,刚性引进博士研究生3人、硕士研究生4人,副高级职称3人。

【劳动保障监察工作】 2022年,县人社局持续加大劳动保障监察执法力度,开展根治欠薪专项行动,全年检查用人单位101次,补签劳动合同5600余份,企业补缴社会保险210余万元。2022年共受理劳动仲裁争议案件567件,严厉打击恶意欠薪行为,依法调处案件540件,涉及劳动者606人993.11万元。

【构建和谐劳动关系】 2022年,县人社局深入实施“和谐同行”能力提升三年行动计划,提升和谐劳动关系协调员业务素养,培养一批高水平劳动关系协调员。组织乡镇及企业等相关业务人员共计68人参加劳动关系协调员线上培训,组织38家企业参加和谐劳动关系知识竞赛。积极开展2022年企业薪酬调查工作,对万载县109家不同行业企业的职工薪酬待遇情况进行核实填报。积极为各类市场主体提供劳动权益保障服务,出台相关政策和实施方案。

【打造金牌调解组织】 2022年,县人社局与总工会、工商联、企联/企协推荐三家基层调解组织参与金牌调解组织的评比。宜春市已向省推举万载县工业园区劳动争议调解中心为金牌调解组织,并于12月中下旬完成省厅验收工作。

【就业扶贫工作】 2022年,县人社局通过就业务工动态监测、就业服务平台、公益性岗位开发等方式,全年安置600多个弱劳动力或半劳动力实现就业;开展“131”服务,带动脱贫人口和“三类人员”就业2300多人,让有劳动能力有就业意愿的脱贫劳动力实现就业,动态消除零就业家庭。同时,强化公益性岗位规范管理,清退履职不到位或不履职取酬40人。

【落实企业职工养老保险】 2022年,企业职工养老保险参保人数90511人,在职参保人数66896人,征缴企业职工基本养老保险费5.27亿元。领取企业基本养老保险人数23623人6.19亿元。全年资格认证22851人次(含静默认证),占全县企业离退休人员的99.68%。办理退休死亡一次性补贴388例,发放丧抚费1702.62万元。

【完善机关事业养老保险体系】 2022年,万载县机关事业养老保险参保人数15110人,在职缴费人数10545人,征缴机关事业养老保险费1.57亿元,养老金领取人数4505人,发放养老金2.47亿元。全年职业年金征缴10605人5031.63万元,职业年金待遇领取人数1840人610.8万元。

【做好城乡居民养老保险工作】 2022年,万载县城乡居民养老保险参保人数23.42万人,缴费人数9.88万人,缴纳保费3074.16万元,政府代缴保费人数2.04万人,代缴金额204万元,代缴率100%,待遇领取人数6.22万人,领取待遇金额1.43亿元。全年安排1280万元资金,用于城乡居民基础养老金提标,调整后,万载县城乡居民养老保险待遇水平达到江西省规定的人均每月180元的标准。

应急管理

综　述

万载县应急管理局(简称县应急局)为政府职能部门,有干部职工 110 人(其中:专业森林消防大队官兵 35 人),下辖县应急管理综合行政执法大队、县应急救援保障中心(县专业森林消防大队)两个副科级事业单位。2022 年,县应急管理局紧紧围绕主责主业,主动履职、积极作为,全县安全生产形势总体稳定向好,全年未发生安全事故和经营性道路交通事故,事故起数和死亡人数较 2021 年同期分别下降 5 起和 6 人,实现“双下降”目标。烟花爆竹创造行业最长的“零事故”“零死亡”纪录(38 个月)。县局在全省应急管理年度考核中被评为优秀等次,在全市应急管理年度考核中排名第一。

【专项整治行动成效】 为消除花炮安全隐患,防范化解风险,县人民政府出台《烟花爆竹安全生产举报奖励细则》,严厉打击非法生产。2022 年,全县共排查隐患 4849 处,整改到位 4798 处,整改率 98.94%。组织开展联合执法 15 次,责令企业停产停业整顿 42 家次,约谈警示 22 家罚款 256.75 万元,曝光违法行为 19 起,报送典型案例 16 例,查处烟花爆竹领域非法生产 6 起,取缔非法生产窝点 6 个,发放举报奖励经费 60 万元,刑事拘留 11 人。

【化工园区整治提升】 聘请第三方评价机构进行整体性安全风险评估,提出安全防范策略,制定园区产业发展规划和新建项目“禁、限、控”目录,做到既“扩”又“选”。整合建设安全生产综合监管和应急救援指挥平台,规划建设 2 个公共事故应急池,新建 1 个消防取水码头,新建化工集中区实训基地。在省政府组织的初评中得分 71.3 分,初步达到 C 级(一般安全风险)标准。

【集中区转型升级】 继续推进总投资 1.2 亿元 206.8 亩的烟花爆竹科创中心建设,开展安全生产、产业发展等十个方面的星级评定,分批次、分乡镇召开烟花爆竹企业重大安全隐患警示约谈会,组织全县各花炮乡镇开展安全生产交叉监管执法检查。制定“一企一策”改造提升方案,明确年度对标改造提升企业 20 家,建成改造提升示范企业 13 家以上,培育龙头品牌企业 6 家,建设安全检验室企业 5 家。2022 年,完成国标行政许可企业 158 家,关闭退出企业 251 家。

安全救援

【压实安全生产责任】 2022 年 6 月,重新调整安委会成员单位,实行书记、县长“双主任”制。印发《县委、县政府领导提供至督导督查安全生产工作方案》和党政领导干部安全生产“职责清单”和年度工作“任务清单”,修订完善《万载县安全生产工作职责暂行规定》,全力推动各级党政领导责任、部门监管责任、企业主体责任落实,全面构建安全生产风险管控和隐患排查治理双重工作机制,推动安全生产各项措施落地落实落细。

【开展准军事化岗位组训】 坚持“实战化”练兵原则,积极开展常态化练兵、常态化比武,承办全市专业和半专业森林消防队大比武活动,组织全县17支半专业森林消防队开展练兵比武活动,通过县级全员练兵、市级骨干比武、尖子参与全省比武等活动开展,提高森林消防队伍的实战能力。

【应急队伍常态化应急值守】 2022年,全县有1支专业森林消防队、17支乡镇半专业扑火队重点时段保持应急状态。在日常工作中,森林消防应急队伍做到训练常态化,增强“打早、打小、打了”能力,出现火情能及时出动予以扑灭;为应对各类突发安全事故,万载县还组建各类专业抢险救援队31支881人,积极参与地质灾害、森林防火、防汛抗旱、灾情救助、野外搜救等综合应急救援工作。2022年,县应急救援队伍共开展暴雪灾害救援、帮助企业复工复产任务1748人次,执行森林防火宣传巡查任务2615人次,有效地保护了民众生命财产安全。

森林消防

【落实森林防火目标管理责任制】 2022年,县政府向全县各乡镇(街道)下发森林防灭火责任书和《万载县森林防灭火实施办法》,层层签订责任状抓落实;落实森林防火指挥部成员单位挂钩制度和工作规则;贯彻落实行政领导责任追究制度,实行奖罚相结合,把责任制细化分解到每个乡镇街道和每个村。

【开展森林防灭火宣传】 2022年,县政府充分利用新媒体、广播、电视、宣传车、标语、横幅、鸣锣、防火知识进课堂等形式,广泛、深入、持久地开展森林防灭火宣传教育活动。县电视台在黄金时间滚动播出提醒林农注意森林防火的移动字幕;及时将气象局发布的森林火险等级天气预报转发县森林防火工作群,提醒乡镇(街道办事处)、国有林场关注森林火险变化,切实做好森林防火相关预防工作;印发防火通告2000份发至乡村张贴,乡镇印发森林防火宣传单23万份发至农户手中;181个行政村均成立以专职护林员为主要力量的防火宣传组,通过鸣锣、喊话器等,重点宣传以“五个一”为主的森林防灭火知识;通过“万载发布”“万载林业”“万载在线”等新媒体推送森林防灭火相关知识和提醒语,宣传防灭火及安全知识。

【加强森林火险预警和火情监测】 一方面加强与县气象局的协调会商,在高火险天气期间,县气象局每天按时将气象预测预报情况报县森林防灭火指挥部办公室,为及时发布火险预警信息提供参考;另一方面充分发挥村级专职护林员、巡防员作用,加大巡护密度和频度,密切关注6个林火视频监控终端覆盖区域的火情信息。

防汛抗旱

【防汛抗旱责任落实】 2022年,县政府及时调整县、乡(镇)防汛指挥机构,加强对防汛工作的领导,认真落实行政首长负责制为核心的防汛责任制,一把手负总责,一级抓一级,一级对一级负责,层层签订防汛抗旱目标任务书。2022年,全县防汛抗旱责任人、107座中小型水库责任人、圩堤责任人以及13个重要地质灾害隐患点责任人,全部到岗到位。全年部署开展防汛隐患全覆盖排查2次,县防汛抗旱指挥部分别在2月下旬和4月上旬,派出4个检查组,开展全县汛前和汛后防汛隐患检查,按照“一乡一单”形式下发整改清单,2次排查出的73个重点问题均全部整改到位。

【防汛抢险物资储备】 对防汛物资的储备做到“早计划、早落实、早储备”,做到“宁可备而不用,决不可用而不备”,备足防汛物资编织袋3万余条、砂石料376立方米、橡皮艇和冲锋舟10余艘、各式抽水泵260多台、雨衣260套、雨鞋253双、铁锹86

把、帐篷36顶、救生衣60件、防爆强光搜索灯60个、水泵6台，大疆无人侦察机2台。

【开展防汛抗洪应急救援演练】 5月18日，县防办与县人武部、县气象局、县消防救援大队、县专业森林消防大队、县红十字会和县蓝天救援队等单位在东溪水库开展防汛抗旱联合演练。演练分“险情侦查、解救受困群众、救援落水人员、舟艇编队搜救”四个科目，通过训练和演练有力提升应急救援、协同作战及应急处置突发情况的能力。

【旱情实况】 自7月始，万载县天气持续高温少雨，气温异常偏高，全县17个乡镇均不同程度受到旱灾影响。因旱灾造成全县受灾人数47101人，因旱需生活救助人口1396人（鹅峰乡田江村共11组，其中7个小组344户1396人未安装自来水，村上的水库和山塘干涸情况严重，水位不足1米，无法取用水，出现饮水困难）；全县受旱面积9186.66公顷，农作物受灾面积为9186.66公顷，其中粮食作物受灾面积5291.2公顷，农作物成灾面积3729.33公顷，其中粮食作物成灾面积2131.46公顷，农作物绝收面积1021.8公顷，其中粮食作物绝收面积645.86公顷。

【抗旱救灾举措实】 2022年，万载县应急管理部门先后四次召开抗旱救灾紧急会议，及时研究对策，把抗旱救灾作为压倒一切的中心工作来抓。成立三个抗旱工作组，深入抗旱一线督促指导抗旱工作，收集各地旱情灾情，发挥部门行业优势，帮助出谋划策。密切关注水库蓄水和天气变化情况，加强分析研判，采取蓄、引、提等多种措施全力提供水源；协助乡镇街道发动群众利用附近水塘、泉水井抽水和洒水车送水开展生产自救；充分发挥县抗旱服务队作用，加强抗旱设备的检修及合理调配；指导乡镇街道针对现有的蓄水情况，坚持“先生活、后生产、先地表、后地下”的用水秩序，做好用水计划，做细渠道清淤、疏浚和清障工作，做到严格管水、节约用水、科学调水。

【千方百计广开水源】 在7月份旱情发生时，万载县全县上下采取上引、下灌等措施，按照一保人畜用水，二保经济农作物用水，三保工业用水的原则，采取新建泵站、挖塘打井、维修老旧水井、人工增雨等多种办法进行抗旱救灾，最大限度减少灾害损失。全年全县新打抗旱水井117眼，新建泵站19个，新建饮用水源地12个，维修泵站48座，维修水井84口，维修水渠1106千米，维修山塘35座，管网延伸2180米，出动洒水车送水共计286车次。

【分类指导有序抗旱】 7月份旱情发生时，县农业农村局安排17个农业抗旱救灾技术指导组分赴17个乡镇(街道)开展抗旱救灾技术服务工作，深入抗旱救灾第一线，指导抗旱救灾工作。重点指导以抗旱保苗、保果、保结实率为目标的农作物田间管理，开展查苗情、查旱情、查病情活动，及时指导农户灌(浇)水、中耕、培土、追肥。县乡两级成立86支党员抗旱服务队共610余人在一线开展抗旱工作，帮助群众解决实际困难。同时，积极实施改种杂粮等转产措施，根据土壤墒情，引导农户改种毛豆、玉米、荞麦、马铃薯等秋杂粮，增加粮食播种面积和产量，对水稻收割时间较晚的田块改种油菜，增加油菜播种面积。

【做好农业保险理赔工作】 面对7月旱情，县应急管理局积极组织人保公司和太平洋保险公司对受灾水稻进行理赔，全年，保险公司查勘水稻受灾理赔560起，涉及受灾人数8500多户，涉及受灾水稻821.33公顷，理赔978.5万元。

乡　镇

康乐街道

【概况】 康乐街道地处万载东南部，为县城所在地，是全县政治、经济、文化中心。街道地势平坦，交通便利，东距省城南昌165千米，西至长沙168千米，南连宜春30千米，北邻湖南浏阳119千米，宜万高速、铜万高速、昌栗高速、宜万快速通道、G220国道穿境而过，万上、万芳省道横贯东西。辖区面积46.86平方千米，境内有国家AAAA级旅游景区万载古城，还有文明塔、城隍庙、龙湖公园等自然人文景观。共有10个行政村、9个社区、144个村民小组，总人口13.8万人，其中农村人口3.3万人。康乐街道党工委下辖25个党(委)支部，村党小组59个，社区党支部46个，党员2013人。2022年，规模以上工业企业4个，全年完成工业生产总值3.86亿元，营业收入3.86亿元，利润总额2379.1万元，财政总收入2.10亿元，一般公共预算收入8696.6万元。

【党建引领】 2022年，康乐街道成立“康乐管家”，走出一条创新城市基层治理的新路子。“小管家大作为”案例获全省党务技能大赛二等奖。积极倡导“三进三远离”(走进文化馆、走进图书馆、走进运动馆、远离赌场、远离酒场、远离夜场)，开展“书香满康乐”读书会2次，举办迎新跑1次、拔河比赛1次。主持召开党委中心组学习11次，专题民主生活会2次，党委书记带头上专题党课3次，开展党的二十大精神集中学习宣讲3次，组织开展党员教育培训6期2100人次。

【招商引资】 2022年，康乐街道深入推进县“入企走访连心”工作，成立街道优化提升营商环境工作领导小组，积极落实驻企帮扶营商专员制度，每月到企业走访，帮助企业解决发展中的痛点、难点、堵点问题。成功引进总投资20亿元的江西尚明新材料有限责任公司、11亿元的江西供销(万载)冷链物流产业园项目，推动投资3.5亿元的江西茂隆新能源投产运营，全力推进项目引得进、能落地、见成效。

【民生福祉】 2022年，康乐街道做好城市低保、退役军人、困难职工救助、社保等工作，帮助低保对象59人申请临时救助，发放高龄津贴共计24.05万元。登记造册农户耕地地力补贴共5491户18572.8亩，补贴奖金208万元。完成农民种粮补贴及稻谷补贴造册登记发放工作，共434户73.4万元。聘用19名残疾人担任农家书屋管理员，安排残疾人就业20人，帮助残疾人各类创业4人，为退役军人和其他优抚对象完成建档立卡、优待证申办。

【巩固脱贫攻坚同乡村振兴有效衔接】 2022年，康乐街道牢牢守住防返贫致贫底线，建立村级网络化排查“三类人员”责任落实制度，对有致贫返贫风险人员做到“应纳尽纳”，对10022户农户进行防返贫监测排查。狠抓产业和就业，上报产业奖补30户3.123万元。积极申报2023年“微工厂”项目，设置公益性岗位54个，发放工资12.96万元。

【美丽宜居城市建设】 2022年，康乐街道投入资金260万元,迁坟1087穴,拆迁违建300余处15000平方米,背街小巷新装路灯5058盏,全力配合网格单位推进增体33处,新增停车场29处、车位1439个。2022年,完成9个新农村建设点的建设,其中十字布村6个自建点,兴联村2个省建点、1个自建点。至年底,新农村建设已完成改厕70户、改水3户、改路9.61千米,清理新村点积存垃圾50吨,拆"三房"22处3100平方米。

【平安康乐建设】 2022年,康乐街道做好县城一期二期三期棚改、田下古城配套区遗留问题的解决工作,化解各类矛盾纠纷366件,化解信访积案9件,加大"九小场所"的安全隐患大排查、大整治,常态化开展"零点"行动,严厉打击各类非法违规生产。日常巡查检查企业126次,发现隐患共计65处,隐患整改到位65处,整改率100%。

【征地拆迁】 2022年,康乐街道完成光明小学、县五小、布城小学、南门小学征地拆迁工作,完成猛辉村348穴墓地签约,完成辛家祠堂、陈家祠堂全部房屋的签约工作。拆除田下路和百合路交叉口11年的烂尾楼,完成里泉村网球地块征用。乌溪体育、南门社区、建成社区三个体育小游园建成并投入使用,被江西省体育局授予体育先进单位称号。保障G220绕城公路、宜万同城快速通道顺利通车,灵运大道、菜市路、宝塔西路、河西路、万根竹西段、环城北路、百合路、中医院南侧道路等断头路顺利施工。

【文化生活引领】 2022年,康乐街道举办13台充满浓厚市井气息、人间烟火味的村(社区)迎新年春晚,村民、居民自编自导自演,结合宣传党的二十大精神,以小品、歌舞、相声、戏曲等节目形式为康乐群众献上年味十足、精彩纷呈的文化盛宴,展现乡风文明、安定团结、幸福祥和的城乡新面貌。迎春晚会通过抖音直播等新媒体推介,观众达12万余人次。

【党风廉政建设】 2022年,康乐街道打造"五个一"(一处勤廉文化教育阵地、一次廉政党课、一次廉政签名活动、一次干部廉政家访、一次廉政警示教育片),扎实推进党风廉政建设,全年开展警示教育9次,办理问题线索19件,立案2起,约谈15人,警告处分1人。成立专门督查室,开展督查75次,下发通报表扬57期,通报批评18期,勤廉单位创建公众满意度测评全县排名第一。

株潭镇

【概况】 株潭镇,初始名为槠树潭,居蜀江上游之滨,因河中有一深潭,岸边有棵大槠树,树冠延伸河对岸,笼罩深潭,因此得名,后简称株潭。株潭镇地处湘赣交界,扼湘赣两省公路干线之要道,居萍乡、浏阳、袁州、万载四县市区之通衢,昌栗高速贯通过境,可在两小时内直达南昌、长沙等区域中心城市。全镇下辖15个行政村、1个居委会、1个林场,总面积88.62平方千米,镇城区面积达8平方千米,建成面积3平方千米,总人口近10万人,其中集镇人口3万人。

株潭历来是赣西有名的商贸大镇,2022年获评"全国重点镇",形成以花炮原材料、建材、水果农产品批发零售、汽车交易维修服务等四大市场为主体的商贸服务业经济。"四大市场"的交易额占到周边乡镇市场交易额的50%以上,辐射周边乡镇40万人。全镇个体工商户超过2000家,主要商业银行、各大物流企业在株潭均有设点。

株潭享有"花炮之乡"的美誉,花炮产品畅销国内外。经过国标第五轮整改,保留40家综合实力强劲的花炮企业,2022年花炮总产值达到20亿元。近年来,又以建设"中部伞都"为抓手,锚定打造县域副中心目标,竭力建成湘赣边"璀璨明珠",推动由花炮产业发展向雨具产业发展转型,建有万载县唯一的乡镇产业园,规划面积2838亩,计划打造成以雨具产业链为核心,多种产业共同发展的新兴产业园,长远目标是打造成中国"中部伞都”。产业园已落户雨具企业3家,总投资1.88亿元。其中雨具龙头企业嘉瑜兴雨具有限公司已经陆续投产,上游企业合强雨具有限公司已经投产。截至2022年底,正在洽谈且急于落户的企业有7家,计划用地达到450亩。

株潭镇是江西省首批经济发达镇行政管理体制改革试点镇之一,已完全承接97项县级权限,可受理34项县级审批权限和63项县级处罚权限,其中交警和花炮运输服务项目是周边乡镇唯一的办理窗口,可统筹调度市监、公安、基层法庭、司法所等县直派出机构。

【综合实力】 2022年,株潭镇全年完成财政一般公共预算收入9085万元,同比增长14.15%,实现财政总收入2.19亿元,同比增长19%。规模以上工业增加值1.74亿元,同比增长21.64%;完成固定资产投资9.2亿元,其中工业项目入库数20个,工业投资完成9.2亿元,5000万元以上投资项目已入库6家,主要经济指标稳居全县第一方阵。

【产业调整】 2022年,株潭镇协调产业园用地500亩,形成《株潭镇双创孵化产业园可研报告》,搭建水电气路服务专线,解决嘉瑜兴雨具、合强雨具等企业13个重要诉求,形成南北双区共同促进的良好局面。培育雨具产能,江西嘉瑜兴雨具有限公司产值突破7000万元,合强雨具有限公司主体厂房完成建设,20台机组安装到位。引进15个链上企业,已确定并等待土地报批开工的行业领头企业12家,产业链加工点增加至20个,初步形成雨具产能。提升花炮质效,以“量”的缩减换来“质”的提升,花炮总产值突破20亿元,推进株潭花炮商会重组,评选出十星企业2家、九星企业6家。

【项目建设】 2022年,株潭镇共谋划项目20余个,总投资超过15亿元。其中,合丰睿建材年产60万立方商品混凝土、万广纸业年产15万吨再生纸项目被列为省重大项目,万载县伟忠包装年加工3亿个香水瓶项目与平和商业街项目被列为宜春市重大项目。全年外出对接意向项目18个,招商引进景创新能源有限公司、三虎新材料有限责任公司等5个优质项目。完善株潭镇国土空间规划和株潭镇建设实施规划(含株潭镇产业规划)编制,大力推进双创产业园北段规划路项目、亭下村防洪休闲工程项目、杨源村加油站工程项目、红星村影视城项目、万载县人民医院西院扩建等7个项目的征地工作,征地面积400余亩。

【民生工程】 2022年,株潭镇发挥专项债有效投资的作用,成功申报农贸市场改造项目,争取上级资金3000万元。实施“补短扬长”工程,投入160万元对集镇范围内的巷道、人行道、路灯、休闲广场进行改造。提前实施平和路东段拓宽项目,有效缓解春节交通压力。全面开展低保专项治理,取消低保对象109户,新增低保对象113户。抓好特困户救助供养,完善城乡居民临时(特别)救助,审核上报34户,发放救助资金8万元。关心关爱老人孤儿,发放孤儿基本生活费6万元,扎实做好城镇困难群众脱贫解困工作,建成未成年人保护工作站。

【巩固脱贫攻坚成果】 2022年,株潭镇巩固“两不愁三保障”成果,11户51人纳入“三类人员”,7户消除风险。提供公益性岗位114个,164户申请产业奖补共15.6万元,申请192万元建设4个“微工厂”项目,衔接资金153万元推进车陂村、石塘村、杨源村、亭下村、长和村道路硬化。

【新农村建设】 2022年,株潭镇新村建设扎实有效,上坊、模山、石岭、亭下四个新村示范点均已完成主体建设,26个新村点成功通过验收。村组路网获得修复,株潭至车陂和株潭至丰林村双车道改造项目完工并投入使用,完成株山村村部路口至胜利桥路段路面改造,完成亭下村亭下桥至赣西初中路段路面维修,美丽乡村基础设施更加健全。

【教育医疗】 万载县人民医院西院公共服务中心项目完成招标。新招录中小学教师86人,20万元重奖教育先进集体个人,完成中小、株山、亭下、红星小学校园道路黑化。株潭中学2022年高考,一本上线4人,二本以上236人,实现文化、体艺双增长,获评全市教育工作突出贡献集体。

【综合治理】 2022年,株潭镇在对花炮企业开展常态化巡查检查中,共排查重大隐患8条,处罚金61.4万元,打非查处8家(名)单位(个人),行政处罚17万元,刑拘6人,基本形成“非法生产人人喊打”的良好氛围。组建半专业扑火队,明确各领域安全主体责任,严查各类安全隐患。全力维护社会稳定,破获新型信息网络违法犯罪案件17起,打击处理21人,劝返涉缅跨境人员10人。

黄茅镇

【概况】 黄茅镇位于万载县西部边陲,东邻潭埠、株潭两镇,南靠慈化,西抵文家市,北接白水、浏阳小河,素有“花炮之乡、将军故里”美誉。全镇辖20个行政村、1个居委会、379个村(居)民小组,党支部34个,党员934人。全镇总面积137.36平方千米,耕地面积2067.8公顷,户籍人口60929人,其中城镇人口13565人。镇政府机关干部职工78人,其中公务员30人,事业编33人,临聘人员11人。

2022年,全镇完成生产总值28.72亿元,增长5.36%;财政总收入2.267亿元,同比增长33.07%;一般公共预算收入7537万元,同比增长34.5%;规模以上工业企业实现增加值6.71亿元,同比增长8.31%;固定资产投资7.37亿元,同比增长11.9%;限额以上消费品零售额5047.4万元,同比增长7.17%。2022年,黄茅镇移风易俗改革工作经验《当前农村移风易俗的突出问题与治理路径》在宜春市及万载县政协委员调研成果评比中获二等奖。

【招商引资】 2022年,黄茅镇共签约入园企业6个,总投资8.94亿元,其中亿元项目3个,4亿元项目1个(万载县鹏威实业有限公司)。成立黄茅镇总商会,现有成员400余人,为黄茅籍人士搭建经商创业、教育学习、人才培养经验交流平台,实现信息共享、合作共商、互利共赢。

【营商环境】 2022年,黄茅镇紧扣“三拼三促”活动主题,强化“随叫随到、服务周到、说到做到”服务理念,围绕企业办事重点领域、关键环节,帮助企业协调解决各类问题29个。抢抓湘赣边区域合作机遇,以产业基础高级化、产业链现代化为目标,依托花炮产业优势,激发基层经济活力和创造力,为湘赣边区域合作示范区建设探索基层执行路径,全面推动乡镇经济高质量发展。

【民生保障】 2022年,黄茅镇全年累计落实农村低保1407户2067人,城镇低保75户116人,特困供养362户419人。2022年,共发放民政资金1204万元,高龄补贴85万元,残疾人两项补贴95万元,救灾款52万元。2022年,全镇城乡居民基本医疗保险参保人数46894人,参保率81.01%,脱贫户参保率100%。零星报销人数168人,总费用142.5万元,批准资金64.44万元。

【巩固脱贫攻坚成果同乡村振兴衔接】 2022年,黄茅镇强化防返贫动态监测和帮扶机制,坚决防范“饱而复饥”现象。以“两业”为抓手,着力促进农业增效、农民增收,持续巩固拓展脱贫攻坚成果,全面推进乡村振兴。设置公益性专岗127个,为脱贫户增收45万元。争取衔接资金473万元,实施财政衔接项目10个。完成早稻种植1万亩,落实油菜种植任务到村到户7000亩。完成高标准农田改造2060亩,690亩土地开发地块全部整改到位。维修水渠7600米、水陂6座、河坎750米,保障群众饮水安全,满足农田灌溉用水需求。

2022年,黄茅镇打造光明村江夏组村庄规划示范点

【打造城乡宜居环境】 2022年,黄茅镇出台《江夏组宅基地管理使用办法》,江夏宅改工作先行先试,探索总结出“在不新增建设用地情况下,完全保障群众合理建房需求”新路子,打破村民对宅基地私有的固有看法和错误观念。抓好33个新村点建设,累计拆除“三房”68栋6820平方米,改厕736户,改路16.4千米,改沟7.2千米。完成光明村、南江村、王布村“十个一”“八个有”示范村建设。常态化开展村庄清洁行动和“五清理一革命”行动,清理农村生活垃圾3680吨,整修水塘95口,疏通沟渠54千米。

【生态环保】 2022年,黄茅镇持续做好大气污染防治、秸秆禁燃、水源污染和非煤矿山整治工作,对全镇小散乱污企业开展拉网式排查整治。按照“生态优先、绿色发展”原则,持续推进矿山复绿。推行美丽乡镇建设网格化治理,组织发动机关党员干部和志愿者每周到所属网格和责任路段开展五大整治行动,助力“全国卫生乡镇”创建。

【公共事业建设】 2022年,黄茅镇完成集镇老农贸市场停车场新建项目,新增停车位120个,有效缓解停车难问题。完成黄芳公路拓宽改造,惠及6个村1.6万人;黑化黄茅镇中心幼儿园至光明路口400米,硬化水源至前进路段2.8千米、光明至枫树坳路段1.68千米。持续推进黄茅镇初级中学教学楼及操场改造提升项目和黄茅镇中心小学合并扩建项目,进一步优化义务教育资源配置。坚持普惠共享,结合将军公园,统筹建设体育公园、篮球场、健身步道等,补齐全民健身场地设施短板。20个村建设游泳池、完善“四个一”防溺水设施,选聘66人组建防溺水巡查员队伍。启动黄茅镇教育基金会,发挥黄茅镇教育发展促进会在党委、政府联系沟通社会、学校、师生的桥梁和纽带作用及在“广泛动员社会各界、募集教育基金”作用。全年,发放第一批奖教奖学、助教助学金80万元。

【综合治理】 2022年,黄茅镇全年调处矛盾纠纷220件,有效防范“民转刑”案件14件,办结信访件15件,“百日攻坚”行动成功化解信访积案1件。摸排涉黑涉恶线索6条并全部移送至县扫黑办。稳妥化解原金钟厂及原黄茅地税分局遗留问题。扎实开展反电诈与打击整治养老诈骗宣传活动35场,发放宣传资料15000余份,切实提高群众反诈意识。狠抓烟花爆竹、危化品、道路交通等重点领域安全隐患排查治理,开展执法检查2500次,发现隐患3200处,并全部整改到位;依法对15家次企业进行行政处罚,责令停产整改整顿共计36天,行政罚款47.74万元。开展烟花爆竹领域“打非治违”专项整治活动,发放打击非法生产宣传单10000份,查获非法转运烟花爆竹原材料案1起,打掉隐藏在潭埠镇的非法生产窝点1个,刑事拘留5人。全面开展自建房安全隐患排查工作,排查出疑似危房135户,拆除19户,其余采取悬挂警示牌、张贴封条、设置围挡等措施禁止人员靠近,确保人民生命财产安全。

【政府机关建设】 2022年,黄茅镇全面推进“五型”政府建设,着力转变职能、理顺关系、优化结构、提高效能。完善政务服务,全年公开205条政务信息。强化“互联网+政务服务”,

扎实推进村级民生资金"码"上监督平台管理运用，完善投资项目在线审批监管平台，运用科技赋能不断提升基层数字化治理水平和能力。严格落实值班值守制度，规范便民服务管理，实行错时延时服务，进一步提高政务服务质量和行政效能。认真做好宜春市"12345"政府服务热线转办工作，全年解决群众诉求316件。

潭埠镇

【概况】 潭埠镇位于万载县西部，镇驻地距县城34千米，湘赣公路穿境而过，全镇总面积96.89平方千米。东邻双桥，西接株潭，南毗岭东，北与赤兴、白水接壤，区位优越，历史悠久，人文底蕴深厚，自古就以繁荣活跃的商埠而闻名，是全县的文化名镇、傩舞之乡、花炮重镇。全镇有人口近5万人，其中城镇人口1.9万人，辖13个行政村、1个社区，305个村民小组，耕地面积约1881公顷，森林覆盖率65%，被国务院评为全国绿化先进单位。2022年，全镇在职干部79人，其中行政编33人，事业编32人，临聘人员14人。2022年，获宜春市党的二十大维稳先进单位及"五无"乡镇、全县信访工作先进乡镇、全县扫黑除恶斗争先进单位等称号。

【经济运行指标】 2022年，潭埠镇实现财政总收入1.49亿元，其中税收收入1.32亿元，占比89%。在库规模以上工业企业14家，营业收入增长22.32%，利润总额增长23.79%。25家花炮企业通过第五轮整改并顺利验收，新增规模以上服务业企业2家，完成固定资产投资2.83亿元，其中完成5000万元以上固投项目1个。

【社会安全治理】 2022年，潭埠镇推进安全生产专项整治三年行动，发现并整改安全生产隐患320余处，打击非法生产2起。开展自建房、道路交通、食品等安全排查，排查自建房10376户，疑似危房131户，整治40户，管护农村公路20千米。建立"零缝隙"巡防监管制度，全面筑牢森林防火安全屏障。构建"1+3+X"社会治理体系，发挥巾帼志愿者、平安志愿者、"五老"乡贤三支队伍作用，探索基层治理新模式。结合"派驻网格警、推进双提升"开展扫黑除恶、防溺水、防电信诈骗、打击毒品违法犯罪等平安创建活动。

【民生事业】 2022年，潭埠镇投资1.07亿元的河堤项目顺利完工，投资200万元的太岭下桥已竣工。争取资金40万元在新开村建成全民健身中心并投入使用；投资130万元的"一村一泳池"护苗工程全部建成并投入使用；投资150万元的芳林村公办幼儿园全面完工，中心小学操场路面完成黑化建设；投资6000万元的新建中心小学选址方案已过规划委员会、待用地指标批复，初中教学楼改造提升已通过规划委员会、待土地调规，新建卫生院项目已立项；成立潭埠镇教育基金会，2022年获万载县教育发展突出贡献先进集体称号。

【惠民政策】 2022年，潭埠镇发放养老金5918人次1092万余元，全镇14394人缴纳养老保险，143人申领丧葬抚恤金。公益性岗位82个，全部安排脱贫户上岗就业。2022年，全镇城乡居民基本医疗保险参保人数39851人，免缴参保人员2550人，参保率达到92%，全镇农村脱贫户100%参保。大病报销人数9人，总费用96万元，批准救助金额6.92万元。

【乡村项目建设】 2022年，潭埠镇发展农民专业合作社34个，家庭农场65个，农业企业4个。发挥村党支部带头作用，推进"一村一品"，投入20万余元重点扶持橙柚、酸枣、油茶等特色产业，增强村级组织"造血"功能。盘活退出花炮企业闲置土地450亩，引进两个亿元项目落地建设。

【人居环境】 2022年，潭埠镇完成新农村建设点30个，重点打造新开村"十个一、八个有"，完成户厕改造384户、硬化路面6.8千米、改沟3.2千米、改水52

9月3日，潭埠镇新田村道路“黑化”工程完成建设

户，拆除破旧建筑6820平方米，获宜春市全域美丽示范乡镇荣誉称号。打造以恒利金街为中心的集镇小区，规划停车位66个，完善集镇配套功能，拆除集镇超高超大建房2户，下发停建整改通知书6起。关停2家牛蛙养殖污染厂，受理环保投诉6起，整治“小散乱污”企业2家，清理河道垃圾约15吨、建筑垃圾和陈年垃圾200多吨。

双桥镇

【概况】 双桥镇地处万载县西南部，镇驻地距县城20千米，湘赣公路贯穿全镇，锦江河和牟溪河穿境而过，是万载县的交通咽喉，旧有“赣西商埠”之称。镇域总面积132.32平方千米，其中耕地面积3.5万亩、水田面积3.25万亩、森林面积12.17万亩。全镇下辖15个行政村、1个居委会，248个村民小组。总人口3.8万人，其中集镇人口5161人。全镇有党支部23个、党小组46个，党员694人，镇机关干部职工68人。

【财政经济】 2022年，双桥镇财政总收入1.18亿元，一般公共预算收入4346.7万元，同比增长14.9%，增幅排全县第3名；固定资产投资5.75亿元，工业增加值3.28亿元，同比增长13.91%，营业收入14.86亿元，同比增长28.92%，增幅排全县第4名；利润总额1.44亿元，同比增长38.34%，增幅排全县第4名；规模以上服务业完成2737.4万元，全县时序排名第3名；引进亿元以上省外投资项目3个，外贸出口完成1572万美元。

【营商环境】 2022年，双桥镇营商专员入企走访烟花爆竹企业、小微企业61家，及时解决土地、资金等问题35个，优化营商环境做法上稿省级媒体2篇次。

【乡村振兴】 2022年，双桥镇累计消除“三类人员”4户共计17人，为444户脱贫户和“三类人员”申请发放产业奖补资金29.28万元，为147名脱贫户申请小额信贷703万元。发放教育补助36.46万元。对脱贫户家庭中低保、“五保”人员落实“新农合”代缴320元/年，家庭医生签约2289人，签约率96.7%，履约率100%。2022年，西江村小龙虾“微工厂”、龙田村制衣“微工厂”等产业项目累计申报上级资金215万元；批复基础设施项目5个，批复资金合计165万元，年底均已完工并验收。1287名脱贫劳动力实现就业，其中在校生79人，就业率87%。现有8个帮扶车间，共吸纳118名脱贫劳动力就业，有三批次共计453人在外务工人员享受就业补贴20.91万元。

【安全监管】 全年双桥镇共检查企业1300余次，发现各类安全隐患310处，查处重大隐患21处，责令停产整顿企业15家，处罚企业9家，处罚金额19.99万元。开展零点行动3次，抓获发放下手工行为1起，依法刑事拘留4人。累计喷绘永久性宣传标语56条，悬挂横幅32条，张贴宣传标语432条；对全镇农户房屋开展地毯式排查，累计排查8689户，其中租赁房屋151户。开展消防安全预防和整治工作，累计上户发放防火宣传单8000份，发现隐患110条，均已整改到位。排查自建房10678

幢，排查出疑似危房108幢，已拆除25幢。

【发展环境】 2022年，双桥镇深入推进“千名干部下基层活动”，扎实开展“一讲三访”，开展宣讲50多场，解决群众急难愁盼问题77个。开展积案大化解工作，共接待群众来访40余次，处理上级交办信访案件17起，结案率100%。排查重点矛盾纠纷3件。

【乡村治理】 2022年，双桥镇以好人文化为引领，通过建立“好人工作室”，发挥好人“传帮带”作用，让“好人”有干事创业的平台，进一步扩大“好人”品牌效应。同时，在各村建立村民议事厅，让群众成为乡村公共事务的参与主体、执行主体、监督主体，将德治、自治、法治相结合，化解信访积案2起，全年信访总量仅4起。

【镇村面貌】 2022年，双桥镇抓好18个省建点、13个自建点、3个预建点新农村项目建设，重点打造柏树村、龙田村“十个一”“八个有”示范点提升改造项目。人居环境工作在万载县2022年度城乡环境综合整治工作中排名第三，获得奖励资金30万元。拆除危旧房面积13962平方米，对公路沿线进行重点整治，清理建筑垃圾4处、卫生死角6处，累计清理垃圾550余吨，拆除户外墙体广告16块，改造屋场内污水沟5.60千米。

【服务群众】 2022年，双桥镇不断推进“五型政府”建设，实现错时延时服务，共办理业务2005件。全镇医保参保人数28973人，参保率80.63%。组织600余名群众参加县级招聘活动2次，提供森林防护、水库保养、道路维护、护林员等就业公益性岗位75个。全力做好“12345”政府服务热线工作，提高为民办事的效率和服务水平，受理工单208件，按时办结率100%，快速办结率87.5%，满意度92.5%。发放惠农资金1929.06万元，其中耕地补贴发放363.94万元、稻谷补贴168.19万元、公益林补贴43.58万元、低保户补贴532.51万元、五保户补贴275.72万元。

高村镇

【概况】 高村镇是国家级生态乡镇，位于万载县城正北部边境，东与九龙、罗城交界，北与宜丰接壤，西与铜鼓相连，南与茭湖乡、三兴镇毗邻，总面积218.13平方千米，镇政府驻地距县城37千米，是全县面积最大的乡镇。高村镇历史悠久，北宋年间，高氏迁入桃花山下建村，因四面高山环抱，而得高村之名。清康熙年间，王氏由四川长宁迁入聚居。境内山高水冷，梯田、冲田多，塅田少，有“高村上下十八里，河宽十八(驳)桥，七形九洲十八湾”之称，全镇下辖12个行政村、1个居委会，总人口16505人。2022年，高村镇被列为省级乡村振兴样板示范创建乡镇，严田村和双洞村被列为省级乡村振兴样板示范创建村，镇法律服务工作站，获评全省公共法律服务工作站示范点。

【经济发展】 2022年，高村镇引进亿元项目2个:江西洁娃工艺品制造有限公司、万载县联顺矿业有限公司，总投资达4.2亿元。2022年，6家入园企业累计产生税收2000余万元。

【营商环境】 2022年，高村镇不断优化营商环境，镇外企业由招商办服务对接，镇内企业成立“营商专员”专人专厂对接，主动深入企业调研，落实营商专员“一对一”实时跟进服务制度，全年走访企业30余次，代办各类事项20余件。

【巩固脱贫攻坚成果】 2022年，高村镇利用网格化管理，动员党员、小组长参与村民防返贫动态监测，持续做好“两不愁三保障”及饮水安全工作。8月19日，宜春市扶贫项目资产后续管理现场推进会在高村召开，高村镇后续资产“1+3+N”管理模式在宜春市推广。全年，高村镇脱贫户及三类人员年人均纯收入达14541.92元，比2021年提高

15.46%。

【产业发展】 2022年，高村镇升级打造2个“乡村振兴微工厂”，创建“高村镇村集体经济产业园”及“高村镇村集体经济示范园”。吸引乡贤回流，引入企业11家，增加就业岗位200余个，衍生出竹木砍伐、装运、保洁、食材供给、保鲜等行业，间接带动2000余人就业增收，为村民解决门口就业的难题，全年村级集体经济收入共增加36万元。按照《高村镇关于盘活集体资产进一步发展壮大村集体经济办法》，积极盘活闲置资产。易地搬迁后扶大楼、新竹村冷链物流中心、易地搬迁安置点店面等，带动村集体经济增收20万元。借鉴“歧源经验”，结合县“微工厂”项目建设，居委会引进浙商超市、新建农贸市场，黎源村、西坑村建设竹木加工厂。至2022年底，有8个村建设了微工厂，为群众实现“家门口就业增收”提供了平台。

【乡村建设】 2022年，高村镇完成新农村建设项目10个，其中高村村“十个一、八个有”示范村1个。两个省重点项目中，川气东送万载铜鼓段天然气管道铺设工程顺利完工，S222省道改造提升工程建设快速推进。实施基础设施项目9个，易地搬迁后扶项目3个，新建集镇农贸市场，使用钢架结构建成钢棚11000平方米。完成西坑村、黎源村易地搬迁点改沟、改化粪池等项目建设，改善群众居住生产生活条件。

【民生项目】 2022年，高村镇组建160余人的“八员护健康”网格工作队，摸排重点人员2615人，明确紧急联系人及对接服务志愿者；发放健康包1478份，实现从“防传染”向“保健康、防重症”平稳过渡。2022年，政府民生实事工程项目6个，截至2022年底，5个已完工并投入使用。全年发放“低保金”、“五保金”、孤儿补助、残补等资金625万元；发放大病救助、临时救助资金12万元；发放冬春救助40万元。在全镇范围内实施“一门受理协同办理”，避免群众走空。

【社会治理】 2022年，高村镇解决信访问题22件，回访满意度100%。依托综治工作办公场所，打造实战实用实效的乡镇综治中心，13个村(居)委会均落实村(居)综治中心实体化建设二级指标。强化人民调解员队伍建设，实现“一村一辅警”全覆盖。推出高村特色“红三兵”志愿服务人民调解队伍，创新“红三兵调解法”，积极探索红色治理，组织其开展治安巡逻、维护公共安全、化解矛盾纠纷、关爱特殊群体、开展平安宣传等志愿活动。2022年，全镇开展活动256次，组织法治宣传52场次，排查并调处山林等矛盾纠纷46起。

【队伍建设】 2022年，高村镇以“每周夜访”及“每周一扫”活动为着力点，每周利用一个晚上的时间开展夜访活动，提升机关干部的业务素质和服务水平，拉近干群距离；每周开展一次环境卫生整治活动，全体机关干部固定劳动时间，将各组按6个线办进行责任划分，由集镇范围村向周边村延伸，全年对高村镇13个村(居)进行一次全覆盖的卫生清理，以实际行动带动全镇干群广泛参与。出台《高村镇村(社区)绩效考核办法》，对表现突出、成绩优秀的村(社区)干部参照全县顶格标准予以发放绩效，提升村(社区)干部福利待遇，充分调动村(社区)干部工作的积极性、主动性和创造性。

【党风廉政】 2022年，高村镇镇党委坚持把深化政治生态建设与中心工作相结合，推进勤廉高村建设。2022年，开展警示教育10次，廉政谈话2次，发布通报33次，其中科级干部6人，通报批评干部在日常工作中的“怕慢假庸散”不良作风，对党员干部的苗头性问题，及时进行谈话提醒，抓早抓小。

罗城镇

【概况】 罗城镇位于万载县境

内东部偏北，镇驻地距县城26千米，地处万载、上高、宜丰三县交界处，古为阳乐、康乐县治所在地，属丘陵地貌，地势由西北向东南倾斜。2000年2月，撤乡设镇，2001年1月，九龙庙乡并入罗城镇。全镇总面积146.05平方千米(含九龙垦殖场)，下辖9个行政村、1个居委会，共172个村民小组。2022年，全镇完成财政总收入1.13亿元，一般公共预算收入4528.8万元。

【项目建设促经济发展】 2022年，罗城镇围绕打造“工业强镇”目标，坚持全员招商，推进专业招商，突出以商招商，全力构建立体招商网络，成功引进鹏乾锂业、鹏顺锂业、梓轩锂业、云赣矿业、明义烟花、万磊矿业等6家实体企业，其中鹏乾锂业、鹏顺锂业、梓轩锂业、万磊矿业已建成投产。全年完成固定资产投资6.65亿元，其中工业固定资产投资6.15亿元。5000万元以上项目入库5个，入库总投资6.85亿元。

【稳固粮食安全】 2022年，罗城镇稳固粮食面积，抓实粮食安全生产。一方面严厉打击耕地“非粮化”“非农化”行为，清退非法牛蛙养殖基地15亩，牢牢守住耕地红线。另一方面完善农业生产设施，全年新建水渠4800米，维修水渠7200米，购买抗旱设备78台，新打抗旱井8个，新建排灌站6座，维修8座。全年早稻种植面积2万余亩，同比增长20%，早稻种植面积排名全县第一。

【保护生态环境】 全镇禁止焚烧秸秆、焚烧垃圾等行为，坚决打击野外用火，有效防范森林火灾。清理福寿螺产卵地1处，铲除加拿大“一枝黄花”2处，清除松材线虫病疫木1027株。植树造林3030亩，油茶种植131亩，有效恢复植被覆盖。

【建设新农村】 全年三条专项公路完工通车，硬化村组公路14.44千米5.1万平方米，黑化村组公路21.26千米7.8万平方米。其中，黎明村整村道路完成黑化，村组路网进一步优化。推进户厕改造452户，完成黎明村“十个一”“八个有”新村示范点及其他8个新村点建设。新装路灯937盏，新建变电站1座，修建南垣小学塑胶跑道，打造藏溪村“三线精神”文化馆。

【发展村集体经济】 2022年，罗城镇实施黎明村罗城扎粉品牌运营中心、南垣村产业发展鞋子加工厂一期、小浒村段家烟花爆竹辅助材料黄泥加工“微工厂”项目三个，共获得财政衔接资金228万元。“罗城扎粉”被国家工商行政管理总局核准注册为国家地理标志商标，投资1200万元，建成占地15.5亩的扎粉美食文化产业园。探索村级集体经济联建新路子，村集体为股东，店面变成集体经济的固定资产，店铺收益转化为集体经济收入，村集体造血功能有效激活。罗城扎粉南昌形象店顺利营业，有效打响品牌、打开市场。与锦江酒业合作的扎粉生产工艺标准化项目，获省科技厅项目资金100万元。联合南昌大学食品学院团队优化制作工艺，推动扎粉产业工业化发展。投资140余万元改造建设扎粉烘干厂房，解决传统生产中“看天吃饭”难题。2022年，完成罗城加油站招拍挂，新增村级集体经济项目13个，村集体经济两个村突破50万元，其他村均在20万元以上。

【加强集镇建设】 2022年，罗城镇投资1000余万元进行集镇街区改造。提质改造泰溪南路，黑化中心小学门口路段和万芳公路新桥头路段，新建卫健路；建设兴业路停车场，完成泰溪南路人行道和雨水管网改造；建造乡贤亭，打造振兴台，丰富群众茶余饭后的健身娱乐场所。坚持规划引领镇村建设，编制《罗城镇美丽乡镇建设规划》，制定《罗城镇美丽宜居集镇建设行动方案》，充分发挥镇机关和镇直办单位的示范带动作用，动员全社会力量，推行美丽宜居集镇建设网格化治理，落实领导挂帅、部门协同、全民参与、共建共享机制，组织机关党员干部、志愿者定期到10个网格开展五大整治行动。

【惠民便民】 2022年，罗城镇完成敬老院适老化改造，全年发放低保金455.9万元，五保金129.9万元，临时救助、高龄津贴、事实无人抚养儿童基本生活保障金54.13万元。聚焦“两不愁三保障”及饮水安全，确保727户脱贫户持续增收、稳定脱贫，消除“三类人员”风险9户28人。全年累计申报特色产业奖补290户31.64万元。落实再就业政策，建设高质量就业中心，培育就业帮扶车间4家，吸纳脱贫户就业44人。组织开展新春专场招聘会，解决就业200余人。新建游泳池9个，共4320平方米。

【社会治理工作】 2022年，罗城镇探索并构建隐患排查化解工作机制，班子成员牵头负责联系村信访积案化解，通过带案下访、领衔办理等方式，成功调解44件疑难矛盾纠纷。持续抓好平安创建，深入开展“双提升”工作，做好反邪教、禁毒等工作，保障社会和谐稳定。压实企业主体责任，严格落实安全生产“三要”举措，全年发现各类隐患689处，下达责令整改文书7份，停产整改企业7家，处罚企业5家，处罚金额15万元。

三兴镇

【概况】 三兴镇位于万载县境东部，北高南低，属半山半丘陵地区，辖10个行政村、1个居委会，共179个村民小组，总人口3.05万人，总面积114.36平方千米，耕地4.13万亩，水田2.6万亩，有机地块1.6万亩，林地9.5万亩，森林覆盖率55.4%，全镇富硒土壤面积77平方千米，镇政府驻地距县城13千米。三兴镇地势平坦、交通便利，昌栗高速、铜万高速和220国道穿境而过，是县城北面的交通枢纽。三兴镇是国家现代（有机）农业示范区核心区、新能源新材料产业园区所在地，其中示范区核心区0.25万亩，新能源新材料产业园区1.5万亩。2020年获评全国卫生乡镇，2022年底全镇共有副科级以上干部17人、一般干部40人，共计57人。

三兴镇历史悠久，文化旅游资源丰富。南宋初期，邬氏迁居此地，开发大片土地，其中有一丘有三百把（约12亩），取名三百丘。明洪武年间，里裕乡人从闹场迁居此地开店设坊，遂成街市。1920年,取兴旺发达之意,三百丘改名为三百兴，简称三兴。1958年设立三兴公社，1984年改为三兴乡，2000年撤乡设镇，设立三兴镇。

三兴镇为万载县北面最大的农村集镇，每逢农历一、四、七当圩，每圩赶集者近万人。保存有万岁桥、五娘祠、陶家宗祠等明清时期古建筑，灯彩戏“笑菩萨戏狮子”为宜春市非物质文化遗产。2022年，获评市级乡村振兴先行示范乡镇。

【党建工作】 2022年，三兴镇72篇优质稿件在《人民日报》《人民网》《江西日报》《宜春日报》等国家、省、市主流媒体刊登，《党员在前》党建宣传片获全省组织系统十佳“网络正能量”奖。创作《凝聚青春力量》《党员在前》《这个支部正青春》《吹响流动党员先锋号》等党建工作视频、漫画作品。依托青年人才党支部实施“百人一线”培养计划，靶向推进人才振兴，培养村级后备力量15人。打造全县首个青年人才创业示范基地，带动就业27人。设立青年人才驿站，定期开展培训会、读书会、就业岗位推介会，助力26名青年人才实现家门口就业。

2022年，承办全县首次党建工作现场会暨青年人才党支部建设现场会，并作典型发言。成立全县首家流动党员管理服务中心，打造“暖流在兴”管理服务品牌。实现镇域网格“红管家”全覆盖。首创流动党员“码上报”制度，研发推广手机端操作平台。组建流动党员应急关爱小组，落实“三访”制度，走访慰问流动党员家属8户。选定每月16日为流动党员学习实践日，设置学习实践菜单，实行积分制。引导流动党员反哺三兴发展，截至2022年底，流动党员为全镇提供就业岗位200个，帮扶困难学生、老人44名。

系列做法被宜春市委组织部评价为“三兴样板”，并受邀参与全省道路运输行业党建现场会筹备工作。重点打造"新"花怒放、"一心向党百锂挑益""绿业红心"三个非公企业党建品牌，着力推动特色花炮产业、新兴锂电产业、龙头农业产业领域孵化两新组织党建新合力，选派"企业党建指导员"，提出安全整改措施26条。选树"党员技术攻关小组"，设立"科技创新党员示范岗"，申报实用性新型专利21项。成立"党员职工服务队"，提供法律援助5起。

【镇域经济发展】 2022年，三兴镇实现财政总收入1.02亿元，其中一般公共收入3917万元，分别超出目标任务14.3、0.4个百分点；规模以上工业增加值2.8亿元，增长50.6%。固定资产投资11.6亿元，增长96.5%。流转土地规模达到9000余亩，油茶、碧根果等特色农产品种植面积突破1万亩，出栏生猪16万余头，实现农业产值4.2亿元，同比增长10%。

【招商引资】 2022年，三兴镇持续培优育强重点企业，新增规模以上工业企业2家、规模以上服务业企业3家、新型农业经营主体5家。全镇14家规模以上工业企业实现产值13.6亿元、营收9.46亿元、利润9667万元，分别比上年增长153.3%、66.02%、88.64%。推动花炮等传统产业转型高质量发展，轩利丰、顺成陶瓷等12户工贸企业环保问题整改顺利完成。实施"筑巢引凤"以商招商，赴广州、长沙、山东寿光等地区开展招商推介活动25次，签约润百、裕坤、鼎峰、亚虎等亿元以上锂云母选矿企业4家，协议投资总额4.5亿元。

【营商环境】 2022年，三兴镇发动镇村干部200余人次，出动工程车辆、器械14台次，帮助26家工贸、花炮企业复工复产，以实际行动投入抗击雪灾和灾后重建工作。落实班子成员联系企业"三个一"及驻企帮扶"营商专员"机制，"心连心"走访企业260次，解决企业用工、融资等实际问题29个。推动助企纾困政策直达快享，为5家企业共减轻负担1000万元。入库5000万元以上项目6个，完成技改投资2.1亿元，工业总投资10.8亿元，增长123.7%，钜泓包装、永益锂业、永煌锂业、润百矿业、众泰达矿业、鼎峰矿业、亚虎矿业、裕坤新材料项目相继投产。服务宜春时代项目开工建设，仅用7天完成新能源新材料产业园周边地块108栋房屋征迁，获得万载县委通报表扬。

【美丽镇村建设】 2022年，三兴镇实施示范类美丽乡镇建设五年行动，35项任务完成22项。万芳新城周边地下管网铺设、绿化种植全面完成，集镇易地搬迁小区旁15亩土地商住项目推进顺利，集镇停车场、S222三兴至高村省道升级改造工程三兴至漕源段建成通车，三兴红旗杭桥至罗城小浒村两条专项公路建设项目全面完成。新建集镇公共厕所1座，改造垃圾中转站1座。改造提升三兴大道，清淤加固万芳公路东河道700米，开展集镇环境整治联合执法38次。推进新农村6个省点和8个自建点建设，重点打造花塘村"十个一""八个有"。完成改厕206户、改路6230米、清沟6条，拆除破旧建筑1103平方米。农村污水处理项目常态化运行，清退牛蛙养殖基地4家，23个点位卫片整改全部通过现场核验，完成花炮和矿山企业复绿236亩。

【提升群众福祉】 2022年，三兴镇落实困难群众基本生活保障政策，发放保障资金574.28万元。推动社会保险扩面征缴，企业职工养老保险新增153人，城乡居民基本医疗保险参保率96.5%。开展"春风行动"，组织线上线下招聘活动6场，开发公益性岗位90个，新增就业80人，全镇974名脱贫人口中936人实现就业，成功创建县级"高质量就业乡镇"。湖源、杭桥、闹坪微工厂完成建设，健康帮扶、家庭医生覆盖全镇1547名建档立卡脱贫户。全民体育健身中心建成投用，开展卫生健康宣传活动6场。三兴镇教育基金2022年累计发放奖励资金30.76万元，高考本科录取人数再创新高。实施特困老人家庭适老化改造31户，绿色殡葬改革任务全面落地。

【平安社会建设】 2022年，三兴镇扛好粮食安全政治责任，新增“旱改水”35.7亩、高标农田103亩，耕地流出图斑整改扎实推进，粮食播种面积超过6.8万亩。持续推进安全生产专项整治三年行动，发现并整改安全生产隐患723处。成立专职消防队伍，在全县率先实现应急管理镇“八有”、村(居)“六有”，烟花爆竹企业标准化生产获叶建春省长、应急管理部肯定。制止违规建房21起，拆除危房4户，排查全镇农民自建房万余栋。开展扫黑除恶、防溺水、防电信诈骗、打击毒品违法犯罪等平安创建活动，镇村两级综治中心规范化建设全覆盖，化解信访积案4件，获评全市二十大维稳先进单位及全市“五无”乡镇。

【政府效能】 2022年，三兴镇持续纠治形式主义、官僚主义，政府文件、会议数量分别下降8%、12%，“三公”经费减少59.96%。开展“三拼三促”抓落实活动，推动“喜迎党的二十大、千名干部下基层”取得实效，助攻全县工业发展。“12345”热线下派工单按期办结率、群众满意度均达100%。建立易地搬迁安置点“有求必应”服务机制，实现49个服务事项“就近办”“代办”，解决群众诉求37件。实施青年人才“百人一线”培养计划，青年人才工作作为先进典型案例接受省委、市委组织部门调研。坚持依法行政，全镇共有15人取得综合行政执法资格。推进基层政务公开标准化规范化，镇本级依法依规公开信息128条，各村公示公开次数126次。深化党风廉政建设和反腐败斗争，开展政府工作人员违规从事营利活动问题整治及“吃公函”督查检查。

8月19日，三兴镇易地搬迁安置点有求必应服务中心揭牌

高城镇

【概况】 高城镇位于万载县西南边陲，镇驻地距离县城12千米，与袁州区相接，与岭东乡、双桥镇、白良镇、马步乡、康乐街道相邻，总面积117平方千米。全镇辖13个行政村1个居委会，总人口36709人。全镇共有党支部19个，党员682人。境内耕地面积4.29万亩，林地10.25万亩，森林覆盖率78.5%。省道万(载)上(栗)公路穿境而过，全县最大河流蜀江流经这里，与里山水、贯前水、谷源水汇聚后流向万载县城。万载古八景中“汤周雪霁”“紫盖浮云”位于此地，共和国开国将领罗章，老革命家罗琳、郑寿才、张瑞全等人都从这里走出。2022年，全镇实现财政总收入7586.5万元，一般公共预算收入5956.2万元，占全年任务的102.87%；规模以上工业增加值7335.12万元，同比增长3.54%；固定资产投资完成2.74亿元，同比增长7.6%。

【招商引资及项目建设】 2022年，高城镇新签约亿元以上入园项目2个，其中华电风力发电项目总投资1.5亿元，万载县铭通印刷二期项目总投资1.1亿元。液化气站项目基本完工，万载县城乡水系综合整治锦江河道防洪清淤疏浚整治工程项目进场作业。

【营商环境】 2022年，高城镇以支持和服务企业发展为己任，重点关注中央、省、市、县各项涉企政策，及时向服务企业精准推送涉及人才引进、信贷服务、税收优惠等方面的利好政策，把"企业找政策"变为"政策找企业"。抽调精干力量专班负责解决杨孔章石矿、城乡水系综合整治等重点项目推进中的问题和矛盾。及时理顺集镇农贸市场项目历史遗留问题，在全市营商环境"新官不理旧账专项治理""红黑榜"情况通报（第一期）中受"红榜"表扬。

【粮食稳产】 2022年，高城镇坚决遏制耕地"非农化"，有效防止"非粮化"，整改复耕农田726亩，完成高标准农田改造1676亩，完成早稻种植面积1.14万亩。

【巩固脱贫攻坚成果】 2022年，高城镇加强易地搬迁后续帮扶，在集中安置点设立"有求必应"服务中心，方便安置搬迁群众办理就业、养老、教育、医疗、救助等民生事项。开展防返贫动态监测帮扶工作，每季度开展一次"地毯式"摸排，全年共排查农户8287户34523人，对16户"三类人员"因户施策开展一对一帮扶，消除风险4户。

【产业发展】 2022年，高城镇争取乡村振兴衔接资金43.6万元，扶持大坪村荞头产业；为245户脱贫户和"三类人员"申请产业奖补资金25.8万元。全面推广扶贫资产"1+3+N"后续管护模式，所有资产项目均落实巡护员、管理员、监督员"三员"管理。以项目审计为契机，对全镇2020年以前产业项目落实情况进行全面体检，高位推进问题整改。

【基础设施建设】 2022年，高城镇投入274.5万元，完成7个组级公路硬化、1个易地搬迁维修项目。自筹资金10万元，在集镇至高城初中路段安装太阳能路灯80盏。争取资金45万元建设复胜村横山农村集中饮水项目，解决了附近6个村民小组近1100人的饮水安全问题。

【环境整治】 2022年，高城镇发挥镇村两级干部和镇直办单位的示范带动作用，坚持每周"周一"为美丽集镇攻坚日，全力开展美丽集镇、美丽通道、美丽农村网格化建设三大整治行动。2022年，累计整治乱堆乱放340余处，拆除乱搭乱建70余处，清理陈年垃圾90余吨，清运生活垃圾1430吨、农业生产废弃物25吨，全镇环境卫生得到显著改善。组建秸秆禁烧巡查小组，对各村进行不间断巡查，做到及时发现、及时处置，有效降低火灾隐患，维护生态环境安全。积极推进农村"厕所革命"，完成8936户农村户厕上户摸排建档工作，桥溪村新农村点建设"十个一""八个有"新增40户户厕整村推进项目已全面完成。

【防汛抗旱】 2022年，高城镇争取水库除险加固项目资金近700万元，对民兵水库和大源冲水库标准化建设进行提升改造，奇枫、团结等5个行政村争取水库移民后续扶持资金58万元，改造渠道和其他基础设施。12月，投资120万元的桃源冲里水库除险加固工程通过验收并交付使用。投入抗旱资金170余万元，购买水泵等抽水设备30余台，安装和改造抽水机房线路2800多米，清淤疏通灌溉沟渠3000多米，开挖导水沟渠20处800多米，修复山塘2座，改造提灌站3座，打抗旱饮水井2口，改造农饮水工程5处，维修"五小"水利工程18处。帮助因旱受灾的水稻种植大户进行保险理赔核实，争取上级补贴资金40余万元。

【社会保障】 2022年，高城镇扎实开展低保、五保和残疾人、妇女、留守儿童关爱工作。全年累计发放低保金420万元，新增低保对象91人；重点优抚对象定恤、定补发放83人76万元；发放高龄老人长寿津贴602人110万元；享受养老金待遇人数4895人，新增待遇核定95人。多措并举助力村民激活电子医保卡，实现就医购药"一码搞定"。全面加强务工人员动态监测管理，保障务工人员稳定就业，全镇劳动力就业率达到86.35%。

【安全管理】 高城镇常态化开展安全生产专项整治,重点抓好花炮生产、在建工程、消防安全、道路交通、森林防火、防溺水等领域风险管控,组织专项检查568次,整治各类安全隐患389处。扎实做好防溺水工作,全面完成13个村“一村一泳池”项目建设,聘请防溺水巡查员50名。组建高城镇专职消防队,加强消防安全隐患排查,防灭火和应急救援能力得到有效提高。全面开展自建房安全隐患排查整治,排查各类自建房屋12172栋,对所有危旧房全部挂牌警示,对有人居住的土坯房全部进行房屋安全鉴定。完成危房改造34户,其中维修25户、新建户9户。投入近30万元完成全镇中、小学和中心幼儿园“八个一”安防标准化建设。

【社会治理】 2022年,高城镇公开政府信息273条,“12345”政务服务便民热线处理投诉249件。执行“村账镇管”和“组账村管”制度,有效规范村组两级财务运行,防范财务风险。主动接受镇人大代表法律监督和工作监督,推进基层协商民主议事制度建设,共办理人大代表建议28件。严格落实“一岗双责”和党风廉政建设责任制,严格遵守“三重一大”议事规则,强化重点领域和关键环节风险防控,对工程建设招标、政府采购等重大事项坚持集体研究、集体决策。认真贯彻落实县纪委《关于厉行勤俭节约反对铺张浪费的决定》,2022年一般性公共预算支出缩减30.5%,“三公”经费缩减35万元。

【干部作风建设】 2022年,高城镇以全县开展“作风建设年”“三拼三促”工作为契机,加大对镇村两级干部值班值守、会风会纪、工作落实等情况的督查力度,印发《高城督查》20期,约谈镇村干部18人。支持镇纪委履行监督职责,全年共查处违纪违法案件6起,处理6人。

【平安建设】 高城镇深化社会矛盾纠纷排查化解机制,扎实做好初信初访和信访积案化解工作,全年共调处矛盾纠纷48起,化解信访问题17个、信访积案3件。全面推广“国家反诈中心App”安装,开展反电诈宣传,提高群众防范能力。

白良镇

【概况】 白良镇位于万载县中部偏东,距万载县城17千米,东与三兴镇相连,西与双桥镇交界,南与高城镇、鹅峰乡毗邻,北与茭湖乡接壤。全镇面积73.82平方千米,境内群山环抱,丘谷纵横。地势由东朝西。最高点为廖杭梨树坑,海拔482.5米;最低点为良福村,海拔86.8米。全镇下辖8个行政村、1个社区、1个红壤开发办,共151个村民小组,总人口7197户24442人。2022年,全镇设有党支部15个,党员575名,镇政府机关干部职工52人。

【镇域经济】 2022年,白良镇财政总收入6105万元,一般公共预算收入2818万元,同比增长3.4%。固定资产投资3.34亿元,新增1家规模以上工业企业,全镇规模以上工业企业达到8个,总产值3.4亿元,同比增长17.32%。

【营商环境及项目建设】 2022年,白良镇班子成员以全省营商环境优化升级“一号改革工程”为抓手,通过开展入企连心走访活动,为30家企业(含合作社)提供资金帮助。同时,强化招商引资力度,成功引入宜万明鑫锂业、久特锂业、金柯纸业二期等3个重大项目,创造了宜万明鑫锂业当年签约、当年投产的白良速度,中森礼花整改基本完成。

【农业发展】 2022年,白良镇维修廖杭、歧里等村5处农饮工程及廖杭丰田碓陂,杜坑水库完成除险加固,完成高标准农田改造提升2000亩;新建2个微工厂项目,培育新型农业经营主体9个,种植脐橙、百合、荞头、毛豆、碧根果等经济作物3860亩,全年稻谷产量达1.3万吨。

【城乡建设】 2022年，白良镇制定《白良镇美丽乡镇建设工作考核办法》，环境卫生网格化治理，落实落细干部责任，将工作经费与工作结果挂钩。白良镇以锦江村创建“十个一、八个有”村庄示范点为抓手，完成全镇15个新农村点建设工作；持续推进农村户厕问题整改，对摸排出的1056个户厕问题，逐户明确并落实整改措施，年底全部整改到位。2022年，白良镇成功获“全省卫生乡镇”称号。

【生态文明建设】 2022年，白良镇优化禁止野外用火工作方案，压紧压实镇村干部责任，发放森林防火承诺书4900份，并抓好秸秆禁烧、森林防火等工作。白良镇推进农业面污染源专项治理工作，常态化排查镇内8家果蔬企业，对所有发现的问题实行闭环制管理。白良镇持续推进矿山复绿工作，与责任企业负责人签订军令状，做好祥和采石场、小辛机砖厂生态环境问题的整改。

【民生工程】 2022年，白良镇新增低保41户69人，发放低保金371.12万元，特困供养金124.92万元，新办残疾证45本，发放残疾人两项补贴34.37万元，发放养老金679.3万元，为全镇299户脱贫户（含三类人员）代缴城乡居民基本医疗保险20.448万元。拆除锦江路口一栋10余年未能拆除的危旧房，新装路灯113盏，新增停车位50个，新建消防救援站。投资800万元的白良镇中心幼儿园及投资200余万元的白良镇群众文化活动中心投入使用，投资3800万元的中心小学新建项目已完成征地等前期工作，投资388万元的白良初中教学楼、住宿楼已完成主体工程建设。歧里村公墓县级示范点建设已通过县级验收。

【社会治理新模式】 2022年，白良镇开展安全领域“大排查、大整治、大提升”行动和“打非治违”专项行动，对发现的隐患全部实行闭环管理机制。投资80万元新建8个游泳池，选聘25名防溺水宣传员对全镇重点水域实现全覆盖巡查，全镇全年未发生一起未成年人溺亡事故。白良镇开展“双反双提升”“派驻网格警、推进双提升”“喜迎党的二十大，千名干部下基层”系列活动，重点推进防范养老保险诈骗，聚焦“三讲一访”行动，镇班子成员到村接访常态化，累计受理群众诉求105个，调解群众纠纷168件，成功获“全市五无乡镇”称号。

【政府效能】 2022年，白良镇开展“三拼三促”抓落实活动，补充完善《白良镇机关干部管理制度》《村干部管理办法（试行）》等规章制度。试行《白良镇“四个一”工作评价暨书记镇长督查领导小组工作办法》，将“细”“实”“严”贯彻到作风建设全过程。白良镇认真贯彻党委理论学习中心组学习制度，建立“周二课堂”，定期邀请专家、学者等到镇集中授课。

【廉政建设】 2022年，白良镇坚持把党风廉政建设责任扛在肩上、抓在手上，持之以恒纠“四风”；坚持组账村管，全面推行内部审计制度；坚持“紧日子”思想，“三公”经费同比下降21.18%。

鹅峰乡

【概况】 鹅峰乡地处县城东郊偏南，因境内山形耸拔开张，望之如鹅展翅，有昂首飞鸣之势，故名“鹅峰”。昌栗高速、铜万高速、320国道与万芳公路贯穿全境，锦江蜿蜒而过，地理位置优越，风景秀丽。境内有“鹅峰耸翠”“石笋凌空”“小岭樵歌”“龙河晚渡”入选万载老八景。有“工业摇篮、安康之地、幸福鹅峰”之称。

全乡总面积72.18平方千米，辖9村1社区，有124个村民小组，总人口6085户2.3万人。下设1个党总支，26个党支部，42个农村党小组，中共党员678名。耕地面积2.2万亩，林地面积55665亩，森林覆盖率54.4%。境内12座小（一）型、小（二）型水库和45座山塘基础牢固、蓄水量丰富,可谓“六分山水二分田,二分道路和庄园”。

【工业经济】 2022年,乡主要领导带队外出招商18次,成功签约企业11个,全年完成财政总收入1.83亿元,一般公共预算收入7830万元。全年新增规模以上工业企业2家,全乡共18家,规模以上工业增加值完成3.96亿元,规模以上营业收入15.72亿元,规模以上工业利润总额1.87亿元。

【营商环境】 2022年,鹅峰乡全力实施营商环境优化升级“一号改革工程”,成立“营商环境专班”,把企业服务工作细化、量化,做到惠企政策精准落实。鹅峰乡开展“政企沙龙”活动,实行“心连心”驻企,全年帮助企业解决难题68个。成立“鹅峰商会”,搭建企业抱团发展平台,助推产业做大做强。打造“鹅峰乡贤馆”平台,激发乡贤人才力量。

【现代农业】 2022年,鹅峰乡全面完成早稻种植任务,积极抗旱保粮,完成5个村水渠维修改造和提灌站建设,引水灌溉干旱农田600亩,投入抗旱资金150万元,累计为农户挽回350万元经济损失。鹅峰乡完成提升改造高标准农田2000亩。落细落实低温雨雪冰冻天气应对措施,完成8座山塘水库除险加固和1处地质灾害点改建。完成东溪村沿山渠道和多江、田江、长江、严坑水渠维修改造工程。

【人居环境】 2022年,鹅峰乡全面推进“人居环境百日攻坚”专项整治行动,开展人居环境“大比武”“小手拉大手”等活动,全乡环境卫生水平显著提升。按照上级征地拆迁工作要求,完成全乡征地90余户,面积19.1万平方米。完成全乡11个“美丽乡村”新农村点建设,安装房前屋后路灯1380盏,养护公路72.76千米。筹集800万元完成东田安置点、益莲安置点部分基础设施建设。

【生态保护】 鹅峰乡践行“两山”理论,落实河长制、林长制,大力推进“绿色矿山”建设。完成5088亩公益林分户调整工作,完成100余亩天然保护林调出工作,为今后发展提供用地储备;完成8569株疫木清理工作;完成全乡1万余亩污染土壤修复工作。鹅峰乡加强大气污染防治,全力做好秸秆禁烧工作。加大对全乡工业企业的污染源头监管力度,对污染企业零容忍,强执行。

【乡村振兴】 鹅峰乡采集全乡农村劳动力信息,及时提供就业信息并安排就业,推进创业就业工作。成立鹅峰乡村集体发展投资有限公司,对乡村资金、资产、资源统筹运营,有效提升村集体经济“造血”能力。实施“一村一个微工厂”富民工程,建成乡村“微工厂”4座,共增加税收500万元,增加就业岗位1300个,为村集体经济增收180万元。落实“四个不摘”要求,加强产业就业帮扶,为脱贫群众提供就业岗位100个,脱贫户就业率达到96.01%,人均可支配收入较上年度增加12.3%。

【民生保障】 鹅峰乡精准落实医保报销政策,全年报销210.32万元。持续推进城乡居民基本养老保险和医疗保险工作,全乡养老保险参保率达98%。鹅峰乡全面推动高质量就业工作,全乡就业率达94.02%。

【公共服务】 2022年,鹅峰乡完成全乡15所学校安防工程,升级改造东田志敏小学、布塘小学教学环境。扎实开展防溺水工作,完成一村一个游泳池“护苗工程”建设,杜绝儿童溺水事件发生。积极推进“象棋进校园”活动。整合优化教育资源,促成东溪村小分流到鹅峰中小。开通“家门口”校园直通车,方便学生上下学,护航学生安全。常态化开展“村民夜话”等活动,解决群众急难愁盼问题70余件。积极发挥“缘”桌调解团和村、组调解员作用,共调解矛盾纠纷110余件。推进全乡42个“村民议事厅”规范化建设,畅通群众诉求通道。扎实开展“喜迎党的二十大,千名干部下基层”活动,全乡投入500万元资金解决重点民生问题。全力推进田江村农饮工程建设，切实解决1300多人的安全饮水问题。

【平安社会创建】 2022年，鹅峰乡开展各行业领域以及烟花爆竹领域安全生产专项整治行动，共排查整改安全隐患200余处。其中，成功整治存在安全隐患的自建房157栋。开展“打非治违”“零点行动”，重拳打击电信诈骗、黑恶势力、制毒吸毒等各类违法犯罪活动，确保乡泰民安。开展公开接访和五项满意度测评工作，确保社会大局安全。持续做好防火宣传和巡查工作，保护森林资源和群众生命财产安全。

【作风建设】 鹅峰乡坚持党的全面领导，加强党的创新理论武装，深入学习党的二十大精神和《习近平谈治国理政》第四卷等重要著作。坚持“周五大讲堂”“红色广播”等学习制度，牢牢掌握意识形态工作主动权。扎实开展“三拼三促”抓落实活动，运用“红黄榜”“周评比”“政务通报”等制度，激励干部争先创优。设立鹅峰乡政府服务热线，由广大群众共同监督，转变干部“躺平式”作风。坚持依法决策，依法行政。深入推进政务公开，依托“村组议事监督微信群”等平台，不断提高群众知情权、监督权。严格落实中央八项规定及其实施细则精神。坚决落实“过紧日子”要求，健全财政预算和绩效管理、征地拆迁管理等机制。

马步乡

【概况】 马步乡地处万载县东南部，东与鹅峰乡、上高县田心乡接壤，南与袁州区寨下、柏木、丰顶山毗邻，西与高城乡交界，北与康乐镇相连，是万载的南大门。马步乡地理区位、生态环境、人文传承等方面得天独厚，境内属丘陵地带，地下资源有煤、硫黄、石灰石等。在人文历史和自然景观方面有着较为珍贵的资源，归纳总结为“十个一”：一个美丽的传说，一个竹山洞溶洞，一匹全国非遗文化的夏布，一块百年沧桑的戒赌碑，一座浑然天成的天体卧佛山，一口汩汩不息的温泉，一个风光秀丽的徒步登山基地寨下十八陡，一个天然避暑网红打卡地石语谷瀑布，一个狮灯武术基地，一种鸟即寿带鸟。乡内路网框架回环交错，320国道、湘赣公路、万宜高速公路贯穿全境，宝石村鲁塘设有高速出口，交通便捷。

全乡辖11个行政村、1个居委会、2个水库管理所，共186个村民小组，设20个党支部，党员共722名，总人口9630户34035人。全乡总面积63.19平方千米，其中耕地2.07万亩、林地3.91万亩，森林覆盖率41.27%。2022年，财政总收入1.37亿元，完成固定资产投资8.26亿元，获全市征兵工作先进单位、全市“五无”乡镇、全县高质量综合考评先进乡镇、全县政法工作先进乡镇、全县征兵工作先进基层单位、全县林长制工作先进乡镇、全县平安建设工作优秀乡镇、全县粮食生产先进乡镇、全县应急管理先进乡镇、全县信访工作先进乡镇、全县巩固脱贫攻坚成果先进乡镇、全县意识形态工作先进乡镇、全县全面依法治县工作先进单位、全县抓落实活动“三拼三促”工作先进单位。2022年，根据工作职责，设置2个事业单位，分别为便民服务中心和综合行政执法队，全乡在职机关干部职工72人。

【党建引领】 马步乡持续推进马步乡“十星”党员评比机制。2022年评出“十星”党员50余人次，“八星”“九星”党员逐步增加。挖掘万载县第一位共产党员、宜春最早党组织负责人龙松泉烈士故乡的红色文化资源，将宝石红色名村与新民村龙松泉文化广场相结合，打造独具马步特色的红色教育精品路线，迎接各级参观调研共150批5000多人次。马步乡全面升级改造新时代文明实践所（站）等文化阵地，乡新时代文明实践所被推荐为省级四星级新时代文明实践所，宝石村文明实践工作在全省作经验交流。马步乡制定乡、村、组三级干部绩效考核制度，将乡、村、组干部的绩效考核进行优化量化，有效激发干部干事创业的激情和争先进位的意识。以县委巡察为契机，马步乡全面落实巡察整改和建章立制工作,筑牢反腐倡廉防线。以“红色养廉、文化育廉、监督护廉”为主线,大力倡导勤廉文化建设。马步乡深入贯彻全面从严治党和党风廉政建设各项规定要求,坚决落实中央八项规定,严防“四风”问题反弹,落实工作日禁酒令要求,严格制度管人、管事、管钱,形成高效、廉洁、透明的正气清风。

【经济发展】 2022年,马步乡财政税收任务1.24亿元,实际完成财政税收1.37亿元,完成一般公共预算收入5306万元,完成工业固定资产投资9.66亿元,实现规模以上工业企业总产值10.01亿元。全年全乡新增规模以上工业企业2家、规模以上服务业1家。坚持乡贤招商、以商招商等模式,签约6个亿元以上项目、2个5000万元以上项目,签约资金共计30.4亿元。其中入园项目3个,分别为投资10亿元的钶智新能源、投资5亿元的盛泰昌新材料和投资10亿元的睿达三期项目。

【征地改道工作】 2022年,马步乡为服务重点项目共征地388.21亩,其中万载晶益锂业有限公司征地131.14亩,新民村公路改道3.29亩,布城、郭村村三期棚改征地100.49亩,布城、郭村村河道153.29亩。

【巩固脱贫攻坚成果】 2022年,马步乡落实“三类”人群防返贫动态监测和帮扶,坚持动态排查“两不愁三保障”和饮水方面存在的问题及风险,巩固乡村振兴工作成果,筑牢防止返贫致贫监测防线,全年共消除风险监测户5户18人,“雨露计划”春秋两季共申报符合条件的脱贫学生122人18.3万元,开发公益性岗位140个,其中就业帮扶公益性岗位56人,自主开发公益性岗位11人,护河员及防溺水宣传员22人,农家书屋管理员4人,护路员11人,护林员4人。全年全面落实小额信贷工作,共有67户脱贫户借贷330万元用于发展产业,共发展产业项目17个,涉及富硒艾草种植、油茶种植、水果种植、畜禽养殖、药材种植等多个产业。

【三农工作】 2022年,马步乡落实4个小(二)型以上水库、2个水电站及重点山塘的汛前检查,对全乡36名防溺水巡查员进行业务培训。全面完成12个游泳池的建设,2021年土地开发整理项目已进行验收测量,195亩改造到位。马步乡落实拨付6户危房改造对象26000元改造资金。开展春季、夏季、秋季村庄清洁行动集中整治,共清理生活垃圾5280吨,清理水塘21口、沟渠13.8千米,清理畜禽养殖粪污等农业生产废弃物6.4吨。全面完成区域内27家企业摸底排查登记工作,监管辖区内已取缔的“散乱污”企业,做好马步饮用水源地保护巡查工作以及农村污水处理项目(洞口、寨下、宝石)的常态化管理等,严格把牢污染防治关。秀美乡村焕然一新,深入推进马步乡寨下村“十个一”“八个有”示范村建设,做到规划合理、切实为民、村庄整洁、秀美宜居。成立新农村建设理事会,各新村点签订“拆三房”承诺书,共拆除40多栋6900平方米,完成5个村(社区)2000余盏路灯安装。

【为民服务】 2022年,马步乡落实各项惠民政策,发放各类民政资金414万元。持续做好社会救助工作,发放临时救助金42425元。城乡居民医疗保险参保人数30537人,参保率98.6%。2022年,完成异地就诊和慢性病门诊报销134人次55.45万元。全面抓好14户19人城镇贫困人口脱贫解困工作。持续抓好民生实事项目,全面完成2022年初确定的9件民生实事,尤其是列为县民生实事项目之一的X843石前岭至宝石村路面黑化改造项目,全面完成改造通车并安装路灯,有效保障沿线2.2万群众的出行安全。同时,为全乡所有小学安装空调,积极筹办马步教育基金,推进马步初中综合大楼和学生公寓楼建设,完善中心小学、各村小改造工程,全方位提高办学环境和品质。争取中央预算内资金900万元用于马步敬老院主体工程项目,做到老有所养。

【法治建设】　马步乡遵循“全覆盖、零容忍、严执法、重实效”原则，加强对花炮企业、工贸行业、非煤矿山、交通安全、防溺水等方面检查督促。2022年，共发现隐患156处，采取复查和回头看等形式，确保所有隐患100%整改到位。加强对重点水域巡查，累计出动巡查人员352人次，处罚企业2家5万元。推动控违治违，秉持对违法建设“零容忍”的工作态度，坚持“日巡查、周调度”工作模式，采取“广泛宣传、全面摸排”的工作措施，严格落实“消除存量、严控新增”的工作目标。全年共拆除违法建筑合计12宗1500平方米(其中规划区外4宗360平方米)。全面落实社会治安综合治理、禁毒和扫黑除恶工作，高标准完成乡级综治中心标准化创建。创新建立“四三二”红色治理机制，设立微网格长和中心户长，把工作落到最小单元，切实打通服务群众“最后一米”。全年通过“四三二”工作法，共化解矛盾纠纷133起，重点纠纷2起，成功化解信访难题2起，信访积案全面清零，实现矛盾纠纷不出村，信访问题不出乡。

赤兴乡

【概况】　赤兴乡地处湘赣边界，与湖南省浏阳市张坊镇毗邻，总面积81平方千米，耕地917.2公顷，其中水田862公顷，旱地55.2公顷，林地6101.6公顷，森林覆盖率68.3%。全乡辖7个行政村和1个居委会，共131个村民小组，4007户14060人。

【红色引领】　2022年，举行“我爱万载　爱我万载”赤兴乡分会场红色故事演讲比赛，以网络直播的形式宣传万载红色故事，传承红色基因，凝聚奋进力量。

【干部队伍建设】　2022年，赤兴乡坚持每周1次“知行讲堂”、每周2次“民情夜访”、每月1次“乡村干部论坛”、每年1次“村干部绩效考核”。坚持科学选人用人导向，深化“百村千人”加强大学生专职村干(党建宣传信息员)管理，建立赤兴乡青年人才党支部，成立赤兴乡青年人才工作室。

【经济发展与项目建设】　2022年，赤兴乡完成财政总收入2991万元，完成一般公共预算收入1427万元，同比增长8.4%。全年新增规模以上工业企业1家，总数达到5家。赤兴乡全年规模以上工业增加值4.6亿元，营业收入3亿元，利润总额4300万元。赤兴乡落实“营商专员”驻企帮扶工作制，开展“入企连心”走访。投资3.5亿元的亚太科技二期技改已完成；投资3.5亿元的风电项目12台风机已经全部完成并开始并网发电；投资5000万元的诺亚酒业扩产技改工程已完成；上半年引进的亿元项目超飞医疗正在试运营阶段。

【乡村振兴】　2022年，赤兴乡加强防返贫动态监测及帮扶，持续就返贫监测、义务教育、医疗保障、住房安全、饮水安全、产业项目、易地搬迁后扶等情况进行全面摸排并积极整改。全年全乡共设置公益性岗位107个，发放工资总额30.42万元，帮助脱贫户申报产业奖补184户17.14万元。赤兴乡投资395万元，实施新华村新黄精加工厂、书堂村135亩毛竹林流转、镜山村皂下村厂房建设、易地搬迁社区等5个产业项目的建设。

【生态保护工作】　2022年，赤兴乡完成镜山村小微湿地公园建设，强化污染排查整治，压实林长制、河长制责任，加强松材线虫病防治，清理疫木2000棵。完善护林员职责管理办法，强化林区巡护。开展常态化森林防火宣传教育，严厉打击露天焚烧秸秆、非法捕捞等行为，持续推进绿色矿山建设，保卫绿水青山，筑牢生态安全屏障。紧盯道路沿线、水塘沟渠、房前屋后、农贸市场等重点领域，开展人居环境专项整治，推进环境卫生长效保洁。

【统战工作】　赤兴乡成立并用好志愿者协会、教育基金会、赤兴乡商会三支队伍，支持他们在履行好各自职能的基础上,引导其发挥“宣传队”“连心桥”“调解员”作用。全年赤兴乡在外知名人士提供招商线索13条，志愿者参与反电诈宣传、人居环境整治等430人次,本土学子举办夏令营辅导留守儿童近百人。

【提升民生福祉】 2022年,赤兴乡坚持为民情怀，抓实抓细网格化精准管理，筑牢民生保障底线，全年共发放民政资金560.899万元(农村低保、城镇低保、特困供养)。投资360万元完成13个新村点建设项目，投资900万元新增铺设污水管网8.4千米。不断完善基础道路建设，全年投入270万元在镜山新建3座标准桥梁，投入1500万元完成花桥村3千米、书堂村3.5千米入村公路、镜山村3.57千米环村公路新建项目，投入167万元建设集镇社区服务中心项目，群众生产生活条件大幅度改善,幸福感不断增强。

【社会治理】 2022年，赤兴乡开展安全生产专项整治三年行动、“巩固提升”攻坚战、安全生产大检查、“打非治违”等专项行动，共排查安全隐患1处，处罚金额1万元。加强防汛、防溺水巡查治理,开展业务培训3次,完善防溺水安全管理制度,每天对重点水域开展安全宣传和巡查。联合中小学开展6次防溺水知识宣传，完成“一村一游泳池”建设项目。完善“雪亮工程”“平安乡村”体系建设。积极开展养老诈骗普法宣传，提高老年人反诈骗意识。成功劝返4名滞缅人员,劝退2名有意愿出境人员。建立健全矛盾纠纷排查调处机制,有效化解重大疑难矛盾纠纷12起。

2022年,赤兴乡完成镜山村小微湿地公园建设

岭东乡

【概况】 岭东乡地处万载县县境南部,东与高城镇交界,南与袁州区楠木乡毗邻，西与株潭镇、潭埠镇接壤,北邻双桥镇。全乡总面积46.15平方千米,其中耕地1.1万亩、林地4.4万亩。辖7个行政村、1个街道居委会、105个自然村，全乡共有3748户14172人。辖区范围内,有1所初中、6所小学、2所幼儿园;1所卫生院、9所卫生所、1所药店。2022年,岭东乡全面落实“经济要稳住、发展要安全”要求,实现财政总收入4834万元，其中一般公共预算收入2293万元。

【招商引资】 2022年,总投资8亿元的江西双亿新能源科技有限公司正式签约落户县工业园区。达成投资意向的项目2个，投资金额预计3亿元。企业外贸出口完成171万美元,商务人系统完成8000万元。

【营商环境】 2022年，岭东乡落实营商专员“一对一”服务企业机制，帮助企业沟通解决用地、用能、用工、审批等各方面问题，提供“保姆式”“店小二式”服务。

【巩固脱贫成果】 岭东乡建立网格监测帮扶机制,形成网格员排查上报、网格指导员入户登记、网格长上户核实、村级分析研判、乡级审核把关自下而上和部门预警、村级核查、识别纳入、组织帮扶、风险消除自上而下的工作流程，打造双向互补的闭环管理模式，提高纳入、退出的精准度。全新增"三类人员"共3户9人，消除风险4户12人，发放交通补贴249人11.57万元，设置公益性专岗81个，为脱贫户增收20万元。发放产业奖补223人27.03万元，种植脐橙600亩。脐橙、油茶种植、肉牛养殖、柳条糯等种植产业为群众提供就业岗位20余个。

【民生保障】 2022年，小关村、兰田村维修公路3.4千米，兰田村结河坎950立方米，田心村结河坎750立方，荷岭村、兰田村新建蓄水池12个。结合全县"喜迎党的二十大，千名干部下基层"活动，解决民生实事21件。投资414万元，推进岭东乡兰田村至桃树壁建制村公路双车道改造项目顺利落地。落实农村低保321户678人，城乡低保14户22人，分散特困供养81户101人，集中特困供养22户26人。2022年，发放民政资金491.26万元、高龄补贴17.71万元、残疾人两项补贴27.28万元、救灾款32万元。全年全乡城乡居民基本医疗保险参保人数12293人，零星报销人数48人，总费用41.3万元，批准资金15.2万元。

【综合治理】 2022年，岭东乡调处矛盾纠纷42件，有效防范"民转刑"案件2件，办结信访件16件，"百日攻坚"行动化解信访积案3件。摸排涉黑涉恶线索12条，并全部移送至县扫黑办。组建9个"长辈调解室"，配备52名调解员。开展反电诈与打击整治养老诈骗宣传活动24场，发放宣传资料6000余份，提高群众反诈意识。

白水乡

【概况】 白水乡位于万载县西北部，东与赤兴乡相连，南与潭埠镇接壤，西与黄茅镇分界，北与湖南省浏阳市小河乡、张坊镇毗邻，乡政府距县城48千米，总面积64平方千米，耕地面积15337.2亩（水田面积为14159.45亩，旱地面积为1177.75亩），下辖7个行政村、1个居委会，125个村（居）民小组，总人口3214户11122人（其中农业人口7365人）。乡机关干部职工46名，下设便民服务中心、综合行政执法队2个事业单位。

【经济发展与项目建设】 2022年，白水乡共完成财政收入7316.68万元，其中工业园入园企业完成税收5200万元。全乡7个村村集体经济收入合计123.55万元，平均每村17.65万元，同比增长42.6%，全面完成消除村集体收入10万元以下村的目标任务。全年完成7个重点项目建设：老山村白石岗至麻杓公路黑化项目、白水街下水管道及路面改造项目、槽岭村门楼组"十个一""八个有"项目、永新村灌溉排污水圳建设项目、永新村2150米水圳新修项目、白水集镇污水处理厂管网地下工程部分建设项目、投资100余万元的槽岭教学大楼项目。

【乡村振兴】 2022年，完成白水乡539户脱贫户、12户监测户的集中走访全覆盖工作，全面解决2021年度巩固拓展脱贫攻坚成果同乡村振兴有效衔接国家、省考核评估反馈问题整改行动中查摆问题29个、巩固脱贫成果"春季集中排查行动"中排查问题3个。全年投入资金323万元，实施乡村振兴衔接项目8个。建立"六对一"控辍保学机制，发放各类教育补助资金34.50万元，对摸排出的异地就学73人均落实异地就学跟踪函告制度。

【百合产业】 6月11—30日，万载县举办"中国·万载第三届国际百合旅游"文化节，接待游客10万人。参与创建科技型中小企业省级载体"百合创新联盟"。龙牙百合脱毒种苗标准化生产栽培及栽培示范基地建设获省级龙牙百合良种繁育基地荣誉，并以百合育种为重点，建立政府与中国农科院等社会资本的脱毒育种合作项目。衔接江西农业大学与后稷百合公司的合作,成立"江西万载县龙牙百合科技小院",拓展百合种植的新渠道和新模式,继续开发速溶百合、百合饮品等新产品,使百合产品多元化。联合县科技局成立"科技特派员工作站分站",推动建成百合片繁育种基地159亩。协助"万载百合"国家地理标志保护产品申报、百合传统制作工艺非物质文化遗产申报,打造"百合贡"品牌及百合产品中国驰名商标,构建百合产品品牌响亮、品质优良、品种齐全的行业格局。

【农业补贴】 白水乡实施"藏粮于地、藏粮于技"战略,严格落实耕地"进出平衡"制度。2022年,全乡完成早稻种植616亩,做到应种尽种,累计发放耕地地力保护补贴1.54万元,实际种粮农民发放一次性补贴9.20万元,发放稻谷补贴17.04万元。

【美丽乡村建设】 以农村人居环境整治为抓手,持续完善农村基础设施建设。深入开展生活垃圾处理、污水治理和村容村貌整治,严抓集镇经营秩序,禁止商户出店经营、占道经营,重点做好燃气等危化品、赶集日摆摊设点等安全监管工作。开展集镇环境综合整治网格化治理,划定9大网格为责任区域,每月定期开展集镇环境综合整治。

【民生福祉】 白水乡扩大城乡居民养老、医疗保险覆盖面,做好城乡低保、五保、特困人员、残疾人等社会救助资金发放工作。至2022年底,全乡低保人口500户966人,累计发放最低生活保障金438.1万元;特困对象10人,发放特困金7.9万元;临时救助10户34人,发放救助金15.6万元;高龄老人共293人,发放高龄津贴24万元。加强职业技能培训和就业服务指导,提高群众就业能力,全年共开发86个公益性就业岗位。多次组织脱贫户参加万载县就业招聘会,其中达成就业意向96人。全年共完成新农村建设项目7个,投入项目资金12.8万元完成16户农村危房的改造,白水百合产业发展中心大楼提升改造完成并正式投入使用。扎实推进"厕所革命",全年完成厕所整改、化粪池整改200个,均通过上级验收。

【平安建设】 白水乡把握群众工作特点和规律,完善信访服务调研分析研判常态机制。全年受理"12345"热线67件并全部按时办结,全面落实领导班子成员信访包村包案制度。2022年度,处理县级群众反馈信访问题2起。

【安全生产】 白水乡全面落实安全生产责任制,切实加强食品药品、工贸、烟花爆竹、农村经营性自建房等重点行业和领域安全监管,全年入户发放防灾减灾、安全生产、《中华人民共和国安全生产法》知识等宣传资料2000余份,张贴防灾减灾、消防、食品、安全生产等宣传海报40余张;组织企业主要负责人、特种作业人员专项教育培训5次;开展食品安全排查12次;监督检查花炮、矿山生产经营单位286家次,排查出各类隐患共700余处,全年无安全生产事故发生。

仙源乡

【概况】 仙源乡地处万载县西部偏北,乡驻地距县城46千米,全境呈狭长山区地形,东接茭湖乡槽头村,南傍赤兴乡浙桥村,西邻湖南省浏阳张坊镇富溪村,北靠高村镇西坑村。地势北高南低,北端有万载县最高峰——黄皮尖,海拔1182.1米。辖区总面积148.84平方千米,辖8个行政村、1个居委会、147个村民小组,共5238户17592人,下设党支部16个,党员475人。总耕地面积16958.7亩,其中水田15516.5亩、旱地1841.5亩、山林面积20万亩(含官元山)。2022年,乡机关干部职工43人,其中行政编21人、事业编22人。

【经济发展情况】 2022年,仙源乡完成财政总收入2186.5万元、公共财政预算收入1109.8

万元、固定资产投资1.58亿元，新入库项目3个。

【项目推进】 2022年，仙源乡签约万茹矿业项目，开展绿色矿山前期工作。加强对已经试产的立浩生物的服务，促其达产达标，全年税收超200万元；龙恩智能主体厂房已经建成，预计2023年税收超300万元。

【巩固脱贫攻坚与乡村振兴】 2022年，仙源乡加强防止返贫监测预警，建立精准帮扶机制，巩固拓展“两不愁四保障”成果。动员脱贫户积极投身产业发展，全年申报产业奖补资金38.8万元，惠及全乡353户脱贫农户，并为其提供公益性岗位151个。申报实施6个产业项目共计300万元，创办3个“微工厂”。持续发展壮大村级集体经济，投入350万元新建仙源水厂，组建乡村振兴业务小分队，扎实推进乡村振兴重点工作开展。

【耕地保护】 2022年，仙源乡完成早稻种植面积724亩，完成率117%。积极做好全乡历年土地开发整改，其中96亩水田全部复耕到位，273亩旱地非农化完成整改工作。推进土地卫片整改及图斑整改，完成全乡1918亩高标准农田建设。秀美乡村改善双溪、新市主干道沿线环境，新建红旗广场税史馆。抓好万村码上通“5G+长效管护”平台建设工作。开展人居环境集中整治

9月12日，仙源村简家组新建山泉水厂封顶

活动，推进12个新农村点建设和9个水库移民项目落地见效。

【林业工作】 仙源乡做好2021—2022年度松材线虫病防治工作，投入35万元全面清理松材线虫病疫木5790株。

【红色研学】 2022年，仙源乡组建由老干部、老教师、老党员为成员的“小源红色故事协会”，收集整理仙源红色故事，先后挖掘“警卫员鲁德春”“株木大战”等30余个红色故事，出版《红色仙源》一书，创作《朋友请到仙源来》等文艺作品。引进猎鹰、扬帆两家军事夏令营入驻仙源，开发“七个一”课程，在乡政府旁空地打造红色研学拓展基地。与弘领巾、牧风等研学机构对接，2022年，共接待县内外16个学校研学活动18000余人次，承接县委党校干部教育培训班5期500余人次，接待69个企事业单位2300余人次及南昌大学8个二级学院280余人次。红色研学带动集镇餐饮及民宿发展，新增餐饮8家，民宿7家80余个床位。

【平安建设】 2022年，仙源乡推进“喜迎党的二十大，千名干部下基层”活动，围绕各村工作重点、热点、难点问题开展摸底调查研究，走访党员、老村干、致富代表、村民等各类群体，了解村情民意，对标问题，帮助解决民生实事，提升基层治理水平。开展反电信网络诈骗和打击防范养老诈骗，破获1起入室盗窃案，为受害群众挽回经济损失1.2万元。提升群众安全感及满意度，开展禁毒和扫黑除恶等宣传。开展打非治违工作，明确责任、划分网格，将打非治违工作责任明确到人。开

展全覆盖房屋大排查、“零点行动”，强化打非治违的高压态势。在株木村与浏阳交接处设立卡口,24小时排查过往车辆,严查潜在非法生产行为。开展道路交通安全隐患大排查,对三轮车载人情况进行整治。结合乡村治理和乡风文明，因地制宜制定《村规民约》。

【民生事业】 2022年，仙源乡完成86栋特高压拆迁房屋建筑垃圾清理、复土复绿工作,完成61个特高压塔基占地复绿工作，并顺利通过国网环保验收。对接交通部门，完成县道693沥青黑化工程建设,提升防灾减灾能力。全年争取上级资金11.7万元，完成全乡中小学“八个一”校园安防工程建设。新建新市幼儿园桥梁、中学教学楼、中心小学餐厅，改建操场。加大职工养老保险扩面征缴工作力度，全面推广电子社保卡及电子医保卡申领。全年办理生育登记65人次，发放483户低保金375万元，发放149名特困供养金150万元,新办残疾证11本,发放295名残疾人两项补贴28万元,发放临时救助 7万元，发放养老金441.6万元,完成退役军人及其他优抚对象208人的信息采集和录入工作。对潭口水库泄洪道破损和泄洪口闸门失灵问题进行处理,确保安全度汛。新增防溺水巡查员43人,配备救生设备43套，开展日常水域巡查，在危险水域设置安全警示牌15块,防止学生下河、塘、水库游泳，一村一泳池“护苗工程”全部建成并投入使用。

【五型政府建设】 2022年,仙源乡完善政务服务，全面推行错时、延时、预约服务,提高一次办结率。落实“12345”政府服务热线督办制度，累计办理工单 115件，办结率100%。深入推进法治建设，严格规范执法,培养干部自觉养成学法、遵法、守法、用法的意识。强化服务理念,密切干群关系,真诚服务群众。

茭湖乡

【概况】 茭湖乡地处万载县东北部山区，乡驻地距县城30千米，全乡总面积86.55平方千米,耕地面积23833.28亩,森林面积93035亩，森林覆盖率76%。境内生态环境良好,有丰富的红色、绿色旅游资源,是“国家有机食品生产基地”“江西魅力乡镇十强”“江西省省级环境优美乡”“全国现代农业科技示范基地”“全省产业融合试点乡镇”。全乡下辖7个行政村、1个居委会、123个村民小组，总人口3646户12573人。全乡设11个党支部,下设38个党小组,党员455人。

2022年，茭湖乡干群围绕建设“秀美安康福地,有机活力茭湖”战略目标不动摇,统筹疫情要防住、经济要稳住、发展要安全,履责于行、担当实干,获得“全县平安建设工作优秀乡镇”“党的二十大维稳安保工作先进集体”“基层纪检监察工作先进单位”“精神文明建设工作先进单位”“全域推进富硒绿色有机农产品示范建设工作先进乡镇”“全县残疾人工作先进乡镇”等称号。乡村放映员胡克丰获评“江西好人”,中心小学小升初成绩名列全县公办学校第一。

【党建引领】 2022年，茭湖乡开展“乡贤帮乡亲、携手共振兴”活动,凝聚乡贤力量,《乡贤助力乡村振兴新机制》被评为宜春市乡村治理典型案例。探索推进乡村干部绩效考核,对重点工作开展情况进行通报并与个人绩效挂钩，全年刊发《茭湖督查》67期,乡绩效考核做法在《五星党建》上刊登推广。

【经济社会发展】 2022年,茭湖乡固定资产投资首次突破4亿元,达4.0908亿元,同比增长192%,增幅列全县第一。规模以上工业企业营业收入首次突破亿元,达1.0731亿元,同比增长22.29%；规模以上工业增加值同比增长7.33%。外贸出口实现“零”的突破,出口额超过160万美元,成功申报1家工业企业和1家服务业企业入规。

【招商引资】 2022年，茭湖乡成功引进总投资5亿元的东莞钰凌电子入驻工业园标准厂房，从接洽到设备搬迁仅用时一周。全年完成财政总收入2752.46万元，一般公共预算收入1120.04万元。

【巩固脱贫攻坚成果同乡村振兴】 2022年，茭湖乡守牢防返贫底线，对风险人员做到快速识别、应纳尽纳，并开展针对性帮扶，全年“三类人员”风险消除率58%。全年全乡共申报实施8个产业项目，总投资212.90万元。推动有机油茶、茶叶等特色产业发展，种植新引进的凤凰单枞茶200亩。全年投资6000万元，完成9个新农村点及20余个其他基础设施项目的建设。启动百名“法律明白党员”培养工程，成立“乡村振兴农村法律人才队伍建设工作室”。全面推进农村“厕所革命”，户厕整改182户，常态化开展城乡环境综合治理考核评比。

【民生保障】 2022年，茭湖乡免费为800名农村妇女开展“两癌”筛查服务。全年城乡医保缴费比例达96.47%，社保扩面征缴完成任务的106%。新增低保24户24人，取消低保32户32人，特困供养及孤儿、事实无人抚养儿童的救济帮扶资金按时足额发放。茭湖至仙源693县道建成通车，“一村一泳池”、中心小学门前停车场和休闲小广场、篮球场等民生工程建成投用，完成校园安全“八个一”建设，打通了幼儿园门口断头路。

【社会治理】 2022年，茭湖乡开展“平安茭湖”创建以及“喜迎党的二十大，千名干部下基层”等主题活动。严格落实信访事项包案责任制，调解矛盾纠纷20余起。不断提升群众安全感和满意度。开展“拉网式”安全生产检查，紧盯外地流入非法花炮生产行为，检查各行业领域共计300余次，发现和整改隐患56处。常态化多形式宣传森林防火、秸秆禁烧工作，全乡未发生成灾火情。督促3个非煤矿山企业创建绿色矿山，至2022年底已有1家通过验收。

【保护耕地安全】 2022年，茭湖乡全力开发和保护耕地，完成土地开发23亩，遏制非法违规建房行为，不折不扣完成土地卫片整改任务。超额完成早稻种植任务，油菜种植面积2100余亩，获全县通报表扬。

人物荣誉

人物荣誉

【夏萍】 女，1992年6月出生，中共党员，双桥镇中心小学工会主席。自2015年大学毕业成为一名人民教师以来，她始终以满腔的爱和对教育的执着，辛勤耕耘，无私奉献，精心育人，多次参加县级以上学科竞赛，先后荣获万载县优秀教师、优秀班主任、十佳教学能手、优秀共产党员、最美共产党员、宜春市优秀教师等荣誉称号。2022年，夏萍列入全国优秀乡村青年教师培养奖励计划，全省共13人，宜春仅2人。列入该计划的优秀教师由中国教师发展基金会出资，每人一次性奖励1万元。

【宋小林】 男，1959年9月出生，宜春市立法专家顾问、万载县关工委法治宣讲报告团成员。他多年来对未成年人诉讼案件和非诉讼案件进行法律援助，维护未成年人合法权益；帮助青少年和家长提供法律咨询，参加失足青少年的矫正帮教。他近年来积极参加青少年普法宣传活动达60余场次，以案说法，以法论事，积极宣传保护未成年合法权益的法律法规，强化广大未成年人和家长的法律意识，提升广大未成年人依法保护自身合法权益的能力。2022年，宋小林被中国关工委、中央政法委、司法部、共青团中央、中国法学会授予“全国青少年普法教育先进工作者”称号。

【李道勇】 男，1980年出生，高村镇中心小学副校长。1999年宜春师范毕业后，一直投身高村山区教育一线，20多年来轮换坚守在高村镇边远的双洞、严田、新竹、西坑联小、新井联小等地任教，足迹遍布大半个高村。在2020年初，担任新井联合小学校长的他成为一名骑手，每天骑着摩托车穿行于大山深处，为孩子们送去一堂堂辅导课，被誉为“骑手校长”，同年获评“新时代赣鄱先锋”称号。2022年获百名“马云乡村教师奖”，获10万元奖金资助和持续3年的专业发展支持。

【鲍均良】 男，1978年9月出生。他带领万载县自然资源局先后获评全市文明单位、全市扫黑除恶专项斗争先进集体、文明示范窗口、党风廉政建设先进单位、全市自然资源综合评价先进县等。鲍均良围绕全县工作大局，立足本职岗位，真抓实干、攻坚克难，以过硬作风和责任担当，推动“五型”政府建设走深走实。2022年被评为2021年度全省政府系统“五型”政府建设先进个人。

【林星华】 女，1974年5月出生，万载县黄茅镇棉土小学教学点负责人。1995年，林星华放弃外出就业机会，主动申请回乡任教，坚守山村讲台28载，先后执教3个乡镇6所学校（教学点），把一批又一批山里娃送出大山。林星华曾获“江西省模范教师”“宜春市支月英式好老师”“县优秀班主任”“宜春好人”等称号。2022年7月，林星华获“第四届感动江西教育年度人物”称号。

【熊艳】 女，1978年出生，康乐中心小学教导处主任。2017年获评江西省第三批小学数学学科带头人，2022年入选江西省首批“赣鄱名师名校长启航工程”“高峰计划”名师人选培养对象，2022年12月通过江西省正高级教师评审，成为全县2021年丁梓秀、钟勇明后的第三个获评正高级职称的教师。

【王旖瑶】 女，1995年出生，万载县第五小学校长助理，二级心理咨询师、家庭教育指导师，2022年获评“江西省少先队辅导员”。她曾被聘为“省家庭教育讲师团成员”“市红领巾宣讲团成员”“县少先队总辅导员”，曾获“县小学语文学科带头人”“县十佳教学能手”、镇“先进教育工作者”“十佳师德标兵”“优秀班主任”等多项荣誉，在中国教师报举办的第八届全国整合教学展示活动、市育人风采展示活动、市家庭教育说课比赛、县小学语文优质课竞赛等活动中均获一等奖。

【邬立深】 男，1983年9月出生，中共党员，司法局党组成员、副局长。在行政复议工作岗位上，他充分发挥行政复议公正高效、便民为民的制度优势，聚焦群众急难愁盼问题，以有效化解行政争议为工作的出发点和落脚点，把调解和解工作贯穿于办案全过程，化解了一批涉及群众重大切身利益的行政争议。2022年，邬立深获得江西省司法厅“复议为民促和谐”专项行动通报表扬。

【张包清】 男，1973年10月出生，中共党员，现任万载县纪委监委第二派驻纪检监察组组长。从事纪检监察工作13年以来，忠诚履职尽责，勇于担当作为，先后在省、市有关刊物发表多篇经验性成果，创新建立领导班子和“一把手1+N监督”和“四项清单”等制度，得到上级领导的充分肯定。2022年，获全省纪检监察系统嘉奖。

【朱业斌】 男，1965年11月生，中共党员，本科文化，县农业农村局种植业管理股股长。自1987年8月参加工作以来，一直从事农业生产技术研究与推广工作，完成国家及省科研项目15个，获江西省科技进步奖二等奖1项。2021年被评为农业技术推广研究员，2022年江西省人民政府授予“江西省标准创新贡献奖个人奖”荣誉。还获全国农牧渔业丰收奖二等奖1项、三等奖1项，授权国家发明专利3项，实用新型专利7项。获省农牧渔技术改进奖二等奖4项、三等奖5项，省农业科教人员突出贡献奖二等1项、三等奖1项，市科技进步奖三等奖2项，发表论文60多篇。还先后获得“全省优秀基层农技员”“全省植保植检工作先进个人”“全省农作物病虫害测报防治工作先进工作者”等称号。2019年、2021年，被中共万载县委评为“优秀共产党员”。

【邹益】 男，1995年出生，来自万载县潭埠镇濠田村的一个农村家庭。邹益通过推荐选拔，2010年10月进入江西省文体中心开展为期两年的训练。2013年第一次参加全国残疾人举重锦标赛，获得“男子72公斤级”第4名；2015年在成都参加中华人民共和国第九届残疾人运动会（全运会），获得“男子65公斤级”铜牌；2017年在南昌参加全国残疾人举重锦标赛，获得“男子72公斤级”铜牌；2018年在北京参加全国残疾人举重锦标赛，获得“男子80公斤级”银牌；2019年在天津参加中华人民共和国第十届残疾人运动会（全运会），获得“男子72公斤级”铜牌；2021年在北京参加中华人民共和国第十一届残疾人运动会（全运会），获得“男子72公斤级”银牌；2021年10月入选国家队队员，随后在当年的12月参加人生中的第一次国际比赛，在格鲁吉亚（第比利斯）世界残疾人举重锦标赛（世锦赛）获得“男子65公斤级”铜牌。2022年6月15—20日，残疾人举重亚洲大洋洲锦标赛在韩国平泽举行，中国选手邹益在“男子65公斤级”项目中斩获4枚奖牌，分别是公开组冠军、亚洲组冠军、公开组总成绩亚军、亚洲组总成绩亚军。

【钟水根、钟玉婷、钟玉聘】 钟水根，男，1963年出生。钟玉婷，女，1985年出生。钟玉娉，女，

1988 年出生。钟水根自幼受父亲钟志敏教师职业的影响,深耕山区教学 40 余载,女儿钟玉婷、钟玉娉成为教师后也常回村支教。一个家,三代人,四位老师,跨越半个世纪,接力坚守山村讲台至今,培养了一批又一批的乡村学子走出大山。钟水根先后荣获万载县"十佳班主任""优秀教师""师德标兵"等荣誉称号。钟玉婷荣获万载县"十佳班主任"荣誉称号。钟玉娉先后荣获万载县"十佳教学能手""优秀班主任",宜春市"优秀班主任"等荣誉称号。2023 年 7 月 7 日,全省道德模范与"身边好人"现场交流活动暨 2022 年上半年"江西好人"发布仪式在南昌举行,钟氏父女三人荣登上半年"江西好人榜"。

【李佳】 万载县康乐街道福星村主任助理。第二届公共就业服务专项业务竞赛全国总决赛于 7 月 26—29 日在浙江省杭州市举办。江西省代表队总成绩第五,获团队"卓越奖"。李佳获基层公共就业服务人员"全国十佳"称号。

【揭伏玲】 女,1974 年 5 月出生,中共党员。1995 年 8 月参加工作,先后在卫生系统、医疗保障、人社系统多个岗位工作过,现任万载县人力资源和社会保障局劳动股股长。自参加工作以来,始终牢记全心全意为人民服务的理念,围绕服务县域经济发展目标,全面做好民生保障和服务百姓工作,在自己的岗位上兢兢业业、任劳任怨。2022 年,揭伏玲被评为全省社会保障工作先进个人。

【刘斐】 女,1977 年 5 月出生,中共党员,在职研究生,任万载县人民法院马步人民法庭庭长、家事审判团队负责人。刘斐创新少年家事审判方式,积极探索"少年审判 + 家事审判"的专业审判模式,着力打造"少年审判 + 家事审判"的"强强联合"。曾获 2018 年度最高人民法院"全国家事审判先进个人"称号、2019 年度江西省高级人民法院"群众工作能手"称号、2019 年度宜春市"一大法治人物"称号,带领万载县人民法院的家事审判团队获 2019 年度"全国维护妇女儿童权益先进集体"的称号。2022 年,刘斐获评全省优秀法官。

【吴青海】 男,1986 年 9 月出生,中共党员,万载县株潭卫生院副院长。2003 年起,吴青海参与了大小手术 3000 余台次,从未发生医疗事故和重大纠纷。2022 年获江西省卫健委颁发的全省"表现突出的医师个人"称号。

【易宜洪】 男,1980 年 2 月出生,万载县公安局赤兴派出所副所长。易宜洪自 2003 年参加公安工作以来,扎根基层真心愿干、服务群众用心实干、勤于钻研匠心巧干。2015 年参加江西省公安系统民爆技能大比武获一等奖,荣立个人三等功;2018 年被国家禁毒委员会评为"全国青少年毒品预防教育'6·27'工程优秀辅导员";2019 年被宜春市公安局评为"最美人民警察",立个人三等功;2021 年被万载县公安局、万载县委评为"优秀共产党员"。2022 年被江西省公安厅评为全省优秀人民警察。

【潘秀妹】 女,1947 年 2 月出生,万载县高村镇歧源村村民。41 年间,她先后收养 3 名孤儿,待他们视如己出,并抚养长大。2010 年 8 月,潘秀妹被江西省妇女联合会评为"第二届感动江西优秀母亲"提名奖。2020 年 10 月,江西省妇女联合会评选为"江西省最美家庭"。2022 年,江西省文明办发布 2022 年第三季度"江西好人"名单,万载县高村居民——潘秀妹:41 年抚养 3 名孤儿,用爱点亮希望之光 入选孝老爱亲类别。

组织机构及负责人名录

县级领导机构

【县委】

书　记:严旭辉

县　长:刘学军

副书记:喻满根

常委、统战部部长:胡　玲

常委、常务副县长:彭宇波

常委、组织部部长:梁　辉

常委、政法委书记:袁常青

常委、宣传部部长:黄云辉

常委、纪委书记、监委主任:

陈伟峰

常委、株潭镇党委书记:高兴贤

常委:周成来

【县委办公室】

主　任:聂建华

副主任:周春雷

正科级干部:陈国赞

一级主任科员、督查室负责人:

袁北友

二级主任科员:张　平

政策研究中心主任:

付刚煜(8月任)

副科级干部:谢应勤

保密委员会专职副主任:

郭　拯(1月任)

政策研究中心副主任:

晏军平(1月任)

钟森开(1月任)

保密机要局负责人:陈国赞

【县人大】

主　任:龙雷君

副主任:刘学松　程淑兰

郭　锐　谢菊香

张　华　江卫平

一级调研员:

谢绍平(任至8月,退休)

二级调研员:欧阳晓东

谭秀英

副县级干部:丁梓青

袁梅辉

三级调研员:周庚明

袁正生

刘小全

刘继贤

办公室主任:石根平

农环工委主任:辛　华(女)

监察和司法委员会主任委员:

欧阳普恩

教科文卫外侨民宗工委主任:

李文龙

选任联工委主任:

李勇燕(女)

财政经济委员会主任委员:

漆建武

社会建设委员会主任委员:

黄俊文

办公室副主任:钱地德

教科文卫外侨民宗工委副主任:

彭小娟(女)

备案审查工委副主任:

唐红艳(女)

财政经济委员会副主任委员:

杨世平

监察和司法委员会副主任委员:

兰武亮

社会建设委员会副主任委员:

李　立(女)

法工委副主任:彭世昌

预算审查工委副主任:陈礼祥

农环工委副主任:吴漂海

选任联工委副主任:高　庆(女)

人大机关四级调研员:

陈小斌

梁星耀

彭文凯

人大机关一级主任科员:

邓智伟

宋甫生

辛增友

人大机关二级主任科员:

刘长江

谢文琪

【县政府】

党组书记、县长:刘学军

党组副书记、常务副县长:

彭宇波

党组成员、副县长、公安局局长:

黄彩勇

副县长:龙水莲(女)

党组成员、副县长:黎俊昌

罗志刚

郑　龙

党组成员、副县长(挂职):

万　燕(女,6月任)

副县级干部:潘集章

【县政府办公室】

党组成员、机关党组书记、办公室主任:阳智德

副主任:袁锦平

副主任(挂职):彭涛(6月任)

生态文明建设办公室主任:

卢荣辉

副主任科员:喻　勇(任至2月)

县政府金融服务中心主任:

喻　勇(3月任)

机关党组成员、四级主任科员:

江长庆

一级主任科员:周绍庆

二级主任科员:曹裕修

周　琦

县营商环境服务中心(县政府金融服务中心)副主任:

欧阳璟(1月任)

副科级干部:张云桥

袁秀连(女)

生态文明建设办公室副主任:

王志安

县重点项目推进中心副主任:

袁文彬

县营商环境服务中心(县政府金融服务中心)副主任:

郭巧云(女)

周海洪(1月任)

【县政协】

主　席:彭述荣

副主席:叶青松

张功才

辛永红

谢昌仁

闻　崇

涂小江

三级调研员:叶悠青

肖惠平

秘书长:胥小林

办公室主任:喻建峰

办公室副主任:徐　娟

提案委员会主任:杨　敏

提案委员会副主任:袁群星

经济委员会主任:王刊宏

经济委员会副主任:张小平

人口资源环境委员会主任:

辛　文

人口资源环境委员会副主任:

曾　丁

社会法制和港澳台侨外事委员会主任:项　斌

社会法制和港澳台侨外事委员会副主任:欧阳何根

教科卫体和文化文史学习委员会主任:袁智诚

教科卫体和文化文史学习委员会副主任:辛文辉(任至10月)

农业和农村委员会主任:许雪伟

农业和农村委员会副主任:

颜昭涵

【县纪委(县监委)】

书记、监委主任:陈伟峰

副书记、监委副主任:辛　昉

袁　艺

刘传枝

常委、监委委员:张学平

胡东江

柳春林

常　委:郭颖琳(女)

监委委员:汪建平

鲍荣升

常委、巡察办主任:

蓝海根(任至8月)

一级主任科员:郭　毅

办公室负责人:陈　新

组织部部长:邹　露(女)

宣传部负责人:陈　琪(女)

干部监督室主任:刘　敏

党风政风监督室主任:

杨珍珍(女)

信访室负责人:陈卫英(女)

案管室负责人:喻秀平

审理室负责人:龙　芬(女)

第一纪检监察室负责人:况　铮

第二纪检监察室负责人:王　良

第三纪检监察室负责人:曾海峰

第四纪检监察室负责人:彭根林

第五纪检监察室负责人:邓　斌

第六纪检监察室负责人:何勇超

第七纪检监察室负责人:王宇翀

机关党总支专职副书记:

宋珊童(女)

巡察办副主任:欧阳军

第一巡察组组长:汤泰平

第一巡察组正科级巡察专员:

龙永盛

第二巡察组组长:郭世忠

第二巡察组正科级巡察专员：
杨文峰
第二巡察组副组长：
聂　琪(女)
第三巡察组组长：韩振清(女)
第三巡察组正科级巡察专员：
彭启辉
第三巡察组副组长：
韩　嫱(女)
第一派驻纪检组组长：辛洪流
第二派驻纪检组组长：张包清
第三派驻纪检组组长：张祖安
第四派驻纪检组组长：
吴娟花(女)
第四派驻纪检组二级主任科员：龙生财
第五派驻纪检组组长：廖海传
第六派驻纪检组组长：郑检根
第七派驻纪检组组长：陈学哲
第七派驻纪检组四级主任科员：揭云峰
第八派驻纪检组组长：刘文斌
第八派驻纪检组三级主任科员：刘东安
第九派驻纪检组组长：刘海东
第十派驻纪检组组长：张水云

法院、检察院

【法院】

党组书记、院长：刘斯铠
党组成员、副院长：曾昭志
孙启荣
党组成员、审判委员会专职委员：郭基文
党组成员、执行局局长：陈　炜
审判委员会专职委员：翟云南

【检察院】

党组书记、检察长：刘　瑛(女)
党组副书记、副检察长：
唐　平(女)
党组成员、政治部主任：
林卫荣
党组成员，副检察长：
王　霞(女)
曾　洋
检察委员会专职委员：
施　斌

县委各部门及有关单位

【组织部】

部　长：梁　辉
常务副部长：李荣忠
副部长、县委编办主任：
周　斌
副部长、县人社局局长：喻驰彬
副部长：张　鹤
潘　壹
纪委监委派驻纪检监察组组长：张包清
部务委员、“两新”党工委书记：
廖云德
部务委员：易　京

【宣传部】

部　长：黄云辉
常务副部长：高叙景
副部长：敖　婷(女)
谢启亮(1月任)
社联主席：易永锋
四级调研员：陈建才
一级主任科员：黄　荣
三级主任科员：陈桂平
县社联副主席：袁鹤鹏
副科级干部：李萌颖(女)
县网络应急指挥中心副主任：
欧阳康健(1月任)
郑　明(1月任)
李映娟(女)(1月任)

【统一战线工作部】

部　长：胡　玲
常务副部长：郭永红
副部长：曾道平、龙荣明
一级主任科员：易春根
二级主任科员：周果山
巢时平
高秋生

【政法委员会】

书　记：袁常青
常务副书记：陈初平
副书记：林　炼
辛远征
县法学会常务副会长：
黄小青(9月任)
正科级干部：钟彩云
刘怀祥

【机关事务管理中心】

主　任：辛华梁
副主任：雷　闽(女)
廖高安(任至8月)
辛彦涵(9月任)
二级主任科员：
刘琼敏(11月退休)
副科级干部：胡　伟

【直属机关工委】

书　记:张　鹤

副书记:易　京

【党校(县行政学校)】

校　长:喻满根

行政学校校长:彭宇波

行政学校常务副校长:钟勇民

行政学校副校长:龙健文

杨　琼

王小毛

胥　涵

【信访局】

局　长:王成根

副局长:闻梅芳(女)

张曼谷

罗秋兰(女)

副科级信访督查员:陈庆明

【党史地方志工作办公室(档案馆)】

主　任:黄光辉(任至8月)

黄国洪(8月任)

副主任:兰小红

龙奇伟

朱　静

蔡友平

二级主任科员:叶春林

四级主任科员:辛　伟(8月任)

【编办】

主　任:周　斌

副主任:鲍　隽

高　颖(女)

实名制中心主任:

赵迎莉(1月任)

【关心下一代人作委员会】

主　任:李根荣

副主任:喻金福

副主任(不驻会):陈维生

副主任、县人大常委会二级调研员:谭秀英

副主任、县人大常委会三级调研员:袁正生

副主任、县委组织部副部长、县委编办主任:周　斌

副主任、县教体局局长:张绪荣

副主任、团县委书记:易　娟

秘书长:彭述祥

老干部活动中心主任、老年大学办公室主任:巫九圣

【老年大学】

校　长:杨富华

副校长:许碧霞

刘汉朝

徐　勇

杨金媛

总支书记:杨金媛(兼)

校委成员:聂晓华

刘舒珏

李盛兰

群团　工商联　民主党派

【总工会】

党组书记、主席:

谢绍平(任至8月)

程淑兰(8月任)

党组副书记、常务副主席:

宋善良

党组成员、副主席:

黄小青(任至9月)

何冬梅

二级主任科员:孙志勤

张小明

刘晓琴

龙瑞林

副科级干部:张碧蓉

【团县委】

书　记:易　娟

副书记:袁佑微

【妇联】

主　席:刘　丹

副主席:黄锦芳

刘菊华

党组成员:龙　珑

【文联】

党组书记、主席:余　刚

副主席:夏小玲(女)

【科协】

党组书记、主席:曾　楚

副主席:范小燕

【残联】

党组书记、理事长:黄晓繁

党组成员、副理事长:付莉珍

党组成员:龙良伟

二级主任科员:龙成云

彭述文

朱欣文

三级主任科员:黎水庚

【侨联】

主　席:黄淑贤(女)

副主席：罗　文（女）

【工商联】
主席（会长）：张功才
党组书记：龙荣明
党组成员、专职副主席：
杨　琴（女）
陈星辉
党组成员、秘书长：高美华（女）

【民革万载县总支】
主　委：谢昌仁
副主委：杨家远
刘胜财
黄淑贤（女）

【农工党万载县总支】
主　委：张晓涛（女）
副主委：王体辉
曾　琼
黄　龙

【红十字会】
党组书记：谢　波
党务副会长：丁　凤
党组成员、专职副监事长：
汪彩云
党组成员、副会长：欧阳菲
秘书长：黄睿赟

政府各部门及有关单位

【发改委】
党组书记、主任：卢秋霞
党组成员、副主任：袁　国
李　炜
丁思明
党组成员：张柱国
一级主任科员：林建萍
欧阳炳庚（10月退休）
二级主任科员：汤东红
鲍睿祺
三级主任科员：熊安平
卢　平
四级主任科员：罗满根
罗应兴
彭　斌
林志敏
李少平
宋平根
正科级干部：王泽南
邹海波
副科级干部：刘亚东
一级科员：邓仁选
事业编副科级干部：龙　颖
温开文

【人力资源和社会保障局】
党组书记、局长：喻驰彬
党组成员、副局长：黄立峰
汪　琼（女，任至9月）
李石云
党组成员：何　明（9月任）
黄　闽（女，9月任）
二级主任科员：郭　宇
龙　潜
郭小平
就业创业中心主任：王跃飞
社保中心主任：刘光平

【就业创业服务中心】
主　任：王跃飞
副主任：田明广
李书文

【社保中心】
主　　任：刘光平
八级职员：张林鸿
副 主 任：彭　卉
卢书屏

【医疗保障局】
党组书记、局长：徐茭湖
党组成员、副局长：
王永东（正科级）
党组成员、副局长：
欧阳小兵（正科级）
一级主任科员：
黄光辉（10月任）
二级主任科员：
曾荣兴（10月任）

【司法局】
党组书记、局长：姚晓辉
副局长：江永照
党组成员、副局长：
周丽荣（女）
邬立深（8月任）
四级调研员：黄　松
钟　钦（1月任）
一级主任科员：郭水平
袁春荣（9月任）
二级主任科员：刘福泉
副科级干部：王年兴
王贵庚
喻炳洪

【财政局】
党组书记：刘怀亮
局　　长：陈环峰
党组成员、副局长：
张庆平
辛　云（女）

党组成员:王　泓
县财政公共服务中心主任:
曾东升
县财政公共服务中心副主任:
曾科根
高敉涓(女)
肖艳芳(女)
县工业园财政中心主任:郑国芳
三级主任科员:陈　红(女)
县财政公共服务中心八级职员:
朱云峰
彭小勇
李忠民
魏　勤
副科级干部:韩桂云

【行政审批局】
党组书记、局长:
戴苏蓉(女,任至8月)
蓝海根(8月任)
党组成员:宋咏岚(女)
党组成员、副局长:杨剑晗
党组成员:易秉芝(女)
副局长:黎国平
政务服务中心主任:周荣丽(女)
四级调研员:肖　桦
二级主任科员:张　冰(女)

【审计局】
党组书记、局长:宋敏莉(女)
党组成员、副局长:丰　俊
党组成员、总审计师:
何　柳(女)
经济责任审计工作联席会议办公室主任:杨鉴亭
审计事务中心主任:龙兰(女)
一级主任科员:吴萍英(女)
二级主任科员:吴德兴
谢智平
李苏平
三级主任科员:聂丽娟(女)
四级调研员:龙瑞海

【民政局】
党组书记、局　长:周　毅
党组成员、副局长:
张　颖(9月任)
民政事业服务中心主任:
曾　威
社会救助局长:吴建珊
四级调研员:卢春生
一级主任科员:辛湖安
二级主任科员:周玉山
龙昱薇
刘家维
龙　波
黎带义
李新民
李龙晖
龙思生(12月退休)
三级主任科员:辛礼平
四级主任科员:辛　文
黄绍儒
正科级干部:
陈贵良(12月退休)

【退役军人事务局】
党组书记、局长:易会根
党组成员、副局长:周　健
陈超群
党组成员:汪　俏
二级主任科员:简汉德
三级主任科员:廖高安

【乡村振兴局】
党组书记、局长:陈国亮
党组成员、副局长:黄祖汉
党组成员:李泓杰
二级主任科员:凌友兴
喻和国
副科级干部:李玉才

【统计局】
党组书记、局长:柳林根
党组成员:张　瑶(女)
党组成员、副局长:黄泳霓(女)
三级主任科员:鲁真明

【公安局】
局　长:黄彩勇
副书记、政委:周秋生(4月任)

【交警大队】
大队长、县公安局党委委员:
辛集全
支部书记、四级高级警长:
宋　雄
主任科员:王水根
二级警长:丁红兵
四级高级警长:鲍卫国
张友平
副教导员:李祖维
副大队长:张小亮
支部委员、县城中队中队长:
刘　宇
支部委员、株潭中队中队长:
周根华
二级警长、支部委员、车管所所长:曾欣庚
县城中队指导员、工会主席、办公室主任:宋光明
财务科长:高巧英
宣传科长:张湘峰
事故科长:罗青峰

秩序科长:田　刚
直属中队中队长:黄义平
副科级干部:张文胜
巡逻一中队中队长:闻贵庚
巡逻二中队中队长:王　艺
巡逻三中队中队长:彭小安
副科级干部:李永春
肖瑞龙
黄彩华

【农业农村局】

党委书记、局长:喻阳青
党委副书记、副局长:周湖根
熊　健
党委委员、副局长:袁红亮
邹世民
欧阳水和
苏根牛
谢建平
张国平
龙水平
宋余斌
党委委员:黄新红(女)

【林业局】

党委书记、局长:吴卫东
党委委员、副局长:曹乐群
彭国芳
党委副书记:曾荣兴(任至9月)
党委委员:刘志勇
邬秋璆(女)
正科级干部:宋发根
四级调研员:王国勇　易　敏
二级主任科员:彭绍辉
叶柏辉
易宗炳
徐小江
三级主任科员:李善良(8月任)
张勤昌
森林资源保护中心主任:
黄　成
高级工程师:江建平
八级职员:龙成根　夏建军

【水利局】

党委书记、局长:郑颖凡
党委委员、副局长:王年根
党委委员:汪仕文
四级调研员:陈思荣
二级主任科员:周检南
彭钢
刘卫平
曾令德
闻会平
黄晓云
三级主任科员:张国平
副科级干部:唐启程
罗秋贤
县水利事务保障中心主任:
郭文林(1月任)

【供销社】

党组书记、主任:郑小荣
党组成员、副主任:蓝　萍(女)
党组成员、监事会主任:龙小辉

【国家现代(有机)农业示范区管委会】

党组成员、副主任:黄志敏
高启庆
党组成员、纪检组长:谢碧芳

【工信局】

党委书记、局长:张　益
党委副书记、副局长:刘小金
欧阳成平
党委委员、副局长:周期荣
王　军
邓伟明
张　晋
党委委员:徐志民
副县级干部:朱泽有
四级调研员:郭业平(任至7月)
三级主任科员:王建多
副科级干部:欧阳小林
杜进兵
严小军
蔡建华(任至5月)
工业智能化推进中心主任:
王　立

【应急管理局】

党委书记、局长:钟　明
党委委员、副局长:刘国文
副局长:欧阳坤
党委委员、二级主任科员:
李传弟
一级主任科员:叶小荣
二级主任科员:
杨　明(任至7月)
三级主任科员:曾令平
易德兴
四级主任科员:邓小明
梁福寿
何年华
综合行政执法大队长:欧阳明
副科级干部:刘文安
郑　钢
应急救援保障中心主任(森林消防专业队大队长):
刘荣启(任至10月)
四级调研员:易礼根(任至8月)
曾春云
八级职员:喻　凡

【烟花爆竹产业服务中心】

党组成员、副主任:甘云峰

党组成员、副主任:

辛　盛(8 月任)

喻　霆(9 月任)

八级职员:邬立寿

【住房和城乡建设局】

党委书记、局长、人防办主任:

黄　平

党委副书记、副局长:龙迎大

党委委员、副局长:唐仁锋

黄焕德

王德春

刘怀斌

彭群力

住房保障中心主任:

龙建勇(9 月任)

住房保障中心副主任:李梅莲

张焕武(9 月任)

工会主席:王德春(兼)

人武部部长:彭群力(兼)

【城管局】

党委书记、局长:

王　刚(任至 4 月)

黄　斌(4 月任,主持全面工作)

党委委员、副局长:韩平友

刘雄军

辛增和

党委委员:周瑜军

徐耀斌

四级调研员:易小平

二级主任科员:王敦懿

辛焕明

副科级干部:唐　项

张海平

【交通运输局】

党委书记、局长:高包林

党委委员、副局长:汪军明

王　强

党委委员:邝引平

一级主任科员:辛外平

二级主任科员:刘志高

潘洪清

游　斌

胡会平

汪华萍(女)

县交通运输综合行政执法大队

大队长:陈明辉

【市场监督管理局】

党委书记、局　长:

曾卫东

党委副书记、副局长:

刘名珍(女)

党委委员、副局长:

辛建庆

辛福云

张勇平

党委委员、罗城分局局长:

李伟建(9 月任)

【生态环境局】

党组书记、局长:罗立新

党组成员、副局长:潘晓芳

熊　煜

执法大队大队长:左少新

监测站站长:龙小琳

一级主任科员:李江建

二级主任科员:钟雪飞

陈美荣

总工程师:甘德安

【金控公司】

董事长:袁春荣(任至 9 月)

董事、副总经理:

王必文(9 月主持全面工作)

龙鲲鹏

【科技局】

科技局党组书记、局长:宋小来

党组成员、副局长:龙万平

江　嵘(女)

副局长:刘向众

党组成员:郭成兴

党组成员、四级主任科员:

辛　琳(女)

副科级干部:杨家远

宋庆剑

科技创新促进中心主任:易小顺

【教体局】

党委书记、局长:张绪荣

党委委员、副局长:王啸浪

党委委员:辛明青(女)

丁梓秀(女,1 月任)

正科级干部:周细辉

丁长华

周庆富(7 月退休)

主任科员:罗奇军

李育芳

罗富庚

谢明俭

张　峰(4 月退休)

曾　瀚

辛文斌

汤泰平(8 月任)

杨浩荣(女)

副科级干部:郭水根

蓝寿明

陈雪芬

周海平(7月退休)
易国平
辛洪澜(女)

【文化广电新闻出版旅游局】
党委书记、局长:吴　媛
党委委员:杨异文
党委委员、副局长:饶国泰
龙瑞荣
龙成胜
赖松松
周力平

【卫生健康委员会】
党委书记、主任:刘海勇
党委副书记、副主任:陈荷根
党委委员、副主任:彭水平
龙国平
党委委员:韩　梅
县计生协会办主任:周敏琼

【商务局】
党组书记:刘　江
局　长:张　芜(女)
副局长:龙立平
一级主任科员:龙明庚
三级主任科员:黄长庚
副科级干部:范克锋
游京城
八级职员:翟　鹍
辛朝松
谢勇平

【工业园区管委会】
主　任:袁　庆
党委副书记:鲍洪浪
纪委书记:周　娴(女)
副主任:李　鹍
陈　龙
八级职员:谢明伟

【融媒体中心】
党组成员、副主任(主持工作):
刘　永(1月任)
党组成员、副主任:宋　维
陈建长
副科级干部:汤　勤

【润泉供水有限公司】
党支部书记、执行董事、总经理:
郭洪辉
支委委员、副总经理:龙建兴
高名德
工会主席:龙庆有

【全民健身中心】
党组书记、主任:刘冬笑
党组成员、副主任:辛文辉
三级主任科员:兰思站

条管单位及驻县单位

【税务局】
党委书记、局长:
曾　春(任至2月)
梁卫东(2月任)
党委委员、副局长:
彭小忠(9月任)
钱志敏
刘　海(8月任)
汪均华(任至5月)
杨贤清(任至8月)
党委委员、纪检组组长:肖　伟

【自然资源局】
党组书记、局长:鲍均良
党组副书记、副局长:朱晓玲
党组成员、副局长:钟守智
党组成员、二级主任科员:
龙武兵
党组成员、三级主任科员:
周　芳
三级主任科员:欧阳久明
县自然资源执法监察大队大队长:张树辉
县不动产登记中心主任:杨学奕
县国土空间调查规划中心主任:
鲍礼斌
总规划师:袁　最
总工程师:柳　建

【气象局】
党组书记、局　长:刘国强
党组成员、副局长:邓鸿玲
党组成员、气象台台长:
李　茜(女)
副局长:汤　浩(4月任)

【供电公司】
经理、党委副书记:朱　戈
党委书记、副经理:
陈婷(任至8月)
副经理:魏　维
孙海波
万　翔
纪委书记、工会主席:金绍鹏
四级职员:邓树平

【烟草专卖局】
局长(经理):何　加
副经理:章威震
副局长:熊秋云

副科级纪检员:曾　晖

【公路事业发展中心万载分中心】

主　任:刘新权(1月任)

副主任:黄晓炯(8月任)

柳　凯(8月任)

杨湘萍(8月任)

龙齐文(任至7月)

王卫平(任至8月)

谢金韶(任至8月)

李广建(任至8月)

魏晨宇(任至8月)

【中石油万载分公司】

经　理:胡志耀

副经理:辛学文

经理助理:钟礼清

【邮政万载分公司】

总经理:王相前

副总经理:郭成钢(任至7月)

李海泉

王俊忠

吴慧敏(8月任)

【移动万载分公司】

总经理:陈光伟

副总经理:谢伟军　陈玉生

总经理助理:喻　勤(女)

【中国人民银行万载县支行】

行　长:王院平

副行长:陈　洁

胡　震

纪检组长:邹海龙

【中国银行万载县支行】

支行行长:宁　静

副行长:涂　勇

姚　宇(任至5月)

彭小艳(挂职)(5月任)

【中国工商银行万载县支行】

行　长:彭　芹

副行长:张小平

胡文婷

【中国建设银行万载县支行】

支行行长:彭　靓

【中国农业银行万载县支行】

行　长:陈芳义

副行长:兰任平(9月任)

纪委书记:付熔刚

副行长:辛　斌

严雪萌(女)

【中国农业发展银行万载县支行】

行　长:彭　嫦(女)

副行长:吴　翰

易辰燕(女,2月任)

【万载县农商银行】

党委书记、董事长:左清华

党委委员、行长:席勇刚

党委委员、副行长:廖春晖

党委委员、纪委书记、监事长:

张外财

党委委员、副行长:韩　健

【邮政储蓄银行万载县支行】

行　长:刘　颖

副行长:付海红

【国家统计局万载调查队】

队　长:辛　辉

纪检员:周　恒

副队长:陈碧雅(女,1月任)

乡镇(街道)

【康乐街道】

街道党工委书记:徐　俊

党工委副书记、办事处主任:

况　勇

党工委副书记、政法委员:

欧阳保光

人大工委主任:曾华连(女)

一级主任科员:龙成良

鲍和平

二级主任科员:彭新才

彭吉友

黄焕洋

周建好

李兴和

潘国云

彭开兴

党工委委员、纪委书记:

李　威

党工委委员、办事处副主任:

谢冬兴

党工委委员、人武部部长:

彭　刚

党工委委员、组织委员:

易　斌

党工委委员、宣传委员:李剑峰

党工委委员、统战委员:

万　君(女)

人大工委副主任:喻　菲(女)

办事处副主任:黄志刚

黄锐锐(女)

高　一

司法所所长：郭基勇
便民服务中心主任：
辛　盛(任至9月)
龙雪明(9月任)
综合行政执法队队长：
陈福生(借用至县总部经济办)
三级主任科员：邓树荣
四级主任科员：张洪卫
选调生：李思慧(女)

【黄茅镇】
党委书记：邹继勇
党委副书记、镇长：吴美福
党委副书记、政法委员：刘福建
人大主席：黎修川
党委委员、纪委书记：张树林
党委委员、组织委员：谢　磊
党委委员、宣传委员：李天豪
党委委员、统战委员：汤永辉
党委委员、人武部部长：王卫祥
党委委员、副镇长：杨家辉
人大副主席：卢进福
副镇长：梁平华(女)
王文燕(女)
陈　丽(女)
便民服务中心主任：欧阳晃惠
综合行政执法大队大队长：
辛　文
司法所所长：阳　向(9月任)

【株潭镇】
县委常委、镇党委书记：高兴贤
党委副书记、镇长：刘钦映(女)
党委副书记、政法委员、工会主席：揭友华
人大主席：李小良
一级主任科员：龙锦元
欧阳林洲
二级主任科员：汤德兴
正科级干部：彭文忠
党委委员、纪委书记：余　鹏
党委委员、人武部部长：韩小芳
党委委员、组织委员：滕　轲
党委委员、宣传委员：
朱春花(女)
党委委员、统战委员、团委书记：
郭明亮
党委委员：李小龙
人大副主席：欧阳菲(女)
副镇长：龙伟平
丁永峰
王　瀛
张宏宇
司法所长：罗发妹(女，9月任)
行政审批局局长：欧阳晃亮
综合行政执法局局长：
龙雪明(任至9月)
陈斯若(9月任)
四级主任科员：鲍礼全
副科级干部、妇联主席：
刘雪晴(女)
派出所所长：陈庆忠(任至1月)
宋培斌(1月任)

【潭埠镇】
党委书记：卢志强
党委副书记、镇长：龙建兵
党委副书记、政法委员：
鲍　伟
人大主席：张　颖(女，任至8月)
党委委员、纪委书记：王贤星
党委委员、组织委员：江杰成
党委委员、宣传委员：
龙小红(女)
党委委员、统战委员：何　涛
党委委员、人武部部长：王燕林
党委委员：张　翔
人大副主席：丁　毅
副镇长：郑惠斌(女)
陈力玮(女)
张育春
龙科亮
司法所所长：黄新禧
便民服务中心主任：宋长辉
综合行政执法队队长：汪河亮
二级主任科员：兰新亮
副科级领导：叶永红

【双桥镇】
党委书记：戴苏敏
党委副书记、镇长：李　遒
党委副书记、政法委员：谢友萍
人大主席：潘鹏飞
党委委员、纪委书记：廖　辉
党委委员、组织委员：周帅凌
党委委员、宣传委员：刘绍昆
党委委员、统战委员：易卫芝
党委委员、人武部部长：
凌湖根(任至8月)
李　伟(9月任)
党委委员：
施　倩(女，任至9月)
凌湖根(9月任)
人大副主席：宋雅俐(女)
副镇长：李晓燕(女)
凌　力
黎爱明
张　维
司法所长：张　颖(女，9月任)
便民服务中心主任：宋远刚
综合行政执法队队长：卢世文
二级主任科员：欧阳春根
三级主任科员：王珠根

【三兴镇】

党委书记:刘世琨

党委副书记、镇长:

黄国洪(任至8月)

柳　通(9月任)

党委副书记、政法委员:梁晨曦

人大主席:朱俊刚

党委委员、纪委书记:金之也

党委委员、组织委员:

许　明(女)

党委委员、宣传委员、统战委员:

孙成平(女)

党委委员、人武部部长:高　寅

人大副主席:马　敏(女)

副镇长:林万波

邹世勇

欧阳炜

高　勇

司法所长:龙谷华(女)

便民服务中心主任:杨　颖(女)

综合行政执法队队长:

龙小锋(任至8月)

王　茜(女,9月任)

一级主任科员:钟圣明

二级主任科员:曾小如

【高村镇】

党委书记:胡琨震

党委副书记、镇长:晏双移

党委副书记、政法委员:

黄　实

人大主席:邬立根

党委委员、纪委书记:

唐　欢(女)

党委委员、组织委员:吴　鹏

党委委员、宣传委员、统战委员:

陈开智

党委委员、人武部部长:陈秋根

人大副主席:潘舒杰

副镇长:杨继斌

王　燕(女)

便民服务中心主任:张　颖(女)

综合执法大队队长:欧阳光润

【罗城镇】

党委书记:高　峰

党委副书记、镇长:张　凯

党委副书记、政法委员:李斯旺

人大主席:宋华牙

一级主任科员:林卫国

党委委员、纪委书记:潘　翰

党委委员、人武部部长:刘洪波

党委委员、宣传委员、统战委员:

辛　伟(女,任至8月)

党委委员、组织委员:

徐雯婷(女)

人大副主席:邹兵兵

副镇长:陈　龙

易满庚

欧阳维嘉(女)

曾盎馨(女)

综合行政执法队队长:吴盛平

便民服务中心主任:孙　辛(女)

【高城镇】

党委书记:潘海亮

党委副书记、镇长:黄育荣(女)

党委副书记、政法委员:刘琦君

人大主席:杨　琼(女)

主任科员:龙水云

党委委员、纪委书记:宋育波

党委委员、副镇长:张建军

党委委员、组织委员:

郭琛钰(女)

党委委员、人武部部长:刘根明

党委委员、宣传委员:刘　宽

人大副主席:

郭鼎新(女,9月任)

副镇长:陈　晗

副镇长:邱　毅

副镇长:辛从江(9月任)

司法所长:王茂生

综合行政执法队队长:秦　烺

便民服务中心主任:郭星(女)

派出所所长:周志强

【白良镇】

党委书记:黄卫清(女)

党委副书记、镇长:周文毅

党委副书记、政法委员:韩　博

人大主席:汪捷群

党委委员、纪委书记:汪　隆

党委委员、组织委员:

黄　闽(女,任至9月)

党委委员、宣传委员、统战委员:

袁　杏

党委委员、人武部部长:龙　震

人大副主席:胥　伟

副镇长:喻松生

黄　乐(女)

龙　明

李　齐(女)

综合行政执法队队长:

方光运(任至9月)

张　蔚(女,9月任)

便民服务中心主任:邹世林

【茭湖乡】

党委书记:易外根

党委副书记、乡长:姚智智

党委副书记:黄　凯

人大主席:王　琦

党委委员、纪委书记:曾令锋

党委委员、组织委员:熊　炜

党委委员、宣传委员：周　羚
党委委员、人装部部长：邓根声
人大副主席：丁芸芸（女）
副乡长：巫倩炜（女）
司法所所长：敖小明
综合行政执法队队长：
王　斌（任至9月）
杨任星（9月任）
便民服务中心主任：
谢　侃（9月任）
副科级干部：彭　亮
综合行政执法队八级职员：
王　斌（9月任）

【白水乡】
党委书记：袁帅清
党委副书记、乡长：钟汉良
党委副书记：邓　奔（女）
人大主席：孙　卉（女）
党委委员、纪委书记：杨万辉
党委委员、组织委员：高成辉
党委委员、宣传委员：
黎小霞（女）
党委委员、人武部部长：高　健
人大副主席：刘小丹
副乡长：谌晶萍（女）
钟传辉
司法所长：卢文理（9月任）
便民服务中心主任：梁　潇
综合行政执法队队长：
龙腾云（9月任）

【仙源乡】
党委书记：刘益波
党委副书记、乡长：张海艳
党委副书记：曾志宇
人大主席：王　勇
党委委员、纪委书记：翟　艳
党委委员、组织委员：
许泓民（任至8月）
邬　俊（9月任）
党委委员、宣传委员、统战委员：
刘　存
党委委员、人武部部长：张小飞
人大副主席：龙　可
副乡长：欧阳云松
谢　强
便民服务中心主任：肖　俊
综合行政执法队队长：刘　钰

【赤兴乡】
党委书记：吴世钦
党委副书记、乡长：潘　洁（女）
党委副书记、政法委员：丁岸峰
人大主席：郑清泉
党委委员、纪委书记：
徐　露（女）
党委委员、组织委员：欧阳思伟
党委委员、宣传委员：陈　亮
党委委员、人武部部长：龙怡遥
人大副主席：刘玉婷（女）
副乡长：汪贵明（女）
巢细友
行政执法大队队长：
高祥辉（任至9月）
万　骅（9月任）
便民服务中心主任：喻　飞

【鹅峰乡】
党委书记：杨　鹏
党委副书记、乡长：朱伟俊
党委副书记：周琳婧
人大主席：巢　赟（任至9月）
二级主任科员：龙建斌
郭元吉
辛增福
巢文伟
吴文涌
巢雪勇（10月任）
党委委员、纪委书记：张军平
党委委员、宣传委员：翟初兰
党委委员、组织委员：聂　凯
党委委员、人武部部长：丁继征
人大副主席：刘幸之
副乡长：刘永红
王　洵
罗小琴
刘永聪
便民服务中心主任：张　维
综合行政执法队队长：熊　炜
副科级干部：高祖华
谢观平
赖济辉
巢时汉
陈　杰

【马步乡】
党委书记：喻小兰（女）
党委副书记、乡长：晏君武
党委副书记、政法委员：叶　锋
人大主席：王水根
党委委员、宣传委员、统战委员：
厉国昌
党委委员、纪委书记：罗　斌
党委委员、组织委员：叶太海
党委委员、人武部部长：
冯　鹦（女）
人大副主席：杨　雯（女）
副乡长：林李华（女）
邓小根
卢　飞（女）
辛闻博
综合行政执法队队长：
李　斌（8月任）

便民服务中心主任：
　　鲍定华(女)
副科级干部：
　　李健民(任至8月，退休)
　　郭业荣

【岭东乡】

党委书记：臧　倩(女)
党委副书记、乡长：周金平
党委副书记：龙　旸(女)
人大主席：王建新
一级主任科员：孙　仁
党委委员、纪委书记：吕建平
党委委员、组织委员：兰鸣雷
党委委员、宣传委员：孙　阳
党委委员、人武部部长：汤　芳
人大副主席：韩智德
副乡长：周　欢(女)
　　周　龙
司法所长：
　　欧阳梦洁(女，9月任)
便民服务中心主任：丁洪文
综合行政执法队队长：
　　朱高美(女，9月任)
副科级干部：郭　燕(女)
　　刘佳文(11月任)

统计资料

2022年宜春市各县(市、区)地区生产总值完成情况表

表1

县(市、区)	地区生产总值			第一产业		
	产值(万元)	增长	排位	产值(万元)	增长	排位
宜春市	34731159	5.3%		3513413	3.9%	
袁州区	5604155	5.6%	2	453540	4.6%	1
奉新县	2416269	5.5%	3	256108	4.2%	3
万载县	2625568	5.3%	4	229081	3.7%	7
上高县	2842073	5.2%	5	293981	4.3%	2
宜丰县	1932003	5.7%	1	258983	3.6%	8
靖安县	829493	5.1%	9	93979	3.9%	6
铜鼓县	703874	5.0%	10	85883	2.0%	10
丰城市	6613714	5.2%	5	863689	4.0%	5
樟树市	5369532	5.2%	5	485771	4.1%	4
高安市	5794478	5.2%	5	492398	3.2%	9

续表 1

县(市、区)	第二产业			第三产业		
	产值(万元)	增长	排位	产值(万元)	增长	排位
宜春市	15089031	6.9%		16128715	4.3%	
袁州区	2094622	9.1%	1	3055993	3.6%	10
奉新县	1144678	6.3%	8	1015483	5.1%	3
万载县	1271964	6.9%	3	1124523	4.0%	9
上高县	1350063	6.2%	9	1198029	4.4%	4
宜丰县	911618	6.4%	7	761402	5.6%	1
靖安县	321150	6.5%	5	414364	4.3%	6
铜鼓县	251098	5.6%	10	366893	5.3%	2
丰城市	3084595	6.6%	4	2665430	4.1%	8
樟树市	2474692	6.5%	5	2409069	4.2%	7
高安市	2184551	7.1%	2	3117529	4.4%	4

2022 年万载县建筑业企业主要经营指标完成情况表

表 2

指标名称	2022 年累计(亿元)	上年同期(亿元)	增长
全部建筑业企业	24.00	21.00	14.3%
企业个数(有工作量)	24.00	21.00	14.3%
应收账款	3.16	—	—
其中:应收工程款	2.45	—	—
2022 年折旧	0.04	0.08	-50.0%
资产总计	24.17	13.00	85.9%
负债合计	19.98	9.22	116.7%
营业收入	15.58	13.38	16.4%
营业成本	13.82	11.58	19.3%
税金合计	0.42	0.64	-34.4%
其中:税金及附加	0.18	0.40	-55.0%
应交增值税	0.24	0.24	
利润总额	0.87	0.76	14.5%
应付职工薪酬	1.92	2.56	-25.0%

2022年万载县农林牧渔业总产值和商品产值一览表

表3　　　　单位:万元

项　目	按现价计算	按可比价计算	商品产值(现价)
农林牧渔业总产值	415607	412460	278104
一、农业产值	182283	174223	91584
(一)谷物及其他作物	93889	88944	45240
1.谷物	65866	63576	32740
其中:小麦	0	0	0
稻谷	65259	63076	32435
玉米	293	281	128
2.薯类	11206	9809	4924
其中:马铃薯	4311	3998	1900
3.油料	3863	3775	1790
其中:花生	1448	1410	628
油菜籽	2360	2310	1011
4.豆类	3596	3501	1645
其中:大豆	3264	3189	1488
5.棉花	0	0	0
6.生麻	71	69	30
7.糖类	964	961	438
8.烟草	116	115	49
9.其他农作物	8207	7138	3624
其中:饲料作物	1883	1811	832
(二)蔬菜、食用菌及花卉盆景园艺产品	75233	72913	35968
1.蔬菜(含菜用瓜)	73131	69793	34148
2.食用菌	2102	3120	1820
3.花　卉	0	0	0
4.盆景园艺	0	0	0
(三)水果、坚果、茶、饮料和香料	8899	8351	6125
1.水果	8335	7786	5675
其中:苹果			0
梨	78	77	49
柑橘	675	626	419
2.坚果	195	206	158
其中:核桃	0	0	0
板栗	192	205	155
松子	0	0	0
3.茶及饮料原料	369	359	292
其中:茶叶	369	359	292
4.香料作物	0	0	0
其中:花椒	0	0	0
八角	0	0	0
(四)中草药材	4262	4015	4251
二、林业产值	54532	55667	32626
(一)林木的培育和种植	10815	10632	0

续表 3

项　目	按现价计算	按可比价计算	商品产值(现价)
1.育种育苗	7439	7310	0
2.造林	768	756	0
3.抚育和管理	2608	2566	0
(二)竹木采运	21929	22016	19774
其中:村及村以下			
(三)林产品	21788	23019	12852
三、牧业产值	131155	134428	110573
(一)牲畜饲养	32216	31690	26577
1.牛的饲养	18409	17966	17489
2.羊的饲养	11424	11442	7540
3.其他牲畜饲养	1429	1360	810
4.奶产品	0	0	0
其中:生牛奶	0	0	0
5.毛绒产品	0	0	0
其中:羊毛	0	0	0
山羊绒			0
6.其他牲畜副产品	954	922	738
(二)猪的饲养	81847	86588	74151
(三)家禽的饲养	12957	12308	7488
1.肉禽	8581	8412	4711
2.禽蛋	4376	3896	2777
(四)狩猎和捕捉动物			
(五)其他畜牧业	4135	3842	2357
其中:蚕茧	0	0	0
家兔	4135	3842	2357
四、渔业产值	35992	37221	31675
(一)海水产品			0
其中:养殖			0
1.鱼类			0
2.虾蟹类			0
3.贝类			0
4.藻类			0
5.其他			0
(二)淡水产品	35992	37221	31675
其中:养殖	33978	35025	30165
1.鱼类	24780	26087	21616
2.虾蟹类	6035	6186	5933
3.贝类	1026	1036	746
4.其他	4151	3912	3380
五、农林牧渔服务业产值	11645	10921	11646

2022年万载县规模以上工业企业单位数及生产、销售、从业人员情况表

表4

项　　目	企业单位数(个)	工业总产值(现价)(万元)	工业销售产值(现价)(万元)	出口交货值(万元)	工业增加值可比价增长	平均用工人数(人)
总计	219	4325051	4237567	288487	9.2%	40289
一、按登记注册类型分组						
国有企业	0	0	0	0		
集体企业	0	0	0	0		
股份合作企业	0	0	0	0		
股份制企业	205	4135180	4050106	2593182	15.1%	30938
外商及港澳台商投资企业	3	121173	121173	2981	−52.8%	6936
其他经济类型企业	11	68698	66288	288711	−38.5%	2415
总计中:中央企业	0	0				
地方企业	219	4325051	4237567	2884874	9.2%	40289
总计中:国有控股企业	0	0				
总计中:非公有制工业	219	4325051	4237567	2884874	9.2%	40289
总计中:私营企业	201	3705277	3623193	2881893	14.9%	30497
二、按企业规模分组						
大型企业	2	135282	135282	183226	−51.3%	6152
中型企业	19	813572	798142	741673	−47.9%	8176
小型企业	198	3376198	3304143	1959975	48.3%	25961
三、按轻重工业分组						
轻工业	52	745544	724685	941328	−18.4%	6244
重工业	167	3579507	3512882	1943546	19.3%	34045
四、按工业行业大类分组						
有色金属矿采选业	2	20208	19589	0	217.0%	84
非金属矿采选业	8	50221	47953	0	19.0%	365
农副食品加工业	6	50460	50592	0	−43.1%	330
食品制造业	4	16269	2414	1531	−92.6%	674

续表 4

项　　目	企业单位数（个）	工业总产值（现价）（万元）	工业销售产值(现价)（万元）	出口交货值（万元）	工业增加值可比价增长	平均用工人数(人)
酒、饮料和精制茶制造业	3	48894	48796	0	-20.3%	378
纺织业	1	3943	3943	0	-3.2%	60
纺织服装、服饰业	3	3484	3484	0	-97.5%	116
皮革、毛皮、羽毛及其制品和制鞋业	5	115360	115360	74797	-21.7%	1751
木材加工和木、竹、藤、棕、草制品业	7	30383	29252	0	9.3%	250
家具制造业	2	9116	8892	0	18.9%	174
造纸和纸制品业	6	59861	59453	17805	16.4%	592
印刷和记录媒介复制业	1	5631	5631	0	17.1%	71
文教、工美、体育和娱乐用品制造业	3	6522	6407	0	-31.7%	125
石油、煤炭及其他燃料加工业	1	2562	2145	0	-34.0%	22
化学原料和化学制品制造业	103	2173105	2115104	188008	-6.5%	20252
医药制造业	2	11451	11044	0	-3.9%	311
橡胶和塑料制品业	12	233425	227896	0	-44.6%	1810
非金属矿物制品业	10	82620	81530	0	-11.9%	723
有色金属冶炼和压延加工业	13	361635	357552	0	-8.5%	1289
通用设备制造业	4	11644	11701	0	-72.0%	308
专用设备制造业	1	2233	2088	0	-51.8%	69
电气机械和器材制造业	6	282926	282423	298	-34.6%	1969
计算机、通信和其他电子设备制造业	8	169170	167882	6049	287.6%	7078
废弃资源综合利用业	4	527877	530384	0	-41.7%	1194
电力、热力生产和供应业	3	39380	39380	0	33.3%	189
水的生产和供应业	1	6672	6672	0	-8.3%	105

说明：全县工业增加值可比价增速为市核定增速，其他为网报数据

2022年万载县规模以上工业主要产品产量表

表5

产品名称	计量单位	产量	同比增长
高岭土(瓷土)	吨	76178	-15.4%
大米	吨	32692	-7.1%
精制食用植物油	吨	2670	-57.0%
鲜、冷藏肉	吨	4340	-21.1%
冷冻蔬菜	吨	2136	-23.3%
罐头	吨	4590	-88.9%
冷冻饮品	千升	38381	-40.9%
发酵酒精(折96度,商品量)	千升	1850	1.0%
饮料酒	千升	1850	1.0%
其中:白酒(折65度,商品量)	吨	2500	-65.2%
饮料	吨	2500	-65.2%
蛋白饮料	万件	282	-70.5%
服装	万件	208	-74.5%
梭织服装	万件	74	-46.8%
针织服装	万件	806	-45.0%
手提包(袋)、背包	万个	91	-6.2%
鞋	万双	18903	55.3%
竹地板	平方米	23713	12.7%
家具	件	16885	3.7%
机制纸及纸板(外购原纸加工除外)◇	吨	131902	227.2%
纸制品	吨	12883	-13.5%
其中:瓦楞纸箱	吨	352	-8.3%
化学试剂	吨	73410	-2.3%
活性炭	吨	7953	-58.6%
化学药品原药	吨	310	54.8%
塑料制品	吨	56558	-21.0%
水泥	吨	312163	-24.4%
商品混凝土	立方米	337467	29.1%
砖	万块	4669	34.2%
十种有色金属	吨	5482	-24.8%
精炼铜(电解铜)	吨	4999	-24.9%
镍	吨	483	-23.7%
黄金	千克	277	24.2%
铜材	吨	23424	-20.2%
铝材	吨	44343.8	80.4%
泵	台	9013	-81.6%
变压器	千伏安	63208	-46.9%
灯具及照明装置	套(台、个)	6226803	-78.1%
液晶显示模组	万套	70	-44.8%
电子元件	万只	4151	-28.9%
自来水生产量	万立方米	2974	21.1%

2022 年宜春市各县(市、区)社会消费品零售总额表

表 6　　单位:万元

县(市、区)	绝对额	排位	增长	排位
宜春市	11309984		5.6%	
袁州区	3515771	1	5.6%	5
奉新县	702464	6	5.4%	8
万载县	808540	5	5.2%	9
上高县	620770	7	5.7%	4
宜丰县	462274	8	5.6%	6
靖安县	264389	9	6.0%	1
铜鼓县	264078	10	5.1%	10
丰城市	1723131	2	5.4%	7
樟树市	1392479	4	5.7%	3
高安市	1556088	3	5.8%	2

2022 年万载县各乡镇(街道)一般公共预算收入情况表

表 7　　单位:万元

部门/级次	2022 年累计			增幅		
	合计	税务	财政	合计	税务	财政
合　计	179095.5	118764.0	60331.5	8.6%	1.4%	26.5%
县本级小计	114339.0	68303.0	46036.0	13.9%	17.0%	9.7%
县　直	63354.4	17318.4	46036.0	–13.7%	–44.9%	9.7%
工业园	50984.6	50984.6	0.0	89.2%	89.2%	
乡镇小计	64756.5	50461.0	14295.5	0.4%	–14.1%	150.5%
康乐街办	8672.3	8585.2	87.1	–13.8%	–14.3%	89.8%
鹅　峰	7113.5	6148.5	965.0	–5.9%	–17.8%	1124.6%
马　步	3936.9	3754.9	182.0	–26.5%	–26.7%	–21.9%
高　城	2720.5	2216.5	504.0	–18.9%	–24.0%	14.5%
双　桥	3322.8	2610.2	712.6	48.5%	22.2%	604.8%
赤　兴	1431.3	911.3	520.0	13.5%	–27.7%	
仙　源	1047.5	682.5	365.0	14.7%	–25.3%	
岭　东	2245.6	1857.6	388.0	0.2%	–5.4%	39.9%
白　水	1109.0	914.0	195.0	–14.4%	–28.4%	875.0%
潭　埠	5054.8	3398.1	1656.7	1.2%	–27.6%	452.2%
株　潭	9067.0	6734.2	2332.8	14.3%	3.6%	62.5%
黄　茅	6544.6	3835.3	2709.3	18.6%	–9.5%	112.1%
三　兴	3888.8	3088.8	800.0	2.3%	–3.1%	30.6%
白　良	2809.2	1596.0	1213.2	4.3%	–31.7%	240.9%
茭　湖	1102.5	1034.5	68.0	–3.1%	–9.1%	22566.7%
高　村	1828.2	894.2	934.0	66.0%	–15.8%	2276.6%
罗　城	2862.0	2199.2	662.8	–5.5%	–13.4%	35.4%

2022年万载县财政总收入分项完成情况表

表8　　单位:万元

项目 科目	当月完成	累计完成	上年同期	增长
财政总收入	20383.1	385527.6	325868.8	18.3%
一、一般公共预算收入	9314.6	179095.5	164848.7	8.6%
(一)一般公共预算税收收入	8794.7	111459.9	110124.1	1.2%
1.增值税(35%)	4552.7	60011.6	62663.2	-4.2%
2.企业所得税(28%)	380.3	7114.9	5318.1	33.8%
3.个人所得税(28%)	66.6	1054.5	1163.8	-9.4%
4.环境保护税(70%)	1.8	139.9	185.7	-24.7%
5.城建税	528.2	9291.7	9977.2	-6.9%
6.耕地占用税	0.0	-286.6	-6151.8	95.3%
7.契税	476.9	17127.6	22102.6	-22.5%
8.其他税收	2788.1	17006.2	14865.4	14.4%
(二)非税收入	519.9	67635.6	54724.7	23.6%
1.行政性收费收入	24.6	39114.5	27623.6	41.6%
2.罚没收入	0.0	9424.8	15572.1	-39.5%
3.专项收入(含教育费附加)	373.8	7244.4	7479.3	-3.1%
4.捐赠收入	0.0	691.1	1453.4	-52.4%
5.国有资产有偿使用收入	121.5	10875.6	1453.4	648.3%
6.政府住房基金收入	0.0	0.0	0.0	
7.其他收入	0.0	285.2		净增
二、中央收入	8925.2	152308.9	126304.0	20.6%
1.增值税(50%)	6503.8	110573.7	94521.7	17.0%
2.消费税(100%)	1463.9	24229.3	17892.3	35.4%
3.企业所得税(60%)	814.7	15246.1	11396.0	33.8%
4.个人所得税(60%)	142.8	2259.8	2494.0	-9.4%
三、省级收入	2143.3	54123.2	34716.1	55.9%
1.增值税(15%)	1951.1	50562.1	31858.5	58.7%
2.企业所得税(12%)	162.9	3049.2	2279.2	33.8%
3.个人所得税(12%)	28.5	451.9	498.8	-9.4%
4.环境保护税(30%)	0.8	60.0	79.6	-24.6%

2022年万载县一般公共预算支出分项完成情况表

表9　　单位:万元

科目＼项目	当月完成	累计完成	上年同期	增长
一般公共预算支出	150069.0	530952.0	499493.0	6.3%
一、一般公共服务支出	9538.0	43499.0	33182.0	31.1%
二、外交支出	0.0	0.0	0.0	0.0
三、国防支出	62.0	289.0	750.0	–61.5%
四、公共安全支出	5927.0	19178.0	20362.0	–5.8%
五、教育支出	18337.0	112778.0	108102.0	4.3%
六、科学技术支出	–3981.0	14032.0	13799.0	1.7%
七、文化旅游体育与传媒支出	2434.0	5842.0	5409.0	8.0%
八、社会保障和就业支出	14858.0	82722.0	54724.0	51.2%
九、卫生健康支出	6522.0	26562.0	26546.0	0.1%
十、节能环保支出	10338.0	25331.0	25096.0	0.9%
十一、城乡社区支出	18893.0	43242.0	42975.0	0.6%
十二、农林水支出	15985.0	61981.0	60719.0	2.1%
十三、交通运输支出	2996.0	5444.0	23366.0	–76.7%
十四、资源勘探信息等支出	7234.0	25180.0	23829.0	5.7%
十五、商业服务业等支出	576.0	1686.0	857.0	96.7%
十六、金融支出	0.0	0.0	0.0	0.0
十七、援助其他地区支出	0.0	0.0	0.0	0.0
十八、自然资源海洋气象等支出	10324.0	12874.0	12924.0	–0.4%
十九、住房保障支出	28307.0	35536.0	35430.0	0.3%
二十、粮油物资储备支出	252.0	484.0	454.0	6.6%
二十一、灾害防治及应急管理支出	1342.0	5910.0	4586.0	28.9%
二十二、其他支出(类)	81.0	875.0	24.0	3545.8%
二十三、债务付息支出	0.0	7463.0	6330.0	17.9%
二十四、债务发行费用支出	44.0	44.0	29.0	51.7%

2022 年万载县小学分年龄分人口入学情况表

表 10　　　　单位:人

	校内外学龄人口		在校学龄人口		在校学生数							
	计	其中:女	计	其中:女	计	其中:女	一年级	二年级	三年级	四年级	五年级	六年级
合计	49031	23370	49031	23370	50396	23876	6733	7687	7952	8765	9452	9807
其中:农村	12415	6051	12415	6051	12909	6238	1570	1932	2057	2213	2505	2632
5 岁以下					0	0	0	0	0	0	0	0
其中:农村					0	0	0	0	0	0	0	0
6 岁	6030	2866	6030	2866	6033	2869	6009	23	1	0	0	0
其中:农村	1248	596	1248	596	1249	596	1244	5	0	0	0	0
7 岁	7478	3604	7478	3604	7478	3604	700	6764	14	0	0	0
其中:农村	1913	934	1913	934	1913	934	310	1603	0	0	0	0
8 岁	7931	3740	7931	3740	7931	3740	22	861	7025	23	0	0
其中:农村	2048	989	2048	989	2048	989	15	303	1729	1	0	0
9 岁	8591	4025	8591	4025	8591	4025	2	34	868	7663	23	1
其中:农村	2143	1037	2143	1037	2143	1037	1	19	305	1816	1	1
10 岁	9508	4600	9508	4600	9508	4600	0	5	43	1022	8409	29
其中:农村	2533	1274	2533	1274	2533	1274	0	2	22	369	2136	4
11 岁	9493	4535	9493	4535	9493	4535	0	0	1	49	940	8503
其中:农村	2530	1221	2530	1221	2530	1221	0	0	1	25	336	2168
12 岁					996	373	0	0	0	6	43	947
其中:农村					365	140	0	0	0	1	18	346
13 岁					229	71	0	0	0	1	27	201
其中:农村					80	23	0	0	0	0	10	70
14 岁					116	49	0	0	0	0	7	109
其中:农村					42	21	0	0	0	0	3	39
15 岁及以上					21	10	0	0	0	1	3	17
其中:农村					6	3	0	0	0	1	1	4

2022 年万载县初中分年龄人口入学情况表

表 11 单位:人

	校内外学龄人口		在校学龄人口		初中在校学生数				
	计	其中:女	计	其中:女	计	其中:女	一年级	二年级	三年级
合计	29229	14137	29229	14137	31584	15080	10006	10614	10964
其中:农村	2466	1254	2466	1254	2640	1325	782	912	946
10 岁以下					1	1	1	0	0
其中:农村					0	0	0	0	0
11 岁					30	19	25	4	1
其中:农村					1	1	0	1	0
12 岁	7370	3640	7370	3640	7370	3640	7302	66	2
其中:农村	629	334	629	334	629	334	626	3	0
13 岁	10170	4921	10170	4921	10170	4921	2080	8003	87
其中:农村	863	426	863	426	863	426	124	735	4
14 岁	11689	5576	11689	5576	11869	5576	523	2306	9040
其中:农村	974	494	974	494	974	494	31	161	782
15 岁					1968	839	64	202	1702
其中:农村					165	66	1	11	153
16 岁					147	66	9	27	111
其中:农村					6	3	0	1	5
17 岁					24	14	1	6	17
其中:农村					0	0	0	0	0
18 岁					5	4	1	0	4
其中:农村					2	1	0	0	2

2022 年万载县医疗卫生

表 12

机构分类	机构个数（个）	已报机构（个）	编制床位数（张）	实有床位数（张）	编制人数	在岗 合计	卫生技 小计	执业（助理）医师	执业医师	注册护士	药师（士）
总　计	0	278	3214	4415	1271	4226	3331	1187	955	1514	182
一、医院	0	13	2120	2411	672	2102	1780	600	551	909	89
综合医院	0	7	1516	1784	419	1357	1168	392	356	614	50
中医医院	0	2	434	434	223	456	418	150	147	183	29
中西医结合医院											
民族医院											
专科医院	0	3	120	143	30	246	179	54	44	106	8
口腔医院	0	1	0	5	0	26	26	10	8	16	0
眼科医院	0	1	20	38	30	30	30	10	10	14	4
耳鼻喉科医院											
肿瘤医院											
心血管病医院											
胸科医院											
血液病医院											
妇产(科)医院											
儿童医院											
精神病医院											
传染病医院											
皮肤病医院											
结核病医院											
麻风病医院											
职业病医院											
骨科医院	0	1	100	100	0	190	123	34	26	76	4
康复医院											
整形外科医院											
美容医院											
其他专科医院											
护理院(中心)	0	1	50	50	0	43	15	4	4	6	2
无实体机构依托的互联网医院											
二、基层医疗卫生机构	0	259	945	1714	481	1783	1262	486	318	482	80
社区卫生服务中心(站)											
社区卫生服务中心											
社区卫生服务站											
卫生院	0	17	945	1714	481	1182	1022	328	240	412	68
街道卫生院											

机构、床位、人员情况表

职工（人）				在岗职工（人）						
术人员										
技师(士)				卫生监督员	其他		其他技术人员	管理人员	仅从事管理的人员	工勤技能人员
	检验师	影像师	康复师			见习医师				
284	148	113	12	16	149	33	188	226	70	278
138	59	64	11	0	44	10	132	103	42	148
71	37	31	2	0	41	10	57	57	17	115
53	17	28	8	0	3	0	8	24	22	8
11	4	4	0	0	0	0	67	19	0	0
0	0	0	0	0	0	0	0	3	0	0
2	1	1	0	0	0	0	0	0	0	0
9	3	3	0	0	0	0	67	16	0	0
3	1	1	1	0	0	0	0	3	3	25
112	63	43	1	0	103	23	51	90	16	95
112	63	43	1	0	102	23	51	90	16	93

续表 12

机构分类	机构个数(个)		编制床位数(张)	实有床位数(张)		在岗					
							卫生技				
		已报机构(个)			编制人数	合计	小计	执业(助理)医师		注册护士	药师(士)
									执业医师		
乡镇卫生院	0	17	945	1714	481	1182	1022	328	240	412	68
中心卫生院	0	4	339	761	188	544	479	150	116	219	31
乡卫生院	0	13	606	953	293	638	543	178	124	193	37
村卫生室	0	187		0		494	136	87	22	47	2
门诊部											
综合门诊部											
中医门诊部											
中西医结合门诊部											
民族医门诊部											
专科门诊部											
诊所、卫生所、医务室	0	55	0	0	0	107	104	71	56	23	10
诊所	0	53	0	0	0	103	100	69	55	21	10
卫生所、医务室	0	2	0	0	0	4	4	2	1	2	0
护理站											
三、专业公共卫生机构	0	5	149	290	118	321	269	91	81	113	13
疾病预防控制中心	0	1	0	0	33	44	36	19	18	6	0
省属											
省辖市(地区)属											
地辖市属											
县属	0	1	0	0	33	44	36	19	18	6	0
其他	0	0		0		0	0	0	0	0	0
专科疾病防治院(所、站)	0	2	99	190	8	81	59	20	17	26	6
专科疾病防治院											
传染病防治院											
结核病防治院											
职业病防治院											
其他											
专科疾病防治所(站、中心)	0	2	99	190	8	81	59	20	17	26	6
口腔病防治所(站、中心)											
精神病防治所(站、中心)	0	1	89	180	0	62	43	15	12	21	3
皮肤病与性病防治所(中心)	0	1	10	10	8	19	16	5	5	5	3
结核病防治所(站、中心)											
职业病防治所(站、中心)											
地方病防治所(站、中心)											
血吸虫病防治所(站、中心)											

职工（人）				在岗职工（人）						
术人员							其他技术人员	管理人员	仅从事管理的人员	工勤技能人员
技师(士)				卫生监督员	其他					
	检验师	影像师	康复师			见习医师				
112	63	43	1	0	102	23	51	90	16	93
43	24	19	0	0	36	9	13	69	11	41
69	39	24	1	0	66	14	38	21	5	52
0	0	0	0		0	0	0	0	0	0
0	0	0	0	0	1	0	0	0	0	2
0	0	0	0	0	1	0	0	0	0	2
0	0	0	0	0	0	0	0	0	0	0
34	26	6	0	16	2	0	5	33	12	35
9	7	0	0	0	2	0	0	13	2	6
9	7	0	0	0	2	0	0	13	2	6
0	0	0	0		0	0	0	0	0	0
7	6	1	0	0	0	0	0	8	8	14
7	6	1	0	0	0	0	0	8	8	14
4	3	1	0	0	0	0	0	6	6	13
3	3	0	0	0	0	0	0	2	2	1

续表 12

机构分类	机构个数(个)	已报机构(个)	编制床位数(张)	实有床位数(张)	编制人数	在岗					
						合计	卫生技				
							小计	执业(助理)医师		注册护士	药师(士)
									执业医师		
药物戒毒所(中心)											
其他											
健康教育机构											
妇幼保健机构	0	1	50	100	61	180	158	52	46	81	7
省属											
省辖市(地区)属											
地辖市属											
县属	0	1	50	100	61	180	158	52	46	81	7
其他	0	0		0		0	0	0	0	0	0
妇幼保健院	0	1	50	100	61	180	158	52	46	81	7
妇幼保健所											
妇幼保健站											
生殖保健中心											
急救中心(站)											
采供血机构											
卫生监督所(中心)	0	1	0	0	16	16	16	0	0	0	0
省属											
省辖市(地区)属											
地辖市属											
县属	0	1	0	0	16	16	16	0	0	0	0
其他	0	0		0		0	0	0	0	0	0
计划生育技术服务机构											
四、其他卫生机构	0	1	0	0	0	20	20	10	5	10	0
康复医疗机构											
卫生监督检验(监测、检测)所(站)											
医学科学研究机构											
医学在职培训机构											
临床检验中心(所、站)											
健康体检中心	0	1	0	0	0	20	20	10	5	10	0
医疗辅助性机构											
统计信息中心											
其他											

职 工 （人）				在 岗 职 工 （人）						
术 人 员							其他技术人员	管理人员	仅从事管理的人员	工勤技能人员
技师(士)				卫生监督员	其 他					
	检验师	影像师	康复师			见习医师				
18	13	5	0	0	0	0	5	12	2	15
18	13	5	0	0	0	0	5	12	2	15
0	0	0	0		0	0	0	0	0	0
18	13	5	0	0	0	0	5	12	2	15
0	0	0	0	16	0	0	0	0	0	0
0	0	0	0	16	0	0	0	0	0	0
0	0	0	0		0	0	0	0	0	0
0	0	0	0	0	0	0	0	0	0	0
0	0	0	0	0	0	0	0	0	0	0

2022年万载县普通中学和小学专任教师技术职称、年龄结构情况表

表13

单位:人

	合计	#女	24岁以下	25~29岁	30~34岁	35~39岁	40~44岁	45~49岁	50~54岁	55~59岁	60岁以上
小学	3079	2278	338	740	579	305	438	283	272	124	0
#女	2278	—	288	653	515	258	288	152	120	4	0
正高级	1	0	0	0	0	0	0	0	1	0	0
副高级	116	39	0	0	0	2	26	26	42	20	0
中级	1122	652	2	69	124	147	303	194	195	88	0
助理级	1092	937	68	430	333	109	75	39	25	13	0
员级	168	147	38	63	37	9	7	9	4	1	0
未定职级	580	503	230	178	85	38	27	15	5	2	0
初中	2158	1323	284	658	297	121	163	243	277	115	0
#女	1323	—	229	544	227	81	90	66	75	11	0
正高级	0	0	0	0	0	0	0	0	0	0	0
副高级	328	72	0	0	0	4	15	71	169	69	0
中级	489	221	1	12	47	63	94	143	92	37	0
助理级	706	528	70	360	165	31	40	23	11	6	0
员级	41	26	4	17	7	3	3	3	3	1	0
未定职级	594	476	209	269	78	20	11	3	2	2	0
高中	877	477	109	207	125	78	59	81	104	114	0
正高级	0	0	0	0	0	0	0	0	0	0	0
副高级	231	62	0	0	1	1	16	44	74	95	0
中级	228	115	0	4	51	64	36	32	27	14	0
助理级	229	170	23	131	61	8	2	1	2	1	0
员级	21	11	7	6	1	3	2	0	0	2	0
未定职级	168	119	79	66	11	2	3	4	1	2	0

2022 年万载县各乡镇(街道)户数与人口情况表

表 14

乡镇	年末总户数(户)	年末总人口(人)			总人口中分性别(人)		总人口中分年龄(人)				2022 年度人员变动(人)			
		合计	城镇人口	乡村人口	男	女	0~17 岁	18~34 岁	35~59 岁	60 岁及以上	出生	其中:男	死亡	其中:男
全县	161569	581184	252258	328926	304590	276594	154735	124510	212609	89330	4594	2516	2475	1544
康乐	33084	103659	103659		51002	52657	25081	20761	41122	16695	720	386	443	256
株潭	16989	69962	12175	57787	36382	33580	20268	17141	22830	9723	588	333	234	147
黄茅	14923	60929	3564	57365	32396	28533	17018	14794	20369	8748	521	275	200	133
潭埠	11432	46939	24702	22237	24712	22227	13453	10502	16311	6673	391	218	198	129
双桥	10324	38473	20980	17493	20383	18090	10053	8253	13982	6185	284	167	199	130
高村	5442	16694	1080	15614	8982	7712	3922	3212	6686	2874	130	73	74	50
三兴	8228	31064	25556	5508	16364	14700	8352	6372	11524	4816	276	142	111	65
罗城	7976	26195	1494	24701	13963	12232	6791	4967	10026	4411	187	106	116	73
马步	9629	34080	24812	9268	17901	16179	9651	7492	12078	4859	282	160	134	86
鹅峰	6120	23512	17097	6415	12188	11324	6375	5152	8606	3379	215	118	111	63
白良	7457	24178	7035	17143	12942	11236	6278	4971	8910	4019	175	81	77	47
白水	3209	11104	3767	7337	6088	5016	2810	2231	4169	1894	85	45	79	53
岭东	3732	13915	5006	8909	7497	6418	4054	2841	4992	2028	116	61	44	32
仙源	5183	17512	349	17163	9623	7889	4322	3102	7124	2964	116	62	116	67
茭湖	3640	12217	379	11838	6744	5473	2983	2278	4966	1990	102	51	84	58
高城	10195	36693	158	36535	19683	17010	9555	7774	13616	5748	313	183	185	112
赤兴	4006	14058	445	13613	7740	6318	3769	2667	5298	2324	93	55	70	43

2022 年宜春市各县(市、区)外贸出口完成情况表

表 15

单位:万元

地区	进出口				出口				进口			
	累计	排名	同比	排名	累计	排名	同比	排名	累计	排名	同比	排名
合计	5081138.76		59.44%		4747768.49		61.56%		333370.27		34.28%	
袁州	393181.64	7	14.97%	11	359549.67	8	8.59%	11	33631.97	4	208.94%	1
宜春经开区	857844.63	1	38%	10	780242.27	1	35.23%	10	77602.36	1	73.76%	4
上高	695687.57	2	57.37%	9	642665.96	2	61.62%	8	53021.6	3	19.35%	8
万载	554248.24	3	87.7%	3	551808.21	3	97.2%	3	2440.03	10	–84.22%	11
奉新	521552.39	4	69.64%	6	506062.99	4	71.1%	7	15489.4	8	32.62%	6
丰城	464364.68	5	58.04%	8	405120.23	6	75.51%	6	59244.45	2	–5.97%	10
樟树	459383.43	6	97.94%	2	429477.74	5	104.93%	2	29905.7	6	32.9%	5
宜丰	385891.11	8	72.61%	5	365851.53	7	76.86%	5	20039.57	7	19.95%	7
高安	346999.9	9	59.26%	7	316111.35	9	55.24%	9	30888.55	5	116.71%	3
靖安	257165.52	10	77.19%	4	256433.75	10	77.46%	4	731.77	11	14.87%	9
铜鼓县	21633.28	11	112.14%	1	20172.53	11	110.89%	1	1460.75	9	131.05%	2

2022 年宜春市各县(市、区)利用外资完成情况表

表 16

单位	新设外资企业数(家)	总额目标（万元）	累计完成（万元）	总量排名	完成率	完成率排名
袁州区	7	3200	4041	4	126.28%	5
樟树市	15	3200	6241	2	195.03%	2
丰城市	7	3200	7256	1	226.75%	1
靖安县	5	650	1009	10	155.23%	4
奉新县	3	2000	2402	7	120.1%	7
高安市	10	3200	5058	3	158.06%	3
上高县	6	2000	2016	8	100.8%	10
宜丰县	7	2000	2438	6	121.9%	6
铜鼓县	5	650	689	11	106%	9
万载县	6	2000	2001	9	100.05%	12
经开区	5	3200	3557	5	111.16%	8
宜阳新区	2	200	201	12	100.5%	11
明月山	0	200	200	13	100%	13
合 计	78	25700	37109		144.39%	

2022 年宜春市各县(市、区)利用省外项目资金情况表

表 17

县(市、区)	全年目标（亿元）	实际进资（亿元）	总量排位	增幅	增幅排位	2000 万元以上项目个数(个)	其中亿元以上项目个数(个)
全 省		10425.42		9.26%			
全 市	971.22	990.76	6	9.66%	2	395	207
袁州区	69.00	70.38	7	9.64%	6	44	22
樟树市	116.53	118.89	3	9.68%	4	37	23
丰城市	137.74	140.47	1	9.63%	7	40	23
靖安县	55.57	56.65	10	9.60%	10	27	12
奉新县	103.92	106.04	6	9.69%	3	31	16
高安市	104.37	106.43	5	9.62%	8	44	21
上高县	104.90	106.96	4	9.61%	9	36	18
宜丰县	58.43	59.60	9	9.66%	5	30	16
铜鼓县	23.10	23.55	11	9.59%	11	24	9
万载县	66.70	68.07	8	9.70%	2	38	20
宜春经开区	130.96	133.72	2	9.77%	1	32	20
宜阳新区	11.04	11.25		9.57%		8	5
明月山	10.43	10.62		9.58%		4	2

文献选编

万载县人民政府
关于印发万载县全民健身实施计划（2021—2025年）的通知

万府发〔2022〕13号

各乡镇人民政府、街道办事处，县政府各部门，县直各单位：

《万载县全民健身实施计划（2021—2025年）》已经县政府同意，现印发给你们，请认真贯彻落实。

万载县人民政府

2022年8月22日

万载县全民健身实施计划
（2021—2025年）

为深入实施全民健身国家战略，促进我县全民健身更高水平发展，进一步满足人民群众的健身和健康需求，依据国务院《全民健身条例》（国务院令第560号）、《国务院关于印发全民健身计划（2021—2025年）的通知》（国发〔2021〕11号）、《江西省人民政府关于印发江西省全民健身实施计划（2021—2025年）的通知》（赣府发〔2021〕28号）和《宜春市人民政府关于印发宜春市全民健身实施计划（2021—2025年）的通知》（宜府发〔2022〕8号）等文件要求，结合我县实际，制定本实施计划。

一、总体要求

（一）指导思想。以习近平新时代中国特色社会主义思想为指导，全面贯彻党的十九大和十九届历次全会精神，坚持以人民为中心，贯彻新发展理念，围绕“体育惠民”宗旨，坚持“推动全民健身、提高健康水平”的原则，进一步抓好中心城区“15分钟健身圈”、扩大人均体育场地面积等基础工作，让广大群众最便捷地享受到体育休闲服务；要在推进全民健身的同时，提升万载体育运动水平的层次；要坚持与全省文明城市创建相结合，与双城联动城市建设相结合，与城市整体发展相结合，进一步加快完善公共体育设施建设，不断完善公共体育服务体系，开展全民健身运动，让“运动万载”成为鲜明特色。

（二）发展目标。持续推动群众体育“六边”工程建设，使重视全民健身、支持全民健身、参与全民健身的社会氛围更加浓厚。到2025年，建成与万载经济社会发展水平相适应的全民健身公共服务体系，人民群众参与健身的获得感和幸福感持续提升。县、乡、村（社区）三级全民健身设施网络和中心城区“15分钟健身圈”、农村社区“30分钟健身圈”实现全覆盖，全县人均体育场地面积达到2.8平方米，经常参加体育锻炼的人数比例达到38.6%，国民体质合格率达到92.6%，每千人拥有社会体育指导员达到2.8名。让体育健身和运动休闲逐步成为万载人普遍的生活方式。

二、主要任务

（三）上下联动，全域覆盖，倡导优秀传统体育文化新风尚

1. 普及全民健身意识。广泛开展科学健身知识讲座、科学健身大讲堂、送体育下乡、全民健身志愿服务等系列活动，讲好万载体育故事，用人民群众听得懂、看得到、学得会的方法普及健身知识和健身文化，推动全民健身意识深入人心，将全民健身文化推广普及的触角逐步向最基层延伸。

2. 倡导新健康理念。发挥全民健身对形成健康文明生活方式的作用，吸引大众广泛参与全民健身，倡导“请人吃饭不如请人流汗”的消费理念，形成“每天锻炼一小时，幸福生活一辈子”的社会共识，落实全龄健身理念，拉动体育消费，促进全人群身心健康。

3. 弘扬优秀传统体育文化。加强宣传引导，将优秀传统体育文化融入全民健身的全周期和全过程，树立全民健身榜样，紧扣时代主旋律，唱响体育好声音，讲好健身美故事，传播社会正能量。

4. 强化全民健身激励。向国家体育锻炼标准和体育运动水平等级标准达标者颁发证书。建立第三方评估机制，定期发布万载全民健身乡镇活力指数，让健身成为科学、健康和发力的有力凭证。

（四）完善体系，规范管理，激发全民健身社会组织新活力

1. 完善全民健身组织体系。完善以县体育总会为枢纽、各级各类单项、行业和人群体育协会为骨干，群众身边的社区健身团体、体育俱乐部等基层体育组织为基础的覆盖城乡、规范有序、富有活力的全民健身组织体系。鼓励群众自发形成的健身团体等民间“草根”体育组织登记备案，引导其健康、有序、规范发展，形成以体育协会（俱乐部）为主线、以基层体育指导站为基点的点线结合、覆盖面广的群众体育组织网络。加大对体育协会、基层体育组织、“草根”体育组织的扶持力度，体育社团组织总数不断增加，使其在运动休闲城市建设中发挥生力军的作用。让有健身需求的群众都加入到组织中，让群众有归属感。支持党政机关、企事业单位、学校常态化制度化组织健身活动，规范经费支出，给予适当政策保障。

2. 规范体育社会组织管理。构建以县体育总会为代表的枢纽型体育社会组织，推进体育社会组织健全权责明确、运转协调、制衡有效的法人治理机构和运行机制，加强内部治理，完善组织架构，提高专业化水平，创建服务品牌，普及健身项目。构建党组织对协会的引领作用，有条件协会成立党支部。加大积极改善体育社会组织办公条件，各地各单位要创造条件争取为体育社会组织免费或低租提供办公用房。加大政府向体育社会组织购买全民健身公共服务力度，通过赋予职能、购买服务、培训骨干等完善扶持政策，提升体育社会组织的自我发展能力，使各级各类体育社会组织成为开展科学健身指导、普及推广体育项目、举办全民健身赛事活动等工作的重要载体。建立健全激励和保障机制，完善《万载县体育运动协会管理办法（试行）》，规范体育社会组织管理的制度体系，推动体育社会组织业务培训、年审、党建、财务审查、考核和奖励等工作的制度化和常态化，实现对体育社会组织的监督、管理的规范化。

（五）科学规划，统筹推进，推动全民健身场地供给新发展

1. 完善中心城区体育休闲

设施建设总体规划,推动全民健身中心、公共体育场、社区运动场、体育综合体、农村健身工程、户外健身登山休闲步道等建设,构建“15 分钟健身圈”,有效开展具体工作,满足群众健身需求,让群众有获得感。

(1)打造龙湖公园、布城水系和锦江河体育生态文化带。沿龙湖公园、布城水系和锦江河两岸大量植入体育休闲元素,充分发挥龙湖公园生态文化带结构特点,建设和升级改造可循环的健身步道;利用湖周围、河两岸绿地、空地按一定相距设置多处以乒乓球、健身路径、笼式足球、篮球等占地较少项目为主体的健身站(点),打造集游览观光和健身休闲为一体的绿色长廊。

(2)以“道”“路”“园”为基础骨架,充实健身休闲功能。充分利用“道”“路”两侧及公园绿地、空地、“金边银角” 合适的点(位),插建和打造适宜的体育健身设施和小型健身场地,新建 3 个主题体育休闲小游园,充实“道”“路”“园”体育休闲功能,满足周边群众健身休闲需求。实现 100 米见体育设施,300 米见体育广场。

(3)鼓励党政机关、企事业单位利用空闲场地建设体育场所并对外开放。

2. 加强体育公园和体育场(馆)建设。在南部新城高标准建设一个生态体育公园,融入建设一个体育综合馆、一个全民健身中心、一个游泳馆、一个网羽馆、一个田径主场、一个田径副场、一个儿童游乐中心,作为宜春市后补体育场馆和全民运动健身休闲、儿童娱乐的集中点。

3. 加快基层体育普惠工程建设。推动公共体育场、社区运动场、农村健身工程、户外健身登山休闲步道等建设工程。中心城区建成多片社区多功能运动场(足球、篮球、排球、网球、羽毛球等),每个社区和行政村建设室内健身室、乒乓球室和棋牌室,建设健身服务中心,体育健身工程全覆盖。

4. 丰富新建公园广场健身元素。在规划新建公园广场时,要按相关规范要求预留出足够的体育场地,建设功能完善的体育设施;提升改造已建成公园广场时,要积极创造条件,配备充足的体育健身设施。

5. 推进城镇社区 15 分钟健身圈建设。实施全民健身设施补短板工程,根据居民生活范围建设区域公共体育场馆、社区多功能运动场、健身广场、健身步道、健身俱乐部等健身场地设施,加强乡镇(街道)健身场地器材配备,建成多层级建设设施网络和城镇社区 15 分钟健身圈,让群众健身更便捷。

6. 严格落实政策,补强社区体育短板。按照“室内人均建筑面积不低于 0.1 平方米和室外人均用地不低于 0.3 平方米”标准,采取三项举措确保新建住宅小区和旧城改造配建体育健身休闲设施。一是在出让宗地的规划条件中,明确体育设施配建要求,并写入土地出让合同。二是在修建性详细规划中,明确配建体育设施用地及其包含项目。三是将体育设施建设纳入住宅小区竣工规划验收,对未按要求将配套公共体育设施与居住小区同步设计、同步施工、同步投入使用的,不予验收合格并责令限期改正。

7. 推动健身场地面开放共享,提高现有设施使用效率。要研究出台我县《公共体育设施向社会开放管理办法》,党政机关、事业单位和国有企业要带头开放可用于健身的空间,做到能开尽开,已建成且有条件的学校要进行“一场两门、早晚两开”体育设施安全隔离改造。新建学校规划设计的体育设施要符合开放条件。鼓励学校体育设施对社会开放实行免费和低收费政策。鼓励私营企业向社会开放自有健身设施。

(六)立足县情,培优品牌,丰富全民健身赛事活动新内涵

1.不断丰富大众健身项目。大力开展健身走(跑)、广播体操、骑行、登山、徒步、游泳、球类、广场舞、民族健身操等健身活动。积极培育电子竞技、轮滑等休闲体育运动项目。大力扶持和推广围棋、象棋、武术、太极拳、健身气功、舞龙舞狮等民间民俗传统项目,办好单项赛事。大力开展社区健身活动,办好社区快乐趣味运动会。实施群众冬季运动推广普及计划,以万载县

四小冰雪运动特色学校为领头羊，提高校园冰雪运动普及水平，推进江西百万青少年参与冰雪运动。继续推进“互联网+全民健身”，大力推广居家健身和全民健身网络赛事活动。

2. 打造全民健身赛事活动品牌。办好“健康万载”全民运动会、围棋、象棋、“徒步穿越”系列活动、舞龙舞狮户外健身休闲大会、“中国健康跑”等大型群众体育赛事活动，打造5个以上具有万载特色的省级全民健身活动品牌，塑造万载体育名片。广泛开展足球、篮球、乒乓球、羽毛球、气排球等具有良好群众基础的运动项目业余联赛。支持各地结合实际培育农耕健身、花灯戏健身等各具特色的全民健身赛事活动品牌。完善赛事活动的组织、流程、服务、安全等标准，开展群众性体育赛事活动绩效评价。

3. 因地制宜开展全民健身活动。遵循“因地制宜、业余自愿、小型多样、就近就便”原则，充分发挥机关企事业单位、体育社会组织、社会力量等多元主体的积极性，因人、因时、因地、因需广泛开展群众身边的健身活动，努力构建形式多样、贴近生活、丰富多彩、群众喜爱的全民健身活动体系。广泛开展“三大球”及羽毛球、乒乓球、游泳、广场舞、气排球、健步走、健身跑、围棋、象棋、自行车、体育舞蹈、柔力球、登山、垂钓、工间操等休闲运动项目，支持开展地方武术、太极拳(械)、舞龙舞狮等民族民间民俗体育活动。常态化开展新年登高、全民健身日、中国农民丰收节等全民健身主题活动，丰富群众节庆体育活动，推动体育生活化。大力推广居家健身模式。

4. 推动重点人群参与健身活动。充分发挥工会、共青团、妇联、残联、老年体协等社会团体的组织引领作用，推动职工、青少年、妇女、残疾人、老年人等重点人群参与健身、乐于健身、受益健身。推进青少年体育“健康包”工程，开展针对青少年近视、肥胖等问题的体育干预。支持开展青少年体育周末营、夏(冬)令营等精品活动。鼓励在新建社区建设老年人运动与健康服务中心，提供有针对性的运动健身方案和运动指导服务，丰富社区养老健身服务，发挥老年人体育组织的作用，办好老年人健身体育运动会等体育赛事活动。推广实施国家体育锻炼标准，推行工间操等体育活动，引导更多干部职工参与健身。推动残疾人健身场所建设和残疾人康复体育、健身体育开展，办好残疾人运动会。结合妇女节等节日，积极开展广场舞、气排球等适合妇女参与的赛事活动。

(七)健全机制，惠民便民，提升全民健身指导服务新水平

1. 健全科学健身常态化工作机制。推广线上线下相结合的科学健身普及模式，支持开设线上科学健身大讲堂，组织开展科学健身服务“五进”(进机关、进企业、进学校、进社区、进乡村)活动。加大对全民健身的宣传力度，开展更多的如跳绳、健身操、健步走、体操和基本健身技能性的推广和普及活动，形成全民参与氛围。加快本县国民体质监测站点建设，常态化开展国民体质监测工作，提升体质监测服务标准化水平，推广个人健康档案和运动处方服务，不断提升国民体质合格率，2025年达到92.6%。定期开展全民健身活动状况调查工作，结合全民健身系列活动，不断提升经常参加体育锻炼人口，2025年达到38.6%。组织开展《国家体育锻炼标准》达标测验工作，提高达标测验覆盖率和优良率。

2. 加强社会体育指导员队伍建设。继续加大社会体育指导员培训力度，每年培训各级各类社会体育指导员不少于100人，实现到2025年每个行政村社会体育指导员全覆盖。大力鼓励和支持退役运动员、教练员、体育协会会员、体育教师、健身达人及基层社区(村)干部加入社会体育指导员队伍，优化社会体育指导员队伍结构，提升社会体育指导员专业化水平，确保社会体育指导员数量和质量同步增长。大力弘扬全民健身志愿服务精神，打造全民健身志愿服务品牌，依托全国社会体育指导员信息管理平台实现全民健身志愿者注册、志愿服务活动招募、信息统计和查询、线上培训和考核

等全民健身志愿服务工作全流程、信息化的管理和服务。

（八）多措并举，多元汇聚，拓展全民健身跨界融合新模式

1. 深化体教融合。完善学校体育教学模式，保障学生每天校内、校外各1个小时体育活动时间。支持各级各类学校设立教练员岗位，完善青少年体育赛事体系，由教体部门拟定学生体育赛事计划，统一注册资格，建立分学段、跨地域的青少年体育赛事体系，统一制定并共同评定在校学生运动水平等级认证标准。规范和支持青少年体育俱乐部建设，落实社会体育俱乐部竞赛、训练和培训体系，鼓励政府向体育社会组织购买体育教学和教练服务。

2. 推动体卫融合。以大健康发展为理念，以提升人民健康水平为目标导向，增强人民群众“健康端口前移”意识。探索建立全民健身促进中心与卫健等部门协同、全社会共同参与的运动促进健康模式。推广体卫融合机构向基层延伸，鼓励大型医疗机构设立运动康复专科，试点社区医疗卫生机构设立科学健身门诊，逐步建立慢性病运动干预体系。加强体卫融合人才队伍建设，推进体卫融合理论、科技和实践创新。

3. 促进体旅融合。鼓励各乡镇结合当地旅游、体育赛事、人文自然环境等资源禀赋，优化体旅融合产品和服务供给，满足群众健身、旅游的复合型消费需求。加强品牌赛事与旅游路线的有机结合，支持乡镇打造一批有影响力的体育旅游精品路线。鼓励旅游景区、体育特色运动小镇等完善山地户外营地、徒步骑行服务点、自驾车房车营地等体育旅游设施建设，积极开展消费引领型运动项目赛事活动，拓展体育旅游新业态。

（九）优化市场，培育重点，促进全民健身产业高质量发展

1. 优化产业市场环境。建立健全统一、开放、竞争、有序的全民健身产业市场，构建全民健身公共服务标准化体系，提高设施建设、服务提供、技能培训、人员资质、活动管理、器材装备等方面标准化水平，推动建立公平开放透明的体育市场规则。

2. 培育重点行业主体。整合万载古城、三兴恒辉景区、丰顶山、罗城三十把、九龙景区等特色的休闲旅游资源，大力推进以健步走、登山、自行车等户外运动、冰雪为主的休闲度假体育旅游产业；健全大中型体育场馆运营管理制度，推进场馆智慧运营管理平台建设；培育一批专业性强、影响力大的全民健身服务企业，为全民健身高质量发展提供有力保障。

3. 促进体育消费升级。认真贯彻落实《江西省人民政府办公厅关于促进全民健身和体育消费推动体育产业高质量发展的实施意见》，大力开展各类全民健身活动，合理编排业余联赛赛程，增强相关项目消费黏性，提升健身休闲消费水平。加强全民健身市场需求和消费趋势预测研究，引导体育企业开发符合本土市场需求的体育用品和服务。做好“体育+”融合文章，创新体育消费，落实优惠政策，引导具有消费引领型的健身休闲项目健康发展。

三、保障措施

（十）加强组织领导。要加强党对全民健身工作的全面领导，建立健全全民健身工作领导机构，进一步完善党委领导、政府主导、社会协同、公众参与、法治保障的全民健身工作机制。充分发挥全民健身工作联席会议作用，加强部门协作，将全民健身融入各部门相关政策中，推动全民健身重大政策措施落地实施。

（十一）科技保障。积极运用互联网、5G通讯技术、物联网、大数据、人工智能等现代科学技术，加快推进全民健身智慧化发展。推动健身场地设施智能化升级，推进健身步道智能化改造、智慧体育公园及智能室外健身路径建设。依据场馆信息化建设标准规范，稳妥推进公共体育场馆信息化管理服务系统建设。

（十二）人才保障。加强健身指导、组织管理、科技研发、宣传推广、志愿服务、体医融合等方面的人才培养供给。畅通人才培养渠道，推动社会体育指导员、基层体育工作者提升服务技能，引导扶持社会力量参与全民健身人才培养。鼓励退役运动员、高校体育专业学生、学校体育教

师等高素质专业人才加入全民健身服务工作。构建全民健身人才科学评价机制，根据省体育局出台的相关政策规定，积极稳妥推进指导群众健身的教练员职称评定工作。

（十三）政策保障。要统筹公共预算资金、彩票公益金和上级专项等资金，大力支持全民健身公共服务，完善多元投入机制，吸引社会资本参与全民健身公共服务体系建设，鼓励社会力量对全民健身事业提供捐赠和赞助。充分发挥国土空间规划委员会成员的作用，落实全民健身场地设施建设的用地政策，挖掘存量建设用地潜力，严格执行新建居住小区配套建设健身设施规定。将全民健身重点工作情况纳入文明城市、卫生城市等创建指标与评估体系。依法加强对预付消费卡、高危险性体育健身项目、体育培训市场等领域监管力度，切实维护群众和企业的合法权益。

（十四）安全保障。加强各类全民健身设施安全运行监管，鼓励在公共体育场馆配置急救设备，确保各类公共体育场地设施开放服务达到防疫、应急、疏散、产品质量和消防安全标准。建立全民健身赛事活动安全防范、应急保障机制。建立户外运动安全分级管控体系。落实网络安全等级保护制度，加强全民健身相关信息系统安全保护和个人信息保护。坚持防控为先、动态调整，统筹做好赛事活动举办和新冠疫情防控工作。

（十五）文化保障。大力宣传全民健身在建设社会主义现代化国家和促进人的全面发展中的独特作用和重要价值，打造全民健身文化精品工程，运用多样化媒体手段推广全民健身典型案例，鼓励体育明星等公众人物参与体育文化宣讲工作，支持体育主题类影视摄影等文化作品创作，深入挖掘红色和苏区体育史，倡导和践行社会主义核心价值观，讲好群众身边的体育故事。利用我县“红色、绿色、古色”文化资源，在重大体育赛事节点开展健身文化展示、学术论坛等主题活动，表彰奖励全民健身先进组织和个人，推动形成全民参与健身的社会新风尚和全社会关心支持全民健身事业的良好社会氛围，塑造“运动万载”亮丽名片。

万载县人民政府
关于印发万载县“十四五”生态环境保护规划的通知

各乡镇人民政府、街道办事处,县政府各部门:

《万载县“十四五”生态环境保护规划》已经县政府研究同意,现印发给你们,请认真贯彻执行。

万载县人民政府

2022年6月23日

万载县“十四五”生态环境保护规划

“十四五”规划是我国由全面建成小康社会向基本实现社会主义现代化迈进的第一个五年规划。万载县“十四五”生态环境保护规划是立足“十三五”时期已有发展基础,站在新的历史起点,根据万载县实际,紧扣“融入宜春、聚力园区、双城联动、特色彰显、宜业宜居”工作思路,积极适应经济社会发展新常态,凸显万载县在宜春市区域发展格局中的地位作用,向基本实现社会主义现代化迈进开启新的篇章,具有重大意义。

按照党中央、国务院和省委省政府关于生态文明建设和生态环境保护的总体部署,根据《江西省“十四五”生态环境保护规划》《宜春市“十四五”生态环境保护规划》,结合《万载县国民经济和社会发展第十四个五年规划和二〇三五年远景目标纲要》,制定本规划。

规划基准年为2020年,规划期为2021—2025年,并展望2035年。

一、基础与形势

(一)“十三五”生态环境保护工作的成效

1. 环境质量

2020年,万载县城区空气质量优良天数比率为97.2%,PM_{10}平均浓度为46微克/立方米,$PM_{2.5}$平均浓度为25微克/立方米,在宜春市各县(市、区)环境空气质量优良率排名中排第三。全县主要河流3个断面(含省考、市控、县界断面)水质优良比例为100%,其中卢洲和均车交界断面达到Ⅲ类水质标准,县城集中式饮用水水源地断面达到Ⅱ类水质标准,农村集中式饮用水源水质优良率(达到或优于Ⅲ类)均达到100%。声环境良好,道路交通噪声达到国家标准;县城区域环境噪声达到国家2类区标准。

2. 减排任务

万载县以主要污染物总量减排、建设项目总量指标核定为重点,从源头严格控制排污增量,努力做到增产不增污,较好地完成了各项工作。按照市政府下达的主要污染物总量减排目标任务要求,细化和分解减排目标任务,认真编制减排计划,明确职责分工,强化工作举措,落实工作责任。

2020年万载县二氧化硫、氮氧化物排放总量分别为3101.3吨和713.5吨，比2015年分别下降12.7%和11.8%，达到“十三五”节能减排计划要求；化学需氧量、氨氮排放总量分别为6685.4吨和705.5吨，比2015年分别下降8.3%和10.8%，全县主要污染物化学需氧量减排605.6吨，氨氮减排85.5吨，顺利完成“十三五”期间市下达的减排任务。

3. 环境治理成效

全面完成了全县13个农村（乡镇级）饮用水水源地保护区的划定工作，大力开展农村集中式饮用水水源地专项整治，按规范设置地理界标、警示标志和隔离防护栏；积极推进入河排污口排查整治工作，对万载县锦江干流及沿岸纵深2公里范围内的入河排污口开展现场实地排查，全面摸清入河排污口底数；成功创建了省级低碳县，全面完成了燃煤小锅炉淘汰改造，共淘汰改造燃煤锅炉38台，合计淘汰改造129.9蒸吨。扎实开展重点行业VOCs企业专项执法检查，指导4家企业制定了原辅料替换方案，完成1家有机化工企业（巴斯夫生物）VOCs深度治理设施建设；推进柴油货车污染治理，在县城两个主路口安装了黑烟抓拍系统，排气管口冒黑烟现象基本消除；持续开展非道路移动机械摸底调查和编码登记工作，已登记520台，同时要求工地禁止未上牌的机械进场施工作业。扎实开展重点行业企业用地土壤污染状况详查，完成了万载县26家重点行业企业调查基础信息的确认工作。进一步提升环保基础设施，完成园区污水处理厂二期提标改造，日处理规模达到1.25万吨/天，出水达到一级A标准并运行稳定。县生活污水处理厂一级A水质提标改造工程整体通过竣工验收，日处理规模达到3万吨/天。

4. 环保能力建设

2016年12月宜春市万载生态环境监测站通过江西省质量技术监督局计量认证/审查认可复评审。2018年园区污染源在线监控平台建成并正常运行，包含1套空气质量监测系统和3套厂界电子鼻。2019年安装2套雨水口监测系统（不含雨水站房）并运行，同时建立了万载县烟花爆竹智能监控平台，并覆盖所有烟花爆竹企业的县、乡、企三级联网联运接警智能监控平台，同年12月底前完成了县级集中式饮用水源地水质自动监测站建设并实现与省级平台联网上传数据，集中式饮用水源地水质自动监测站稳定、正常运行。2020年10月底前已完成长江经济带水质自动监测站建设工作，同时新购置一批土壤能力建设监测设备。

5. 生态建设成果

截至2020年，万载县共建有省级自然保护区1个（三十把省级自然保护区）、县级自然保护区3个（九龙自然保护区、竹山洞自然保护区、鸡冠石自然保护区）、省级森林公园1个（九龙庙省级森林公园）、省级湿地公园1个（龙河省级湿地公园），自然保护区面积达5962.9公顷。

万载县成功创建国家级生态乡镇4个，分别为：茭湖乡、高村镇、仙源乡、赤兴乡；省级生态乡镇16个，分别为：双桥镇、三兴镇、罗城镇、高村镇、高城镇、白良镇、鹅峰乡、赤兴乡、岭东乡、白水乡、仙源乡、茭湖乡、株潭镇、黄茅镇、潭埠镇、马步乡；省级生态村6个，分别为：马步乡寨下村；罗城镇藏溪村、横坑村；茭湖乡槽头村；三兴镇杭桥村；双桥镇绍江村。成功创建株木村、仙源村、花桥村、新华村、书堂村等47个市级生态村。

6. 固体废物治理

万载县2020年一般工业固体废物综合利用量为32.77万吨，处置量为0.62万吨，年底贮存量0.1万吨，一般工业固体废物综合利用率97.85%。工业危险废物处置量为0.12万吨，综合利用量为0.77万吨，全县工业危险废物利用处置率为94.87%。2020年万载县处于正常运营状态的危险废物经营单位有5家。2020年全县危险废物规范化管理考核均合格。

（二）问题与挑战

“十三五”期间，万载县生态环境质量总体改善，但结合当前生态环境新形势和碳达峰、碳中和的新要求，以及经济社会发展的新形势新要求,依然存在着一些问题与挑战。

1. 环境质量

全县生态环境质量总体向好的发展态势,但环境质量进一步改善的难度加大,大气污染防治形势依然严峻,$PM_{2.5}$ 和 PM_{10} 浓度均实现下降,但扬尘治理不见明显成效,臭氧污染凸显并有所加重,$PM_{2.5}$、臭氧协同治理难度大。水环境形势依然严峻。主要河流断面水质达标率常年稳定在 100%,但地表水水质综合指数排名在全省靠后;重点污染源工业废水排放达标率和规模化养殖场和集中式养殖场区畜禽粪便综合利用率还未达到 100%。

2. 碳达峰、碳中和任务重,绿色低碳转型艰巨

当前万载县产业还是以传统产业为主,高精端科技龙头产业缺乏。同时"十四五"预计实现经济社会高速发展,考虑 2030 年前碳达峰目标和 2060 年前碳中和愿景,产业升级改造、绿色低碳转型任务艰巨。

3. 环保基础设施建设

城区和工业园区污水管网建设不完善、雨污分流不到位,"跑冒滴漏"严重的问题仍然没有得到有效解决,污泥无害化处理处置设施建设缺乏;城乡集镇生活污水收集和处理能力不足、污水收集管网建设滞后,污水处理设施不到位,污水收集率、处理率不高;污水处理厂处理能力满足不了万载经济、社会发展的需要,化工企业"一企一管"未落实。

4. 农村环保

由于农村环境污染点多、面广、量大,涉及农业、生活等多种类型污染源,牵涉镇村及多个部门,管理难度大,造成农村环保工作在政策措施、资金配套、环保基础设施建设等方面缺乏足够的支持,畜禽养殖污染治理措施欠缺,农村污水处理等环保设施运行还不够正常,农村环境集中整治力度还不够明显,花炮垃圾治理不到位,镇村环保力量还不够充实,农村环保工作在环境监管和环境整治方面依旧困难。

5.工业固体废物管理难度大

目前万载县一般工业固体废物处置中心未建,低价值可回收和不可利用的一般工业固体废物缺乏利用处置出路,部分企业产生的固废无法实现就近处置,远距离的收集和运输也会带来一定的环境风险,大部分流入生活垃圾收运处置系统处置。南氏锂电锂渣量大、处理难,小微产废企业、社会源产生危险废物收集难、成本高问题仍然突出。固体废物处理能力结构性不平衡,处理设施在区域分布和类别方面也不平衡,且收集体系不健全。固体废物环境管理大格局体系有待完善,固体废物监管难度大,涉及管理部门多,职责界限不够清晰,协调难度大,齐抓共管合力不足。

6.群众对环境质量的期望高

随着社会经济的全面发展,人民群众的环境意识不断提高。万载县环境质量总体较好,但仍有需要改进的地方。环境保护问题如处置不当,可能影响环境质量和群众对环境的满意度。如何在社会经济发展的同时,处理好群众关心的环境问题,也是未来五年环境保护工作面临的挑战。

(三)重大机遇

"十四五"时期是我国全面建设小康社会、实现第一个百年奋斗目标之后,乘势而上开启全面建设社会主义现代化国家新征程、向第二个百年奋斗目标迈进的第一个五年。"十四五"时期也是生态环境围绕贯彻新发展理念,深入打好污染防治攻坚战,坚持把降碳摆在更加突出优先位置,对减污降碳协同增效一体谋划、一体部署、一体推进、一体考核,推动经济社会发展全面绿色转型的关键时期。

加快推动绿色低碳发展,积极应对气候变化。坚持把应对气候变化工作摆在更加突出位置,坚定不移把降碳作为促进经济社会全面绿色转型的总抓手。贯彻新发展理念,发挥生态环境保护倒逼、引导、优化和促进作用,助力构建以国内大循环为主体、国内国际双循环相互促进的新发展格局。发展绿色金融,支持绿色技术创新,促进绿色生产、绿色流通、绿色消费。大力发展节能环保产业,推进重点行业和重要领域绿色化改造,加快形成绿色生产生活方式。为万载县生态环境保护、应对气候变化、绿

色低碳发展、高质量发展提出了方向指引和新的要求。

宜春市不断推进生态文明建设，确保生态环境质量位居全国一流。“十四五”宜春市把美丽城市、健康城市、宜居城市建设取得新成效，绿色发展水平走在全省前列，生态环境质量位居全国一流作为生态文明建设发展目标，将不断优化国土空间开发保护格局，提高资源能源利用效率，生态文明理念深入人心，加快绿色生产生活方式形成，持续增加优质生态产品供给，不断壮大“生态＋大健康”产业作为手段，为万载县生态环境质量持续改善确定了方向和目标。

万载县践行“生态＋”发展理念，持续深入推进产业生态化和生态产业化。万载县列为江西省生态环境厅关于开展第三批绿色低碳试点项目名单，借此契机，万载县“十四五”期间将发展绿色生态优势产业、完善生态价值转化机制、推动能源清洁低碳安全高效利用，发展低碳和零碳能源。“生态＋”发展理念将有利于全体群众共同参与生态环境保护，促进全县生态文明建设迈上新的台阶。

二、指导思想、原则与目标

（一）指导思想

深入贯彻党的十九大和十九届二中、三中、四中、五中、六中全会精神，坚持以习近平新时代中国特色社会主义思想、生态文明建设和习近平总书记视察江西重要讲话精神为指导，深入落实江西省委“创新引领、改革攻坚、开放提升、绿色崛起、担当实干、兴赣富民”“二十四字”工作思路，紧扣宜春市委建设“综合实力强市、绿色发展大市、文明幸福城市”目标，立足新发展阶段、贯彻新发展理念、构建新发展格局，协调推进生态环境高水平保护和经济高质量发展，全力打造美丽宜居新万载。

（二）基本原则

坚持绿色低碳发展，提升生态文明水平。坚持“绿水青山就是金山银山”，以生态环境质量改善为核心，以减污降碳协同增效为抓手，以源头治理为根本策略，更加突出精准治污、科学治污、依法治污，大力推进碳达峰行动，深入打好蓝天、碧水、净土保卫战，确保全县生态环境质量持续改善，生态环境约束性指标全面完成，切实增强人民群众的生态环境获得感、幸福感、安全感，以生态环境高水平保护助推万载高质量跨越式发展。

坚持依法治污、长效管控。统筹污染治理、生态保护、应对气候变化，建立“源头严控、过程严管、后果严惩”的制度体系，对污染源、排放过程和环境介质依法统一监管，对造成生态环境损害的责任者实施赔偿制度和责任终身追究制，依靠法律和制度加强生态环境保护。突出依法治污，坚持依法行政、依法治理环境污染和保护生态环境，达到长效管控污染治理问题，持续推进环境质量改善。

（三）主要目标

结合国家、江西省、宜春市“十四五”生态环境保护规划目标，并综合考虑万载县生态环境保护现阶段的特点和“十四五”期间万载县经济社会发展趋势，万载县“十四五”期间生态环境保护目标主要以保护生态环境和改善环境质量为总体目标，严密防控环境风险，不断提高环境管理系统化、科学化、法治化、精细化和信息化水平，确保与开启全面建设社会主义现代化国家新征程目标总体要求相适应。

1. 环境质量

进一步落实大气、水、土壤污染防治计划。地表水水质优于相应功能水体类别的比例进一步提高；饮用水源水质全部达到III类及以上水质要求；城市细颗粒物浓度持续下降，城市空气质量优良天数比例达到省、市规定的要求；土壤环境质量基本保持稳定；环境辐射水平维持天然本底范围；声环境质量总体不低于现有水平。

2. 应对气候变化，逐步落实碳达峰、碳中和工作

响应国家、江西省和宜春市关于应对气候变化，碳达峰、碳中和工作要求，大力淘汰落后产能、化解过剩产能、优化存量产能，严格控制高耗能行业新增产能，推动传统高耗能行业转型升级。积极发展战略性新兴产业，加快推动现代服务业、高新技术产业和先进制造业发展；努力增加生态碳汇，加强森林资源培

育,开展国土绿化行动,不断增加森林面积和蓄积量,加强生态保护修复,增强绿地、湖泊、湿地等自然生态系统固碳能力。

3. 污染物总量减排

按照省、市统一部署和要求,实施化学需氧量、氨氮、二氧化硫、氮氧化物、挥发性有机物等排放总量控制,全面完成宜春市下达给万载县的减排控制目标。重点行业重金属污染排放强度控制在上级下达的指标内。

4. 挥发性有机物综合整治

进一步完善万载县涉挥发性有机废气(VOCs)企业的综合整治工作,完成挥发性有机废气的收集和治理措施,大幅提高VOCs无组织排放收集率和废气处理效率。建立符合万载县实际的VOCs污染防治体系,协同控制温室气体排放,推动环境空气质量持续改善。

5. 积极创建"无废城市"

通过全面落实固体废物污染防治责任,积极开展固体废物源头减量,加快推进固体废物回收体系建设和处置能力建设,不断提高固体废物管理精细化、信息化水平,防范生态环境风险,健全万载县固体废物污染防治体系,最终实现整个城市固体废物产生量最小化、资源化利用充分、处置安全的目标。到2025年底,万载县固体废物制度体系、技术体系、市场体系、监督管理体系臻于完善,助力"无废城市"主要指标达到先进水平。

6. 生态文明建设

加大对三十把省级自然保护区、九龙自然保护区、竹山洞自然保护区、鸡冠石自然保护区、九龙庙省级森林公园、省级湿地公园生态环境保护,制定完善的生态环境保护监管制度;持续改善乡村生态环境,做好生态示范创建申报工作;落实生态环境损害赔偿制度,提升生态环境损害纠纷处理能力。

展望二〇三五年,万载县生态环境显著提升,生态文明建设纵深推进,生态环境保护和治理体系不断健全,乡村振兴战略深入实施,生态环境质量位居全市前列,资源能源利用效率大幅提高,绿色产业体系基本建成,绿色生产方式和生活方式加快形成。碳排放率先达峰后持续下降,碳中和取得明显进展。生态保护管理设施装备水平和综合能力基本满足现代化要求。广泛形成绿色生产生活方式,生态环境根本好转,美丽万载目标基本实现。

(四)指标体系

表18　**万载县生态环境保护"十四五"规划指标体系表**

指标		2020年基准值	2025年目标值	五年累计	指标属性
(一)环境治理					
1.细颗粒物($PM_{2.5}$)浓度(微克/立方米)	城区	25	24.9	—	预期性
2.空气质量优良天数比率	城区	97.2%	95.2%	—	预期性
3.地表水达到或好于Ⅲ类水体比例	省考监测断面	100%	100%	—	预期性
4.地表水达到或好于Ⅱ类水体比例	省考监测断面	50%	≥50%	—	预期性
5.地表水Ⅴ类及劣Ⅴ类水体比例	监测断面	0	0	—	约束性
6.地下水环境质量(区域)Ⅴ类水比例		50%	稳中向好	—	预期性
7.主要污染物排放总量减少(吨)	氮氧化物	—	按省里下达任务	—	约束性
	挥发性有机物	—	按省里下达任务	—	约束性
	化学需氧量	83.5	按省里下达任务	—	约束性
	氨氮	9.38	按省里下达任务	—	约束性

续表 18

指标		2020 年基准值	2025 年目标值	五年累计	指标属性
(二)应对气候变化					
8.单位地区生产总值二氧化碳排放降低		—	—	[按省里下达任务]	约束性
9.单位地区生产总值能源消耗降低		3.5%	—	[按省里下达任务]	约束性
10.非化石能源占一次能源消费比重		—	—	[按省里下达任务]	预期性
(三)环境风险防控					
11.受污染耕地安全利用率		93%	93%	—	约束性
12.重点建设用地安全利用率		90%	93%	—	约束性
13.放射辐射源事故年发生率(起 / 万枚)		0	<1.3	—	预期性
(四)生态保护					
14.生态质量指数(EI)		75	稳中向好	—	预期性
15.森林覆盖率		66.23%	64.5	—	约束性
16.生态保护红线占国土面积比例		26.33%	不低于国家批复要求	—	约束性
(五)人居环境改善					
17.集中式饮用水水源达标率		100%	100%	—	预期性
18.生活污水处理率	城镇生活污水处理率	65%	96%	—	预期性
	农村生活污水治理率	18%	30%	—	预期性
19.城市生活垃圾无害化处理率		100%	100%	—	约束性
20.城市黑臭水体比例		0	0	—	预期性
(六)创建"无废城市"					
21.一般工业固体废物综合利用率		97.85%	按省里下达任务	—	预期性
22.医疗废物集中无害化处置率		100%	100%	—	预期性
23.工业危险废物利用处置		安全可控	安全可控	—	预期性

三、加快产业升级,促进绿色发展

坚持预防为主,强化宏观调控,将禁止开发区、限制开发区与严守生态红线结合,将重点开发与控制行业资源能源消耗和污染物排放总量结合,将优化开发与提高行业准入标准、引导绿色产业发展、推动绿色消费结合,形成节约资源和环境的空间布局、产业结构和生产方式。

(一)优化产业空间布局

落实宜春市“三线一单”生态环境分区管控要求。把生态环境保护摆在突出位置,以“三线一单”为导向促进城镇化发展和产业结构调整。在产业发展时要严格落实生态环境分区管控单元要求,将环境质量底线和资源利用上线作为容量管控和环境准入要求,以空间、总量和准入管控为切入点落实“三线一单”。

宜春市“三线一单”生态环境分区管控把万载县全区域划分为3个优先保护单元、5个重点管控单元、2个一般管控单元。优先保护单元分别为ZH36092210001白水乡、赤兴乡、仙源乡、茭湖乡,ZH36092210002岭东乡,ZH36092210003高村镇、罗城镇。优先保护单元允许开展水土保持工程、原住民生产生活设施等民生工程、生态保护及修复项目、自然观光、科研、教育、旅游、水利、能源、交通、扶贫攻坚、农林产品加工、林下经济、生态观光、森林康养、养生养老、国防、重大战略资源勘查等环境友好型产业和不损害或有利于维护区域主体功能的活动,严格管控类农用地,不得在废弃矿山区域种植食用农产品;重点管控单元分别为ZH36092220001万载工业园,ZH36092220002马步乡、鹅峰乡(万载工业园除外),ZH36092220003康乐街道,ZH36092220004三兴镇、罗城镇(生态保护红线范围外),ZH36092220005株潭镇,其中万载工业园环境风险防控要求靠近锦江附近工业园用地禁止引入印染、化工、电镀、酿造等水污染型企业,对园区现有的化工、酿造、制药企业做好风险防控措施。马步乡、鹅峰乡(万载工业园除外)、康乐街道、三兴镇、罗城镇(生态保护红线范围外)、株潭镇要求禁养区畜禽养殖退养,已污染地块应当依法开展土壤污染状况调查、治理与修复,符合相应土壤环境质量要求后进入用地程序;一般管控单元分别为ZH36092230001高城镇、白良镇,ZH36092230002黄茅镇、潭埠镇、双桥镇,一般管控单元要求小(二)型以上水库全面禁止肥水养殖。

到2025年,“三线一单”生态环境分区管控体系进一步完善,产业结构调整不断优化,绿色发展水平明显提高,全县生态环境质量持续改善,生态服务功能稳步提升。

(二)推动能源结构调整

打造绿色低碳能源结构。开发利用风能、太阳能和生物质能等清洁能源,建立清洁低碳安全的能源供应体系。区域内严格控制新增用煤锅炉和设备,淘汰落后燃煤锅炉,推进节能减排,促使现有用煤设备高效利用。持续提高非化石能源发电装机和发电量比重,持续推进新能源、水电等电力项目,加强绿色调度,使可再生能源电力优先上网。推进电能替代,提高清洁能源和可再生能源比例。形成科学发展、可持续发展的能源发展新模式,构筑安全、清洁、高效、协调的能源保障体系。

强化资源能源高效利用。加快采用节能新技术、新产品和新装备,深入推进工业、交通运输、建筑、公共机构等重点领域节能,提高能耗准入门槛,实施建筑能效提升工程。加快天然气管网建设,稳步推进“煤改气”工程。

积极推进区域内集中供热工程的建设,加快铂瑞能源(万载)有限公司万载县工业园新型热电联产项目二期工程建设。搭建资源共享废物处理服务高效的公共平台,促进废物交换利用、能量梯级利用、水的分类和循环使用,实现绿色低碳发展。坚持节能优先战略,优化交通能源结构,加快交通运输电气化进程。推动绿色建筑发展,提高建筑物能源自给率。

严控“两高”行业新增产能。严格控制产能已经饱和的水泥、平板玻璃等新建“两高”项目新增产能，严格执行国家产能置换等量替代或减量替代要求。未落实减量替代要求，未办理节能审查等手续，擅自进行改扩建限额项目，按照有关规定进行处理。属于技术改造的“两高”项目，确保技改后单位产品能耗量和排放量只减不增。同时，加大对落后产能和高耗低值企业的淘汰力度。

（三）推动产业结构调整

优化产业结构。构建以新型烟花爆竹为竞争优势，以新能源、安全环保、电子信息为主导产业；以食品医药、橡胶、新型建材、新材料、机械制造等特色产业的发展格局。充分发挥自身优势，培育壮大产业内龙头企业，以龙头企业为带动，向产业链下游延伸；同时积极做好招商引资工作，引入相关配套产业，拉长产业链条。全面构建技术先进、优势突出、结构合理、竞争力强的产业集群发展模式。

全面升级烟花爆竹产业。全面完成落后烟花爆竹企业整顿退出工作，做细做实第五轮国标建设工作。在继续发展以株潭镇、黄茅镇、潭埠镇为中心，双桥镇、高城镇、岭东乡区域为辅助的烟花爆竹产业的基础上，优化烟花爆竹产业链，打造宜春市西部烟花爆竹产业集聚区。同时，积极推动地方标准的制定，支持各类烟花爆竹企业制定企业标准。持续推进烟花爆竹产业科技创新，淘汰国家落后生产机械及其工艺。加强新工艺、新产品、新技术、新机械的研发、应用与推广，推进烟花爆竹1.1级工序“机器换人”进程，推广应用爆竹湿润法自动化装药技术，可削减其制造和回收处理过程中产生的污染。逐步推进信息科技与技术等与传统烟花爆竹生产过程的融合应用，完成全国烟花爆竹产业创新示范区建设。

优化安全环保产业。全面推广消防器材、监测预警、安全防护等安全专用技术、产品、服务的产业化和应用。继续推进大宗固体废弃物综合利用基地建设。

发展新能源产业。加大对锂电新材料的开发力度，加强新能源新材料基地建设，积极引进锂电新能源关联企业，促进锂电新能源企业聚集，延伸锂电新能源产业链。继续推进以风力发电、光伏发电为主的清洁能源项目建设，充分开发区域内风电资源，发展分布式光伏发电，积极引进下游储能、氢能产业入驻，延伸清洁能源产业链，加速形成产业优势，鼓励沼气利用、太阳能热利用，壮大新能源产业集群，形成绿色循环产业基地。

电子信息产业。大力发展电子信息产业，加强电子信息产业基地建设，积极引进上下游关联配套企业入驻，加速形成产业优势，扩大产业规模，促进各产业集聚区完善产业链条。

加快淘汰落后产能。严格落实《产业结构调整指导目录》（2021年修订本），加快推动“淘汰类”生产工艺和产品退出。对万载县青林造纸厂、金信纸业、康强纸业、万盛纸业4家造纸企业进行停产、搬迁或升级改造，进一步提高造纸企业标准，推动和促进造纸行业节能减排绿色发展。

鼓励产业绿色化改造。鼓励行业协会通过制定规范、咨询服务、行业自律等方式提高行业供应链绿色化水平。加快推进工业产品生态设计和绿色制造研发应用，在重点行业推广先进、适用的绿色生产技术和装备。鼓励企业开展绿色设计，选择绿色材料，培育一批绿色设计示范企业、绿色工厂、绿色园区和绿色供应链管理企业，实施绿色采购，推行绿色包装，开展绿色运输，做好废弃产品回收处理，实现产品全周期绿色管理。实施“一园一策”“一行一策”，推进绿色低碳工业园区建设，全面提升工业园区和产业集群区域环保治理和绿色发展水平。

优化调整特色产业结构。万载县作为国家农业绿色发展先行区，充分利用万载县生态优势，大力实施农业生态与安全计划，促进生态循环标准化农业建设。立足有机富硒的资源优势，推进产业体系绿色升级，重点发展优质富硒水稻、油茶、百合、有机富硒和生态休闲农业。加快推进高标准农田建设，高起点、高标准建设一批绿色生态农产品基地。加快推进农业结构调整，大力推广农业绿色生产新模式、新技术，发展绿色产业；优化特色产业布局。完善畜禽养殖污染线下网格巡查与线上协同防控机制，加强死亡动物无害化处理监管，加强沼液的综合利用工作。深入实施测土配方施肥、农药减量控害工程，加大有机肥、生物农药生产和推广力度，降低化学农药和化肥使用量，提高肥药利用率，减少氮、磷等排放，推进农业薄膜等废弃物的回收和资源化利用，减轻和控制农业污染。严格落实禁用兽药、饲料添加剂规定，加大环保型饲料、兽药的推广应用。实施绿色防控服务，推进病虫害绿色防控技术使用，实现畜禽粪便资源化、农业生产无害化、生态循环农业发展目标。

（四）弘扬红色文化，传承红色基因

加大宣传力度。在“文化遗产保护日”“旅游日” 等重要节点，利用微信、微博、电视台等多种宣传方式，及时发布烈士陵园祭扫，参观湘鄂赣省委《红旗》报社旧址、中共湘鄂赣省委旧址、纪念馆等活动。各乡镇（街道）部门积极开展红色故事宣讲，引导广大少年儿童“从小学党史　永远跟党走”。组织各中小学师生，利用主题班会、团会、学生集会等时间，开展党史、新中国史、改革开放史、社会主义发展史学习教育和国情、省情、市情、县情宣传宣讲。

推进文旅融合。充分利用全县的历史文化和红色文化资源，以万载县城、仙源乡、赤兴乡、高村镇为重点区域，衔接国家级的长征文化遗址公园和罗霄　山脉红色旅游项目，综合开发融观光、瞻仰、教育、休闲、体验、度假等多种性质于一体的复合型文旅产品。合理规划旅游区域，对于既定规划内容进行保护性开发，最大限度地降低对生态环境的破坏。景区内规划设置垃圾箱，尽力做到将生活垃圾堆放进垃圾箱，以便集中处理。

全面加强保护革命文物的前提下，不断拓展革命文物利用途径，改进创新红色旅游宣讲和展陈方式，组织开展各类具有庄严感和教育意义的主题纪念活动，丰富红色文旅内容。加强红色旅游人才队伍建设，推动红色旅游与其他旅游业态的融合发展，打造“红色＋乡村”、“红色＋文创”、“红色＋民俗”等红色旅游复合型产品，助推红色旅游高质量发展。

要大力强化红色文化的场域体验。抓好建党百年重大主题创作，结合仙源湘鄂赣红色旅游景区开展建党百年文艺演出、红色经典剧目展演、红色旅游等系列活动。精心创作建党100周年的歌剧、戏曲、小品等精品艺术。

（五）完善绿色低碳发展体系

实现工业污染源全面达标排放。积极推动工业污染源实现全面达标排放1。分阶段施行，分行业开展工业源全面排查、整改、达标排放计划，预计2025年底，各类工业污染源持续保持达标排放，环境治理体系更加健全，环境守法成为常态。

提升规划环评效力。主导产业涉“两高”项目的产业园区，其规划环评应充分考虑“两高”项目及其带动的上下游产业链，分析污染物和碳排放情况与减排潜力，预测规划实施可能产生的不良影响，对规划提出优化调整建议，充分考虑区域电源、热源供应情况，做好蒸汽、电力集中供应、分级使用和工业污水集中处理回用，强化园区层面环境保护基础设施建设、资源循环利用和风险防控体系建设，严格“两高”项目及生产工艺的生态环境准入要求，推进园区绿色低碳发展。

鼓励绿色消费。树立绿色消费理念，将社会消费理念从过度消费向适度消费转变，从环境损害型消费向环境友好型消费转变，把消费限制在环境的承受能力之内。加强绿色消费宣传教育，通过广泛开展环保、节能、节水、节材、低碳、低排主题宣传，引导群众转变旧的生活习惯，鼓励人们在满足基本物质需求的同时，追求低碳绿色消费方式。增加绿色产品供给，政府通过完善产品环境标准，提高其市场准入门槛，在强制对环境影响大的产品退市的同时，运用税收减免、补贴、绿色金融等经济手段扶持绿色产业。鼓励绿色产品生产者企业加大绿色产品研发投入，降低绿色产品的实际溢价水平。

全民倡导绿色价值观，抵制和谴责过度消费和浪费资源能源的行为，倡导勤俭节约、绿色低碳、文明健康的社会新风尚，在全社会形成生态文明的良好氛围。把生态文明教育纳入国民教育、继续教育、干部培训和企业培训，构建从家庭到学校到社会的全方位生态文明教育体系。开展绿色学校、环保教育基地等创建活动，广泛动员全民参与生态文明建设。坚持绿水青山就是金山银山理念，坚持尊重自然、顺应自然、保护自然，坚持节约优先、保护优先、自然恢复为主，守住自然生态安全边界。深入实施可持续发展战略，完善生态文明领域统筹协调机制，构建生态文明体系，促进经济社会发展全面绿色转型，建设人与自然和谐共生的现代化。

专栏1　产业结构调整重大工程

（一）促进产业集群的构建

以龙头企业、骨干产品为核心，促进形成产业集中度高、关联度大、竞争力强的园区支柱产业群。围绕有机食品加工、锂电新材料、电子信息三大主导产业，兼顾机械制造、橡胶化工和新型建材等传统优势产业，引进相关企业入园落户。提高企业间产业链、供应链、价值链的关联度，实现资源的优化配置。新增培育高新技术企业10家、省级技术创新中心2家、市级工程技术研究中心5家。

（二）优化特色农业产业结构

打响有机富硒品牌，加快推进恒晖大农业、亚太中商万亩富硒现代农业产业园等项目建设，新建有机富硒农产品生产基地3.2万亩，培育有机富硒产品116个，打造健康食品产业示范区。推进国家农业绿色发展先行区建设。

（三）能源结构调整

完成省天然气长输管网宜万支线项目建设，推进景镇燃气公司接收门站、中压管网建设和储气设备建设。

完成14万千瓦装机容量的风电场建设。建成35万千瓦装机容量的光伏发电场建设。

（四）全面推进节水型社会建设

坚持开源与节流并重、节流优先、治污为本、科学开源、综合利用的原则，立足现有水源条件，充分挖掘节水和供水潜力，合理配置“生产、生活、生态”用水，推进锦泰灌区（罗城、三兴、白良）节水设施改造、公共管网及公共管用用水大户节水改造、小区及学校节水设施改造等项目的实施，逐步推动节水型社会建设。

（五）万载县鄂赣革命纪念馆

新馆计划用地69~80亩，由湘鄂赣革命纪念馆与湘鄂赣红军纪念广场两部分组成；展馆主楼二至三层，占地3000平方米。

（六）仙源湘鄂赣红色旅游景区提升改造

充分利用湘鄂赣革命根据地的建筑、旧址，以传递红军精神、展现红军长征文化为要点，综合开发融观光、瞻仰、教育、休闲、体验、度假等多种性质于一体的复合型旅游产品，通过丰富的互动式项目的设计带给游客非同一般的红军长征文化体验，使之成为江西知名的红色旅游精品景区。

四、落实达峰行动，应对气候变化

在第七十五届联合国大会，习近平总书记庄严承诺，中国将采取更加有力的政策和措施，二氧化碳排放力争于2030年前达到峰值，努力争取2060年前实现碳中和。2020年中央经济工作会议首次将“做好碳达峰、碳中和工作”列入年度重点任务。围绕2030年前二氧化碳排放达峰目标和2060年前实现碳中和的愿景，积极应对气候变化国家战略深入推进实施，碳达峰行动纳入生态文明建设整体布局，为统筹经济社会高质量发展和生态环境高水平保护提供重要推手。

（一）实施碳排放达峰行动方案

制定碳达峰实施方案。实施以二氧化碳排放强度控制为主、总量控制为辅的制度。结合万载县实际开展研究应对气候变化专项规划和控制温室气体排放工作方案，落实“十四五”应对气候变化规划思路，明确达峰目标、路线图和配套措施。

推进碳达峰行动。从调整能源结构、优化产业结构、提升能源效率、推进低碳技术研发、增加生态碳汇、发挥碳市场作用和减污降碳协同效应等方面采取切实、有效的举措,系统推进碳达峰行动。大力发展清洁能源是如期实现碳达峰、碳中和目标的关键举措,要在能耗“双控”和碳排放“双控”约束下,因地制宜,充分挖掘清洁能源发展潜力,着力推动减污降碳协同增效和生态环境质量持续改善。

落实林业碳汇方案行动。根据《江西省生态环境厅关于开展林业碳汇项目开发试点工作的通知》工作部署,为控制温室气体排放,打通“两山”转化通道,实现生态价值转换,推动万载县林业碳汇项目。万载县拥有丰富的森林资源,特别毛竹资源丰富,积极研究推广竹林增汇技术和竹林碳汇项目,把竹林提质增汇与增收相结合,促进竹林生态价值货币化以及竹林碳汇产业的形成,也可利用竹林碳汇项目开发增加收入,提高应对气候变化的能力。通过落实开展林业碳汇项目的开发与交易推进万载县国土绿化行动,巩固生态优势,强化万载县碳排放达峰行动。

加强农业面源污染控制。增加农田土壤碳汇,开展有机肥替代化肥行动,推广应用以农作物秸秆覆盖还田、免少耕播种为主要内容的保护性耕作技术,推进秸秆综合利用,建立多途径的秸秆利用模式;减少农业源氨的挥发,加快畜禽粪污资源化利用和无害化处置设施建设,发展生物质能源,推行秸秆气化工程、沼气工程等。

推动企业碳排放达峰。深化温室气体清单编制常态化工作,强化清单数据应用。强化应对气候变化与深化经济发展、能源改革和环境质量改善等工作的协同管理,加强工业、城乡建设、交通运输、农业、废弃物处理等重点领域温室气体排放控制。推动重点行业提出达峰目标,实施工业行业二氧化碳排放达峰行动。提高高耗能行业项目准入门槛,加速淘汰二氧化碳排放高的落后产能。推动电子信息、新能源新材料、新型建材、橡胶制品制造等重点行业制订达峰目标,加速实现。

大力推进碳排放交易。鼓励大型活动优先购买经省主管部门备案的林业碳汇量实施碳中和,完善大型活动碳中和的制度,根据《大型活动碳中和指南(试行)》指导和规范大型活动碳中和实施。根据全国、全省碳排放权交易市场建设统一部署,落实碳排放权交易制度,推动企业积极参与碳排放权交易。加强重点排放单位温室气体排放报告核查,组织开展碳排放配额分配,对清缴履约进行监督管理。加强生态系统保护和修复,重点提升林地、湿地等自然空间碳汇能力。

(二)加强温室气体排放控制

开展重污染行业整治。以污染物总量减排为核心,大力开展重点行业企业污染综合整治工作,全力推进万载县铂瑞能源(万载)有限公司热电联产机组供热范围内的燃煤锅炉和落后燃煤小热电关停整合。加大对燃煤、生物质等两大类涉气企业,尤其是对砖瓦窑、烘干炉窑等燃煤企业和生物质锅炉的监管,确保达标排放。

控制交通领域二氧化碳排放。大力发展低碳交通,普及使用电动(混动)出租车、电动公交车,推广使用节能或新能源汽车,加快充电基础设施建设。积极落实《国务院办公厅关于加快电动汽车充电基础设施建设的指导意见》,新建住宅配建停车位应100%建设充电设施或预留建设安装条件,大型公共建筑物配建停车场、社会公共停车场建设充电设施或预留建设安装条件的车位比例不低于20%,每2000辆电动汽车至少配套建设一座公共充电站。鼓励建设占地少、成本低、见效快的机械式与立体式停车充电一体化设施。对高速公路服务区和有条件的加油站规划建设一定比例的充电桩或预留充电设施接口。加强机动车管理,鼓励购买小排量、新能源等环保节能型汽车,发展低排放、低能耗交通工具。加强机动车排放检验机构检验关卡,促进高排放车辆维修治理、淘汰报废。加大交通行业节能低碳技术开发与推广。

控制非二氧化碳温室气体排放。深入推进能源、工业、建筑、交通等领域低碳转型,推动煤炭占能源消费比重持续下降,加大甲烷、氢氟碳化物、全氟化碳等其他温室气体控制力度，实施温室气体与环境污染物协同控制。严格落实能耗总量和强度“双控”制度，逐步淘汰高耗能产业中的落后企业，建设能耗监测管理信息平台。开展油气系统甲烷控制工作。加强标准化规模种植养殖，控制农田和畜禽养殖甲烷和氧化亚氮排放。加强污水处理厂和垃圾填埋场甲烷排放控制和回收利用。全面提高生态系统储碳能力，持续增加森林、湿地等生态系统碳汇。

（三）优化应对气候变化措施

健全应对气候变化工作机制。完善万载县应对气候变化工作领导小组工作机制，强化部门间协调配合。推动应对气候变化工作与环境污染治理和生态保护工作统筹融合、协同增效。加强温室气体与大气污染物排放协同控制，促进适应气候变化工作与生态保护修复等工作协同推进。持续完善应对气候变化工作技术支撑体系，继续开展碳排放权交易、适应气候变化、非二氧化碳温室气体排放控制等应对气候变化领域的相关研究工作。加强全县应对气候变化工作队伍建设和能力建设。

加强气候变化风险评估与应对。坚持减缓和适应并重，完善气候变化适应性评估机制，积极开展适应气候变化行动。强化市政、水利、交通、能源等基础设施气候韧性，提高农业、林业等重点领域气候适应水平。全面推进海绵城市建设，构建海绵型绿地系统。完善防灾减灾及风险应对机制，提升风险应对能力。着力增强农业抗御自然风险能力，提高农业生产适应气候变化能力。统筹提升城乡极端气候事件监测预警、防灾减灾综合评估和风险管控能力，制定应对和防范措施。

主动适应气候变化。落实《国家适应气候变化战略2035》，推动适应气候变化与可持续发展、生态环境保护等工作的有机结合，在农业、林业、水资源、基础设施等领域和重点区域积极开展适应气候变化行动，提升适应气候变化能力。开展应对气候变化基础性研究，建立“天地空”一体化生态气象观测体系，提高应对极端天气和气候事件能力。建立完善城乡一体化气象灾害防御标准化体系，重点实施城乡一体化气象灾害监测预报预警、突发事件预警信息发布平台、人影物联网体系、生态文明建设气象保障工程、智慧气象保障工程、现代气象科技工程、网格化气象服务系统建设，提升城市和基层气象防灾减灾与灾害风险管理能力。着力提升农村气象灾害防御水平，完成省级气象灾害防御标准化乡镇建设，实现气象灾害预报预警信息到村到户。

积极推动应对气候变化专项工作。万载县作为江西省第三批绿色低碳试点县，落实建立“零碳”试点示范创建体系。面向乡镇、社区、园区和企业，开展“零碳”试点示范工程创建工作。继续深化绿色低碳试点示范工作，开展低碳试点效果评估，积极交流、总结和推广试点经验。推广开展低碳社区试点建设。指导企业开展低碳技术应用和低碳产品认证工作。鼓励开展温室气体与污染物协同减排相关技术研发、示范与推广。

积极组织开展全国低碳日宣传活动，开展具有特色的全国低碳日活动，鼓励和倡导公共机构干部乘公共交通工具、骑自行车或步行上下班；办公区域停开一天空调；办公区门厅、走廊、楼梯等公共场所停开一天照明灯；日常办公复印、打印时双面用纸，参加会议自带水杯，通过这次活动减少一次性用品消耗，各公共机构张贴醒目的节能宣传画。引导群众参与形式多样的活动，提升全社会应对气候变化和绿色低碳意识。

专栏2　应对气候变化重大工程

（一）林业提质增汇工程

摸清万载县辖区内现有适合林业碳汇开发的资源，挖掘林业碳汇资源储备情况，通过科学经营管理措施比如抚育、补植等方式不断提高林业碳汇增量；完成人工造林5万亩、补植造林0.3万亩、森林抚育10万亩、封山育林3万亩，全县树种、龄组结构得到明显改善，森林质量明显提高，自然保护区（小区）、森林公园等公益林保护得以加强，县城人均公园绿地面积达 11.22 平方米。2025 年底，活立木蓄积量达 750 万立方米，毛竹 9400 万株，林地保有量 174 万亩，自然保护地面积 18 万亩。

(二)万载县碳达峰试点城市和园区建设

从能源清洁高效利用、产业绿色转型升级、重点领域节能降碳、生态系统有效固碳和机制体制创新等方面进行碳达峰试点城市建设；从体制机制创新、坚决遏制“两高”项目盲目发展和资源能源节约高效利用等方面进行碳达峰试点园区建设。

(三)低碳示范工程

积极推广碳普惠，探索碳普惠机制与碳汇机制的有机结合，引导居民百姓在日常生活中倡导低碳生活；在城镇、建筑、交通、社区、园区和企业等领域实施近零碳排放示范工程。

五、强化协同治理，推进空气质量持续改善

以细颗粒物($PM_{2.5}$)和臭氧(O_3)协同控制为主线，加快补齐 O_3 治理短板，强化多污染物协同控制和区域协同治理，逐步破解大气复合污染问题，基本消除重污染天气。

(一)协同开展 $PM_{2.5}$ 和 O_3 污染防治

完善大气污染综合治理体系。加强 $PM_{2.5}$ 和 O_3 协同控制，常态化开展 O_3 和 $PM_{2.5}$ 源清单、源解析工作，推进环境质量管理精准化和科学化。组织开展污染天气应对，统一区域重污染天气应急预警标准，建立快速应急联动响应机制。完善大气重污染应急预案，细化应急减排措施，实施“一企一策”清单化管理。逐步扩大重污染天气重点行业绩效分级和应急减排的实施范围，推进重污染绩效分级管理规范化、标准化，完善差异化管控机制。完善应急减排信息公开和公众监督渠道。

推进城市大气环境质量达标及持续改善。依据环境功能分区，结合万载县的城市空间布局调整，完善空气环境质量监测指标，在“十三五”的基础上加大减排力度，进一步减少 SO_2、NOx、颗粒物等大气污染物的排放，加大对挥发性有机物排放的控制，改善城区环境质量，实施城市大气环境质量目标管理，并向社会公布环境空气质量信息。到 2025 年，$PM_{2.5}$ 浓度控制在 24.9 微克 / 立方米以下，AQI 优良率达到 95.2%以上。

(二)深化工业源污染系统治理

实施重点行业污染物深度治理。持续推进砖瓦、造纸等工业污染源全面达标排放。对建材、铸造等重点行业及燃煤锅炉的物料(含废渣)运输、装卸、储存、转移和工艺过程等无组织排放实施深度治理。督促各乡镇(街道)要求辖区内砖瓦窑企业在加碱工作区安装摄像头，方便日常监管。加快推进集中供热、“煤改电”工程建设，有序实施“煤改气”项目，到 2022 年，除必要保留的以外，建成区基本淘汰每小时 15 蒸吨及以下的燃煤锅炉，禁止新建每小时 20 蒸吨以下的燃煤锅炉；建成区以外区域原则上不再新建每小时 15 蒸吨以下的燃煤锅炉。在化工、医药中间体等产业集聚区，通过集中建设热电联产机组逐步淘汰分散燃煤锅炉。进一步深化建材、有色等重点行业污染治理，优化有色金属冶炼企业主要污染物在线监控体系，建立中控系统，确保废气稳定达标排放。

强化 VOCs 全过程控制。建立挥发性有机物(VOCs)排污单位名录库，持续开展化工、包装印刷、家具、电子制造等行业 VOCs 污染整治。根据省、市挥发性有机物综合治理方案要求，并结合《万载县挥发性有机物综合治理方案》要求，开展万载县重点行业 VOCs 企业综合整治，督促工业园区落实整治主体责任，做好“一园一策”的制定和在线监控系统的运行。涉重企业产生的危险废物均委托有资质单位进行，无害化处理，把全县污染控制在规定范围内。

严格执行 VOCs 行业和产品标准。全面推进低 VOCs 含量涂料、油墨、胶黏剂、清洗剂等原辅料使用。开展加油站、储油库、油罐车等油气回收治理，油气回收率提高到 80%以上。加强汽修行业 VOCs 综合治理。加强VOCs 无组织排放控制，全面执行《挥发性有机物无组织排放控制标准(GB37822—2019)》。到2025年,有机化工、表面涂装、塑料制品、包装印刷等重点行业VOCs排放总量显著下降;加强废弃物焚烧、再生有色金属生产等行业持久性有机污染物调查监测和污染防治,实施持久性有机污染物统计报表制度,建立持久性有机污染物防治长效机制。

推进扬尘精细化管控。全面推行绿色施工,将绿色施工纳入企业资质评价考核。按照《江西省建筑施工扬尘检查标准》细化、量化"六个100%"要求,科学有序施工。加大城市出入口、城乡接合部、支路街巷等道路冲洗保洁力度,提高机械化清扫率和洒水率,扩大主次干道深度保洁覆盖范围,实施道路分类保洁分级作业方式。各城镇渣土运输车辆应全部采取密闭措施,逐步安装卫星定位系统;对重点建筑施工现场安装视频,实施在线监管。大型煤堆、料堆应实现封闭储存或建设防风抑尘设施。推广道路机械化清扫等低尘作业。到2025年,城市建成区主要车行道机扫率达到90%以上。

(三)加大县城污染综合整治力度

加强交通污染治理。严格执行汽柴油质量标准,强化油品生产、运输、销售、储存、使用全链条监管,加大执法力度,取缔黑加油站点,严厉打击制售劣质和不合格油品等违法行为。积极推动万载县城区高排放非道路移动机械禁止使用区的划定。落实常态化路检路查工作机制,加强对货车的日常管控,对货车违反限制通行、高峰期通行、不按线路行驶、遮挡号牌、抛洒杂物等违法行为进行整治;加大对运输高污染燃料车辆进行禁燃区的管理。

积极推动生活污染源防治。加强餐饮油烟污染整治,征求主管部门意见,合理规划餐饮服务业布点,依法严格餐饮服务业项目的审批,加强监管,确保油烟稳定达标排放。推广使用高效净化型家用抽油烟机,逐步减少家庭油烟气排放。城市餐饮油烟问题得到有效治理。严格执行烟花爆竹限燃限放管理规定,切实把限燃限放工作引向深入、导向常态,实现限放区内"限燃限放",因燃放引发的火灾、伤亡事故及各类案事件"零发生",推动限放区外实名制购买,确保烟花爆竹限放工作长效长治。

加强工业园管理。进一步引导和规范产业向园区集聚,加强重点污染企业监管。督促企业加大环保投入,规范排污行为,完善环保设施。对重点污染企业按照一企一档进行了规范建档,对重点污染企业实行每月监察一次、每季监测一次的环境监管全程跟踪服务,并对存在问题及时提出整改意见。

推进工业园区内审批扁平化、标准化、便利化,实现"园内事园内办"。强化园区审批与部门监管的有效衔接,确保在提高办事效率的同时监管不缺位。

加强噪声污染防治。强化工业及交通噪声污染控制,对产噪的新、改、扩建项目,加强环境噪声污染的防治措施,加强企业及园区配套绿化建设,提高绿化覆盖率,在工业区和居住区之间建立绿化隔离带,新建城市快速路、主干道,严格依照环评审批要求采取声屏障、绿化隔离带等综合措施进行整治;完善噪声功能区划,优化布局,合理安排声功能区和建设布局,防止或者减轻环境噪声污染,合理划定建筑物与交通干线的噪声防护距离,划定城市各行政区域内各类声环境质量标准的适用区域。

专栏3 重点行业大气污染治理重大工程

(一)工业园区和涉VOCs企业综合治理工程

完成万载县工业园区挥发性有机物"一园一策"专项整治方案,涉VOCs行业企业编制完成"一企一策"综合整治方案,并按方案要求进行综合治理;完善涉VOCs行业企业排放台账。建设万载县挥发性有机物(VOCs)污染防控系统,监测臭氧前体物(PAMS),提升环境监管能力,提高精准治污水平。

(二)工业废气污染防治工程

完成江西亚太科技发展有限公司一期废气治理技术改造项目,增加一套RTO集中处置装置、110套溶剂物料冷凝回收装置、6套吸附塔、4套树脂吸附、8套引风机、15套泵、1套VOCs在线监控设备等。

(三)交通尾气减排工程

构建重型柴油车OBD远程在线监控系统,通过采集分析车辆相关数据信息可全面实现对柴油货车的动态管理,监控万载县柴油车尾气排放情况,改善全县大气环境质量;完成G220万载绕一级公路建设,减少城区柴油车通行流量;老城区停车场建设,减少汽车尾气和扬尘对空气质量的影响。

(四)万载县乡镇空气自动监测站建设项目

新建三兴、株潭、鹅峰等四个乡镇空气自动监测站。主要内容包括:$PM_{2.5}$、PM_{10}、O_3采样分析仪器;监测子站及保证系统;监控中心(中心计算机室);通信系统等。

六、加强流域水生态保护,改善水环境质量

以改善水环境质量为核心,系统推进水环境、水生态和水资源保护,综合运用政策、法规、市场、科技、文化等手段,落实流域分区的差异化要求,不断提高水环境管理系统化、科学化、法治化、精细化和信息化水平,确保水环境目标如期实现。

(一)加强水污染治理,提升水环境质量

继续完善城镇管网建设。对城区生活污水处理进一步提质增效,建成区污水基本实现全收集、全处理,实现城区污水处理厂出水水质全部达到一级A标准。对老城区实施管网更新、破损修复、清淤堵漏等建设改造,对城市新区实施雨污分流建设和既有管网混接错接改造。对老城区的沿河西路、沿河东路、河西路、大北关路和阳乐大道等35条路段上的雨水管道、污水管道及附属排水设施进行清淤。分路段完成检测清淤工作,彻底改善老城区排水状况,提升水环境质量。

继续强化工业园区污水治理。继续加大工业园区管网建设,提高园区污水收集率,落实工业园区第二污水处理厂建设并投入运行。继续加强工业集聚区污水集中处理设施及配套管网建设,确保排入污水集中处理设施的工业企业废水预处理达标,污水集中处理设施运行稳定并达标排放。

落实重点行业专项治理。开展重污染行业水污染调查(化工、冶炼、造纸等高污染、高能耗项目)。严格产业环保准入,对新建污染源实施严格的审批制度;严禁工业废水直排,对水环境影响较严重且环保治理措施缺失的违规企业由县政府实施取缔、关停;加强环境监管,督促企业落实“三同时”制度,要求污染治理设施无法保证稳定达标的企业限期整改。制定农副食品加工、化工等重点涉水行业专项治理方案,大幅降低污染物排放强度。

(二)加强节约用水,保护水资源环境

建设节水型城市。按照《国家节水型城市标准》《城市节水评价标准》开展城市节水工作。推广普及节水器具,禁止生产、销售不符合节水标准的产品、设备。公共建筑必须采用节水器具,限期淘汰公共建筑中不符合节水标准的水嘴、便器水箱等生活用水器具。鼓励居民家庭选用节水器具。加强公共供水管网改造,对使用超过50年和材质落后的供水管网进行更新改造。

建立用水效率评估体系。明确用水效率控制目标,把节水目标任务完成情况纳入政府政绩考核。对纳入取水许可管理的单位和其他用水大户实行计划用水管理,实施年度监督检查,发布重点监控用水单位名录,并加强重点监控用水单位取用水计量监控。

提高全民水资源保护法律意识。通过横幅、广播、电视、新媒体等多种平台,采取发放环保知识手册、开展流动宣讲、放映环保纪录片、举办网络环保知识竞赛等方式,不断提升宣传教育效果;找准宣传重点,对普通群众,要重点宣传大量使用农药化肥和在水源地保护区内倾倒垃圾的危害性,明确水污染对周遭居民生产生活、身体健康的严重危害,引导群众合理使用农药化肥、养成定点投放生活垃圾的良好习惯。对涉水企业负责人,重点宣传违反《中华人民共和国水污染防治法》后果的严重性,讲清楚县委、县政府对环境违法行为的“零容忍”态度，引导企业加大环保投入，依法依规生产。

（三）加强水生态环境保护，提升水生态健康

完成锦江流域生态修复。着力开展锦江流域万载区域生态环境修复治理，从龙河锦江两河交汇处起，流经康乐街道、鹅峰乡、工业园区、三兴镇至均车断面，全长约19.7千米，通过生态修复、水体复氧、微生物水质提升、河道固定化AF装置、生态河岸带构建等生态措施提升河道自净能力，逐步改善锦江水质；启动乌溪河、九仙塘等水系治理，因地制宜采取清淤、人工湿地、生态修复等措施进行水系的综合治理，提升水环境质量。

建立重点流域分区、分级管控机制。强化万载县重点流域空间管控要求，严格实施流域水生态功能分区管理，明晰各级行政辖区责任，建立从流域—水功能区—控制单元—行政辖区四个层级的管控体系。根据重点流域汇水范围，将控制单元落实，落实治理责任主体。开展重点河流水环境综合整治，使得流域分区管理能做到精准施策。推进水功能区、断面考核制度衔接，结合各断面污染监测数据，开展水环境承载力评估工作。

优化水生态系统。加强湿地保护与修复，万载县8公顷以上的湿地69处，总面积为25668.99公顷，其中面积在100公顷以上的湿地2处计725.7公顷（即三十把水库和锦江水库），加大湿地保护力度，开展湿地保护专项整治，对三十把水库和锦江水库湿地进行保护与修复。调整和优化城市河流、湖泊生态系统结构，结合城市景观湖泊的生态功能，实施生态系统修复与水质改善工程，改善万载县重点河流及湖泊水质。对锦河、白水水、柴田河、龙河水、白良水、牟溪水、白良水、泰溪（康乐水）、黄茅水、山口水、龙溪水、九龙水等实施水生态环境治理与补水污染净化。实现水系水体整治、控源截污，改善河湖生态，优化水生环境，逐步实现受污染水体的水质改善。

开展饮用水水源保护规划范建设。按照省生态环境厅《江西省县级集中式饮用水水源地保护专项排查整治工作方案》的要求，对县城集中式饮用水水源地开展规范化整治。严格按照“一源一策”要求，进一步排查农村饮用水水源地环境问题，制定饮用水源地环境问题清单。大力开展饮用水水源地专项整治。对全县14个（1个县级、13个乡镇级）集中式饮用水水源地进行全面排查，针对每个水源地提出了相应的整改措施，明确责任单位和整改期限。同时，加大对饮用水水源地周边环境保护力度，采取定期和不定期相结合的巡查方式，保障饮用水源地环境安全。

加强入河排污口建档及监督管理工作。根据《入河（海）排污口命名与编码规则》（HJ 1235—2021）、《宜春市污染防治攻坚战入河排污口整治专项行动实施方案》和《宜春市长江保护修复攻坚战工作方案》要求，对前期已排查的万载县锦江干流及沿岸纵深2公里范围内的入河排污口，按照“一口一策”原则，进行命名、编码、树牌和建立工作台账等。定期开展入河排污口监督性监测，对全县12个规模以上入河排污口定期开展监督性监测，每半年开展一次。对不符合设置条件的违法入河排污口进行迁移、封堵、取缔。

专栏4　水生态环境保护提升重大工程

（一）饮用水源工程建设

新建农村饮水巩固提升工程59个，实现供水人口13.6万人。大力发展城乡供水一体化，形成城乡连通的供水网络，建设城乡一体化供水工程14个，实现供水人口37.17万人，争取到2025年底，实现农村自来水全覆盖。完成万载县备用水源（三十把水库）饮用水水源保护区规范化建设项目。

（二）万载县工业园区第二污水处理厂建设

建设鹅峰乡污水处理厂，平整用地约38.49亩，污水日处理规模为20000吨，近期日处理10000吨。项目主要包括：中水提升泵站、应急事故池、蓄水池及配套处理设施、配套管网、电力设施等。

（三）入河排污口命名、树牌

按照“一口一策”原则，建立入河排污口台账，按照“一口一策”要求，针对41个排污口，采取有效措施，对最终确定的排污口进行命名和树牌，明确排污口类型和责任主体。

对辖区范围内锦江（万载段）设置了独立入河排污口的企业（造纸企业）进行入河排污口规范化建设工作，建设内容包括设置标示牌，入河排污口在线监控设施与属地管理部门及生态环境部门联网。

（四）万载县污水处理厂扩容工程

新建县城4万吨/日生活污水处理项目，分两期建设，近期建设规模2万吨/日，具体内容如下：新建生活污水预处理设施、生化处理设施和深度处理设施；新建污水厂处理厂公共建筑、配套构筑物及附属设施，土建按远期规模一步到位，设备按近期规模安装；新建配套DN1000污水管网，长约1.5千米。

（五）万载县锦江综合治理项目

在万载县工业园区污水处理厂下游排渍道建设氧化塘+人工湿地，进一步净化工业园区排水水质，减少污染物入河量，提升锦江水质。

（六）万载县工业园区污水管网建设、老旧污水管网排查及整治

完善工业园区污水管网的建设，对老旧污水管网进行排查和整治，查清淤塞、破损、下沉、坍塌、渗漏、错位的污水管网并进行维修改造，对园区雨、污水错搭乱接问题进行整治；在园区管网空白区铺设污水管网。

七、强化防控方式，提升土壤和地下水环境质量

坚持预防为主、保护优先和分类治理，加强土壤污染源头防控，严守农产品质量安全和人居环境安全底线，推进农用地土壤分类精细化管理，建设用地风险管控和治理修复，强化地下水污染防治，确保土壤环境安全。建立健全政府主导、企业担责、公众参与、社会监督的土壤污染防治体系，让群众吃得放心、住得安心。

（一）开展土壤污染治理与修复

推进土壤污染状况调查。按照《万载县土壤污染防治工作方案》要求认真贯彻执行。在全县现有土壤污染状况调查的基础上，扎实推进土壤污染防治工作。进一步查明万载县土壤环境状况，实现土壤污染防治体系健全，土壤环境质量保持稳定，农用地和建设用地土壤环境安全得到保障，土壤环境风险得到管控。

巩固提升农用地分类管理和安全利用。建立优先保护类耕地保护措施清单，加强土壤环境保护和地力建设，将符合条件的优先划为永久基本农田，实行严格保护。产粮（油）大的乡镇（街道）要制定土壤环境保护方案。高标准农田建设项目向优先保护类耕地集中的地方倾斜。推行秸秆还田、增施有机肥、少耕免耕、农膜减量与回收利用等措施。县政府对本行政区域内优先保护类耕地面积减少或土壤环境质量下降的乡镇（街道）进行预警提醒，并依法采取相关的限制性措施。防控企业污染。严格控制在优先保护类耕地集中区域新建有色金属冶炼、石油加工、化工、焦化、电镀、制革等行业企业，现有相关行业企业要采用新技术、新工艺，加快提标升级改造步伐。

着力推进耕地安全利用。安全利用类耕地集中的乡镇（街道）要结合当地主要作物品种和种植习惯，制定实施受污染耕地安全利用方案，采取农艺调控、替代种植等措施，降低农产品超标风险。强化农产品质量检测。到2025年，完成国家、省、市下达的受污染耕地安全利用任务。

有序开展治理与修复。结合城区环境质量提升和发展布局调整，以拟开发建设居住、商业、学校、医疗和养老机构等项目的污染地块为重点，开展治理与修复。在万载县污染耕地集中区域优先组织开展治理与修复。按要求完成省、市下达的受污染耕地治理与修复任务。

开展修复治理示范工程。综合考虑耕地土壤污染集中区的污染程度，土地利用类型等因素，启动污染耕地集中区治理与修复示范工程。积极推进历史遗留重金属污染修复治理；优先选

择在重金属污染问题较为突出的重点小流域开展重金属污染综合整治示范。开展矿区生态环境质量摸底调查，加强对矿区周边农用地的调查，对矿山周边存在污染的农田进行生态修复，调整种植结构，防止污染物通过食物链转移影响人体健康。

（二）完善重点区域地下水污染防治

建立分区管控体系。建立地下水污染防治分区管控体系，开展地下水污染状况调查及评估。开展万载工业园区及重点企业周边，开展地下水环境安全隐患及风险管控评估，严防危险化学品的收集、运输、处置过程污染地下水。逐步控制农业面源污染对地下水的影响，在地下水高污染风险区优先种植需肥量低、环境效益突出的农作物，严格控制地下水饮用水水源补给区农业面源污染。积极开展地下水污染修复试点工作。

建立全县地下水环境管控体系。建立地下水环境管控体系，及时掌握地下水环境质量状况，发现问题及时解决，确保乡镇级及以上城市集中式地下水型饮用水源水质全部达到相关指标要求；典型地下水污染源得到有效监控，地下水污染加剧趋势得到有效遏制。

（三）建立健全土壤及地下水环境体系

建立土壤及地下水环境监测网络。加强土壤环境监测能力建设，与省市土壤环境质量监测网对接。按照国家、省、市要求配备土壤环境质量监测所需仪器设备和人员，建立土壤环境质量定期调查制度，安排监测人员参加省市组织的土壤环境监测技术培训。在全县现有土壤污染状况调查的基础上，由环保部门会同各相关部门统一规划、整合优化土壤环境质量监测点位，补充完善土壤环境质量国控监测点位设置，建成全县土壤环境质量监测网络实现土壤环境质量监测点位全覆盖。

衔接国家地下水监测工程，整合建设项目环评要求设置的地下水污染跟踪监测井、地下水型饮用水源开采井、土壤污染状况详查监测井、地下水基础环境状况调查评估监测井、《中华人民共和国水污染防治法》要求的污染源地下水水质监测井等，加强现有地下水环境监测井的运行维护和管理，完善地下水监测数据报送制度。2024年底前，构建全县地下水环境监测网，按照国家和行业相关监测、评价技术规范，开展地下水环境监测。

建立土壤及地下水环境信息化系统。整合环保、自然、农业、林业等部门相关数据，建立土壤环境基础数据库，构建全县土壤环境信息化管理平台，并与省、市土壤环境信息化管理平台对接。借助移动互联网、物联网等技术，拓宽数据获取渠道，实现数据动态更新，发挥土壤环境大数据在污染防治、城乡规划、土地利用、农业生产、林业生产中的作用。加强数据共享，编制资源共享目录，明确共享权限和方式，各部门负责提供本部门的数据共享。

专栏5　土壤和重金属污染治理重大工程

（一）工业园区地下水环境状况调查和评估

开展万载工业园区化工集中区地下水环境状况调查评估，查清县化工集中区及其周边地下水环境质量状况，推动建立化工园区地下水环境监测网，管控化工园区地下水环境风险。

（二）土壤和地下水污染治理与修复工程

完成宜春市天卓化工有限公司土壤和地下水进行治理与修复。该单位地块土壤中重金属砷的致癌或非致癌风险超过目标风险水平，可能存在健康风险，对项目地块土壤和地下水进行治理与修复。对地下水进行管控，使土壤中砷浸出浓度满足《地下水质量标准》（GB/T14848—1993）中的IV类水标准，使地下水中污染因子浓度满足《地下水质量标准》（GB/T14848—1993）中的IV类水标准。

八、深化综合治理，改善农村环境

牢固树立和贯彻落实新发展理念，实施乡村振兴战略，坚持农业农村优先发展，坚持绿水青山就是金山银山，顺应广大农民过上美好生活的期待，统筹城乡发展，统筹生产生活生态，以建设美丽宜居村庄为导向，以农村垃圾、污水治理和村容村貌提升为主攻方向，动员各方力量，整合各种资源，强化各项举措，加快补齐农村人居环境突出短板。“十四五”要继续推进美丽乡村建设，把乡村建设摆在现代化建设的重要位置，打造宜居、宜业、宜游、宜养的美丽城镇、美丽乡村。全县整治提升农村人居环境，打造魅力万载。

（一）加强农村水环境治理

开展农村水环境综合整治示范。以县政府为责任主体，以行政村为项目单元，开展农村水环境综合整治工作。将连片整治和整县推进作为农村环境综合整治的主要方式，因地制宜采用集中处理或分散处理或集中与分散处理相结合方式，建设污水处理系统并定期维护。

推进《宜春市万载县农村生活污水治理专项规划》的实施，优先治理饮用水水源保护区、自然保护区、风景名胜区、重要河湖沿岸，人口较为集中，发展农家乐、民宿等乡村旅游，水体发生黑臭以及水质需改善控制单元内的村庄。靠近城镇、有条件的村庄，生活污水纳入城镇污水管网统一处理。人口集聚、利用空间不足、经济条件较好的村庄，可采取管网收集—集中处理—达标排放的治理方式。污水产生量较少、居住较为分散、地形地貌复杂的村庄，以卫生厕所改造为重点推进农村生活污水治理，优先选择氮磷资源化与尾水利用的技术手段或途径，厕所粪污经过无害化处理后，可通过堆肥等方式，就地就近用于庭院绿化和农田灌溉等，可通过农田沟渠、塘堰等排灌系统生态化改造，栽种水生植物，建设植物隔离带等，对尾水进行进一步利用和净化。

推动乡镇污水处理厂规范化运行。加快乡镇集镇污水处理厂的建设进度，加大管网覆盖面积，确保集镇及周边污水应收尽收。对已建成的污水处理厂加强管理，尽量按照第三方运维方式委托专业队伍进行污水处理厂的管理和运行。通过人工智能技术，全县建立统一监管可视平台，实现污水处理过程的优化运行和精准控制，并提供具有专业经验的优化调度与管理策略。

（二）加强农村生活污染治理力度

提升农村生活垃圾无害化处理率。提高生活垃圾处理水平，改善城市人居环境。保障万载县垃圾焚烧发电厂正常运行，到2025年，农村垃圾无害化处理率达100%。

积极推动《万载县2021年生活垃圾分类和减量实施方案》，要求各单位强行开展垃圾分类工作，配置垃圾分类设施设备。同时将垃圾分类工作纳入全县高质量发展考核中，每月通过现场查看、翻阅台账、座谈交流等方式对各单位垃圾分类工作进行考核并形成通报，充分提高各单位垃圾分类工作的责任感、紧迫感。加快落实餐厨垃圾处理厂建设，优化环境，同时保障餐厨垃圾全部得以减量化、资源化处理。继续扩大生活垃圾分类试点区域，实现县城覆盖75%的试点工作。

持续抓好问题排查。持续排查农村生活垃圾、污水治理和农村改厕相关领域问题。进一步完善农村人居环境“码上通”平台，建立健全相关管理制度，建成高效的农村垃圾污水治理和改厕工作政策咨询及投诉举报机制。组织各地围绕重点任务开展全面排查，并建立问题清单，强化问题整改。强化督促指导，适时开展专项督导。

（三）加强农村畜禽养殖粪污处置

加强畜禽养殖源头控制。按照相关法律法规，划定畜禽养殖禁养区和非禁养区。对禁养区内的畜禽养殖场依法进行关停拆除。对非禁养区的畜禽养殖场推行畜禽清洁养殖，采用雨污分流、高床漏粪板、干清粪、节水节料等措施，减少粪污产生量，配套建设粪污存贮及处理设施，实施节水改造、粪污贮存、固液分离、厌氧发酵、深度处理等减排工程，杜绝污水直接排入河道污染水体，淘汰高耗水、高排放的水冲粪等养殖方式。

强化畜禽养殖业污染防治。推进畜禽粪污资源化整县推进项目。对畜禽规模养殖场主要采取零排放模式或达标排放模式或种养结合全量收集还田模式，配套建设粪污处理设施，对粪污进行处理；对非规模畜禽养殖场主要采取第三方处理合作模式，养殖场配套建设粪污收集、初级处理设施，再由第三方集中收集、处理，生产有机肥；所有粪污经处理后进行还田、还果、还蔬、还林资源化利用。

推进水产养殖污染防治。逐步推广规模（200 亩）以上水产养殖区尾水治理模式，逐步落实养殖尾水达标排放。合理布局水产养殖生产，推进水产绿色健康养殖，严格水产养殖投入品管理，扩大生态健康养殖规模。严格控制河流湖库投饵网箱养殖，开展水产养殖尾水治理试点示范和资源化利用。

针对万载县牛蛙养殖污染现状，采取专项整治行动。牛蛙养殖污染专项整治对象为全县所有未经依法批准许可、占用破坏耕地、污染治理设施不全、养殖污水排放未达标的牛蛙养殖场（户），确保在 2022 年底前自行退养、拆除清理养殖设施、关闭所有养殖排污口、对占用农田进行复耕。

加强种植业污染防治。强化秸秆禁烧工作，健全“省市督导、县区组织、乡镇落实、村居参与”的工作网络，开展重点时段秸秆禁烧专项巡查，压实地方工作责任。整县推进秸秆全量化综合利用，落实秸秆还田离田支持政策。2025 年年底前，秸秆综合利用率达到 90%左右。统筹推进废旧农膜回收工作，健全农药包装废弃物回收利用体系和长效机制。

专栏 6　农村生态环境保护重大工程

（一）农村人居环境整治提升工作

因地制宜采取生物滤床、人工湿地等方式处理农村居民生活污水，全面推进村庄环境整治，对万载县 20 个自然村组新建生活污水处理设施及配套管网，并配套污水收集管网。

（二）重点区域农业面源污染治理工程

推进畜禽养殖粪污处理与资源化利用项目建设，加强畜禽养殖禁养区监管，将规模畜禽养殖场纳入重点污染源管理，大力开展农田残膜和农药废弃包装物回收区域性示范项目，引导农民科学选择使用农膜，减少地膜使用，推进回收处理示范点项目建设。

（三）牛蛙养殖污染整治

对全县所有未经依法批准许可、占用破坏耕地、污染治理设施不全、养殖污水排放未达标的牛蛙养殖场（户）采取专项整治。

（四）农村集镇生活污水处理工程

完善农村集镇生活污水处理设施及污水管网建设，建设万载县赤兴乡、白水乡、岭东乡、茭湖乡和高村镇 5 个乡镇集镇生活污水处理厂及污水管网。

九、加强生态保护，提升生态系统质量

坚持尊重自然、顺应自然、保护自然，推进山水林田湖草沙系统治理，认真践行“两山”理论，切实履行生态保护监管职责，不断提高自然保护地、生态保护红线监管能力和生物多样性保护水平，持续提升生态文明示范创建引领作用，筑牢生态安全屏障，促进人与自然和谐共生。

（一）加强生态保护与修复

加强自然保护区建设与管理。完善自然保护区建设管理的体制和机制，加强九龙庙省级森林公园、三十把省级自然保护区的基础设施和能力建设，健全管理机构，加大经费投入，提高自然保护区管理质量。加强九龙庙省级森林公园、三十把省级自然保护区封山育林、补植和人工促进天然更新等生态恢复措施，提高自然保护区生态环境质量，提升自然保护区生态系统的稳定性、多样性。构建自然保护区监控体系，对保护区自然生境变化开展生态监测，对人类活动及其影响实施严格的监督管理。

加大湿地保护和修复力度。加强湿地自然保护区规范化示范建设，保护湿地资源。实施锦江流域清洁水系工程，强化水源涵养区、饮用水源保护区和备用水源地等重点区域保护与生态修复。实施湿地生态修复工程，加强三十把和锦江水库湿地。全面提升湿地建设管理水平。建立健全湿地资源监测体系，加大湿地三十把和锦江水库湿地保护生物资源保护力度，提升湿地生态系统功能。强化全县现有湿地资源保护，加强龙河省级湿地公园保护力度，开展湿地保护与恢复工程，实施湿地恢复和综合治理工程。规划期内启动500座山塘的整治工作，全县湿地保有量达到4.4117万亩。

提升森林质量。确保森林资源三项指标稳定。建立保护发展森林资源目标责任制，各乡镇、林场签订责任状，为保护发展森林资源提供政治保障。"十四五"完成人工造林5万亩、补植造林0.3万亩、森林抚育10万亩、封山育林3万亩，全县树种、龄组结构得到明显改善，森林质量明显提高，自然保护区(小区)、森林公园等公益林保护得以加强，县城人均公园绿地面积达11.22平方米。活立木蓄积量达750万立方米，毛竹9400万株，林地保有量174万亩，自然保护地面积18万亩，建立比较完备的林业生态体系。

加强生物多样性保护。落实《中国生物多样性保护战略与行动计划(2011—2030年)》中相关要求，加大生物多样性保护投入，切实将战略与行动计划和规划纲要确定的重点任务和优先项目落到实处。明确本地区的保护目标、重点任务和优先领域。根据上级安排，开展全县野生动植物资源调查，做好对伯乐树、南方红豆杉等野生植物、金猫、游隼等野生动物的保护工作；加强外来物种入侵生态安全管理，保护生物多样性。

扎实开展矿山开采污染防治与生态修复。全面摸排全县矿山开采生态环境问题，建立问题清单和整改台账，针对发现的矿山违法违规、破坏生态环境等问题，开展扫尾攻坚行动，确保全部整治到位。严格矿山准入条件，新建矿山必须达到绿色矿山要求。按照统一部署，贯彻执行矿区生态保护修复相关规范，将矿区生态保护修复的要求贯穿于新建矿山规划、设计、建设、运营、闭坑全过程。所有持证矿山企业按照"三合一"方案规范化开采，保质保量完成年度生态修复实现资源利用更高效、矿容矿貌更美化、生态环境更优化、开发秩序更有序。

(二)健全生态保护制度体系

加大生态保护红线和自然保护地管理力度。严格执行省制定下发的生态保护红线监管制度，严守国家生态安全底线。贯彻落实自然保护地生态环境监管办法，以自然保护地为重点，开展自然保护地强化监督工作，加强对自然保护地违法违规问题排查和整改。

加快拓展"两山"转换通道。积极完善生态产品价值核算体系、横向流域补偿机制，加快推进碳排放权、排污权、水权、用能权等环境权益交易，尝试构建环境权益金融服务平台，探索运用环境权益作为抵质押物的融资途径。坚持走生态产业化、产业生态化道路，遵循"保护中开发，开发中保护"要求，鼓励发展生态经济，同时落实开发者保护责任，把生态保护与经济发展有机统一起来，探索搭建林业收储中心，解决林权抵押物变现问题，降低林权抵押贷款风险，提高银行机构加速林权抵押贷款发展的积极性，盘活沉睡林业资源，扶持林业产业发展，拓宽"两山"转化有效途径。

推行市场化、多元化生态补偿机制。建立完善森林、湿地、耕地、矿产等领域生态保护补偿制度，探索土地休耕生态补偿制度，建立以绿色生态为导向的农业生态治理补贴制度。探索多元化的生态补偿资金筹集机制，设立县级生态补偿专项基金，加大对重要生态功能区与重点领域的支持力度。

专栏7 生态保护与修复重大工程

(一)完善生态环境管理体系

逐步建立生态环境保护分区分类管理制度，优化大气环境监测点位，完善水质监控断面，整合水功能区与水环境控制单元，建立土壤环境质量常态化监测体系。

(二)生物多样性保护

根据上级安排，开展全县野生动植物资源调查，做好对伯乐树、南方红豆杉等野生植物，金猫、游隼等野生动物的保护工作；加强外来物种入侵生态安全管理，保护生物多样性。

(三)湿地保护和修复工程

强化全县现有湿地资源保护，加强龙河省级湿地公园保护力度，开展湿地保护与恢复工程，实施湿地恢复和综合治理工程，全县湿地保有量达4.4117万亩；开展万载县山塘整治工程，启动500座山塘的整治工作。

(四)创建国家生态文明建设示范县

建立起以生态高效农业、环保节能型和高新工业、生态型现代服务业为支撑，以绿色或环保产品、清洁生产、资源节约高效为重点，以循环经济、低碳经济为特色的经济结构，进一步提高生态环境和生态系统服务功能质量，营造人与自然和谐相处的城乡人居环境，积极创建国家生态文明建设示范县。

十、加强固体废物污染防治，探索创建“无废城市”

按照“谁产生、谁处理”原则，严格落实固体废物产生单位污染防治主体责任。以改善环境质量为核心，以防控环境风险为目标，实施工业绿色生产，持续推进清洁生产，鼓励企业源头减量并自行消耗处理。基本实现固体废物管理信息“一张网”，“无废”理念得到广泛认同，固体废物治理体系和治理能力得到明显提升。

(一)依法严格准入，推进源头减量

落实固体废物排放许可制度。依法推动工业固体废物产生企业申领排污许可证，建立环境管理台账，落实污染物排放控制措施和固体废物排放许可管理要求。按规定开展自行监测，监测结果按要求进行公开或备案，并按要求在全国污染源监测信息管理与共享平台进行数据联网信息公开，实现“一证式”环境监管。

严格危险废物建设项目环境准入。新、改、扩建危险废物经营许可项目立项与审批时应符合现行法律法规和“三线一单”要求，进入相应规划工业园区。产生危险废物的项目环境影响评价审批时应充分考虑与已建利用处置设施资源耦合、能力匹配，严格审批危险废物产生量大且处置出路难的建设项目。新、改、扩建危险废物经营许可项目，环评文件评审时应执行环评、固体废物管理会商机制，严格危险废物污染环境防治设施“三同时”管理，推动固废环境管理与环评审批、排污许可、环境执法有机衔接。

推进危险废物源头减量化。实施清洁生产，对危险废物经营单位和年产生量100吨以上的危险废物产生单位依法实施强制性清洁生产审核，提出并实施减少危险废物产生和资源化利用方案。鼓励产废单位采取自建利用处置设施等措施开展内部循环利用。在环境风险可控前提下，探索开展危险废物“点对点”定向利用的危险废物经营许可豁免管理试点，拓展可利用危险废物的资源化途径。

(二)建立健全固体废物环境监管体系

提升固体废物管理信息化水平。强化企业污染防治主体责任，落实江西省危险废物管理平台的应用管理，推进固体废物电子化监控管理，督促产废单位全面落实固体废物申报登记制度，转移运输过程实行运输车辆GPS定位装置、电子联单转移等制度。对重点产生危险废物废单位，要求危废暂存库安装监控并接入国家平台。利用信息化手段对危险废物产生单位进行全过程管理，督促其加大危险废物的综合利用和无害化处置力度，危险废物规范化管理指标得到有效落实。

推进收集贮存专业化平台建设。制定万载县小微企业等危险废物集中收集试点工作方案，选择技术水平较高的经营单位试点建设小微企业收集体系，有效打通小微企业等产生的危险废物收集“最后一公里”。鼓励开展工业园区危险废物集中收集贮存试点。

强化园区危险废物监管责任。将危险废物污染防治工作纳入年度考核重要内容。园区管理机构应分级分类动态建立危险废物重点监管清单，压实企业主体责任，严格把好危险废物进出园区关口,严防二次污染。园区内危险废物收集、贮存管理情况,纳入园区环保信用评价范畴。鼓励探索环保管家协助管理模式,定期深入排查环境隐患,提升监管水平。

(三)加强固体废物规范化管理

加强花炮垃圾整治。对燃放后的垃圾进行清扫,随后进行垃圾分类,纸壳筒内的残留火药等尽量倒干净再作为特殊废品处理,或在浇湿后作为垃圾处理。哑炮、纸壳筒内的残留火药、已完全失效的烟花火药和制品,或者是经过浸泡处理后的残渣交爆竹生产企业或专业回收单位收集处置。花炮燃放产生的危险性废弃物处置作业的人员应取得烟花爆竹生产、批发经营单位安企资格证或烟花爆竹危险工序特种作业操作证。

加强工业固废处理处置。开展重点行业企业及大宗固体废物堆存场所的排查和整治,完善防扬散、防流失、防渗漏等设施,制定整治方案并有序实施。加强工业固体废物综合处置和利用,引导有关企业采用先进适用加工工艺、集聚发展,集中建设和运营污染治理设施,防止污染土壤和地下水。

加强危险废物整治。开展对危险废物经营单位、陶瓷企业煤焦油和涉危废企业规范化考核等专项检查,提升涉危废企业规范化管理水平;进一步规范陶瓷企业煤焦油处置,加强生活垃圾焚烧飞灰、高毒持久性废物的综合整治。引导和鼓励开展危险废物综合利用,严格遵守相关准入要求、技术规范和产品标准,严控二次污染。按照危险废物的综合利用工作,积极稳妥推广和规范适宜的危险废物利用处置技术。

(四)切实防控危险废物环境风险

防范化解生态环境风险。持续推进历史遗留固体废物排查,开展危险废物"存量清零"行动。积极防范和化解当前部分危险废物处置利用能力不足带来的环境风险,建立万载县危险废物处置资源协调机制,切实消除环境风险隐患。

严厉打击非法行为。健全完善部门和区域联防联控机制,形成信息共享、优势互补的良好氛围。以废矿物油、废铅酸电池、废铅蓄电池、医疗废物等危险废物为重点,依法严厉打击危险废物跨省非法收集、转移、倾倒、利用和处置等违法行为。强力推进涉危险废物生态环境损害赔偿。建立固体废物领域环境违法犯罪案件办理、危险废物应急处置等区域合作和协调机制。强化生态环境失信联合惩戒,定期开展涉危险废物企业环境信用评价,将企事业单位和其他生产经营者存在经司法生效判决认定构成环境犯罪,以欺骗、贿赂等不正当手段取得生态环境保护行政许可而被依法撤销等情形都将被列入严重失信名单。

建立健全固体废物环境管理市场体系。优化市场营商环境,鼓励各类市场主体参与"无废城市"建设工作。落实有利于固体废物资源化利用和无害化处置的税收、价格、收费政策。探索建立生活垃圾分类计价、计量收费制度。按照合理盈利原则,探索建立以乡镇、村、企业或经纪人为主体的秸秆收集储存体系。鼓励金融机构加大对"无废城市"建设的金融支持力度。加强"无废城市"建设的市场化投融资机制和商业模式探索,深化政银合作,更好发挥社会资本的市场配置作用。

专栏8 创建"无废城市"重大工程

(一)推动完成"无废城市"创建

拟在万载县工业园区投资5.5亿元,新建四个环保项目,一是投资1.5亿元新建一个3万吨/年工业危废专业焚烧项目;二是投资3.2亿元新建一个10万吨/年工业废盐资源化综合利用项目;三是投资0.3亿元新建一个1万吨/年工业废包装桶综合利用项目;四是投资0.5亿元新建一个0.5万吨/年废活性炭综合利用项目。该项目能有效缓解全县工业固体废物处置难题,实现工业固废"减量化、资源化、无害化"处置目标,对改善生态环境具有积极的推动作用。

(二)南氏锂电锂渣综合利用项目

开展锂渣的应用方向、应用

产品等产业化、实用化综合利用的研究，及小试、中试工作。引进全国混凝土外加剂龙头企业武汉三源特种建材有限责任公司与南氏锂电合作建厂，年处理锂渣能力150万吨。

十一、深化风险防控措施，减少风险事故发生

始终把人民群众生命安全和身体健康放在第一位，牢固树立环境风险防控底线思维，加大环境风险防控力度，加快推进环境风险管控体系建设，强化重点领域环境风险排查，严格控制重金属、危险废物、危险化学品、核与辐射等有毒有害物质的环境风险，推动环境风险防控由事后应急管理向全过程管控转变。

（一）加强危险品管理，减少环境事故发生

强化危险化学品监管。以化工、医药、危险废物等重点行业深入开展危险化学品安全综合治理，督促危险化学品企业全面完成双重预防机制建设，从制度、体系建设入手，全面辨识安全风险、明确风险等级、实施分级管控，切实将风险管控到位，通过工艺严防、设备严控、人员严管、过程严治，推动安全生产源头管控，让安全风险和隐患得到有效治理，全面提升企业安全保障能力。开展锦江累积性环境风险评估，划定高风险区域，从严实施环境风险防控措施。科学制定“优先控制化学物质”风险评估计划，对具有持久性或生物累积性，或对生态环境或人体健康具有较大危害的，或潜在环境暴露风险较大的化学物质优先开展风险评估。

开展重点行业、重点区域化学品风险排查，提高危险化学品风险防控与应急能力。加强有毒有害化学品生产、储存、使用、经营、运输和废气处置全过程管控，督促有关企业完善监测设施，完善重大危险源信息共享机制。根据国家优先控制化学物质名录，对在生产、使用、消费过程中污染风险高的新化学物质，禁止其规模化生产和市场流通。对高风险化学物质生产、使用进行严格限制，并逐步淘汰替代。

全面推进危险废物规范化管理。继续开展危险废物产生单位和经营单位规范化管理考核工作，指导和督促企业落实危险废物环境管理各项法律法规制度和相关标准规范，稳定提高规范化率。对辖区内涉危废企业进行申报登记管理，不定期地对辖区内涉危险废物企业全面开展危险废物环境隐患排查整治。对已纳入“江西省固体废物管理信息系统”的产废单位危废产生相关信息进行了现场再核实；对已纳入危险废物重点监管源清单中的26家企业，进行重点调查和管理。实时更新危险废物重点监管源清单名录，对新增的危险废物产生单位对照其环评、生产工艺等掌握其危险废物种类及产生情况，指导其规范建立危废暂存库、记录台账等，并按要求将新的产废单位纳入“江西省固体废物管理信息系统”，进行强化管理。

加强重点行业危险废物检查管理。根据《宜春市污染防治攻坚战危险废物处置专项行动实施方案》（宜环委会字〔2019〕4号）《关于印发〈万载县污染防治攻坚战危险废物处置专项行动实施方案〉等三个行动方案的通知》（万环委会字〔2019〕7号）《关于印发〈宜春市陶瓷企业煤焦油专项执法行动工作方案〉的通知》（宜环土字〔2019〕30号）等文件要求，结合万载县固废堆存场所整治工作要求，继续规范陶瓷企业煤焦油的合法处置。对辖区内陶瓷企业进行重点检查，检查内容主要包括是否建立煤焦油产生、贮存和处置台账；煤焦油的收集、贮存场所是否符合环保要求，是否在明显位置设置危险废物标识；煤焦油是否交由有资质的单位统一处置，是否执行危险废物转移联单制度等。

根据生态环境部等9个部门《关于印发废铅蓄电池污染防治行动方案的通知》（环办固体〔2019〕3号），江西省生态环境厅和省交通运输厅联合印发的《江西省废铅蓄电池收集和跨区域转运制度试点实施方案》等文件精神，加强对万载县万隆摩托车配件服务部等13家收集网点的现场核查，督促指导收集网点建立电子台账和执行申报登记，要求收集网点严格按照方案要求做好规范管理。

严查违法行为。增加检查频

次,加强日常监管,加大执法力度,及时发现问题、解决问题,做到“管理无缝隙,执法不缺位”,确保危险废物规范化管理,消除环境污染隐患。按照新《中华人民共和国固体废物污染环境防治法》的相关要求,对违法相关法律法规擅自处置危险废物的,一律按照法律法规给予高限处罚;对检查中发现问题要求限期整改,逾期不改正的,要求一律停产整改,情节严重者,依法追究刑事责任。加强涉危废企业负责人及危险废物管理人员的废物规范化管理知识及有关要求培训,提高企业对危险废物规范化管理重要性及违法后果严重性的认识、健全管理制度、完善机制、提升管理水平。

(二)管控土壤与地下水环境风险

建立调查评估制度。按照国家建设用地土壤环境调查评估技术规定,对拟收回土地使用权的重点行业企业用地,以及用途拟变更为居住和商业、学校、医疗、养老机构等公共设施的上述企业用地,由土地使用权人负责开展土壤环境状况调查评估;对已关闭的污染企业用地或已收回的上述行业企业用地,由县人民政府负责开展土壤环境状况调查评估。重度污染农用地转为城镇建设用地的,由县人民政府负责组织开展土壤环境状况调查评估。调查评估结果报环境保护、城乡规划、自然资源部门备案。

明确风险管控措施。结合土壤污染状况详查情况,根据建设用地土壤环境调查评估结果,建立污染地块名录及其开发利用的负面清单,合理确定土地用途。符合相应规划用地土壤环境质量要求的地块,可进入用地程序。暂不开发利用或现阶段不具备治理修复条件的污染地块,由县人民政府组织划定管控区域,设立标识,发布公告,开展土壤、地表水、地下水、空气环境监测;发现污染扩散的,有关责任主体要及时采取污染物隔离、阻断等环境风险管控措施。

强化地下水污染风险管控。逐步推进化学品生产企业、工业聚集区、矿山开采区、危险废物填埋场等重点污染源地下水环境状况调查评估和风险管控。

(三)完善风险防控和应急响应体系

完善突发环境应急预案。按照《国务院关于印发大气污染防治行动计划的通知》《江西省重污染天气应急预案》《国家突发环境事件应急预案》等要求,制定突发大气污染事故处置应急预案。同时,按照预案要求建立健全重污染天气应急响应机制,提高重污染天气预防预警、应急响应能力,减少重污染天气出现频次及持续时间,最大限度控制和减缓重污染天气造成的危害,保障人民群众身体健康。

建立应急组织体系与职责。组织成立万载县突发环境事件应急指挥中心,县主要分管领导任组长,生态环境局、开发区管委会等涉及部门领导作主要成员。环境应急现场指挥中心下设污染处置组、应急监测组、医学救援组、应急保障组、新闻宣传组、社会稳定组、现场调查组、专家组等。

完善环境应急管理制度。指定专员负责环境应急管理工作,组织编制、评估、修订政府及生态环境部门突发环境事件应急预案以及环境应急管理能力建设等具体工作。完善环境风险单位突发环境事件应急预案编制与备案、环境应急演练、应急人员培训、环境应急处置和应急物资储备等管理制度。组织开展管辖区域的环境安全隐患排查活动、环境风险源普查和建档工作,建立一厂一档;建立健全环境风险信息库,及时更新和维护网络视频监控平台;加强与毗邻市(县)的联系,建立健全应急工作协作机制。建立万载县工业园区突发环境事件应急信息综合管理系统,组建突发环境事件应急处置专家组。

完善核与辐射安全监管机制。加强核安全利用安全管理,构建全县核安全利用安全动态管理体系,防止和减少辐射事故的发生,保障公众安全和社会安定。加强对伴生放射性矿开发利用中放射性污染监管,督促相关企业做好辐射防护、放射性监测和伴生放射性固体废物处置等工作。完善辐射安全培训制度,完成辐射防护安全监督员轮训，对核技术利用领域辐射工作人员依法组织开展辐射安全与防护知识考核。落实辐射安全许可制度，持续加强放射性同位素与射线装置辐射安全监管。对运行中存在风险的情况，必须有严格的质量保障措施，将设备设施带来的核与辐射环境风险控制到最低水平，2025年环境辐射水平及各种环境介质中的放射性核素浓度水平均保持在天然本底波动范围之内。

完善辐射事故应急体系，积极开展辐射事故应急综合演练，提高辐射事故应急响应和处置能力。强化核技术利用单位的例行检查，加强重点监管单位的专项检查和抽查，严格敏感时期对重点单位的监控。严格废旧放射源监管要求，加大闲置、废弃放射源的收贮（含返回原生产单位）力度，废旧放射源依法及时送贮，确保废放射源得到安全妥善处置。实现放射源的动态管理，建立严格的“放射源身份证”管理制度，进行全过程跟踪，使全县放射源和放射废物得到安全贮存。加大对伴有电磁辐射建设项目的管理力度。对已建成项目，造成周围电磁辐射环境污染的，限期治理和整改，确保城乡电磁环境质量控制在国家标准限值内；对新建项目，严格执行环境影响评价制度和环保“三同时”制度。加强核与辐射环境安全管理，实现零事故和零排放。

专栏9 生态环境风险管控重大工程

（一）生态环境应急能力建设

针对万载县境内锦江重点流域，通过调查评估环境风险，科学编制流域上下游突发水环境事件专项预案，切实提升我县突发水污染事件应急准备水平和应急处置能力。购买环境安全应急监测装备、环境监测用车及实验分析检测能力建设。增购应急车辆、应急处置、安全防护、照明等常用应急物资与设备。

（二）完善应急管理体制机制

乡镇（街道）和村（社区）应急管理机构工作条件达标率达到60%。重点行业规模以上企业新增从业人员安全技能培训率达到100%。

十二、加强能力建设，提升环境管理水平

（一）构建智慧环保体系

加快万载县生态环境大数据平台建设项目的落地实施，提升万载县生态环境信息网络工程建设智慧化水平。以生态环境信息资源中心为基础，建设生态环境综合决策平台，强化生态环境业务综合调度、各要素污染源管理、生态环境监测大数据等功能整合和数据动态更新，实现对万载县生态环境信息的一张图综合展示分析，为环境监管、决策与应急指挥提供信息支撑，提高环境管理智能化和科学决策水平。

建设生态环境数据中心，将海量、散乱的数据整理整合环保监管需要的环保专题数据库，为应用系统提供数据源头。完成各业务系统的对接，实现各类数据自动采集与清洗入库，完成环境污染、环境质量、环境管理、移动源、环境执法、自然资源、政策规划数据以及相关部门数据的全面整合。“十四五”期间完成万载大气、噪声、水环境生态大数据平台，包括感知体系建设、生态环境决策分析建设、水污染应急处置建设、污染源在线监测系统升级建设。

（二）推广环境保护全民参与

新闻媒体宣传。每年召开两次全县生态环境保护新闻发布会。发布了县环境质量和水质状况，水和大气污染防治方面所做的工作等方面。

大型环保宣传及实践活动。为进一步激发公众关心环保、支持环保和参与环保的热情，让广大民众零距离感受环境保护工作，提高全社会生态环境保护意识，推动政府、企业、公众之间形成互信共建共享的良好局面。一是加强双微平台互动沟通。时刻关注环保疫情相关报道，积极配合复工复产宣传，时刻关注微博信息。二是推出了世界环境日主题活动。三是进景区宣传。在万载古城开展环境保护主题宣传活动。四是进企业宣传。开展“入企听诉、帮扶宣讲”活动。五是向公众开放环保设施“参观污染源在线监控”活动。六是召开节能宣传周和低碳日工作布置会。七是加强环保工作人员的法制宣传教育。在机关干部、局管干部和重点岗位工作人员中组织开展了法治教育活动。

建立了环保微信公众号、微博、政务信息平台和局域网办公系统,通过微信公众号、微博、政务信息平台向社会提供了大量的环境信息和政务信息,通过这几个平台的建设,提高公共服务能力,实现环境信息与公众的互动交流,促进政府部门的政务公开和廉政建设,为环境保护工作发挥积极性的宣传作用。设立环境保护监督平台,广泛宣传监督电话,鼓励广大干部、群众广泛参与,积极提供环境污染线索。

通过以环境统计、污染源管理、环境主要信息源的环境信息管理系统网络,上报各类数据信息,形成集国家环境管理应用、信息资源共享与信息服务于一体的环境保护综合信息平台。

(三)加强生态环境保护队伍建设

加强环境监测人才培养和队伍建设,强化监测科技创新能力,提高生态环境监测综合能力。推进宜春市万载生态环境监测站的基础设施和仪器设备建设。基本具备地表水、地下水、空气、土壤等环境质量标准要求和辖区内特征污染物的监测能力。提升持久性、生物富集性和对人体健康危害大的污染物监测能力。配齐县级监测站,基本具备环境质量标准规定监测指标的基本项目和常规项目的监测能力。

进一步完善与宜春市和江西省环保系统的联动培训机制,完善万载县生态环境工作人员的实践锻炼培训机制,建立县生态环境保护新进人员岗位培训制度和生态环境保护工作人员定期培训制度,增强环保监察执法队伍的专业化程度。

专栏10　生态环境监管能力建设重大工程

(一)万载智慧环保水污染治理项目

加强环境信息化顶层设计和统筹协调,完成智慧环保水污染治理平台建设。总投资估算费用1046.49万元,建设内容包括感知体系建设、生态环境决策分析建设、水污染应急处置建设、污染源在线监测系统升级建设。

(二)万载智慧环保噪声污染治理项目

搭建智慧环保声环境治理系统,在县城建成区声功能区和交通干道声环境自动监测站网。环境噪声全天候监测系统主要由噪声监测终端、监测中心、便携式监测终端三部分构成,通过GPRS、CDMA、EDGA等无线网络建立通信连接。将辖区所有建设的感知设备噪声环境数据全部接入进行统一展示,方便领导及业务人员实时掌握辖区生态环境指标情况,并结合预报预警机制,当出现超标的时候能够及时报警提醒。

(三)万载县秸秆禁烧高空瞭望系统建设

提升乡镇秸秆禁烧监测能力,强化秸秆禁烧管控手段,有力减少秸秆禁烧。在全县建设一批秸秆高空瞭望系统,实现县、街道(乡镇)全覆盖。

(四)污染防治设施用电监管系统建设

加强信息化建设,推行非现场执法方式,精准发现违法行为线索,减少现场执法廉政风险,建成万载县污染防治设施用电监管系统。

(五)万载县环境质量自动监测系统运维保障工程

地表水、饮用水源地等水质自动监测系统和采水系统运行保障。

(六)生态环境监管能力提升

提升万载生态环境局监管能力,2022年列入全省生态环境保护综合行政执法机构规范化示范单位建设试点单位;完善万载县工业园区环境监管一体化平台建设。

十三、保障措施

(一)明确规划实施职责

落实县政府和相关部门实施规划的责任,将主要质量目标、减排目标、生态文明示范区建设目标等分级、分层分解落实。各级党委、政府对保持并改善本行政辖区内环境质量负责,对环保工作负全面领导责任。各有关部门各司其责、密切配合,共同落实规划任务。

成立规划实施领导小组，充分发挥统筹协调、督促检查等职责作用，综合运用日常调度、调研评估、发函督办、通报约谈等形式，督促有关部门和各级政府、开发区管委会扎实推动工作落实，适时开展工作要点落实情况评估。筹备召开领导小组全体会议，不定期召开领导小组会议和专项工作会议，研究部署重点工作，协调解决重点难点问题。生态环境局负责牵头推进整改工作，加强与省、市环保督察办公室的沟通衔接，推动生态环境监管和执法不断深入。各监管责任单位进一步发挥行业管理作用，加强指导服务，督促整改落实。各有关部门和各级政府、开发区管委会作为问题整改的责任主体，坚持党政同责，推动各项工作任务落地生根。

(二)加强技术支持和资金投入

研究制定污染综合治理相关技术指导文件。支持企业与高校、科研机构、环保公司等合作，创新节能减排技术。充分发挥行业协会作用，加强行业自律，引导树立行业标杆，助推行业健康发展。聘请专业技术团队对大气、水、土壤等环境污染进行有针对性的研讨，提出科学、可行的治理方案和改善措施。

加大各级财政资金支持力度，吸引更多金融机构和社会资金共同参与项目建设。深入开展政银企合作，加快推进一批城镇污水治理、水环境修复项目建设，补齐全县污染治理基础设施短板。

(三)加强宣传引导

充分利用新闻媒体广泛开展关于“十四五”生态环境保护的宣传与教育，营造知晓环保、理解环保、参与环保、践行环保的浓厚氛围，动员和组织社会各方力量积极参与规划实施，使规划实施成为全社会的自觉行动。各级有关部门要积极跟踪相关动态，及时回应社会关切，对做得好的地方和企业，组织新闻媒体加强宣传报道。

增强全民共抓大保护意识，把绿色发展教育纳入全民教育、继续教育、干部培训和企业培训，开展节约型机关、绿色商场、绿色建筑、绿色学校、清洁家庭、绿色出行等创建活动，不断提升万载县生态文明品牌影响力。加强对县直、各地有关部门和国有企业领导干部的专题培训，进一步增强对共抓大保护的自觉性和主动性。

(四)建立规划实施考核制度

强化对环境保护规划实施情况的跟踪评估，把主要任务和目标纳入地方政府、相关部门政绩考核和环保责任考核，分年度对分解的各项任务和目标进行考核，考核结果纳入县政府和相关部门领导干部考核内容，并把实施情况作为政府和部门审批核准环境保护与生态建设领域重大项目、安排政府投资的依据。

万载县儿童发展规划

（2021—2030 年）

前　言

儿童是国家的未来、民族的希望，是中华民族美好未来的创造者。加快儿童事业发展，促进儿童健康成长，是推进社会可持续发展的重要内容。党的十八大以来，以习近平同志为核心的党中央把培养好少年儿童作为重大战略任务，坚持儿童优先原则，大力发展儿童事业。万载县认真贯彻落实党中央和省委、市委决策部署，先后制定并实施了三个周期儿童发展规划，为儿童生存、发展、受保护和参与权利的实现提供了重要制度保障。

2012 年，万载县人民政府颁布实施了《万载县儿童发展规划（2011—2020 年）》，将儿童事业纳入经济社会发展总体规划和重要议事日程，坚持儿童优先原则，大力发展儿童事业。党委领导、政府主责、多部门分工协作、全社会共同参与的儿童工作机制进一步巩固，儿童工作社会化格局和长效机制逐步健全，各项规划目标基本完成。截至 2020 年底，全县儿童健康环境明显改善，受教育程度显著提高，福利体系进一步完善，发展环境进一步优化，各项权益得到有力维护，儿童发展和儿童事业取得了新成就。

受经济社会发展水平的制约，我县儿童事业发展仍然存在不平衡不充分问题，儿童发展的城乡、区域和群体差距仍然较大，基层儿童保护服务网络需要织密织牢，儿童思想引领的时代性和实效性有待加强，保障儿童权利的法治建设需要持续推进，儿童优先意识有待全面形成，儿童保护面临科技进步和生活方式变革带来的新挑战，促进儿童事业发展依然任重道远。

未来十年，是我国全面建成小康社会、实现第一个百年奋斗目标之后，乘势而上开启全面建设社会主义现代化国家新征程、向第二个百年奋斗目标进军的第一个十年，也是我县在顺利实现全面建成小康社会的基础上趁势而上向全面建设社会主义现代化迈进的起步期。全县要坚持走中国特色社会主义儿童发展道路，优化儿童发展环境，增进儿童福祉。要进一步落实儿童优先原则，全面提高儿童综合素质，培养德智体美劳全面发展的社会主义建设者和接班人。

依照《中华人民共和国宪法》《中华人民共和国未成年人保护法》等法律法规，根据《中国儿童发展纲要（2021—2030 年）》《江西省儿童发展纲要（2021—2030 年）》《宜春市儿童发展规划（2021—2030 年）》和《万载县国民经济和社会发展第十四个五年规划和二〇三五年远景目标纲要》的目标任务和要求，结合我县儿童事业发展实际，制定本规划。

第一章　指导思想、基本原则和总体目标

一、指导思想

高举中国特色社会主义伟大旗帜，深入贯彻党的十九大和十九届二中、三中、四中、五中、六中全会精神，坚持以马克思列宁主义、毛泽东思想、邓小平理论、“三个代表”重要思想、科学发展观、习近平新时代中国特色社会主义思想为指导，坚定不移贯彻新发展理念，坚持以人民为中心的发展思想，坚持走中国特色社会主义儿童发展道路，坚持和完善最有利于儿童、促进儿童全面发展的制度机制，落实立德树人根本任务，优化儿童发展环境，保障儿童生存、发展、受保护

和参与权利，全面提升儿童综合素质，为实现第二个百年奋斗目标、建设社会主义现代化强国奠定坚实的人才基础。

二、基本原则

1. 坚持党的全面领导。把握儿童事业发展的政治方向，贯彻落实党中央、省委、市委关于儿童事业发展的决策部署，切实把党的领导贯彻到儿童事业发展的全过程和各方面。

2. 坚持对儿童发展的优先保障。在出台法律、制定政策、编制规划、部署工作时优先考虑儿童的利益和发展需求。

3. 坚持促进儿童全面发展。尊重儿童的人格尊严，遵循儿童身心发展特点和规律，保障儿童身心健康，促进儿童在德智体美劳各方面全面发展。

4. 坚持保障儿童平等发展。创造公平社会环境，消除对儿童一切形式的歧视，保障所有儿童平等享有发展权利和机会。

5. 坚持鼓励儿童参与。尊重儿童主体地位，鼓励和支持儿童参与家庭、社会和文化生活，创造有利于儿童参与的社会环境。

三、总体目标

保障儿童权利的法律法规政策体系更加健全，促进儿童发展的工作机制更加完善，儿童优先的社会风尚普遍形成，城乡、群体之间的儿童发展差距明显缩小。儿童享有更加均等和可及的基本公共服务，享有更加普惠和优越的福利保障，享有更加和谐友好的家庭和社会环境。儿童在健康、安全、教育、福利、家庭、环境、法律保护等领域的权利进一步实现，思想道德素养和全面发展水平显著提升，获得感、幸福感、安全感明显增强。全县儿童事业发展与国家实现社会主义现代化进程相适应，儿童优先原则全面贯彻，儿童全面发展取得更为明显的实质性进展，广大儿童成长为建设社会主义现代化强国、担当民族复兴大任的时代新人。

第二章　发展领域、主要目标和策略措施

一、儿童与健康

主要目标：

1. 覆盖城乡的儿童健康服务体系更加完善，儿童医疗保健服务能力明显增强，儿童健康水平不断提高。

2. 普及儿童健康生活方式，提高儿童及其照护人健康素养。

3. 新生儿、婴儿和5岁以下儿童死亡率分别控制在2.0‰、5.0‰和6.0‰以下，城乡差距逐步缩小。

4. 构建完善覆盖婚前、孕前、孕期、新生儿和儿童各阶段的出生缺陷防治体系，预防和控制出生缺陷。

5. 儿童常见疾病和恶性肿瘤等严重危害儿童健康的疾病得到有效防治。

6. 适龄儿童免疫规划疫苗接种率以乡（镇、街道）为单位保持在99%以上。

7. 促进城乡儿童早期发展服务供给，普及儿童早期发展的知识、方法和技能。

8. 5岁以下儿童贫血率和生长迟缓率分别控制在5%和1%以下，儿童超重、肥胖上升趋势得到有效控制。

9. 儿童新发近视率明显下降，小学生近视率降至38%以下，初中生近视率降至60%以下，高中阶段学生近视率降至70%以下。0~6岁儿童眼保健和视力检查覆盖率达到93%以上。

10. 增强儿童体质，中小学生国家学生体质健康标准达标优良率达到60%以上。

11. 增强儿童心理健康服务能力，提升儿童心理健康水平。

12. 适龄儿童普遍接受性教育，儿童性健康服务可及性明显提高。

策略措施：

1. 优先保障儿童健康。将儿童健康理念融入经济社会发展政策，儿童健康主要指标纳入政府目标和责任考核。完善涵盖儿童的基本医疗卫生制度，加强儿童医疗保障政策与公共卫生政策衔接。加大对儿童医疗卫生与健康事业的投入力度，支持农村山区儿童健康事业发展，逐步实现基本妇幼健康服务均等化。推动建设统一的妇幼健康信息平台，推动妇幼健康信息平台与电子健康档案的互联互通和信息共享，完善妇幼健康统计调查制度，推行“互联网＋妇幼健康”服务模式，完善妇幼健康大数据，加强信息互联共享，实现儿童健康全周期全过程管理和服务的信息化、智能化。积极参与儿童健康综合发展示范县（市、区）创建活动。

2．完善儿童健康服务体系。构建县级儿童医疗保健服务网络，以妇幼保健机构和综合医院儿科为重点，统筹规划和配置区域内儿童健康服务资源。县级设置1所政府举办、标准化的妇幼保健机构，每千名儿童拥有儿科执业（助理）医生达到1.12名、床位增至3.17张。建立完善以县妇幼保健机构为龙头，乡镇卫生院、社区卫生服务中心为枢纽，村卫生室为基础的基层儿童保健服务网络，每所乡镇卫生院、社区卫生服务中心至少配备1名提供规范儿童基本医疗服务的全科医生，至少配备2名专业从事儿童保健的医生。完善儿童急救体系。加快儿童医学人才培养，提高全科医生的儿科和儿童保健专业技能，提高儿科医务人员薪酬待遇。

3. 加大儿童健康知识宣传普及力度。强化父母或其他监护人是儿童健康第一责任人的理念，依托家庭、社区、学校、幼儿园、托育机构，加大科学育儿、预防疾病、及时就医、合理用药、合理膳食、应急避险、心理健康等知识和技能宣传普及力度，促进儿童养成健康行为习惯。构建全媒体健康知识传播机制。发挥健康科普专家库和资源库作用。推进医疗机构规范设置“孕妇学校”和家长课堂，鼓励医疗机构、医务人员、相关社会组织等开展健康科普活动。预防和制止儿童吸烟（含电子烟）、酗酒，保护儿童远离毒品。

4．保障新生儿安全与健康。深入实施危重新生儿筛查与评估、高危新生儿专案管理、危急重症救治、新生儿死亡评审等制度。加强新生儿规范化访视工作，新生儿访视率保持在90%以上。完善医疗机构产科、新生儿科质量规范化管理体系，加强新生儿保健专科建设。依托现有机构加强危重新生儿救治中心建设，强化危重新生儿救治保障。

5．加强出生缺陷综合防治。建立多部门联动防治出生缺陷的工作机制，落实出生缺陷三级防治措施，加强知识普及和出生缺陷防控咨询，出生缺陷防治知识知晓率达到80%以上。推行免费婚前医学检查，实现婚姻登记、婚前医学检查紧邻设置，提供生育指导“一站式”服务，婚前医学检查率达到99%以上。强化婚前孕前保健，提升产前筛查和诊断能力，孕前优生健康检查率达到99%以上，产前筛查率达到80%以上，新生儿遗传代谢性疾病筛查率和听力筛查率分别达到99%、96%以上。推动围孕期、产前产后一体化和多学科诊疗协作，规范服务与质量监管。扩大新生儿疾病筛查病种范围，建立筛查、阳性病例召回、诊断、治疗和随访一体化服务模式，促进早筛早诊早治。加强地中海贫血、唐氏综合征、先天性耳聋等出生缺陷的防治，做好出生缺陷患儿基本医疗和康复救助工作。健全出生缺陷防治网络，加强出生缺陷监测，促进出生缺陷防治领域科技创新和成果转化。

6. 加强儿童保健服务和管理。加强儿童保健门诊标准化、规范化建设，提升儿童保健服务质量。扎实开展0~6岁儿童健康管理工作，健全县、乡、村三级管理网络，将0~6岁儿童健康集中管理纳入基本公共卫生服务范围，3岁以下儿童系统管理率和7岁以下儿童健康管理率保持在95%以上。推进以视力、听力、肢体、智力及孤独症等五类残疾为重点的0~6岁儿童残疾筛查，完善筛查、诊断、康复、救助相衔接的工作机制。提高儿童康复服务能力和水平。增强家庭对儿童常见病的预防保健能力。增强学校、幼儿园、托育机构的常见病预防保健能力，按标准配备校医、幼儿园及托育机构卫生保健人员和必要保健设备。加强对孤儿、流动儿童、留守儿童和困境儿童等重点人群的健康管理。

7. 强化儿童疾病防治。以早产、低出生体重、贫血、肥胖、心理行为异常、视力不良、龋齿等儿童健康问题为重点，推广儿童疾病防治适宜技术，建立早期筛查、诊断和干预服务机制。加强儿童口腔保健，12岁儿童龋患率控制在25%以内。加强儿童重大传染性疾病、新发传染病管理以及艾滋病、梅毒、乙肝母婴阻断工作，艾滋病和梅毒感染孕产妇所生儿童治疗率达95%以上。完善儿童血液病、恶性肿瘤等重病诊疗体系、药品供应制度、综合保障制度，开发治疗恶性肿瘤等疾病的特效药。科学合理制定罕见病目录，加强罕见病管理。推广应用中医儿科适宜技术。

8. 加强儿童免疫规划疫苗管理和预防接种。认真落实扩大国家免疫规划的政策措施，维持我县较高水平的国家免疫规划疫苗接种率。支持多联多价等新型疫苗研制。加强疫苗研制、生产、流通和预防接种管理。完善预防接种异常反应补偿相关政策。

9. 加强儿童早期发展服务。建立健全多部门协作的儿童早期发展工作机制，开展涵盖良好健康、充足营养、回应性照护、早期学习、安全保障等多维度的儿童早期发展综合服务。加强对家庭和托育机构的婴幼儿早期发展指导服务。促进儿童早期发展服务进农村、进社区、进家庭，探索推广入户家访指导等适合农村边远地区儿童、困境儿童的早期发展服务模式。

10. 改善儿童营养状况。关注儿童生命早期1000天营养，开展孕前、孕产期营养与膳食评价指导。实施母乳喂养促进行动，强化爱婴医院管理，加强公共场所和工作场所母婴设施建设，6个月内婴儿纯母乳喂养率达到70%以上。普及为6月龄以上儿童合理添加辅食的知识技能。开展儿童生长发育监测和评价，加强个性化营养指导，保障儿童营养充足。加强食育教育，引导科学均衡饮食、吃动平衡，预防控制儿童超重和肥胖。加强学校、幼儿园、托育机构的营养健康教育和膳食指导。加大碘缺乏病防治知识宣传普及力度。完善食品标签体系。

11. 有效控制儿童近视。加强0~6岁儿童眼保健和视力检查工作，推动建立儿童视力电子档案。减轻学生学业负担，指导监督学生做好眼保健操，纠正不良读写姿势。保障学校、幼儿园、托育机构室内采光、照明和课桌椅、黑板等达到规定标准。指导家长掌握科学用眼护眼知识并引导儿童科学用眼护眼。教育儿童按需科学规范合理使用电子产品。确保儿童每天接触户外自然光不少于1小时。

12. 增强儿童身体素质。推进阳光体育运动，开足开齐体育与健康课。保障儿童每天至少1小时中等及以上强度的运动，培养儿童良好运动习惯。全面实施《国家学生体质健康标准》，完善学生健康体检和体质监测制度。鼓励公共体育场馆设施免费或优惠向周边学校和儿童开放，落实学校体育场馆设施在课余和节假日向学生开放政策，支持学校向体育类社会组织购买课后体育服务。进一步加大户外运动、健身休闲等配套公共基础设施建设力度。合理安排儿童作息，保证每天睡眠时间小学生达到10小时、初中生达到9小时、高中生达到8小时。

13. 加强儿童心理健康服务。构建儿童心理健康教育、咨询服务、评估治疗、危机干预和心理援助公共服务网络。中小学校配备心理健康教育教师。积极开展生命教育和挫折教育，培养儿童珍爱生命意识和自我情绪调适能力。关注和满足孤儿、事实无人抚养儿童、留守儿童和困境儿童心理发展需要。提高教师、家长预防和识别儿童心理行为异常的能力，加强综合医院儿科、精神专科医院和妇幼保健机构儿童心理咨询及专科门诊建设。大力培养儿童心理健康服务人才。

14. 为儿童提供性教育和性健康服务。引导儿童树立正确的性别观念和道德观念，正确认识两性关系。将性教育纳入基础教育体系和质量监测体系，增强教育效果。引导父母或其他监护人根据儿童年龄阶段和发展特点开展性教育，加强防范性侵害教育，提高儿童自我保护意识和能力。促进学校与医疗机构密切协作，提供适宜儿童的性健康服务，保护就诊儿童隐私。设立儿童性健康保护热线。

15. 加强儿童健康领域科研创新。围绕儿童重大疾病的预防、诊断、治疗、康复和健康管理开展基础研究和应用研究。加强儿科科技创新基地、平台建设，发挥儿科医学领域国家临床医学研究中心重要作用。鼓励儿童用药研发生产，加快儿童用药申报审批工作。完善儿童临床用药规范，药品说明书明确表述儿童用药信息。切实贯彻落实基本药物制度，提升儿科用药基本药物占比，完善儿科用药的基本药物配备，满足儿科临床需求。

二、儿童与安全

主要目标：

1. 减少儿童伤害所致死亡和残疾。儿童伤害死亡率以2020年数据为基数下降20%。

2. 排查消除溺水隐患，儿童溺水死亡率持续下降。

3. 推广使用儿童安全座椅、安全头盔，儿童出行安全得到有效保障。

4. 减少儿童跌倒、跌落、烧烫伤和中毒等伤害的发生、致残和死亡。

5. 儿童食品安全得到有效保障。

6. 提升儿童用品质量安全水平。

7. 预防和制止针对儿童一切形式的暴力。

8. 提高对学生欺凌的综合治理能力，预防和有效处置学生欺凌。

9. 预防和干预儿童沉迷网络，有效治理不良信息、泄露隐私等问题。

10. 儿童遭受意外和暴力伤害的监测报告系统进一步完善。

策略措施：

1. 创建儿童安全环境。树立儿童伤害可防可控意识，通过宣传教育、改善环境、加强执法、使用安全产品、开展评估等策略，创建有利于儿童成长的家庭、学校、社区安全环境。开展安全自护教育，提高儿童及其看护人的安全意识，帮助其掌握安全知识技能，培养儿童安全行为习惯。落实学校、幼儿园、托育机构等安全管理主体责任，开展儿童防伤害、防暴力、避灾险、会自救等教育活动。

2. 建立健全儿童伤害防控工作体系。加大儿童伤害防控领域立法和执法力度。构建完善多部门合作的儿童伤害防控工作机制，鼓励社会力量参与儿童伤害防控。制定实施儿童伤害防控行动计划，探索创新并大力推广儿童伤害防控适宜技术，优先制定实施针对流动儿童、留守儿童、困境儿童的伤害防控措施。

3. 预防和控制儿童溺水。加强看护，保证儿童远离危险水体。隔离、消除家庭及校园环境的溺水隐患，加强农村地区相关水体的防护隔离和安全巡查，加强开放性水域、水上游乐场所、船只等安全管理并配置适用于儿童的应急救援装备。加强预防溺水和应急救援知识技能教育，普及儿童游泳及水上安全技能，引导儿童使用安全游泳场所。

4. 预防和控制儿童道路交通伤害。推动完善交通安全法规。提高儿童看护人看护能力，培养儿童养成良好交通行为习惯。推广使用儿童安全座椅、安全头盔和儿童步行及骑乘非机动车反光标识。完善儿童道路安全防护用品标准，加强生产和销售监管。道路规划建设充分考虑儿童年龄特点，完善校园周边安全设施，严查严处交通违法行为。落实校车安全管理条例。

5. 预防和控制儿童跌倒、跌落、烧烫伤、中毒等伤害。消除环境危险因素，推广使用窗户护栏、窗口限位器等防护用品，减少儿童跌倒、跌落。教育儿童远离火源，引导家庭分隔热源，安全使用家用电器，推广使用具有儿童保护功能的家用电器，预防儿童烧烫伤。推广使用儿童安全包装，提升儿童看护人对农药、药物、日用化学品等的识别及保管能力，避免儿童中毒。预防婴幼儿窒息，提升看护人对婴幼儿有效照护能力。规范犬类管理及宠物饲养，预防动物咬伤。加强防灾减灾教育，提高儿童及其看护人针对地震、火灾、踩踏等的防灾避险技能。

6. 加强儿童食品安全监管。完善儿童食品安全标准体系。强化婴幼儿配方食品和婴幼儿辅助食品安全监管，加大婴幼儿配方乳粉产品抽检监测及不合格食品处罚力度。落实学校、幼儿园、托育机构食品安全管理主体责任，消除儿童集体用餐各环节食品安全隐患，加强校内及周边食品安全监管。严肃查处食品安全违法违规行为。

7. 预防和减少产品引发的儿童伤害。强化产品质量安全监管。健全儿童用品强制性国家标准体系，完善产品安全警示标识。执行儿童玩具强制性国家标准，加强儿童用品行业自律，鼓励制定技术先进的团体标准。对部分儿童用品依法实施强制性产品认证管理。持续开展儿童用品质量安全守护行动，严厉查处制售假冒伪劣产品的违法行为，鼓励消费者依法投诉举报产品安全问题。加强对产品造成儿童伤害的信息监测、分析、监督检查和缺陷产品召回工作。杜绝“毒跑道”“毒校服”，保障游戏游艺设备及大型游乐设施安全，引导儿童安全使用电动扶梯、旋转门等设施设备。

8. 预防和控制针对儿童的暴力伤害。宣传倡导对儿童暴力零容忍理念，提升公众的法治意识和儿童保护意识，增强儿童的安全意识和自我保护能力。强化国家、社会、学校、家庭保护责任，建立防控针对儿童暴力伤害的部门合作工作机制，健全各级未成年人保护工作平台，落实针对儿童暴力伤害的发现、报告、干预机制。落实密切接触未成年人的机构和人员的强制报告责任。鼓励公众依法劝阻、制止、检举、控告针对儿童的暴力行为。依法严惩针对儿童的暴力违法犯罪行为。

9. 加强对学生欺凌的综合治理。完善落实学生欺凌综合治理的部门合作工作机制。营造文明安全校园环境，加强思想道德教育、法治教育和心理健康教育，培养学生的健全人格和社会交往能力。严格学校日常安全管理，深化平安校园建设，全面实施100%校园封闭化管理、100%专职保安配备、100%视频监控和一键式报警装置与公安机关联网、100%护学岗建设。健全学生欺凌早期预警、事中处理、事后干预等工作机制，提高教职员工、家长、学生对欺凌的预防和处置能力。依法依规调查和处置欺凌事件，发挥教育惩戒作用。强化校园周边综合治理，将学生欺凌专项治理纳入社会治安综合治理工作。

10. 加强未成年人网络保护。落实政府、企业、学校、家庭、社会保护责任，为儿童提供安全、健康的网络环境，保障儿童在网络空间中的合法权益。加强网络监管和治理，完善和落实网络信息监测、识别、举报、处置制度，依法惩处利用网络散布价值导向不良信息、从事危害未成年人身心健康的行为。网络游戏、网络直播、网络音视频、网络社交等网络服务提供者，针对未成年人使用其服务依法设置相应的时间管理、权限管理、消费管理等功能，不得为未满十六周岁儿童提供网络直播发布者账号注册服务。加强网络语言文明教育，坚决遏阻庸俗暴戾网络语言传播。实施国家统一的未成年人网络游戏电子身份认证，完善游戏产品分类、内容审核、时长限制等措施。加强儿童个人信息和隐私保护。

11. 提高对儿童遭受意外和暴力伤害的紧急救援、医疗救治、康复服务水平。广泛宣传儿童紧急救援知识，提升看护人、教师紧急救援技能。完善公共场所急救设施配备。完善国家紧急医学救援网络，加强儿童伤害院前急救设施设备配备，实现院前急救与院内急诊的有效衔接，加强康复机构能力建设，提高儿童医学救治以及康复服务的效率和水平。

12. 完善监测机制。建立健全我县儿童遭受意外和暴力伤害监测体系，通过医疗机构、学校、幼儿园、托育机构、社区、司法机关等多渠道收集儿童伤害数据，促进数据规范化。建立多部门、多专业参与的数据共享、分析、评估和利用工作机制。

三、儿童与教育

主要目标：

1. 全面落实立德树人根本任务，培养德智体美劳全面发展的社会主义建设者和接班人。

2. 适龄儿童普遍接受有质量的学前教育，学前教育毛入园率达到并保持在98%以上。

3. 促进义务教育优质均衡发展和城乡一体化，九年义务教育巩固率提高到98%以上。

4. 巩固提高高中阶段教育普及水平，高中阶段教育毛入学率达到并保持在95%以上。

5. 孤儿、事实无人抚养儿童、残疾儿童、农业转移人口随迁子女、留守儿童、困境儿童等特殊群体受教育权利得到根本保障。残疾儿童义务教育巩固水平进一步提高。

6. 儿童科学素质全面提

升，科学兴趣、创新意识、实践能力不断提高。

7. 以提高儿童综合素质为导向的教育评价体系更加完善。

8. 加强校园文化建设，营造友善、平等、相互尊重的师生关系和同学关系。

9. 学校家庭社会协同育人机制进一步完善。

策略措施：

1. 全面贯彻党的教育方针。坚持社会主义办学方向，健全立德树人落实机制，实施素质教育，完善德智体美劳全面培养的教育体系。提高思想道德素质，引领学生坚定理想信念，热爱祖国、热爱人民、热爱中国共产党、热爱社会主义，培育和践行社会主义核心价值观。提升智育水平，发展学生终身学习能力，促进思维发展，激发创新意识。坚持健康第一，深化体教融合，帮助学生磨炼坚强意志、锻炼强健体魄。改进美育教学，提升学生审美和人文素养。加强劳动教育，引导学生树立正确的劳动观，形成良好劳动习惯，培养勤俭、奋斗、创新、奉献的劳动精神。

2. 全面落实教育优先发展战略。经济社会发展规划上优先安排教育，财政资金投入上优先保障教育，公共资源配置上优先满足教育。优化教育经费支出结构，把义务教育作为教育投入重中之重。依法落实各级政府教育支出责任，完善各教育阶段生均财政拨款（或生均公用经费）制度或财政补助政策。支持和规范社会力量办学。

3. 培养儿童良好思想道德素质、法治意识和行为习惯。加强理想教育、道德教育、法治教育、劳动教育，养成良好道德品质、法治意识和行为习惯，形成积极健康的人格和良好心理品质。中小学、幼儿园广泛开展性别平等教育。完善德育工作体系，深化课程育人、文化育人、活动育人、实践育人、管理育人、协同育人。创新德育工作形式，丰富德育内容，增强德育工作吸引力、感染力和实效性。

4. 全面推进教育理念、体系、制度、内容、方法创新。严格落实课程方案和课程标准，提高教学质量。完善教材编写、修订、审查、选用、退出机制。遵循教育规律和学生身心发展规律，尊重个体差异，因材施教，推行启发式、探究式、参与式、合作式教学。探索具有特殊才能学生的培养体系。提升校园智能化水平，提高信息化服务教育教学和管理的能力水平，推动优质教育资源在线辐射农村和边远山区薄弱学校，加快发展适合不同学生的信息化自主学习方式，满足个性化发展需求。提高民族地区教育质量和水平，加大国家通用语言文字推广力度。深化民族团结进步教育。

5. 逐步推进学前教育全面普及。继续实施学前教育行动计划，重点补齐人口集中流入地、农村地区、农村山区以及城市薄弱地区的普惠性资源短板，基本实现学前教育公共服务体系全覆盖。加强学前幼儿普通话教育，推进学前学会普通话。严格落实城镇小区配套幼儿园政策，鼓励国有企事业单位、街道、村集体举办公办幼儿园。健全普惠性学前教育成本分担机制，建立公办园收费标准动态调整机制，加强非营利性民办园收费监管，遏制过度逐利行为。注重科学保教，建立健全幼儿园保教质量监测体系，坚决克服和纠正“小学化”倾向，全面提升保教质量。

6. 优质均衡发展城乡义务教育。推进城乡学校在办学条件、教师队伍建设等方面全面达标。建立健全学龄人口监测机制，健全精准控辍保学长效机制，依据学龄人口变化，动态优化调整义务教育学校网点布局，提高义务教育巩固水平。综合利用闲置校园校舍，加强乡村寄宿制学校建设。健全城乡对口帮扶机制，探索名校长走动制、名师流动制，推动集团化办学、联盟办学、镇村一体化办学，逐步将班额控制在国家标准内。深化教学改革，完善省市县校四级联动教研体系，健全教师定期参与教研的长效机制，加大学科名师工作室建设，发挥教研支撑、名师引领作用。全面实行义务教育公办民办学校同步招生，支持和规范民办义务教育发展。推进义务教育学校免试就近入学全覆盖。规范落实进一步减轻义务教育阶段学生作业负担和校外培训负担，提升课后服务水平，课后服务时间应与当地正常上下班时间相衔接。

7. 进一步普及高中阶段教育。加快普通高中育人方式改革，推动高中阶段学校多样化有特色发展，满足学生个性化、多样化发展需要。推进中等职业教育和普通高中教育协调发展，建立中等职业教育和普通高中统一招生平台，深化职普融通。大力发展中等职业教育，建设一批优秀中职学校和优质专业，放宽中职招生地域限制。完善高中阶段学生资助政策。

8. 保障特殊儿童群体受教育权利。完善特殊教育保障机制，推进适龄残疾儿童教育全覆盖，提高特殊教育质量。坚持以普通学校随班就读为主体，以特殊教育学校为骨干，以送教上门和远程教育为补充，全面推进融合教育。大力发展残疾儿童学前教育，进一步提高残疾儿童义务教育巩固水平，加快发展以职业教育为重点的残疾人高中阶段教育。推进孤独症儿童教育工作。保障农业转移人口随迁子女平等享有基本公共教育服务。加强家庭经济困难学生精准资助，完善奖学金、助学金和助学贷款政策。加强对留守儿童和困境儿童的法治教育、安全教育和心理健康教育，优先满足留守儿童寄宿需求。在特殊教育学校大力推广国家通用手语和国家通用盲文。

9. 提高儿童科学素质。实施未成年人科学素质提升行动。将弘扬科学精神贯穿教育全过程，开展学前科学启蒙教育，提高学校科学教育质量，完善课程标准和课程体系，丰富课程资源，激发学生求知欲和想象力，培养儿童的创新精神和实践能力，鼓励有创新潜质的学生个性化发展。加强社会协同，注重利用科技馆、儿童中心、青少年宫、博物馆等校外场所开展校外科学学习和实践活动。广泛开展社区科普活动。加强专兼职科学教师和科技辅导员队伍建设。完善科学教育质量和未成年人科学素质监测评估。

10. 建立健全科学的教育评价制度体系。树立科学的教育质量观，建立健全以发展素质教育为导向的科学评价体系。落实县域义务教育质量、学校办学质量和学生发展质量评价标准。针对不同主体和不同学段、不同类型教育特点，改进结果评价，强化过程评价，探索增值评价，健全综合评价，克服唯分数、唯升学倾向。完善初高中学生学业水平考试和综合素质评价制度。高中阶段学校实行基于初中学业水平考试成绩、结合综合素质评价的招生录取模式，落实优质普通高中招生指标分配到初中政策，健全分类考试、综合评价、多元录取的高校招生机制。

11. 加强教师队伍建设。完善师德师风建设长效机制，引导教师自觉践行社会主义核心价值观，提升职业道德修养，坚守教书育人职责。完善教师资格准入制度，着力解决教师结构性、阶段性、区域性短缺问题。加强教师进修培训，提高基本功和专业能力。弘扬尊师重教的社会风尚。培养造就一支有理想信念、有道德情操、有扎实学识、有仁爱之心的高素质专业化创新型教师队伍。

12. 开展民主、文明、和谐、平等的友好型学校建设。加强校风、教风、学风建设，开展文明校园创建，构建尊师爱生的师生关系和团结友爱的同学关系。保障学生参与学校事务的权利。美化校园环境，优化学生学习、生活条件，推进校园无障碍环境建设和改造，为学生提供安全饮用水、卫生厕所和适合身高的课桌椅，改善学校用餐和学生寄宿条件。培育和丰富积极向上、健康文明的校园文化。

13. 坚持学校教育与家庭教育、社会教育相结合。加强家园、家校协作，推动教师家访制度化、常态化。加强中小学、幼儿园、社区家长学校和家庭教育指导中心、家长委员会建设，普及家庭教育知识，推广家庭教育经验。统筹社会教育各类场地、设施和队伍等资源，丰富校外教育内容和形式，鼓励儿童积极参与科技、文化、体育、艺术、劳动等实践活动，参与日常生活劳动、生产劳动和服务性劳动，帮助学生深入了解国情、社情、民情。增强校外教育公益性。加强校外教育理论研究。规范校外培训，切实减轻学生课外培训负担，严格监管面向低龄儿童的校外网络教育培训。充分发挥中小学校课后服务主渠道作用，完善中小学课后服务保障机制和措施，课后服务结束时间原则上不早于当地正常下班时间。发挥共青团、少先队、妇联、科协、关工委等组织的育人作用，形成学校、家庭、社会协同育人合力。

四、儿童与福利

主要目标：

1. 提升儿童福利水平，基本建成与经济社会发展水平相适应的适度普惠型儿童福利制度体系。

2. 面向儿童的基本公共服务均等化水平明显提高，城乡、区域和不同群体儿童的公共服务需求得到公平满足。

3. 巩固提高基本医疗保障水平，保障儿童基本医疗权益。

4. 构建连续完整的儿童营养改善项目支持体系。

5. 加快普惠托育服务体系建设，托育机构和托位数量持续增加。

6. 孤儿、事实无人抚养儿童、残疾儿童、流浪儿童生存、发展和安全权益得到有效保障。

7. 留守儿童关爱服务体系不断完善，流动儿童服务机制更加健全。

8. 城乡社区儿童之家覆盖率进一步巩固提高，服务能力持续提升。

9. 监测预防、强制报告、应急处置、评估帮扶、监护干预“五位一体”的基层儿童保护机制有效运行。县级以上人民政府开通并有效运行全国统一的儿童保护热线。

10. 基层儿童福利工作阵地和队伍建设进一步加强。

11. 为儿童服务的社会组织和儿童社会工作专业队伍明显壮大。

策略措施：

1. 完善儿童福利保障和救助制度体系。逐步建成与国家经济社会发展水平相适应、与相关福利制度相衔接的适度普惠型儿童福利制度体系。完善困境儿童分类保障政策，加大困境儿童保障力度。完善儿童福利政策，合理提高儿童福利标准。合理制定低保标准和特困人员救助供养标准并建立动态调整机制，提升儿童生活质量。

2. 提高面向儿童的公共服务供给水平。提高基本公共服务均等化和可及性水平，将儿童教育、医疗卫生、福利保障事项优先纳入基本公共服务清单，提高服务智慧化水平。完善面向儿童的基本公共服务标准体系，推动基本公共服务向农村山区、薄弱环节、特殊儿童群体倾斜。扩大公共服务覆盖面，全面落实儿童乘坐公共交通工具和游览参观票价优惠政策，推进采取年龄标准优先、身高标准补充的儿童票价优待政策。

3. 做好儿童医疗保障工作。强化基本医疗保险、大病保险、医疗救助三重保障功能，巩固儿童参加城乡居民基本医疗保险覆盖率。健全基本医疗保险筹资和待遇调整机制，完善医保目录动态调整机制。做好低收入家庭儿童城乡居民医保参保工作。做好符合条件的家庭经济困难患儿医疗救助。促进各类医疗保障互补衔接，支持商业保险机构开发并推广适宜不同年龄阶段儿童的大病和意外伤害险产品，统筹调动慈善医疗救助力量，支持医疗互助有序发展，合力降低患儿家庭医疗费用负担。严格执行国家对特殊群体、特定疾病医药费豁免制度。

4. 推进实施儿童营养改善项目。巩固脱贫地区儿童营养改善项目实施成果。稳妥推进农村义务教育学生营养改善计划，完善膳食费用分摊机制。加强3~5岁学龄前儿童营养改善工作，实施学龄前儿童营养改善计划，构建从婴儿期到学龄期连续完整的儿童营养改善项目支持体系。

5. 发展普惠托育服务体系。将婴幼儿照护服务纳入经济社会发展规划，研究编制托育服务发展专项规划，强化政策引导，综合运用土地、住房、财政、金融、人才等支持政策，扩大托育服务供给。大力发展多种形式的普惠托育服务，推动建设一批承担指导功能的示范托育服务机构和社区托育服务设施，应建立规范化的婴儿照护机构，发挥引领作用，增加普惠托幼，满足群众需求。支持有条件的用人单位为职工提供托育服务，鼓励国有企业等主体积极参与各级政府推动的普惠托育服务体系建设，支持和引导社会力量依托社区提供普惠托育服务，鼓励和支持有条件的幼儿园招收2~3岁幼儿，制定家庭托育点管理办法。加大专业人才培养培训力度，依法逐步实行从业人员职业资格准入制度。制定完善托育服务的标准规范，加强综合监管，推动托育服务规范健康发展。

6. 加强孤儿和事实无人抚养儿童保障。落实孤儿和事实无人抚养儿童保障政策，明确保障对象，规范认定流程，合理确定保障标准。畅通亲属抚养、家庭寄养、机构养育和依法收养孤儿安置渠道。落实社会散居孤儿、事实无人抚养儿童监护责任。严格执行儿童收养相关法规政策，引导鼓励国内家庭收养孤残儿童。健全收养评估制度，建立收养状况回访监督制度，加强收养登记信息化建设。

7. 落实残疾儿童康复救助制度。加强残疾儿童康复救助机构建设，完善儿童残疾筛查、诊断、治疗、康复一体化工作机制，建立残疾报告和信息共享制度。提高残疾儿童康复服务覆盖率，为有需求的残疾儿童提供康复医疗、康复辅助器具、康复训练等基本康复服务，促进康复辅助器具提质升级。完善残疾儿童康复服务标准，增强残疾儿童康复服务供给能力，规范残疾儿童康复机构管理。支持儿童福利机构面向社会残疾儿童开展替代照料、养育教育辅导、康复训练等服务。

8. 加强流浪儿童救助保护工作。落实流浪儿童街面巡查和转介处置职责，依法依规为流浪儿童提供生活照料、身份查询、接送返回等服务。流出地县级政府建立源头治理和回归稳固机制，落实流浪儿童相关社会保障和义务教育等政策，教育督促流浪儿童父母或其他监护人履行抚养义务。依法严厉打击遗弃、虐待未成年人违法犯罪行为。

9. 加强留守儿童关爱保护。进一步完善留守儿童关爱保护工作体系。强化家庭监护主体责任，提高监护能力。强化县、乡级政府属地责任，落实关爱帮扶政策措施。常态化开展寒暑假特别关爱行动，充分发挥群团组织以及社会组织、社会工作者、志愿者等作用，加强对留守儿童心理、情感、行为和安全自护的指导服务。积极倡导企业履行社会责任，为务工人员加强与留守未成年子女的联系沟通提供支持。落实支持农民工返乡就业创业相关政策措施，从源头上减少留守儿童现象。

10. 完善流动儿童服务机制。深化户籍制度改革，健全以居住证为载体、与居住年限等条件挂钩的基本公共服务提供机制，推进城镇常住人口基本公共服务均等化，保障儿童平等享有教育、医疗卫生等基本公共服务。健全以社区为依托、面向流动儿童家庭的管理和服务网络，提升专业服务能力，促进流动儿童及其家庭融入社区。

11. 提高儿童之家建设、管理和服务水平。健全政府主导、部门统筹、多方参与、共同建设儿童之家的工作格局，巩固提高儿童之家覆盖率。完善儿童之家建设标准、工作制度和管理规范，配备专兼职工作人员，发挥社区儿童主任和妇联执委作用，提升管理和使用效能。保证儿童之家服务时长，拓展服务内容，确保服务安全，通过购买服务、项目合作等方式引入有资质的相关社会组织为儿童提供专业化、精细化服务，充分发挥儿童之家在基层社会治理和儿童保护中的作用。

12. 建立健全基层儿童保护机制。完善县、乡镇(街道)、村(社区)三级儿童保护机制。督促学校、幼儿园、托育机构、医疗机构、儿童福利机构、未成年人救助保护机构、村(居)民委员会等主体强化主动报告意识，履行困境儿童和受暴力伤害儿童强制报告义务。开通全国统一的儿童保护热线，及时受理、转介侵犯儿童合法权益的投诉、举报，探索完善接报、评估、处置、帮扶等一体化工作流程，明确相关部门工作职责和协作程序，形成“一门受理、协同办理”的工作机制。

13. 提升未成年人救助保护机构、儿童福利机构和基层儿童工作队伍服务能力。推进承担集中养育职能的儿童福利机构优化提质,推进儿童养育、康复、教育、医疗、社会工作一体化发展。整合县级儿童福利机构和未成年人救助保护相关机构职能,为临时监护情形未成年人、社会散居孤儿、留守儿童和困境儿童等提供服务。加强未成年人救助保护中心建设,制定完善未成年人救助保护机构工作标准。进一步落实未成年人救助保护机构、儿童督导员、儿童主任的工作职责,加大儿童督导员、儿童主任等基层儿童工作者培训力度,提高服务能力。

14. 支持引导社会力量参与儿童保护和服务工作。通过政府委托、项目合作、重点推介、孵化扶持等方式,积极培育为儿童服务的社会组织和志愿服务组织。将更多符合条件的儿童保护和服务事项纳入政府购买服务指导性目录,积极引导为儿童服务的社会组织面向城乡社区、家庭和学校提供服务。加强儿童社会工作专业队伍建设,提高服务技能水平。引导社会资源向农村山区倾斜,扶持农村山区为儿童服务的社会组织发展。

五、儿童与家庭

主要目标:

1. 发挥家庭立德树人第一所学校作用,培养儿童的好思想、好品行、好习惯。

2. 尊重儿童主体地位,保障儿童平等参与自身和家庭事务的权利。

3. 教育引导父母或其他监护人落实抚养、教育、保护责任,树立科学育儿理念,掌握运用科学育儿方法。

4. 培养儿童成为好家风的践行者和传承者。

5. 增强亲子互动,建立平等和谐的亲子关系。

6. 覆盖城乡的家庭教育指导服务体系基本建成,指导服务能力进一步提升。95%的城市社区和85%的农村社区(村)建立家长学校或家庭教育指导服务站点。

7. 支持家庭生育养育教育的法律法规政策体系基本形成。

8. 提升家庭领域理论和实践研究水平,促进成果转化应用。

策略措施:

1. 将立德树人落实到家庭教育各方面。父母或其他监护人应将立德树人作为家庭教育的首要任务,将思想品德教育融入日常生活,帮助儿童开拓视野、认识社会,通过身边人、身边事,培养儿童的好思想、好品德、好习惯,引导儿童树立正确的世界观、人生观、价值观。教育引导儿童践行社会主义核心价值观,学习中华民族优秀传统文化,厚植爱党爱祖国爱社会主义情怀。增强法治意识和社会责任感,从小学会做人、学会做事、学会学习,扣好人生第一粒扣子。

2. 尊重儿童主体地位和权利。引导父母或其他监护人以儿童为本,尊重儿童的身心发展规律和特点,保障儿童休息、锻炼、闲暇和娱乐的权利,合理安排儿童的学习和生活,增加体育锻炼、劳动实践、休息娱乐、社会实践、同伴交往、亲子活动等时间。尊重儿童的知情权、参与权,重视听取并采纳儿童的合理意见。教育引导儿童增强家庭和社会责任意识,鼓励儿童自主选择、自我管理、自我服务,参与力所能及的家务劳动,培养劳动习惯,提高劳动技能。

3. 增强监护责任意识和能力。创造良好家庭环境,满足儿童身心发展需要,培养儿童良好行为习惯和健康生活方式,提高安全意识和自救自护能力。加强宣传教育培训,帮助父母或其他监护人学习家庭教育知识,树立科学育儿理念和正确成才观,掌握科学育儿方法,尊重个体差异,因材施教。禁止对儿童殴打、虐待等一切形式的家庭暴力。加强对家庭落实监护责任的支持、监督和干预,根据不同需求为家庭提供分类指导和福利保障。

4. 用好家风培养熏陶儿童。发挥父母榜样和示范作用,教育引导儿童传承尊老爱幼、男女平等、夫妻和睦、勤俭持家、亲子平等、邻里团结的家庭美德,践行爱国爱家、相亲相爱、向上向善、共建共享的社会主义家庭文明新风尚。广泛开展内容丰富、形式新颖、富有教育意义的好家风宣传弘扬活动,推出系列家风文化服务产品。引领儿童养成文明健康的生活方式和消费模式,杜绝浪费。

5. 培育良好亲子关系。引导家庭建立有效的亲子沟通方式，加强亲子交流，增加陪伴时间，提高陪伴质量。鼓励支持家庭开展亲子游戏、亲子阅读、亲子运动、亲子出游等活动。指导帮助家庭调适亲子关系，缓解育儿焦虑，化解亲子矛盾。鼓励支持各类教育、科技、文化、体育、娱乐等公益性设施和场所以及城乡社区儿童之家等为开展家庭亲子活动提供条件。加强亲子阅读指导，培养儿童良好阅读习惯。分年龄段推荐优秀儿童书目，完善儿童社区阅读场所和功能，鼓励社区图书室设立亲子阅读区。

6. 构建覆盖城乡的家庭教育指导服务体系。依托现有机构设立家庭教育指导服务中心，统筹家庭教育指导服务工作，依托家长学校、城乡社区公共服务设施、妇女之家、儿童之家等设立家庭教育指导服务站点。建设家庭教育信息化共享平台，开设网上家长学校和家庭教育指导课程。中小学、幼儿园健全家庭教育指导服务工作制度，将家庭教育指导服务纳入学校工作计划和教师业务培训。社区（村）支持协助家庭教育指导服务站点开展家庭教育指导服务。鼓励支持公共文化服务场所开展家庭教育指导活动，利用多种媒体开展家庭教育知识宣传。

7. 强化对家庭教育指导服务的支持保障。推进实施家庭教育工作规划，推动家庭教育指导服务普惠享有，并纳入政府购买服务指导性目录，培育家庭教育服务机构。加强对家庭教育服务机构和从业人员的管理，规范家庭教育服务市场。加强家庭教育服务行业自律，研究制定服务质量标准，建立行业认证体系。鼓励机关、企事业单位和社会组织面向本单位职工开展家庭教育指导服务。支持社会工作机构、志愿服务组织和专业工作者依法依规开展家庭教育指导服务。

8. 完善支持家庭生育养育教育的法规政策。贯彻执行家庭教育促进法，完善三孩生育政策配套措施。促进出生人口性别比趋于正常。提高优生优育服务水平，增加优质普惠托育服务供给，推进教育公平与优质教育资源供给，落实产假制度和生育津贴，探索实施父母育儿假。推动将3岁以下婴幼儿照护服务费用纳入个人所得税专项附加扣除，加强住房等支持政策，减轻生育养育教育负担。将困境儿童及其家庭支持与保障作为家庭支持政策的优先领域。完善家政服务标准，提高家庭服务智慧化和数字化水平。鼓励用人单位创办母婴室和托育托管服务设施，实施弹性工时、居家办公等灵活的家庭友好措施。

9. 加强家庭领域理论和实践研究。充分发挥学术型社会组织作用，鼓励有条件的高校和科研机构开设家庭教育专业和课程，建立家庭领域研究基地，培养壮大家庭领域研究队伍，提升研究水平。坚持问题导向，聚焦家庭建设、家庭教育、家风培树等开展研究，及时推进研究成果转化，为家庭领域相关工作提供理论支撑。

六、儿童与环境

主要目标：

1. 将儿童优先理念落实到公共政策制定、公共设施建设、公共服务供给各方面，尊重、爱护儿童的社会环境进一步形成。

2. 提供更多有益于儿童全面发展的高质量精神文化产品。

3. 保护儿童免受各类传媒不良信息影响。提升儿童媒介素养。

4. 儿童参与家庭、学校和社会事务的权利得到充分保障。

5. 建设儿童友好城市和儿童友好社区。

6. 增加公益性儿童教育、科技、文化、体育、娱乐等校外活动场所，提高利用率和服务质量。

7. 减少环境污染对儿童的伤害。城市集中式饮用水水源水质达到或优于Ⅲ类比例总体为100%左右，农村自来水普及率达到93%，稳步提高农村卫生厕所普及率。

8. 提高儿童生态环境保护意识，帮助养成绿色低碳生活习惯。

9. 预防和应对突发事件时充分考虑儿童的身心特点，优先满足儿童的特殊需求。

10. 加强儿童领域和儿童工作的对外交流合作，营造我县儿童发展的良好环境。

策略措施:

1. 全面贯彻儿童优先原则。建立和完善促进儿童优先发展的政策体系,提高政府部门和社会公众对儿童权利的认识,增强保障儿童权利的自觉性。在出台法规、制定政策、编制规划、部署工作时优先考虑儿童利益和需求。鼓励企事业单位、各类公共服务机构和社会组织参与儿童发展和权利保护服务。在城乡建设规划和城市改造中提供更多适合儿童的公共设施和活动场所。

2. 提升面向儿童的公共文化服务水平。制作和传播体现社会主义核心价值观、适合儿童的图书、电影、歌曲、游戏、广播电视节目、动画片等精神文化产品,培育儿童文化品牌。支持儿童参与民族优秀传统文化的保护、传承和创新。探索在网络空间开展儿童思想道德教育的新途径、新方法,增强知识性、趣味性和时代性。支持儿童题材作品参加国家舞台艺术精品创作扶持工程等重大项目和重要展演节庆活动。鼓励社会组织、文化艺术机构为儿童文化艺术活动提供专业指导和场地支持。公共图书馆单设儿童阅览区,公共图书馆盲人阅览区为盲童阅读提供便利,鼓励社区图书室设立儿童图书专区。

3. 加强新闻出版、文化等领域市场监管和执法。加强对儿童出版物的审读、鉴定和处置,深化“扫黄打非”工作,清除淫秽色情低俗、暴力恐怖迷信等有害出版物及信息。清理校园周边非法销售出版物和涉及低俗内容的儿童文化用品、玩具。严格网络出版、文化市场管理与执法,及时整治网络游戏、视频、直播、社交、学习类移动应用软件传播危害未成年人身心健康的有害信息。严格管控诱导未成年人无底线追星、拜金炫富等存在价值导向问题的不良信息和行为。加强互联网营业场所和娱乐场所执法,查处违规接纳未成年人、提供含有禁止内容的曲目和游戏游艺设备等违规行为。落实互联网企业主体责任,在产品开发、内容审核、用户管理、保护措施、举报处置等环节完善治理手段。

4. 规范与儿童相关的广告和商业性活动。规范与儿童有关的产品(服务)广告播出。在针对儿童的大众传播媒介上不得发布医疗、药品、医疗器械、保健食品、化妆品、酒类、美容广告,以及不利于儿童身心健康的网络游戏广告。禁止在大众传播媒介、公共场所发布声称全部或部分替代母乳的婴儿乳制品、饮料和其他食品广告。加大对相关虚假违法广告案件的查处力度。规范和限制安排儿童参加商业性展演活动。

5. 加强儿童媒介素养教育。保障儿童利用和参与媒介的权利。丰富儿童数字生活体验,提高数字生活质量。通过学校、幼儿园、家庭和社会等多种渠道,提升儿童及其监护人媒介素养,加强对不同年龄阶段儿童使用网络的分类教育指导,帮助儿童掌握网络基本知识技能,提高学习交流的能力,养成良好用网习惯,引导儿童抵制网络不文明行为,增强信息识别和网上自我保护能力,防止沉迷网络。为农村山区儿童、残疾儿童、困境儿童安全合理参与网络提供条件。

6. 保障儿童参与和表达的权利。尊重儿童参与自身和家庭事务的权利,培养儿童参与意识和能力。涉及儿童的法规政策制定、实施和评估以及重大事项决策,听取儿童意见。将儿童参与纳入学校、校外教育机构、社区工作计划。支持共青团、少先队、妇联等组织开展社会实践及体验活动。加强学校班委会和学生会建设,畅通学生参与学校事务的渠道。广泛开展儿童参与的宣传、教育和培训活动。

7. 开展儿童友好城市和儿童友好社区创建工作。鼓励创建社会政策友好、公共服务友好、权利保障友好、成长空间友好、发展环境友好的中国特色儿童友好城市。加强部门协调联动,细化政策措施,按照儿童友好城市和友好社区标准体系和建设指南,在基层大力倡导创建儿童友好社区,争创国家级、省级儿童友好城市。探索儿童友好大数据智慧服务。积极参与和开展儿童友好城市建设交流活动。

8. 加大儿童校外活动场所建设和管理力度。将儿童活动场所建设纳入地方经济社会发展规划，加强各类爱国主义教育基地、党史国史教育基地、民族团结进步教育基地、科普教育基地、中小学生研学实践教育基地等的建设，加大对农村地区儿童活动场所建设和运行的扶持力度，推进儿童活动场所无障碍建设和改造。规范儿童校外活动场所管理，各类公益性教育、科技、文化、体育、娱乐场所对儿童免费或优惠开放，根据条件开辟儿童活动专区。在具备条件的校外活动场所普遍建立少先队组织。发挥校外活动场所的育人优势，打造特色鲜明、参与面广的儿童主题活动品牌。

9. 优化儿童健康成长的自然环境和人居环境。控制和治理大气、水、土壤等环境污染以及工业、生活和农村面源污染，加强水源保护和水质监测。加强有关重金属污染防治和监测。推进城市饮用水水源地规范化建设。实施农村供水保障工程，提高农村集中供水率、自来水普及率、水质达标率和供水保证率。深入开展爱国卫生运动，持续改善村容村貌和人居环境，分类有序推进农村厕所革命，统筹农村改厕和污水、黑臭水体治理，因地制宜建设污水处理设施。

10. 创新开展面向儿童的生态文明宣传教育活动。把生态文明教育纳入国民教育体系，融入课堂教学、校园活动、社会实践等环节。推进生态环境科普基地和中小学环境教育社会实践基地建设，在世界环境日、全国低碳日、全国科技活动周等节点开展丰富的儿童环保主题活动，依托自然保护地等建设儿童自然教育保护基地，开展儿童自然教育。培养儿童生态文明意识，树立珍惜资源、保护自然、珍爱生命、与自然和谐相处的观念，自觉养成健康文明、绿色低碳、垃圾分类的良好生活习惯。

11. 在突发事件预防和应对中加强对儿童的保护。在制定突发事件应急预案时统筹考虑儿童的特殊需求。制定儿童防护用品标准，应急处置期间，优先保证儿童食品、药品、用品供给。学校、幼儿园、托育机构、校外教育机构和社区开展形式多样的安全教育和应急演练活动，提高教职工、儿童及其监护人识别灾害事故风险和应对灾害事故的能力。公共场所发生突发事件时，应优先救护儿童。在灾后恢复与重建阶段，针对儿童特点采取优先救助和康复措施，将灾害事故对儿童的伤害降到最低程度。

12. 加强我县儿童事务、儿童工作对外交流与合作。落实与儿童发展相关的法律法规和政策措施。总结宣传我县儿童事业成效与儿童工作有益做法经验，展示儿童风采、展现万载形象、贡献万载智慧，促进全县儿童事业全面发展。

七、儿童与法律保护

主要目标：

1. 推动全市保障儿童权益法规政策体系的完善。

2. 加强保障儿童权益的执法工作。

3. 完善司法保护制度，司法工作体系满足儿童身心发展特殊需要。

4. 儿童法治素养和自我保护意识进一步提升，社会公众保护儿童的意识和能力进一步提高。

5. 依法保障儿童的民事权益。

6. 落实儿童监护制度，保障儿童获得有效监护。

7. 禁止使用童工，禁止对儿童的经济剥削，严格监管安排儿童参与商业性活动的行为。

8. 依法严惩性侵害、家庭暴力、拐卖、遗弃等侵犯儿童人身权利的违法犯罪行为。

9. 依法严惩利用网络侵犯儿童合法权益的违法犯罪行为。

10. 预防未成年人违法犯罪，对未成年人违法犯罪实行分级干预。降低未成年人犯罪人数占未成年人人口数量的比重。

策略措施：

1. 完善落实保障儿童权益的法规政策。健全全县保障儿童生存权、发展权、受保护权、参与权的法规政策体系。加强未成年人保护法实施，落实法律监督、司法建议和法治督察制度。加强保障儿童权益的法学理论与实践研究。

2. 严格保障儿童权益执法。全面落实保障儿童权益主体责任。加大行政执法力度，及时发现和处置监护侵害、家庭暴力、校园及周边安全隐患、食品药品安全隐患等问题。探索建立保障儿童权益多部门综合执法制度，探索建立儿童救助协作制度，强化部门间信息沟通和工作衔接,形成执法、保护、服务合力。

3. 健全未成年人司法工作体系。公安机关、人民检察院、人民法院和司法行政部门应当确定专门机构或者指定专门人员负责办理涉及未成年人案件。深化“未检机构+未检检察官”相结合的专业化办案模式。完善未成年人司法保护工作评价考核标准。加强专业化办案与社会化保护配合衔接,加强司法机关与政府部门、人民团体、社会组织和社会工作者等的合作,共同做好未成年人心理干预、社会观护、教育矫治、社区矫正等工作。

4. 加强对未成年人的特殊司法保护。依法保障涉案未成年人的隐私权、名誉权以及知情权、参与权等诉讼权利。落实未成年人犯罪案件特别程序关于严格限制适用逮捕措施、法律援助、社会调查、心理评估、法定代理人或合适成年人到场、附条件不起诉、不公开审理、犯罪记录封存等规定。增强未成年人社区矫正实施效果。落实涉案未成年人与成年人分别关押、分别管理、分别教育制度。

5. 依法为儿童提供法律援助和司法救助。依托公共法律服务平台,为儿童提供法律咨询等法律援助服务,推进法律援助标准化、规范化建设,推进专业化儿童法律援助队伍建设。保障符合司法救助条件的儿童获得有针对性的经济救助、身心康复、生活安置、复学就业等多元综合救助。

6. 加强儿童保护的法治宣传教育。完善学校、家庭、社会共同参与的儿童法治教育工作机制,提高儿童法治素养。扎实推进青少年法治教育实践基地、法治资源教室和网络平台建设,运用法治副校长、以案释法、模拟法庭等多样化方式深入开展法治教育和法治实践活动。提高社会公众的法治意识,推动形成依法保障儿童权益的良好氛围。引导媒体客观、审慎、适度采访和报道涉未成年人案件。

7. 全面保障儿童的民事权益。依法保障儿童的人身权利、财产权利和其他合法权益。开展涉及儿童权益纠纷调解工作,探索父母婚内分居期间未成年子女权益保护措施,依法保障父母离婚后未成年子女获得探望、抚养、教育、保护的权利。依法保障儿童和胎儿的继承权和受遗赠权。依法保护儿童名誉、隐私和个人信息等人格权。完善支持起诉制度。对食品药品安全、产品质量、烟酒销售、文化宣传、网络传播等领域侵害儿童合法权益的行为,开展公益诉讼工作。

8. 完善落实监护制度。强化父母或其他监护人履行对未成年子女的抚养、教育和保护职责,依法规范父母或其他监护人委托他人照护未成年子女的行为。督促落实监护责任,禁止早婚早育和早婚辍学行为。加强对监护的监督、指导和帮助,落实强制家庭教育制度。强化村(居)民委员会对父母或其他监护人监护和委托照护的监督责任,村(居)儿童主任切实做好儿童面临监护风险或受到监护侵害情况发现、核实、报告工作。探索建立监护风险及异常状况评估制度。依法纠正和处理监护人侵害儿童权益事件。对监护缺失的儿童由民政部门依法进行临时监护,也可由具备条件的儿童住所地的村(居)民委员会安排必要的生活照料,确保突发事件情况下无人照料儿童及时获得临时监护。

9. 严厉查处使用童工等违法犯罪行为。加强对使用童工行为的日常巡视监察和专项执法检查。严格落实儿童参加演出、节目制作等方面国家、省、市有关规定。加强对企业、其他经营组织或个人、网络平台等吸纳儿童参与广告拍摄、商业代言、演出、赛事、节目制作、网络直播等的监督管理。严格执行未成年工特殊保护规定,用人单位定期对未成年工进行健康检查,不得安排其从事过重、有毒、有害等危害儿童身心健康的劳动或者危险作业。

10. 预防和依法严惩性侵害儿童违法犯罪行为。加强儿童预防性侵害教育，提高儿童、家庭、学校、社区识别防范性侵害和发现报告的意识和能力，落实强制报告制度。推进建立全国统一的性侵害、虐待、拐卖、暴力伤害等违法犯罪人员信息查询系统，完善落实入职查询、从业禁止制度。探索建立性侵害儿童犯罪人员信息公开制度，严格落实外籍教师无犯罪证明备案制度。加强立案和立案监督，完善立案标准和定罪量刑标准。依法严惩对儿童负有特殊职责人员实施的性侵害行为，依法严惩组织、强迫、引诱、容留、介绍未成年人卖淫犯罪。建立未成年被害人“一站式”取证机制，保护未成年被害人免受“二次伤害”。探索制定性侵害儿童案件特殊证据标准。对遭受性侵害或者暴力伤害的未成年被害人及其家庭实施必要的心理干预、经济救助、法律援助、转学安置等保护措施。

11. 预防和依法严惩对儿童实施家庭暴力的违法犯罪行为。加强反家庭暴力宣传，杜绝针对儿童的家庭暴力以及严重忽视等不利于儿童身心健康的行为。落实强制报告制度，及时受理、调查、立案和转处儿童遭受家庭暴力案件。充分运用告诫书、人身安全保护令、撤销监护人资格等措施，加强对施暴人的惩戒和教育。对构成犯罪的施暴人依法追究刑事责任，从严处理重大恶性案件。保护未成年被害人的隐私和安全，及时为未成年被害人及目睹家庭暴力的儿童提供心理疏导、医疗救治和临时庇护。

12. 严厉打击拐卖儿童和引诱胁迫儿童涉毒、涉黑涉恶等违法犯罪行为。坚持和完善集预防、打击、救助、安置、康复于一体的反拐工作长效机制，落实反对拐卖人口行动计划。有效防范和严厉打击借收养名义买卖儿童、利用网络平台实施拐卖人口等违法犯罪行为，加大对出卖亲生子女犯罪的预防和打击力度，完善孕产妇就医生产身份核实机制，完善亲子鉴定意见书和出生医学证明开具制度，落实儿童出生登记制度。妥善安置查找不到亲生父母和自生自卖类案件的被解救儿童。禁止除公安机关以外的任何组织或者个人收集被拐卖儿童、父母和疑似被拐卖人员 DNA 数据等信息。做好全县青少年毒品预防教育工程，开展对引诱、教唆、欺骗、强迫、容留儿童吸贩毒犯罪专项打击行动。依法严惩胁迫、引诱、教唆儿童参与黑社会性质组织从事违法犯罪活动的行为。

13. 严厉打击侵犯儿童合法权益的网络违法犯罪行为。建设县级网络安全应急指挥平台，提升网络安全防御能力和应急指挥水平。加强对网络空间涉及儿童违法犯罪的分析研究，以案释法，提高公众对儿童网络保护的意识和能力。禁止制作、复制、发布、传播或者持有有关未成年人的淫秽色情物品和网络信息。依法严惩利用网络性引诱、性侵害儿童的违法犯罪行为。禁止对儿童实施侮辱、诽谤、威胁或者恶意损害形象等网络欺凌行为。严厉打击利用网络诱骗儿童参与赌博以及敲诈勒索、实施金融诈骗等违法犯罪行为。

14. 有效预防未成年人违法犯罪。加强对未成年人的法治和预防犯罪教育。落实未成年人违法犯罪分级干预制度，依法采取教育矫治措施，及时发现、制止、管教未成年人不良行为。及时制止、处理未成年人严重不良行为和未达刑事责任年龄未成年人严重危害他人及社会的行为。完善专门学校入学程序、学生和学籍管理、转回普通学校等制度。对涉罪未成年人坚持依法惩戒与精准帮教相结合，增强教育矫治效果，预防重新犯罪。保障涉罪未成年人免受歧视，依法实现在复学、升学、就业等方面的同等权利。强化预防未成年人犯罪工作的基层基础。

第三章　组织实施

一、坚持党的全面领导。坚持以习近平新时代中国特色社会主义思想为指导，坚持以人民为中心的发展思想，坚持走中国特色社会主义儿童发展道路，把党的领导贯穿于规划组织实施全过程。贯彻党中央和省委、市委关于儿童事业发展的决策部署，在县委、县政府的坚强领导下，坚持和完善儿童优先和儿童全面发展的制度机制，在统筹推进万载高质量发展战略布局中推进规划实施。

二、落实规划实施责任。完

善落实党委领导、政府主责、妇儿工委协调、多部门合作、全社会参与的规划实施工作机制。县人民政府负责规划实施工作,妇儿工委负责组织、协调、指导、督促工作,妇儿工委办公室负责具体工作。有关部门、相关机构和人民团体结合职责,承担规划相关目标任务落实工作。在出台法规、制定政策、编制规划、部署工作时贯彻落实儿童优先原则,切实保障儿童权益,促进儿童优先发展。

三、加强规划与国民经济和社会发展规划的衔接。在经济社会发展总体规划及相关专项规划中贯彻落实儿童优先原则,将规划实施以及儿童发展纳入经济社会发展总体规划及相关专项规划,结合经济社会发展总体规划部署要求推进规划实施,实现儿童事业发展与经济社会发展同步规划、同步部署、同步推进、同步落实。

四、制定部门实施方案。承担规划目标任务的有关部门、相关机构和人民团体结合职责,按照任务分工,制定实施方案并报送县妇儿工委办公室。

五、完善实施规划的工作制度机制。健全目标管理责任制,将规划实施纳入政府议事日程和考核内容,将规划目标分解到责任单位并纳入目标管理和考核内容。健全督导检查制度,定期对规划实施情况开展督查。健全报告制度,责任单位每年向县妇儿工委报告规划实施情况和下一年工作安排。健全议事协调制度,定期召开妇女儿童工作会议和妇儿工委全体会议、联络员会议等,总结交流情况,研究解决问题,部署工作任务。健全规划实施示范制度,充分发挥示范单位以点带面、示范带动作用。健全表彰制度,对实施规划先进集体和先进个人按照有关规定进行表彰。

六、加强儿童发展经费支持。将实施规划所需工作经费纳入财政预算,实现儿童事业和经济社会同步发展。重点支持农村山区儿童发展,支持特殊困难儿童群体发展。动员社会力量,多渠道筹集资源,共同发展儿童事业。

七、坚持和创新实施规划的有效做法。贯彻新发展理念,坚持问题导向、目标导向,构建促进儿童发展的法律法规政策体系,完善儿童合法权益保障机制,实施促进儿童发展的民生项目。通过分类指导、示范先行,总结推广好做法好经验。通过政府购买服务等方式,发挥社会力量推动规划实施的作用。开展交流合作,交流互鉴经验做法,讲好万载儿童发展故事。

八、加强规划实施能力建设。将习近平总书记关于儿童和儿童工作的重要论述以及儿童优先原则有关内容、相关法律法规政策纳入各级干部学习内容,将实施规划所需知识纳入培训计划,举办多层次、多形式培训,增强政府有关部门、相关机构和人员实施规划的责任意识和能力。以政治建设为统领,加强妇儿工委及其办公室能力建设,促进机构职能优化高效,为更好履职尽责提供必要的人力物力财力支持,为规划实施提供组织保障。

九、加大规划宣传力度。大力宣传习近平总书记关于儿童和儿童工作的重要论述,宣传在党的坚强领导下儿童事业发展的成就,宣传儿童优先和保障儿童合法权益、促进儿童发展的法律法规政策,宣传规划内容和规划实施的经验、成效,努力营造关爱儿童、利于儿童发展的社会氛围。

十、加强儿童发展调查研究。充分发挥县妇儿工委及其办公室作用,加强儿童发展专家队伍建设,依托高校、研究机构、社会组织等建设儿童发展研究基地,培育专业研究力量,广泛深入开展理论与实践研究,为制定完善相关法律法规政策提供参考。

十一、鼓励社会各界广泛参与规划实施。健全学校、家庭、社会“三位一体”教育网络,鼓励企事业单位、社会组织、慈善机构和公益人士参与保障儿童合法权益、促进儿童发展等工作。鼓励儿童参与规划实施,提高儿童在参与规划实施中实现自身全面发展的意识和能力。

第四章 监测评估

一、加强监测评估制度建设。对规划实施情况进行年度监测、中期评估、终期评估。落实并逐步完善性别统计监测方案。县统计局牵头组织开展年度监测，县妇儿工委成员单位、有关部门、相关机构向同级统计部门报送年度监测数据，及时收集、分析反映儿童发展状况的相关数据和信息。县妇儿工委组织开展中期和终期评估，县妇儿工委成员单位、有关部门、相关机构向县妇儿工委提交中期和终期评估报告。通过评估，了解掌握规划实施进展和儿童发展状况，系统分析评价规划目标任务完成情况，评判规划策略措施的实施效果，总结经验做法，找出突出问题，预测发展趋势，提出对策建议。监测评估工作所需经费纳入财政预算。

二、加强监测评估工作组织领导。县妇儿工委设立监测评估领导小组，由县妇儿工委及相关部门负责同志组成，负责监测评估工作的组织领导、监测评估方案的审批、监测评估报告的审核等。领导小组下设监测组和评估组。

监测组由县统计局牵头，相关部门负责规划实施情况统计监测的人员参加，负责监测工作的组织、指导和培训，制定监测方案和指标体系，收集、分析数据信息，向县妇儿工委提交年度、中期和终期监测报告。监测组成员负责统筹协调本部门规划实施监测、分析、数据上报、分性别分年龄指标完善等工作。

评估组由县妇儿工委办公室牵头，相关部门负责规划实施的人员参加，负责评估工作的组织、指导和培训，制定评估方案，组织开展评估工作，向县妇儿工委提交中期和终期评估报告。评估组成员负责统筹协调本部门规划实施自我评估工作，参加妇儿工委组织的评估工作。支持评估组相关部门就儿童保护与发展中的突出问题开展专项调查、评估，结果可供中期和终期评估参考。

三、加强儿童发展统计监测提升监测评估工作能力和水平。运用互联网和大数据等，规范完善儿童发展和分性别分年龄统计信息监测指标体系，根据需要调整扩充儿童发展统计指标，纳入国家和部门常规统计以及统计调查制度，加强部门分年龄分性别统计工作，推进儿童发展统计监测制度化建设。鼓励支持相关部门对儿童发展缺项数据开展专项统计调查。加强监测评估工作培训和部门协作，规范监测数据收集渠道、报送方式，提高数据质量。科学设计评估方案和评估方法，探索开展第三方评估。提升监测评估工作科学化、标准化、专业化水平。

四、有效利用监测评估成果。发挥监测评估结果服务决策的作用，定期向县人民政府及相关部门报送监测评估情况，为决策提供依据。建立监测评估报告交流、反馈和发布机制。加强对监测评估结果的研判和运用，对预计完成困难、波动较大的监测指标及时预警，对评估发现的突出问题和短板弱项及时提出对策建议。运用监测评估结果指导下一阶段规划实施，实现规划实施的常态化监测、动态化预警、精准化干预、高质量推进。

万载县妇女发展规划

（2021—2030年）

前言

男女平等是我国的基本国策，妇女发展水平是衡量社会文明程度的重要标志。保障妇女权益、促进妇女发展、推动男女平等，对实现我县经济社会高质量发展，建设幸福万载具有重要意义。党的十八大以来，习近平总书记多次就妇女和妇女工作作出重要论述，为新时代妇女事业发展指明了前进方向。万载县委、县人民政府认真贯彻落实党中央和省委、市委决策部署，先后实施了三个周期的妇女发展规划，为妇女平等依法行使民主权利、平等参与经济社会发展、平等享有改革发展成果提供了重要保障。

2012年，万载县人民政府颁布实施了《万载县妇女发展规划（2011—2020年）》，将妇女事业纳入经济社会发展总体规划和重要议事日程，强化对妇女工作的统筹协调。在县委、县政府的高度重视、高位推动下，在全县各成员单位的积极参与、合力配合下，男女平等基本国策深入人心，妇女地位进一步提高，妇女的积极性、主动性和创造性得到充分发挥，妇女工作社会化格局和长效机制逐步健全，各项规划目标基本完成。截至2020年底，全县妇女健康环境明显改善，受教育程度显著提高，社会保障体系逐渐完善，妇女参政议政意识不断提升，各项权益得到有力维护，妇女事业繁荣发展。

进入新时代，我国社会主要矛盾发生历史性变化，妇女群众对美好生活的需要日益广泛。面对未来十年的机遇和挑战，必须清醒地看到受经济社会发展水平和长期历史文化影响，我县妇女发展的不平衡不充分问题仍然突出。城乡、区域和群体间妇女发展仍有差距，农村特别是贫困山区妇女民生保障力度还需加大。妇女在就业、人身财产、婚姻家庭等方面的平等权利落实仍面临现实困难。妇女参与国家和经济文化社会事务管理的水平有待全面提升。针对妇女各种形式的歧视不同程度存在，性别平等观念有待进一步普及，妇女发展的社会环境需要更加优化。在更高水平上促进性别平等和妇女全面发展，使命艰巨、任重道远。

未来十年，是我国全面建成小康社会、实现第一个百年奋斗目标之后，乘势而上开启全面建设社会主义现代化国家新征程、向第二个百年奋斗目标进军的第一个十年，也是我县在顺利实现全面建成小康社会的基础上趁势而上向全面建设社会主义现代化迈进的起步期。全县要充分发挥妇女的作用，推动妇女在万载经济社会发展中贡献智慧和力量。要坚持在发展中保障妇女权益，改善妇女民生，实现妇女事业和经济社会同步发展，支持和帮助妇女享有出彩的人生。

依据《中华人民共和国宪法》《中华人民共和国民法典》《中华人民共和国妇女权益保障法》和江西省实施《中华人民共和国妇女权益保障法》办法等相关法律法规，根据《中国妇女发展纲要（2021—2030年）》《江西省妇女发展纲要（2021—2030年）》《宜春市妇女发展纲要（2021—2030年）》和《万载县国民经济和社会发展第十四个五年规划和二〇三五年远景目标纲要》的总体目标和要求，结合我县妇女发展实际，制定本规划。

第一章　指导思想、基本原则和总体目标

一、指导思想

高举中国特色社会主义伟大旗帜，深入贯彻党的十九大和十九届二中、三中、四中、五中、六中全会精神，坚持以马克思列宁主义、毛泽东思想、邓小平理论、“三个代表”重要思想、科学发展观、习近平新时代中国特色社会主义思想为指导，坚定不移贯彻新发展理念，坚持以人民为中心的发展思想，坚持走中国特色社会主义妇女发展道路，贯彻落实男女平等基本国策，不断完善促进男女平等和妇女全面发展的制度机制，推动性别平等成为全社会共同遵循的行为规范和价值标准，充分发挥妇女在全面建设社会主义现代化国家中的“半边天”作用，保障妇女平等依法行使民主权利、平等参与经济社会发展、平等享有改革发展成果，推动妇女走在时代前列。

二、基本原则

1. 坚持党的全面领导。坚持妇女事业发展的正确政治方向，贯彻落实党中央、江西省委关于妇女事业发展的决策部署和市委、县委有关要求，切实把党的领导贯穿到妇女事业发展的全过程和各方面。

2. 坚持妇女事业与全县经济社会同步协调发展。将促进妇女全面发展目标任务纳入全县经济社会发展总体规划，纳入专项规划，纳入民生实事项目，同部署、同落实，让经济社会发展成果更多更公平惠及广大妇女。

3. 坚持男女两性平等发展。贯彻落实男女平等基本国策，在出台法律、制定政策、编制规划、部署工作时充分考虑两性的现实差异和妇女的特殊利益，营造更加平等、包容、可持续的发展环境，缩小男女两性发展差距。

4. 坚持促进妇女全面发展。统筹兼顾妇女在政治、经济、文化、社会和家庭各方面的发展利益，有效解决制约妇女发展的重点难点问题，统筹推进城乡、区域、群体之间妇女的均衡发展，协调推进妇女在各领域的全面发展。

5. 坚持共建共治共享。在按照“融入宜春、聚力园区、双城联动、特色彰显、宜业宜居”工作思路，实现工业强、城市美、生态优、民生好的新目标中充分发挥妇女的重要作用，促进妇女积极投身高质量发展，踊跃参与社会治理体系和治理能力现代化进程，共享经济社会发展成果。

三、总体目标

男女平等基本国策得到深入贯彻落实，促进男女平等和妇女全面发展的制度机制创新完善。妇女平等享有全方位全生命周期健康服务，健康水平持续提升。妇女平等享有受教育权利，素质能力持续提高。妇女平等享有经济权益，经济地位稳步提升。妇女平等享有政治权利，参与国家和经济文化社会事务管理的水平逐步提高。妇女平等享有多层次可持续的社会保障，待遇水平稳步提高。支持家庭发展的法规政策体系更加完善，社会主义家庭文明新风尚广泛弘扬。男女平等理念更加深入人心，妇女发展环境更为优化。法治体系更加健全，妇女合法权益得到切实保障。妇女的获得感、幸福感、安全感显著提升。妇女发展水平与中国特色社会主义现代化相适应，男女平等和妇女全面发展取得更为明显的实质性进展，妇女更好地担负起新时代赋予的光荣使命，为实现中华民族伟大复兴的中国梦而不懈奋斗。

第二章　发展领域、主要目标和策略措施

一、妇女与健康

主要目标：

1. 妇女全生命周期享有良好的卫生健康服务，妇女人均预期寿命延长，人均健康预期寿命提高。

2. 孕产妇死亡率控制在12/10万以下，城乡差距缩小。

3. 妇女的宫颈癌和乳腺癌防治意识明显提高。宫颈癌和乳腺癌综合防治能力不断增强。适龄妇女宫颈癌人群筛查率达到86%以上，乳腺癌人群筛查率逐步提高。

4. 生殖健康和优生优育知识全面普及，促进健康孕育，减少非意愿妊娠。

5. 减少艾滋病、梅毒和乙肝母婴传播，艾滋病母婴传播率控制在2%以下。

6. 妇女心理健康素养水平不断提升。妇女焦虑障碍、抑郁症患病率上升趋势减缓。

7. 普及健康知识，提高妇女健康素养水平。

8. 改善妇女营养状况。预防和减少孕产妇贫血。

9. 妇女经常参加体育锻炼

的人数比例不低于40%，提高妇女体质测定标准合格比例。

10. 健全妇幼健康服务体系，提升妇幼健康服务能力，妇女健康水平不断提高。

策略措施：

1. 完善保障妇女健康的制度机制。全面推进健康万载建设，把保障人民健康放在优先发展的战略位置，坚持预防为主，深入实施"健康万载行动"和"健康万载母亲行动"，健全政府主导、部门协同、社会参与、行业监管、科技支撑的妇女健康保障工作机制。深入推动医疗、医保、医药联动改革，统筹改革监管体制，保障妇女获得高质量、有效率、可负担的医疗和保健服务。多渠道支持妇女健康事业发展。完善公共卫生应急管理体系，关注妇女的特殊需求。

2. 加强妇幼健康服务体系建设。加大对妇幼卫生的支持力度，完善基层妇幼保健服务网络，健全以妇幼保健机构为主体，乡镇卫生院、村卫生室、社区卫生服务机构为基础，其他医疗卫生机构为补充的妇幼健康服务网络，提升妇幼健康服务供给能力和水平。县域建有1所政府举办、标准化建设的妇幼保健机构。全面开展妇幼保健机构绩效考核，强化考核结果应用，保障妇女儿童享有高质量的医疗保健服务。强化危重孕产妇救治保障，县级建有标准化的危重孕产妇救治中心。强化县、乡、村三级妇幼卫生服务网络建设，完善基层网底和转诊网络。加强复合型妇幼健康人才和产科、助产等岗位急需紧缺人才的培养使用。

3. 建立完善妇女全生命周期健康管理模式。针对青春期、育龄期、孕产期、更年期和老年期妇女的健康需求，提供全方位健康管理服务。坚持保健与临床结合，预防为主、关口前移，发挥多学科协作优势，积极发挥中医药在妇幼保健和疾病防治中的作用。为妇女提供宣传教育、咨询指导、筛查评估、综合干预和应急救治等全方位卫生健康服务，提高妇女健康水平和人均健康预期寿命。加强监管，促进妇幼健康新业态规范发展。

4. 保障孕产妇安全分娩。提倡科学备孕和适龄怀孕，保持适宜生育间隔，合理控制剖宫产率。完善医疗机构产科质量规范化管理体系。提供生育全程基本医疗保健服务，加强孕产期保健集中管理，建立健全县、乡、村三级管理网络，将孕产妇健康管理纳入基本公共卫生服务范围，孕产妇系统管理率达到93%以上。加强对流动孕产妇的管理服务。为低收入孕产妇住院分娩和危重孕产妇救治提供必要救助。持续推进高龄孕产妇等重点人群的分类管理和服务。全面落实妊娠风险筛查与评估、高危孕产妇专案管理、危急重症救治、孕产妇死亡个案报告和约谈通报制度。有效运行危重孕产妇救治网络，提高危急重症救治能力。

5. 完善宫颈癌和乳腺癌综合防治体系和救助政策。提高妇女的宫颈癌和乳腺癌防治意识和能力，宫颈癌和乳腺癌防治知识知晓率达到90%以上。推进适龄妇女人乳头瘤病毒疫苗接种试点工作。落实基本公共卫生服务中农村妇女宫颈癌和乳腺癌检查项目，促进70%的妇女在35~45岁接受高效宫颈癌筛查，督促用人单位落实女职工保健工作规定，定期进行女职工宫颈癌和乳腺癌筛查，提高人群筛查率。加强宫颈癌和乳腺癌筛查和诊断技术创新应用，提高筛查和服务能力，加强监测评估。强化筛查和后续诊治服务的衔接，促进早诊早治，宫颈癌患者治疗率达到100%以上。加强对困难患者的救助。

6. 提高妇女生殖健康水平。普及生殖道感染、性传播疾病等疾病防控知识。在学校教育不同阶段以多种形式开展科学、实用的健康教育，促进学生掌握生殖健康知识，提高自我保护能力。增强男女两性性道德、性健康、性安全意识，倡导共担避孕责任。将生殖健康服务融入妇女健康管理全过程，保障妇女享有避孕节育知情自主选择权。落实基本避孕服务项目，加强产后和流产后避孕节育服务，提高服务可及性，预防非意愿妊娠。推进免费婚前医学检查，实现婚姻登记和婚前医学检查紧临设置，提供"一站式"服务，提升婚孕服务能力。统筹推进孕前优生健康检查、增补叶酸等婚前孕前保健服务。减少非医学需要的人工流产。加强对女性健康安全用品产品的质量保障。规范不孕不育症诊疗服务。规范人类辅助生殖技术应用。

7. 加强艾滋病梅毒乙肝母婴传播防治。全面落实预防艾滋病、梅毒和乙肝母婴传播综合干预措施，提高孕早期检测率，孕产妇艾滋病、梅毒和乙肝检测率达到100%以上，艾滋病、梅毒孕产妇感染者治疗率达到100%以上。加大艾滋病防控力度，加强艾滋病防治知识和相关政策宣传教育，提高妇女的防范意识和能力。加强对妇女感染者特别是流动和欠发达地区妇女感染者的医疗服务，提高随访率。为孕产妇感染者及其家庭提供多种形式的健康咨询、心理和社会支持等服务。

8. 促进妇女心理健康。加强心理健康相关知识宣传，根据妇女需要开展心理咨询、评估和指导，促进妇女掌握基本的心理调适方法，预防抑郁、焦虑等心理问题。在心理健康和精神卫生服务体系建设中，重点关注青春期、孕产期、更年期和老年期妇女的心理健康。强化心理咨询和治疗技术在妇女保健和疾病防治中的应用。加大应用型心理健康和社会工作人员培养力度，促进医疗机构、心理健康和社会工作服务机构提供规范服务。鼓励社区为有需要的妇女提供心理健康服务支持。

9. 提升妇女健康素养。实施健康知识普及行动，加大妇女健康知识普及力度，建立完善健康科普专家库和资源库，持续深入开展健康科普宣传教育，引导妇女树立科学的健康理念，学习健康知识，掌握身心健康、预防疾病、科学就医、合理用药等知识技能。提高妇女参与传染病防控、应急避险的意识和能力。引导妇女积极投身爱国卫生运动，主动控制烟草危害、拒绝酗酒、远离毒品，养成文明健康生活方式。

10. 提高妇女营养水平。持续开展营养健康科普宣传教育，因地制宜开展营养和膳食指导，提高妇女对营养标签的知晓率，促进妇女学习掌握营养知识，均衡饮食、吃动平衡，预防控制营养不良和肥胖。面向不同年龄阶段妇女群体开发营养健康宣传信息和产品，提供有针对性的服务。开展孕产妇营养监测和定期评估，预防和减少孕产妇缺铁性贫血。预防控制老年妇女低体重和贫血。

11. 引导妇女积极参与全民健身行动。完善全民健身公共服务体系。引导妇女有效利用全民健身场地设施，积极参与全民健身赛事活动，加入各类健身组织。提倡机关、企事业单位开展工间操。鼓励支持工会组织、社区开展妇女健身活动，不断提高妇女的体育活动意识，培养运动习惯。

12. 强化妇女健康服务科技支撑。推进“互联网+妇幼健康”，促进大数据、云计算、人工智能、计算机仿真技术等在妇女健康领域的创新应用。实施妇女人群健康管理和健康风险预警。促进信息技术在妇女健康领域专科医联体建设中的应用，加强医疗机构间的协作，促进分级诊疗和上下联动。促进妇女身心健康领域的科学研究和成果转化。发挥妇产疾病领域临床医学研究中心的作用。

二、妇女与教育

主要目标：

1. 加强思想政治教育，增进妇女对习近平新时代中国特色社会主义思想的政治认同、思想认同、情感认同，引领妇女做伟大事业的建设者、文明风尚的倡导者、敢于追梦的奋斗者。

2. 教育工作全面贯彻男女平等基本国策。

3. 大中小学性别平等教育全面推进，教师和学生的男女平等意识明显增强。

4. 女童平等接受义务教育，九年义务教育巩固率稳定保持在98%以上。

5. 女性平等接受高中阶段教育，高中阶段教育毛入学率达到并保持在95%以上。

6. 女性接受职业教育的水平逐步提高。

7. 高校在校生中男女比例保持均衡，高等教育学科专业的性别结构逐步趋于平衡。

8. 大力培养女性科技人才。男女两性的科学素质水平差距不断缩小。

9. 促进女性树立终身学习意识,女性接受终身教育水平不断提高。

10. 女性青壮年文盲基本消除。女性平均受教育年限不断提高。

策略措施:

1. 面向妇女广泛开展思想政治教育。深入开展习近平新时代中国特色社会主义思想学习教育,加强党史、新中国史、改革开放史、社会主义发展史教育,加强爱国主义、集体主义、社会主义教育,促进妇女更加坚定理想信念,不断厚植爱国情怀,把个人理想追求融入党和国家事业大局,为全面建设社会主义现代化国家贡献力量。深化民族团结进步教育,铸牢中华民族共同体意识。充分发挥学校教育主阵地作用,将思想价值引领贯穿于教育教学及管理全过程和校园生活各方面,融入学校党组织、共青团、少先队各类主题教育和实践活动。充分发挥爱国主义教育基地和国防教育基地的思想政治教育作用。

2. 将贯彻落实男女平等基本国策体现在教育工作全过程。增强教育工作者自觉贯彻男女平等基本国策的主动性和能动性。将男女平等基本国策落实到教育法规政策和规划制定、修订、执行和评估中,落实到各级各类教育内容、教学过程、学校管理中。加强对教材编制、课程设置、教学过程的性别平等评估。

3. 推动各级各类学校广泛开展性别平等教育。适时出台性别平等教育工作指导意见。推动因地制宜开发性别平等课程,加强专题师资培训。促进性别平等教育融入学校教学内容、校园文化、社团活动和社会实践活动。探索构建学校教育、家庭教育、社会教育相结合的性别平等教育模式。

4. 保障女童平等接受义务教育的权利和机会。深化教育教学改革,加快城乡义务教育一体化发展,均衡配置教育资源,确保女童平等接受公平优质的义务教育。健全精准控辍保学长效机制,加强分类指导,督促法定监护人依法保障女童接受义务教育,切实解决义务教育女童失学辍学问题。保障农村山区女童、留守女童、农业转移人口随迁子女以及残疾女童的受教育权利和机会。支持学业困难女童完成义务教育,提高女童义务教育巩固率。

5. 提高女性接受普通高中教育的比例。保障女性特别是农村山区和农村低收入家庭女性平等接受普通高中教育的权利和机会。鼓励普通高中多样化有特色发展,满足女性全面发展和个性化发展需求。有针对性地开展学科选择和职业生涯规划指导,提高女性自主选择能力,破除性别因素对女性学业和职业发展的影响。

6. 促进女性接受高质量职业教育。完善学历教育与培训并重的现代职业教育体系,优化专业设置,提供多种学习方式,支持女性获得职业技能等级证书,培养复合型技术技能女性人才。鼓励职业院校面向高校女毕业生、女农民工、去产能分流女职工等重点人群开展就业创业和职业技能培训。

7. 保障女性平等接受高等教育的权利和机会。严格控制招生过程中的特殊专业范围,强化监管,建立约谈、处罚机制。保持高校在校生中男女比例的均衡。采取激励措施,提高女性在科学、技术、工程、数学等学科学生中的比例,支持数理化生等基础学科基地和前沿科学中心建设,加强对基础学科拔尖女生的培养。

8. 大力提高女性科学素质。开展全民科学素质行动,利用现代信息化手段,加大面向女性的科学知识教育、传播与普及力度。开展女科学家进校园活动,发挥优秀女科技人才的榜样引领作用。引导中小学女生参加各类科普活动和科技竞赛,培养科学兴趣、创新精神和实践能力。鼓励女大学生积极参与项目设计、社会实践、创新创业、科技竞赛等活动。深入实施农村妇女素质提升计划,支持农村妇女参与农业农村现代化建设。

9. 大力加强女性科技人才培养。探索建立多层次女性科技人才培养体系,培养具有国际竞争力的女性科技人才。关注培养义务教育阶段女生爱科学、学科学的兴趣和志向。引导高中阶段女生养成科学兴趣和钻研精神，支持有意愿的女生报考理工类院校。加大女性创新型、应用型人才培养力度，鼓励女大学生参与科研项目，在实践中培养科学精神和创新能力。引导女性从事科学和技术相关工作，增加女性科技人才参与继续教育和专业培训的机会。

10. 为女性终身学习提供支持。建立完善更加开放灵活的终身学习体系，完善注册学习、弹性学习和继续教育制度，拓宽学历教育渠道，满足女性多样化学习需求，关注因生育中断学业和职业女性的发展需求。扩大教育资源供给，为女性提供便捷的社区和在线教育，为进城务工女性、女性新市民、待业女性等提供有针对性的职业技能培训。

11. 持续巩固女性青壮年扫盲成果，加大普通话推广力度。完善扫盲工作机制，加强国家通用语言文字教育，消除女童辍学现象，杜绝产生女性青壮年新文盲。普通话培训及各类职业培训向农村山区妇女和残疾妇女等群体倾斜。深化扫盲后的继续教育。提高妇女平均受教育年限。

12. 加强女性学研究和人才培养。加强女子高校建设，推动有条件的高校开设妇女研究及性别平等相关课程。培养具有跨学科知识基础和性别平等意识的专业人才。加大对妇女理论研究的支持力度，加强跨学科研究，提高我县基金项目等重大研究项目中妇女或性别研究相关选题的立项比例。

13. 构建平等尊重和安全友善的校园环境。促进建立相互尊重、平等和睦的师生、同学关系，鼓励学校设置生命教育、心理健康教育和防性侵、防性骚扰的相关课程，提高学生的自我保护意识和能力。中小学校建立完善预防性侵未成年人工作机制，加强日常管理、预防排查、投诉受理和调查处置。加强师德师风建设，履行查询法定义务，对不符合条件的教职人员进行处置。

三、妇女与经济

主要目标：

1. 鼓励支持妇女为推动经济高质量发展贡献力量，妇女平等参与经济发展的权利和机会得到保障。

2. 促进平等就业，消除就业性别歧视。就业人员中的女性比例保持在45%左右。促进大中专院校女学生充分就业。

3. 优化妇女就业结构。城镇单位就业人员中的女性比例达到40%左右。

4. 促进女性人才发展。高级专业技术人员中的女性比例达到60%，促进女性劳动者提升职业技能水平。

5. 保障妇女获得公平的劳动报酬，男女收入差距明显缩小。

6. 保障女性劳动者劳动安全和健康。女职工职业病发病率明显降低。

7. 保障农村妇女平等享有土地承包经营权、宅基地使用权等权益，平等享有农村集体经济组织收益分配、土地征收或征用安置补偿权益。

8. 巩固拓展脱贫攻坚成果，增强农村低收入妇女群体的可持续发展能力。

9. 妇女在实施乡村振兴战略中的作用充分发挥。

策略措施：

1. 完善保障妇女平等获得经济资源、参与经济建设、享有经济发展成果的法律法规政策。制定实施支持女性科技人才在创新发展中发挥更大作用的政策措施。创新制度机制，保障妇女在就业创业、职业发展、劳动报酬、职业健康与安全、职业退出、土地等方面的权益，保障新业态从业人员劳动权益，为妇女充分参与经济高质量发展创造有利条件。

2. 加大消除就业性别歧视工作力度。全面落实消除就业性别歧视的法律法规政策，创造性别平等的就业机制和市场环境。对招聘、录用环节涉嫌性别歧视的用人单位进行联合约谈，依法惩处。督促用人单位加强就业性别歧视自查自纠。发挥劳动保障法律监督作用，对涉嫌就业性别歧视的用人单位提出纠正意见，或者向相关行政部门提出处理建议。依法受理涉及就业性别歧视的诉讼。发挥行业协会、商会协调监督作用，提高行业自律意识。党政机关、国有企事业单位在招录（聘）和职工晋职晋级、评定专业技术职称等方面发挥男女平等的示范引领作用。

3. 促进妇女就业创业。健全公共就业服务体系,深化就业服务专项活动,促进妇女就业的人岗对接。充分发挥现代服务业和新业态吸纳妇女就业的功能,支持妇女参与新业态新模式从业人员技能培训。加大帮扶力度,多渠道帮助就业困难妇女实现就业。扶持民族传统手工艺品产业发展,提高组织化程度,促进妇女就地就近就业。支持女性科技人才投身科技创业,发展农村电子商务,鼓励外出务工妇女返乡创业,支持有意愿的妇女下乡创业。创新金融、保险产品和服务模式,拓宽妇女创业融资渠道。

4. 促进大中专院校女学生就业创业。加强职业生涯规划指导服务,引导大中专院校女学生树立正确的择业就业观,提升就业能力。完善落实就业创业支持政策,大中专院校和属地政府提供不断线的就业服务,拓宽大中专院校女学生市场化社会化就业渠道。鼓励女大学生到基层、中小微企业和新经济领域就业。

5. 改善妇女就业结构。完善终身职业技能培训制度,提升妇女职业技能水平,大力培育知识型、技能型、创新型女性劳动者。不断提高妇女在高新技术产业、战略性新兴产业和现代服务业从业人员中的比例。逐步消除职业性别隔离,提高城镇单位就业人员中的女性比例。扩大农村妇女转移就业规模,缩小男女转移就业差距。

6. 加强女性专业技术和技能人才队伍建设。制定相关政策,强化制度保障,支持女性科技人才承担科技计划项目、参与科技决策咨询、拓展科研学术网络、提升国际影响力和活跃度,完善女性科技人才评价激励机制,培养高层次女性科技人才。实施科技创新巾帼行动,搭建平台、提供服务,激励女性科技人才、技术技能人才立足岗位锐意创新。加强对女性专业技术和技能人才专业知识、科研管理、创新创业等的培训。加强典型宣传,发挥榜样引领作用。

7. 缩小男女两性收入差距。全面落实男女同工同酬,保障收入公平。促进女性对知识、技术、管理、数据等生产要素的掌握和应用,提高女性职业竞争力。督促用人单位制定实施男女平等的人力资源制度,畅通女性职业发展和职务职级晋升通道。探索开展薪酬调查,加强对收入的分性别统计,动态掌握男女两性收入状况。

8. 改善女性劳动者劳动安全状况。广泛开展劳动安全和健康宣传教育,加大《女职工劳动保护特别规定》宣传执行力度,提高用人单位和女性劳动者的劳动保护和安全生产意识。将女职工劳动保护纳入职业健康和安全生产监督管理范围,加强对用人单位的劳动保障监察以及劳动安全和职业健康监督。督促用人单位加强对女职工经期、孕期、哺乳期的特殊保护,落实哺乳时间和产假制度。督促用人单位加强职业防护和职业健康监督保护,保障女职工在工作中免受有毒有害物质和危险生产工艺的危害。

9. 保障女职工劳动权益。督促用人单位规范用工行为,依法与女职工签订劳动合同,推动签订女职工权益保护专项集体合同。加强劳动保障法律监督。指导用人单位建立预防和制止性骚扰工作机制,完善相关执法措施。加强劳动用工领域信用建设,加大对侵犯女职工劳动权益行为的失信惩戒力度。推动有条件的劳动人事争议仲裁机构设立女职工维权仲裁庭,依法处理女职工劳动争议案件。

10. 为女性生育后的职业发展创造有利条件。禁止用人单位因女职工怀孕、生育、哺乳而降低工资、恶意调岗、予以辞退、解除劳动(聘用)合同,推动落实生育奖励假期间的工资待遇,定期开展女职工生育权益保障专项督查。为女性生育后回归岗位或再就业提供培训等支持。推动用人单位根据女职工需要建立女职工哺乳室、孕妇休息室等设施。支持有条件的用人单位为职工提供福利性托育托管服务。

11. 保障农村妇女平等享有各项经济权益。在农村土地承包工作中,依法保障农村妇女权益。在宅基地使用权确权登记颁证工作中保障农村妇女权益,确保应登尽登。建立健全农村集体资产管理制度,规范农村集体经济组织成员身份确认办法,完善包括征地补偿安置在内的农村集体经济组织资产收益内部分配机制,保障妇女在农村集体经济组织资产股权量化、权益流转和继承等各环节,作为农村集体经济组织成员和家庭成员平等享有知情权、参与决策权和收益权。保障进城落户女农民的经济权益。畅通经济权益受侵害农村妇女的维权渠道。

12. 支持脱贫妇女稳定增加收入。建立农村低收入人口和城镇困难群众帮扶机制。健全防止返贫监测和帮扶机制。加强妇女实用技术技能培训,扶持发展适合城乡低收入妇女自主发展的手工编织、农村电商等特色产业项目。通过致富带头人培育、帮扶车间建设和以工代赈等方式,支持农村妇女就地就近就业、实现增收致富。

13. 支持妇女积极参与乡村振兴。积极发挥妇女在农村一二三产业融合发展和农业农村现代化建设中的作用。大力开展现代农业示范基地建设,深入实施乡村振兴巾帼行动。发挥农村创业创新园区(基地)等平台作用,鼓励支持妇女创办领办新型农业经营主体和农业社会化服务组织。加强高素质女农民培育,引导女农民争做乡村工匠、文化能人、手工艺人、农技协领办人和新型农业经营管理能手。

四、妇女参与决策和管理

主要目标:

1. 保障妇女参与社会主义民主政治建设和社会治理,提升参与水平。

2. 中国共产党女党员保持合理比例。全县每年新发展党员中女性比率不低于35%,全县各级党员代表大会中女党员代表比例一般不低于本地区党员总数中女性比例。

3. 全县各级人大代表和常委会委员中的女性比例逐步提高。全县各级政协委员和常委中的女性比例逐步提高。

4. 乡镇人民政府、街道办事处领导班子中的女干部比例逐步提高,担任正职的女干部占同级正职干部的比例逐步提高。

5. 县政府部门领导班子中的女干部比例逐步提高,担任正职的女干部占同级正职干部的比例逐步提高。

6. 全县各级各类事业单位领导班子成员中的女性比例逐步提高。

7. 企业董事会、监事会成员及管理层中的女性比例逐步提高。企事业单位职工代表大会中女性比例与女职工比例相适应。

8. 村党组织成员、村党组织书记中女性比例保持相对稳定。村委会成员中女性比例达到30%以上,村委会主任中女性比例逐步提高。

9. 社区党组织成员、社区党组织书记中女性比例保持相对稳定。社区居委会成员中女性比例保持在70%左右,社区居委会主任中女性比例达到40%以上。

10. 鼓励支持女性参加社会组织、担任社会组织负责人。

策略措施:

1. 加大对妇女参与决策和管理的支持力度。充分发挥妇女参与国家和社会事务管理的重要作用,破除制约妇女参与决策和管理的障碍,促进妇女参与决策和管理水平与妇女地位作用相适应。加大培训力度,提高各级领导干部贯彻落实男女平等基本国策的意识,把推动妇女参政纳入重要议程,提出目标举措。采取有效措施,提升各级党委、人大、政府、政协、党政工作部门以及企事业单位、基层群众自治组织和社会组织中的女性比例。

2. 提高妇女参与社会事务和民主管理的意识和能力。开展女性领导干部政治素质和领导能力培训。鼓励高校开设领导力相关课程,培养年轻女性的政治素养及参与决策和管理的意识。加大基层妇女骨干培训力度,提高妇女在自治、法治、德治中的参与意识和能力,鼓励妇女积极参与村(居)民议事会、理事会等自治组织,推进城乡社区妇女议事会实现全覆盖并有效运行,发挥妇女在城乡基层治理中的积极作用。探索打造妇女网上议事平台,引导妇女积极、有序参与基层民主管理和基层民主协商。

3. 重视发展中国共产党女

党员。面向妇女深入开展思想政治工作，扩大党的妇女群众基础，培养对党的感情，深化对党的认识，引导拥护党的主张，激发妇女入党的政治意愿。加强对入党积极分子的培养教育。注重从各行各业青年女性中发展党员。在党代表候选人酝酿过程中，充分关注政治过硬、作风优良、敢于担当、实绩突出的优秀妇女，确保党员代表大会中女党员代表保持合理比例。

4. 提高人大女代表、政协女委员比例。落实人大代表选举规则和程序，在选区划分、代表名额分配、候选人推荐、选举等环节，保障妇女享有平等权利和机会。重视从基层、生产一线推荐人大代表女性候选人，候选人中应当有适当数量的妇女代表，并逐步提高妇女代表的比例。提名推荐、协商确定政协委员建议名单时，保障提名一定比例的妇女。充分发挥人大女代表、政协女委员在发展社会主义民主政治和男女平等事业中的积极作用。

5. 加大培养选拔女干部工作力度。培养忠诚干净担当的高素质专业化女干部，促进女干部不断增强学习本领、政治领导本领、改革创新本领、科学发展本领、依法执政本领、群众工作本领、狠抓落实本领、驾驭风险本领。优化女干部成长路径，注重日常培养和战略培养，为女干部参加教育培训、交流任职、挂职锻炼创造条件和机会。注重从基层、生产一线培养选拔女干部，注重选拔女干部到重要部门、关键岗位担任领导职务。注重保持优秀年轻干部队伍中女干部的合理比例。落实女干部选拔配备的目标任务，在保证质量的前提下实现应配尽配。保障妇女在干部录用、选拔、任(聘)用、晋升、退休各环节不因性别受到歧视。

6. 推动妇女积极参与事业单位决策管理。培养选拔优秀女性专业技术人员进入决策管理层。重视在卫生、教育、文化等女性集中的行业提高决策管理层中的女性比例，鼓励妇女积极参与本单位党建和群团组织建设，促进事业单位职工代表大会中的女职工代表比例与事业单位女职工比例相适应。在深化事业单位改革进程中，确保妇女在岗位晋升、职务晋级、职称评聘等方面享有平等的权利和机会。

7. 推动妇女广泛参与企业决策管理。将女干部选拔配备纳入国有企业领导班子和干部队伍建设规划，加大培养、选拔、使用力度。在深化企业人事制度改革进程中，采用组织推荐、公开招聘、民主推荐等方式，促进优秀妇女进入企业董事会、监事会和管理层。完善企业民主管理制度，促进企业职工代表大会中女职工代表比例与企业女职工比例相适应，支持女职工通过职工代表大会等形式参与企业民主决策、民主管理和民主监督。企业制定相关规章制度，对涉及女职工权益的事项，听取工会女职工委员会的意见，依法经职工代表大会审议通过。

8. 推动妇女有序参与城乡基层社会治理。注重从女致富能手、经商务工女性、乡村女教师女医生、女社会工作者、女退休干部职工等群体中培养选拔村(社区)干部。在村(社区)“两委”换届工作中，通过提名确定女性候选人、女性委员专职专选、女性成员缺位增补等措施，提高村(居)委会成员、村(居)委会主任中的女性比例。组织妇女积极参与村规民约、居民公约的制定修订，开展协商议事活动。促进新社会阶层、社会工作者和志愿者中的女性积极参与社会治理。

9. 支持引导妇女参加社会组织。优化社会组织发展的制度环境，加大对以女性为成员主体或以女性为主要从业人员的社会组织的培育力度，加强支持和指导服务，促进其健康有序发展并积极参与社会组织协商。鼓励支持更多女性成为社会组织成员或从业人员，加强对社会组织女性专业人才和管理人才的培养，注重发现培养社会组织女性负责人。

10. 发挥妇联组织在推进全县治理体系和治理能力现代化进程中的作用。支持妇联组织履行代表妇女参与管理国家事务、经济文化事业和社会事务的职责，强化妇联组织参与民主决策、民主管理、民主监督，参与制定有关法律、法规、规章和政策，参与社会治理和公共服务的制度保障。在制定有关促进男女平等和保障妇女合法权益的法律法规政策以及培养选拔女干部工作中，充分听取妇联组织意见和建议。

五、妇女与社会保障

主要目标：

1. 妇女平等享有社会保障权益，保障水平不断提高。

2. 完善生育保障制度。提高生育保险参保率。

3. 完善医疗保障体系。提高妇女基本医疗保险参保人数，待遇保障公平适度。

4. 完善养老保险制度体系。提高妇女基本养老保险参保人数，待遇水平稳步提高。

5. 完善失业保险和工伤保险制度。提高妇女失业保险和工伤保险参保人数，落实相关待遇保障。

6. 健全分层分类社会救助体系。困难妇女的生活得到基本保障。

7. 妇女福利待遇水平持续提高，重点向老年妇女、残疾妇女等群体倾斜。

8. 建立完善多层次养老服务和长期照护保障制度。保障老年妇女享有均等可及的基本养老服务，对失能妇女的照护服务水平不断提高。

9. 加强对妇女的关爱服务，重点为有困难、有需求的妇女提供帮扶。

策略措施：

1. 完善惠及妇女群体的社会保障体系。在制定修订社会救助、社会保险等相关法律法规以及健全覆盖全民的社会保障体系工作中，关切和保障妇女的特殊利益和需求。持续推动社会保险参保扩面，支持灵活就业女性参加相应社会保险，实现应保尽保，缩小社会保障的性别差距。建立国家级社会保险全民参保登记信息库，加强社会保障分性别统计、信息动态监测和管理。

2. 完善覆盖城乡妇女的生育保障制度。巩固提高生育保险覆盖率，完善生育保险生育医疗费用支付及生育津贴政策。妥善解决妇女在就业和领取失业金期间生育保障问题。提高生育保险与职工基本医疗保险合并实施成效。加强城乡居民生育医疗费用保障。

3. 不断提高妇女医疗保障水平。推动女职工和城乡女性居民持续参加基本医疗保险，满足妇女基本医疗保障需求。统筹发挥基本医保、大病保险、医疗救助三重制度综合保障作用，促进多层次医疗保障互补衔接，做好符合条件的低收入妇女医疗救助。推进建立女职工医疗互助，充分发挥商业保险对宫颈癌、乳腺癌等重大疾病的保障作用。

4. 促进妇女享有可持续多层次养老保险。建立完善基本养老保险全国统筹制度。督促用人单位依法为包括女职工在内的全体职工及时足额缴纳基本养老保险费，不断增加妇女参加基本养老保险的人数，促进妇女依法公平享有基本养老保险权益。鼓励有条件的用人单位为包括女职工在内的全体职工建立企业年金，丰富商业养老保险产品，提高妇女养老保险水平。

5. 保障女性失业保险权益。督促用人单位依法为女职工办理失业保险，提高女职工特别是女农民工的参保率。保障符合条件的失业女职工按时享受失业保险待遇。强化失业保险促就业防失业功能，支持女职工稳定就业。适时制定特殊时期失业保障政策，为包括女职工在内的劳动者提供失业保障。

6. 扩大妇女工伤保险覆盖面。增强工伤保险预防工伤、保障生活、促进康复的功能，推进新就业形态人员职业伤害保障试点，将新业态就业妇女纳入保障范围。督促用人单位特别是高风险行业单位依法为女职工办理工伤保险，确保落实工伤保险待遇。

7. 强化社会救助对生活困难妇女的兜底保障。推进法律实施，强化政策衔接，健全基本生活救助制度和医疗救助、教育救助、住房救助、就业救助、受灾人员救助等专项救助制度，健全临时救助政策措施，强化急难社会救助功能，积极发展服务类社会救助，推进政府购买社会救助服务，确保符合条件的妇女应救尽救。鼓励、支持慈善组织依法依规为生活困难妇女提供救助帮扶。推动建立统一的救助信息平台，加强社会救助分性别统计，精准识别救助对象。

8. 更好满足妇女群体的社会福利需求。完善经济困难高龄失能老年人补贴制度，落实各项补贴待遇，逐步提升老年妇女福利水平。完善残疾人补贴制度，动态调整、合理确定困难残疾人生活补贴和重度残疾人护理补贴标准，扩大适合残疾妇女特殊需求的公共服务供给。

9. 保障妇女享有基本养老服务。加快建设居家社区机构相协调、医养康养相结合的养老服务体系，大力发展普惠型养老服务。完善社区居家养老服务网络，推进公共设施适老化改造，推动专业机构服务向社区和家庭延伸。提升公办养老机构服务能力和水平，打造失智照护机构（含失智照护单元）和失能护理示范机构，结合服务能力适当拓展服务对象，重点为经济困难的失能失智、计划生育特殊家庭老年人提供托养服务。促进养老机构提供多元化、便利化、个性化服务，提高老年妇女生活照料、紧急救援、精神慰藉等服务水平。支持社会力量扩大普惠型养老服务供给，支持邻里之间的互助性养老。加大养老护理型人才培养力度，建设高素质、专业化的养老服务队伍。

10. 探索建立多层次长期照护保障制度。稳步建立长期护理保险制度，将符合条件的失能妇女按规定纳入保障范围，妥善解决其护理保障问题。加强长期护理保险制度与长期照护服务体系有机衔接。探索建立相关保险、福利、救助相衔接的长期照护保障制度，扩大养老机构护理型床位供给，提高护理服务质量。为家庭照料者提供照护培训、心理疏导等支持。

11. 提高对妇女的关爱服务水平。开展农村留守妇女关爱行动。对农村留守妇女进行摸底排查，建立完善以乡镇（街道）为单位的信息台账。积极为农村留守妇女创业发展搭建平台、提供服务。支持农村留守妇女参与乡村振兴和家庭文明建设，在乡村治理、邻里互助、留守老人儿童关爱服务中发挥积极作用。完善特殊困难失能留守老年人探访关爱制度，不断拓展对妇女群体的关爱服务，支持社会力量参与，重点为生活困难、残疾、重病等妇女群体提供权益保护、生活帮扶、精神抚慰等关爱服务。

六、妇女与家庭建设

主要目标：

1. 树立新时代家庭观，弘扬爱国爱家、相亲相爱、向上向善、共建共享的社会主义家庭文明新风尚，推动社会主义核心价值观在家庭落地生根。

2. 建立完善促进男女平等和妇女全面发展的家庭政策体系，增强家庭功能，提升家庭发展能力。

3. 拓展支持家庭与妇女全面发展的公共服务。

4. 注重发挥家庭家教家风在基层社会治理中的重要作用。

5. 充分发挥妇女在家庭生活中的独特作用，弘扬中华民族家庭美德、树立良好家风，支持妇女成为幸福安康家庭的建设者、倡导者。

6. 倡导构建男女平等、和睦、文明的婚姻家庭关系，降低婚姻家庭纠纷对妇女发展的不利影响。

7. 倡导和支持男女共担家务，缩小两性家务劳动时间差距。

8. 支持家庭承担赡养老人责任，不断提升老年妇女家庭生活质量。

9. 促进夫妻共同承担未成年子女的抚养、教育、保护责任，为未成年子女身心发展创造良好家庭环境。

策略措施：

1. 促进家庭成员践行社会主义核心价值观。加强教育引导、舆论宣传、文化熏陶、实践养成，宣传尊老爱幼、男女平等、夫妻和睦、勤俭持家、邻里团结等家庭美德，弘扬中华民族优秀传统家风、革命前辈红色家风、践行社会主义核心价值观的现代家风，营造平等、文明、和谐、稳定的家庭环境，实现共建共享的家庭追求，引导妇女和家庭成员自觉把家庭梦融入中国梦。

2. 制定出台促进男女平等和妇女全面发展的家庭政策。完善人口生育相关法律法规政策，推动生育政策与经济社会政策配套衔接。按照江西省统一部署，推动将3岁以下婴幼儿照护服务费用纳入个人所得税专项附加扣除、住房等方面支持政策，减轻家庭生育、养育、教育负担。完善幼儿养育、青少年发展、老人赡养、病残照料等政策，形成支持完善家庭基本功能、促进男女平等和妇女全面发展的家庭政策体系，增强家庭发展能力。完善产假制度，探索实施父母育儿假。建立促进家庭发展的政策评估机制。

3. 大力发展家庭公共服务。发展普惠托育服务体系，综合运用土地、住房、财政、金融、人才等支持政策，扩大托育服务供给。加快完善养老、家政等服务标准，推动婚姻家庭辅导服务、家庭教育指导服务普惠享有，提升面向家庭的公共服务水平。通过政府购买服务等方式，引导社会力量开展家庭服务，满足家庭日益增长的个性化、多元化需求。重点为经济困难、住房困难、临时遭遇困难家庭和残疾人家庭等提供支持，加大对计划生育特殊家庭的帮扶保障力度，加强对退役军人家庭的支持和保障。城市社区综合服务设施实现全覆盖。加强社区托育服务设施建设，完善社区养老托育、家政物业等服务网络。发展数字家庭。

4. 推动家庭家教家风在基层社会治理中发挥重要作用。构建党委领导、政府主导、部门合作、家庭尽责、社会参与的家庭建设工作格局。将建设好家庭、实施好家教、弘扬好家风纳入基层社会治理体系以及基层社会治理评价考核内容。鼓励家庭成员履行家庭和社会责任。增进政府治理和社会调节、居民自治良性互动，以千千万万家庭的好家风支撑起全社会的好风气。

5. 鼓励支持妇女在家庭生活中发挥独特作用。深化实施“家家幸福安康工程”，鼓励妇女带领家庭成员积极参与文明家庭、五好家庭、最美家庭等群众性精神文明建设活动，参与绿色家庭创建，提升健康素养，践行绿色、低碳、循环、可持续的生活方式，养成勤俭节约的好习惯，杜绝浪费。推进平安家庭、无烟家庭建设。

6. 促进婚姻家庭关系健康发展。面向家庭开展有关法律法规政策宣传，促进男女平等观念在婚姻家庭关系建设中落实落地，倡导夫妻平等参与家庭事务决策，反对一切形式的家庭暴力。开展恋爱、婚姻家庭观念教育，为适龄男女青年婚恋交友、组建家庭搭建平台，推广婚姻登记、婚育健康宣传教育、婚姻家庭关系辅导等“一站式”服务。广泛开展生育政策宣传。推进移风易俗，保障各民族妇女的婚姻自由，抵制早婚早育、高价彩礼等现象，选树宣传婚事新办典型，引导改变生男偏好，构建新型婚育文化。加强对广播电视、网络等婚恋活动和服务的规范管理。

7. 加强婚姻家庭纠纷预防化解工作。健全婚姻家庭纠纷预防化解工作机制，发挥综治中心和网格化服务管理作用，强化衔接联动，加强婚姻家庭纠纷预测预防预警，健全纠纷排查调处制度。推进各乡镇（街道）建立健全婚姻家庭纠纷人民调解委员会，建设人民调解员队伍，搭建“互联网+”纠纷预防化解工作平台，支持社会力量参与，提供多元便捷服务。推进家事审判制度改革，加强诉调对接平台建设，构建新型家事纠纷综合协调解决模式。

8. 促进男女平等分担家务。倡导夫妻在家务劳动中分工配合，共同承担照料陪伴子女老人、教育子女、料理家务等家庭责任，缩小两性家务劳动时间差距。促进照料、保洁、烹饪等家务劳动社会化，持续推动家政服务业提质扩容增效，发展婴幼儿照护服务和失能失智老年人长期照护服务，增强家庭照护能力，研发家务劳动便利化产品。督促用人单位落实探亲假、职工带薪休假、配偶陪产假等制度，鼓励用人单位实施灵活休假和弹性工作制度，创造生育友好的工作环境，支持男女职工共同履行家庭责任。

9. 提高老年妇女的家庭生活质量。倡导尊老、孝老、敬老的家庭美德，支持家庭履行赡养老人的主体责任。鼓励子女与老年人共同生活或就近居住，为长期照护老年人的家庭成员提供“喘息服务”。督促用人单位保障赡养义务人的探亲休假权利，推动建立子女护理假制度。建立完善社区老年人关爱服务机制。依法保障老年妇女婚姻自由和家庭财产权利。

10. 增强父母共同承担家庭教育责任的意识和能力。建立县家庭教育指导中心,贯彻落实家庭教育促进法和江西省家庭教育促进条例,促进父母共同落实家庭教育主体责任,创造有利于未成年子女健康成长和发展的家庭环境。开展宣传培训,帮助父母树立科学家庭教育理念,摒弃“重智轻德”等观念,掌握科学知识和方法,注重言传身教,关注未成年子女身心健康,提高家庭科学育儿能力。鼓励父母加强亲子交流,共同陪伴未成年子女成长。

七、妇女与环境

主要目标:

1. 提高妇女的思想政治意识,引导妇女积极践行社会主义核心价值观。

2. 提升全社会的性别平等意识,推进男女平等基本国策宣传教育进机关、进学校、进企业、进城乡社区、进家庭。

3. 健全文化与传媒领域的性别平等评估和监管机制。

4. 全面提升妇女的媒介素养,提高妇女利用信息技术参与新时代经济社会高质量发展的能力。

5. 提高妇女的生态文明意识,促进妇女践行绿色发展理念,做生态文明建设的推动者和践行者。

6. 减少环境污染对妇女健康的危害。农村自来水普及率达到93%,提升城市集中式饮用水水源水质。农村生活垃圾无害化处理。全县空气质量总体达到二级标准。

7. 全县农村卫生厕所实现全覆盖,城镇公共厕所男女厕位比例标准化建设与实际需求相适应。

8. 妇女应对突发事件能力不断提高,作用得到发挥,特殊需求得到满足。

9. 加强妇女领域和妇女工作的对外交流合作,营造我县妇女发展的良好环境。

策略措施:

1. 加强对妇女的思想政治引领。坚持用习近平新时代中国特色社会主义思想引领妇女,持续开展中国特色社会主义和中国梦宣传教育,发挥新时代文明实践中心(所、站)、主流媒体、妇女之家等阵地作用,推动理想信念教育常态化制度化,弘扬党和人民在各个历史时期奋斗中形成的伟大精神,激发妇女的历史责任感和主人翁精神,引导妇女听党话、跟党走,增强“四个意识”、坚定“四个自信”、做到“两个维护”。通过教育联系服务,凝聚青年女性、知识女性、新兴产业从业女性和活跃在网络空间中的女性。通过培养、评选、表彰、宣传妇女先进集体和个人,激励妇女崇尚先进、学习先进、争当先进。

2. 开展以男女平等为核心的先进性别文化宣传教育。将构建先进性别文化纳入繁荣社会主义先进文化制度体系。大力宣传新时代妇女在社会生活和家庭生活中的独特作用,宣传优秀妇女典型和性别平等优秀案例。推动各级干部学习习近平总书记关于妇女和妇女工作的重要论述以及马克思主义妇女观、男女平等基本国策。在机关、学校、企业、城乡社区、家庭以多种形式开展男女平等基本国策宣传教育,让性别平等成为全社会共同遵循的行为规范和价值标准。

3. 促进妇女共建共享精神文明创建和城乡人居环境改善成果。丰富优质文化产品和公共文化服务供给,满足妇女精神文化需求。推进城乡公共文化服务体系一体建设,创新实施文化惠民工程,惠及城乡妇女。鼓励妇女积极参与城市文明建设,将妇女参与程度和满意度纳入文明城市评选内容。引导妇女在文明单位创建中爱岗敬业,争做文明职工。促进妇女参与文明村镇创建,主动参与农村人居环境整治提升、农村文化发展、文明乡风培育和乡村社会治理。

4. 加强文化与传媒领域的性别平等培训、评估和监管。开展对文化传媒工作者和传媒相关专业学生的性别平等培训,提升文化与传媒领域性别平等传播能力。加强对公共文化产品和传媒涉及性别平等内容的监测和监管,吸纳性别专家参与相关评估,消除网络媒体、影视产品、公共出版物等中出现的歧视贬抑妇女、侮辱妇女人格尊严、物化妇女形象等不良现象,规范网络名人和公众账号传播行为。完善违规行为警示记录系统，优化线下评估处置机制。

5. 引导妇女提高媒介素养。利用妇女之家、图书馆、网络课堂等开展面向妇女的媒介素养培训和指导，加强妇女网络素养教育，提升妇女对媒介信息选择、判断和有效利用的能力，提升妇女网络安全意识和能力，消除性别数字鸿沟。加强学生网络素养教育，引导女生合理安全使用网络，提升自我保护能力，防止网络沉迷。重点帮助老年妇女、困难妇女和残疾妇女群体掌握网络基本知识技能。开展争做“巾帼好网民”活动，推动妇女弘扬网上正能量。

6. 充分发挥妇女在生态文明建设中的重要作用。广泛开展生态文化宣传教育和实践活动，引导妇女树立生态文明意识，提高环境科学素养，掌握环境科学知识，提升妇女生态环境保护意识和能力。鼓励妇女引领绿色生产生活，养成节约适度、绿色低碳、文明健康的生活方式和消费模式，杜绝浪费，支持妇女参与生态环境治理。

7. 持续改善妇女生活的环境质量。加强生态环境监测和健康监测，开展环境污染因素影响研究，监测分析评估环境政策、基础设施项目、生产生活学习环境等对妇女健康的影响。推进城乡生活环境治理，实现农村垃圾无害化处理，推进城镇污水管网全覆盖，开发利用清洁能源，推行垃圾分类和减量化、资源化，推广使用节能环保产品。

8. 为城乡妇女享有安全饮水提供保障。引导妇女积极参与水源保护。推进城市集中式饮用水水源地规范化建设，加强水源保护和水质监测，守护饮水安全命脉。加强水利基础设施建设，实施农村供水保障工程，提升水资源优化配置能力，为妇女取水、用水提供便利。

9. 加强符合妇女需求的卫生厕所建设。推进城镇公共厕所改造，完善落实城镇公共厕所设计标准，推动将男女厕位比例规范化建设和达标率纳入文明城市、文明社区、文明村镇、文明单位、文明校园的评选标准。分类有序推进农村厕所革命，稳步提高卫生厕所普及率，加强厕所粪污无害化处理与资源化利用。推动旅游景区、商场、客运枢纽和服务区等公共场所建设第三卫生间。

10. 在突发事件应对中关切妇女特别是孕期、哺乳期妇女及困难妇女群体的特殊需求。在突发事件应急体系建设、预防和应急处置机制建设、相关应急预案和规划制订中统筹考虑妇女特殊需求，优先保障女性卫生用品、孕产妇用品和重要医用物资供给。面向妇女开展突发事件预防应对知识和自救互救技能指导培训，提高妇女的防灾减灾意识和自救互救能力。在应对突发事件中加强对有需求妇女群体的救助服务和心理疏导，引导妇女积极参与防灾减灾工作。

11. 推进我县妇女事业对外交流合作。加强我县妇女事业对外宣传，促进县级交流合作，讲好万载故事、万载妇女发展故事，积极参加有关妇女议题的各类会议，宣传推介万载，展现万载形象，提升万载影响力。

12. 发挥妇联组织在营造男女平等和妇女全面发展环境中的积极作用。健全完善引领服务联系妇女的工作机制，发挥桥梁纽带作用，凝聚妇女人心。联合中央主流媒体，依托妇联全媒体，大力宣传习近平总书记关于妇女和妇女工作的重要论述，宣传马克思主义妇女观和男女平等基本国策，宣传妇女“半边天”作用。对妇女错误观点言论及时发声，协调督促处置，正面引导舆论，优化有利于妇女全面发展的社会舆论环境。

八、妇女与法律

主要目标：

1. 全面贯彻落实男女平等宪法原则和基本国策，推动完善我县保障妇女合法权益的法规政策体系。

2. 促进法规政策性别平等评估机制规范化建设和有效运行。

3. 提高妇女尊法学法守法用法的意识和能力，充分发挥妇女在法治中国建设中的作用。

4. 深入实施反家庭暴力法，预防和制止针对妇女一切形式的家庭暴力。

5. 严厉打击拐卖妇女、性侵害妇女等违法犯罪行为。

6. 提升预防和制止性骚扰的法治意识,有效遏制针对妇女的性骚扰。

7. 严厉打击利用网络对妇女实施的违法犯罪行为。

8. 保障妇女在家庭关系中的财产所有权、继承权,保障妇女对婚姻家庭关系中共同财产享有知情权和平等处理权。

9. 依法为妇女提供公共法律服务,保障遭受侵害妇女获得及时有效的司法救助。

策略措施:

1. 推进男女平等宪法原则和基本国策贯彻落实到法治万载建设全过程。加大民法典、妇女权益保障法等法律法规的实施力度,加强执法检查和督查督办,保障侵害妇女权益案件获得公平公正处理。促进开展妇女权益保障领域的公益诉讼。将保障妇女权益相关内容纳入基层社会治理,纳入法治队伍建设、全民普法规划和群众性法治文化活动,增强全社会的男女平等法治意识和法治素养。

2. 加强法规政策性别平等评估工作。健全国家、市法规政策性别平等评估机制和县政策性别平等评估机制,明确评估范围,规范评估流程,细化评估指标。加强法规政策制定前研判、决策中贯彻、实施后评估的制度化建设。开展性别平等评估相关培训,加强专业化队伍建设,将男女平等基本国策落实到法规、规章、政策制定实施全过程各环节。

3. 提升妇女法治意识和参与法治万载的能力。深入开展民法典等专项普法活动,面向妇女提供法律咨询等服务,引导妇女自觉学习宪法和法律知识,增强法治观念,养成办事依法、遇事找法、解决问题用法、化解矛盾靠法的法治思维和行为习惯。鼓励妇女多途径参与立法、司法和普法活动。充分发挥女人大代表、女政协委员、妇联组织、以女性为成员主体或者以女性为主要服务对象的社会组织等在科学立法、民主立法和立法协商中的作用。

4. 加大反家庭暴力法的实施力度。健全完善预防和制止家庭暴力多部门合作机制,发布反家庭暴力的典型案例或指导性案例。加强宣传教育、预防排查,建立社区网格化家庭暴力重点监控机制。完善落实家庭暴力发现、报告、处置机制,强化相关主体强制报告意识,履行强制报告义务。加大接处警工作力度,开展家庭暴力警情、出具告诫书情况统计。对构成犯罪的施暴人依法追究刑事责任,从严处理重大恶性案件。及时签发人身保护令,提高审核签发率,加大执行力度。加强紧急庇护场所管理,提升庇护服务水平。加强对家庭暴力受害妇女的心理抚慰和生活救助,帮助其身心康复。加强对施暴者的教育警示、心理辅导和行为矫治。开展家庭暴力案件跟踪回访,加强反家庭暴力业务培训和统计。

5. 坚决打击拐卖妇女犯罪。完善落实集预防、打击、救助、安置、康复于一体的反拐工作长效机制。坚持预防为主、防治结合,提高全社会的反拐意识以及妇女的防范意识和能力。深入实施反对拐卖人口行动计划,打击拐卖妇女犯罪团伙。整治“买方市场”,及时解救被拐妇女并帮助其正常融入社会。打击跨国跨区域拐卖妇女犯罪。

6. 加大对组织、强迫、引诱、容留、介绍卖淫等犯罪行为的打击力度。加强网络治理,利用大数据完善违法信息过滤、举报等功能,严厉打击利用网络组织、强迫、引诱、容留、介绍妇女卖淫。依法加大对强迫、引诱幼女和智力残疾妇女卖淫的打击力度。加强社会治安综合治理,建立常态化整治机制,鼓励群众监督和举报涉黄违法犯罪行为。

7. 有效控制和严厉惩处强奸、猥亵、侮辱妇女特别是女童和智力、精神残疾妇女的违法犯罪行为。加强防性侵教育,提高妇女尤其是女童的防性侵意识和能力。建立完善重点人群和家庭关爱服务机制、侵权案件发现报告机制、多部门联防联动机制和侵权案件推进工作督查制度。完善立案侦查制度,及时、全面、一次性收集固定证据,避免受害妇女遭受“二次伤害”。建立性侵害违法犯罪人员信息查询系统,完善和落实从业禁止制度。加强对受害妇女的隐私保护、心理疏导和干预。

8. 预防和制止针对妇女的性骚扰。推动完善防治性骚扰相关立法。多形式多渠道传播防治性骚扰知识，提升妇女防范和制止性骚扰的意识和能力。建立健全预防和制止性骚扰工作机制，加强联防联控，发挥典型案例示范指引作用。预防和制止公共场所和工作、学习等场所发生的性骚扰，在机关、企业、学校等单位建立相关工作机制，预防和制止利用职权、从属关系等实施性骚扰。畅通救济途径。

9. 保障妇女免遭利用网络实施违法犯罪行为的侵害。建设县、乡镇(街道)二级网络安全应急平台，完善网络综合治理体系。加强网络信息内容生态治理，加强对网络淫秽色情信息的监管和查处，依法打击网络信息服务平台、生产者和使用者对妇女实施猥亵、侮辱、诽谤、性骚扰、散布谣言、侵犯隐私等违法犯罪行为。加强对网络平台的规范管理，保护妇女个人信息安全。依法惩治利用网络非法收集、使用、加工、传输、买卖、提供或者公开妇女个人信息的违法犯罪行为。提高妇女防范电信网络诈骗的意识和能力，严厉打击采取非法网络贷款、虚假投资、咨询服务等手段骗取妇女钱财的违法犯罪行为。

10. 在婚姻家庭和继承案件处理中依法保障妇女的财产权益。保障妇女平等享有家庭财产的占有、使用、收益和处分权利。保障妇女依法享有夫妻互相继承遗产、子女平等继承遗产的权利。保障夫妻对共同财产享有平等的知情权、处理权，认定和分割夫妻共同财产、认定和清偿夫妻共同债务时，切实保障妇女合法权益。离婚时，保障妇女依法获得土地、房屋、股份等权益，保障负担较多家庭义务的妇女获得补偿、生活困难妇女获得经济帮助、无过错妇女依法获得损害赔偿。

11. 为妇女提供优质高效的公共法律服务。推进公共法律服务实体、网络、热线三大平台融合发展，为妇女特别是低收入妇女、老年妇女、残疾妇女、单亲困难母亲等提供便捷高效、均等普惠的公共法律服务。落实法律法规对妇女申请法律援助的相关规定，保障妇女在刑事、民事、行政案件中享有诉讼代理和维权指导服务。加强维护妇女合法权益的法律援助类社会组织和专业律师、基层法务工作者队伍建设。保障特定案件中生活困难妇女能够获得司法救助。

12. 发挥妇联组织代表和维护妇女合法权益的职能作用。支持妇联组织健全联合约谈、联席会议、信息通报、调研督查、发布案例等工作制度，推动保障妇女权益法律政策的制定实施。加强“12338”妇女维权热线建设，畅通妇女有序表达诉求的渠道。及时发现报告侵权问题，依法建议查处性别歧视事件或协助办理侵害妇女权益案件，配合打击侵害妇女合法权益的违法犯罪行为，为受侵害妇女提供帮助。

第三章 组织实施

一、坚持党的全面领导。坚持以习近平新时代中国特色社会主义思想为指导，坚持以人民为中心的发展思想，坚持走中国特色社会主义妇女发展道路，把党的领导贯穿于规划组织实施全过程。贯彻党中央和省委、市委关于妇女事业发展的决策部署，在县委、县政府的坚强领导下，坚持和完善促进男女平等和妇女全面发展的制度机制，在统筹推进万载高质量发展战略布局中推进规划实施。

二、落实规划实施责任。在出台法律、制定政策、编制规划、部署工作时贯彻落实男女平等基本国策，切实保障妇女合法权益，促进妇女全面发展。完善落实党委领导、政府主责、妇儿工委协调、多部门合作、全社会参与的规划实施工作机制。县人民政府负责规划实施工作，妇儿工委负责组织、协调、指导、督促工作，妇儿工委办公室负责具体工作。有关部门、相关机构和人民团体结合职责，承担规划相关目标任务落实工作。健全目标管理责任制，将规划实施纳入目标管理和考核内容。

三、加强规划与国民经济和社会发展规划的衔接。在经济社会发展总体规划及相关专项规划中贯彻落实男女平等基本国策，将规划实施以及妇女事业发展纳入经济社会发展总体规划及相关专项规划，结合经济社会发展总体规划部署要求推进规划实施,实现妇女事业发展与经济社会发展同步规划、同步部署、同步推进、同步落实。

四、制定部门实施方案。承担规划目标任务的有关部门、相关机构和人民团体结合职责,按照任务分工,制定实施方案并报送同级妇儿工委办公室。

五、完善实施规划的工作制度机制。健全目标管理责任制,将规划实施纳入政府议事日程和考核内容,将规划目标分解到责任单位并纳入目标管理和考核内容。健全督导检查制度,定期对规划实施情况开展督查。健全报告制度,责任单位每年向县妇儿工委报告规划实施情况和下一年工作安排。健全议事协调制度,定期召开妇女儿童工作会议和妇儿工委全体会议、联络员会议等,总结交流情况,研究解决问题,部署工作任务。健全规划实施示范制度,充分发挥示范单位以点带面、示范带动作用。健全表彰制度,对实施规划先进集体和先进个人按照有关规定进行表彰。

六、加强妇女发展经费支持。将实施规划所需工作经费纳入财政预算,实现妇女事业和经济社会同步发展。重点支持农村山区妇女发展,支持特殊困难妇女群体发展。动员社会力量,多渠道筹集资源,共同发展妇女事业。

七、坚持和创新实施规划的有效做法。贯彻新发展理念,坚持问题导向、目标导向,构建促进妇女发展的法律法规政策体系,完善妇女合法权益保障机制,实施促进妇女发展的民生项目。通过分类指导、示范先行,总结推广好做法好经验。通过政府购买服务等方式,发挥社会力量推动规划实施的作用。开展交流合作,交流互鉴经验做法,讲好万载妇女发展故事。

八、加强规划实施能力建设。将习近平总书记关于妇女和妇女工作的重要论述以及男女平等基本国策有关内容、相关法律法规政策纳入各级干部学习内容,将实施规划所需知识纳入培训计划,举办多层次、多形式培训,增强政府有关部门、相关机构和人员实施规划的责任意识和能力。以政治建设为统领,加强妇儿工委及其办公室能力建设,促进机构职能优化高效,为更好履职尽责提供必要的人力物力财力支持,为规划实施提供组织保障。

九、加大规划宣传力度。大力宣传习近平总书记关于妇女和妇女工作的重要论述,宣传在党的坚强领导下妇女事业发展的成就,宣传男女平等基本国策和保障妇女合法权益、促进妇女发展的法律法规政策,宣传规划内容和规划实施的经验、成效,努力营造有利于妇女发展的社会氛围。

十、加强妇女发展调查研究。充分发挥妇儿工委及其办公室作用,加强妇女发展专家队伍建设,依托高校、研究机构、社会组织等建设妇女发展研究基地,培育专业研究力量,广泛深入开展理论与实践研究,为制定完善相关法律法规政策提供参考。

十一、鼓励社会各界广泛参与规划实施。鼓励企事业单位、社会组织、慈善机构和公益人士参与保障妇女合法权益、促进妇女发展等工作。鼓励妇女参与规划实施,提高妇女在参与规划实施中实现自身全面发展的意识和能力。

第四章 监测评估

一、加强监测评估制度建设。对规划实施情况进行年度监测、中期评估、终期评估。落实并逐步完善性别统计监测方案。县统计局牵头组织开展年度监测,县妇儿工委成员单位、有关部门、相关机构向县统计局报送年度监测数据,及时收集、分析反映妇女发展状况的相关数据和信息。县妇儿工委组织开展中期和终期评估,妇儿工委成员单位、有关部门、相关机构向县妇儿工委提交中期和终期评估报告。通过评估,了解掌握规划实施进展和妇女发展状况,系统分析评价规划目标任务完成情况,评判规划策略措施的实施效果,总结经验做法,找出突出问题,预测发展趋势,提出对策建议。监测评估工作所需经费纳入财政预算。

二、加强监测评估工作组织领导。县妇儿工委设立监测评估领导小组,由县妇儿工委及相关部门负责同志组成，负责监测评估工作的组织领导、监测评估方案的审批、监测评估报告的审核等。领导小组下设监测组和评估组。

监测组由县统计局牵头，相关部门负责规划实施情况统计监测的人员参加，负责监测工作的组织、指导和培训，制定监测方案和指标体系，收集、分析数据信息，向县妇儿工委提交年度、中期和终期监测报告。监测组成员负责统筹协调本部门规划实施监测、分析、数据上报、分性别分年龄指标完善等工作。

评估组由县妇儿工委办公室牵头，相关部门负责规划实施的人员参加，负责评估工作的组织、指导和培训，制定评估方案，组织开展评估工作，向县妇儿工委提交中期和终期评估报告。评估组成员负责统筹协调本部门规划实施自我评估工作，参加妇儿工委组织的评估工作。支持评估组相关部门就妇女保护与发展中的突出问题开展专项调查、评估，结果可供中期和终期评估参考。

三、加强分性别统计监测。规范完善性别统计监测指标体系，根据需要调整扩充妇女发展统计指标，推动纳入国家和部门常规统计以及统计调查制度，加强部门分性别统计工作，推进分性别统计监测制度化建设。进一步建立完善妇女发展统计监测数据库。鼓励支持相关部门对妇女发展缺项数据开展专项统计调查。

四、提升监测评估工作能力和水平。加强监测评估工作培训和部门协作，规范监测数据收集渠道、报送方式，提高数据质量。运用互联网和大数据等，丰富分性别统计信息。科学设计监测评估方案和方法，探索开展第三方评估。提升监测评估工作科学化、标准化、专业化水平。

五、有效利用监测评估成果。发挥监测评估结果服务决策的作用，定期向县人民政府及相关部门报送监测评估情况，为决策提供依据。建立监测评估报告交流、反馈和发布机制。加强对监测评估结果的研判和运用，对预计完成困难、波动较大的监测指标及时预警，对评估发现的突出问题和薄弱环节及时提出对策建议。运用监测评估结果指导下一阶段规划实施，实现规划实施的常态化监测、动态化预警、精准化干预、高质量推进。

索　引

说　明

说明:本索引依照国家标准《索引编制规则(总则)》(GB/T22466—2008)的相关规则进行编制。本索引为主题索引,按主题词首字汉语拼音字母(同声字按声调)顺序排列。主题词后的阿拉伯数字表示该词所在页码。同一主题的内容在文中多处出现的,在其主题词后用不同的页码标明。对特载、大事记、人物、统计资料、文献选编等类目不作主题索引。

A

B

C

E

F

G

H

J

K

L

M

N

S

T

W

X

Y

Z

数学和字母